studienwahl.de 2021/22

Herausgeber:
Stiftung für Hochschulzulassung
Bundesagentur für Arbeit

Verantwortlich für den Inhalt:
Meramo Verlag GmbH,
Nürnberg

Der offizielle Studienführer für Deutschland

IMPRESSUM

Herausgeber:
Stiftung für Hochschulzulassung und
Bundesagentur für Arbeit

Redaktion:
Meramo Verlag GmbH, Nürnberg
Geschäftsführer: Andreas Bund
Prokuristin: Kristina Ansorge
www.meramo.de

Chefredaktion: Carmen Freyas
Redaktionsteam: Christoph Bortolotti, Jana Baumgärtner, Christina Ehrlichmann, Kirthiga Kathirgamanathan, Yasmin Pohl, Alexander Reindl, Stephanie Saffer, Martin Schülbe, Regina Sperber, Larissa Taufer, Elena Trautwein

sowie Vertreter*innen der Bundesagentur für Arbeit und der Stiftung für Hochschulzulassung.

Gestaltung:
Art Direktion: Viviane Schadde
Layout und Satz: Claudia Costanza
Illustrationen: Marie Demme

Automatisiertes Satzverfahren:
IRS GmbH, Nürnberg

Anzeigen:
Meramo Verlag GmbH, Nürnberg
Andreas Brehm
Tel. 0911/937739-31
Katrin Jost
Tel. 0911/937739-30

E-Mail: anzeigen@meramo.de

Druck: GGP Media GmbH, Pößneck

Hinweise:
Die studiengangsbezogenen Daten in der Medienkombination „Studienwahl" werden vom Verlag in Abstimmung mit Hochschulen und Wissenschaftsbehörden der Länder ermittelt. Für Vollständigkeit, Fehler redaktioneller und technischer Art, Auslassungen usw. sowie die Richtigkeit der Eintragungen kann – auch wegen der raschen Veränderungen im Bildungswesen – keine Haftung übernommen werden. Hinweise auf Änderungsbedarfe nimmt der Verlag entgegen.

(Redaktionsschluss: 18.06.2021)

Für den Inhalt der Werbeanzeigen sind die Herausgeber nicht verantwortlich.

Das zum Druck dieses Buches verwendete Papier besteht überwiegend aus recyceltem Altpapier und wurde umweltfreundlich chlorfrei gebleicht. Das Papier des Innenteils ist ausgezeichnet mit dem „Blauen Engel" (DE-UZ 14a).

ISSN: 0302-6299
ISBN: 978-3-9818964-4-2

8,90 EUR

51., komplett überarbeitete Ausgabe 2021,
Meramo Verlag Nürnberg,
Druckauflage: 617.000

In diesem Buch sind Fotos verwendet von:
André Deco (88), Peter Dörfel (209), Rita Eggstein (96), Julien Fertl (127, 169, 310), Julia Hendrysiak (158), Heidrun Hönninger, (191), Hans-Martin Issler (26, 133, 170, 171), Sebastian Kaulitzki (143), Mathias Lange (208), Martin Rehm (19, 53, 85, 129, 158, 175, 186, 283, 311,370, 383), Thomas Riese (180), Christof Stache (189), Meramo Studios (291)

Liebe Leser*innen,

Sie haben die Wahl: über 10.000 grundständige Studiengänge an mehr als 440 Hochschulen gibt es in Deutschland. Ist die Entscheidung für einen Studiengang getroffen, so gilt es weitere Fragen zu klären: Wo kann ich studieren? Wie bewerbe ich mich? Welche Finanzierungsmöglichkeiten kann ich nutzen? Dieses Buch liefert Ihnen Antworten und dient Ihnen als Leitfaden bei der Planung und Durchführung Ihrer weiteren Ausbildung nach dem Schulabschluss.

Studienwahl ist der offizielle Studienführer in Deutschland, herausgegeben von der Stiftung für Hochschulzulassung und der Bundesagentur für Arbeit. Für die Orientierungsphase nach dem Schulabschluss erhalten alle Schüler*innen der (Vor)abgangsklassen an Gymnasien und weiterführenden Schulen das „grüne Buch" kostenlos. Die Inhalte widmen sich den zentralen Fragen der Studienwahl und sind mit dem Onlineportal www.studienwahl.de vernetzt.

In Buch und Portal finden Sie wichtige Informationen über das aktuelle Studienangebot und über die staatlich anerkannten Hochschulen. Neben Orientierungs- und Entscheidungshilfen, Tipps zur Überbrückung der Zeit zwischen Schule und Studium sowie Informationen zur Studienbewerbung, zu Studienabschlüssen und Hochschultypen erfahren Sie unter anderem, welche Finanzierungshilfen es außer BAföG gibt und welche Studienmöglichkeiten Sie im Ausland haben.

Ein Schwerpunkt ist die Beschreibung der Studienbereiche und Studienfelder. Sie lesen dort beispielsweise, welche Inhalte in einem Studium aus dem Bereich Energiemanagement vermittelt werden oder welche Berufsmöglichkeiten Ihnen nach einem Studium der Sozialwissenschaften offen stehen. Mithilfe der Shortlinks bei jedem Studienfeld können Sie schnell und einfach eine Übersicht der Studiengänge online aufrufen.

Auf www.studienwahl.de finden Sie viele weitere Informationen und hilfreiche Links rund um das Thema „Studium", regelmäßig ein „Thema des Monats", Hinweise auf Schnupperstudien und Infoveranstaltungen der Hochschulen und der Agenturen für Arbeit sowie Praktikumsstellen. Außerdem haben Sie die Möglichkeit, sich für den kostenfreien Newsletter zu registrieren, der Sie monatlich über Neuigkeiten zum Thema Studium informiert.

Zum Schluss ein wichtiger Hinweis:
Wenn Sie konkrete Fragen zu den im Buch oder online dargestellten Angeboten oder Regelungen haben, wenden Sie sich bitte an die Beratungsstellen der Hochschulen oder Ihrer Agentur für Arbeit vor Ort (Kontaktdaten: siehe Kapitel 6.3).

Wir wünschen Ihnen viel Erfolg bei Ihrer Studienwahl! Und für später wünschen wir schon heute: Viel Glück und Erfolg, wofür auch immer Sie sich entscheiden!

Die Herausgeber

IHR ONLINE-PORTAL

„Studienwahl“ im Internet

studienwahl.de präsentiert sich einfach, übersichtlich und modern.

Das Online-Portal wird fortlaufend aktualisiert und bietet viele ergänzende Informationen: Regelmäßig wird ein fundiert recherchiertes Thema des Monats veröffentlicht. Außerdem gibt es eine Praktikumsbörse und Hinweise auf interessante Veranstaltungen der Hochschulen und der Berufsberatung sowie einen Newsletter.

BITTE BEACHTEN SIE:
Zum 01.12.2021 wird der finder auf studienwahl.de durch die Studiensuche der Bundesagentur für Arbeit abgelöst. Alle Informationen zu Studiengängen an deutschen Hochschulen finden Sie weiterhin an der gewohnten Stelle im Portal studienwahl.de.

- **Einfache Navigation, komfortable Recherche**
- **Optimierte Darstellung auf jedem Endgerät (PC, Laptop, Tablet, Smartphone)**

Schauen Sie am besten gleich vorbei: www.studienwahl.de

Ausgezeichnet mit dem Comenius EduMedia-Siegel 2019

INHALTSÜBERSICHT

Verantwortlich für die Inhalte:

meramo

Meramo Verlag GmbH, Nürnberg
www.meramo.de

➔ info

Aufgrund der **Corona-Pandemie** gelten ggf. besondere Regelungen, etwa in Bezug auf das Serviceangebot der Berufsberatung (www.arbeitsagentur.de/bildung/berufsberatung), bei Veranstaltungen der Hochschulen und bei Überbrückungsmöglichkeiten. Informieren Sie sich deshalb online. Aktuelle Informationen finden Sie unter ➔ www.studienwahl.de sowie unter ➔ stuwa.info/corona-update

#GemeinsamZukunftBilden
BERUFLICHE BILDUNG
LOHNT SICH
PACK'S AN!
MEINE ZUKUNFT
POWERED BY BERUFLICHE
BILDUNG
AUSBILDUNG
WEITERBILDUNG
HÖHERE BERUFSBILDUNG
WICHTIG WAR, DASS ICH MIR IM VERTRIEB MEINE EXPERTISE GESCHAFFEN HABE. HEUTE KANN ICH DAS, WAS MICH PERSÖNLICH BEWEGT, PERFEKT MIT DEM VERBINDEN, WAS ICH KANN. DIE IHK-WEITERBILDUNGEN HABEN MIR BERUFLICHE TÜREN UND MEINEN EIGENEN WEG GEÖFFNET.
LORENZ, REUTLINGEN
Eine Initiative der:
DIHK
DIHK-Gesellschaft für berufliche Bildung –
Organisation zur Förderung der IHK-Weiterbildung mbH
Online-Shop
der DIHK-Bildungs-GmbH
WIR FÖRDERN DIE
BERUFLICHE
BILDUNG
Für Ihr Unternehmen.
Für Ihren Erfolg im Beruf.
Weitere Bildungsangebote
u. a. auf wis.ihk.de

INHALTSVERZEICHNIS

AUF
TECHNIK-JOBS
GEPOLT?
Berufswelt Technik
entdecken und bewerben!
FINDE DEINE BERUFUNG:
KARRIEREKASERNE.DE
BUNDESWEHR

AUSBILDUNG
UND DUALES
STUDIUM
BEI P&C
MEHR INFOS
karriere.peek-cloppenburg.de
& SO VIEL MEHR.
Peek & Cloppenburg
ES GIBT ZWEI UNABHÄNGIGE UNTERNEHMEN PEEK & CLOPPENBURG MIT IHREN HAUPTSITZEN IN DÜSSELDORF UND HAMBURG.
DIES IST EINE INFORMATION DER PEEK & CLOPPENBURG KG DÜSSELDORF. STANDORTE UNTER WWW.PEEK-CLOPPENBURG.DE

#GemeinsamZukunftBilden
BERUFLICHE BILDUNG LOHNT SICH PACK'S AN!
MEINE ZUKUNFT
POWERED BY BERUFLICHE BILDUNG
AUSBILDUNG
WEITERBILDUNG
HÖHERE BERUFSBILDUNG
DIE KOLLEGEN ERKENNEN DICH AN, WENN DU IN DER PRAXIS AHNUNG HAST UND MIT ANPACKST. IN EINEM ECHTEN TEAM SPIELT DAS MANN-FRAU-THEMA KEINE ROLLE MEHR. ES GEHT EINFACH DARUM, GEMEINSAM EINEN GUTEN JOB ZU MACHEN. DAS MACHT SPASS!
ANN-KATHRIN, HAMBURG
Eine Initiative der:
DIHK
DIHK-Gesellschaft für berufliche Bildung – Organisation zur Förderung der IHK-Weiterbildung mbH
Online-Shop der DIHK-Bildungs-GmbH
WIR FÖRDERN DIE BERUFLICHE BILDUNG
Für Ihr Unternehmen. Für Ihren Erfolg im Beruf.
Weitere Bildungsangebote u. a. auf wis.ihk.de

SCHRITT FÜR SCHRITT ZUM WUNSCHSTUDIENFACH

Wissen Sie schon, was Sie studieren wollen?

- Ich habe schon eine Idee und weiß, in welche Richtung es gehen soll: ____________________
  - Unter ***studienwahl.de/studienfelder*** können Sie sich einen Überblick über Ihr Wunschstudienfeld verschaffen. → Welches Fach wollen Sie studieren?
- Ja, ich weiß es bereits genau. → Welches Fach wollen Sie studieren?
- Nein, ich habe keine Ahnung.
  - Einen Überblick verschaffen können Sie sich unter ***studienwahl.de/orientieren***
  - Haben Sie jetzt eine Idee? → Welches Fach wollen Sie studieren?

Welches Fach wollen Sie studieren?

Ich will folgendes studieren: ____________________ oder vielleicht auch: ____________________

Wo wollen Sie studieren?

- Ich habe keine Ahnung.
  - Hier können Sie nach Hochschulen suchen, die Ihr Fach anbieten: ***studienwahl.de/finder***

In (Stadt) ____________________ an der (Hochschule) ____________________

Wissen Sie, wie und wo Sie sich bewerben müssen?

- Klar! → Wie finanzieren Sie Ihr Studium, wissen Sie das schon?
- Nein, ich habe keine Ahnung.
  - ***studienwahl.de/bewerbung*** sowie Webseiten der jeweiligen Hochschule

Wie finanzieren Sie Ihr Studium, wissen Sie das schon?

- Wieviel Geld brauche ich überhaupt?
  - ***studienwahl.de/finanzielles/was-kostet-ein-studium*** → Mit welchen monatlichen Ausgaben muss man als Studierender rechnen? Schreiben Sie hier den recherchierten Mittelwert hin: ____________________ €
- Welche Möglichkeiten zur Studienfinanzierung gibt es? → ***studienwahl.de/finanzielles***

Ich finanziere mein Studium über folgende Wege: ____________________

Super, Sie wissen im Idealfall nun nicht nur, was Sie wo studieren wollen, sondern auch, wo Sie sich bewerben müssen und wie Sie Ihr Studium finanzieren!

Orientierungs- & Entscheidungshilfen

Was passt zu mir?

Sie stehen kurz vor dem Abschluss der allgemeinen bzw. fachgebundenen Hochschulreife oder der Fachhochschulreife? Damit sind Sie auf dem besten Weg, sich für ein Studium zu qualifizieren.

Doch welches Fach ist das richtige? Wie stehen damit die Chancen auf dem Arbeitsmarkt? Welche Überbrückungsmöglichkeiten gibt es, wenn es mit der Zulassung nicht auf Anhieb klappt? Oder bietet vielleicht eine Berufsausbildung oder ein duales Studium eine Alternative? Welche Hilfestellungen werden Menschen mit Behinderungen geboten? Und was ist zu tun, wenn Sie feststellen, dass Sie die falsche Wahl getroffen haben? Unterstützung bei der Beantwortung dieser Fragen bietet Ihnen dieses Kapitel.

Die Studienwahl ist ein komplexer Prozess, der viel Zeit in Anspruch nimmt. Besonders wichtig ist, dass Sie sich frühzeitig mit diesem Thema auseinandersetzen. Zunächst gilt es, Ihren Fähigkeiten, Neigungen, Stärken und Interessen auf die Spur zu kommen. Dabei helfen verschiedene Informations- und Beratungsangebote, die ebenfalls im folgenden Kapitel vorgestellt werden.

Am Ende sollten Sie folgende Fragen beantworten können:

- Welche Studiengänge sind für mich geeignet?
- Von welchen Hochschulen werden diese angeboten?
- Welche (Zugangs-)Voraussetzungen sind zu erfüllen?
- Gibt es Alternativen, die außerdem infrage kommen? ■

→ info

Antworten auf häufige Fragen rund um die Studien- und Berufswahl finden Sie auch in den **FAQs** unter → www.studienwahl.de.

→ links

Check-U – das Erkundungstool der Bundesagentur für Arbeit
→ www.check-u.de

1.1 Die Entscheidung treffen

Im Studienjahr 2020/21 gab es nach Angaben des Statistischen Bundesamts insgesamt 488.600 Studienanfänger*innen an deutschen Hochschulen. Das Interesse der Schulabsolvent*innen an einem Hochschulstudium ist also weiterhin groß.

Über die Hälfte der jungen Menschen eines Jahrgangs beginnt im Anschluss an die Schule ein Studium. Doch wie soll man bei der Wahl des Studiengangs vorgehen? Schließlich ist das Angebot riesig. Also: Werden Sie aktiv! Bereiten Sie sich vor und nutzen Sie Beratungsangebote.

Vorbereiten

Um eine Entscheidung treffen zu können, ist es wichtig zu wissen, dass sich einige Berufe auf verschiedenen Wegen erreichen lassen.
So kann z.B. für eine Managementposition im Gesundheitswesen ...

- ein praxisbezogenes Fachhochschul- oder Berufsakademie-Studium in Gesundheitsmanagement/ Gesundheitsökonomie
- oder ein betriebswirtschaftliches Studium an einer Universität (ggf. mit entsprechender Spezialisierung)

... eine Grundlage bieten. Umgekehrt kann aber auch ein und derselbe Ausbildungsweg zu verschiedenen Berufen führen, wie z.B. das Studium der Rechtswissenschaften (Jura) zum Beruf des*der ...

- Richter*in,
- Staatsanwalt*Staatsanwältin,
- Rechtsanwalt*Rechtsanwältin,
- Notar*in,
- Verwaltungsjurist*in,
- Wirtschaftsjurist*in.

Auch eine vorangegangene berufliche Ausbildung in einem verwandten Gebiet kann für manche Studiengänge von Vorteil sein (*siehe hierzu auch den Abschnitt „Anrechnung von Aus- und Fortbildungsleistungen im Studium“ unter Kapitel 2.1 „Voraussetzungen“*).

Alternativen abwägen

Versuchen Sie in Ihrem Entscheidungsprozess das Für und Wider der Alternativen möglichst realistisch abzuwägen. So gerne man es auch hätte: Die Frage nach dem passenden Studium oder der richtigen Ausbildung klärt sich meist nicht in ein, zwei Tagen. In diesem Prozess sind viele Aspekte zu berücksichtigen – und das benötigt Zeit, die Sie sich nehmen sollten.

Zentrale Fragen

Spätestens in der Oberstufe sollten Sie sich intensiv mit folgenden Fragen beschäftigen:

- Was interessiert mich?
- Wo liegen meine Stärken – was kann ich dagegen nicht so gut?
- Wie stelle ich mir meine berufliche Zukunft vor?
- Welche Studiengänge passen gut zu mir?
- Wo werden die Studiengänge angeboten und was konkret sind die Studieninhalte?
- Welche Alternativen existieren zu meinem Traumberuf? Oder kann ich ihn auch ohne Studium erreichen?
- Wie sieht meine Lebensplanung aus?

Ihre To-do-Liste

- Die vielfältigen Online-Angebote der Bundesagentur für Arbeit (BA) unter www.arbeitsagentur.de zur Information und Eigenrecherche nutzen.
- Das Berufsinformationszentrum (BiZ) Ihrer örtlichen Agentur für Arbeit besuchen.
- Tage der offenen Tür an Hochschulen besuchen.
- Einen Termin bei der Berufsberatung der Agentur für Arbeit und bei der Studienberatung an einer Hochschule vereinbaren, die telefonische oder Online-Beratung nutzen oder in die Sprechstunde der jeweiligen Beratungsinstitution gehen.
- Sich für ein Orientierungspraktikum in einem interessanten Berufsfeld bewerben.
- Kontakt zu möglichen Hochschulen aufnehmen und Infos über Zulassungsvoraussetzungen, etwaige Aufnahmeprüfungen und Bewerbungstermine sowie über konkrete Studieninhalte beschaffen. Dazu auch die Online-Angebote der Hochschulen nutzen.
- Einen „persönlichen Fahrplan“ mit allen Schritten und Terminen für die Zeit bis zum Studienbeginn aufstellen.

Packen Sie es an!

Mit einer geordneten Vorgehensweise werden Sie schnell klarer sehen. Dabei werden aber neue Fragen auftauchen, denen Sie nachgehen sollten. Eine gewisse Unsicherheit und vielleicht sogar Zweifel an der getroffenen Entscheidung werden möglicherweise nie ganz auszuräumen sein. Lassen Sie sich davon nicht entmutigen – das Gefühl kennen die meisten Abiturient*innen!

Und sollte sich – trotz bester Vorbereitung – im ersten Jahr herausstellen, dass der gewählte Studiengang nicht den eigenen Erwartungen entspricht, dann besteht meist noch die Möglichkeit eines (Fach-)Wechsels.

→ info

Wenn Sie bei der Studienwahl oder bei Problemen im Studium selbst nicht weiterkommen, dann zögern Sie nicht, den **professionellen Service** der Berater*innen in den Agenturen für Arbeit oder der Beratungsstellen der Hochschulen und der Studentenwerke in Anspruch zu nehmen. Die Kontaktdaten zu Ihrer Hochschule finden Sie auf → www.studienwahl.de und in der Studiensuche unter → www.arbeitsagentur.de/studiensuche, die zu Ihrer örtlichen Agentur für Arbeit auf → www.arbeitsagentur.de > Dienststelle finden. Einen Termin zur Berufsberatung können Sie unter → www.arbeitsagentur.de > Kontakt anfragen.

→ links

abi>> Portal
Mit Plan und Ziel in die Berufswahl starten.
→ www.abi.de

Sich beraten lassen und entscheiden

Es gibt viele größtenteils kostenlose Beratungs- und Informationsangebote sowie Eignungs- und Interessentests, die Sie in allen Phasen Ihres Entscheidungsprozesses unterstützen können.

Berufsinformationszentrum (BiZ)

Sie haben noch keine klare Vorstellung von Ihrer beruflichen Zukunft? Dann sollten Sie baldmöglichst eines der rund 180 Berufsinformationszentren (BiZ) der Agentur für Arbeit aufsuchen. Diese können kostenlos und ohne Voranmeldung genutzt werden. In Broschüren, Büchern und digitalen Angeboten finden Sie dort zahlreiche Informationen zu allen Berufen, Ausbildungen und Studiengängen. Im BiZ stehen auch PCs mit Internetzugang zur Verfügung. Damit können Sie z.B. in den Portalen **abi.de** und in der **Studiensuche** der BA zu unterschiedlichen Fragen der Berufs- und Studienwahl oder in **BERUFENET** nach Berufen recherchieren. An den Bewerbungs-PCs können Sie zudem professionelle Bewerbungsunterlagen erstellen. Bei Fragen hilft Ihnen das BiZ-Personal gerne weiter. ▶

Im BiZ finden außerdem **Veranstaltungen zur beruflichen Orientierung** statt. Ein BiZ in Ihrer Nähe finden Sie unter www.arbeitsagentur.de > Schule, Ausbildung und Studium > Ich möchte das Berufsinformationszentrum (BiZ) besuchen.

Arbeitsagentur.de – das Online-Portal der Bundesagentur für Arbeit

Antworten zu vielen Fragen, die die Studien- und Berufswahl betreffen, finden Sie auch auf www.arbeitsagentur.de – dem Online-Portal der Bundesagentur für Arbeit. Unter **„Schule, Ausbildung und Studium"** gibt es Informationen und Hinweise zu Themen wie „Welche Ausbildung, welches Studium passt zu mir?", „Ausbildung oder Studium? Oder beides?". Weiterführende Links und Downloads runden das Angebot ab.

Doch auch hier gilt: Durch die vielen gesammelten Informationen können sich neue Fragestellungen ergeben.

Sie möchten eine Ausbildung machen oder studieren, aber welche Entscheidung für die Zukunft ist bei der großen Wahl an Möglichkeiten die richtige? Das Erkundungstool Check-U hilft auf dem Weg in den Beruf in der Phase der Orientierung. Durch das Bearbeiten der Tests unter www.check-u.de finden Sie mehr über sich, Ihre Stärken und Interessen heraus und bekommen eine Empfehlung von geeigneten Ausbildungen und Studienfeldern. Die Ergebnisliste zeigt die Passung zum individuellen Persönlichkeits- und Stärkenprofil und führt direkt zu vertieften beruflichen Informationen und zur Ausbildungs- bzw. Studiensuche.

Berufsberatung der Agenturen für Arbeit

Neben der Beratung durch die Lehrer*innen an Ihrer Schule und die Online-Tools der Bundesagentur für Arbeit sowie anderer Anbieter finden Sie auch professionelle Unterstützung bei der **Berufsberatung**. Sie bietet Ihnen eine neutrale und kostenfreie Beratung in allen Fragen der Berufs- und Studienwahl. Neben Informationsveranstaltungen zu den Themen Berufswahl, Berufe und Berufsbereiche, Ausbildungs- und Studienmöglichkeiten sowie Arbeitsmarkt können Sie auch die Sprechzeiten an Ihrer Schule nutzen.

In der **persönlichen Beratung** können Sie Ihr Wunschstudium oder Ihren Berufswunsch sowie angedachte Studien- oder Berufsalternativen besprechen und Vor- und Nachteile in Ruhe reflektieren. Wenn Sie es wünschen, kann Ihnen zudem der Berufspsychologische Service (BPS) der Agentur für Arbeit bei studienwahl-, ausbildungs- und berufsbezogenen Fragen beratend zur Seite stehen. Wenn Sie sich für ein bestimmtes Studienfeld interessieren, sich aber nicht sicher sind, ob dieses Studium Ihren Fähigkeiten entspricht, können Sie beim Berufspsychologischen Service (BPS) an einem studienfeldbezogenen Beratungstest teilnehmen. Dieser wird für die Bereiche Naturwissenschaften, Ingenieurwissenschaften, Wirtschaftswissenschaften, Informatik/Mathematik, Philologische Studiengänge und Rechtswissenschaften angeboten.

Vorträge, Workshops und Seminare bieten Ihnen die Möglichkeit, sich intensiv mit Einzelaspekten der Studienwahl auseinanderzusetzen und die eigenen Fragen mit Berufsberaterinnen und Berufsberatern sowie mit anwesenden Vertreter*innen aus der Berufswelt zu diskutieren. Die Berufsberater*innen der Agentur für Arbeit arbeiten eng mit den Studienberatungsstellen der regionalen Hochschulen zusammen, organisieren gemeinsame Informationsveranstaltungen und vermitteln Kontakte, bspw. zu Branchenexperten.

Aktuelle Veranstaltungshinweise der Agenturen für Arbeit finden Sie in der zentralen Veranstaltungsdatenbank der Bundesagentur für Arbeit unter www.arbeitsagentur.de > Veranstaltungsdatenbank. Hinweise zu Hochschulinformationstagen und Studienmessen gibt es auch in der Veranstaltungsdatenbank unter www.studienwahl.de.

Studienberatungsstellen der Hochschulen

An fast allen Hochschulen sind zentrale Studienberatungsstellen eingerichtet (Anschriften finden Sie auf www.studienwahl.de), die über allgemeine Fragen zum Studium informieren. Hier können Sie sich u.a. über Studienangebote und Studienvoraussetzungen, Zulassungsbeschränkungen und Bewerbungsverfahren, Studienverlauf, mögliche Fächerkombinationen,

➔ links

abi>> Portal
➔ www.abi.de

Studiensuche der Bundesagentur für Arbeit
➔ www.arbeitsagentur.de/studiensuche

Studiencheck
➔ www.studiencheck.de

BERUFE.TV
➔ www.berufe.tv

BERUFENET
➔ berufenet.arbeitsagentur.de

HRK-Hochschulkompass
➔ www.hochschulkompass.de

Prüfungsbestimmungen, Einschreibevoraussetzungen oder Besonderheiten der jeweiligen Hochschulen informieren und beraten lassen.

Studienfachbezogene Beratungen führen i.d.R. die einzelnen Fachbereiche der Hochschulen durch. Sie können Ihre Fragen zum Studium auch per E-Mail, an manchen Hochschulen auch per Chat oder WhatsApp stellen. Die meisten Hochschulen sind zudem in den sozialen Medien vertreten.

Weitere Entscheidungshilfen

Self-Assessments und Orientierungstests

Eine Form der Studienorientierung bieten **Online-Self-Assessments**. Im Unterschied zu Assessment-Centern, auf die man eher in Bewerbungsverfahren trifft, kann man bei Online-Self-Assessments zur Studienorientierung selbst zu Hause am Computer die Eignung für einen Studiengang überprüfen. Dabei werden anhand von Übungen und Fragebögen unterschiedliche Persönlichkeitsmerkmale nach bestimmten Kriterien überprüft. Studieninteressierte bekommen auf diese Weise einen ersten Eindruck von dem, was sie im Studium erwartet, und können anhand der Testergebnisse (die nur ihnen bekannt sind) besser einschätzen, ob ein Studienfach zu ihnen passt oder nicht. Das **OSA-Portal** listet über 500 solcher Online-Tests deutscher, schweizerischer und österreichischer Hochschulen (www.osa-portal.de).

Auch die **Bundesagentur für Arbeit** bietet einen beruflichen Orientierungstest (online und kostenfrei). Durch psychologisch fundierte Tests und Fragen zur Selbsteinschätzung hilft er dabei, berufliche Fähigkeiten, soziale Kompetenzen, berufliche Vorlieben und Interessen mit den Anforderungen der Ausbildungsberufe und Studienfelder abzugleichen. Im Ergebnis erhalten Sie eine Einschätzung dazu, welche Ausbildungen und Studienfelder zu Ihnen passen könnten. Den Test erreichen Sie unter www.check-u.de.

Davon zu unterscheiden sind **fachbezogene Auswahltests der Hochschulen**, die im Zusammenhang mit der Bewerberauswahl durchgeführt werden. Manche Hochschulen setzen ein Self-Assessment vor der Bewerbung voraus, (etwa in Baden-Württemberg). Einzelne Länder bieten hierzu zentrale Angebote an, so z.B. Baden-Württemberg (www.was-studiere-ich.de). ▶

Internetangebote

- Informationen über Hochschulen, Studiengänge und die Studienplanung sind im Internet besonders einfach zu finden – unter www.studienwahl.de. Dort finden Sie – laufend aktualisiert – Informationen und Links zu allen staatlichen und staatlich anerkannten Hochschulen in Deutschland sowie Hinweise auf viele weitere relevante Informationsquellen. Mit der **Studiengangsuche** können Sie ganz einfach herausfinden, an welchen Hochschulen Ihr Wunschfach angeboten wird und Ergebnisse weiter filtern.
- Beim **abi>> Portal** (www.abi.de) der Bundesagentur für Arbeit sollten Sie unbedingt vorbeischauen. Hier finden Sie regelmäßig neue Infos und Reportagen rund um Studium, Ausbildung und Berufsleben. Dazu gehört das kostenlose Magazin **abi>>**, das Sie an Ihrer Schule (z.B. Gymnasien) sowie im Berufsinformationszentrum (BiZ) Ihrer Agentur für Arbeit oder online unter www.abi.de/bezugsmoeglichkeiten erhalten
- Einen umfassenden Überblick über die deutschen Hochschulen, ihre Studienberatungsstellen und Studentensekretariate, ihr Studienangebot, Promotionsmöglichkeiten, internationale Kooperationen etc. bietet der **Hochschulkompass** (www.hochschulkompass.de) der Hochschulrektorenkonferenz (HRK).
- Die Bundesländer präsentieren außerdem ihre Hochschullandschaft online.
  Die Internet-Adressen, mit denen Sie in den **Info-Portalen der Länder** recherchieren können, finden Sie auf www.studienwahl.de.
- Informationen zu Berufen von A–Z, vom Ausbildungsinhalt über Eignung, Verdienst- und Beschäftigungsmöglichkeiten bis zu Perspektiven, Zugangsvoraussetzungen und Alternativen bietet Ihnen **BERUFENET**, das Portal für Ausbildungs-, Studienfeld- und Tätigkeitsbeschreibungen der Bundesagentur für Arbeit (www.berufenet.arbeitsagentur.de).
- Hilfreiche Informationen rund um das passende Studium finden Sie auch auf der Webseite der **Bundesagentur für Arbeit** unter www.arbeitsagentur.de/studiensuche oder www.studiencheck.de.

Informationssystem Studienwahl und Arbeitsmarkt (ISA)

Das Informationssystem Studienwahl und Arbeitsmarkt der Universität Duisburg-Essen stellt Daten aus Hochschulstatistiken und der Arbeitsmarktforschung zusammen. Auf den ISA-Seiten (www.uni-duisburg-essen.de/isa) finden Sie Infos und Links zu den am meisten nachgefragten Studiengängen (z.B. zur durchschnittlichen Studienzeit oder zum Alter der Absolvent*innen bei ihrem Abschluss etc.). Zudem werden die Arbeitsmarktperspektiven dieser Studiengänge untersucht.

Informationen über die Anerkennung von ausländischen Abschlüssen

Das Portal www.anerkennung-in-deutschland.de des Bundesinstituts für Berufsbildung (BIBB) und des Bundesministeriums für Bildung und Forschung (BMBF) hilft bei Fragen zur Anerkennung von ausländischen Schul-, Studien- und Berufsabschlüssen. Viele Hochschulen bieten studierwilligen Geflüchteten die Möglichkeit, als Gasthörer*innen Veranstaltungen zu besuchen oder an Orientierungsprogrammen und Sprachkursen teilzunehmen. Informationen zu Schule, Ausbildung und Studium für Menschen aus dem Ausland finden Sie auch auf www.arbeitsagentur.de in der Kachel „Für Menschen aus dem Ausland“ oder im **abi>> Portal** (www.abi.de) unter Unterstützung > Start in Deutschland.

Podcasts & Videos

In Kurzfilmen zu Ausbildungs- und vielen Studienberufen des Portals **BERUFE.TV** der Bundesagentur für Arbeit berichten Auszubildende, Studierende und Berufstätige in fünf bis sieben Minuten von ihrem Beruf: Worum geht es und welche Anforderungen werden gestellt? Dabei bekommt man auch ein Bild von der Arbeitsumgebung – von Werkstätten, Büros und der Arbeit im Freien.

Auch eine Reihe von Hochschulen stellen ihr Fächerangebot im Internet mittels **Podcasts** vor. Das Spektrum der Video- oder Audiobeiträge reicht von Einführungsvorlesungen über Beiträge zu wissenschaftlichen Fragestellungen bis hin zu Erfahrungsberichten ehemaliger Studierender.

Broschüren & Informationsschriften

Zu den nützlichen Informationsquellen gehören auch die von den Ländern herausgegebenen Broschüren, die ausführlich über die Hochschullandschaft des betreffenden Landes informieren. Diese sind i.d.R. bei den zuständigen Kultus- und Wissenschaftsministerien bzw. Senatsverwaltungen erhältlich. Viele davon stehen auch als Download zur Verfügung oder können per E-Mail angefordert werden. Eine Übersicht der Publikationen finden Sie in *Kapitel 6.4 „Weitere öffentliche Informationsangebote“*.

Von besonderer Bedeutung für die Vorbereitung des Studiums sind die von Hochschulen häufig als **Studienführer** bzw. **Hochschulführer** herausgegebenen Broschüren. Diese umfassen Beschreibungen der angebotenen Studiengänge, Hochschuleinrichtungen sowie der örtlichen Gegebenheiten und enthalten zudem Hinweise zur Studienplanung. Auch viele Studienberatungsstellen und Studierendenvertretungen veröffentlichen Informationsschriften.

Fachstudienführer & Ratgeber

Wer sich gründlich über die Ausbildung, die Inhalte und Anforderungen seines Wunschberufs informieren möchte, dem sei auch der Gang in eine Buchhandlung oder eine Stadtbibliothek empfohlen. Es gibt eine Vielzahl an Titeln, die einzelne Fachgebiete und Studienbereiche vertieft darstellen. Themen wie Studienplanung, Arbeitstechniken, Prüfungsvorbereitung und Anfertigen von Abschlussarbeiten werden dort behandelt und übergreifende Fragen des Studiums beantwortet.

Hochschul-Rankings

Bei der Wahl des Studienfaches oder der Hochschule können auch sogenannte Hochschul-Rankings in die Entscheidung einbezogen werden. Diese Rankings beruhen auf Erhebungen zu den Studien- und Forschungsbedingungen der Hochschulen in ausgesuchten Studienfächern. Die Ergebnisse werden in Ranglisten gebracht, die vergleichende Auskünfte über die Qualität der Lehre und Forschung geben wollen.

Angehende Studierende können hier hilfreiche Informationen finden: z.B. Aussagen über das Betreuungsverhältnis von Lehrenden zu Studierenden, Daten zur Bibliotheksausstattung, Angaben zum Praxisbezug in einem Studienfach oder die Beurteilung der Studiensituation durch die Studierenden.

Doch Achtung: Nicht jedes Ranking kann halten, was es verspricht. Wenn sich auch die Qualität der Rankings in den vergangenen Jahren deutlich verbessert hat, so erschweren weiterhin methodische Probleme und eine ungenaue Datenlage objektive Aussagen. Eine Hochschule oder eine Fachrichtung kann in einem Ranking einen der vorderen Plätze einnehmen und landet trotzdem in einem anderen nur im Mittelfeld. Das kann u.a. daran liegen, dass sich Zielrichtung, Art der Datenerhebung oder die angewendeten Kriterien unterscheiden. Auch stellen die Ranglisten nur Momentaufnahmen dar, bei denen zwischen Erhebung, Auswertung und der Veröffentlichung teilweise einige Semester vergehen.

Welche Rankings können am ehesten helfen?

Die aussagekräftigsten Informationen liefern jene Rankings, die auf vielen verschiedenen Kriterien und nicht nur auf subjektiven Urteilen von Studierenden, Lehrenden oder Personalverantwortlichen beruhen. Mehr Anhaltspunkte für die eigene Fachwahl bieten zudem Untersuchungen, die nicht ganze Hochschulen, sondern einzelne Fächer oder Studiengänge miteinander vergleichen.

Hochschul-Rankings können also nicht immer verlässlich und objektiv die Qualität von Forschung und Lehre messen – und schon gar nicht den späteren beruflichen Erfolg der Absolvent*innen prognostizieren. Sie bieten jedoch einen Anhaltspunkt und eine Hilfestellung bei der Studien- und Berufswahl, v.a. wenn Sie bereits wissen, welche Rahmenbedingungen Ihnen im Studium wichtig sind. ▸

➔ links

abi>> Portal
➔ www.abi.de

Studiensuche der Bundesagentur für Arbeit
➔ www.arbeitsagentur.de/studiensuche

Studiencheck
➔ www.studiencheck.de

BERUFE.TV
➔ www.berufe.tv

BERUFENET
➔ berufenet.arbeitsagentur.de

HRK-Hochschulkompass
➔ www.hochschulkompass.de

Rankings deutscher Hochschulen
Einen Überblick gibt der Deutsche Bildungsserver:
➔ www.bildungsserver.de/Hochschulranking-1244.html

Aktiv werden

Im stillen Kämmerlein die eigene Zukunft zu planen, ist eine Sache. Doch einen Einblick in verschiedene Studien- und Berufsfelder erhält man nur, wenn man selbst aktiv wird und sich ausprobiert. Dafür gibt es eine Reihe von Möglichkeiten.

Pflichtpraktika vor Studienbeginn

Für etliche Fächer muss vor Studienbeginn ein Praktikum absolviert werden. Insbesondere an Fachhochschulen wird meist vor der Aufnahme des Studiums ein sogenanntes Vorpraktikum von eineinhalb bis zwölf Monaten Dauer verlangt.

Eine einschlägige fachpraktische Ausbildung oder entsprechende Tätigkeiten in einem Freiwilligendienst können unter bestimmten Voraussetzungen ganz oder teilweise auf die nachzuweisenden Praktikumszeiten angerechnet werden. Die Dauer des Vorpraktikums unterscheidet sich je nach Fachrichtung, Hochschule sowie schulischer Vorbildung der Studienbewerber*innen.

Daher sollten Sie sich frühzeitig bei Ihrer zukünftigen Hochschule über die jeweiligen Bestimmungen informieren – z.B. auch über die Möglichkeit, das Vorpraktikum aus besonderen Gründen nach Studienbeginn in den Semesterferien abzuleisten. Ausnahmeregelungen gibt es ferner für Studierende mit Behinderungen und chronischen Erkrankungen.

Freiwilliges Praktikum?

Auch wenn kein Praktikum vor Studienbeginn vorgeschrieben ist, kann eine Entscheidung dafür sinnvoll sein. Sie können so Ihre Motivation und Eignung für das geplante Studium und die spätere Berufstätigkeit überprüfen und gleichzeitig schon Kontakte für den späteren Berufseinstieg knüpfen. Bei der Suche nach Praktika während des Studiums sind z.B. die Praktikumsämter oder Career Services der Hochschulen behilflich.

➔ info

Die Bundesagentur für Arbeit bietet in ihrer **JOBSUCHE** (➔ www.arbeitsagentur.de/jobsuche) auch die Möglichkeit, nach Praktikumsstellen zu suchen, ebenso die **„Praktikumsbörse“** auf ➔ studienwahl.de.

Infotage, Schnupperstudium

Schon während der Schulzeit können sich Schüler*innen vor Ort ein Bild vom Studienalltag machen und die Inhalte und Anforderungen eines Faches näher kennenlernen.

An fast allen Hochschulen werden dazu regelmäßig Studieninformationstage durchgeführt. Hier erfährt man mehr über die Hochschule und das Studienangebot, kann sich den Fachbereich genauer ansehen sowie mit Lehrenden und Studierenden ins Gespräch kommen. Nicht selten können Studieninteressierte auch praktische Erfahrungen sammeln und z.B. in einem „Schüler-Labor“ eigene Experimente durchführen.

Ein weiteres Angebot ist das Schnupperstudium. Dabei nehmen Sie schon während Ihrer Schulzeit an regulären Lehrveranstaltungen einer Hochschule teil und können so testen, ob das Studienfach auch tatsächlich Ihren persönlichen Vorstellungen entspricht.

➔ info

Aktuelle Termine von Infoveranstaltungen erfahren Sie bei der Studienberatung der Hochschulen, über die regionale Tagespresse oder auch in der **Veranstaltungsdatenbank** unter ➔ www.studienwahl.de/veranstaltungen.

Brücken ins Studium: Vorkurse

Wer Wissenslücken hat, kann sie vor Beginn des Studiums in einem Vorkurs schließen und so schon eine Vorstellung davon gewinnen, was noch folgt. Kurz: Die Startbedingungen für das folgende Studium verbessern sich beträchtlich.

Vorkurse sind jedoch nicht nur für diejenigen unter den Studienanfänger*innen gedacht, die sich im betreffenden Fach noch etwas unsicher oder unvorbereitet fühlen. Profitieren können davon alle.

In einzelnen Ländern gibt es hierzu auch zentrale Angebote, so z.B. in Bayern (www.vhb.org).

➔ info

Wer ein mathematisch-naturwissenschaftliches Fach oder Sprachwissenschaften studieren möchte, in der Schule jedoch keine entsprechenden Leistungskurse belegt hat, kann an manchen Hochschulen an Vorkursen teilnehmen, um noch vor Studienbeginn mögliche Wissenslücken, z.B. in Mathematik oder Englisch, zu schließen.

Wichtig bei den Vorkursen ist eine **frühzeitige Information und Anmeldung** vor dem Semesterstart. Da diese Kurse teils schon vor dem Versand der Zulassungsbescheide beginnen, sollten Sie sich dafür ggf. auch auf die Gefahr hin anmelden, dass Sie einen Studienplatz an einer anderen Hochschule erhalten.

Studium generale und Orientierungsjahr

Eine weitere Entscheidungshilfe vor der eigentlichen Studienaufnahme kann ein **Studium generale** oder ein **Orientierungsjahr** sein, bei dem die künftigen Studierenden meist über zwei Semester Veranstaltungen aus verschiedenen Disziplinen besuchen und sich damit ein besseres Bild von den Inhalten machen können. Das Studium generale und die Orientierungsjahre (manchmal auch Orientierungssemester) werden i.d.R. kostengünstig von einigen Hochschulen angeboten. Es gibt auch private Anbieter, die aber deutlich teurer sind.

Junior-, Schüler- bzw. Frühstudium

Besonders begabte und motivierte Schüler*innen der Sekundarstufe II/Oberstufe können parallel zum Unterricht vorab in bestimmten Fächern regelmäßig Lehrveranstaltungen besuchen (als Jungstudierende oder Frühstudierende ohne förmliche Zulassung zum Studium). Dabei können sie oft auch Leistungsnachweise für ihr späteres Studium erbringen und es dadurch verkürzen.

Außerdem entstehen so später Freiräume im Studium, die z.B. für Auslandsaufenthalte oder den Besuch interdisziplinärer Veranstaltungen genutzt werden können.

Über die Zulassung zum Frühstudium entscheiden Schule und Hochschule gemeinsam. In zulassungsbeschränkten Studiengängen wie z.B. Medizin und Psychologie gelten zudem Einschränkungen im Hinblick auf die Teilnahmemöglichkeit und den Erwerb von Leistungsnachweisen. ■

➔ links

abi>> Portal
Tipps & Hinweise zur beruflichen Orientierung:
➔ www.abi.de

Tipps zur Entscheidungsfindung

Tipp 1: Frühzeitig informieren

Beginnen Sie möglichst frühzeitig, sich mit der Studienwahl auseinanderzusetzen. So gewinnen Sie Klarheit über Ihre eigenen Wünsche und Fähigkeiten.

Tipp 2: Über das Berufsleben reden

Sprechen Sie mit Ihren Eltern, Lehrkräften, Bekannten und mit Freund*innen, die sich bereits im Studium oder im Berufsleben befinden. Nehmen Sie unbedingt auch die Angebote der Berufsberatung der Agentur für Arbeit und der Studienberatung der Hochschulen in Anspruch. Schnuppern Sie schon während der Schulzeit in eine Hochschule (z.B. Tag der offenen Tür oder Studieninfotag) oder einen Betrieb hinein.

Tipp 3: Eigenständig entscheiden

Folgen Sie bei Ihrer Studienwahl nicht nur aktuellen Trends – denn dann müssen Sie mit überfüllten Seminaren und großer Konkurrenz rechnen. Entscheiden Sie sich lieber für einen Studiengang, der Ihren Interessen und Fähigkeiten entspricht. Beziehen Sie in Ihre Entscheidung auch immer die Situation auf dem Stellenmarkt ein.

1.2 Studium oder Ausbildung?

Mit dem Abitur stehen Ihnen alle Wege offen. Wofür sich aber entscheiden – ein Hochschulstudium, eine berufliche Ausbildung oder beides kombinieren?

Für ein Hochschulstudium spricht:

- Ein Studium ermöglicht Ihnen, wissenschaftlichen Interessen nachzugehen und intellektuelle Fähigkeiten für ein breites Berufsspektrum zu entwickeln.
- Bestimmte berufliche Ziele lassen sich nur über ein Studium erreichen (z.B. Ärzt*in, Anwält*in oder Lehrer*in).
- Für gehobene berufliche Positionen wird häufig ein abgeschlossenes Hochschulstudium vorausgesetzt.
- Akademiker*innen haben in vielen Bereichen ein vergleichsweise geringes Arbeitslosigkeitsrisiko. ▶

Für eine berufliche Ausbildung spricht:

- Wer sich mehr für praktisch-organisatorische Tätigkeiten interessiert, für den kann eine Berufsausbildung zunächst die richtige Wahl bedeuten.
- Eine betriebliche Ausbildung schafft im Zusammenhang mit einer Weiterbildung (z.B. zum*zur Meister*in, Techniker*in) eine gute Grundlage für den Aufstieg zur Führungskraft in Handwerk, Industrie und in anderen Wirtschaftsbereichen sowie für eine selbstständige Unternehmensführung.
- Eine Ausbildung in Betrieb und Berufsschule (duale Ausbildung) oder an einer Berufsfachschule kann auch als Vorbereitung oder zur Orientierung für ein anschließendes Studium hilfreich sein.
- Man erhält Einblicke in betriebliche Abläufe und Strukturen und kann seine sozialen Kompetenzen erweitern.
- Während einer betrieblichen Ausbildung bekommt man eine Ausbildungsvergütung gezahlt.

Hinweis: Sie können Studium und Ausbildung auch in einem dualen Studium kombinieren. (*siehe Abschnitt 2.4.1 „Duales Studium“*). ▶

➔ info

Die **Berufsberatung Ihrer Agentur für Arbeit** hilft Ihnen gern bei der Suche nach einem für Sie geeigneten Studien- oder Ausbildungsplatz. Die Kontaktadressen finden Sie unter ➔ www.arbeitsagentur.de > „Finden Sie Ihre Dienststelle“. Einen Termin für die Berufsberatung (persönlich, telefonisch oder per Video) können Sie auch unter ➔ www.arbeitsagentur.de/Kontakt vereinbaren.

➔ links

Check-U – das Erkundungstool der Bundesagentur für Arbeit:
➔ www.check-u.de

Bundesagentur für Arbeit
abi» RELOAD
Moderner. Kompakter. Mobile First.
ab September 2021!
Schüler*innen
Eltern
Lehrkräfte / BO-Coaches
TOP THEMA
Wie geht's weiter? Wege nach dem Abi im Überblick
VIDEO
Dein abi» deine Zukunft
WAS INTERESSIERT DICH?
Welche Ausbildungen gibt es?
Deine Zukunft beginnt jetzt
Orientieren Stärken und Interessen erkunden
Entscheiden Ausbildung oder Studium – oder beides?
Bewerben Unterlagen, Fristen, Persönlichkeit – gewusst wie!
abi» kompakt
Deine Berufswah
abi.de
DEINE ZUKUNFT BEGINNT JETZT.

Checkliste Studium

Falls Sie ein Studium anstreben, sollten Sie vorher folgende Fragen klären:

- Welche Studienangebote gibt es und wo kann ich sie studieren? (*siehe Kapitel 3 „Studienfelder & Studieninhalte“ und Abschnitt 2.4.1 „Duales Studium“*)
- Welche Unterschiede bestehen zwischen den einzelnen Hochschularten und welche davon liegt mir eher? (*siehe Kapitel 2.2 „Hochschultypen“*)
- Entspricht der gewählte Studiengang meiner Begabung, meinen Fähigkeiten und Interessen, und welche Voraussetzungen habe ich in der Schule durch Schwerpunktfächer erworben?
- Wie lange dauert das Studium, wie ist es aufgebaut und strukturiert? (*siehe Kapitel 2.3 „Studienabschlüsse und -organisation“*)
- Reichen meine in der Schule erworbenen Kenntnisse, z.B. in Mathematik oder Fremdsprachen, für das gewählte Studienfach? Bietet die Hochschule ggf. Vorkurse zur Studienvorbereitung an? (*siehe Kapitel 2.1 „Voraussetzungen“*)
- Welche Spezialisierungsmöglichkeiten habe ich im Studium? (*siehe Kapitel 3 „Studienfelder & Studieninhalte“*)
- Welche Abschlüsse gibt es und in welchen Berufen kann ich mit diesen arbeiten? (*siehe Kapitel 2.3 „Studienabschlüsse und -organisation“ und Kapitel 3 „Studienfelder & Studieninhalte“*)
- Sind praxisverzahnte duale Studiengänge evtl. eine Alternative für mich? (*siehe Abschnitt 2.4.1 „Duales Studium“*)
- Bestehen besondere Zugangs- und Einschreibungsvoraussetzungen? (*siehe Kapitel 2.1 „Voraussetzungen“*)
- Welche Bewerbungstermine und Einschreibefristen muss ich beachten? (*siehe Kapitel 4 „Bewerbung & Zulassung“*)
- Welche Kosten kommen auf mich zu, und wie finanziere ich das? (*siehe Kapitel 5 „Wohnen und Finanzielles“*)

Für **Studierende mit Behinderungen oder chronischen Krankheiten** sind zusätzlich noch folgende Punkte wichtig (*siehe auch Kapitel 1.6 „Studieren mit Behinderungen oder chronischer Erkrankung“*): ▶

- Mit welchen Anforderungen bin ich durch die Arbeitsweise in meinem Studienfach konfrontiert und wie kann ich diese bewältigen, z.B. Arbeiten im Labor, Praktika u. Ä.?
- Sind aufgrund gesundheitlicher Einschränkungen besondere Hilfen notwendig und werden diese angeboten?
- Gibt es ggf. technisch-apparative Vorkehrungen für Sinnesbehinderte, z.B. Lesegeräte, Mikroport-Anlagen, behindertengerechte Computer-/Bibliotheksarbeitsplätze?
- Sind die in Erwägung gezogenen Hochschulen so angelegt, dass die Einrichtungen z.B. über Rampen, Aufzüge oder entsprechende Türen auch mit dem Rollstuhl erreichbar sind?
- Wie sind die Hör- und Sichtverhältnisse im Hörsaal (Akustik, Beleuchtung etc.)?
- Gibt es psychologische Beratungsstellen?
- Wie sieht es mit der Campusverpflegung aus?
- Existiert ein ausreichendes Angebot an rollstuhlgerechten Wohnmöglichkeiten?

Tipp: An fast jeder Hochschule gibt es Beauftragte für Studierende mit Behinderungen oder chronischer Erkrankung. Sie informieren beispielsweise über Nachteilsausgleiche und wie man sie beantragt.

Checkliste Berufliche Ausbildung

Falls Sie eine berufliche Ausbildung anstreben, sollten Sie die Antworten auf die folgenden Fragen recherchieren:

- Wo ist die geplante Ausbildung möglich?
- Wie viele Ausbildungsplätze stehen dort zur Verfügung und wie hoch ist erfahrungsgemäß die Anzahl der Bewerber*innen?
- Welche Bewerbungstermine muss ich beachten?
- Nach welchen Kriterien (z.B. Vorstellungsgespräch oder Assessment-Center) erfolgt die Auswahl, und wie kann ich mich darauf vorbereiten?
- Wie ist die Ausbildung gegliedert und aufgebaut? Ist eine Verkürzung möglich?

STUDIUM ODER AUSBILDUNG?

- Welche Institution überwacht die Ausbildung und kann mich beraten (z.B. Industrie- und Handelskammer, Handwerks-, Landwirtschaftskammer oder auch Schulbehörden)?
- Besteht die Möglichkeit, Zusatzqualifikationen zu erwerben oder Teile der Ausbildung im Ausland zu absolvieren?
- Wie hoch ist die Ausbildungsvergütung? Gibt es zusätzliche Fördermöglichkeiten?
- Welche Berufs- und Aufstiegsmöglichkeiten bieten sich?
- Habe ich Chancen, mich später selbstständig zu machen?

Tipp: Die Berufsberater*innen der Agentur für Arbeit unterstützen bei der Suche nach einem geeigneten Ausbildungsplatz, wenn gewünscht. Dazu einfach einen Termin vereinbaren. Online kann man in der JOBSUCHE der Bundesagentur für Arbeit nach Ausbildungsstellen suchen (www.arbeitsagentur.de/jobsuche).

Für **Auszubildende mit Behinderungen oder chronischen Krankheiten** sind die baulichen Gegebenheiten und die apparative Ausstattung der künftigen Ausbildungsstätte von gleicher Bedeutung wie für die Studierenden. Darüber hinaus sind noch folgende Punkte wichtig:

- Was ist, wenn ich behinderungsbedingt bestimmte Inhalte in der Ausbildung nicht machen kann?
- Sind Arbeits-, Werk- und Labortische höhenverstellbar?
- Gibt es neben rollstuhlgerechten Toiletten auch rollstuhlbefahrbare Waschgelegenheiten, ggf. mit Handhalterungen und -stützen?

➔ info

Hilfen für behinderte Auszubildende
Informationen zum Thema „**Nachteilsausgleich**" bietet auch das Handbuch „Nachteilsausgleich für behinderte Auszubildende" vom Bundesinstitut für Berufsbildung (BiBB). Die PDF-Version kann kostenlos heruntergeladen werden.
➔ www.bibb.de/veroeffentlichungen/de/publication/show/7407

- Gibt es Möglichkeiten für zusätzliche elektrische Installationen, z.B. eine Steckdose, um ein Beatmungsgerät oder ein Ladegerät für den Rollstuhl anschließen zu können?

Tipp: Die Reha-Teams der Agenturen für Arbeit unterstützen Ausbildungsplatzsuchende mit Behinderungen oder chronischen Krankheiten z.B. durch:

- Vermittlung eines betrieblichen Ausbildungsplatzes oder Praktikums,
- eine Berufsfindung oder eine Arbeitserprobung, um zu klären, welche Berufe infrage kommen (Berufsfindung) oder wie die konkreten Bedingungen an einem bestimmten Ausbildungs- oder Arbeitsplatz aussehen (Arbeitserprobung),
- eine blindentechnische oder vergleichbare spezielle Grundausbildung. Hierbei werden entsprechende Grundfertigkeiten zur Vorbereitung auf eine Ausbildung oder ein Studium vermittelt.
- Informationen über Nachteilsausgleiche. ■

➔ links

BERUFENET
In der Datenbank der Bundesagentur für Arbeit finden Sie Informationen zu rund 3.500 Berufen in Deutschland.
➔ berufenet.arbeitsagentur.de

planet-beruf.de
Infos rund um die Berufswahl, verschiedene Ausbildungsberufe, Bewerbungstraining etc.
➔ www.planet-beruf.de

BERUF AKTUELL
Das Lexikon der Ausbildungsberufe der Bundesagentur für Arbeit bietet einen Überblick über alle anerkannten Ausbildungsberufe sowie über Berufe mit geregelten Ausbildungsgängen an Berufsfachschulen, Fachschulen, in Betrieben und Verwaltungen. Das Handbuch kann bei jeder Agentur für Arbeit (BiZ, Berufs- oder Rehaberatung) kostenlos abgeholt oder unter
➔ www.arbeitsagentur.de > Schule, Ausbildung und Studium > Downloads als PDF heruntergeladen werden.

Check-U – das Erkundungstool der Bundesagentur für Arbeit:
➔ www.check-u.de

1.3 Typisch Frau – typisch Mann?

Was heute unvorstellbar erscheint: der Besuch von Hochschulen war bis zur zweiten Hälfte des vergangenen Jahrhunderts fast ausschließlich dem männlichen Geschlecht vorbehalten. Studierende Frauen stellten eine große Minderheit dar.

In den folgenden Jahrzehnten bis heute hat sich diese Situation grundlegend verändert, die Zahl der weiblichen Studierenden hat stetig zugenommen. Im Wintersemester 2019/20 begannen 508.689 Personen ihr Studium, davon waren mehr als die Hälfte Frauen.

Fächerwahl folgt klassischen Mustern

Trotz dieser erfreulichen Entwicklung hat sich die Fächerwahl nicht wesentlich verändert: Männer und Frauen studieren nach wie vor überwiegend „geschlechtertypische" Fächer, traditionelle Muster werden nur langsam aufgebrochen.

Studienanfängerinnen entscheiden sich häufiger für ein Fach aus den Sprach- und Kulturwissenschaften, den Sozialwissenschaften, für einen Studiengang im Bereich Gesundheit und soziale Dienste oder für ein Lehramtsstudium. In ingenieurwissenschaftlichen sowie in einigen naturwissenschaftlichen Fächern dagegen sind Studentinnen unterrepräsentiert. Ihr Anteil in den Ingenieurfächern ist in den vergangenen Jahren allerdings leicht gestiegen. Die Arbeitsmarktentwicklungen zeigen, dass Frauen in technischen Berufen gute Chancen und Berufsperspektiven haben.

Doch auch **männliche Studienanfänger** orientieren sich bei ihrer Fächerwahl an klassischen Mustern: Sie belegen überwiegend Fächer mit einem traditionell hohen Männeranteil, nahezu entgegengesetzt der Studienwahl von Studentinnen. Männer stellen in den MINT-Fächern (= Mathematik, Informatik, Naturwissenschaften und Technik) die Mehrheit und sind gleichzeitig z.B. in den Gesundheits- und Pflegewissenschaften oder den Sprach- und Kulturwissenschaften unterrepräsentiert.

Traditionelle Rollenbilder?

Den Hintergrund für diese geschlechtsstereotype Berufs- und Studienfachwahl bilden oft auch unterbewusst Geschlechterrollenbilder, die nach wie vor Männlichkeit mit Technik und Weiblichkeit mit sozialen und kommunikativen Kompetenzen verbinden. Diese traditionellen Rollenbilder werden auch festgeschrieben, wenn Mädchen in sozial-kommunikativen Fächern bzw. Jungen in mathematischen und naturwissenschaftlichen Fächern höhere Kompetenzen unterstellt werden.

Mit zahlreichen Initiativen und Angeboten wenden sich deshalb Hochschulen und Verbände an

ⓘ Am stärksten besetzte Studienfächer

Studierende im Wintersemester 2019/2020

Männer	Frauen
1. Betriebswirtschaftslehre	1. Betriebswirtschaftslehre
2. Informatik	2. Psychologie
3. Maschinenbau/-wesen	3. Rechtswissenschaft
4. Elektrotechnik/Elektronik	4. Medizin (Allgemein-Medizin)
5. Wirtschaftsingenieurwesen mit ingenieurwiss. Schwerpunkt	5. Germanistik/Deutsch
6. Rechtswissenschaft	6. Soziale Arbeit
7. Wirtschaftsinformatik	7. Erziehungswissenschaft (Pädagogik)
8. Wirtschaftswissenschaften	8. Wirtschaftswissenschaften
9. Bauingenieurwesen/Ingenieurbau	9. Biologie
10. Medizin (Allgemein-Medizin)	10. Anglistik/Englisch

Quelle: Destatis, 2019/2020: Studierende an Hochschulen; Fachserie 11 Reihe 4.1

Abbildung 1

Schülerinnen, um diese für technisch-naturwissenschaftliche Ausbildungen oder Studienfächer zu begeistern. Auch für Schüler gibt es mittlerweile an verschiedenen Hochschulen spezielle Angebote, um den geringen Männeranteil in einigen Fächern (z.B. Lehramt Grundschule) zu erhöhen.

Informationen und Angebote für Schülerinnen und Studentinnen

Umfangreiche Informationen rund um das Thema Frauen und MINT bietet die Webseite des vom Bundesministerium für Bildung und Forschung (BMBF) geförderten Nationalen Pakts für Frauen in MINT-Berufen („Komm, mach MINT").

Auf www.komm-mach-mint.de finden Sie u.a. eine Projektlandkarte mit derzeit bundesweit rund 1.000 Projekten, Schnuppertagen, Stipendien, Mentoring-Angeboten und Wettbewerben für Schülerinnen und Studentinnen.

Ähnliche Angebote gibt es auf der Seite des **Girls'Day** (www.girls-day.de). Am sogenannten Mädchen-Zukunftstag können Mädchen technische, handwerkliche und naturwissenschaftliche Berufe sowie Studiengänge kennenlernen. Auf der Aktionslandkarte „Girls'Day-Radar" tragen sich Unternehmen, Hochschulen, Forschungszentren und ähnliche Einrichtungen ein, die bei dem Aktionstag mitmachen und Veranstaltungen anbieten.

Schülerinnen der Klassen 7 bis 10 können in manchen Ländern zudem das Angebot der Girls'Day Akademie nutzen, um verschiedene Studiengänge und Ausbildungsbetriebe im Bereich MINT kennenzulernen und an spannenden Projekten teilzunehmen. Weitere Informationen gibt es auf der Webseite www.girls-day-akademie.de.

Technik schnuppern

Wer würde ein technisches oder naturwissenschaftliches Studium beginnen, ohne zu wissen, was einen wirklich erwartet? Hier schaffen zahlreiche Hochschulen mit Veranstaltungen speziell für Schülerinnen Abhilfe. Wenn Sie konkret wissen möchten, worauf Sie sich einlassen, fragen Sie an den Hochschulen Ihres Interesses ▶

ⓘ Studiengangswahl von Männern und Frauen

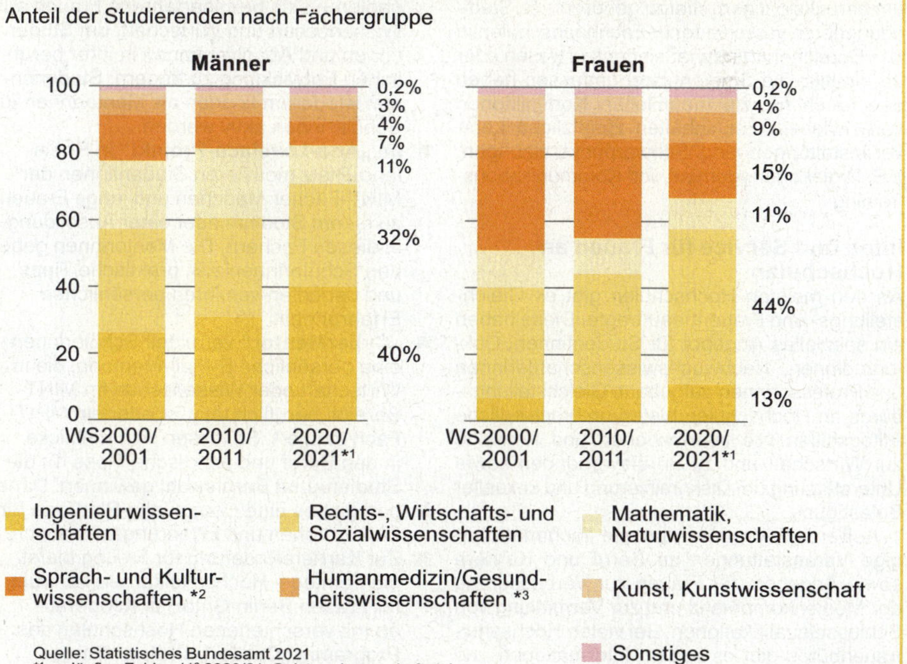

Quelle: Statistisches Bundesamt 2021
*1 vorläufige Zahlen / *2 2020/21: Geisteswissenschaften / *3 2000/01 nur (Human-)Medizin

Abbildung 2

nach, ob die entsprechenden Fachbereiche Frauen-Schnuppertage, -Sommeruniversitäten o.Ä. anbieten, bei denen Sie die Fächer und deren Studieninhalte kennenlernen können.

- Das „Niedersachsen-Technikum“ etwa bietet jungen Frauen Einblicke in naturwissenschaftlich-technische Berufe und Studienfächer. Es beinhaltet u.a. ein sechsmonatiges Praktikum in einem Unternehmen. Weitere Informationen und die neun beteiligten Hochschulen finden Sie auf der Internetseite der Koordinierungsstelle (www.niedersachsen-technikum.de).
- Eine regionale Übersicht über Schnupperangebote von Hochschulen für Frauen und Mädchen gibt es z.B. für Baden-Württemberg im Portal www.scientifica.de, beim Netzwerk „Zukunft durch Innovation“ (zdi) (www.zdi-portal.de), für Bayern unter schnuppertage.fhws.de sowie bei der „Thüringer Koordinierungsstelle für Naturwissenschaft und Technik“ (www.thueko.de).

Studiengänge nur „für sie“

Einige Hochschulen bieten **spezielle Frauenstudiengänge** an, die in besonderer Weise die Bedürfnisse und Interessen von Frauen an einem naturwissenschaftlich-technischen Studium berücksichtigen. Hierzu gehören z.B. Studienangebote verschiedener Fachhochschulen in den Bereichen Wirtschaftsingenieurwesen oder Informatik. Die Studienpläne umfassen neben den (auch für die männlichen Kommilitonen verbindlichen) Fachinhalten zusätzliche Lehrveranstaltungen und Schwerpunktsetzungen, z.B. Projektmanagement und Kommunikationstraining.

Infos und Service für Frauen an Hochschulen

An den meisten Hochschulen gibt es Gleichstellungs- und Frauenbeauftragte. Diese haben ein spezielles Angebot für Studentinnen, Doktorandinnen, Nachwuchswissenschaftlerinnen und Professorinnen aufgebaut. Gleichstellungsbüros an Hochschulen bieten unterschiedliche Alltagshilfen wie Informationen und Kontakte zur Wirtschaft und zu Berufsverbänden sowie Unterstützung bei Diskriminierung und sexueller Belästigung.

Außerdem organisieren sie fachunabhängige Veranstaltungen zu Beruf und Karriere sowie Angebote für Frauen zur Verbesserung der Medienkompetenz und zur Vermittlung von Schlüsselqualifikationen. Bei vielen Hochschulfrauenbüros gibt es zudem Informationen und Unterstützungsangebote zum Thema „Studieren mit Kind“.

Die Adressen der Frauen- und Gleichstellungsbeauftragten finden Sie direkt bei den Hochschulen oder im Zentralen Verzeichnis Frauen- und Gleichstellungsbeauftragte an den Hochschulen in der Bundesrepublik Deutschland sowie auf der Webseite von BuKoF, der Bundeskonferenz der Frauen- und Gleichstellungsbeauftragten an Hochschulen unter www.bukof.de).

Die Webseiten der Hochschulen und der Studentenwerke bieten Ihnen auch die Möglichkeit, Informationen über die Vereinbarkeit von Familie und Studium abzurufen.

Generell interessante Infos zu Hochschule und Studium aus Frauensicht gibt es auf der Webseite des Kompetenzzentrums Frauen in Wissenschaft und Forschung (Center of Excellence Women in Science CEWS).

Mentoring und Karriereförderung für Studentinnen

Beim Mentoring begleitet eine erfahrene Person (Mentorin bzw. Mentor) eine Studentin in den ersten Fachsemestern (Mentee), um diese zu unterstützen und in ihrer persönlichen und beruflichen Entwicklung zu fördern.

- Im **„Mentorinnen Netzwerk für Frauen in Naturwissenschaft und Technik“** engagieren sich berufserfahrene Frauen aus Wissenschaft und Wirtschaft, um Studentinnen und Absolventinnen in ihrer beruflichen Entwicklung zu fördern. Studentinnen wiederum können als Mentorinnen für Schülerinnen aktiv werden.
- Im **„Ada-Lovelace-Projekt“** in Rheinland-Pfalz motivieren Studentinnen der MINT-Fächer Mädchen und junge Frauen zu einem Studium oder einer Ausbildung in diesen Fächern. Die Mentorinnen geben den Schülerinnen z.B. praktische Tipps und berichten von ihren persönlichen Erfahrungen.
- **„CyberMentor“** vermittelt Schülerinnen eine persönliche E-Mail-Mentorin, die in Wirtschaft oder Wissenschaft im MINT-Bereich beruflich tätig ist oder ein MINT-Fach studiert. So lassen sich Einblicke in den Beruf und praktische Tipps für die Studien- und Berufswahl gewinnen. Daneben gibt es eine Community-Plattform für Diskussionen und Erfahrungsaustausch.
- Zur Karriereförderung für Frauen bietet die Femtec – Hochschulkarrierezentrum für Frauen Berlin GmbH in Kooperation mit verschiedenen Hochschulen das Programm **„Careerbuilding“** für den weiblichen Führungsnachwuchs an. Das Programm gibt den Studentinnen höherer

Semester die Chance, frühzeitig die richtigen Weichen für den beruflichen Ein- und Aufstieg zu stellen.

Vernetzung erleichtert den Weg zum Erfolg

Gemeinsam sind sie stark: Gerade Frauen mit Berufen in sogenannten Männerdomänen verbünden und vernetzen sich, um gemeinsam ihre Interessen zu vertreten, einen an ihren Bedürfnissen orientierten fachlichen und beruflichen Austausch zu haben und sich gegenseitig zu unterstützen. Auch für junge Frauen sind solche Netzwerke oft eine gute Anlaufstelle, um sich ein Bild über die konkrete berufliche Situation des gewählten Fachs zu machen. Über die wichtigsten Frauen-Netzwerke, insbesondere für den Technik- und Informatikbereich, informiert die Webseite des Kompetenzzentrums Technik-Diversity-Chancengleichheit e.V.

Informationen und Angebote für Schüler und Studenten

Neben den Angeboten für junge Frauen wird inzwischen auch zunehmend Unterstützung speziell für junge Männer angeboten.

Zu nennen ist hier in erster Linie der Jungen-Zukunftstag **Boys'Day**, den das Kompetenzzentrum Technik-Diversity-Chancengleichheit e.V. koordiniert. Auf der Aktionslandkarte, dem „Boys'Day-Radar" können Sie Angebote in Ihrer Region recherchieren: www.boys-day.de.

Daneben wird in manchen Regionen eine Boys'Day-Akademie angeboten. Diese richtet sich an Schüler allgemeinbildender Schulen. Ziel ist, dass die jungen Menschen aktiv die zukunftsorientierten Ausbildungs- und Studienberufe aus den Bereichen Erziehung, Pflege, Soziales und Gesundheit kennenlernen können.

Zum Thema **Studieren mit Kind** bieten die Webseiten der Hochschulen und der Studenten- und Studierendenwerke auch die Möglichkeit, Informationen über die Vereinbarkeit von Familie und Studium abzurufen. ■

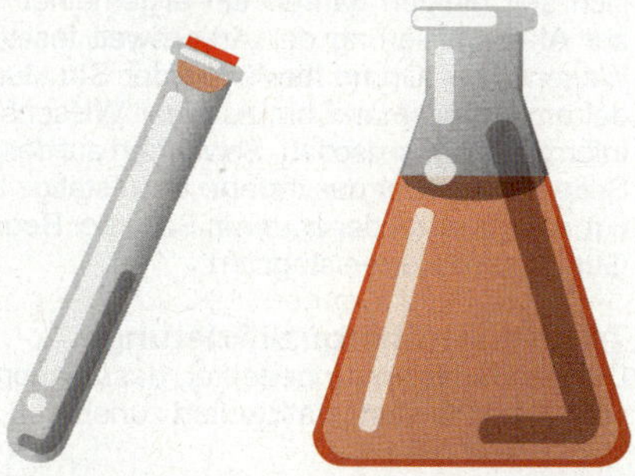

→ info

Wer ein mathematisch-naturwissenschaftliches Fach oder Sprachwissenschaften studieren möchte, in der Schule jedoch keine entsprechenden Leistungskurse belegt hatte, kann an manchen Hochschulen **an Vorkursen teilnehmen**, um noch vor Studienbeginn mögliche Wissenslücken, z.B. in Mathematik oder Englisch, zu schließen. *Mehr dazu in Kapitel 1.1 „Die Entscheidung treffen".*

→ links

abi>> extra „Typisch"
Tipps und Hinweise zum Thema gibt mit anschaulichen Beispielen aus der Praxis das abi>> extra „Typisch Frau, typisch Mann", erhältlich über die Agenturen für Arbeit oder als PDF-Download unter
→ www.abi.de/bezugsmoeglichkeiten.htm.

Kompetenzzentrum Technik, Diversity, Chancengleichheit
→ www.kompetenzz.de, mit den Initiativen
→ www.komm-mach-mint.de,
→ www.boys-day.de, → www.girls-day.de

Mach MINT
OnePage-Webseite der Bundesagentur für Arbeit
→ www.mint.arbeitsagentur.de

BuKoF
Bundeskonferenz der Frauen- und Gleichstellungsbeauftragten an Hochschulen
→ www.bukof.de

Kompetenzzentrum Frauen in Wissenschaft und Forschung
Center of Excellence Women in Science CEWS
→ www.gesis.org/cews

Mentorinnen Netzwerk
für Frauen in Naturwissenschaft und Technik
→ www.mentorinnennetzwerk.de

Ada-Lovelace-Projekt
→ www.ada-lovelace.com

CyberMentor
→ www.cybermentor.de

Bundesforum Männer
→ www.bundesforum-maenner.de

Zukunftsberufe Pfleger und Erzieher
→ www.zukunftsberuf-pfleger.de
→ www.zukunftsberuf-erzieher.de

1.4 Arbeitsmarkt & Beschäftigungschancen

Neben den eigenen Interessen und Fähigkeiten haben auch die erwarteten Arbeitsmarktchancen Einfluss auf die Entscheidung für ein Studienfach.

Die besten Voraussetzungen für ein erfolgreiches Studium und einen gelungenen Berufseinstieg bilden aber das individuelle Interesse an einem Fach sowie die eigenen Fähigkeiten und Neigungen. Diese sollten unabhängig von Vorhersagen über ein Überangebot an Akademiker*innen oder einen Mangel in manchen Branchen und Berufen niemals unterbewertet werden.

Fest steht allerdings, dass viele junge Menschen bei der Studien- und Berufswahl immer wieder auch folgende oder ähnliche Fragen stellen:

- „Ich arbeite gern mit Menschen. In welchem Studium oder welcher Ausbildung kann ich dies am besten verwirklichen?"
- „Ich finde Betriebswirtschaft oder Rechtswissenschaften spannend. Aber gibt es inzwischen nicht zu viele Betriebswirt*innen und Jurist*innen?"
- „Mit welchen (Studien-)Schwerpunkten könnte ich bei künftigen Arbeit- oder Auftraggebern gute Chancen haben?"

In diesem Spannungsfeld ist insbesondere der steigende **Bedarf an Fachkräften** zu beachten. Mit einem Studium erwerben Sie i.d.R. auch überfachliche Qualifikationen, die Ihnen berufliche Einsatzfelder über die Grenzen der Fachdisziplin hinaus eröffnen können. Frühzeitige berufliche Orientierung hinsichtlich späterer Arbeitsfelder ist in vielen Studiengängen unverzichtbar.

Wird dies beherzigt, so gilt: Mit einem erfolgreichen Studienabschluss und ggf. geeigneten Weiterbildungen vermindern Sie Ihr Risiko, arbeitslos zu werden. Dennoch erfordert die moderne Arbeitswelt die Bereitschaft zu **lebenslangem Lernen**.

Ergebnisse der Arbeitsmarkt- und Berufsforschung sowie Statistiken über die Entwicklung des Arbeitsmarktes können dazu genutzt werden, die Arbeitsmarktchancen einer bestimmten Ausbildung oder eines Studienfaches einzuschätzen.

In den folgenden Abschnitten wollen wir ...

- Sie grob über erwartete künftige Entwicklungen auf dem Arbeitsmarkt für Akademiker*innen informieren,
- Ihnen eine Checkliste mit Fragen an die Hand geben, die als Grundlage für arbeitsmarktbezogene Recherchen und Gespräche zur Studien- und Berufswahl dienen kann,
- Tipps für den richtigen Umgang mit Prognosen und Modellrechnungen geben.

➔ info

Bei Fragen rund um den Arbeitsmarkt und Berufsperspektiven können Sie sich auch an die **Berufsberatung Ihrer Agentur für Arbeit** wenden.

➔ links

Der Arbeitsmarkt für Akademiker*innen
Daten und Broschüren der Bundesagentur für Arbeit zu einzelnen Berufsgruppen zum Download: ➔ www.statistik.arbeitsagentur.de (Themen im Fokus > Berufe).

Informationssystem Studienwahl und Arbeitsmarkt (ISA)
Das Informationssystem der Universität Duisburg-Essen bietet überschaubare datengestützte Informationen zu vielen Studiengängen und Arbeitsmarktperspektiven.
➔ www.uni-essen.de/isa

Bundesbericht zur Förderung des wissenschaftlichen Nachwuchses
Der Bericht informiert über die Situation des wissenschaftlichen Nachwuchses in Deutschland. ➔ www.buwin.de

KISSWIN.de
Umfangreiche Informationen über eine wissenschaftliche Karriere bietet das Kommunikations- und Informationssystem „Wissenschaftlicher Nachwuchs".
➔ www.kisswin.de

Institut für Arbeitsmarkt- und Berufsforschung (IAB)
IAB-Kurzberichte zum Download:
➔ www.iab.de

Der Arbeitsmarkt für Akademiker*innen

Eine Vorhersage über spätere berufliche Chancen und Risiken ist schwierig. Dennoch lässt sich seit einigen Jahren ein allgemeiner Trend zur Akademisierung der Arbeitswelt feststellen. Wesentlicher Grund hierfür ist der Strukturwandel am Arbeitsmarkt hin zu einer Wissens- und Informationsgesellschaft. So werden auf der einen Seite mehr höher qualifizierte Berufstätige benötigt, während auf der anderen Seite der Bedarf an Geringqualifizierten stagniert.

Trend zur Höherqualifizierung

Die Akademisierung bedeutet, dass anspruchsvolle Dienstleistungstätigkeiten zunehmen, etwa in den Bereichen Forschung und Entwicklung, Softwareentwicklung, Organisation und Management, Beratung und Lehre, die überdurchschnittlich oft von Akademiker*innen ausgeübt werden. Produktionsorientierte Tätigkeiten (z.B. das Warten oder Reparieren von Maschinen) und einfache Büroarbeiten gehen hingegen zurück. Somit werden in Zukunft nicht zuletzt durch die zunehmende Digitalisierung mehr Hochschulabsolventen benötigt. Allerdings hat die Zahl junger Menschen, die ein Studium aufnehmen, rasant zugenommen. Sollte die derzeitige starke Studierneigung junger Erwachsener fortbestehen, dürften sich die aktuellen Engpässe auf Facharbeiterebene eher noch verstärken.

Mit Studium gute Chancen am Arbeitsmarkt

In der Vergangenheit hat sich gezeigt, dass die Arbeitslosigkeit von Personen mit einem akademischen Abschluss auch im Auf und Ab der Konjunktur in der Regel auf einem sehr niedrigen Niveau ist. In den vergangenen Jahren herrscht unter Akademiker*innen mit einer Arbeitslosenquote von weniger als drei Prozent sogar Vollbeschäftigung.

Allerdings unterscheiden sich die Beschäftigungschancen für Absolvent*innen verschiedener Fächer zum Teil erheblich. Bei Fragen hierzu können Sie sich an die Berufsberatung Ihrer Agentur für Arbeit wenden.

Chancen einschätzen

Die allgemeinen Entwicklungen auf dem Arbeitsmarkt lassen zwar den Schluss zu, dass sich ein Studium lohnt, für die individuelle Ausbildungs- und Berufsentscheidung bieten sie allerdings nur eine begrenzte Hilfe. Hier gilt es, die eigenen Chancen realistisch einzuschätzen.

Das gelingt bspw. anhand folgender Fragen:

- Welches Spektrum an Berufen und Tätigkeitsfeldern steht mir aufgrund meiner beabsichtigten Studienentscheidung offen? (*siehe Kapitel 3 „Studienfelder & Studieninhalte"*)
- Inwieweit gibt es Übergangsmöglichkeiten in andere Berufe, falls die Beschäftigungssituation sich verschlechtern sollte oder mir die Tätigkeit nicht mehr zusagt? Welche der erworbenen Kenntnisse sind bei einem Berufswechsel weiterhin hilfreich?
- Ist eine berufliche Selbstständigkeit möglich? Wie war die Arbeitsmarktlage bei bestimmten Studienfächern in der Vergangenheit, wie ist sie gegenwärtig? Haben konjunkturelle Einflüsse oder Planungen und Entscheidungen der öffentlichen Hand für bestimmte Berufe eine besondere Bedeutung?
- Welche Aufstiegsmöglichkeiten gibt es?
- Mit welcher Konkurrenz aus anderen Bereichen ist zu rechnen (Schlagwort „Substitution": Gleiche Arbeitsplätze können mit Absolvent*innen unterschiedlicher Ausbildungsabschlüsse besetzt werden)?
- Können weiterführende Studienangebote (z.B. Masterstudiengänge) oder der Erwerb von Zusatzqualifikationen dem beruflichen Fortkommen nützen?

Tipps zur Arbeitsmarktorientierung

Jede Berufswahl birgt Unsicherheit in Bezug auf die Beschäftigungschancen. Diese Unsicherheit lässt sich mildern, indem man sich zügig breite und **solide Grundlagen** in seinem Studienfach aneignet, im Rahmen von **Praktika** berufliche Erfahrungen sammelt und dabei evtl. entscheidende Kontakte knüpft sowie bereits während des Studiums fachübergreifende Fähigkeiten erwirbt.

Hinzukommen sollten realistische Status- und Einkommenserwartungen sowie eine möglichst große regionale und berufliche **Mobilität**, bis hin zur Bereitschaft zur beruflichen Umorientierung. Diese Haltung kann Beschäftigungschancen erhöhen. ▶

Umgang mit Prognosen

Bei Prognosen und Modellrechnungen handelt es sich i.d.R. um Fortschreibungen von grundlegenden Trends der Vergangenheit in die Zukunft. Dabei geht man von bestimmten Annahmen hinsichtlich der weiteren Entwicklung aus, z.B. von Wirtschaftswachstum und Produktivität.

So wird z.B. unterstellt, dass die bisherigen Tendenzen auch in Zukunft anhalten. Oder es wird angenommen, dass bestimmte Einflussfaktoren den Vergangenheitstrend verändern. Erweisen sich die Annahmen hierzu als unzutreffend oder ergeben sich nicht vorhergesehene Einflüsse gesellschaftlicher, wirtschaftlich-technischer oder politischer Art, weicht die tatsächliche Entwicklung von den Projektionsergebnissen ab.

Beispiel 1: Der künftige Bedarf bzw. das künftige Angebot an Arbeitsplätzen im öffentlichen Dienst ist immer auch abhängig von den jeweils herrschenden Auffassungen über Inhalt und Umfang staatlicher Aufgaben und den Finanzierungsmöglichkeiten.

Beispiel 2: Die Beschäftigungsmöglichkeiten in der Privatwirtschaft sind von der längerfristigen wirtschaftlichen Gesamtentwicklung, dem Strukturwandel, konjunkturellen Schwankungen, gesetzlichen Rahmenbedingungen und auch von Änderungen betriebsorganisatorischer Konzepte abhängig, wie z.B. der Verlagerung von Betriebsstätten ins Ausland.

Gegenläufiges Handeln kann manchmal richtig sein

Aktuelle Meldungen über dringend gesuchtes Fachpersonal in manchen Wirtschaftszweigen und Branchen oder über derzeit schlechte Berufsaussichten für Absolvent*innen bestimmter Fächer beeinflussen nicht selten das Studienwahlverhalten. Dies kann dazu führen, dass sich Arbeitsmarktprognosen nicht erfüllen:

Sind z.B. die Berufsaussichten für Absolvent*innen eines bestimmten Faches gut, so nimmt nicht selten das Interesse an diesem Fach spürbar zu. Dem ursprünglich vorhergesagten Bedarf in einigen Jahren steht dann ein deutlich höheres Angebot an Akademiker*innen dieses Bereichs gegenüber, was sich nachteilig auf die Chancen eines raschen Berufseinstiegs auswirken kann (Stichwort: **„Schweinezyklus"**).

Umgekehrt können eher schlechte Berufsaussichten für Akademiker*innen bestimmter Fächer dazu führen, dass das Interesse an einem Studienfach abnimmt. Im Resultat könnte es dann künftig weniger Absolvent*innen als erwartet geben, was den Chancen bei der Stellensuche zugutekäme. ■

1.5 Zwischenzeit

Für einen „Zwischenstopp" vor dem Start ins Studium kann es unterschiedliche Motive geben: Vielleicht war die Bewerbung um den Wunschstudienplatz nicht erfolgreich, vielleicht möchte man erst Erfahrungen im Ausland sammeln oder sich für die Gesellschaft engagieren. Und manchmal besteht nach der Schulzeit vielleicht einfach der Wunsch nach einer „Auszeit", bevor die Entscheidung fällt, wo die berufliche Zukunft liegen soll.

Was auch immer der persönliche Grund dafür ist, einen Freiwilligendienst wie das Freiwillige Soziale Jahr oder das Freiwillige Ökologische Jahr, den Freiwilligen Wehrdienst, den Bundesfreiwilligendienst, den Europäischen Freiwilligendienst oder Internationalen Jugendfreiwilligendienst, ein Praktikum im In- oder Ausland oder einen Auslandsaufenthalt als Au-pair zu absolvieren: Neue Erfahrungen und Fähigkeiten sind ein persönlicher Gewinn und hilfreich für den weiteren Ausbildungs- und Berufsweg. ■

➔ info

Ein **Freiwilligendienst** kann fast immer direkt im Anschluss an den Schulabschluss geleistet werden. Da es zwischen den Diensten jedoch Unterschiede hinsichtlich Altersgrenzen, Dienstdauer, Versicherung oder Bewerbungsfristen gibt, sollten Sie sich frühzeitig erkundigen.

➔ links

Bundesagentur für Arbeit
➔ www.arbeitsagentur.de > Schule, Ausbildung und Studium > Zwischenzeit

abi>> Portal
In der Rubrik „Unterstützung" finden Sie Reportagen und Erfahrungsberichte:
➔ www.abi.de

Bundesministerium für Familie, Senioren, Frauen und Jugend (BMFSFJ)
➔ www.bmfsfj.de > Themen > Engagement und Gesellschaft > Freiwilligendienste
➔ www.bundesfreiwilligendienst.de
➔ www.jugendfreiwilligendienste.de
➔ www.ijfd-info.de

1.5.1 Freiwilliger Wehrdienst (FWD)

Der Freiwillige Wehrdienst bietet jungen Frauen und Männern die Möglichkeit, freiwillig Erfahrungen als Soldatin oder Soldat bei der Bundeswehr zu sammeln.

Alter: ab 17 Jahren, nach Erfüllung der Vollzeitschulpflicht

Dauer: bis zu 23 Monate, die ersten sechs Monate dienen als Probezeit

Einsatzmöglichkeiten: verschiedene Abteilungen der Bundeswehr, auch Auslandseinsätze sind möglich

Leistungen: monatliche Vergütung von ca. 840 bis 1.200 Euro, Unterkunft, Verpflegung, unentgeltliche truppenärztliche Versorgung

Begleitangebot: keins

Sonstiges: deutsche Staatsbürgerschaft ist Voraussetzung ■

➔ links

Offizielle Webseite der Bundeswehr
➔ www.bundeswehr.de

Informationen zu Karrierechancen bei der Bundeswehr
➔ www.bundeswehrkarriere.de

Berufsförderungsdienst der Bundeswehr
➔ www.bfd.bundeswehr.de

1.5.2 Bundesfreiwilligendienst (BFD)

Ziel des Bundesfreiwilligendienstes (BFD) ist es, möglichst vielen Menschen einen Einsatz für die Gesellschaft und die damit verbundenen positiven Erfahrungen von bürgerschaftlichem Engagement zu ermöglichen.

Alter: altersunabhängig, jedoch muss die Vollzeitschulpflicht erfüllt sein

Dauer: mindestens sechs bis höchstens 18 Monate

Einsatzmöglichkeiten: gemeinwohlorientierte Einrichtungen, insbesondere Kinder- und Jugendhilfe, Wohlfahrts-, Gesundheits- und Altenpflege, Behindertenhilfe, Kultur- und Denkmalpflege, Integration, Flüchtlingshilfe,

→ links

Bundesfreiwilligendienst
→ www.bundesfreiwilligendienst.de

BAFzA
Bundesamt für Familie und zivilgesellschaftliche Aufgaben
→ www.bafza.de

BMFSFJ
Bundesministerium für Familie, Senioren, Frauen und Jugend
→ www.bmfsfj.de

Zivil- und Katastrophenschutz, Sportvereine, Umwelt- und Naturschutz

Leistungen: grundsätzlich keine, Taschengeld und übrige Leistungen (z.B. Geld- oder Sachleistungen für Unterkunft und Verpflegung) werden mit der Einsatzstelle individuell vereinbart; die Höchstgrenze für Taschengeld liegt bei 426 Euro pro Monat (Stand: 2021)

Begleitangebot: pädagogische Begleitung

→ info

Die Freiwilligen im **BFD** werden gesetzlich sozial- und unfallversichert. Bei Vorliegen der allgemeinen gesetzlichen Voraussetzungen besteht Anspruch auf Kindergeld und Kinderfreibeträge.

Die Freiwilligen werden pädagogisch begleitet. Neben einer individuellen Betreuung in den Einsatzstellen sind bei zwölfmonatiger Dauer des Dienstes u.a. 25 Seminartage vorgeschrieben, in denen soziale, kulturelle, interkulturelle und ökologische Kompetenzen vermittelt werden und das Verantwortungsbewusstsein für das Gemeinwohl gestärkt wird. Im BFD sind fünf Seminartage zur politischen Bildung vorgeschrieben.

Sonstiges: Der BFD ist in seinem Umfang mit einer Vollzeitarbeitsstelle vergleichbar. Nur wer über 27 Jahre alt ist, kann ggf. in Teilzeit arbeiten. ■

1.5.3 Weitere Freiwilligendienste

Neben dem Freiwilligen Wehrdienst und dem Bundesfreiwilligendienst gibt es eine Reihe weiterer Freiwilligendienste, bei denen man sich sozial, politisch oder kulturell engagieren kann. Am bekanntesten sind das Freiwillige Soziale bzw. das Freiwillige Ökologische Jahr.

Freiwilliges Soziales Jahr

Alter: bis 27, aber nach Vollendung der Vollzeitschulpflicht

Dauer: mind. sechs, höchstens 18 Monate, in Ausnahmefällen auch 24 Monate

Einsatzmöglichkeiten: soziale Projekte, insbesondere in der Wohlfahrtspflege, der Kinder- und Jugendhilfe, der Alten- oder Behindertenhilfe sowie der Gesundheitspflege; möglich sind aber auch Einsätze im Sport, in der Kultur oder der Denkmalpflege; Auslandseinsätze kommen ebenfalls infrage.

Leistungen: Geld- und Sachleistungen für Unterkunft und Verpflegung sowie Taschengeld, wird individuell mit dem Träger vereinbart.

Begleitangebot: pädagogische Betreuung sowie Seminartage (siehe Infokasten) ▸

→ links

„Zeit, das Richtige zu tun“:
Diese Broschüre zu BFD, FSJ und FÖJ als PDF-Download und allgemeine Infos finden Sie unter: → www.bmfsfj.de/bmfsfj/service/publikationen/zeit--das-richtige-zu-tun/96092

Bundesarbeitskreis Freiwilliges Soziales Jahr
→ www.pro-fsj.de

Bundesarbeitskreis zum Freiwilligen Ökologischen Jahr
→ www.foej.de

→ info

Die Freiwilligen in **FSJ** und **FÖJ** werden gesetzlich sozial- und unfallversichert. Bei Vorliegen der allgemeinen gesetzlichen Voraussetzungen besteht Anspruch auf Kindergeld und Kinderfreibeträge.

Die Freiwilligen werden pädagogisch begleitet. Neben einer individuellen Betreuung in den Einsatzstellen sind bei zwölfmonatiger Dauer des Dienstes u.a. 25 Seminartage vorgeschrieben, in denen soziale, kulturelle, interkulturelle sowie ökologische Kompetenzen vermittelt werden und das Verantwortungsbewusstsein für das Gemeinwohl gestärkt wird.

Am Ende des Dienstes haben die Freiwilligen Anspruch auf eine Teilnahmebescheinigung. Sie können auch ein Zeugnis verlangen, das die erworbenen berufsqualifizierenden Merkmale beinhaltet.

Sonstiges: Innerhalb der möglichen Dauer können verschiedene Dienste hintereinander geleistet werden (auch im Ausland).

Freiwilliges Ökologisches Jahr

Alter: bis 27, aber nach Vollendung der Vollzeitschulpflicht

Dauer: mind. sechs, höchstens 18 Monate, in Ausnahmefällen auch 24 Monate

Einsatzmöglichkeiten: ökologische Projekte in der Land- und Forstwirtschaft sowie im Umwelt-, Natur- und Tierschutz

Leistungen: Geld- und Sachleistungen für Unterkunft und Verpflegung sowie Taschengeld, wird individuell mit dem Träger vereinbart

Begleitangebot: pädagogische Betreuung sowie Seminartage (siehe Infokasten)

Sonstiges: Innerhalb der möglichen Dauer können verschiedene Dienste hintereinander geleistet werden (auch im Ausland). ■

1.5.4 Freiwilligendienste im Ausland

Die Übergangszeit zwischen Schule und Studium sinnvoll nutzen und gleichzeitig wertvolle Auslandserfahrung sammeln: Mit einem Freiwilligendienst im Ausland ist beides möglich. Zur Wahl stehen eine ganze Reihe von Freiwilligendiensten mit unterschiedlichen Einsatzdauern, -orten und Voraussetzungen.

Es kann sein, dass aufgrund der Corona-Pandemie Auslandsaufenthalte nicht oder nur eingeschränkt möglich sind. Informieren Sie sich deshalb rechtzeitig vor dem geplanten Ausreisetermin, welche Optionen Sie haben.

Europäischer Freiwilligendienst

Der Europäische Freiwilligendienst ist ein Programm der Europäischen Union, das über das EU-Programm Erasmus+Jugend gefördert wird.

Alter: 17 bis 30 Jahre

Dauer: zwei bis zwölf Monate

Einsatzmöglichkeiten: sozialer, ökologischer, kultureller Bereich oder Sport

Leistungen: Unterkunft, Verpflegung, Taschengeld, Kranken-, Unfall-, Invaliditäts- und Haftpflichtversicherung, teilweise Reisekosten

Begleitangebot: pädagogische Begleitung vor, während und nach Beendigung des Dienstes, Ausstellung des „Youthpass"

Sonstiges: Partnerschaft zwischen anerkannten Entsende- und Aufnahmeorganisationen ist Voraussetzung.

➔ links

solidaritaetskorps.de
Mit dem Programm der EU kannst du dich in europäischen Freiwilligendiensten engagieren.
➔ www.solidaritaetskorps.de

rausvonzuhaus.de
Bietet Informationen zu Voraussetzungen, Rahmenbedingungen und Entsende- sowie Aufnahmeorganisationen.
➔ www.rausvonzuhaus.de

Erasmus+ Jugend
Informationen rund um die neue Programmgeneration von Erasmus+
➔ www.erasmusplus-jugend.de

Internetseite von „Jugend für Europa"
➔ www.jugendfuereuropa.de

Entwicklungspolitischer Freiwilligendienst „weltwärts"

Das Bundesministerium für wirtschaftliche Zusammenarbeit und Entwicklung (BMZ) ermöglicht mit „weltwärts" einen aus öffentlichen Mitteln geförderten Freiwilligendienst in Entwicklungs- und Schwellenländern.

Alter: 18 bis 28 Jahre

Dauer: sechs bis 24 Monate

Einsatzmöglichkeiten: gesamtes Spektrum der aktuellen Entwicklungszusammenarbeit

➔ links

weltwaerts.de
Infos zum entwicklungspolitischen Freiwilligendienst: ➔ www.weltwaerts.de

Leistungen: Unterkunft, Verpflegung, Reisekosten, Versicherungen, Taschengeld

Begleitangebot: intensive Vorbereitung und Betreuung durch die Entsendeorganisation

Sonstiges: Zur Kostendeckung werden die Freiwilligen teilweise dazu angehalten, beim Sammeln von Spenden zu helfen.

Internationaler Jugendfreiwilligendienst (IJFD)

Der Internationale Jugendfreiwilligendienst ist der Auslandsdienst des Bundesministeriums für Familie, Senioren, Frauen und Jugend (BMFSFJ). Es handelt sich dabei um einen Lern- und Bildungsdienst, der sich durch seine Vielschichtigkeit auszeichnet.

Alter: ab Erfüllung der Vollzeitschulpflicht bis 26 Jahre

Dauer: sechs bis 18 Monate

Einsatzmöglichkeiten: i.d.R. im sozialen und ökologischen Bereich, aber auch in der Friedens- und Versöhnungsarbeit

Leistungen: Versicherungen sowie i.d.R. Taschengeld, meist auch Unterkunft und Verpflegung

Begleitangebot: pädagogische Betreuung während des gesamten Dienstes, Seminare, die von den Freiwilligen mitgestaltet werden können

Sonstiges: Die Bewerbung erfolgt direkt bei den Trägern.

→ links

Offizielle Seite zum IJFD
→ www.ijfd-info.de

Bundesministerium für Familie, Senioren, Frauen und Jugend
Eine Liste der Anlaufstellen finden Sie auf der Webseite des BMFSFJ als PDF-Download:
→ www.bmfsfj.de/bmfsfj/Freiwilliges-Engagement/internationaler-jugendfreiwilligendienst.html

„kulturweit"

Der internationale kulturelle Freiwilligendienst „kulturweit" basiert auf dem Freiwilligen Sozialen Jahr (FSJ) und wird durchgeführt von der deutschen UNESCO-Kommission e.V. in Zusammenarbeit mit dem Auswärtigen Amt.

Alter: 18 bis 26 Jahre

→ links

kulturweit
→ www.kulturweit.de

Dauer: sechs bis zwölf Monate

Einsatzmöglichkeiten: Kultur- und Bildungspolitik in Entwicklungsländern in Afrika, Asien und Lateinamerika sowie in Mittel- und Osteuropa; bspw. bei Goethe-Instituten oder deutschen Auslandsschulen

Leistungen: Taschengeld, Zuschuss zu Unterkunft und Verpflegung sowie Auslandskranken-, Haftpflicht- und Unfallversicherung, teilweise Zuschuss zu Reisekosten

Begleitangebot: ständige Ansprechperson vor Ort

Sonstiges: Die Bewerbung erfolgt bei der UNESCO Kommission in Berlin.

Anderer Dienst im Ausland (ADiA)

Der Andere Dienst im Ausland ist ein mit sehr wenigen staatlichen Vorgaben versehener und nicht aus Bundesmitteln geförderter Freiwilligendienst.

Alter: keine Begrenzung, jedoch Erfüllung der Schulpflicht

Dauer: i.d.R. zwölf Monate

Einsatzmöglichkeiten: keine festen Vorgaben, ADiA folgt seit mehr als 25 Jahren dem Gedanken der Völkerverständigung und -versöhnung

Leistungen: z.T. Taschengeld, Kindergeldanspruch bleibt bestehen, Versicherungen werden vom Träger übernommen

Begleitangebot: keins

Sonstiges: Der Vertrag für einen ADiA wird privatrechtlich zwischen dem Freiwilligen und einem anerkannten Träger geschlossen. ■

→ info

Eurodesk
Eurodesk berät kostenlos, trägerübergreifend und neutral zu allen Möglichkeiten, die Jugendlichen offenstehen, ins Ausland zu gehen. Welcher Freiwilligendienst oder alternative Auslandsaufenthalt für Sie der richtige ist, können Sie mit dem Eurodesk-Online-Auslandsberater ermitteln (→ www.rausvonzuhaus.de/auslandsberater).

→ links

Liste der Träger als PDF-Download
→ www.bmfsfj.de
(Tipp: Geben Sie in die Suche „Träger ADiA" ein.)

abi>> Portal
Erfahrungsberichte, Reportagen und Blogs zu Auslandsaufenthalten finden Sie unter:
→ www.abi.de

1.5.5 Friedensdienst

Möglichkeiten für einen freiwilligen Einsatz für den Frieden bieten u.a. staatlich anerkannte Organisationen, z.B. die Aktion Sühnezeichen Friedensdienste (ASF) oder der Internationale Christliche Friedensdienst EIRENE.

Aktion Sühnezeichen Friedensdienste (ASF)

Alter: mind. 18 Jahre
Dauer: i.d.R. zwölf Monate (Beginn ist im September)
Einsatzmöglichkeiten: Friedens- und Erinnerungsarbeit, Soziales, Antirassismus und Umwelt
Leistungen: keine
Begleitangebot: Die Freiwilligen verfassen während des Aufenthalts eine Berichterstattung, die in Auswertungsseminaren besprochen wird; Rückkehrertreffen
Sonstiges: Vor Beginn des Dienstes müssen die Freiwilligen ein mind. zweiwöchiges Praktikum im sozialen Bereich absolvieren und an einem 14-tägigen Ausreisekurs teilnehmen; auch Einsätze im Inland sind möglich.

Internationaler Christlicher Friedensdienst (EIRENE)

Alter: mind. 18 Jahre
Dauer: i.d.R. zwölf Monate (Beginn ist im Juli oder August)
Einsatzmöglichkeiten: Friedens- und Erinnerungsarbeit, Soziales, Antirassismus und Umwelt
Leistungen: keine
Begleitangebot: Die Freiwilligen verfassen während des Aufenthalts eine Berichterstattung, die in Auswertungsseminaren besprochen wird; Rückkehrertreffen
Sonstiges: Vor Beginn des Dienstes müssen die Freiwilligen an einem Infoseminar sowie an einem 14-tägigen Ausreisekurs teilnehmen; Bedingung ist außerdem die Bereitschaft zum Aufbau eines Unterstützerkreises zur Mitfinanzierung des Dienstes; auch Einsätze im Inland sind möglich. ■

➔ links

Aktion Sühnezeichen Friedensdienste (ASF) e.V.
➔ www.asf-ev.de

EIRENE, Internationaler Christlicher Friedensdienst e.V.
➔ www.eirene.org

Aktionsgemeinschaft Dienst für den Frieden
➔ www.friedensdienst.de

Weltfriedensdienst e.V.
➔ www.wfd.de

peace brigades international (pbi) – Deutscher Zweig e.V.
➔ www.pbideutschland.de

Arbeitskreis Lernen und Helfen in Übersee e.V.
➔ www.entwicklungsdienst.de

1.5.6 Reisen und Arbeiten im Ausland

Neben den beschriebenen Freiwilligendiensten gibt es weitere Möglichkeiten, die Zeit zwischen Schule und Hochschule mit einem Auslandsaufenthalt zu überbrücken und andere Länder und Kulturen kennenzulernen.

Au-pair

Ein Au-pair-Aufenthalt ist ein Arbeitsverhältnis der besonderen Art: der Familienanschluss und die interkulturelle bzw. internationale Erfahrung stehen im Vordergrund. Er beinhaltet spezielle Fürsorgepflichten auf Seiten der Gasteltern sowie leichte Arbeiten im Rahmen der Kinderbetreuung und im Haushalt auf Seiten des Au-pairs. Das Mindest- bzw. Höchstalter der Teilnehmenden ist je nach Gastland unterschiedlich geregelt, liegt aber meist zwischen 17 und 30 Jahren (Höchstalter in Deutschland: 27 Jahre).

Au-pairs haben Anspruch auf ...

- die Gewährung von freien Tagen und Abenden,
- die Freistellung für die Teilnahme an Sprachkursen, kulturellen Veranstaltungen sowie Religionsausübung,
- die Zahlung eines Taschengeldes (je nach Gastland unterschiedlich hoch),

- den Abschluss einer Krankenversicherung (durch die Gasteltern),
- eine angemessene Unterkunft (möglichst ein eigenes Zimmer) und Verpflegung.

Es wird empfohlen, eine Vermittlung durch zertifizierte Au-pair-Agenturen, z.B. RAL Gütezeichen Au-pair, durchführen zu lassen.

Alternative: „EduCare in America“

Das Programm ermöglicht es jungen Frauen im Alter von 18 bis 26 Jahren, ein Jahr lang in einer amerikanischen Familie zu leben und zu arbeiten sowie an einem College oder einer Universität als Gasthörerin zu studieren.

Das Taschengeld (wöchentlich ca. 150 Dollar) sowie die Wochenarbeitszeit sind etwas niedriger als bei Au-pairs. Die Studiengebühren bis zu einer Höhe von 1.000 Dollar übernimmt die Gastfamilie.

Work & Travel

Andere Länder und Kulturen kennenlernen und dabei nur dem eigenen Kompass folgen? Das ist reizvoll, aber nicht ohne Geld möglich. Eine Lösung könnte „Work & Travel“ sein.

Bei diesen Programmen werden Arbeiten und Reisen im Ausland kombiniert. Zwischendurch kann so die Reisekasse immer wieder mit Hilfe von Gelegenheitsjobs aufgebessert werden. Beliebte Zielländer für Work & Travel sind Australien, Kanada, Neuseeland, die USA und Japan. Typische Aushilfsjobs gibt es bei der Obst- und Gemüseernte, in der Gastronomie und Hotellerie, in Callcentern oder in Fabriken.

Während für EU-Bürger die Arbeitsaufnahme innerhalb der EU i.d.R. problemlos möglich ist, erfordert dies in Übersee ein spezielles Visum. Das sogenannte „Working Holiday Visum“ erlaubt es aufgrund bilateraler Abkommen mit einigen Ländern, einen längeren Auslandsaufenthalt durch Gelegenheitsjobs zu finanzieren. Das Mindestalter dafür ist 18 Jahre. In den meisten Fällen wird der Verdienst allein jedoch nicht ausreichen, um alle Reisekosten zu decken. Daher sind finanzielle Rücklagen von Vorteil oder müssen sogar bei der Beantragung eines „Working Holiday Visums“ nachgewiesen werden.

„Work & Travel“-Aufenthalte können individuell oder mit Unterstützung professioneller Agenturen vorbereitet werden. Die Agenturen helfen z.B. bei der Visumbeschaffung, bieten Orientierungsseminare oder unterstützen bei der Job- und Wohnungssuche. Die Kosten dafür sind u.a. abhängig vom Leistungsumfang, dem Zielland und der Reisezeit. ■

➔ links

abi>> Portal
Erfahrungsberichte, Reportagen und Blogs zu Auslandsaufenthalten finden Sie unter:
➔ www.abi.de

Gütegemeinschaft Au pair e.V.
Erste Informationen und eine Datenbanksuche nach Au-pair-Anbietern mit Gütezeichen bietet die Webseite der Gütegemeinschaft Au pair e.V.
➔ www.guetegemeinschaft-aupair.de

Au-pair Society e.V. – Bundesverband der Au-pair-Vermittler
➔ www.au-pair-society.org

Aupair-Index
Ein Verzeichnis internationaler Au-pair-Agenturen mit Suchmöglichkeit
➔ www.aupair-index.de

EduCare in America
➔ www.aifs.de/au-pair/usa/ein-land-3-optionen/au-pair-educare.html

IN VIA
Katholischer Verband für Mädchen- und Frauensozialarbeit
➔ www.aupair-invia.caritas.de

VIJ – Verein für Internationale Jugendarbeit
➔ www.au-pair-vij.org

Rausvonzuhaus.de
Eine Übersicht mit Hintergrundinformationen, Voraussetzungen sowie Adressen von Anbietern finden Sie unter:
➔ www.rausvonzuhaus.de

1.6 Studieren mit Behinderungen oder chronischer Erkrankung

In den Hochschulgesetzen der Länder ist festgelegt, dass Studierende mit Behinderungen/chronischer Erkrankung in ihrem Studium nicht benachteiligt werden und die Angebote der Hochschulen möglichst ohne fremde Hilfe in Anspruch nehmen können; hierfür müssen die Hochschulen sorgen.

Außerdem sind Prüfungsordnungen so zu gestalten, dass die Belange von Studierenden mit Behinderungen/chronischer Erkrankung berücksichtigt werden. Damit sind rechtliche Voraussetzungen geschaffen worden, um Chancengleichheit im Studium zu verwirklichen.

Hochschulen und Studentenwerke bemühen sich, durch gezielte Unterstützung Nachteile für Studierende mit Behinderungen/chronischer Erkrankung auszugleichen. Trotzdem haben diese neben ihren individuellen Beeinträchtigungen eine Reihe struktureller Defizite im Hochschulbereich zu kompensieren. Hierzu stehen verschiedene Ansprechpartner zur Verfügung.

Beauftragte an den Hochschulen

Gerade vor und am Anfang eines Studiums ist oft eine Reihe von Fragen hinsichtlich der Studienzulassung und Organisation des Studiums zu klären. Besonders wichtig ist es deshalb, möglichst frühzeitig Kontakt zu professionellen Berater*innen aufzunehmen.

Auskünfte geben Berater*innen und Beauftragte für die Studierenden mit Behinderungen/chronischer Erkrankung der Hochschulen und Studentenwerke, aber auch Berater*innen der örtlichen Agenturen für Arbeit. Sie beraten in allen Fragen rund ums Studium, z.B.:

- Welche Zusatzanträge kann ich bei der Bewerbung um einen Studienplatz stellen (z.B. Härtefallantrag bei Zulassungsbeschränkung und Anträge auf Nachteilsausgleich)?
- Wie strukturiere und organisiere ich mein Studium unter Berücksichtigung krankheitsbedingter Fehlzeiten?
- Wie beantrage ich einen Nachteilsausgleich im Studium und in Prüfungen?

Außerdem sind sie bei der Beantragung von Studienassistent*innen und technischen Hilfsmitteln behilflich.

IBS beim Deutschen Studentenwerk

Beim Deutschen Studentenwerk (DSW) ist die „Informations- und Beratungsstelle Studium und

➔ links

Informations- und Beratungsstelle Studium und Behinderung (IBS)
beim Deutschen Studentenwerk (DSW)
➔ www.studentenwerke.de/behinderung

best für Hörgeschädigte
Die berufs- und studienbegleitende Beratungsstelle ist ein Service-Angebot der Samuel-Heinicke-Fachoberschule in München. Sie soll dazu beitragen, dass mehr Hörgeschädigte studieren und sich beruflich bestmöglich qualifizieren können. ➔ www.best-news.de

Deutscher Verein der Blinden und Sehbehinderten in Studium und Beruf e.V. (DVBS)
Beratungs- und Textservice für blinde und sehbehinderte Studierende. Ein Newsletter informiert über aktuelle Entwicklungen.
Kontakt: Frauenbergstraße 8, 35039 Marburg, Tel. 06421/94888-0, Fax 06421/94888-10, E-Mail: ➔ info@dvbs-online.de;
➔ www.dvbs-online.de

Bundesweite dreitägige Orientierungsphase
für blinde und sehbehinderte Schüler/-innen der Jahrgangsstufen 11 bis 13 sowie für Studieninteressierte bietet alljährlich im April oder Mai das Studienzentrum für Sehgeschädigte (SZS) der Universität Karlsruhe (KIT).
Kontakt: Engesserstr. 4, 76131 Karlsruhe, Tel. 0721/608-42760, Fax 0721/608-4202, E-Mail: ➔ info@szs.kit.edu;
➔ www.szs.uni-karlsruhe.de

Deutscher Bildungsserver
Bietet u.a. ein umfangreiches Informationsangebot zum Thema Behinderung und Studium.
➔ www.bildungsserver.de/Behinderung-und-studium.-193.html

REHADAT-Bildung
Bildungsportal für Menschen mit Handicap, gefördert vom Bundesministerium für Arbeit und Soziales. ➔ www.rehadat-bildung.de

Die Beauftragte der Bundesregierung für die Belange von Menschen mit Behinderungen zum Thema Studium
➔ www.behindertenbeauftragte.de (Themen > Bildung und Arbeit > Studium)

Bundesarbeitsgemeinschaft Hörbehinderter Studenten und Absolventen (BHSA) e.V.
führt jährlich Seminare für Hörbehinderte Abiturient*innen und Studierende durch und gibt einen Studienführer sowie einen Newsletter heraus. ➔ www.bhsa.de

Behinderung" (IBS) angesiedelt. Sie informiert und berät bundesweit.
Kontakt: Monbijouplatz 11, 10178 Berlin, Tel. 030/297727-64, E-Mail: studium-behinderung@studentenwerke.de

Die Webseiten der IBS sowie das von dieser Beratungsstelle herausgegebene **Handbuch „Studium und Behinderung"** bieten umfangreiche Informationen für Studieninteressierte und Studierende mit Behinderungen und chronischen Krankheiten – von Beratungsangeboten bis zum Berufseinstieg. Das Handbuch steht hier zum Download bereit: www.studentenwerke.de/de/handbuch-studium-behinderung

Übrigens: Einmal jährlich veranstaltet die IBS ein **Seminar zum Berufseinstieg** für Studierende mit Behinderungen/chronischer Erkrankung.

Berufsberatung der Arbeitsagenturen
Ansprechpartner für die individuelle berufliche Beratung von Abiturient*innen sowie Studierenden mit Behinderungen/chronischer Erkrankung sind die Berufsberater*innen vor bzw. im Erwerbsleben (ggf. in Zusammenarbeit mit einem*r Reha-Berater*in) in den Agenturen für Arbeit. Die Fachkräfte beraten und informieren über alle Ausbildungswege und Studienmöglichkeiten und geben Hinweise zur Finanzierung des Studiums und zu weiteren Hilfen anderer Beratungsinstitutionen.

Weitere Informationsmöglichkeiten
Die vom Bundesministerium für Arbeit und Soziales (BMAS) herausgegebene **Broschüre „Ratgeber für Menschen mit Behinderungen"** gibt umfassend Auskunft über alle Leistungen und Hilfestellungen, auf die Menschen mit Behinderungen Anspruch haben: z.B. Vorsorge, Früherkennung, medizinische Rehabilitation, Schul- und Berufsausbildung, Berufsförderung und steuerliche Erleichterungen. In Auszügen sind auch die entsprechenden Gesetzestexte enthalten. Diese und weitere Broschüren können kostenlos bestellt werden und stehen auch digital zur Verfügung (www.bmas.de > Service > Publikationen).

Gefördert vom BMAS wird auch das Internetportal **REHADAT-Bildung** des Instituts der deutschen Wirtschaft Köln e.V. Es enthält Informationen rund um Ausbildung und Beruf für Menschen mit Förderbedarf. Das Portal ist gedacht für junge Menschen mit Handicap, deren Eltern und alle Menschen, die sie bei der Berufsfindung unterstützen. ■

→ info

Unterstützung finden Interessierte auch bei den Studienberatungsstellen der Hochschulen (siehe dazu die Angaben in www.studienwahl.de), den Sozialberatungsstellen der Studentenwerke und den regionalen und überregionalen Interessengemeinschaften behinderter und nichtbehinderter Studierender. Nehmen Sie mit diesen Stellen möglichst frühzeitig Kontakt auf.

Die aktuellen **Kontaktdaten** der Berater*innen und Beauftragten für beeinträchtigte Studierende an den einzelnen Hochschulen und Studentenwerken finden Interessierte auch unter → www.studentenwerke.de/de/beauftragte

1.7 Studienabbruch und -wechsel

Knapp 30 Prozent der Bachelor-Studierenden in Deutschland brechen ihr Studium ab. Die Gründe dafür sind vielfältig. Ein Studienabbruch muss aber kein Makel sein, sondern kann auch eine Chance bieten.

Die meisten Studienabbrecher*innen entscheiden sich zu diesem Schritt, weil sie den Leistungsanforderungen des Studiums nicht gewachsen sind oder Prüfungen nicht bestehen. Außerdem spielen häufig Probleme bei der Studienfinanzierung, falsche Erwartungen an das Fach, fehlender Praxisbezug oder die Angst vor vermeintlich schlechten Chancen auf dem Arbeitsmarkt eine Rolle. Um einen Studienabbruch zu vermeiden, sollten Sie sich deshalb vorab gut informieren und sich detailliert mit den Inhalten des gewählten Fachs auseinandersetzen. Auch kann es helfen, sich bereits im Vorfeld darüber klar zu werden, welchen Beruf Sie nach dem Studium ergreifen möchten, um gezielt darauf hinarbeiten zu können (*siehe hierzu Kapitel 1.1 „Die Entscheidung treffen"*).

Auswege finden
Wenn Sie mit Ihrem aktuellen Studium trotzdem unzufrieden sind, sollten Sie in einem ersten Schritt darüber nachdenken, warum das so ist – und sich dann Alternativen überlegen. Wer die akademische Ausbildung an einer Universität als zu praxisfremd erlebt, kann bspw. an eine Hochschule für Angewandte Wissenschaften oder in ein duales Studium wechseln. Häufig lassen sich zuvor erbrachte Leistungen sogar anrechnen. Liegt es eher am Fach an sich, empfiehlt es sich, einen Fachwechsel in Betracht zu ziehen. ▶

Bei der Wahl eines neuen Studienfachs kann etwa die Studienberatung helfen. Kommen Sie mit einem Professor oder einer Professorin nicht klar, hilft es vielleicht, eine andere Veranstaltung zu wählen. Wer eine persönliche Krise durchlebt, kann etwa die psychologische Beratung des Studenten- bzw. Studierendenwerks in Anspruch nehmen oder die Nähe zur Familie suchen und das Studium zum Beispiel im Heimatort oder in der Nähe fortsetzen.

Alternativen abwägen

Steht fest, dass Sie definitiv nicht weiter studieren möchten, bietet sich eine Berufsausbildung an. Die Chancen, einen Ausbildungsplatz zu bekommen, stehen gut – trotz coronabedingter veränderter Angebotsstruktur. Nach Informationen des Berufsbildungsberichts 2020 waren 2019 insgesamt 57.700 Ausbildungsstellen unbesetzt. Zudem sorgt der demografische Wandel dafür, dass Betriebe verstärkt nach Fachkräften suchen. Aufgrund ihres Alters und ihrer Lebenserfahrung werden Studienabbrecher*innen von Betrieben geschätzt.

Es gibt manchmal sogar spezielle Ausbildungskonzepte für Studienabbrecher*innen. So können sie i.d.R. die Ausbildungszeit um mindestens ein Jahr verkürzen oder z.B. schon während der Ausbildung einen Teil der Meisterprüfung ablegen.

Wie auch immer Ihre Entscheidung letztlich ausfällt: ein Studienabbruch muss nichts Negatives sein. Die Kunst besteht darin, als Bewerber*in die eigenen Stärken hervorzuheben. Im Falle eines Studienabbruchs wäre das die Tatsache, mit Niederlagen umgehen zu können, nach vorne zu blicken und gute Alternativen entwickelt zu haben – und je nach gewählter Ausbildung können Sie auch von den im Studium erworbenen Fachkenntnissen profitieren.

Antworten auf die wichtigsten Fragen

Tragen Sie sich mit dem Gedanken, Ihr Studium abzubrechen? Dann haben Sie sicher eine Menge Fragen. Ausführliche Antworten auf Ihre individuellen Fragen erhalten Sie beispielsweise von einem Berufsberater oder einer Berufsberaterin einer Agentur für Arbeit.

Die Antworten auf die häufigsten Fragen zum Thema Studienabbruch/Studienfachwechsel haben wir hier bereits für Sie zusammengestellt:

1. Was werden meine Freunde und Eltern sagen, wenn ich mein Studium abbreche?
Wenn Sie Familie und Freunden deutlich machen, dass Sie sich den Schritt gut überlegt und gute Gründe dafür haben, beweisen Sie damit, dass Sie verantwortungsvoll handeln. Dies schafft eine gute Basis für konstruktive Gespräche.

2. Erhalte ich nach dem Wechsel des Studienfachs weiterhin BAföG?
BAföG wird weiterbezahlt, wenn „nur“ das Fach gewechselt wird. Dies muss erstmalig und bis zum dritten Semester erfolgen. Danach muss der Grund für den Fachwechsel schriftlich an das BAföG-Amt übermittelt werden. Ab dem vierten Semester muss außerdem ein unabweisbarer Grund für den Wechsel vorliegen. Ein solcher Grund könnte bspw. sein, dass man im Tiermedizin-Studium erst im vierten Semester feststellt, dass man an einer Tierhaarallergie leidet.

3. Was mache ich, wenn mir der neue Studiengang wieder nicht gefällt?
Sollten Sie mit der Studienwahl zweimal danebenliegen, empfiehlt es sich, professionellen Rat einzuholen. Die Expert*innen der Studienberatung an den Hochschulen begleiten Ihren Entscheidungsprozess für ein neues Fach und helfen dabei, erneute Fehler bei der Suche nach einer Alternative zu vermeiden.

4. Wirkt sich ein Studienabbruch negativ bei späteren Bewerbungen aus?
Normalerweise entstehen durch einen Studienabbruch keine Nachteile bei der Bewerbung. Dennoch sollten Sie auf Rückfragen vorbereitet sein und Ihre Entscheidung gut begründen können.

5. Bietet eine Ausbildung die gleichen Chancen wie ein Studium?
Studium und Ausbildung sind nur schwer miteinander zu vergleichen, schließlich bereitet eine Ausbildung gezielt auf einen Beruf vor, wohingegen man mit einem Studium i.d.R. in unterschiedlichen Bereichen einsteigen kann. Aufstiegschancen bieten beide Wege, schließlich können Ausbildungsabsolvent*innen bspw. über eine Weiterbildung auch Führungsaufgaben übernehmen. *Weitere Infos dazu finden Sie in Kapitel 1.2 „Studium oder Ausbildung?“.*

➔ links

Studienabbruch – und dann?
Das Portal des Bundesministeriums für Bildung und Forschung hilft bei Zweifeln am Studium und listet mögliche Alternativen.
➔ www.studienabbruch-und-dann.de

JOBSTARTER
Das Programm **JOBSTARTERplus** unterstützt Studienabbrecher, die eine Ausbildung beginnen möchten.
➔ www.jobstarter.de

Studium & Hochschulen

Voraussetzungen – Wege – Ziel

Wer studieren möchte, hat viele Möglichkeiten: Unterschiedliche Typen von Hochschulen bieten verschiedene Studiengänge, inhaltliche Schwerpunkte und Abschlüsse an. Dank zahlreicher Bachelor- und Masterstudiengänge gibt es eine große Auswahl an spannenden und aussichtsreichen Wegen, die eigene berufliche Zukunft zu gestalten.

Gut informiert zu sein hilft Ihnen dabei, Ihr Studium zu planen und zu organisieren. Wenn Sie zum Beispiel wissen, dass ein Vorpraktikum oder ein Sprachtest vor der Immatrikulation verlangt wird, können Sie sich rechtzeitig darum kümmern. Auch später im Studium werden Sie merken, dass es sich lohnt, frühzeitig über die Besonderheiten Ihres Studienganges Bescheid zu wissen.

In diesem Kapitel lernen Sie deshalb Zugangsvoraussetzungen sowie Abschlüsse kennen und erfahren, wie ein Studium aufgebaut ist. Außerdem lesen Sie, welche verschiedenen Hochschultypen es gibt und welche Besonderheiten sie ausmachen.

Tipp: Im Hochschul-ABC werden wichtige Begriffe aus dem Hochschulalltag erklärt. ■

➔ info

studienwahl.de
Online können Sie sich über mehr als 19.000 Studiengänge informieren.

- In den **Themen des Monats** werden aktuelle Entwicklungen aus Studium und Bildungswesen beleuchtet.
- Und die **FAQs** geben Ihnen einen schnellen Überblick über die häufigsten Fragen.

Studiensuche
Nach Studiengängen suchen können Sie auch unter ➔ www.arbeitsagentur.de/studiensuche

2.1 Voraussetzungen

Grundsätzlich brauchen Sie eine Hochschulzugangsberechtigung, damit Sie sich für ein Studium einschreiben können. Diese weisen Sie mit Ihrem Zeugnis der Hochschulreife nach.

An welchen Hochschultypen Sie konkret studieren dürfen, hängt allerdings davon ab, an welchem Schultyp Sie Ihren Abschluss gemacht haben.

- Mit der **allgemeinen Hochschulreife** sind Sie berechtigt, alle Studiengänge an allen Hochschultypen zu studieren.
- Mit einer **fachgebundenen Hochschulreife** können Sie die Fächer der im Zeugnis vermerkten Fachrichtung (z.B. Sozialwesen, Technik, Wirtschaft) an allen Hochschultypen studieren.
- Mit der **Fachhochschulreife** können Sie in alle Studiengänge an einer Fachhochschule aufgenommen werden. In Bayern gibt es darüber hinaus auch eine fachgebundene Fachhochschulreife, die das Studium bestimmter Fächer am genannten Hochschultyp ermöglicht.

Es gibt allerdings Hochschulzugangsberechtigungen, die nur in **bestimmten Bundesländern** gelten. Die Gültigkeit ist i.d.R. auf dem Abschlusszeugnis vermerkt.

In Brandenburg und Hessen etwa können **Studieninteressierte mit Fachhochschulreife** auch Bachelorstudiengänge an Universitäten studieren. In Niedersachsen berechtigt die Fachhochschulreife auch zum Studium in der entsprechenden Fachrichtung an einer Universität oder einer gleichgestellten Hochschule. Und in Baden-Württemberg gibt es die sogenannte „Delta Prüfung“. Sie ermöglicht es Studieninteressierten mit Fachhochschulreife, ein Studium an einer Universität zu belegen. Abiturient*innen mit fachgebundener Hochschulreife können auf diesem Weg auch in einer Fachrichtung zugelassen werden, die nicht auf dem Abschlusszeugnis vermerkt ist. Für ein **Lehramtsstudium in künstlerischen Fächern** (Kunst und Musik) ist i.d.R. die allgemeine Hochschulreife erforderlich, in manchen Ländern genügt hierzu aber auch die fachgebundene Hochschulreife. **Weitere Auskünfte** erteilen die Zulassungsstellen der Hochschulen.

> ➔ **info**
>
> **Hochschulreife nachholen**
> Sie können auch einen Schulabschluss nachholen, um eine Hochschulzugangsberechtigung zu erhalten. Umgangssprachlich ist die Rede vom „Zweiten Bildungsweg".
>
> Ausführliche Informationen dazu gibt es beim Deutschen Bildungsserver
> ➔ www.bildungsserver.de

Von der Fachhochschule an die Universität

Der Bachelorabschluss einer Fachhochschule ist bezüglich der Zulassung zu einem weiterführenden Studium dem Bachelorabschluss einer Universität grundsätzlich gleichgestellt. Bachelorabsolvent*innen von Fachhochschulen können deshalb grundsätzlich auch einen Masterstudiengang an einer Universität belegen. Eine anschließende Promotion an einer Universität ist ebenfalls möglich. Ein Wechsel im Verlauf des Studiums von der Fachhochschule in einen gleichen oder eng verwandten universitären Studiengang ist in den Bundesländern unterschiedlich geregelt, teilweise (z.B. in Bayern) ist er mit erreichten 60 ECTS-Leistungspunkten nach zwei Fachsemestern möglich.

Anrechnung von Aus- und Fortbildungsleistungen im Studium

Absolvent*innen beruflicher Ausbildungswege, die ein Hochschulstudium anstreben, können sich im Vorfeld ihrer Entscheidung über Möglichkeiten der Anrechnung erbrachter Aus- oder Fortbildungsleistungen informieren. Werden diese angerechnet, müssen entsprechende Leistungen nicht erneut im Studium erbracht werden. Welche Leistungen anerkannt werden können, entscheiden i.d.R. die zuständigen Ämter der Hochschulen.

Der Fachbereich Wirtschaft und Gesundheit der Fachhochschule Bielefeld hat zudem zur Verbesserung der Transparenz des Angebots und zur Verkürzung der Informationsbeschaffung die zentrale Informationsplattform DAbeKom entwickelt (www.dabekom.de). Sie wird gefördert durch das Bundesministerium für Bildung und Forschung sowie das Ministerium für Schule und Bildung des Landes Nordrhein-Westfalen und liefert einen umfassenden Überblick über die an deutschen Hochschulen aus dem gesamten Bundesgebiet anrechenbaren Kompetenzen aus der beruflichen Aus-, Fort- und Weiterbildung (*siehe hierzu auch Abschnitt 2.4.4 „Weiterbildende Studiengänge"*).

Weitere Zulassungsvoraussetzungen

Deutschkenntnisse

Wer an einer deutschen Hochschule studieren möchte, muss über die erforderlichen Deutschkenntnisse verfügen. Eine Ausnahme bilden „International Degree Programmes", die meist in englischer Sprache angeboten werden. Deutschkenntnisse können mit Prüfungen und Tests im Heimatland oder in Deutschland nachgewiesen werden. Hinweise zu Sprachkursen und -prüfungen finden Sie auf den Internetseiten des Goethe-Instituts (www.goethe.de) sowie auf www.sprachnachweis.de. Umfassend informiert Sie auch der Deutsche Akademische Austauschdienst DAAD (www.daad.de).

Eignungsprüfung

Insbesondere für ein Kunst-, Design-, Innenarchitektur-, Musik-, Schauspiel- oder Sportstudium müssen Studienbewerber*innen ihre Eignung nachweisen. Dies geschieht je nach Studiengang z.B. durch Vorlage einer Arbeitsmappe mit eigenen künstlerisch-gestalterischen Arbeiten, durch ein Vorsprechen, ein Vorspiel auf einem Instrument oder durch eine Sporteignungsprüfung.

Wird eine besondere bzw. überragende künstlerische Begabung und eine für das Studium hinreichende Allgemeinbildung nachgewiesen, so kann die Zulassung zu bestimmten künstlerischen, darstellenden, gestalterischen oder musischen Studiengängen auch ohne den Nachweis einer Hochschulreife erfolgen.

Da solche Eignungstests oft vor dem Beginn der allgemeinen Bewerbungsfristen durchgeführt werden, sollten Sie Informationen über Termine, Bewerbungsunterlagen und Ähnliches schon eineinhalb Jahre vor dem beabsichtigten Studienbeginn einholen. ▶

Fremdsprachenkenntnisse

Für einige Fächer schreiben die Prüfungsordnungen verbindlich Fremdsprachenkenntnisse vor, die entweder schon zu Studienbeginn vorhanden sein müssen oder während des Studiums nachzuholen sind.

- **Lateinkenntnisse:** Vor allem in geisteswissenschaftlichen Fächern wie Germanistik, Philosophie oder Geschichte sowie in Lehramtsstudiengängen gehören manchmal Lateinkenntnisse zu den Zugangsvoraussetzungen. Oft ist das auch erst zum Masterstudium der Fall, etwa bei den gestuften Lehramtsstudiengängen.
- Für das Studium der **Theologie** sind i.d.R. das **Graecum** und das **Hebraicum** vorgeschrieben. Die meisten Studierenden lernen die Sprachen aber erst im Laufe der ersten Semester.
- **Neuere Philologien:** Die Hochschulen können die Zulassung zu einem Fach wie Anglistik oder Romanistik vom Ergebnis eines Sprachtests abhängig machen. Der oft computerbasierte Test ist an der Hochschule abzulegen, kann aber i.d.R. durch anerkannte Sprachzertifikate wie den TOEFL (Test of English as a Foreign Language) bzw. das DELF (Diplôme d'Etudes en Langue Française) ersetzt werden. Außerdem können Einstufungstests zu Beginn des Semesters verpflichtend sein und eine Grundlage für die Studienberatung darstellen sowie der leistungsbezogenen Auswahl der Lehrveranstaltungen dienen.

Praktika vor Studienbeginn

Insbesondere an Fachhochschulen wird oft vor der Aufnahme des Studiums ein sogenanntes **Vorpraktikum** verlangt (oder empfohlen), dessen Dauer zwischen ein paar Wochen und einigen Monaten variieren kann. Eine Berufsausbildung oder ein Freiwilligendienst können unter bestimmten Voraussetzungen ganz oder teilweise angerechnet werden. Die Dauer des Vorpraktikums ist auch von der schulischen Vorbildung der Studienbewerber*innen abhängig. Daher sollten Sie sich frühzeitig bei Ihrer zukünftigen Hochschule über die entsprechenden Bestimmungen informieren – z.B. auch über die Möglichkeit, das Vorpraktikum nach Studienbeginn in den Semesterferien abzuleisten. Ausnahmeregelungen gibt es auch für Studierende mit Behinderungen und chronischen Erkrankungen.

Hinweis: Ein Praktikum vor Studienbeginn kann auch ohne Vorgabe sinnvoll sein. So können Sie Ihre Motivation und Eignung für das geplante Studium und die spätere Berufstätigkeit überprüfen. Bei der Suche nach Praktikumsstellen sind z.B. die Praktikumsämter der Hochschulen behilflich.

➔ info

Bei einigen Studiengängen gibt es die Möglichkeit, dass berufliche Qualifikationen angerechnet werden. Mehr Infos dazu gibt es in *Kapitel 4 „Bewerbung & Zulassung“*

In einigen Bundesländern wird bei der Immatrikulation der **Nachweis über die Teilnahme an einem Studienorientierungsverfahren** verlangt (z.B. Baden-Württemberg und Bayern).

➔ links

Praktikumsbörse von studienwahl.de
➔ www.studienwahl.de

abi>> Portal
Auf abi.de finden Sie eine Übersicht mit Grafiken zu den Schulsystemen der einzelnen Bundesländer.
➔ www.abi.de

JOBSUCHE der Bundesagentur für Arbeit bietet auch die Möglichkeit, nach Praktikumsstellen zu suchen:
➔ www.arbeitsagentur.de/jobsuche

Studieren ohne Abitur

Die Zahl der Studierenden ohne allgemeine oder Fachhochschulreife steigt seit Jahren an, wenn auch auf niedrigem Niveau: Während 2010 noch 25.706 Studierende keine Hochschulreife hatten, waren es 2019 bereits rund 64.000.

Doch Vorsicht: Obwohl sich die bildungspolitischen Vertreterinnen und Vertreter aller Bundesländer bereits 2009 in der Kultusministerkonferenz (KMK) darauf geeinigt haben, beruflich Qualifizierten den Weg an die Hochschule zu erleichtern, sind die Bestimmungen von Bundesland zu Bundesland noch immer unterschiedlich. Bildung ist schließlich Ländersache. Einige Kriterien gelten jedoch überall:

- **Meister*in, Fachwirt*in oder Inhaber*in eines gleichwertigen Fortbildungsabschlusses nach Berufsbildungsgesetz oder Handwerksordnung**
  Der Meistertitel oder ein vergleichbarer Abschluss ist der allgemeinen Hochschulreife gleichwertig. Das heißt, wer einen solchen beruflich hochqualifizierten Fortbildungsabschluss von mindestens 400 Unterrichtsstunden absolviert hat, kann sowohl die Hochschule als auch das Studienfach frei wählen. Allerdings sind für eine Zulassung – wie auch bei

Studienbewerber*innen mit Abitur – gegebenenfalls bestehende Zulassungsbeschränkungen (z.B. Bewerbungs- und Auswahlverfahren) zu beachten.

- **Personen mit abgeschlossener Berufsausbildung und Berufserfahrung**
  Wer eine mindestens zweijährige Berufsausbildung abgeschlossen hat und mindestens drei Jahre im erlernten Beruf tätig war, kann eine fachgebundene Hochschulzugangsberechtigung erhalten.

Häufig muss man dafür ein Eignungsfeststellungsverfahren oder ein Probestudium von mindestens einem Jahr erfolgreich abschließen. Anders als bei der allgemeinen Hochschulreife ist die Zulassung bei der fachgebundenen Hochschulreife auf Studiengänge beschränkt, die inhaltlich an die Berufsausbildung und die Berufstätigkeit anknüpfen. Die geforderte Dauer der Berufsausbildung und der Berufserfahrung variieren je nach Bundesland. Pflege- und Betreuungszeiten, manchmal auch ein freiwilliges soziales oder ökologisches Jahr, können – je nach Bundesland – ebenfalls auf die Zeit der Berufstätigkeit angerechnet werden. Darüber hinaus können die Länder den Hochschulzugang weiter öffnen. So ist etwa in Rheinland-Pfalz in einzelnen Studiengängen ein Hochschulzugang auch nur mit einem Ausbildungsabschluss möglich (Notendurchschnitt von min. 2,5 erforderlich). In Hamburg genügen in begründeten Ausnahmefällen schon zwei Jahre Berufspraxis nach der Ausbildung.

Wer sich für ein Studium als beruflich Qualifizierte*r interessiert, sollte sich zuvor unbedingt über die entsprechenden Regelungen in den einzelnen Bundesländern informieren.

Bundeslandbezogene Informationen für ein Studium ohne Abitur gibt es unter www.studieren-ohne-abitur.de, einem Kooperationsprojekt des Centrums für Hochschulentwicklung (CHE) und des Stifterverbands für die Deutsche Wissenschaft.

Wichtige Fragen zum Thema

- **Kann man sich im Studium berufliche Qualifikationen anrechnen lassen?**
  Ja, das ist möglich. Welche Leistungen anerkannt werden können, entscheiden in der Regel die zuständigen Ämter der Hochschulen. Einen Überblick über pauschale Anerkennungsmöglichkeiten sowie Ansprechpartner für individuelle Fragen gibt es unter: www.dabekom.de
- **Wie bewerbe ich mich für einen bundesweit zulassungsbeschränkten Studiengang?**
  Für die Fächer Medizin, Tiermedizin, Zahnmedizin und Pharmazie erfolgt die Bewerbung über die Stiftung für Hochschulzulassung (www.hochschulstart.de). Je nach beruflicher Qualifikation und Bundesland gibt es allerdings weitere Zugangsbedingungen, beispielsweise die Teilnahme an einem Beratungsgespräch, das Ablegen einer Zugangsprüfung an der Hochschule oder die Erteilung einer Gleichwertigkeitsbestätigung durch die Hochschule.
- **Darf ich ohne Hochschulreife auch einen Masterstudiengang belegen?**
  Nach einem Bachelorstudium darf man ein Masterstudium aufnehmen – das gilt selbstverständlich auch für Bachelorabsolvent*innen, die keine Hochschulreife haben. Elf Bundesländer ermöglichen Personen ohne Hochschul- oder Fachhochschulreife sogar den direkten Zugang ins Masterstudium, also ohne vorherigen Bachelorabschluss. Allerdings sind diese Studiengänge fast ausschließlich im Weiterbildungsbereich zu finden und kostenpflichtig. Je nach Bundesland ist für den Zugang eine Eignungsprüfung zu absolvieren und/oder mehrjährige Berufserfahrung mit fachlichem Bezug nachzuweisen.
- **Und was gilt, wenn ich meinen Berufsabschluss im Ausland erworben habe?**
  Für Studieninteressierte aus dem Ausland gilt grundsätzlich: Wenn die Voraussetzungen im Heimatland für ein Studium gegeben sind, ist das Studium auch in Deutschland möglich. Hierzu ist allerdings die Anerkennung von Zeugnissen und Abschlüssen und – wenn nicht eindeutig nach „Katalog“ – auch eine sogenannte Feststellungsprüfung erforderlich. Ansprechpartner hierzu sind die Anerkennungsstellen. Hinweise dazu gibt www.anabin.kmk.org.
  Wichtig: Eine zentrale Voraussetzung für ein Studium in Deutschland ist selbstverständlich das Beherrschen der deutschen Sprache.
- **An wen wende ich mich bei weiteren Fragen?**
  Bei konkreten Fragen zum Thema „Studieren ohne Abitur“ empfiehlt es sich unbedingt, direkt bei den Studienberatungen der infrage kommenden Hochschule nachzufragen! Auch die Berufsberater*innen der örtlichen Agentur für Arbeit können bei Fragen weiterhelfen. ▶

➔ links

In einigen Bundesländern gibt es spezielle Servicestellen und Onlineplattformen, die Informationen zum Studium ohne Abitur bzw. Studium für beruflich Qualifizierte bereitstellen. Teils wird auch eine persönliche Beratung angeboten:

Baden-Württemberg:
➔ www.mwk.baden-wuerttemberg.de
(> Hochschulen & Studium > Hochschulzugang > FAQ zum Hochschulzugang für beruflich Qualifizierte, PDF zum Herunterladen)

Bayern:
➔ www.weiter-studieren-in-bayern.de

Niedersachsen:
➔ www.offene-hochschule-niedersachsen.de

Rheinland-Pfalz:
➔ www.studium-ohne-abitur-rlp.de

Ausländische Bildungsnachweise

Studieninteressierte mit ausländischen Bildungsnachweisen erfüllen grundsätzlich die Qualifikationsvoraussetzungen für ein Studium in Deutschland, wenn deren Bildungsnachweise ein Hochschulstudium im Herkunftsland der Zeugnisse ermöglichen. Dabei gelten bestimmte Bedingungen, die in den Bewertungsvorschlägen der Zentralstelle für ausländisches Bildungswesen der Kultusministerkonferenz (KMK) in der Datenbank www.anabin.kmk.org veröffentlicht werden.

Über die Anerkennung der Bildungsnachweise entscheidet im Rahmen von Zulassungsverfahren i.d.R. die jeweilige Hochschule. Die Anerkennung ist dabei auf den angestrebten Studiengang begrenzt, d.h. bei einem Studiengangwechsel ist eine erneute Entscheidung erforderlich. Die Länder können für die Bewertung ausländischer Bildungsnachweise eine zentrale Zeugnisanerkennungsstelle in ihrem Land einrichten. Die Entscheidungen der Zeugnisanerkennungsstelle eines Landes über die Zuerkennung der Hochschulreife gelten bundesweit, sofern sie nicht auf das jeweilige Land begrenzt sind. Unter www.anabin.kmk.org finden Sie Anschriften aller Anerkennungsstellen in Deutschland. Für über 180 deutsche Hochschulen (staatlich und privat) führt www.uni-assist.de im Auftrag der jeweiligen Hochschule das Vorprüfungsverfahren durch.

Ist nach den Bewertungsvorschlägen kein direkter Hochschulzugang möglich, müssen die Bewerber*innen vor Aufnahme des Studiums eine sogenannte „Feststellungsprüfung" bestehen, der i.d.R. eine einjährige Vorbereitung am Studienkolleg vorausgeht. Soweit die Bewertungsvorschläge keine Einstufung enthalten, entscheiden die nach Landesrecht zuständigen Stellen. ■

2.2 Die Hochschultypen im Überblick

In Deutschland gibt es über 400 verschiedene Hochschulen. Universitäten und Fachhochschulen sind dabei die beiden häufigsten Hochschultypen. Es gibt sie in staatlicher, aber auch in privater oder kirchlicher Trägerschaft.

Die verschiedenen Hochschultypen und ihre Aufgaben werden durch die Bundesländer in ihren jeweiligen Hochschulgesetzen definiert. Dort wird i.d.R. zwischen folgenden Typen unterschieden:

- Universitäten und Hochschulen mit vergleichbarer Aufgabenstellung – dazu gehören Technische Universitäten, die Fernuniversität, Universitäten der Bundeswehr, Hochschulen für Medizin, Tiermedizin oder Sport, Kirchliche und Philosophisch-Theologische Hochschulen und Pädagogische Hochschulen
- Kunst-, Musik- und Filmhochschulen
- Fachhochschulen bzw. Hochschulen für angewandte Wissenschaften
- Fachhochschulen für öffentliche Verwaltung
- Duale Hochschule
- Berufsakademie
- Fernhochschule

Die einzelnen Hochschulen sind meist in Fachbereiche, Fakultäten oder auch Departments gegliedert.

Bitte beachten Sie: Die im Internet-Portal www.studienwahl.de aufgeführten Hochschulen und Studiengänge verfügen, sofern sie nicht ohnehin staatlich sind, alle über eine staatliche Anerkennung. Es treten aber auch immer wieder neue Anbieter am Bildungsmarkt auf, bei denen nicht auf Anhieb erkennbar ist, ob ein staatlich anerkannter (Hochschul-)Abschluss erworben werden kann. Wenn dem nicht so ist, kann es zu Problemen beim Berufseinstieg und bei der Verwendung eines akademischen Titels kommen. Im

Zweifelsfall erteilen Ihnen die Wissenschaftsministerien der Länder Auskunft zur Anerkennung.

Universitäten

Kennzeichnend für Universitäten ist ihre breite wissenschaftlich-theoretische und forschungsorientierte Ausrichtung.

Neben den Disziplinen Medizin, Rechtswissenschaft, Theologie, Natur- und Geisteswissenschaften werden auch Gesellschafts- und Sozialwissenschaften, Wirtschaftswissenschaften, Mathematik und Informatik, Ingenieurwissenschaften sowie Agrar- und Forstwissenschaften gelehrt. Hinzu kommt die Ausbildung für die verschiedenen Lehrämter.

Manche Universitäten konzentrieren ihr Angebot aber auf bestimmte Fachbereiche, etwa die Hochschulen für Medizin, Tiermedizin und Sport. An einigen Universitäten werden auch duale Studiengänge angeboten. Fast alle Universitäten verfügen zudem über das Promotionsrecht – d.h. man kann dort einen Doktorgrad erwerben.

Universitäten der Bundeswehr

An den beiden Universitäten der Bundeswehr in Hamburg und München erhalten Offiziersanwärter*innen und Offiziere eine wissenschaftliche Ausbildung in universitären Studiengängen oder Fachhochschulstudiengängen (nur UniBw München), die den Abschlüssen an anderen Hochschulen gleichwertig sind. Mit dieser Ausbildung können die Absolvent*innen nach Ablauf ihrer Verpflichtungszeit (mindestens 13 Jahre) einen zivilen akademischen Beruf ergreifen.

Kirchliche/Theologische Hochschulen

An Kirchlichen Hochschulen (evangelisch), Philosophisch-Theologischen Hochschulen (katholisch) und sonstigen Theologischen Hochschulen werden – ebenso wie an den entsprechenden Fakultäten der Universitäten – Theolog*innen ausgebildet. Außerdem gibt es eine ganze Reihe kirchlicher (Fach-)Hochschulen, die Studiengänge im sozialen Bereich anbieten.

Pädagogische Hochschulen

An Pädagogischen Hochschulen, die es nur in Baden-Württemberg gibt, werden Studiengänge angeboten, die auf eine Lehrtätigkeit an den Schularten Grund-, Haupt-, (Werk-)Real-, Gemeinschafts- und Sonderschulen vorbereiten. Bei der Ausbildung für das gymnasiale Lehramt und das Lehramt für Berufsschulen kooperieren die Pädagogischen Hochschulen mit Universitäten und Fachhochschulen (*siehe Abschnitt 3.10.1 „Lehramt in Baden-Württemberg"*). Das Studienangebot umfasst außerdem eine Reihe weiterer, nicht auf das Lehramt bezogener Studiengänge.

Kunst- und Musikhochschulen, Filmhochschulen

Kunst- und Musikhochschulen bieten Studiengänge in den bildenden und darstellenden Künsten bzw. in musikalischen Fächern an. Die Kurse finden teils in kleinen Gruppen („Klassen") oder auch als Einzelunterricht statt.

Kunsthochschulen

An vielen Kunsthochschulen können Bachelor-, Master- oder Diplomabschlüsse erworben werden. An anderen Hochschulen ist das Studium hingegen sehr frei, wenig strukturiert und sieht keine Abschlussprüfung vor. Wird im Rahmen des Studiums für ein Lehramt ein künstlerisches Fach studiert, so wird das Studium – je nach

Bundesland – entweder mit der Staatsprüfung oder einem Bachelor bzw. Master (of Education) abgeschlossen. Einige Studiengänge sehen eine Probezeit von zwei Semestern zu Beginn des Studiums vor.

Musikhochschulen

Beim Studium der Musik und Darstellenden Kunst (Musiktheater, Tanz, Schauspiel) an Musikhochschulen sind i.d.R. eine Zwischen- und eine Abschlussprüfung vorgesehen. Letztere ist je nach Hochschule ein Hochschulexamen (Bachelor-, Master- oder Diplomprüfung, künstlerische Reifeprüfung) bzw. eine staatliche oder kirchliche Prüfung. Um zugelassen zu werden, muss man i.d.R. eine Eignungsprüfung bestehen. Die Musikhochschulen bilden ihre Studierenden oft an einem bestimmten Instrument oder im Gesang aus. Die Musikrichtung ist meist klassisch, aber auch Jazz, Pop oder Rock sind manchmal vertreten. Die Popakademie Baden-Württemberg in Mannheim z.B. bietet Studiengänge in den Fachbereichen Populäre Musik sowie Musik- und Kreativwirtschaft an.

Filmhochschulen, Hochschulen der Medien

Bundesweit gibt es vier staatliche Filmhochschulen: **die Filmakademie Baden-Württemberg** in Ludwigsburg, die **Hochschule für Fernsehen und Film** in München, die **Kunsthochschule für Medien** Köln und die **Filmuniversität Konrad Wolf** in Potsdam-Babelsberg. Sie bieten Studiengänge rund um die Filmproduktion an, etwa in den Bereichen Drehbuch, Regie, Kamera oder Filmmusik. Man kann Bachelor-, Master- und Diplomabschlüsse erwerben. Daneben existieren zahlreiche weitere private Akademien und Institute, deren Angebote mit einem Zertifikat abschließen. Um zum Studium zugelassen zu werden, müssen die Bewerber*innen oft ein Praktikum oder Arbeitsproben nachweisen sowie eine Eignungsprüfung erfolgreich absolvieren. Außerdem bilden (private) medienorientierte Hochschulen für verschiedene Berufsfelder in audiovisuellen bzw. elektronischen Medien aus, teils eher künstlerisch, teils eher technisch orientiert. Neben den klassischen Medien wie Fotografie und Film gibt es Angebote zu Mediengattungen wie Computergrafik und -animation sowie 3-D-Simulation. In diesen Studiengängen werden neben ästhetischen Gesichtspunkten auch medienwissenschaftliche, wirtschaftliche sowie rechtliche Fragen behandelt.

Schauspielschulen

Einige staatliche Hochschulen und Universitäten sowie zahlreiche private Schulen bieten ein Schauspielstudium an. Meist wird in einer künstlerischen Aufnahmeprüfung über die Zulassung der Bewerber*innen entschieden. Darüber hinaus legen einige Hochschulen eine Altersbegrenzung fest. Je nach Hochschule bzw. Universität schließt das Studium mit einer Bachelor-, Master- oder Diplomprüfung ab.

Fachhochschulen/ Hochschulen für angewandte Wissenschaften

Fachhochschulen (FH) verfolgen einen anwendungsorientierten wissenschaftlichen Ansatz. Das heißt, das Studium ist weniger wissenschaftlich-theoretisch ausgerichtet, sondern orientiert sich verstärkt an den Anforderungen in der Praxis. Deshalb bezeichnen sich mittlerweile viele FHs als „Hochschule für angewandte Wissenschaften" (HAW), z.T. auch nur „Hochschule" oder in Englisch „University of Applied Sciences".

Fachhochschulen bieten ebenso wie Universitäten überwiegend Bachelor- und Masterstudiengänge an. Das Fächerspektrum an FHs ist allerdings eingeschränkter, denn bestimmte Studiengänge (z.B. Human-, Tier-, Zahnmedizin und Pharmazie sowie Lehrämter) werden nur an Universitäten angeboten. Häufig findet an FHs eine Konzentration auf die Fachbereiche Technik/Ingenieurwissenschaften, Wirtschaft, Medien und Soziales statt.

Die integrierten Praxisphasen können mehrwöchige Praktika, Projektphasen oder ein ganzes Semester umfassen und werden in Betrieben und Einrichtungen absolviert. So wird der praktische Anwendungsbezug des Studiums verstärkt. Eine zuvor absolvierte Berufsausbildung oder Berufspraxis kann teilweise oder ganz auf die Praxiszeiten angerechnet werden.

Zahlreiche Fachhochschulen bieten auch duale Studiengänge an. (*siehe Abschnitt 2.4.1 „Duales Studium"*)

Fachhochschulen für (öffentliche) Verwaltung

An Fachhochschulen für (öffentliche) Verwaltung des Bundes und der Länder werden Studierende für die Laufbahnen des gehobenen Dienstes in der öffentlichen Verwaltung ausgebildet.

Das dreijährige Studium ist dual aufgebaut und findet im Wechsel an der Hochschule und in der Ausbildungsbehörde statt. Deswegen ist der Zugang zu diesen Fachhochschulen nur über die Ausbildungsbehörde möglich. Diese sind i.d.R. auch Ansprechpartner bei allen Fragen zum Studium und zur Bewerbung.

Während des Studiums an einer Fachhochschule für (öffentliche) Verwaltung sind Sie bereits Beamt*in auf Widerruf und erhalten Anwärterbezüge (*siehe dazu Kapitel 3.11 „Öffentliche Verwaltung“*).

Duale Hochschulen

In den Bundesländern Baden-Württemberg, Thüringen und Schleswig-Holstein wurden die früheren Berufsakademien in **Duale Hochschulen** umgewandelt.

Duale Hochschulen bieten Studiengänge aus den Bereichen Wirtschaft, Technik und Sozialwesen an. Kennzeichnend für die dreijährigen Studiengänge ist die enge Verzahnung von theoretischen und praktischen Studienphasen. Der Studienbeginn ist i.d.R. zum 1. Oktober. Die Studierenden erhalten mit ihrem Abschluss einen akademischen Grad und können damit auch ein weiterführendes Masterstudium im In- und Ausland aufnehmen.

Beachten Sie: Die Duale Hochschule Schleswig-Holstein befindet sich in privater Trägerschaft, es fallen also Studiengebühren an.

Berufsakademien

Neben den Hochschulen gibt es in einigen Ländern Berufsakademien (BA), die als Alternative zum Hochschulstudium berufsqualifizierende duale Bildungsgänge für Studienberechtigte anbieten. Ihre Bachelorabschlüsse sind den Bachelorabschlüssen an Hochschulen gleichgestellt. Studienmöglichkeiten werden unter anderem in den Bereichen Wirtschaft, Sozialwesen und Technik angeboten.

Der Besuch von Berufsakademien kann ggf. – abhängig vom jeweiligen Landesrecht und der konkreten Ausbildungsstätte – mit Ausbildungsförderung nach dem BAföG gefördert werden (§2 Abs. 1 BAföG). Informationen erhalten Sie bei der jeweiligen Ausbildungsstätte bzw. dem zuständigen Amt für Ausbildungsförderung. Aber: Die Ausbildungsvergütung wird auf den Förderbetrag angerechnet.

Die Berufsakademien bieten den Bachelor als Regelabschluss an. Die Abschlüsse von akkreditierten Bachelorausbildungsgängen an Berufsakademien sind den Bachelorabschlüssen von Hochschulen gleichgestellt. Das bedeutet, Absolvent*innen einer akkreditierten Bachelorausbildung an einer Berufsakademie können einen Masterstudiengang oder ein anderes weiterführendes Studienangebot an Fachhochschulen und Universitäten beginnen und unter bestimmten Voraussetzungen zur Promotion zugelassen werden. ■

→ info

Die **Anschriften** der Dualen Hochschulen und der Berufsakademien finden Sie in Kapitel 6.2 oder auf → www.studienwahl.de

Auch über die **Studiensuche** der Bundesagentur für Arbeit → www.arbeitsagentur.de/studiensuche können Sie nach Dualen Hochschulen suchen.

→ links

Statistische Angaben zu den Hochschulen z.B. zur Zahl der Studierenden veröffentlicht das Statistische Bundesamt: → www.destatis.de

2.3 Studienabschlüsse und -organisation

Wie Ihr Wunschstudium aufgebaut ist, hängt unter anderem damit zusammen, welchen Abschluss Sie anstreben. Zum Beispiel ist ein Bachelorstudium i.d.R. auf sechs Semester angelegt, ein Masterstudium dagegen auf vier. Einige der Inhalte sind verpflichtend, andere können Sie auswählen und sich so spezialisieren.

Es ist also hilfreich und wichtig, sich vor Studienbeginn mit seinem Studiengang auseinanderzusetzen, um den Ablauf planen zu können.

Abschlüsse

Grundsätzlich unterscheidet man bei Abschlüssen zwischen solchen, die durch eine Hochschulprüfung und solchen, die durch eine staatliche (Staatsexamen) bzw. kirchliche Prüfung erworben werden.

Durch Hochschulprüfungen werden die akademischen Abschlüsse Bachelor und Master sowie selten Diplom und Magister/Magistra Artium erworben. Auch die Promotion, also der Erwerb eines Doktorgrades, gehört zu den Hochschulprüfungen. Eine Staatsprüfung oder kirchliche Prüfung gibt es nur in ganz bestimmten Fächern. Im Sommer 2021 wurden nach Angaben der Hochschulrektorenkonferenz (HRK) ca. 19.170 gestufte Studiengänge (Bachelor/ Master) an Universitäten, Fachhochschulen sowie Kunst- und Musikhochschulen angeboten. Sie machen damit 92 % des Studienangebots in Deutschland aus. Die Mehrzahl an Studiengängen, die (noch) nicht auf Bachelor/Master umgestellt wurden, kommt aus den Rechtswissenschaften sowie der Medizin. Außerdem sind einige Studiengänge mit künstlerischen oder kirchlichen Abschlüssen darunter, ebenso wie das Lehramtsstudium in einzelnen Ländern.

Entsprechend den einzelnen Fächergruppen werden unterschiedliche Abschlussbezeichnungen vergeben, etwa Bachelor of Engineering oder Master of Arts. Auskunft über das dem Abschluss zugrunde liegende Studium und die damit verbundenen Qualifikationen erteilt das „Diploma Supplement", das Bestandteil jedes Abschlusszeugnisses ist.

Für weiterbildende Masterstudiengänge können auch abweichende Abschlussgrade (z.B. Master of Business Administration, MBA) verliehen werden.

➔ info

Suchen Sie online nach Studiengängen und Abschlüssen unter ➔ www.studienwahl.de

Auch mit der **Studiensuche der BA** können Sie nach Studiengängen suchen:
➔ www.arbeitsagentur.de/studiensuche

Bachelor

Der Bachelor ist ein erster berufsqualifizierender Hochschulabschluss. Das Studium vermittelt wissenschaftliche Grundlagen, Methodenkompetenz und berufsfeldbezogene Qualifikationen. Bachelorstudiengänge können sich auf ein Hauptfach konzentrieren (**Monobachelor**) oder als Kombinationsstudium mit mehreren Fächern absolviert werden (**Kombinationsbachelor oder 2-Fach-Bachelor**).

Die Regelstudienzeit im Bachelor beträgt im Vollzeitstudium mindestens sechs und höchstens acht Semester, wobei 180 bzw. 240 ECTS-Punkte für den Abschluss nachzuweisen sind (zum Leistungspunktesystem s.u.).

Master

Der Masterabschluss ist ein weiterer berufsqualifizierender Abschluss. Masterstudiengänge dienen der fachlichen und wissenschaftlichen Spezialisierung oder Verbreiterung und können nach den Profiltypen **„anwendungsorientiert"** und **„forschungsorientiert"** unterschieden werden.

Zugangsvoraussetzung ist i.d.R. ein bereits erworbener berufsqualifizierender Hochschulabschluss, z.B. ein Bachelor. Oftmals gibt es zusätzlich eine Reihe besonderer Zugangsvoraussetzungen, wie spezielle Sprachkenntnisse, ein Aufnahmetest, ein gutes Bachelorzeugnis oder Ähnliches. Man unterscheidet zwischen konsekutiven und weiterbildenden Masterstudiengängen. Konsekutive Masterstudiengänge können das im Bachelorstudium erworbene Wissen vertiefen, verbreitern, fachübergreifend erweitern oder fachlich andere Inhalte zum Gegenstand haben. Weiterbildende Masterstudiengänge setzen eine qualifizierte berufspraktische Erfahrung von i.d.R. mindestens einem Jahr voraus.

Masterabschlüsse, die an Universitäten und gleichgestellten Hochschulen, Fachhochschulen oder Kunst-/Musikhochschulen erworben wurden, berechtigen grundsätzlich zur **Promotion**. An Fachhochschulen erworbene Masterabschlüsse eröffnen ebenso wie Universitätsabschlüsse den Zugang zu den Laufbahnen des höheren Dienstes in der öffentlichen Verwaltung (*siehe Kapitel 3.11*).

Die Regelstudienzeit eines Masterstudiums ist auf mindestens zwei und höchstens vier Semester angelegt. Zusammen mit dem vorangegangenen Studium erlangen Studierende im Laufe ihres Studiums so insgesamt mindestens 300 ECTS-Punkte.

Lehramt und Bachelor/Master

Während zahlreiche Bundesländer Lehramtsstudiengänge auf eine gestufte Studienstruktur mit universitären Bachelor- und Masterabschlüssen umgestellt haben, halten andere ganz oder teilweise an der Staatsprüfung fest. Die Modelle in den Ländern unterscheiden sich im Einzelnen. Deswegen hat die Kultusministerkonferenz länderübergreifend die Anerkennung der Studienabschlüsse geregelt (*siehe Kapitel 3.10 „Lehramtsausbildung in den Bundesländern“*).

Staatsexamen

Studiengänge in Human-, Zahn- oder Tiermedizin, Pharmazie, Rechtswissenschaften sowie ein Teil der Lebensmittelchemie- und der Lehramtsstudiengänge werden mit einer Staatsprüfung, dem Staatsexamen, abgeschlossen.

Die Staatsprüfungen werden nicht von den Hochschulen, sondern von staatlichen Prüfungsämtern abgenommen. In den Rechtswissenschaften finden eine universitäre Schwerpunktbereichsprüfung sowie eine staatliche Pflichtfachprüfung statt.

Mit bestandenem Staatsexamen ist die Zulassung zu einem Beruf bzw. zum Vorbereitungsdienst verbunden. Der Vorbereitungsdienst wird mit einer weiteren Staatsprüfung abgeschlossen.

Informationen zu den Lehramtsprüfungen finden Sie in *Kapitel 3.10 „Lehrämter“.*

Diplom

Eine geringe Anzahl von Studiengängen kann derzeit noch mit einer Diplomprüfung abgeschlossen werden. Diplomstudiengänge legen das Hauptgewicht auf ein einziges Studienfach (z.B. Maschinenbau). Der Diplomabschluss einer Fachhochschule wird mit dem Zusatz (FH) gekennzeichnet, z.B. Diplom-Ingenieur*in (FH).

Magister

Magisterstudiengänge werden nur an Universitäten und Hochschulen mit vergleichbarer Aufgabenstellung angeboten. Die meisten der verbliebenen Magisterstudiengänge finden ▸

➔ info

Akkreditierung
Studiengänge mit den Abschlüssen Bachelor und Master werden im Rahmen der sogenannten Akkreditierung auf die Einhaltung von Qualitätsstandards hin überprüft. Die zentrale Datenbank aller in Deutschland akkreditierten Studiengänge findet man auf der Webseite der Stiftung Akkreditierungsrat
➔ www.akkreditierungsrat.de.

➔ links

Kultusministerkonferenz (KMK)
➔ www.kmk.org/wissenschaft-hochschule/internationale-hochschulangelegenheiten/bologna-prozess.html

Bundesministerium für Bildung und Forschung (BMBF)
➔ www.bmbf.de/de/3336.php

sich im Bereich Theologie. Im Magisterstudium werden i.d.R. zwei Hauptfächer oder ein Hauptfach und zwei Nebenfächer miteinander kombiniert.

Kirchliche Prüfung

Die Kirchlichen Prüfungen im Fach Theologie werden auf Grundlage einer von der Kirchenbehörde erlassenen Prüfungsordnung abgenommen. Dabei können auch Diplom-, Magister-, Bachelor- und Masterabschlüsse erworben werden.

Promotion

Die Promotion ist mit wenigen Ausnahmen die Voraussetzung für eine wissenschaftliche Laufbahn.Sie setzt i.d.R. einen Hochschulabschluss mit gutem Ergebnis voraus, wobei ein Bachelorabschluss meist nicht ausreicht.

Zur Vollendung der Promotion muss in der Regel eine Doktorarbeit (Dissertation) angefertigt werden (Ausnahme: kumulative Promotion). Diese ist eine eigene wissenschaftliche Leistung, die zu wesentlichen neuen Erkenntnissen führt. Das Promotionsrecht liegt i.d.R. bei den Universitäten. Einige Fachhochschulen haben aber Kooperationsvereinbarungen mit Universitäten geschlossen. Die Hochschule Fulda hat als erste FH deutschlandweit ein eigenständiges Promotionsrecht für den Bereich Sozialwissenschaften erhalten. Eine Übersicht über Promotionsmöglichkeiten an

ⓘ Abschlussbezeichnungen von Bachelor- und Masterstudiengängen

Fächer/Fächergruppen	Abschluss
Sprach- und Kulturwissenschaften, Sport, Sportwissenschaften, Sozialwissenschaften, Kunstwissenschaft	Bachelor of Arts (B.A.), Master of Arts (M.A.)
Mathematik, Naturwissenschaften, Medizin*, Agrar-, Forst- und Ernährungswissenschaften*	Bachelor of Science (B.Sc.), Master of Science (M.Sc.)
Wirtschaftswissenschaften	Nach der inhaltlichen Ausrichtung des Studiengangs: Bachelor of Arts oder Bachelor of Science (B.A. oder B.Sc.) bzw. Master of Arts oder Master of Science (M.A. oder M.Sc.)
Ingenieurwissenschaften	Bachelor of Engineering oder Bachelor of Science (B.Eng. oder B.Sc.) bzw. Master of Engineering oder Master of Science (M.Eng. oder M.Sc.)
Rechtswissenschaften*	Bachelor of Laws (LL.B.), Master of Laws (LL.M.)
Freie Kunst	Bachelor of Fine Arts (B.F.A.), Master of Fine Arts (M.F.A.)
Künstlerisch angewandte Studiengänge, Darstellende Kunst	Bachelor of Arts (B.A.), Master of Arts (M.A.)
Musik	Bachelor of Music (B.Mus.), Master of Music (M.Mus.)
Studiengänge, mit denen die Voraussetzungen für ein Lehramt vermittelt werden.	Bachelor of Education (B.Ed.), Master of Education (M.Ed.)

*Betrifft nicht die staatlichen Studiengänge

Quelle: www.studienwahl.de 2020

Abbildung 3

DEUTSCHE
BUNDESBANK
EUROSYSTEM

Duales Studium
Zentralbankwesen/Central Banking
bei der Deutschen Bundesbank

Tim Lange (29) arbeitet seit rund drei Jahren im internen Berichtswesen des Controllings. Vorher hat er drei Jahre lang das duale Studium Zentralbankwesen bei der Deutschen Bundesbank absolviert. Nun berichtet er über seine Erfahrungen.

Theorie

Während des theoretischen Teils des Studiums sind die Studierenden in der bundebankeigenen Hochschule auf Schloss Hachenburg im Westerwald untergebracht. Gerade aufgrund der dortigen Rahmenbedingungen schätzt Tim das duale Studium. „Vorlesungen in Kleingruppen (ca. 40 Personen), Organisation der Stundenpläne seitens der Hochschule, die Nähe zu Dozenten und vieles mehr" haben aus seiner Sicht den Ausschlag gegenüber einer öffentlichen Hochschule gegeben. Inhaltlich stehe in den ersten beiden Semestern der „Erwerb von vielfältigen Grundkenntnissen rund um Banken, Unternehmen, Volkswirtschaft und rechtliche Fragestellungen" im Vordergrund. Im weiteren Verlauf liege der Schwerpunkt dann vermehrt auf Diskussionen, Präsentationen und Seminararbeiten zur Anwendung des gelernten. Zusätzlich gebe es im späteren Verlauf die Möglichkeit einer Vertiefung je nach eigener Präferenz.

Praxis

„Die Praxissemester sind eine tolle Gelegenheit, neue Erfahrungen zu sammeln, Kontakte zu knüpfen und deutschlandweit temporär an den Standorten der Bundesbank in Traumstädten wie Berlin, München, Hamburg und vielen mehr, zu wohnen und zu arbeiten", so Tim. Darüber hinaus hat er in seinen Praxisphasen die Möglichkeit genutzt, möglichst viele Tätigkeitsfelder der Bundesbank bereits kennenzulernen. Ein besonders schönes Gefühl während der Praxisphasen sei es gewesen, für einen gewissen Zeitraum als vollwertiges Teammitglied angesehen zu werden. Ein besonderer Bonus sei auch die Unterbringung an den Dienstorten während der Praxisphasen gewesen, sodass kein Stress hinsichtlich Wohnungssuche aufgekommen sei.

Betreuung

Auch die Unterbringung an der Hochschule mit drei Mahlzeiten am Tag empfand Tim als sehr förderlich für sein Studium. Ebenso die Betreuung durch den Bereich Aus- und Weiterbildung, sowie die Betreuung durch Praxistutoren vor Ort in den Praxisphasen.

Arbeitgeber Bundesbank

Die Deutsche Bundesbank sieht Tim als „renommierten Arbeitgeber mit vielschichtigen Arbeitsgebieten", in dem Menschen aus den unterschiedlichsten Fachbereichen Seite an Seite arbeiten. Die Vielfältigkeit der Arbeitsmöglichkeiten stehe gerade auch den Bachelor-Absolventinnen und -Absolventen offen. Weitere positive Aspekte, die Tim hervorhebt, sind die Verbeamtung bereits während des Studiums, was für Jobsicherheit spreche, und das breite Kultur- und Sportprogramm innerhalb der Bank.

Fragt man Tim nach einem besonders wichtigen Punkt zur Bundesbank und dem dualen Studium sagt er: „Dank der gemeinschaftlichen Ausbildung in Hachenburg und des dort entstandenen Zusammenhalts kann ich viele meiner Arbeitskollegen ebenfalls zu meinen Freunden zählen!".

deutschen Hochschulen finden Sie im Hochschulkompass der Hochschulrektorenkonferenz (www.hochschulkompass.de).

Studienorganisation

Eine gute Organisation ist die Grundlage für ein erfolgreiches Studium. Dieser Abschnitt unterstützt Sie dabei mit Tipps und gibt Hinweise zum Vorgehen.

Sie wählen ein Studienfach oder eine Kombination von mehreren Einzelfächern. Welche Einzelfächer an einer Hochschule als selbstständige Fächer bzw. Studiengänge angeboten werden, hängt von der örtlichen Entwicklung des Faches ab. Aufbau und Inhalte der Studiengänge, mögliche Studienschwerpunkte oder -richtungen sowie die Art der Lehrveranstaltungen und Prüfungen sind in Prüfungsordnungen, Studienordnungen, Studienplänen oder Modulhandbüchern geregelt.

Modularisierung und Leistungspunkte (ECTS)

Mehrere Lehrveranstaltungen werden zu einem **„Modul“** zusammengefasst. Module bezeichnen inhaltlich und zeitlich aufeinander abgestimmte Stoffgebiete und Lehrveranstaltungen, die eine in sich geschlossene und mit Leistungspunkten ausgewiesene Studieneinheit bilden. Ein Modul wird i.d.R. mit einer Prüfung abgeschlossen, deren Ergebnis in das Abschlusszeugnis eingeht.

Die erbrachten Studienleistungen werden anhand eines **europäischen Punktesystems** (European Credit Transfer System, kurz ECTS) gemessen. Leistungspunkte (ETCS-Punkte oder Credits) sind ein Maß für die studentische Arbeitsbelastung („Workload“). Sie umfassen sowohl den unmittelbaren Unterricht als auch die Zeit für die Vor- und Nachbereitung des Lehrstoffes, den Prüfungsaufwand und die Prüfungsvorbereitungen einschließlich Abschluss- und Studienarbeiten. Pro Semester werden i.d.R. 30 ECTS-Punkte vergeben, wobei für jeden Leistungspunkt eine Arbeitsbelastung von 25 bis max. 30 Stunden angenommen wird. Das entspricht einem Workload von 750 bis 900 Stunden pro Semester.

Studienaufbau

Zu Beginn des Bachelorstudiums vermitteln Module aus unterschiedlichen Lehrveranstaltungen allgemeine fachliche Grundlagen und Methodenkenntnisse.

In den Modulen der fortgeschrittenen Studienphase werden die Kenntnisse dann vertieft und erweitert sowie fachübergreifende Qualifikationen erworben. Projektarbeiten, Praktika oder Planspiele ermöglichen eine erste praktische Anwendung. Oft erlauben Wahlpflichtmodule/-fächer (davon muss eine bestimmte Anzahl gewählt werden) sowie optionale Wahlmodule/-fächer eine individuelle Schwerpunktbildung.

Sind Praxis- oder Auslandssemester vorgesehen, so werden diese meist im vierten oder fünften Bachelor-Semester absolviert. Zum Ende des Studiums ist eine größere schriftliche und/oder experimentelle Arbeit, zum Beispiel die Bachelorthesis, anzufertigen.

An fast allen Hochschulen ist das Studienjahr in ein **Wintersemester (WS)** und ein **Sommersemester (SS)** unterteilt (sehr selten in drei Trimester). Nicht in allen Studiengängen können Sie sich aussuchen, ob Sie im Winter oder im Sommer mit dem Studium starten. In einigen Fächern (z.B. Tiermedizin) ist ein Studienbeginn nur zum Wintersemester möglich.

Studiendauer

Für jeden Studiengang ist in der Prüfungsordnung eine Regelstudienzeit festgelegt. Sie gibt an, in welcher Zeit Sie i.d.R. ein Studium mit der angestrebten Prüfung abschließen können.

In Bachelorstudiengängen kann die Regelstudienzeit sechs bis acht Semester betragen, in Masterstudiengängen zwei bis vier Semester. Die Gesamtregelstudienzeit für ein Bachelor- und ein Masterstudium beträgt i.d.R. zehn Semester, wobei natürlich auch Abweichungen möglich sind. Studierende können etwa auch nach einem achtsemestrigen Bachelorstudium einen viersemestrigen Masterstudiengang anschließen. In den künstlerischen Kernfächern an Kunst- und Musikhochschulen gibt es konsekutive Bachelor- und Masterstudiengänge mit einer Gesamtregelstudiendauer von bis zu zwölf Semestern im Vollzeitstudium.

Ein Abschluss innerhalb der vorgegebenen Regelstudienzeit ist nicht in jedem Fall möglich. Jedoch sollten Sie Ihre Studienplanung daran orientieren. Insbesondere im Zusammenhang mit einer Förderung nach dem BAföG kann sich eine lange Studiendauer negativ auswirken. In einigen Bundesländern werden zudem bei Überschreitung einer bestimmten Anzahl von Semestern Langzeitstudiengebühren erhoben.

Doch auch die kürzest mögliche Studiendauer ist nicht immer von Vorteil: Ein berufsnahes Praktikum in einem interessanten Projekt bzw. im Ausland oder persönliches Engagement neben dem Studium können ein Plus im Lebenslauf sein. ■

2.4 Besondere Studienformen

Die meisten Studienangebote gehen von einem Präsenzstudium in Vollzeit aus. Sie setzen also voraus, dass Sie sich Ihrem Studium tagsüber voll widmen können und Lehrveranstaltungen vor Ort besuchen. Es gibt aber auch zunehmend andere Formen, die eine höhere zeitliche und räumliche Flexibilität bieten.

Zu solchen Studienangeboten zählen:
- duales Studium, Verbundstudium
- Fernstudium, Onlinestudium
- Teilzeitstudium neben dem Beruf
- Studiengänge für beruflich Qualifizierte

Ein gewisses Maß an Flexibilität ermöglichen darüber hinaus auch Präsenzstudiengänge mit virtuellen bzw. Online-Modulen. Durch die weit vorangeschrittene Digitalisierung werden solche Angebote immer häufiger. ■

→ info

An welchen Hochschulen gibt es entsprechende Angebote? Suchen können Sie online auf → www.studienwahl.de und mit der Studiensuche unter → arbeitsagentur.de/studiensuche

2.4.1 Duales Studium

Unter dem Begriff „Studium im Praxisverbund" werden verschiedene Formen der Kombination von Studium und betrieblicher Praxis zusammengefasst. Die Bezeichnungen solcher Studiengänge sind aufgrund vielfältiger organisatorischer und inhaltlicher Konzepte recht unterschiedlich. Neben dem „dualen Studium" finden sich z.B. Begriffe wie „berufsintegrierendes Studium", „Verbund-/Integrationsmodell" oder das „kooperative Studium".

Folgende Typen können unterschieden werden:
- **Ausbildungsintegrierte Studiengänge**, bei denen i.d.R. zusätzlich eine berufliche Erstausbildung absolviert wird (z.B. Bachelorstudium der Elektrotechnik in Kombination mit einer Ausbildung zum*zur Elektroniker*in – Betriebstechnik).
- In **kooperativen bzw. praxisintegrierenden Studiengängen** schließen die Studierenden mit einem Unternehmen einen Vertrag ab und sammeln dort neben ihrem Studium vertiefende Praxiserfahrung. Ziel ist eine stärkere Einbindung der Studierenden in die praktische Tätigkeit.
- **Berufsintegrierende Studienangebote** beziehen die ausgeübte Berufstätigkeit in die hochschulische Ausbildung mit ein. In diesen Fällen ist das Ziel i.d.R. eine Weiterqualifizierung und ein damit verbundener beruflicher Aufstieg im Unternehmen.

Die Kombination aus betrieblicher Praxis und Studium ist an Fachhochschulen, Universitäten und Berufsakademien möglich.

Hinweise und Besonderheiten

Die Vorteile eines dualen Studiums liegen auf der Hand: Zeitersparnis, gute Studienbedingungen sowie gute Job- und Karrierechancen.
- **Zeitersparnis:** Da Theorie- und Praxisanteile aufeinander abgestimmt sind, verkürzt sich die Studiendauer. Im Fall von ausbildungsintegrierten Studiengängen werden innerhalb von drei bis fünf Jahren sogar zwei Abschlüsse erworben, der Berufs- und der Hochschulabschluss.
- **Gute Studienbedingungen:** Die dualen Studiengänge sind meist zeitlich und inhaltlich sehr gut organisiert und bieten eine optimale Betreuung in kleinen Studiengruppen.
- **Gute Job- und Karrierechancen:** Dual Studierende haben in den Praxisphasen i.d.R. bereits wichtige Unternehmenskontakte geknüpft, können meist ohne zusätzliche Einarbeitungszeit einsteigen und werden daher nach dem Abschluss häufig vom kooperierenden Betrieb übernommen. Die Kombination aus Hochschulabschluss und umfangreicher Praxiserfahrung macht sie auch für andere Arbeitgeber attraktiv.

Es sollte Ihnen jedoch klar sein, dass Ihnen in einem dualen Studiengang nichts geschenkt wird. Ein duales Studium ist eine Herausforderung. Gefragt sind v.a. **Mobilität und Flexibilität**:
- Ihre Hochschule und Ihr Ausbildungsbetrieb befinden sich möglicherweise nicht in direkter räumlicher Nähe. Unter Umständen müssen Sie sich im Tagesrhythmus

auf die jeweils andere Umgebung einstellen.

- Und wenn andere Studierende Semesterferien haben, arbeiten Sie im Betrieb oder müssen in der Berufsschule bzw. Studienakademie die Schulbank drücken.

Finanzielle Vergütung

Wer sich für ein ausbildungsintegriertes Studium entscheidet, erhält für die betriebliche Ausbildung eine Vergütung, mit der die Lebenshaltungskosten gedeckt werden können. Ähnliche Regelungen sind mittlerweile auch in praxisintegrierenden Studiengängen verbreitet. Doch so vielfältig wie die Studienangebote und -formen sind auch die Regelungen zur finanziellen Vergütung und die anfallenden Kosten, über die Sie sich daher im Einzelfall genau beim Anbieter informieren sollten.

Sozialversicherungspflicht

Dual Studierende haben, egal ob sie einen ausbildungsintegrierten oder einen praxisintegrierenden Studiengang absolvieren, in der Sozialversicherung denselben Status wie Auszubildende. Sie sind daher sowohl in den theoretischen Ausbildungs- als auch in den Praxisphasen in der Kranken-, Pflege-, Renten- und Arbeitslosenversicherung versicherungspflichtig.

Voraussetzungen

Für ein ausbildungsintegriertes Studium ist immer ein abgeschlossener Ausbildungsvertrag mit einem Unternehmen nötig. Bei praxisintegrierenden Studiengängen muss vor der Bewerbung ein entsprechender Praxisvertrag mit einer Firma unterschrieben werden. Und berufsintegrierende Studiengänge setzen natürlicherweise eine bestehende Berufstätigkeit voraus. Daneben ist wie bei anderen Studiengängen eine Hochschulzulassung notwendig. Welche genau, hängt vom jeweiligen Hochschultyp ab.

Studienmöglichkeiten

Duale Studiengänge werden von Universitäten, Fachhochschulen, Dualen Hochschulen und Berufsakademien angeboten. Insbesondere in Wirtschaftswissenschaften, Informatik, in den Ingenieurwissenschaften und zunehmend auch im Sozialwesen bieten Fachhochschulen und vereinzelt auch Universitäten ausbildungsintegrierte oder praxisintegrierende Studiengänge an. ■

➔ links

„AusbildungPlus“
Die Internetseite gibt einen aktuellen bundesweiten Überblick über die dualen Studienangebote von Fachhochschulen, Universitäten, Verwaltungs- und Wirtschaftsakademien sowie Berufsakademien. Zudem bietet das Portal ausführliche Informationen zu Inhalt und Ablauf des Studiums sowie Adressen und Ansprechpartner*innen der beteiligten Ausbildungsbetriebe:
➔ www.bibb.de/ausbildungplus.

Informations- und Beratungsangebote der Länder
Einen Wegweiser für das duale Studium in allen Bundesländern finden Sie unter:
➔ www.wegweiser-duales-studium.de

Akkreditierte Ausbildungsgänge an Berufsakademien
Eine Übersicht gibt die Datenbank der Stiftung des Akkreditierungsrates:
➔ www.akkreditierungsrat.de

Hochschulkompass und Studiensuche
Auch im Hochschulkompass der HRK und in der Studiensuche der BA ist eine gezielte Suche nach dualen Studiengängen möglich:
➔ www.hochschulkompass.de;
➔ www.arbeitsagentur.de/studiensuche

2.4.2 Fernstudium, Online-Studium, Blended Learning

Ein Fernstudium stellt eine Alternative dar, wenn persönliche Umstände, wie beispielsweise Einschränkungen durch eine Behinderung oder wegen Kinderbetreuung, einem klassischen Vollzeitstudium entgegenstehen. Allerdings wird nur eine eingeschränkte Fächerauswahl geboten.

Der in einem regulären Fernstudium erworbene Hochschulabschluss ist dem an einer Präsenz-Hochschule gleichwertig. Darüber hinaus existieren auch Angebote zur beruflichen Weiterbildung sowie die Möglichkeit der Gasthörerschaft.

So lernt man im Fernstudium

Üblicherweise werden im Fernstudium klassische Präsenzveranstaltungen und moderne Formen des virtuellen Lehrens und Lernens mit Hilfe der neuen Informations- und Kommunikationsmedien (E-Learning) miteinander verknüpft, man spricht dabei von „Blended Learning". Das Lehr- und Lernmaterial erhalten die Fernstudierenden in Form von gedruckten Studienbriefen, Online-Kursen, Lernsoftware auf DVD oder inzwischen auch per Internet-Livestream.

Der Lernerfolg wird während des Semesters meistens durch Selbstkontroll- und Einsendeaufgaben festgestellt und zum Semesterende mit einer Klausur überprüft. In ergänzenden Präsenzveranstaltungen an den Hochschulen oder an regionalen Lern- und Studienzentren kann der Lernstoff vertieft werden. In solchen Lernzentren stehen speziell ausgebildete Fachmentor*innen zur Verfügung, welche die Studierenden informieren, beraten und in ihrem fachwissenschaftlichen Studium unterstützen.

Zeitaufwand realistisch einschätzen

Wer ein Fernstudium absolvieren möchte, sollte sich vor Studienbeginn auf alle Fälle vor Augen halten, dass nur ein sehr hohes Maß an Disziplin und eine realistische Einschätzung der eigenen Ressourcen zum Erfolg führen. Der Zeitaufwand muss bei einem „hauptberuflichen" Vollzeit-Fernstudium mit mindestens 40 Stunden pro Woche kalkuliert werden. Für Berufstätige kommt das Fernstudium daher häufig nur als Teilzeitstudium infrage, das neben dem Beruf mit einem Aufwand von etwa 20 Wochenstunden bewältigt werden kann. In diesem Fall verlängert sich die Gesamtstudienzeit jedoch entsprechend.

Kosten und Gebühren, Förderung

Die Kosten für ein Fernstudium variieren und richten sich nach verschiedenen Faktoren, u.a. nach dem Umfang der gelieferten Arbeitsmaterialien. Zu den Studienkosten kommen i.d.R. noch Reise- und Übernachtungskosten für die Präsenzphasen hinzu. An privaten Hochschulen und Akademien kann das Fernstudium bis zu mehreren Hundert Euro im Monat kosten. Doch es gibt auch Möglichkeiten der finanziellen Entlastung: Die Kosten für ein Fernstudium können u.U. als Werbungskosten bzw. Sonderausgaben steuerlich geltend gemacht werden. Außerdem sind Fernstudiengänge (mit Ausnahme der weiterbildenden) nach dem Bundesausbildungsförderungsgesetz (BAföG) grundsätzlich förderungsfähig, wenn sie in Vollzeitform angeboten und studiert werden, die Hochschule, an der das Fernstudium absolviert wird, staatlich anerkannt ist oder eine gleichwertige Anerkennung vorweist und die Studierenden ordentlich eingeschrieben sind.

Grundsätzlich können bei den Anbietern von Fernstudiengängen drei Typen unterschieden werden:

- Hochschulen, deren Lehrangebot ausschließlich Fernstudiengänge umfasst (Fernhochschulen)
- Hochschulen, die parallel zum Präsenzstudium Fernstudiengänge anbieten
- Fernstudien-Verbünde

Fernhochschulen

FernUniversität

Die **FernUniversität in Hagen** ist die einzige staatliche Fernuniversität Deutschlands (www.fernuni-hagen.de). Sie bietet ein Spektrum von grundständigen und weiterbildenden Studiengängen an den Fakultäten für Kultur- und Sozialwissenschaften, Mathematik und Informatik, Wirtschaftswissenschaft und Rechtswissenschaften an.

Das Lehr- und Studiensystem folgt dem Konzept des Blended Learning (s.o.) und ermöglicht dadurch räumlich wie zeitlich ein flexibles und individuelles Lernen.

Mit dem Angebot eines Akademiestudiums an der FernUniversität können Schüler*innen bereits während der Schulzeit Kurse belegen und so ausprobieren, wo ihre Interessen liegen und ▶

ob ein Studium für sie die richtige Wahl ist. Die erbrachten Leistungen können unter bestimmten Voraussetzungen in einem späteren Studium angerechnet werden.

Über die Zulassungsbedingungen zu den verschiedenen Studienangeboten informieren Sie sich am besten direkt bei der FernUniversität in Hagen. Unter bestimmten Voraussetzungen ist auch ein Studium ohne Abitur möglich. Die Kosten pro Semester sind abhängig vom Umfang der belegten Kurse.

Fern-Fachhochschulen

Fern-Fachhochschulen bieten anwendungsbezogene Fernstudiengänge, insbesondere in den Bereichen Betriebswirtschaft, Maschinenbau, Gesundheit und Soziales, Wirtschaftsinformatik bzw. Wirtschaftsingenieurwesen. In Deutschland staatlich anerkannte Fern-Fachhochschulen sind:

- AKAD-Hochschulen (Leipzig, Pinneberg, Stuttgart)
- APOLLON Hochschule der Gesundheitswirtschaft (Bremen)
- Deutsche Hochschule für Prävention und Gesundheitsmanagement (Saarbrücken)
- DIPLOMA Hochschule (Bad Sooden-Allendorf)
- Fachhochschule des Mittelstands (FHM)
- Europäische Fernhochschule Hamburg (Euro-FH)
- Hamburger Fern-Hochschule (HFH)
- Hochschule Fresenius – onlineplus (Idstein)
- IST Hochschule für Management (Düsseldorf)
- IU Internationale Hochschule – Fernstudium
- Private Hochschule Göttingen (PFH)
- SRH Fernhochschule – The Mobile University (Riedlingen)
- Wilhelm Büchner Hochschule – Private Fernhochschule Darmstadt

Die Kontaktdaten finden Sie auf www.studienwahl.de.

Fernstudium an Präsenz-Hochschulen

Neben den reinen Fernhochschulen bieten einige Universitäten und eine Reihe von Fachhochschulen ebenfalls Fernstudiengänge an. Sind diese als Parallelangebot zu einem gleichartigen Präsenzstudium konzipiert, so ist ggf. auch der Wechsel vom Fern- zum Präsenzstudium und umgekehrt möglich.

Teilweise richten sich die Fernstudienangebote an bestimmte Zielgruppen: So gibt es z.B. Fernstudiengänge wie Frühpädagogik für Erzieher*innen, Soziale Arbeit für Berufstätige im Sozialbereich oder betriebswirtschaftliche Studiengänge für Spitzensportler*innen. Dabei wird nicht selten eine das Studium begleitende Teilzeitberufstätigkeit gefordert.

Die Studierenden im Fernstudium sind bei der betreffenden Hochschule immatrikuliert und müssen – neben den Kosten für Unterrichtsmaterialien etc. – auch Immatrikulations- und Rückmeldegebühren, den Sozialbeitrag und ggf. die Studienbeiträge bezahlen. Die begleitenden Präsenzveranstaltungen finden meist an Wochenenden oder in Blockform an der Hochschule statt.

Fernstudien-Verbünde

Netzwerke

Um Organisation und Lehre sowie die Betreuung der Studierenden zu bündeln, haben sich Fachhochschulen mit Fernstudienangeboten zu Netzwerken zusammengeschlossen, z.B.:

- Die **Zentralstelle für Fernstudien an Fachhochschulen (ZFH)** bietet derzeit gemeinsam mit 18 Hochschulen über 70 berufsbegleitende Fernstudienangebote. Das Spektrum umfasst betriebswirtschaftliche, technische und sozialwissenschaftliche Fachrichtungen. Beruflich Qualifizierte können unter bestimmten Voraussetzungen ohne schulische Hochschulreife ein Bachelorstudium aufnehmen oder sogar – nach erfolgreicher Eignungsprüfung – auch ohne Erststudium gleich in ein Masterstudium einsteigen. (www.zfh.de)
- Das **Verbundstudium der nordrhein-westfälischen Fachhochschulen** ist eine spezifische Form des Fernstudiums. Phasen des Selbststudiums wechseln sich mit anwendungsorientierten Präsenzveranstaltungen ab. Die Verbundstudiengänge, die i.d.R. von mehreren Fachhochschulen entwickelt und gemeinsam angeboten werden, richten sich in erster Linie an Berufstätige. Es besteht aber auch die Möglichkeit, das Studium ausbildungsbegleitend in Kooperation mit Industrie und Wirtschaft aufzunehmen (www.verbundstudium.de).

Virtuelle Hochschulen und Portale

Eine weitere Form des Verbundes bilden sogenannte „Virtuelle Hochschulen“ und Portale. Sie sind gemeinsame Einrichtungen mehrerer Hochschulen, die gemeinsam Studienangebote über das Internet anbieten. Dabei kann es sich um vollständige Studiengänge oder um einzelne Studienpakete und -module handeln.

- Der Hochschulverbund **Virtuelle Fachhochschule** (www.vfh.de) ist ein Verbund von zwölf Hochschulen aus sechs Bundesländern sowie einer Schweizer Hochschule. Länderübergreifend werden die Studiengänge Betriebswirtschaftslehre, Medieninformatik, Wirtschaftsingenieurwesen, Wirtschaftsinformatik, Maschinenbau, Fahrzeugtechnik, Regenerative Energien sowie Industrial Engineering angeboten. Studierende schreiben sich bei einer der beteiligten Fachhochschulen ein. Außerdem kooperiert die VFH mit der Virtuellen Hochschule Bayern.
- Die **Virtuelle Hochschule Bayern** (vhb) ist ein Verbundinstitut aller staatlichen Universitäten und Hochschulen für angewandte Wissenschaften Bayerns sowie einiger kirchlicher Hochschulen und der Universität der Bundeswehr München. Die Studierenden können die Online-Kurse der vhb entgeltfrei nutzen und so einen Teil des Studiums örtlich und zeitlich flexibler gestalten. Andere Interessierte können die meisten Kurse entgeltpflichtig nutzen. Über die Anerkennung der in vhb-Kursen erbrachten Studienleistungen entscheiden die Heimathochschulen der Studierenden. Kurse können auch ohne Prüfung als zusätzliche Übungsmöglichkeit oder zur Wissensergänzung genutzt werden (www.vhb.org).
- Der **Virtuelle Campus Rheinland-Pfalz (VCRP)** ist eine wissenschaftliche Einrichtung aller Hochschulen des Landes Rheinland-Pfalz. Er bietet eine gemeinsame Plattform für virtuelle Lehrangebote an rheinland-pfälzischen Hochschulen (www.vcrp.de).
- Das **Bildungsportal Sachsen** ist die gemeinsame E-Learning-Initiative sächsischer Hochschulen. Dort ist ein virtuelles Klassenzimmer eingerichtet, in dem die virtuellen Lehr- und Lernmodule der Hochschulen über das Internet zugänglich sind (www.bildungsportal.sachsen.de). ■

→ info

Detailinformationen zu allen Fern- und Online-Studienangeboten, etwa über Inhalte, Umfang, Zugangsvoraussetzungen, Kosten, Förderungsmöglichkeiten u.Ä., erhalten Sie bei den jeweiligen Anbietern, bei den Studienberatungsstellen der Hochschulen oder den regionalen Studienzentren.

→ links

Hochschulkompass
Alternativ können Sie im Hochschulkompass der Hochschulrektorenkonferenz (HRK) nach Fernstudienangeboten suchen.
→ www.hochschulkompass.de

Arbeitsgemeinschaft lebenslanges Lernen
Informationen zum Fernstudium mit Behinderung → www.fernstudium-net.de/weiterbildung/fernstudium-mit-behinderung

studienwahl.de
In welchen Fächern und an welchen Hochschulen ein Fernstudium angeboten wird, können Sie online recherchieren.
→ www.studienwahl.de

2.4.3 Teilzeitstudium

Ob berufsintegrierendes oder berufsbegleitendes Studium: Parallel zu einer Berufstätigkeit erfolgt dieses in Teilzeitform.

Dementsprechend enthält die aktuelle Hochschulgesetzgebung der Länder zunehmend Bestimmungen, auch grundständige Studiengänge so anzulegen, dass sie neben einer teilweisen Berufstätigkeit oder neben Betreuungsaufgaben (z.B. Betreuung von Kindern, Kranken) absolviert werden können.

Es gibt zwei Formen des Teilzeitstudiums, die eine zeitliche Kombination von Beruf und akademischer Ausbildung ermöglichen: berufsintegrierende und berufsbegleitende Studiengänge.

Berufsintegrierendes Studium

Bei einem berufsintegrierenden Studium (teilweise auch als „duales Studium" bezeichnet) wird i.d.R. das Studium mit einer beruflichen Teilzeit-Tätigkeit kombiniert, die tageweise oder in längeren Blöcken ausgeübt wird. Die andere Variante ist die Vereinbarung einer Teilzeitbeschäftigung, sodass Studium und Berufstätigkeit einander abwechseln. Die betriebliche Freistellung der Studierenden für studienrelevante Tätigkeiten wird in Kooperationsverträgen zwischen Studierenden und Unternehmen und teilweise auch mit der Hochschule vereinbart. Die Regelungen reichen von einer zeitweisen Freistellung unter Gehaltsfortzahlung über Nacharbeit im Rahmen der Gleitzeitregelung ▶

bis zu entsprechenden Arbeitszeit- und Gehaltskürzungen.

Je nach Studien- und Tätigkeitsanteilen variiert die Studiendauer i.d.R. zwischen acht und elf Semestern bis zum Bachelorabschluss. Insbesondere in den Bereichen Betriebswirtschaft, Ingenieurwesen sowie Pflege/Gesundheit und Soziale Arbeit werden berufsintegrierende Studiengänge überwiegend von Fachhochschulen angeboten. Es sind vollwertige Studiengänge, sie unterscheiden sich vom herkömmlichen Studium nur durch die Studienorganisation. Die Abschlüsse entsprechen denen in Vollzeitstudiengängen und sind auch gleichwertig.

(Berufsbegleitendes) Teilzeitstudium

Eine weitere Möglichkeit, Berufstätigkeit und Studium zu kombinieren, bietet ein berufsbegleitendes Teilzeitstudium. Es wird neben der Ausübung einer Berufstätigkeit absolviert. Typisch für berufsbegleitende bzw. Teilzeit-Studiengänge sind ein hoher Anteil an E-Learning sowie ausgewählte Präsenzveranstaltungen vorwiegend an Abenden, Wochenenden oder in längeren Blöcken. Leistungen aus der Berufsausbildung und -praxis können ggf. auf das Studium angerechnet werden. Ein Teilzeitstudium ermöglicht es aber auch, Eltern- bzw. Familienaufgaben oder der Betreuung von Angehörigen während eines Studiums nachzukommen. ■

➔ info

Die **Studienberatungsstellen** der Hochschulen geben Ihnen gerne Auskunft darüber, welche ihrer Studienangebote als berufsintegrierendes oder berufsbegleitendes Studium durchgeführt werden können.

Beachten Sie, dass bei einem Teilzeitstudium **keine Förderung durch BAföG** möglich ist.

2.4.4 Weiterbildende Studiengänge

Einige Studiengänge werden speziell für Personen angeboten, die bereits eine Berufsausbildung absolviert haben, oder die nach einem Bachelorabschluss schon Berufserfahrung gesammelt haben. Ziel ist i.d.R. eine Weiterqualifizierung, um anschließend speziellere Aufgaben oder leitende Positionen übernehmen zu können.

Angebote bestehen weitestgehend in allen Studienbereichen, vor allem aber im gesundheitswissenschaftlichen und medizintechnischen Bereich sowie in den Wirtschaftswissenschaften.

➔ info

Da in diesem Bereich viele Angebote von privaten Hochschulen stammen, sollten im Vorfeld die **Kosten** eines Studiums genau abgeklärt werden.

Dabei werden sowohl Bachelor- als auch Masterstudiengänge angeboten. Zum Teil gibt es die Angebote auch als Fernstudium oder in Teilzeit.

Besondere Zugangsvoraussetzungen

Vorausgesetzt werden bei Bachelorstudiengängen z.B. eine abgeschlossene Berufsausbildung und manchmal zusätzlich eine zweijährige berufliche Tätigkeit. Für weiterbildende Masterstudiengänge müssen Sie oft neben einem Bachelorabschluss Berufserfahrung von mindestens einem Jahr mitbringen. Auf www.studienwahl.de sowie in der Studiensuche unter arbeitsagentur.de/studiensuche können Sie nach passenden Bachelorstudiengängen suchen. Weiterbildende Masterstudiengänge finden Sie über www.hochschulkompass.de. ■

2.5 Studieren im Ausland

In kaum einem anderen gesellschaftlichen Bereich ist Internationalität so selbstverständlich wie in der Wissenschaft. Und wenn Sie schon immer davon geträumt haben, eine Zeit im Ausland zu verbringen, haben Sie dank vieler etablierter Hochschulkooperationen eine große Auswahl.

Schon bei der Planung Ihres Studiums sollten Sie überlegen, ob Sie nicht während der Studienzeit Auslandserfahrungen sammeln möchten.

Für das Studium einer Fremdsprache waren Studiensemester im Ausland schon immer unerlässlich. Durch die Globalisierung sind Auslandserfahrungen auch in anderen Studiengängen, z.B. im Bereich der Rechts-, Wirtschafts-, Natur- und Ingenieurwissenschaften, immer wichtiger geworden.

Zunächst sollten Sie sich mit den jeweiligen Voraussetzungen, den organisatorischen Rahmenbedingungen, aber auch mit Förderprogrammen und Fragen der Studienfinanzierung sowie der sozialen Absicherung auseinandersetzen. Der Aufwand lohnt sich: Neben der fachlichen Qualifizierung bekommen Sie durch einen Auslandsaufenthalt Gelegenheit, **interkulturelle Kompetenz** zu erwerben. Diese gewinnt insbesondere vor dem Hintergrund einer zunehmenden Europäisierung und Internationalisierung des Arbeitsmarktes an Bedeutung.

Gute Gründe

Ob Auslandssemester, Praktikum, Sprach- und Fachkurs oder Recherchearbeit – in vielerlei Hinsicht können studienbezogene Auslandsaufenthalte Ihre fachlichen Qualifikationen verbessern. Zudem erweitert sich dadurch Ihr Erfahrungshorizont, was wiederum auch Ihre persönliche Entwicklung fördert.

Nicht zuletzt sollten Sie überlegen, ob nicht ein **Studiengang mit Doppelabschluss** an einer deutschen und einer ausländischen Hochschule infrage kommt. Auch die Zahl der Studiengänge mit fest integrierten Auslandsaufenthalten ist in den letzten Jahren erheblich gewachsen.

Beliebte Länder

Im Jahr 2018 waren nach Hochrechnungen des Statistischen Bundesamtes etwa 135.300 deutsche Studierende an ausländischen Hochschulen eingeschrieben.

Laut einer Befragung des DAAD und des Deutschen Zentrums für Hochschul- und Wissenschaftsforschung (DZHW) aus dem Jahr 2018 haben 38 Prozent aller deutschen Studierenden im Laufe ihres Studiums einen studienbezogenen Auslandsaufenthalt absolviert. Die beliebtesten Zielländer für ein Studium im Ausland waren Österreich, die Niederlande, Großbritannien und die Schweiz.

Wichtig: Im Zuge des BREXITs ist Großbritannien aus dem ERASMUS-Programm ausgetreten. Aufenthalte in Großbritannien sind dennoch weiterhin möglich, unterliegen aber anderen Bedingungen.

Der richtige Zeitpunkt

Bei einem Bachelorstudium haben Sie nach dem ersten oder zweiten Studienjahr in der Regel genügend Hochschulerfahrung gesammelt, um die Vor- und Nachteile verschiedener Studienangebote und Hochschulen einschätzen zu können. Das ist ein guter Zeitpunkt, die Heimathochschule für ein oder zwei Semester zu ▶

ⓘ Beliebte Länder

Zielländer für studienbezogene Auslandsaufenthalte deutscher Studierender
(Mehrfachnennungen möglich, Erhebung im Jahr 2018)

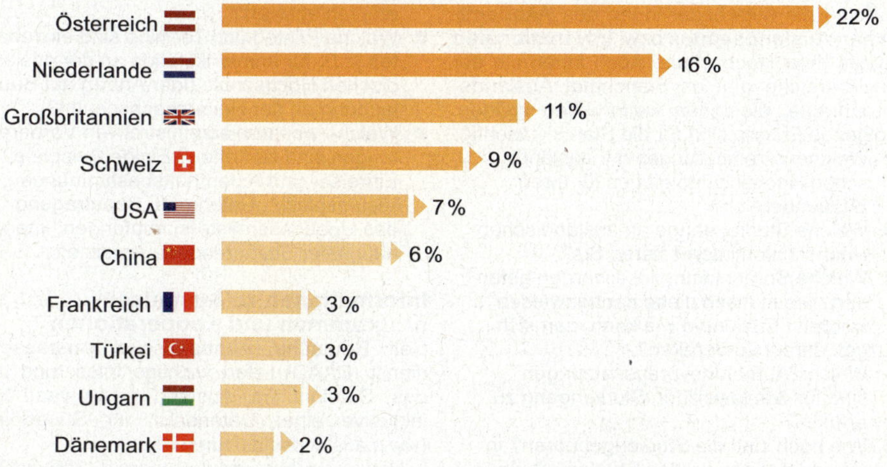

Quelle: Statistisches Bundesamt

Abbildung 4

Es kann sein, dass aufgrund der Corona-Pandemie Auslandsaufenthalte nicht oder nur eingeschränkt möglich sind. Informieren Sie sich deshalb rechtzeitig vor dem geplanten Ausreisetermin, welche Optionen Sie haben.

verlassen. Bei einem Fremdsprachenstudium bieten Auslandsaufenthalte in den ersten Semestern einen intensiven Einstieg in die Sprache und vermitteln einen tiefen Einblick in die landesspezifischen sprachlichen und kulturellen Besonderheiten.

Auch zu einem späteren Zeitpunkt sind Studiensemester im Ausland sinnvoll, insbesondere wenn Sie in größeren Studien- oder Examensarbeiten Themen behandeln, die Kontakte mit entsprechenden ausländischen Hochschulen nahelegen.

Die Aufnahme eines Auslandsstudiums gleich nach dem Abitur ist eventuell eine Möglichkeit, die Wartezeit auf einen Studienplatz in Deutschland sinnvoll zu überbrücken. Allerdings ist hier wichtig zu klären, inwieweit die an der ausländischen Hochschule erbrachten Studienleistungen anerkannt werden und ob das angestrebte Studienfach in Deutschland nicht auch in höheren Semestern zulassungsbeschränkt ist. Sonst wird ein Wechsel zurück an eine deutsche Hochschule nicht immer problemlos möglich sein. ■

→ info

Wichtig für den Erfolg eines akademischen Auslandsaufenthalts ist, dass Sie sich **frühzeitig** informieren und Ihren Aufenthalt gut planen.

2.5.1 Reisevorbereitungen

Spätestens ein Jahr vor Beginn des Auslandsaufenthalts sollten Sie mit der Reiseplanung beginnen. Wer seinen Auslandsaufenthalt mithilfe eines Stipendiums finanzieren möchte, sollte sogar noch früher anfangen.

Die ersten Ansprechpartner*innen dabei sind die Mitarbeiter*innen des **Akademischen Auslandsamtes** bzw. **Internationalen Büros** Ihrer Hochschule. Auch innerhalb der Fachbereiche gibt es manchmal Auslandsbeauftragte, die Ihnen weiterhelfen können. Folgende Fragen sind für die Planung wichtig:

- Welche Vereinbarungen mit ausländischen Hochschulen gibt es für Ihren Studienbereich?
- Welche Studiengänge an ausländischen Hochschulen interessieren Sie?
- Welche Sprachkenntnisse werden gefordert, wie müssen diese nachgewiesen werden (Tests) und wie kann man sich ggf. darauf vorbereiten?
- Welche Aufnahmevoraussetzungen sind für den jeweiligen Studiengang zu erfüllen?
- Wie hoch sind die Studiengebühren? In vielen Ländern werden Studiengebühren erhoben, deren Höhe sehr unterschiedlich sein kann.
- Wie können Sie das Auslandsstudium finanzieren? Besteht die Möglichkeit einer Förderung?
- Werden die ausländischen Studienleistungen und -prüfungen später an der Heimathochschule anerkannt?
- Welche zusätzlichen Versicherungen (z.B. Auslandskrankenversicherung) sind empfehlenswert?
- Welche Fristen und Termine sind einzuhalten (z.B. für Immatrikulation an der ausländischen Hochschule oder Antrag auf Beurlaubung an der Heimathochschule)?
- Welche weiteren administrativen Vorbereitungen sind zu treffen? Einige Beispiele: Einreise- und Aufenthaltsbestimmungen, Visumspflicht, Unterkunft, Beantragung des Urlaubssemesters, Impfungen, internationaler Studierendenausweis etc.

Informationen zu Austauschprogrammen und Kooperationen

Der Deutsche Akademische Austauschdienst (DAAD) liefert wichtige Infos rund um das Studium im Ausland (www.daad.de), inklusive einer Datenbank für Stipendien (www.auslandsstipendien.de).

Unter www.hochschulkompass.de können Sie in der Rubrik „Auslandskooperationen" recherchieren, mit welchen Hochschulen im Ausland

Ihre Hochschule zusammenarbeitet. Wenn Ihnen der Auslandsaufenthalt sehr wichtig ist, können Sie Informationen zu internationalen Kooperationen und Austauschprogrammen auch in Ihre Hochschulwahl miteinfließen lassen.

Sprachkenntnisse

Je nach Land, in dem Sie ein Auslandsstudium absolvieren möchten, sollten Sie sich frühzeitig um einen eventuell erforderlichen **Nachweis von Sprachkenntnissen** bemühen. Der **TOEFL** (Test of English as a Foreign Language) und **IELTS** (International English Language Testing System) sind die in den englischsprachigen Ländern am häufigsten verlangten normierten Sprachprüfungen. Unter www.ets.org/toefl oder www.ielts.org finden Sie Informationen über Kosten und Termine dieser Sprachtests.

Das **D.A.L.F.** (diplôme approfondi de langue française) bescheinigt, dass die sprachlichen Voraussetzungen vorhanden sind, um an einer französischen Universität in einem Fach Ihrer Wahl studieren zu können. Die Inhaber*innen des D.A.L.F. sind deshalb von Eingangssprachtests bei allen französischen Universitäten befreit. Spezielle Informationen für Schüler*innen sowie Studierende findet man auf den Internetseiten des deutsch-französischen Kulturinstituts (www.institutfrancais.de) und auf der Webseite www.allemagne.campusfrance.org, die von der Französischen Botschaft herausgegeben wird. ■

→ info

Angebote für Studierende mit Behinderungen oder chronischen Krankheiten
Erste Informationen über Hilfestellungen erhalten Sie beim Deutschen Studentenwerk (→ www.studentenwerke.de > Themen > Studieren mit Behinderung > Auslandsstudium).

Der **DAAD** bietet unter → www.daad.de/de/der-daad/mobilitaet-mit-behinderung/ spezielle Informationen zum Auslandsaufenthalt für Studierende mit Behinderungen. Im Rahmen des Erasmus+ Programms gibt es spezielle Förderungsmaßnahmen.

→ links

Zentrale Auslands- und Fachvermittlung (ZAV) der Bundesagentur für Arbeit
→ www.ba-auslandsvermittlung.de

Deutscher Akademischer Austauschdienst (DAAD) → www.daad.de

2.5.2 Finanzierung & Förderprogramme

Studieren im Ausland ist meistens kostenintensiver als das Studium an der Heimathochschule. Neben der privaten Finanzierung durch Ersparnisse oder Unterstützung durch die Eltern gibt es eine Reihe von Förderungsmöglichkeiten.

Dazu zählen das sogenannte Auslands-BAföG, eine Förderung im Rahmen des Programms Erasmus+ und diverse Stipendien.

BAföG im Ausland?

Auf die gesetzlichen Förderungsmaßnahmen nach dem Bundesausbildungsförderungsgesetz (BAföG) haben Sie auch im Falle eines Auslandsstudiums einen Rechtsanspruch, wenn Sie die Förderungsvoraussetzungen erfüllen. Die höheren Förderungssätze bei einer Ausbildung im Ausland können dazu führen, dass auch solche Studierende gefördert werden, die im Inland aufgrund der Höhe des Einkommens der Eltern keine Förderung bekommen. Sie können Ausbildungsförderung für ein vollständig absolviertes Studium **innerhalb der EU oder der Schweiz** erhalten – vom ersten Semester bis zum Erwerb des ausländischen Ausbildungsabschlusses. Im Anschluss an einen Auslandsaufenthalt können Sie die Ausbildung auch in Deutschland fortführen und beenden. Die Förderungshöchstdauer entspricht jeweils der Regelstudienzeit, die in der Studien- und Prüfungsordnung festgelegt ist.

Für ein nicht im Rahmen einer Hochschulkooperation durchgeführtes Studium in Nicht-EU-Staaten (mit Ausnahme der Schweiz) beträgt die Förderungsdauer i.d.R. ein Jahr. Sie kann jedoch um weitere drei Semester verlängert werden, wenn das Studium im Ausland für Ihre Ausbildung von besonderer Bedeutung ist. Sie müssen auf Verlangen des Amtes für Ausbildungsförderung eine gutachterliche Stellungnahme Ihrer Ausbildungsstätte beibringen, dass die fachlichen Voraussetzungen für eine Ausbildung im Ausland vorliegen.

Voraussetzungen für die Förderung des Studiums in Nicht-EU-Staaten:

- Der Auslandsaufenthalt dauert mindestens sechs Monate oder ein Semester bzw. zwölf Wochen (Studium im Rahmen einer Hochschulkooperation). ▶

- Der Auslandsaufenthalt wird als förderlich angesehen (d.h. es wurden Grundkenntnisse in einem mindestens einjährigen Studium im Inland erworben) und kann zumindest z.T. auf die Studiendauer im Inland angerechnet werden (wird i.d.R. angenommen und ist generell entbehrlich bei einem Auslandsstudium im Rahmen einer Hochschulkooperation).

Auch ein Auslandspraktikum im Rahmen eines Studiums sowie im Zusammenhang mit dem Besuch einer höheren Fachschule, Akademie, Berufsfachschule oder Fachschule kann innerhalb und außerhalb der EU gefördert werden, wenn das Praktikum als solches (nicht notwendigerweise auch als Auslandspraktikum) in den Ausbildungsbestimmungen vorgeschrieben und inhaltlich geregelt ist. Das Praktikum muss mindestens zwölf Wochen dauern.

Daneben gibt es weitere Sonderbestimmungen, über die die Akademischen Auslandsämter Auskunft geben. Eine in eine Inlandsausbildung eingebettete befristete Ausbildung im Ausland (maximal ein Jahr), die nicht schon nach den Ausbildungsbestimmungen zwingend vorgeschrieben ist, wird nicht auf die Förderungshöchstdauer der Inlandsausbildung angerechnet, d.h. die Förderungshöchstdauer verlängert sich faktisch um maximal ein Jahr.

Studierende im Ausland bekommen unter bestimmten Voraussetzungen noch **Auslandszuschläge** zu ihrem BAföG-Satz. So werden nachweisbar notwendige Studiengebühren für die Dauer bis zu einem Jahr und bis zu einer Höchstgrenze von 4.600 Euro übernommen. Auch Aufwendungen für die Reise zum Ausbildungsort und Zuschüsse zur Krankenversicherung sowie ggf. (abhängig vom Zielland) für höhere Lebenshaltungskosten sind möglich. Mindestens sechs Monate vor der Ausreise sollten Sie Ihren Antrag bei dem für das jeweilige Land zuständigen Auslandsamt stellen. Unter www.bafög.de finden Sie die Kontaktdaten der Auslandsämter.

Förderprogramme der Europäischen Union

Die Europäische Union fördert im Rahmen der 2021 gestarteten Programmgeneration **Erasmus+** Auslandsaufenthalte für Studierende in allen Mitgliedstaaten der EU und weiteren Ländern (s.u.). Möglich sind ein oder mehrere Studien- bzw. Praktikumsaufenthalte im Ausland von mindestens zwei (für ein Praktikum) bzw. drei und höchstens zwölf Monaten Dauer je Studienphase – also jeweils für Bachelor, Master und Promotion. Auslandsaufenthalte Studierender in einzügigen Studiengängen (z.B. Staatsexamen) können bis zu einer Dauer von 24 Monaten gefördert werden. Vor einem Studienaufenthalt im Ausland muss man das erste Studienjahr absolviert haben, ein Praktikum ist schon ab Einschreibung für ein Studium möglich. Außerdem besteht die Förderungsmöglichkeit eines kompletten Masterstudiums (ein- oder zweijährig) im Ausland mithilfe eines zinsgünstigen, nicht vom Einkommen abhängigen Kredits im Rahmen des Programms InvestEU. Auch Auslandsaufenthalte in Ländern außerhalb Europas.

Zu einem Erasmus+-Stipendium für **Studienaufenthalte im Ausland** gehören:

- Unterstützung bei der Vorbereitung des Auslandsaufenthalts,
- Befreiung von Studiengebühren an der Gasthochschule,
- akademische Anerkennung der im Ausland erbrachten Studienleistungen,
- Sonderzuschüsse für Studierende mit einer Behinderung,
- Sonderzuschüsse für im Ausland alleinerziehende Studierende mit Kindern.

Zu einem Erasmus+-Stipendium für ein **Praktikum im Ausland** gehören:

- Unterstützung bei der Vorbereitung des Auslandsaufenthalts,
- EU-Praktikumsvertrag zwischen Hochschule, aufnehmender Einrichtung und Studierenden,
- Begleitung während des Praktikums durch Ansprechpartner an der Heimathochschule und im Unternehmen,
- akademische Anerkennung der im Ausland erbrachten Leistung,
- Sonderzuschüsse für Studierende mit besonderen Bedürfnissen oder Kindern.

Die **finanzielle Förderung** von Studierenden durch Erasmus+ orientiert sich an den unterschiedlichen Lebenshaltungskosten in den Zielländern („Programmländer“).

Für 2021 beträgt der Fördersatz für das Erasmus-Stipendium für folgende drei Ländergruppen monatlich:

- Gruppe 1 (Studienaufenthalte 450 Euro, Praktika 600 Euro): Dänemark, Finnland, Irland, Island, Liechtenstein, Luxemburg, Norwegen, Schweden
- Gruppe 2 (Studienaufenthalte 390 Euro, Praktika 540 Euro): Belgien, Frankreich, Griechenland, Italien, Malta, Niederlande, Österreich, Portugal, Spanien, Zypern
- Gruppe 3 (Studienaufenthalte 330 Euro, Praktika 480 Euro): Bulgarien, Estland, Kroatien, Lettland, Litauen, Polen, Republik

Nordmazedonien, Rumänien, Slowakei, Slowenien, Serbien, Tschechische Republik, Türkei, Ungarn

Studierende können einmalig 50 Euro für nachhaltiges Reisen erhalten und haben die Möglichkeit, vier zusätzliche Reisetage als Aufenthaltstage geltend zu machen. Ausführliche Informationen erhalten Sie in den Akademischen Auslandsämtern/International Offices der Hochschulen und beim Deutschen Akademischen Austauschdienst (www.eu.daad.de/studierende).

Stipendien

Neben der Förderung nach dem BAföG und den Förderprogrammen der EU gibt es eine ganze Reihe von Stipendien verschiedener Organisationen. Mitunter verfügen Hochschulen auch über eigene Förderprogramme.

DAAD-Stipendien

Das größte Kontingent bilden die DAAD-Stipendien: Eine Vielzahl von Programmen – z.B. die „Allgemeinen Jahresstipendien“ und zahlreiche regions- oder fachspezifische Angebote – bieten die Möglichkeit, an einer ausländischen Hochschule zu studieren oder ein Praktikum zu absolvieren.

Bei den Akademischen Auslandsämtern bzw. Internationalen Büros der Hochschulen können Sie die DAAD-Broschüre „Studium, Forschung, Lehre im Ausland. Förderungsmöglichkeiten für Deutsche“ einsehen. Diese gibt einen Überblick über das Stipendienangebot des DAAD zur Individualförderung für Deutsche. Die vollständigen und laufend aktualisierten Ausschreibungen mit weiterführenden Informationen finden Sie in der DAAD-Stipendiendatenbank (www.auslandsstipendien.de).

PROMOS

Mit dem Programm zur Steigerung der Mobilität von deutschen Studierenden (PROMOS) wurde im Kontext des Bologna-Prozesses eine Möglichkeit zur Förderung von kürzeren Auslandsaufenthalten (bis zu sechs Monaten Dauer) entwickelt.

Gefördert werden können Auslandssemester, Praktika, Sprachkurse, Fachkurse sowie Studien- und Wettbewerbsreisen im Ausland. Welche Fördermöglichkeiten an Ihrer Hochschule im Rahmen von PROMOS angeboten werden, erfragen Sie bitte im dortigen Akademischen Auslandsamt/International Office. ▶

GIZ

Die Deutsche Gesellschaft für Internationale Zusammenarbeit (GIZ) unterstützt die Bundesregierung in der internationalen Zusammenarbeit für nachhaltige Entwicklung und in der internationalen Bildungsarbeit. So bietet sie u.a. Auslandsprogramme für Studierende an.

Informationen finden Sie unter www.giz.de > Weltweit > Weltweit lernen.

Lernprogramm ASA

Das entwicklungspolitische Lernprogramm ASA bietet Studierenden und jungen Berufstätigen zwischen 21 und 30 Jahren ein Stipendium für einen dreimonatigen Studien- oder Arbeitsaufenthalt in Afrika, Asien, Lateinamerika oder Südosteuropa. Zu dem Programm gehören umfangreiche Vor- und Nachbereitungsseminare in Deutschland.

Finanziert wird ASA aus Zuwendungen des Bundesministeriums für Wirtschaftliche Zusammenarbeit und Entwicklung sowie mehrerer Bundesländer und weiterer Institutionen. Unter www.asa-programm.de gibt es nähere Informationen und das Bewerbungsformular. ■

➔ links

Informationen des DAAD
➔ www.daad.de/de/im-ausland-studieren-forschen-lehren/stipendien-finanzierung/auslands-bafoeg/

Mehr zum Auslands-BAföG
➔ www.bafög.de

2.5.3 Anerkennung

Bei Ihrer Entscheidung für einen Studienaufenthalt im Ausland sollten Sie darauf achten, ob die im Ausland verbrachten Studienzeiten angerechnet und die erbrachten Studien- und Prüfungsleistungen an der Heimathochschule anerkannt werden.

Ein Anspruch auf Anerkennung besteht, wenn es hinsichtlich der nachgewiesenen Kompetenzen keine wesentlichen Unterschiede gibt. Andernfalls muss die Heimathochschule – nicht der*die Studierende – diesen „wesentlichen Unterschied" beweisen. Die Anerkennung bereitet in der Praxis jedoch manchmal Schwierigkeiten.

Wenn über die gegenseitige Anerkennung von Studienleistungen bereits entsprechende Absprachen zwischen der deutschen und der ausländischen Hochschule existieren (z.B. bei internationalen Studiengängen oder Hochschulkooperationen), ist die Anerkennung meist problemlos möglich. Das ist auch der Fall, wenn im Vorfeld eines Auslandsaufenthalts ein sogenanntes „Learning Agreement" geschlossen wird, das die im Ausland zu erbringenden Leistungen festlegt.

Schließt Ihr Studiengang mit einer Hochschulprüfung ab (z.B. Bachelor, Master), so ist für die Anerkennung der im Ausland erbrachten Leistungen die Hochschule zuständig, an der das Studium fortgesetzt wird. Bei Studiengängen mit Abschluss Staatsprüfung (z.B. Lehramt, Jura, Medizin, Pharmazie) wenden Sie sich an die staatlichen Prüfungsämter oder an die von einer staatlichen Stelle berufene Prüfungskommission.

Punkte sammeln mit dem ECTS

Erleichtert werden die Anerkennungsfragen durch die Nutzung des Leistungspunktesystems ECTS (European Credit Transfer System). Es ermöglicht die Quantifizierung im Ausland erbrachter Studien- und Prüfungsleistungen. Grundlage sind Leistungspunkte, welche die erwartete studentische Arbeitsbelastung widerspiegeln und Modulen bzw. Lehrveranstaltungen zugeordnet werden.

Zusammen mit dem*der zuständigen Ansprechpartner*in an der Heimathochschule suchen Sie eine Partnerhochschule aus und entscheiden sich für die dort zu besuchenden Lehrveranstaltungen und die abzulegenden Leistungsnachweise. Ihre Leistungen werden nach Credit Points pro Studienjahr gemessen. Erfüllen Sie während des Auslandsstudiums die Anforderungen, ist die Anerkennung der Leistungen kein Problem.

Im „Transcript of Records" sind die von den Studierenden erbrachten Studienleistungen in leicht verständlicher, aber umfassender Form dargestellt. Für erfolgreich absolvierte Module bzw. Lehrveranstaltungen werden also nicht nur ECTS-Punkte vergeben, sondern es werden den absolvierten Studienleistungen auch Noten und ECTS-Grades zugeordnet. Die Hochschulen erhalten so einen qualitativen und quantitativen Überblick über die im Ausland erbrachten Studienleistungen.

Studienabschluss im Ausland

Wenn Sie Ihr Studium vollständig im Ausland absolviert haben, sollten Sie klären, ob der erworbene Abschluss in Deutschland anerkannt wird.

Diploma Supplement

Um die Transparenz der Hochschulabschlüsse und damit die internationalen Wettbewerbschancen von Hochschulabsolvent*innen zu verbessern, gibt es das „Diploma Supplement“. Es handelt sich dabei um ein i.d.R. in Englisch abgefasstes Dokument, das dem Hochschulabschluss beigefügt wird. Es enthält Angaben zur Person, zur Qualifikation (Niveau und Inhalt des Studiengangs), zu den erzielten Ergebnissen sowie Angaben zum nationalen Hochschulsystem. Das „Diploma Supplement“ soll die Bewertung und Einstufung von akademischen Abschlüssen sowohl für Studien- als auch Berufszwecke erleichtern. Sie erhalten das „Diploma Supplement“ auch, wenn Sie in Deutschland Ihren Abschluss machen.

Anerkennung von Hochschulabschlüssen für ein Weiterstudium

Möchten Sie auf Grundlage eines Hochschulabschlusses, den Sie im Ausland erworben haben, im Inland weiterstudieren (z.B. Masterstudium oder Promotion), so ist die jeweilige Hochschule (i.d.R. die Fakultät oder der Fachbereich) für die Anerkennung zuständig. Erster Ansprechpartner hierfür ist das Akademische Auslandsamt oder International Office der Hochschule, an der Sie sich bewerben möchten.

Führung eines ausländischen akademischen Grades

Einen im Ausland rechtmäßig erworbenen akademischen Grad oder entsprechenden Titel dürfen Sie im Inland nach Maßgabe des jeweiligen Landesrechts führen. Die einzelnen Kultus- und Wissenschaftsministerien der Länder geben deshalb grundsätzlich nur Auskunft zu der in dem betreffenden Land geltenden Rechtslage sowie zum Stand der Umsetzung einschlägiger Beschlüsse der Kultusministerkonferenz.

Eine Dokumentation über Grade und Titel ausländischer Hochschulen enthält „anabin – das Informationsportal zur Anerkennung ausländischer Bildungsabschlüsse", herausgegeben vom Sekretariat der Kultusministerkonferenz (www.anabin.kmk.org).

Anerkennung von Hochschulabschlüssen für die Berufsausübung

In Deutschland wird wie folgt unterschieden:

Reglementierte Berufe: Reglementiert bedeutet, dass die Aufnahme oder Ausübung eines Berufs durch staatliche Vorschriften des Bundes oder der Länder an den Besitz bestimmter Qualifikationen gebunden ist. Bei im Ausland erworbenen Qualifikationen ist die Anerkennung eine Voraussetzung für den Zugang zum Beruf bzw. zur Ausübung des Berufs sowie zur Führung der Berufsbezeichnung (z.B. Ärzt*in, Psychotherapeut*in, Rechtsanwält*in, Lehrer*in an staatlichen Schulen oder Ingenieur*in). Eine Liste aller reglementierten Berufe erhalten Sie auf den Seiten der EU-Kommission (https://ec.europa.eu/growth/tools-databases/regprof/index.cfm). Die Anerkennung bedeutet, dass die Gleichwertigkeit der ausländischen Qualifikation mit dem deutschen Referenzberuf überprüft wird. Unter www.anerkennung-in-deutschland.de finden Sie dazu nähere Informationen.

Nicht-reglementierte Berufe: Der Berufszugang oder die Berufsausübung ist bei nicht-reglementierten Berufen nicht an bestimmte staatliche Vorgaben geknüpft, d.h. der Beruf kann ohne staatliche Zulassung ausgeübt werden. Dies gilt insbesondere für alle Ausbildungsberufe im dualen System und für Hochschulabschlüsse, die zu einem nicht-reglementierten Beruf führen. In diesem Fall kann man sich mit einer ausländischen Qualifikation i.d.R. ohne Anerkennung auf dem deutschen Arbeitsmarkt bewerben oder sich selbstständig machen.

Zeugnisbewertung: Inhaber*innen einer ausländischen Hochschulqualifikation, die nicht zu einem reglementierten Beruf führt, haben die Möglichkeit, ihren Hochschulabschluss durch die Zentralstelle für ausländisches Bildungswesen (ZAB) bewerten zu lassen. Eine Bewertung des Abschlusses kann nützlich sein, da Arbeitgeber*innen mit dieser Bescheinigung die Qualifikation der Bewerber*innen besser einschätzen können. Die Webseite www.anerkennung-in-deutschland.de liefert dazu weitere Informationen. Die Zeugnisbewertung soll den Zugang zum deutschen Arbeitsmarkt erleichtern. Für das Ausstellen dieser Bescheinigung wird eine Gebühr erhoben. Unter www.kmk.org gibt es dazu genauere Informationen. ■

➔ info

anabin
Die Datenbank anabin beinhaltet für eine Vielzahl ausländischer Staaten eine umfangreiche Dokumentation über deren Bildungswesen, die verschiedenen Abschlüsse und die akademischen Grade sowie deren Wertigkeit. Auch eine Liste der für die Anerkennung zuständigen Stellen in Deutschland ist unter
➔ www.anabin.kmk.org zu finden.

2.5.4 Internationale Studiengänge und grenznahe Kooperationen

Nach Angaben der Hochschulrektorenkonferenz (HRK) unterhalten die deutschen Hochschulen derzeit über 37.000 internationale Kooperationen mit mehr als 5.400 ausländischen Hochschulen in rund 150 Staaten.

Bei international ausgerichteten Studiengängen sind ein oder zwei Semester an der jeweiligen Partnerhochschule im Ausland integriert. Oft kann dabei auch ein doppelter Studienabschluss (ein deutscher und ein ausländischer) erworben werden. Gute Kenntnisse in der jeweiligen Landessprache sind Voraussetzung für ein solches Studium.

In welchen Fächern und an welchen Hochschulen ein international ausgerichtetes Studium möglich ist, können Sie unter www.studienwahl.de recherchieren. Wählen Sie dort einfach unter Studienform „Internationaler Studiengang“ aus.

Im HRK-Hochschulkompass können Sie sich in der Rubrik „Auslandskooperationen“ gezielt über alle Beziehungen zwischen deutschen und ausländischen Hochschulen informieren (www.hochschulkompass.de).

Grenznahe Kooperationen

Häufig ist der Weg an eine ausländische Hochschule kürzer, als man denkt. Eine besondere Möglichkeit, Studienerfahrung im Ausland zu sammeln, sind bestimmte Studienangebote grenznaher Hochschulen.In diesem Fall sind Sie zwar an einer deutschen Hochschule eingeschrieben, absolvieren jedoch aufgrund der besonderen Gestaltung des Studiengangs größere Teile des Studiums im Nachbarland.

Im Folgenden finden Sie einige Beispiele für grenzübergreifende Angebote (unterteilt nach Regionen).

West:

- Die fünf Universitäten in Basel, Freiburg, Karlsruhe, Mülhausen/Colmar und Straßburg haben sich zur **Europäischen Konföderation der Oberrheinischen Universitäten (EUCOR)** zusammengeschlossen. EUCOR ermöglicht damit grenzüberschreitendes Forschen und Studieren. (www.eucor-uni.org).
- Die **Deutsch-Französische Hochschule (DFH)** bietet ihre Studiengänge in Kooperation mit zahlreichen Mitglieds- und Partnerhochschulen in Deutschland und Frankreich an. Zurzeit gibt es dort integrierte Studienprogramme in den Fachrichtungen Ingenieurwissenschaften, Mathematik/Informatik/Naturwissenschaften, Wirtschaftswissenschaften, Rechtswissenschaften, Geistes- und Sozialwissenschaften sowie in der Lehrerbildung. Diese binationalen Studiengänge zeichnen sich dadurch aus, dass deutsche und französische Studierende in gemeinsamen Gruppen einen Teil des Studiums sowohl in Deutschland als auch in Frankreich absolvieren. Die Studiendauer ist dabei nach einer von beiden Hochschulen vorher festgelegten Prüfungsordnung gleichgewichtig auf die Partnerhochschulen verteilt. Am Ende dieser integrierten Studiengänge stehen Abschlussdiplome beider Hochschulen, sodass die Teilnehmer*innen einen Doppelabschluss erwerben. Die DFH hat sich auch für Drittländer geöffnet und trinationale grundständige und weiterführende Studiengänge mit Partnerhochschulen in Großbritannien, Luxemburg, Niederlande, Polen, Spanien,

Österreich, Tschechien und der Schweiz eingerichtet (www.dfh-ufa.org).

- Das **Deutsch-Französische Hochschulinstitut für Technik und Wirtschaft (DFHI)** ist ein gemeinsames Institut der Hochschule für Technik und Wirtschaft des Saarlandes (HTW) und der Université de Lorraine in Nancy und Metz. Das Studienangebot umfasst zwölf deutsch-französische Bachelor- und Masterstudiengänge. Die Studierenden verbringen ihr Studium abwechselnd in Saarbrücken und Metz bzw. zusätzlich in Luxemburg im trinationalen Studiengang Europäisches Baumanagement (www.isfates.com).
- Verschiedene Hochschulen in Deutschland, Luxemburg, Frankreich und Belgien haben einen grenzüberschreitenden Universitätsverbund aufgebaut, die sogenannte **„Universität der Großregion" (UGR)**. Gelehrt und geforscht wird in den drei Landessprachen der Großregion (Deutsch, Französisch, Luxemburgisch) sowie in Englisch (www.uni-gr.eu).

Süd:

- Die grenzüberschreitende Zusammenarbeit der Hochschulen des Bodenseeraums ist die Aufgabe der Internationalen Bodensee-Hochschule (IBH). Unter ihrem Dach kooperieren Hochschulen aus Deutschland, dem Fürstentum Liechtenstein, Österreich und der Schweiz und bieten Masterstudiengänge an, die von mehreren Hochschulen gemeinsam getragen werden. Die Abschlüsse werden in den Ländern gegenseitig anerkannt (www.bodenseehochschule.org).

Ost:

- In der **Euroregion Neiße** (Deutschland, Polen, Tschechische Republik) bestehen am Internationalen Hochschulinstitut Zittau (IHI) Studienmöglichkeiten, die auf länderübergreifende berufliche Tätigkeiten vorbereiten. Angeboten werden Masterstudiengänge in den Bereichen Wirtschaft, Projektmanagement und Biotechnologie/Ökologie (www.ihi-zittau.de).
- Die Europa-Universität Viadrina in Frankfurt/Oder zeichnet sich durch die enge **Kooperation mit polnischen Hochschulen** aus (www.europa-uni.de). Das Collegium Polonicum in Slubice bietet zum Beispiel sieben deutsch-polnische Studiengänge in Geistes- und Naturwissenschaften, Recht und Management an (www.cp.edu.pl). Die European News School of Digital Studies (ENS) bietet als Kooperationsprojekt der Europa-Universität mit der Adam-Mickiewicz-Universität in Poznań den englischsprachigen Masterstudiengang „Master of Digital Entrepreneurship" an.

Nord:

- Im Rahmen des deutsch-niederländischen Gemeinschaftsprojektes **European Medical School Oldenburg-Groningen (EMS)** wird in Deutschland ein grenzüberschreitender, gemeinsam verantworteter Modellstudiengang Humanmedizin der Universität Oldenburg und der Rijksuniversiteit Groningen angeboten. Dieser schließt wahlweise mit ▸

→ info

Einen Überblick über Möglichkeiten und Organisation von Auslandsaufenthalten gibt **„die auslandsreise 2021"** von Susanne Gry Troll, ISBN: 978-3-937094-18-2, ST-Verlag,
E-Mail: → info@dieauslandsreise.de
Internet: → www.dieauslandsreise.de

Informationen zu Praktikumsaufenthalten im Ausland gibt die Broschüre **„Wege ins Auslandspraktikum"**, die gemeinsam von DAAD, IAESTE, ijab/eurodesk, ZAV/Bundesagentur für Arbeit und inwent/GIZ herausgegeben wird, siehe:
→ www.daad.de/medien/ausland/dokumente/wege_ins_auslandspraktikum_2013.pdf

→ links

Deutscher Akademischer Austauschdienst (DAAD)
→ www.daad.de

Auswärtiges Amt
→ www.auswaertiges-amt.de

PLOTEUS
Europäisches Informationsportal über Aus- und Weiterbildungsmöglichkeiten in Europa
→ ec.europa.eu/ploteus

Go East
Infos zu Studium, Forschung, Praktikum in Osteuropa und in den Ländern der GUS:
→ goeast.daad.de

studieren weltweit
Eine Initiative des BMBF und des DAAD
→ www.studieren-weltweit.de

Zentrale Auslands- und Fachvermittlung (ZAV)
der Bundesagentur für Arbeit
→ www.ba-auslandsvermittlung.de

ERASMUS+ Programm
Verzeichnis der Hochschulkoordinatoren
→ eu.daad.de/de/ > Service > Ansprechpartner > Erasmus+ Hochschulkoordinatoren

dem Staatsexamen an der Universität Oldenburg oder dem Bachelor/Master an der Universität Groningen ab (uol.de/fk6-k-o-g).

- In der deutsch-dänischen Grenzregion besteht insbesondere zwischen der **Europa-Universität Flensburg und der Syddansk Universitet** eine Kooperation in den wirtschafts- und kulturwissenschaftlichen Studiengängen (www.uni-flensburg.de).
- Der **Baltic Sea Virtual Campus (BSVC)** ist eine Kooperation internationaler Hochschulen aus dem Ostseeraum, die gemeinsam internationale Online-Qualifizierungsangebote entwickeln und betreiben (www.oncampus.de).

2.6 Tipps für den Studienstart

Zu Beginn Ihres Studiums wird Ihnen viel Neues begegnen. Die vielen Eindrücke können ganz schön verwirrend sein. Damit Sie gut in Ihr Studium starten und jetzt schon für die ersten Wochen planen können, haben wir für Sie Tipps und Hinweise zusammengestellt. Je früher Sie sich damit beschäftigen, umso besser.

Studium planen

Sobald Sie die Zulassung für einen Studiengang erhalten haben, sollten Sie die Studien- und Prüfungsordnung, das Modulhandbuch sowie das Vorlesungsverzeichnis aufmerksam lesen. Hier können Sie sich über den Aufbau Ihres Studiums, über Wahl- und Spezialisierungsmöglichkeiten, erforderliche Leistungsnachweise sowie wichtige Termine informieren. Nutzen Sie zur Studienplanung auch die Beratungsangebote der zuständigen Fachstudienberatung und der studentischen Fachschaft.

Im Bachelorstudium geben Ihnen spezielle Einführungsveranstaltungen in den Anfangssemestern einen Überblick über das gewählte Fach. Außerdem vermitteln sie die fachlichen Grundlagen. In den anschließenden Semestern müssen Sie oft Entscheidungen zu bestimmten Wahl(pflicht)modulen treffen. So können Sie eine erste Spezialisierung vornehmen.

Auf dem Campus navigieren

Machen Sie sich schon vor der ersten Studienwoche mit Ihrer Hochschule und dem Hochschulort vertraut. Es hält immens auf, wenn Sie in den ersten Semestertagen, an denen Sie sehr viel organisieren müssen, die vielen Abkürzungen nicht verstehen oder erst herausfinden müssen, wo welches Institut bzw. welcher Hörsaal liegt, wo Sie sich für Veranstaltungen einschreiben oder anmelden müssen, und wo beim Studentenwerk (www.studentenwerke.de) die verschiedenen Serviceleistungen zu finden sind. Den Termin für die **„Einführung in die Bibliotheksnutzung“** sollten Sie sich auf jeden Fall im Kalender rot anstreichen. Anlaufstelle für diese Informationen ist die Allgemeine bzw. Zentrale Studienberatung und natürlich die Internetseite der Hochschule. Oft werden zu Beginn des ersten Semesters Orientierungstage veranstaltet. Das ist eine gute Möglichkeit, um Hochschule, Stadt, Fachschaft und Kommiliton*innen kennenzulernen.

Neue Arbeitstechniken lernen

An der Hochschule sind Sie selbst für die Gestaltung Ihres Lern- und Arbeitsprozesses verantwortlich. Wie man sich selbst organisiert, will gelernt sein. Nutzen Sie die Angebote Ihrer Hochschule zum Soft-Skill-Training, zu Lern- und Arbeitstechniken oder zur Prüfungsvorbereitung. Sie können hier viel über effektives Mitschreiben, Referate, Thesenpapiere, Ablage, Recherche und Datenverwaltung lernen.

Gut zu wissen ist auch, wie man riesige Mengen von Lernstoff sinnvoll strukturiert. Lerngruppen können Sie dabei unterstützen, motivieren und anspornen. Zudem lernen Sie, im Team zu arbeiten.

Vorkurse nutzen

Zur Ergänzung und Auffrischung von Schulkenntnissen, z.B. in Mathematik oder Fremdsprachen, bieten einige Hochschulen sogenannte **Vor(semester)kurse** an. Über aktuelle Kursangebote können Sie sich bei den Hochschulen informieren.

Auch für Bewerber*innen aus dem Ausland gibt es z.T. umfassende vorbereitende Angebote, die im Semester vor der Studienaufnahme durchgeführt werden.

→ info

Da **Vorkurse** oft vor dem Versand der Zulassungsbescheide durch die Stiftung für Hochschulzulassung bzw. die Hochschule beginnen, sollten Sie sich dafür anmelden, auch wenn die Möglichkeit besteht, dass Sie einen Studienplatz an einer anderen Hochschule erhalten.

Von Beginn an für Praxis sorgen

Wenn Ihr Studiengang es zulässt, sollten Sie versuchen, sich durch interessante Studienschwerpunkte, Zusatzqualifikationen und vor allem Praxiserfahrung einen Vorteil aufzubauen. Das kann Ihnen bei einer späteren beruflichen Bewerbung nützen. Doch Achtung: Viel wichtiger als wahllose Praktika sind eine klar erkennbare Zielrichtung und Prioritätensetzung.

Soft Skills

Persönlichkeitsmerkmale und soziale Kompetenzen (sog. Soft Skills) sind wichtig im Studium, noch wichtiger aber im Beruf. Schulen Sie also z.B. Ihre Team- und Kommunikationsfähigkeit, indem Sie an teamorientierten Projekten oder an einem Rhetorikkurs teilnehmen. Die Mitarbeit in studentischen bzw. fachlichen Gremien oder Initiativen stärkt Ihre Organisationskompetenzen. Und die Teilnahme an Vortragsreihen anderer Fachbereiche erweitert Ihren fachlichen Horizont.

Zusatzausbildungen

An vielen Hochschulen werden Kurse angeboten, in denen **grundlegendes Handwerkszeug** wie Textverarbeitung, Tabellenkalkulation, Datenbank-Grundkenntnisse, Online-Kommunikation und Fremdsprachen vermittelt werden.

Auch Ihre schulischen **Sprachkenntnisse** können evtl. ein Update in Richtung Business-English oder französische Konversation gut vertragen. Ebenso kann das Erlernen einer weiteren Sprache, z.B. Spanisch, sinnvoll sein – je nachdem, was Sie beruflich anstreben.

Auch hier gilt: Manchmal ist weniger mehr, und offensichtliches „Verzetteln" trägt nicht eben zur Schärfung Ihres Qualifikationsprofils bei – **gezielte Prioritätensetzung** aber sehr wohl.

Praxiskontakte im Studium knüpfen

An fast allen Hochschulen gibt es **Absolventenvereinigungen (Alumni-Clubs) und Hochschulgruppen**. Das sind meist studentische Initiativen mit Unterstützung ihres Fachbereichs oder des Berufsverbandes. Solche Hochschulgruppen haben oft gute Außenkontakte aufgebaut und helfen z.B. bei der Suche nach Praktikumsplätzen. Viele davon organisieren Kontaktbörsen, die meisten bieten Beratung und Veranstaltungen zu Praxis-Know-how. Dadurch kann man sich schon während des Studiums Einblicke in die verschiedenen Berufsfelder verschaffen. ▶

An einigen Hochschulen gibt es **Mentoring-Programme**. Dabei übernehmen Lehrende, Absolvent*innen oder Studierende aus höheren Semestern Patenschaften für Studierende und begleiten sie bis zum Berufseinstieg.

(Virtuelle) Messen und Wettbewerbe

Recruiting-Veranstaltungen, auf denen Studierende höherer Semester und Absolvent*innen mit Personalmanager*innen zusammenkommen, werden immer häufiger angeboten – auch virtuell. Personalberater*innen oder große Firmen veranstalten außerdem – z.T. in Kooperation mit Hochschulen – Kontaktmessen, Seminare für Schlüsselqualifikationen und Probe-Assessments – auch diese finden teilweise virtuell statt.

Wettbewerbe für Studierende bieten eine weitere Möglichkeit, frühzeitig Kontakt zu potenziellen Arbeitgebern zu knüpfen. Nicht nur wissenschaftliche Gesellschaften, öffentliche Einrichtungen oder private Stiftungen, sondern zunehmend auch Unternehmen der privaten Wirtschaft fordern den studentischen Nachwuchs zum Mitmachen auf.

Praktikum und Werkstudententätigkeit

Praktika und fachnahe studentische (Neben-) Jobs können nicht nur eine Orientierungshilfe für Ihre Studiengestaltung geben, sondern sind insbesondere in Fächern mit weniger eindeutigem Berufsbezug, wie Sozial-, Kultur- oder Sprachwissenschaften, bei der späteren Stellensuche von Vorteil. Solche Stellen werden oft auf Schwarzen Brettern oder im Internet und natürlich bei Firmen selbst ausgeschrieben.

Wichtige Aspekte für die Suche einer geeigneten Tätigkeit sind z.B. inhaltliche Nähe zum eigenen Studienschwerpunkt, ein Betrieb, bei dem Sie künftig gerne Ihren ersten Arbeitsplatz hätten, oder ein renommiertes Unternehmen.

Der Blick ins Ausland

In Zeiten der Globalisierung wird Auslandserfahrung immer wichtiger – ein Auslandspraktikum oder -semester gilt fast überall als Plus im Lebenslauf. Das sollten Sie allerdings frühzeitig organisieren. Genauere Informationen dazu finden Sie in *Kapitel 2.5 „Studieren im Ausland“*.

Brücke zwischen Studium und Arbeitswelt

Berufsvorbereitende Programme haben das Ziel, fortgeschrittene Studierende auf den Übergang von der Hochschule in den Beruf durch Vermittlung von Zusatz- und Schlüsselqualifikationen, Informationen über Arbeitsmärkte und Berufsmöglichkeiten oder durch die Vermittlung von Kontakten zu potenziellen Arbeitgebern vorzubereiten. Durchgeführt werden diese Programme vor Ort, meist in Zusammenarbeit zwischen der Hochschule – i.d.R. von den sogenannten **Career Centern** oder **Career Services** – und einer Agentur für Arbeit sowie Vertretern der Wirtschaft. Diese Programme und Services bieten u.a.:

- Bewerbungstrainings
- Workshops z.B. zur Vertiefung von Schlüsselqualifikationen oder zum Thema Existenzgründung
- Info-Veranstaltungen zur beruflichen Orientierung in Kooperation mit Unternehmen, Messen, Wissenschaftler*innen
- Beratung für arbeitsmarktnahe Studiengestaltung und zum Erwerb berufsrelevanter Zusatzqualifikationen
- Alumni-Kontakte
- Vermittlung von Absolvent*innen und ggf. auch Abbrecher*innen ■

➔ info

Das **Hochschul-ABC** bei www.studienwahl.de erklärt die wichtigsten Begriffe und Abkürzungen aus dem Hochschulumfeld.

➔ links

Ausbildung Plus
Überblick über Angebote zum Erwerb von Zusatzqualifikationen bundesweit:
➔ www.ausbildung-plus.de

Behördennummer 115
Infohotline des Bundesministeriums des Innern, für Bau und Heimat: Unabhängig von Zuständigkeiten und Öffnungszeiten helfen kompetente Mitarbeiter*innen bei Fragen rund um Verwaltungsleistungen wie Finanzierungshilfen, Ummeldung oder GEZ-Befreiung.
➔ www.115.de

Career Service Netzwerk Deutschland (CSND)
Übersicht über Career Services und vergleichbare Netzwerke: ➔ www.csnd.de

Hochschulkompass
Über die Hochschulsuche können Sie nach Career Centern an deutschen Hochschulen suchen; einfach einen Haken beim Menüpunkt „Hochschuleinheit > Career Center“ setzen.
➔ www.hochschulkompass.de

Studienfelder & Studieninhalte

Was kann ich wo studieren?

In diesem Kapitel können Sie sich einen Überblick über das Studienangebot in Deutschland verschaffen. Blättern Sie hierzu ruhig ein wenig durch die verschiedenen Abschnitte. Für eine Entscheidung ist es gut, auch die Alternativen zu kennen.

Über 400 Universitäten, (Fach-)Hochschulen und Berufsakademien in Deutschland bieten derzeit über 19.000 Studiengänge an, darunter etwa 9.000 Bachelorstudiengänge sowie 8.000 Masterstudiengänge. Wie soll man sich da zurechtfinden?

In diesem Kapitel stellen wir Ihnen diese Studienmöglichkeiten im Überblick vor. Zur besseren Übersicht sind sie nach **elf Studienbereichen** mit jeweils mehreren **Studienfeldern** eingeteilt. Zum Beispiel finden Sie im Studienbereich „Mathematik, Naturwissenschaften“ das Studienfeld „Bio-, Umweltwissenschaften“. Die Reihenfolge der Abschnitte ist alphabetisch geordnet. Die Abschnitte geben Ihnen jeweils einen ersten Einblick in Studieninhalte, Voraussetzungen und spätere Berufsmöglichkeiten.

Einige Studienfelder sind inhaltlich miteinander verwandt, es gibt Überschneidungen oder ähnliche Themen. Das gilt zum Beispiel für „Agrarwissenschaften“ und „Bio-, Umweltwissenschaften“: In beiden Feldern kann es um Tiere und/oder Pflanzen gehen. Bei jedem Studienbereich zeigt Ihnen daher eine **Überblicksgrafik**, zu welchen Studienfeldern oder Studienfächern es Überschneidungen gibt. So können Sie alternative Studienideen finden, die ebenfalls für Sie interessant sein können. ■

Alle Studiengänge finden Sie online!

UND SO EINFACH GEHT´S:

1. Bei jedem Studienfeld wird ein Kurz-Link (**stuwa.info/xyz**) angezeigt.

2. Geben Sie den Kurz-Link in Ihre Browserzeile am PC oder Smartphone ein.

3. Die Ergebnisliste mit allen Studiengängen in diesem Studienfeld wird angezeigt.

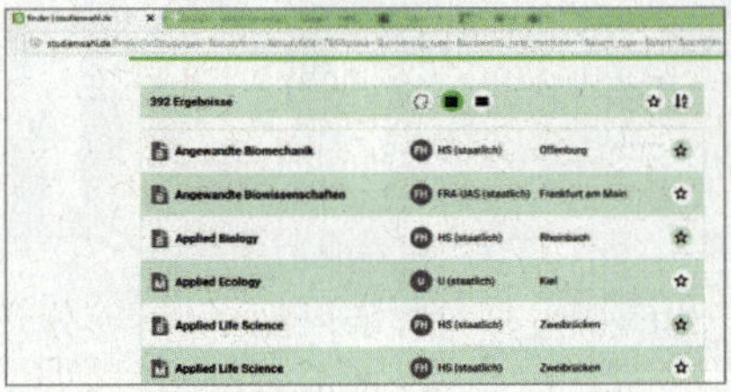

Suchen auf studienwahl.de

Natürlich findet man die Studiengänge nicht nur über die in diesem Buch hinterlegten Shortlinks. Sie können auch klassisch über die Studiengangsuche auf studienwahl.de frei nach Studienfächern, Orten oder Schlagworten suchen, die Sie interessieren. Alle Studiengänge in der Datenbank sind verschlagwortet. Das heißt, Ihnen werden bei einem Suchwort wie „Biologie" auch Studiengänge angezeigt, die gar nicht so heißen, etwa „Life Sciences".

Studiengänge, die Sie besonders interessieren, können Sie mit Klick auf die Funktion „merken" in der **Merkliste** sammeln. Diese können Sie jederzeit über das Stern-Symbol aufrufen, nachbearbeiten und auf Wunsch ausdrucken – bspw. für ein Beratungsgespräch.

Ihre Suchergebnisse können Sie filtern, um einen besseren Überblick und ein genaueres Ergebnis zu erhalten. Folgende Filtermöglichkeiten gibt es:

- **Studienabschluss:** Für Studienanfänger*innen sind Masterstudiengänge meistens eher uninteressant. Deswegen können Sie hier zum Beispiel den Abschluss „Bachelor" auswählen. Außerdem ist diese Auswahl relevant, wenn Sie sich über Lehramtsstudiengänge informieren wollen. Wählen Sie dazu einfach die passende Option aus.
- **Studienform:** Zu den besonderen Studienformen zählen unter anderem das Duale Studium, das Teilzeitstudium, Fernstudiengänge und internationale Studiengänge.
- **Start:** Die meisten Studiengänge starten zum Wintersemester, es gibt aber auch welche, bei denen es zum Sommersemester losgeht. Wenn Sie also im Sommer starten wollen, sollten Sie den Filter nutzen, um zu sehen, was überhaupt möglich ist.
- **Hochschultyp:** Die unterschiedlichen Hochschultypen stellen wir Ihnen im Kapitel 2.2 vor. Diese Filteroption hilft Ihnen dabei, sich zum Beispiel auf Fachhochschulen zu konzentrieren, weil Sie bspw. eine Fachhochschulreife besitzen.
- **Studienfeld:** Sie können Ihr Suchergebnis auch thematisch eingrenzen, wenn Sie sich ein Studienfeld, etwa „Informatik", aussuchen.

- **staatlich/kirchlich/privat:** Nicht alle Hochschulen in Deutschland sind in staatlicher Hand. Es gibt auch einige, die in kirchlicher oder privater Trägerschaft stehen. Vor allem die privaten Hochschulen verlangen für ein Studium teils hohe Studiengebühren.
- **Bewerbungsverfahren:** Hiermit können Sie Studiengänge nach Bewerbungsverfahren sortieren, zum Beispiel nach örtlicher oder bundesweiter Zulassungsbeschränkung.

Die meisten Filter lassen eine Mehrfachauswahl zu, Sie können sich also Ihre Suche individuell zusammenstellen.

Über das „Glühbirnen"-Symbol finden Sie neben einer ausführlichen Erklärung zu den Funktionen auch eine Legende, in der die Abkürzungen erläutert werden.

Die interaktive Deutschlandkarte

Eine alternative Darstellungsform ist die Deutschlandkarte. Auch hier funktionieren die Filter und die genannten Suchfunktionen. Sie erhalten die Ergebnisse dann aber nicht als Liste, sondern grafisch aufbereitet in einer Deutschlandkarte. So können Sie auf einen Blick sehen, wo genau Sie mögliche Studienangebote finden können. Manchmal ist das Wunschstudium eben doch näher als gedacht.

→ info

Bitte beachten Sie: Zum **01.12.2021** wird der **finder** auf studienwahl.de durch die Studiensuche der Bundesagentur für Arbeit abgelöst. Alle Informationen zu Studiengängen an deutschen Hochschulen finden Sie weiterhin an der gewohnten Stelle im Portal
→ www.studienwahl.de.

→ links

Check-U, das Erkundungstool der Bundesagentur für Arbeit:
Finden Sie heraus, welcher Studiengang zu Ihren Stärken und Interessen passt.
→ www.check-u.de

3.1 Studienbereich Agrar-, Forst- und Ernährungswissenschaften

Zu diesem Studienbereich werden sehr unterschiedliche Studiengänge gerechnet, von Agrarwissenschaften, Forstwirtschaft, Gartenbau bis hin zu Ernährungswissenschaften und Getränketechnologie.

Naturwissenschaftliche Fächer wie Botanik, Zoologie, Chemie und Physik spielen – je nach Schwerpunkt der Studienrichtung – eine wesentliche Rolle in diesem Studienbereich. Zu den Studieninhalten gehören aber auch die Volks- und Betriebswirtschaftslehre und im Bereich Agrarwissenschaften auch Grundlagen der Sozialwissenschaften.

Zunehmende Bedeutung gewinnen ökologische Aspekte und eine nachhaltige Bewirtschaftung ländlicher Räume.

Für ein Studium im Fachgebiet Agrar-, Forst- und Ernährungswissenschaften werden durchschnittliche bis gute Kenntnisse in Mathematik und naturwissenschaftlichen Fächern vorausgesetzt, außerdem die Fähigkeit zum Planen und Organisieren, mechanisch-technisches Verständnis, kaufmännisches Denken sowie Kontakt- und Kooperationsfähigkeit. Zu den beruflichen Anforderungen zählt auch eine gewisse körperliche Belastbarkeit.

→ links

Bildungsserver Agrar
Infos zu Studiengängen und Ausbildungen im Agrar- und Ernährungsbereich
→ www.bildungsserveragrar.de

abi>>
Spannende Reportagen zu diesem Studienbereich finden Sie auf
→ www.abi.de > Studium > Studienfelder > Agrar-, Forst-, Ernährungswissenschaften

Der Studienbereich auf einen Blick

STUDIENFELD	STUDIENFÄCHER, z.B.	STUDIENFELD	STUDIENFÄCHER, z.B.
Agrarwissenschaften	Agrarbiologie Agrarmanagement Pferdewirtschaft Weinbau, Önologie	**Garten-, Landschaftsbau**	Garten-, Landschaftsbau
Ernährungswissenschaften	Ernährungswissenschaft, Ökotrophologie	**Lebensmittel-, Getränketechnologie**	Brauerei-, Getränketechnologie Lebensmitteltechnologie
Forstwissenschaften, -wirtschaft	Forstwissenschaft, -wirtschaft Holzwirtschaft		

Alternative Studienbereiche

- **Ingenieurwissenschaften → Seite 94**
- **Mathematik, Naturwissenschaften → Seite 128**
- **Wirtschaftswissenschaften → Seite 156**

3.1.1 Agrarwissenschaften

Die Agrarwissenschaften beschäftigen sich mit der wirtschaftlichen Nutzung und Pflege des Bodens durch Pflanzenbau und Tierhaltung. Hierzu zählt auch der Weinbau (Önologie) und die Weiterverarbeitung landwirtschaftlicher Erzeugnisse wie das Molkereiwesen.

Das Studienfeld im Überblick

Das agrarwissenschaftliche Studium führt in beratende, technische und verwaltende Tätigkeiten, seltener zu einer praktischen Betätigung als Landwirt*in. Es baut auf naturwissenschaftlichen, technischen sowie wirtschafts- und sozialwissenschaftlichen Fächern auf, behandelt aber beispielsweise auch den Einsatz elektronischer Steuerungsgeräte für eine optimale Produktion.

In der heutigen Landwirtschaft kommt der Phytomedizin, der Lehre von Pflanzenkrankheiten und -schädigungen sowie deren Verhütung, eine wesentliche Bedeutung zu. Einen hohen Stellenwert haben zudem Themen wie ökologischer Pflanzenbau und artgerechte Tierhaltung sowie der umweltverträgliche Einsatz von künstlichen Düngemitteln (z.B. zum Gewässerschutz). Die umfassende landwirtschaftliche Ausbildung vermittelt neben Grundlagen des ökologischen Landbaus auch Kenntnisse auf dem Gebiet der Vermarktung, Unternehmensführung und Produktqualität (z.B. der Studiengang „Ökolandbau und Vermarktung").

Studienangebot

Fachhochschulen und Universitäten bieten Bachelor- und Masterstudiengänge in den Agrarwissenschaften an. Dazu zählen Studienfächer, die auf einen speziellen Bereich vorbereiten, wie Marine Ökosystem- und Fischereiwissenschaften, Pferdewirtschaft oder Weinbau und Önologie. Außerdem gibt es einige interdisziplinäre Studiengänge, die etwa einen Schwerpunkt auf wirtschaftliche (Agrarmanagement) oder biologische (Agrarbiologie) Aspekte legen. Im Masterstudium sind Spezialisierungen möglich, etwa im Bereich Weinwirtschaft, Crop Sciences oder Aquakultur.

Inhalte des Studiums

Das Bachelorstudium beinhaltet Modulangebote zu den naturwissenschaftlichen und sozialwissenschaftlichen Basiskompetenzen: Botanik, Zoologie, Chemie, Physik, Agrarmeteorologie, Mathematik und Statistik sowie Ressourcenschutz. Fachspezifische Module sind z.B. Landwirtschaftliche Betriebslehre, Pflanzenernährung und Phytopathologie, Pflanzenbau/-züchtung und Grünlandwirtschaft, Tierzucht und Tierhaltung, Futtermittelkunde, Bodenwissenschaft, Agrartechnik, Agrarpolitik und Marktlehre.

Vertiefungsmöglichkeiten im Masterstudium gibt es z.B. auf den Gebieten Nutzpflanzenwissenschaften, Nutztierwissenschaften, Agrartechnik, Agrarökonomie und Agribusiness, Umweltwissenschaften der Agrarlandschaften, Umwelt- und Ressourcenmanagement, Fischereiwissenschaft. Zusätzlich gibt es übergreifende Module wie Agrarinformatik, Fachkommunikation und Beratungslehre.

Sowohl an Fachhochschulen als auch an Universitäten sind Praktika fester Bestandteil des Studiums. An Fachhochschulen wird meist ein Praxissemester durchgeführt. Für den Eintritt in den Vorbereitungsdienst für den höheren Beratungs- und Fachschuldienst der Fachrichtung Landwirtschaft oder Agrarwirtschaft einschließlich Lehramt fordern alle Bundesländer mindestens zwölf Monate Praktikum.

Zulassungskriterien & Studienbewerbung

An Fachhochschulen und Universitäten sind oft Vorpraktika vorgeschrieben. Diese sind zwischen mehreren Wochen und Monaten lang und können oft durch berufliche Vorbildung ersetzt oder zumindest verkürzt werden.

Berufsmöglichkeiten nach dem Studium

Beschäftigungsmöglichkeiten für Absolvent*innen gibt es etwa bei landwirtschaftlichen Verbänden und Organisationen wie Bauernverbänden, Tierzuchtverbänden oder bei Erzeugergemeinschaften.

Darüber hinaus sind Agraringenieur*innen in Versuchs- und Forschungsabteilungen von Unternehmen der Pflanzenschutz- und Düngemittelherstellung, der Pflanzen- und Saatgutzüchtung und der Nahrungsmittelherstellung, in Beratung und Vertrieb bei Landmaschinen-, Saatgut-, Pflanzenschutz- und Düngemittelherstellern, in der Aus- und Weiterbildung und in der Entwicklungshilfe beschäftigt.

Weitere Aufgabenbereiche eröffnen sich in Behörden der Agrarverwaltung und des land- ▶

wirtschaftlichen Untersuchungswesens, z.B. in Bundes- und Länderministerien, Ämtern für Landwirtschaft und Landentwicklung, Landwirtschaftskammern, Landwirtschaftlichen Untersuchungs- und Forschungsanstalten, Landesanstalten für Pflanzenschutz. ■

3.1.2 Ernährungswissenschaften

Dieses Studienfeld an der Schnittstelle von Gesundheit und Naturwissenschaften beschäftigt sich mit der menschlichen Ernährung. Hierbei spielen natur-, haushalts- und wirtschaftswissenschaftliche sowie medizinische Aspekte eine Rolle.

Das Studienfeld im Überblick

Die **Ernährungswissenschaften** befassen sich mit den physiologischen, ökonomischen und technologischen Grundlagen einer vollwertigen Ernährung als Voraussetzung für Gesundheit und Leistungsfähigkeit. Sie grenzen sich deutlich ab von der Lebensmittelchemie und der Lebensmitteltechnologie.

Verwandt mit den Ernährungswissenschaften sind hingegen die **Haushaltswissenschaften**. Dabei geht es vor allem um die technischen, betriebswirtschaftlichen und sozialen Aspekte bei der Führung von Kantinen, Mensen oder Krankenhäusern. Die Haushaltswissenschaften werden nur in Verbindung mit den Ernährungswissenschaften als gemeinsamer Studiengang angeboten, oft unter der Bezeichnung **Ökotrophologie**. Ein weiterer Bereich ist die **Diätetik**, die sich mit Ernährungsmanagement und Ernährungsmedizin beschäftigt.

Studienangebot

Studiengänge in diesem Bereich werden vor allem an Universitäten angeboten, aber auch an einigen Fachhochschulen. An den meisten Hochschulen gibt es die Möglichkeit, das Studium mit einem Master fortzuführen.

Inhalte des Studiums

Im Bachelorstudium wird das naturwissenschaftliche Basiswissen vermittelt mit Modulen wie Angewandte Mathematik und Statistik, Physik und Biochemie. Ergänzt wird dies durch Fächer wie Lebensmittelchemie und Humanernährung.

Im Masterstudium erfolgt die fachspezifische Erweiterung mit Modulen wie Ernährungsbiologie, Biochemie, Ernährungstoxikologie, Lebensmittelchemie, Lebensmittelrecht, Ernährungsphysiologie, Ernährungsmedizin, Lebensmittelqualität und Qualitätskontrolle. Daneben gibt es Modulangebote zum Produktionsmanagement in der Ernährungswirtschaft, zur Wirtschaftslehre des Privathaushaltes und der Dienstleistungsbetriebe oder zu Märkten der Agrar- und Ernährungswirtschaft. Oft ist eine Profilbildung durch zusätzliche Wahlmodule möglich.

Zulassungskriterien & Studienbewerbung

Je nach schulischer/beruflicher Vorbildung ist an Fachhochschulen häufig ein mehrwöchiges Vorpraktikum im Bereich des Berufsfeldes Hauswirtschaft und Ernährung vorgeschrieben oder zumindest empfohlen.

Berufsmöglichkeiten nach dem Studium

Ernährungswissenschaftler*innen arbeiten v.a. in der Lebensmittel- und Getränkeindustrie sowie in der Pharmaindustrie, in Krankenhäusern, Einrichtungen der Altenpflege, Sanatorien, Kureinrichtungen, Großküchenbetrieben, Kantinen, Mensen, der Wasch- und Reinigungsmittelindustrie, der Haushalts-, Ernährungs-, Verbraucherberatung, in der Marktforschung und der Fort- und Weiterbildung. ■

3.1.3 Forstwissenschaften, -wirtschaft

Die Forstwissenschaft und -wirtschaft befasst sich mit dem Ökosystem Wald und seiner planmäßigen Nutzung.

Das Studienfeld im Überblick

Im Studium wird unter anderem die Bedeutung des Waldes für die Umwelt behandelt, insbesondere für die nachhaltige Leistungsfähigkeit des Naturhaushaltes, für das Klima, den Wasserhaushalt, die Reinhaltung der Luft, die Bodenfruchtbarkeit, das Landschaftsbild, die Agrar- und Infrastruktur sowie die Erholung der Bevölkerung.

Die Bedeutung für die Volkswirtschaft ergibt sich u.a. aus der Tatsache, dass ein großer Teil der Fläche Deutschlands mit Wald bedeckt ist und Holz als nachwachsender Rohstoff wirtschaftlich wichtig ist. Die Nutzung dient u.a. der Versorgung der heimischen Holz- und Papierindustrie. Von zunehmender Bedeutung sind Aufgaben im internationalen Bereich. Insgesamt strebt die Forstwirtschaft auf ökologischer Grundlage eine optimale Holzproduktion bei gleichzeitiger Gewährleistung der Schutz- und Erholungsfunktion des Waldes an.

Die vielseitigen Aufgaben von Forstexpert*innen fordern nicht nur die Lösung biologischer und ökologischer Probleme wie die globale Herausforderung des Klimawandels, sondern setzen technisches und wirtschaftliches Verständnis sowie juristisches Wissen, kaufmännische Fähigkeiten und umfangreiche Kenntnisse in der Verwaltung voraus.

Studienangebot

Die Studiengänge in diesem Bereich heißen z.B. Forstwissenschaften, Forstwirtschaft, Waldwirtschaft und Umwelt oder Urbanes Baum- und Waldmanagement. Je nach Schwerpunkt beschäftigen sich die Studierenden eher mit wirtschaftlichen, umweltnaturwissenschaftlichen oder ingenieurwissenschaftlichen Themen. Bachelor- und Masterstudiengänge werden an Universitäten und Fachhochschulen angeboten.

Inhalte des Studiums

Im Bachelorstudium erhalten die Studierenden eine naturwissenschaftliche und methodische Basisausbildung in Forstwissenschaft und Ressourcenmanagement durch Module wie Chemie, Biologie, Bodenkunde, Forstbotanik und -zoologie, Dendrologie (Lehre von den Bäumen und Gehölzen), Klimatologie und Forstrecht.

Im Masterstudium können sie sich durch Studienmodule u.a. auf Forstbetriebsmanagement, Management von Waldressourcen, Waldnaturschutz, Biodiversität, Holztechnologie, Holzwirtschaft, Ökosystemanalyse und Internationale Forstwirtschaft spezialisieren.

Ergänzende Module gibt es zu Themen wie Projektmanagement, Qualitätsmanagement, Waldpädagogik.

Das Studium der Forstwirtschaft an einer Fachhochschule konzentriert sich stärker auf die praktische Waldbewirtschaftung und die betriebstechnische Durchführung forstlicher Maßnahmen als auf Aufgaben in der Leitung eines Forstreviers.

An Universitäten und Fachhochschulen sind Betriebspraktika oder Praxissemester üblich.

Zulassungskriterien & Studienbewerbung

Je nach schulischer/beruflicher Vorbildung ist an Fachhochschulen meist ein mehrwöchiges Vorpraktikum z.B. bei Forstämtern oder Forstbetrieben Voraussetzung.

Berufsmöglichkeiten nach dem Studium

Absolvent*innen der Forstwissenschaft/-wirtschaft arbeiten traditionell bei öffentlich-rechtlichen Arbeitgebern, z.B. in Revierförstereien und Forstämtern, in Forstverwaltungen des Bundes, der Länder oder der Kommunen, in Forstdirektionen, Forstabteilungen bei Regierungen und ▶

Ministerien, in forstlichen Versuchs- und Forschungsanstalten, bei Landwirtschaftskammern und bei Ämtern, Behörden und Anstalten aus dem Bereich Umwelt- und Naturschutz sowie Landschaftspflege. Hinzu kommen Tätigkeiten im privatwirtschaftlichen Umfeld, z.B. in der Holzindustrie und im Holzhandel, bei Ingenieurbüros und Unternehmensberatungen, in großen Privatforstbetrieben, bei botanischen Gärten und Naturparks oder bei forstlichen Interessenverbänden. Auch Dienstleistungen wie Gutachten, Planungen oder Auslandstätigkeiten bei Wiederaufforstungsprojekten sind denkbar. ■

3.1.4 Garten-, Landschaftsbau

Der Garten- und Landschaftsbau befasst sich mit der möglichst umweltschonenden Produktion und Züchtung von Pflanzen, die der menschlichen Ernährung, der Verbesserung oder Verschönerung der Umwelt dienen.

Das Studienfeld im Überblick

In diesem Studienfeld geht es zum einen um gärtnerische Produkte und Dienstleistungen, wie Zierpflanzen, Baumschulen, Obst- und Gemüsebau sowie deren Vermarktung (Gartenbau). Zum anderen steht die Bebauung, Bepflanzung und Pflege von Gärten, Grünflächen sowie Sport- und Freizeitanlagen im Fokus (Landschaftsbau).

Studienangebot

Bachelor- und Masterstudiengänge gibt es an Fachhochschulen und Universitäten. Die Studiengänge heißen „Gartenbau(-wissenschaften)" oder auf Englisch „Horticultural Science". Im Landschaftsbau gibt es teilweise Überschneidungen zur Landschaftsarchitektur (*Abschnitt 3.2.1*) und der Umweltplanung *(Abschnitt 3.2.21)*. Je nach Schwerpunktlegung können die Studiengänge einen betriebswirtschaftlichen oder eher technisch-planerischen Fokus haben.

Inhalte des Studiums

Das Studium des Gartenbaus vermittelt ein breites Basiswissen in allen Bereichen der modernen Garten- und Landschaftsbauwissenschaften, z.B. in modernen Verfahren der Produktion in Intensivkulturen, nachhaltiger Ressourcennutzung und biologischem Pflanzenschutz. So führt es auch zum ökologischen Verständnis des Garten- und Landschaftsbaus.

Im Bachelorstudium stehen die naturwissenschaftlichen Grundlagen und die gärtnerische Pflanzenproduktion im Vordergrund: Biologie, Botanik, Pflanzenproduktion, Technik im Gartenbau, Gemüse-, Obst- und Zierpflanzenbau, Baumschule, Meteorologie, Pflanzenphysiologie, Bodenkunde, Genetik, Pflanzenernährung und Phytomedizin.

Im anschließenden Masterstudium können Schwerpunkte im biologischen, ökologischen, pflanzenbaulichen, technischen und ökonomischen Bereich gewählt werden. Es werden Kenntnisse in den Bereichen Zierpflanzenbau, Gemüsebau, Obstbau, Produktionsoptimierung, gartenbauliche Marktlehre, Betriebsführung, Beratung und ökologischer Gartenbau vermittelt.

Meist ist ein Betriebspraktikum vorgesehen, das zwischen acht Wochen und sechs Monaten dauert. Studierenden, die den Eintritt in den Höheren Landwirtschaftsdienst anstreben, wird ein einjähriges Praktikum dringend empfohlen.

Zulassungskriterien & Studienbewerbung

Je nach Hochschultyp und Hochschule können Vorpraktika vorausgesetzt werden.

Berufsmöglichkeiten nach dem Studium

Absolvent*innen der Garten- und Landschaftsbauwissenschaften sind in der öffentlich-rechtlichen Verwaltung, in privaten und öffentlichen Garten- und Landschaftsbaubetrieben, in Handelsbetrieben und Gartencentern sowie in behördlichen, privaten oder fachverbandseigenen gartenbaulichen Beratungsstellen tätig. Darüber hinaus bieten sich Beschäftigungsmöglichkeiten in öffentlich-rechtlichen und industriellen Forschungs- und Versuchsanstalten und -abteilungen, z.B. im Bereich der Pflanzenzüchtung, oder in der Pflanzenschutz- und Düngemittelindustrie. Auch im Vertrieb der Zulieferindustrien werden Gartenbauingenieur* innen beschäftigt, z.B. bei Herstellern von Pflanzenschutz- und Düngemitteln, gartenbaulichen Spezialmaschinen und -geräten. ■

3.1.5 Lebensmittel-, Getränketechnologie

Die Verfügbarkeit von hochwertigen und sicheren Lebensmitteln und Getränken ist für die Gesellschaft lebenswichtig. Lebensmittel müssen aber auch speziellen Bedürfnissen (z.B. für Säuglinge oder für Diabetiker*innen) und individuellen Erwartungen gerecht werden.

Das Studienfeld im Überblick

Die Qualitätsanforderungen an Lebensmittel erreichen v.a. unter den Aspekten Gesundheit, Prävention und Funktionalität neue Dimensionen. Daher gilt es, Lebensmittel ganzheitlich – von den Inhaltsstoffen bis zur Ernährungsphysiologie – zu betrachten, um die Be- und Verarbeitungstechnologie schonend zu gestalten und fortzuentwickeln.

Studienangebot

Das Studienangebot in diesem Studienfeld reicht von Brau- und Getränketechnologie über Lebensmittelsicherheit bis zu Lebensmitteltechnologie. Manche Hochschulen bieten die Lebensmitteltechnologie bzw. Lebensmittelverfahrenstechnik und Lebensmitteltechnik auch innerhalb der Verfahrenstechnik bzw. des Bio- oder Chemieingenieurwesens an. Entsprechend liegt der Schwerpunkt mehr auf den natur- und ingenieurwissenschaftlichen Grundlagen und weniger auf der Vermittlung lebensmittelspezifischen Stoffwissens. Überdies werden je nach Hochschule auch Studieninhalte der Pharmatechnik und der Technologie von Kosmetika und Waschmitteln gelehrt.

Eine Spezialisierung auf Milch- und Molkereiwirtschaft, Vieh- und Fleischwirtschaft oder Weinwirtschaft ist innerhalb des Studienfeldes Agrarwissenschaften (*Abschnitt 3.1.1*) möglich.

Das Teilgebiet der alkoholischen und alkoholfreien Getränke wird als Schwerpunkt im Studium der Lebensmitteltechnologie und als eigenständiger Studiengang Brauwesen und Getränketechnologie angeboten.

Inhalte des Studiums

Die Studiengänge in diesem Feld kombinieren naturwissenschaftliches Basiswissen (Mathematik, Informatik, Physik, Chemie, Biologie) mit lebensmittelspezifischen, ernährungsphysiologischen, technischen, ökologischen und betriebswirtschaftlichen Kenntnissen. Ergänzend werden ingenieurwissenschaftliche Themen wie Verfahrens- und Verpackungstechnik, Maschinen- und Apparatebau, Prozessautomation und Biotechnologie gelehrt sowie physikalische, chemische, mikrobiologische und moderne molekularbiologische Analysemethoden zur Qualitätskontrolle vermittelt. Außerdem stehen Themen wie Hygiene, Lebensmittelrecht, Pflanzenwissenschaften oder Konservierungstechnik auf dem Plan.

Zulassungskriterien & Studienbewerbung

Je nach Hochschultyp und Hochschule werden teilweise Vorpraktika in studienrelevanten Bereichen vorausgesetzt.

Berufsmöglichkeiten nach dem Studium

Die Absolvent*innen sind im In- und Ausland in der Lebensmittel- und Life-Science-Industrie gefragt. Vorrangig sind sie in der Lebensmittelproduktion/-verarbeitung, der Zulieferindustrie und in der Forschung tätig.

Mit zunehmender Berufspraxis übernehmen sie häufig Führungsaufgaben in Entwicklung, Planung, Produktion, Qualitätskontrolle und Vermarktung. Bei Behörden sind sie z.B. in der Lebensmittelüberwachung oder Gewerbeaufsicht tätig. Überdies bieten sich Beschäftigungsmöglichkeiten in der pharmazeutischen und kosmetischen Industrie, der Chemieindustrie, der Biotechnologie und Umwelttechnik. Prüf- und Beratungseinrichtungen bieten auch freiberufliche Beschäftigungsmöglichkeiten. ■

➔ links

Gesellschaft Deutscher Lebensmitteltechnologen e.V. (GDL)
➔ www.gdl-ev.de (Ausbildung)

3.2 Studienbereich Ingenieurwissenschaften

Die Ingenieurwissenschaften beschäftigen sich mit der technischen Umsetzung naturwissenschaftlicher Erkenntnisse. Im Fokus stehen dabei optimale Lösungen für effiziente Produktionsverfahren, Baumaßnahmen oder innovative Produkte.

Ingenieur*innen brauchen für ihre Tätigkeit ein breites Grundlagenwissen aus Naturwissenschaft und Technik. Große Bedeutung haben in den vergangenen Jahren – im Zuge der Energiewende – nachhaltige Technologien gewonnen. Zudem spielt die Digitalisierung eine große Rolle. Demnach ist auch eine Affinität zur Informationstechnik (IT) gefragt, denn immer mehr Produktionsstätten agieren hochautomatisiert, vernetzt oder sogar autark („Industrie 4.0“). Im Hinblick auf Technologien wie 3-D-Druck oder das Internet der Dinge (IoT) sind auch Intuition, Phantasie und Vorstellungsvermögen nötig – nicht zufällig stammt die Bezeichnung „Ingenieur“ vom lateinischen Wort „ingenium“, was so viel heißt wie schöpferischer Geist oder Scharfsinn.

Zentral im Studium der Ingenieurwissenschaften sind die Fächer Mathematik, Physik, Chemie, z.T. Biologie und Technik. Daneben erwerben die Studierenden auch Grundkenntnisse aus den Bereichen Wirtschafts-, Sozial- und Rechtswissenschaften, hier vor allem aus der Betriebswirtschaftslehre.

Aufgrund der globalen Weltwirtschaft spielen zudem Fremdsprachenkenntnisse und Offenheit für andere Kulturräume (z.B. Asien) eine große Rolle. Darüber hinaus ist die Vermittlung übergreifender Qualifikationen, z.B. Mitarbeiterführung, Präsentationstechniken und Rhetorik, Teil eines Ingenieurstudiums.

Berufsmöglichkeiten nach dem Studium

Die Aufgabenbereiche von Ingenieur*innen sind vielfältig und abhängig von der jeweiligen Studienrichtung bzw. dem Studienschwerpunkt. Meist arbeiten sie im Team. Sie planen, organisieren und optimieren Betriebs- und Arbeitsabläufe, entwickeln, berechnen, konstruieren und erproben innovative Produkte sowie deren Herstellungsverfahren. Sie planen und überwachen die Produktion, Montage, Inbetriebnahme, Instandhaltung sowie den Betrieb von Maschinen und Anlagen. Zudem projektieren, berechnen und überwachen sie die Errichtung von Bauwerken.

Sie kalkulieren Kosten und übernehmen Tätigkeiten im Einkauf, Materialwesen, Vertrieb sowie in der anwendungstechnischen Kundenberatung. Darüber hinaus übernehmen Ingenieur*innen in der öffentlichen Verwaltung planende und überwachende Aufgaben, arbeiten in Verbänden und Wirtschaftsorganisationen oder als Selbstständige in der freiberuflichen Beratung (z.B. als Sachverständige, Gutachter*innen oder Planer*innen). ■

➔ links

Verein Deutscher Ingenieure
➔ www.vdi.de

Verband der Elektrotechnik Elektronik Informationstechnik e.V.
➔ www.vde.de

think ING
Informationsplattform für Ingenieur*innen des Arbeitgeberverbandes Gesamtmetall. Neben vielen Informationen über den Ingenieurberuf finden Sie hier eine Online-Datenbank mit derzeit mehr als 6.400 Ingenieur-Studiengängen.
➔ www.think-ing.de

TU9
Informationen zum Studium der Ingenieur- und Naturwissenschaften für Studieninteressierte und Studierende bietet der Uni-Verbund TU9 German Universities of Technology e.V.:
➔ www.tu9.de

ISA
Das Informationssystem Studienwahl & Arbeitsmarkt der Universität Duisburg-Essen gibt Informationen zur Entwicklung in den einzelnen Studienbereichen und Teilarbeitsmärkten.
➔ www.uni-due.de/isa

abi>>
Spannende Reportagen zu diesem Studienfeld finden Sie auch auf abi.de:
➔ www.abi.de > Studium > Studienfelder > Ingenieurwissenschaften

Der Studienbereich auf einen Blick

STUDIENFELD	STUDIENFÄCHER, z.B.	STUDIENFELD	STUDIENFÄCHER, z.B.
Architektur, Raumplanung	Architektur Innenarchitektur Landschaftsarchitektur, Freiraumplanung Stadt-,Regionalplanung	**Gebäude-, Versorgungstechnik, Facility-Management**	Gebäudetechnik, Gebäudeenergietechnik Infrastrukturmanagement Versorgungstechnik
Automatisierungs-, Produktionstechnik	Automatisierungstechnik Produktionstechnik Robotik, Autonome Systeme	**Geoinformation, Vermessung**	Kartografie Vermessungstechnik, Geoinformatik
Bautechnik	Bauingenieurwesen Bauphysik	**Maschinenbau, Mechanik**	Maschinenbau Mechanik
Elektro- und Informationstechnik	Elektrotechnik Informations- und Kommunikationstechnik Mikroelektronik*	**Mechatronik, Mikro- und Optotechnik**	Augenoptik, Optometrie Mechatronik Mikrotechnik, Mikrosystemtechnik Sensortechnik
Energietechnik, Energiemanagement	Energie-, Ressourcenmanagement Energietechnik, Erneuerbare Energien	**Medien-, Veranstaltungstechnik**	Medien-, Multimediatechnik Ton-, Bildtechnik Veranstaltungstechnik
Fahrzeug-, Verkehrstechnik	Elektromobilität Fahrzeugtechnik Luft- und Raumfahrttechnik Verkehrsingenieurwesen	**Medizintechnik, Technisches Gesundheitswesen**	Hörtechnik, Audiologie Medizinische Technik Orthopädie-, Rehatechnik
Fertigungstechnologien	Druck- und Medientechnik Holztechnik Kunststofftechnik Verpackungstechnik	**Nanowissenschaften**	Nanowissenschaft

INGENIEURWISSENSCHAFTEN

STUDIENFELD	STUDIENFÄCHER, z.B.
Physikalische Technik	Nukleartechnik* Physikingenieurwesen
Produktentwicklung, Konstruktion	Konstruktionstechnik Produktentwicklung Sporttechnik
Qualitätsmanagement	Qualitätsmanagement*
Rohstoffgewinnung, Hüttenwesen	Metallurgie, Hüttenwesen Rohstoffingenieurwesen
Sicherheit und Gefahrenabwehr, Rettungsingenieurwesen	Rettungsingenieurwesen Sicherheitsmanagement Sicherheitstechnik
Technik, Ingenieurwissenschaften (übergreifend)	Ingenieurwissenschaft Kybernetik Patentingenieurwesen Systems Engineering
Umwelttechnik, Umweltschutz	Abfall-, Entsorgungstechnik Landschaftsökologie, Naturschutz Umwelttechnik
Verfahrens-, Chemietechnik	Biotechnologie Chemieingenieurwesen Pharmatechnik Verfahrenstechnik
Werkstoff-, Materialwissenschaften	Baustoffingenieurwissenschaft Materialwissenschaft Polymerwissenschaft Werkstoffwissenschaft, -technik
Wirtschaftsingenieurwesen, Technologiemanagement	Projektmanagement, -ingenieurwesen Technischer Vertrieb Technologiemanagement Wirtschaftsingenieurwesen

* nur weiterführend

Alternative Studienbereiche

- **Agrar-, Forst-, Ernährungswissenschaften → Seite 87**
- **Mathematik, Naturwissenschaften → Seite 128**
- **Medizin, Gesundheitswissenschaften, Psychologie, Sport → Seite 142**

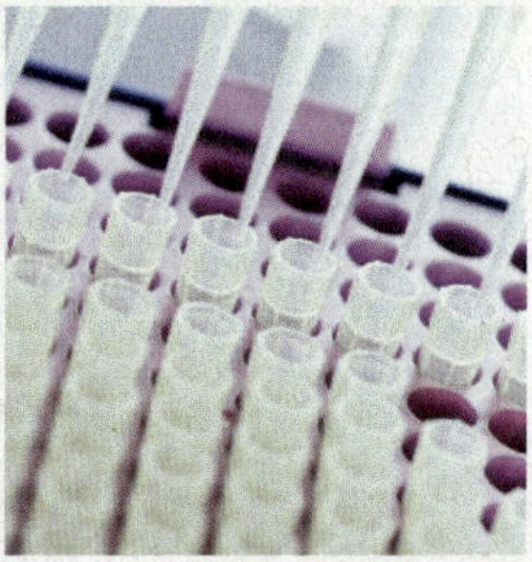

Studieren in Niedersachsen
Offenes Land. Echte Perspektiven.
#echteperspektiven
Jetzt entdecken, was möglich ist!
Online-Aktionstag Studienberatung am 31.03.2022
• 31 Hochschulen
• Über 1.500 Studiengänge
• Studieren ohne Abitur
• Hervorragende Studienbedingungen
www.studieren-in-niedersachsen.de

3.2.1 Architektur, Raumplanung

Studierende dieser Ingenieurwissenschaft befassen sich mit Planung, Entwurf und Bau von Gebäuden und Freianlagen aller Art (z.B. Wohnhäuser, öffentliche Gebäude, Industrie- und Hochbau, Parks und Grünflächen) bis hin zu komplexen städtebaulichen Arealen und Sanierungen.

Das Studienfeld im Überblick

In der Architektur werden die technisch-konstruktiven, ökonomischen und baurechtlichen Anforderungen ebenso berücksichtigt wie ästhetische Gesichtspunkte und die Bedürfnisse der Menschen. Eine wichtige Rolle spielt die Ausgewogenheit zwischen der künstlerisch-kreativen Gestaltung der Bauwerke einerseits und einer technisch-wirtschaftlich ausgereiften Umsetzung andererseits. Höchste Bedeutung haben auch ökologische Gesichtspunkte wie Energieeffizienz und nachhaltige Baumaterialien. Dies gilt sowohl für neue Bauten als auch für die Sanierung von Altbauten. Dabei spielen Fragen des Baudenkmalschutzes ebenfalls eine Rolle. Eigenständige Fachrichtungen der Architektur sind die Innenarchitektur, die Landschaftsarchitektur und die Stadtplanung.

Unter **Landschaftsarchitektur**, **Städtebau** und **Regionalplanung** ist die Lenkung der baulichen und räumlichen Entwicklung im ländlichen und urbanen Raum zu verstehen. Dazu zählen auch Fragen der Verkehrsinfrastruktur, der Ver- und Entsorgung, der Bodenordnung sowie des Natur- und Landschaftsschutzes. Landschaftsarchitekt*innen beschäftigen sich sowohl mit der Planung und dem Bau von Freianlagen, etwa Parks, Sportplätzen und Freizeitanlagen, von öffentlichen Plätzen und Gärten sowie anderen Freiflächen. Ebenso gehören der Schutz und die Entwicklung von Landschaften zu ihren Aufgaben. **Städtebauer*innen und Stadtplaner*innen** müssen dagegen Wechselwirkungen zwischen politischen, sozialen, wirtschaftlichen und technischen Problemen kennen und berücksichtigen. Als Fachleute beraten sie ihre Auftraggeber*innen und legen ihnen verschiedene Lösungsmöglichkeiten vor, z.B. in Form von Flächennutzungs- und Bebauungsplänen und Umbau- oder Sanierungskonzepten.

Studienangebot

Die Studiengänge dieses Bereichs werden sowohl grundständig als auch weiterführend an Universitäten, Kunsthochschulen und Fachhochschulen angeboten. Neben dem **klassischen Studiengang „Architektur“** gibt es auch spezialisierte Masterstudiengänge, wie etwa „Media-Architecture“, „Advanced Architecture“, „Gebäudehüllen aus Metall“ oder „Barrierefreie Systeme“. Mit der Gestaltung von **Innenräumen** beschäftigen sich Studierende von Studiengängen wie „Innenarchitektur“, „Kommunikation im Raum“, „Interior Design“, oder „Furniture and Interior Design“. Studiengänge der **Stadtplanung bzw. des Städtebaus** werden u.a. unter Namen wie „Stadt- und Regionalplanung“, „Raumplanung“ oder „Urbanistik“ angeboten. Studiengänge im Bereich „Landschaftsarchitektur“ tragen Namen wie „Freiraumplanung“, „Landschaftsentwicklung“ oder „Nachhaltiges Regionalmanagement“. Je nach Ausrichtung schließen die Studierenden mit dem Bachelor bzw. Master of Arts, Engineering oder Science ab.

Inhalte des Studiums

Vermittelt werden bauplanerische, städtebauliche und architekturtheoretische Kenntnisse. Dazu dienen Module in den Fächergruppen (städtebauliches) Entwerfen/Baukonstruktion, Gebäudekunde, Innenraumgestaltung, gesellschaftliche, kulturelle und historische Grundlagen (Soziologie, Lebenskultur), Darstellung und Gestaltung (Entwurfsmethodik, bildende Kunst, Ästhetik, darstellende Geometrie, digitale Entwurfstechniken), naturwissenschaftlich-technische Grundlagen (Tragwerkslehre, Materiallehre und Bauphysik, technische Gebäudeausrüstung). Hinzu kommen Aspekte der Energienutzung bzw. energetischen Sanierung, der Nachhaltigkeit und des Umweltschutzes. Auch Denkmalschutz, das Architekten-, Bauordnungs- und Planungsrecht sowie Bauprojektmanagement und Bauökonomie werden meist behandelt.

Neben der Theorie werden in den meisten Studiengängen Praktika in einem Betrieb des Baugewerbes sowie in einem Planungsbüro empfohlen oder sind verpflichtend.

Zulassungskriterien & Studienbewerbung

Je nach Hochschule und Studiengang werden die Fachhochschul- oder die allgemeine Hochschulreife sowie ein bestimmter Notendurchschnitt für die Bewerbung für einen der Studiengänge vorausgesetzt. Um die künstlerische oder ▶

gestalterische Begabung von Bewerber*innen zu ermitteln, wird an zahlreichen Hochschulen vor Aufnahme des Studiums ein Eignungstest durchgeführt. Bewerber*innen müssen dann zum Beispiel eine Mappe mit Probearbeiten abgeben.

Berufsmöglichkeiten nach dem Studium

Architekt*innen arbeiten vielfach mit Bauingenieur*innen zusammen, vor allem für die Berechnung, Planung und Bauleitung bei komplexen Bauvorhaben, ebenso mit Behörden und Baufirmen. Im **Architekturbüro**, als Angestellte oder freiberuflich, sind sie für Entwurf, Vorplanung und Baubetreuung von Einzelgebäuden bis hin zur Planung von städtebaulichen Projekten verantwortlich.

In der **Bauwirtschaft** übernehmen Architekt*innen die bauliche Planung von Bauwerken. Sie kalkulieren die Kosten und überwachen die Bauausführung. In größeren Planungsbüros, bei Baugesellschaften und großen Unternehmen arbeiten sie zumeist spezialisiert auf einen bestimmten Tätigkeitsbereich (Planung, Entwurf, Bauleitung, u.a.). Dies gilt auch für die Tätigkeit in der öffentlichen Verwaltung, z.B. in Stadtbauämtern, wo sie auch Aufgaben der Stadtplanung wahrnehmen.

Alternative Einsatzbereiche bieten das **Facility Management**, der Vertrieb von Bauprodukten oder z.B. eine Sachverständigentätigkeit.

Um in der Architekturkammer aufgenommen zu werden und damit die Berufsbezeichnung „Architekt*in", „Innenarchitekt*in", „Landschaftsarchitekt*in" oder „Stadtplaner*in" führen zu dürfen, wird zusammen mit einer i.d.R. zweijährigen berufspraktischen Tätigkeit eine vierjährige Mindeststudienzeit vorausgesetzt (für die EU nach der EU-Richtlinie 2005/36/EG über die Anerkennung von Berufsqualifikationen). Die Eintragung kann entweder nach einem achtsemestrigen Bachelorstudium oder nach einem Bachelorstudium und einem konsekutiven Masterstudium erfolgen. ■

➔ links

Hochschulführer des BDA
➔ www.bda-hochschulfuehrer.de

Bund Deutscher Architektinnen und Architekten BDA e.V.
➔ www.bda-architekten.de

Bund Deutscher Landschaftsarchitekten
➔ www.bdla.de

Bundesarchitektenkammer e.V.
Ausbildungs- und Berufsinformationen
➔ www.bak.de

3.2.2 Automatisierungs-, Produktionstechnik

Studierende in diesem Bereich beschäftigen sich im Kern mit Steuerungs-, Regelungs-, und Automatisierungstechnik, um etwa Produktionsabläufe zu optimieren oder um innovative Anlagen und Maschinen für eine zunehmend automatisierte Industrie zu entwickeln.

Das Studienfeld im Überblick

Zu den Aufgaben in der Automatisierungs- und Produktionstechnik gehören die Entwicklung neuer Herstellungsverfahren und Produkte, die Planung von Produktionsanlagen, Produktionslinien und kompletten Fertigungsstandorten. Um die Steuerung und Regelung von Prozessen jeglicher Art dem digitalen Zeitalter anzupassen, entwerfen Absolvent*innen dieses Studienfeldes Automatisierungskonzepte, digitale Infrastrukturen („Industrie 4.0") und entwickeln die hierfür notwendige Hard- und Software. Automatisierungsaufgaben und leittechnische Problemstellungen setzen u.a. den Einsatz von Methoden der Elektrotechnik, Systemtheorie und Regelungstechnik, der Sensor- und Messtechnik, der Prozessrechner- sowie Kommunikationstechnik voraus. Benutzeroberflächen spielen an der Schnittstelle Mensch-Maschine inzwischen eine entscheidende Rolle, um die Maschinen und Anlagen intuitiv bedienen zu können. Breitband- und Cloud-Technologien erlauben zukünftig eine weltweite Steuerung, Überwachung, Fernwartung und Optimierung ganzer Fabriken und Produktionsanlagen.

Studienangebot

Studiengänge dieses Bereichs werden grundständig und weiterführend angeboten. Neben „Automatisierungstechnik" oder „Produktionstechnik", existieren auch Studiengänge wie „Smart Automation", „Robotik und Autonome Systeme" oder „Computational Engineering". In Masterstudiengängen werden u.a. Schwerpunkte auf Wirtschaftlichkeit („Wertschöpfungsmanagement") oder bestimmte Einsatzbereiche („Automobilproduktion") gelegt.

Inhalte des Studiums
Im Studium werden mathematisch-naturwissenschaftliche und technische Inhalte in Teilbereichen aus Maschinenbau, Elektro- und Informationstechnik vermittelt. Neben Fächern wie Regelungs-, Mess- und Digitaltechnik stehen u.a. auch Thermodynamik, Konstruktion, CAD, Werkstoffkunde, Betriebswirtschaftslehre, Informatik, Programmieren und oft Englisch auf dem Lehrplan.

In fast allen Studiengängen dieses Bereichs sind integrierte Praxiszeiten oder -semester vorgesehen.

Zulassungskriterien & Studienbewerbung
Einige Hochschulen führen ein hochschulinternes Auswahlverfahren durch.

Berufsmöglichkeiten nach dem Studium
Ingenieur*innen der Produktions- und Automatisierungstechnik arbeiten in allen Branchen, in denen Produkte industriell hergestellt werden. Beschäftigungsmöglichkeiten bieten sich z.B. im Maschinen- und Anlagenbau, im Kraftfahrzeugbau, in der Elektroindustrie, feinmechanischen Industrie, chemischen und pharmazeutischen Industrie, Textilindustrie, Papierindustrie, Eisen- und Stahlindustrie, Nahrungs- und Genussmittelindustrie und Energieerzeugung. Darüber hinaus werden sie in Ingenieurbüros, bei Wirtschafts- und Berufsverbänden und im öffentlichen Dienst z.B. in der Gewerbeaufsicht oder bei Arbeitsschutzämtern beschäftigt. Auch eine selbstständige Tätigkeit z.B. im Vertrieb oder in der Beratung ist möglich. ■

➔ links

Fachverband Automation im (ZVEI)
im Verband der Elektrotechnik und Elektroindustrie (ZVEI)
➔ www.zvei.org/verband/fachverbaende/fachverband-automation

VDMA Fachverband Robotik + Automation
➔ rua.vdma.org

Verein Deutscher Ingenieure
➔ www.vdi.de

Verband der Elektrotechnik Elektronik Informationstechnik e.V.
➔ www.vde.de

Verband Deutscher Maschinen- und Anlagenbau e.V. (VDMA)
➔ www.vdma.org

3.2.3 Bautechnik

Ingenieur*innen der Bautechnik begleiten Bauvorhaben von der Konzeption und Planung über die Berechnung bis hin zur Fertigstellung und Sanierung.

Das Studienfeld im Überblick
Bauingenieur*innen kümmern sich um das Technisch-Konstruktive von Bauwerken sowie um den Einsatz innovativer Werkstoffe und Materialien. Daneben müssen sie wirtschaftliche, ökologische, soziostrukturelle und kulturelle Aspekte beachten. Auch an Maßnahmen zur Erhaltung von baulichen Anlagen oder Denkmälern sind sie beteiligt.

Die Studienfelder Bautechnik und Architektur (*siehe Abschnitt 3.2.1*) überschneiden sich in den Aufgabenstellungen teilweise: So übernehmen Bauingenieur*innen und Architekt*innen gleichermaßen organisatorische Aufgaben: Sie leiten Baustellen, überprüfen die Bauausführung und sorgen für einen effizienten Ablauf des Baubetriebs.

Bauphysiker*innen dagegen prüfen und optimieren Baustoffe, beraten Behörden, Architekt*innen und Bauherr*innen und begutachten als Sachverständige Bauschäden.

Studienangebot
Das Studium wird sowohl an Universitäten als auch an Fachhochschulen grundständig und weiterführend angeboten. Die Palette an Studiengängen dieses Bereichs reicht vom klassischen „Bauingenieurwesen“, „Bautechnik“ und „Bauphysik“ über spezialisierte Studiengänge wie „Bauwesen – Fassadentechnik“, „Energieeffizientes Planen und Bauen“, „Structural Engineering“ bis hin zu „Bauingenieurwesen und Umweltwissenschaften“.

Je nach Hochschule gibt es Spezialisierungsmöglichkeiten in Bereichen wie Baubetrieb und -wirtschaft, konstruktiver Ingenieurbau (Beton, Stahl, Holz), Verkehrswesen und Infrastruktur, Geotechnik und Wasserwesen, Umwelttechnik oder Grundbau.

Inhalte des Studiums
Den Studierenden werden Inhalte aus den Bereichen Mathematik, darstellende Geometrie, Physik, Informatik, Baumechanik, Entwurfs- ▶

planung, Baustatik, Technische Mathematik, Baustoffkunde und Vermessungskunde vermittelt. Auch Kenntnisse im Baubetrieb und Projektmanagement sind Teil des Studienplans.

Zulassungskriterien & Studienbewerbung

Oft verlangen Hochschulen vor und während des Studiums Praktika. Die Zulassung erfolgt zum Teil nach internen Auswahlverfahren oder es wird ein bestimmter Notendurchschnitt vorausgesetzt. Von Vorteil sind unter Umständen auch Fremdsprachenkenntnisse, insbesondere im Englischen.

Berufsmöglichkeiten nach dem Studium

Bauingenieur*innen arbeiten in den Bereichen Technische Leitung, Produktion/Fertigung, Konstruktion, Sanierung, Allgemeine Verwaltung, Projektcontrolling, Technischer Service, Gebäudemanagement oder im Vertrieb vorrangig bei Bauunternehmen, Bauträgergesellschaften, Bauverwaltungen der Kommunen, der Bezirke, der Länder und des Bundes sowie bei Verbänden, Ingenieur-, Consulting- und Planungsbüros, aber auch bei Großunternehmen.

Bei der Abwicklung von Auslandsprojekten spielen internationale Mobilität, kulturelle Offenheit und Fremdsprachenkenntnisse eine wichtige Rolle. ■

→ links

Hauptverband der Deutschen Bauindustrie
Ausbildungsinformationen und Publikationen zum Berufsbild Bauingenieur*in.
→ www.werde-bauingenieur.de

ISA
Das Informationssystem Studienwahl & Arbeitsmarkt der Universität Duisburg-Essen gibt Informationen zur Entwicklung in den einzelnen Studienbereichen und Teilarbeitsmärkten.
→ www.uni-due.de/isa

Deutscher Beton- und Bautechnik-Verein
→ www.betonverein.de

BDB Bund Deutscher Baumeister, Architekten und Ingenieure e.V.
→ www.baumeister-online.de

3.2.4 Elektro- und Informationstechnik

Die Elektrotechnik beschäftigt sich mit der Entwicklung von Elektrogeräten, etwa Maschinen und Schaltanlagen. Die Informationstechnik nimmt die vernetzte Signal- und Systemtechnik, Mess- und Regelungstechnik sowie Computer- und Netzwerktechnik in den Fokus. In Kombination ist die Elektro- und Informationstechnik eine Schlüsseltechnologie für die Digitalisierungsstrategie Industrie 4.0.

Das Studienfeld im Überblick

Elektrische Antriebe in Autos und Zügen, Solarzellen auf Häuserdächern oder vernetzte Produktionssysteme in digitalen Fabriken – ein modernes Leben ohne Elektro- und Informationstechnik ist mittlerweile unvorstellbar. Auch deshalb überlappen sich die Kompetenzen, die in diesem Studienbereich vermittelt werden, mit anderen Technikbereichen.

Studienangebot

Zu den Studiengängen in diesem Bereich zählen nicht nur „Elektrotechnik“ und „Elektro- und Informationstechnik“, sondern z.B. auch „Computer Engineering“, „Elektro- und Luftfahrttechnik“, „Nachrichtentechnik“ sowie „Mikroelektronische Systeme“. Diese Studiengänge werden an Universitäten und Fachhochschulen grundständig und weiterführend angeboten.

Inhalte des Studiums

Wichtige Grundlagenfächer für das Studium der Elektro- und Informationstechnik sind Mathematik, Physik und Angewandte Informatik, Mechanik, Werkstoffkunde, technische Wärme-

→ links

Verband der Elektrotechnik Elektronik Informationstechnik e.V. (VDE)
→ www.vde.de

Zentralverband Elektrotechnik und Elektroindustrie (ZVEI)
→ www.zvei.org

Verein Deutscher Ingenieure (VDI)
→ www.vdi.de

ISA
Das Informationssystem Studienwahl & Arbeitsmarkt der Universität Duisburg-Essen gibt Informationen zur Entwicklung in den einzelnen Studienbereichen und Teilarbeitsmärkten.
→ www.uni-due.de/isa

lehre sind wichtige Ergänzungsfächer. Aber auch betriebswirtschaftliche Grundlagen und Managementmethoden werden gelehrt. Im fortgeschrittenen Studium spielt die Systemtheorie eine wichtige Rolle, die sich mit der Modellierung, Analyse und Optimierung komplexer Architekturen der Informations-, Energie- und Automatisierungstechnik befasst.

Zulassungskriterien & Studienbewerbung

An manchen Hochschulen muss vor Studienbeginn ein Praktikum nachgewiesen werden.

Berufsmöglichkeiten nach dem Studium

Ingenieur*innen der Elektro- und Informationstechnik findet man in nahezu allen Branchen. Sie arbeiten in vielfältigen Funktionen und übernehmen unterschiedliche Tätigkeiten. Beispielsweise entwickeln, berechnen, konstruieren und erproben sie neue Bauteile, Geräte, Maschinen, Anlagen und Systeme oder die Verfahren zu ihrer Herstellung. Sie ▸

überwachen die Herstellung, Montage, Vernetzung, Inbetriebnahme, Instandhaltung und den Betrieb von elektrotechnischen Anlagen und Systemen. Auch in der Forschung, Softwareproduktion, Aus- und Weiterbildung, im Vertrieb und Marketing, der technischen Kundenbetreuung, der Qualitätssicherung, der Betriebsorganisation und im Unternehmensmanagement ergeben sich Tätigkeitsfelder. In interdisziplinären Fachgebieten wie der Mechatronik, dem Wirtschaftsingenieurwesen, der Wirtschaftsinformatik und im Bereich der Medientechnik sind ihre Kenntnisse ebenfalls gefragt. ■

3.2.5 Energietechnik, Energiemanagement

Im Zuge der Energiewende in Deutschland gewinnt die Energieerzeugung aus erneuerbaren Ressourcen an Bedeutung. Gleichzeitig wird auch an innovativen Lösungen zur Energiespeicherung und -verteilung gearbeitet.

Das Studienfeld im Überblick

Die Studiengänge dieses Studienfeldes vermitteln Kompetenzen für Planung, Bau und Optimierung von Energieerzeugungs-, -speicherungs- und -verteilanlagen. Außerdem sind Forschung und Entwicklung im Bereich erneuerbarer Energien und innovativer Technologien ein wichtiges Thema.

Studienangebot

Zu den Studienfächern in diesem Bereich gehören neben „Elektrische Energietechnik" sowie „Energie- und Ressourcenmanagement" auch Studiengänge wie „Erneuerbare Energien", „Holz- und Bioenergie" sowie „Energiewirtschaft", und „Nachwachsende Rohstoffe".

Die Studiengänge werden i.d.R. grundständig und weiterführend angeboten und können je nach Fach an Universitäten und Fachhochschulen studiert werden.

Inhalte des Studiums

Im Bachelorstudium werden ingenieurwissenschaftliche (u.a. Maschinenbau, Verfahrenstechnik und Elektrotechnik) und grundlegende naturwissenschaftlich-mathematische Inhalte vermittelt. Weitere Themen sind z.B. Gleich- und Wechselstromtechnik; Modellierungs-, Simulations- und Optimierungsmethoden; Anlagen- und Nutzungskonzepte der erneuerbaren und konventionellen Energietechnik; Fertigkeiten zur Planung und zum Betrieb von Anlagen zur Nutzung und Speicherung von erneuerbaren Energien. Darüber hinaus werden auch politische, rechtliche und gesellschaftliche Rahmenbedingungen thematisiert.

Im Masterstudium können Studierende die Grundlagen vertiefen oder sich spezialisieren, etwa auf Biomasse Windenergie oder Prozesstechnik.

Meist wird studienbegleitend ein mehrwöchiges Praktikum absolviert.

Zulassungskriterien & Studienbewerbung

Je nach Hochschule wird ein Vorpraktikum empfohlen oder ist sogar verpflichtend.

Berufsmöglichkeiten nach dem Studium

Absolvent*innen dieser Studiengänge finden Aufgaben in technischen Arbeitsfeldern, v.a. im Bereich von Forschung, Planung, Entwicklung und Betrieb von Anlagen zur Nutzung Erneuerbarer Energien, aber auch in der wirtschaftlichen Vermarktung entsprechender Produkte und Dienstleistungen bzw. in der Beratung. Der Export von innovativen Technologien und Know-how sowie die Fortentwicklung des jungen Arbeitsfeldes im Ausland verlangen entsprechende Fremdsprachenkenntnisse und interkulturelle Kompetenzen. ■

➔ links

Erneuerbare Energien
Internetportal des Bundesministeriums für Umwelt, Naturschutz, Bau und Reaktorsicherheit.
➔ www.erneuerbare-energien.de

Bundesverband Erneuerbare Energie e.V.
➔ www.bee-ev.de

Agentur für Erneuerbare Energien
➔ www.unendlich-viel-energie.de

3.2.6 Fahrzeug-, Verkehrstechnik

Zu Land, zu Wasser und in der Luft – immer höher, schneller und weiter. Ingenieur*innen dieses Studienfeldes machen den Personen- und Gütertransport mittels Auto, Bahn, Schiff, Flugzeug und sogar im All effizienter, umweltschonender und komfortabler.

Das Studienfeld im Überblick

Studierende lernen, wie Antriebe und Komponenten für die Fahrzeug- und Verkehrstechnik optimiert und weiterentwickelt werden. Dabei bekommen die zunehmende Elektrifizierung, Digitalisierung und Nachhaltigkeit mehr Gewicht.

Im Bereich der Luft- und Raumfahrttechnik wird nach möglichst leichten Systemen mit hoher Zuverlässigkeit geforscht, sowie an neuen synthetischen Kraftstoffen. Die Auswahl der verwendeten Materialien und Werkstoffe ist von entscheidender Bedeutung. Entsprechend eng sind die Verbindungen zu den Werkstoffwissenschaften (*siehe Abschnitt 3.2.23*).

Studienangebot

Studiengänge in diesem Feld können i.d.R. grundständig und weiterführend absolviert werden. Inhaltlich umfassen Fahrzeug-, Schiffs-, Luft- und Raumfahrttechnik in erster Linie den Bau und Betrieb von Fahrzeugen und deren Antriebe und Ausrüstungen. Im Mittelpunkt stehen u.a. Kraft- und Schienenfahrzeuge, Schiffe, Flugzeuge, Hubschrauber, Raumschiffe und andere Flugkörper (Satelliten).

- In der **Schiffbau- und Meerestechnik** geht es neben Tankern, Containerschiffen, Jachten und U-Booten auch um den Bau von Meerestechnik wie Plattformen, Offshore-Anlagen und Geräten für die Tiefseeforschung. Auch die Nutzung der Ressource See als Energie-, Rohstoff- und Nahrungsmittellieferant gehört dazu. Studiengänge zur seemännischen, ingenieurmäßigen Führung von Schiffen, wie etwa „Nautik“ oder „Schiffsbetriebstechnik“ zählen ebenfalls zu diesem Bereich.
- Mit der zunehmenden Bedeutung von **Elektroantrieben und autonomen Systemen** hat in der Fahrzeugtechnik die Energie- und Batterietechnik sowie das Verständnis für IT, Kommunikation und Mechatronik an Bedeutung gewonnen („Elektromobilität“, „Elektrische Energiesysteme und Elektromobilität“). Fahrerassistenzsysteme in hochautomatisierten Fahrzeugen verlangen den Ingenieur*innen ein umfassendes Wissen an „Automobilinformationstechnik“, „Flug- und Fahrzeuginformatik“ ab.
- An der Schnittstelle zwischen Fahrzeugtechnik und Verkehrswegebau befasst sich das **Verkehrsingenieurwesen** fachübergreifend mit Fragen der Organisation des Verkehrsablaufs sowie der Gestaltung und Dimensionierung von Verkehrsanlagen für den Personen- und Gütertransport. Das Fach untersucht das komplexe Zusammenwirken der verschiedenen Verkehrssysteme und entwickelt Lösungsansätze für die Verkehrsplanung.

Inhalte des Studiums

Inhalte wie Ingenieurmathematik und -informatik, naturwissenschaftliche und konstruktive Grundlagen sowie technische Mechanik spielen in allen Studiengängen dieses Felds eine große Rolle. Auch die Fertigungstechnik, Werkstoffkunde, Elektrotechnik und Elektronik, Festigkeitslehre sowie die Mess- und Sensortechnik gehören zu den Basiskompetenzen. Ergänzt werden diese durch fahrzeugspezifische Kenntnisse und oftmals betriebswirtschaftliche Grundlagen sowie Englisch.

- Zur Vertiefung der fahrzeugspezifischen Kenntnisse im Studium der **Fahrzeugtechnik** dienen Module wie Fahrzeugentwicklung, Konstruktion, Antriebs- und Fahrwerkstechnik, Mechatronik, Fahrdynamik, Regel- und Fahrer-Assistenzsysteme, Mess- und Prüftechnik sowie die Simulation. Je nach Lehrangebot ist eine Schwerpunktbildung in Gebieten wie Konstruktion und Entwicklung, System- und Antriebstechnik, Energietechnik, Fahrwerk- oder Karosserietechnik sowie Service oder Design möglich. Hinzu kommen Module wie Kosten- und Investitionsmanagement, Betriebsorganisation und Industriebetriebslehre, Projekt- und Qualitätsmanagement.
- Studiengänge aus dem Bereich **Elektromobilität** vermitteln wissenschaftliches und praktisches Grundlagenwissen in Mathematik, Physik, Elektro-, Informations- und Werkstofftechnik sowie in Mechanik. ▸

- Studiengänge wie **Fahrzeugbau** oder **Automobilproduktion** befassen sich mit der serienmäßigen Produktion von Kraftfahrzeugen und behandeln Bereiche wie Automobil- oder Produktionstechnik sowie elektronische/mechanische Systeme. Dazu kommen Module wie Automobilaufbau/Karosserie, Automobilelektronik, Antriebs-, Getriebe- und Fahrwerkstechnik, Mess- und Sensortechnik, Mensch-Maschine-Schnittstelle, Systemtheorie und Systemtechnik, Simulationstechnik, Steuerungs- und Regelungstechnik, Thermodynamik, CAD/CAE/CAM-Tools, Fertigungsverfahren, Automation und Montage sowie Qualitätsmanagement.
- Aufbauend auf ingenieurwissenschaftlichen Grundlagenfächern werden im Studiengang **Verkehrsingenieurwesen/ Verkehrstechnik** die verkehrsspezifischen Kenntnisse in Gebieten wie Planung und Betrieb im Verkehrswesen, Mobilität und Verkehrsforschung, Verkehrsmanagement, Fahrzeugtechnik, Prüfung und Zulassung sowie ggf. Luft- und Raumfahrttechnik oder Schiffs- und Meerestechnik erweitert. Ergänzend gibt es Module aus dem wirtschafts-, rechts-, geistes- und sozialwissenschaftlichen Bereich.
- Im Studium **Luft- und Raumfahrttechnik** werden neben den ingenieurwissenschaftlich-technischen Grundlagen wirtschafts-, rechts- und sozialwissenschaftliches Wissen vermittelt. Hinzu kommen anwendungsbezogene Module wie Aerodynamik, Entwurf und Konstruktion, Fertigungstechnik, Flugmechanik, Leichtbau, Triebwerksbau, Maschinendynamik, Regelungstechnik, Strömungslehre und Werkstofftechnik. Darüber hinaus werden z.B. Technisches Englisch, Betriebs- und Arbeitsorganisation, Kostenrechnung oder Managementwissen vermittelt. In seltenen Fällen wird das Studium kombiniert mit einer Pilotenausbildung (ATPL). Je nach Angebot erfolgt im Masterstudium eine Schwerpunktbildung auf Gebiete wie Flugzeugbau, Leichtbautechnologie, Triebwerks- oder Raumfahrttechnik.
- In der **Schiffs- und Meerestechnik** stehen neben den ingenieurwissenschaftlichen Grundlagen Fächer wie Schweißtechnik, Hydromechanik, Schiffselemente, Schwimmfähigkeit und Stabilität auf dem Lehrplan. Es folgen spezielle Anwendungsmodule wie Schiffbau, Ausrüstung, Entwurf und Konstruktion von Schiffen, Schiffsmaschinenbau, Schiffselektronik, Messtechnik im Schiffbau, Fertigung und Werftbetrieb. Berufspraktische Studienanteile absolvieren die Studierenden in Form von Industrie- bzw. Forschungsprojekten. Schwerpunkte können in Fächern wie Schiffsentwurf, Hydrodynamik und Jachtdesign, Konstruktion, Schiffsfestigkeit und Schiffsausrüstung gesetzt werden.
- Im Studiengang **Nautik** gibt es anwendungsorientierte Einführungsveranstaltungen zur Navigation, Schiffssicherheit, Informatik und zum Arbeitsrecht. Es folgt eine Vertiefung in den Bereichen Schiffsführung, maritime Verkehrssicherheit und Umweltschutz, Ladungstechnologie und -sicherheit sowie Personalführung und Seebetriebswirtschaft. Wahlpflichtmodule gibt es in den Bereichen Nautik/ Technik oder Wirtschaft/Recht. Hinzu kommen Ausbildungsfahrten und ein Simulatortraining. Neben dem Hochschulabschluss erwerben die Studierenden meist auch den Abschluss als Nautische*r bzw. Technische*r Wachoffizier*in.
- Im Studiengang **Schiffsbetriebstechnik** stehen Module aus den Bereichen Seeverkehrswirtschaft, Maritimes Englisch, Personalführung oder Betriebs- und Gefahrstoffe auf dem Lehrplan. Vertiefungen sind u.a. in Fächern wie Verbrennungskraftmaschinen/Turbinen, Arbeitsmaschinen und Anlagentechnik, Maschinendynamik, Dampf-, Kälte- und Klimatechnik, Betriebsstoff- und Umweltschutztechnik, Schiffsautomatisierung, Schiffselektrotechnik, Schiffsmaschinenanlagen, Schiffsmaschinenbetrieb und -instandhaltung möglich. Hinzu kommen Module aus den Bereichen Öffentliches Recht und Seerecht sowie Betriebsführung und Arbeitsschutz. Neben Laborübungen an laufenden Maschinen werden auch Übungen am Simulator durchgeführt.
- Im Studium der **Seeverkehrs- und Hafenwirtschaft** gibt es Modulangebote zu den Grundlagen sowie zu den rechtlichen und betriebswirtschaftlichen Aspekten. Hinzu kommen Grundlagen in Hafen- und Verkehrswirtschaft, Logistik/Hafenlogistik, Chemie, gefährlicher Ladung, Schiffstheorie, Telematik, Chartering und Befrachtung, Marketing/Vertrieb, Unternehmensführung, Fremdsprachen und Präsentationstechniken.

Zulassungskriterien & Studienbewerbung

Oft ist ein mehrwöchiges Vorpraktikum für die Aufnahme des Studiums verpflichtend. Für einige Studiengänge, wie etwa Schiffsbetriebstechnik, gelten besondere Zulassungsvoraussetzungen wie eine abgeschlossene Berufsausbildung als Schiffsmechaniker*in, in einem anerkannten Ausbildungsberuf der Metall- oder Elektrotechnik inkl. einjähriger Seefahrtzeit oder eine zugelassene praktische Ausbildung und Seefahrtzeit als Technische*r Offiziersassistent*in.

Berufsmöglichkeiten nach dem Studium

- **Ingenieur*innen der Fahrzeugtechnik** finden Beschäftigung in der Automobilindustrie bei Herstellern von Kraftfahrzeugteilen, -zubehör, -karosserien und -anhängern, bei Kfz-Zulieferbetrieben und im Schienenfahrzeugbau.
- **Verkehrsingenieur*innen** arbeiten u.a. bei Verkehrsbetrieben, Transport- und Logistikunternehmen, in Verkehrsleitzentralen, Verbänden, Technischen Überwachungsvereinen, in der öffentlichen Verwaltung, als Sachverständige*r, als Freiberufler*in oder in Ingenieurbüros, in Software-Unternehmen, Forschungseinrichtungen und Hochschulen.
- **Ingenieur*innen der Luft- und Raumfahrttechnik** arbeiten in Betrieben des Luftfahrzeug- und Triebwerkbaus. Daneben kommen Tätigkeiten bei Fluggesellschaften, Flughäfen, in der Automobilindustrie, der Windkraftbranche, an Hochschulen und Forschungseinrichtungen sowie bei Ingenieurbüros oder Unternehmensberatungen in Frage.
- **Ingenieur*innen der Schiffstechnik** finden Beschäftigung in der Werftindustrie, in Firmen für Schiffsausrüstungen, Klassifikationsgesellschaften, Schiffbau- und Wasserbau-Versuchsanstalten, in „freien" Ingenieurbüros, bei Reedereien und Behörden (z.B. Wasser- und Schifffahrtsämter).
- Absolvent*innen des Studiengangs **Maritime Technologien** finden Einsatzfelder in allen Bereichen, in denen es um die technologische Nutzung des Meeres geht, also etwa Offshore-Zulieferindustrie und Offshore-Energienutzung, technischer Betrieb bei Entwicklungstätigkeiten, Fischfang und Fischwirtschaft sowie Schiffbau.
- **Schiffsingenieur*innen** (Technische Schiffsoffiziere) und Nautische Schiffsoffiziere bzw. Kapitän*innen arbeiten insbesondere in der technischen und seemännischen Führung von Fracht- und Passagierschiffen, in der Bergungsschifffahrt sowie in der Hafen-, der Vermessungs- und Forschungsschifffahrt.
- **Ingenieur*innen der Seeverkehrs- und Hafenwirtschaft** arbeiten bei Landorganisationen von Seeverkehrsbetrieben, See- und anderen Speditionen, Hafen- und Lagerhausgesellschaften, Beratungsgesellschaften oder Hafenbehörden. ■

➔ links

Perspektive Luftfahrt
Das Internetportal der Deutschen Gesellschaft für Luft- und Raumfahrt (DGLR) e.V. informiert über Studienmöglichkeiten in diesem Bereich.
➔ www.skyfuture.de

Verband für Schiffbau und Meerestechnik e.V.
➔ www.vsm.de

Verband Deutscher Reeder
informiert zu Berufen und Ausbildungsmöglichkeiten rund um die Schifffahrt.
➔ www.reederverband.de

Berufsbildungsstelle Seeschifffahrt e.V.
die zuständige Stelle für die Berufsbildung in der Seeschifffahrt
➔ www.berufsbildung-see.de

ISA
Das Informationssystem Studienwahl & Arbeitsmarkt der Universität Duisburg-Essen gibt Informationen zur Entwicklung in den einzelnen Studienbereichen und Teilarbeitsmärkten.
➔ www.uni-due.de/isa

Verband der Automobilindustrie
➔ www.vda.de

3.2.7 Fertigungstechnologien

Die Fertigungstechnologie beschäftigt sich mit der industriellen Produktion von Konsum- und Investitionsgütern. Dabei geht es sowohl um planerische, technische und betriebswirtschaftliche Fragen sowie um Management und Qualitätssicherung.

Das Studienfeld im Überblick

In diesem Feld sind alle Studiengänge zusammengefasst, die sich mit Werkstoffen in der industriellen Fertigung auseinandersetzen: Dabei geht es um spezifische Eigenschaften von Materialien, wie etwa Papier, Holz, Keramik, Glas, Kunststoff oder Textilien sowie um deren Verarbeitung, Aufbereitung und Montage. Auch das Design von industriellen Erzeugnissen und Fragen des Umweltschutzes in der industriellen Fertigung gehören dazu.

Studienangebot

- Die Studiengänge **„Druck- und Medientechnik"**, „**Papiertechnik**" und **„Verpackungstechnik"** widmen sich der Reproduktions- und Satztechnik, der Druckplatten und Druckverfahren sowie der Herstellung und Weiterverarbeitung von Zellstoff- und Papiererzeugnissen und Verpackungsmitteln (Papier, Karton, Folien) inkl. Umweltgesichtspunkten (Recycling).
- Die **Holzbearbeitung** und -verarbeitung zu Fertigprodukten wie etwa Möbeln und die Nutzung v.a. in der chemischen Holzindustrie haben auf Holz spezialisierte Studiengänge wie **„Holztechnik"**, **„Holztechnologie"** sowie **„Holzbau und Ausbau"** hervorgebracht.
- In Studiengängen wie „**Bekleidungstechnik**" und **„Textiltechnik"**, geht es um die Aufbereitung von Naturfasern und die Erzeugung von Chemiefasern, ihre Weiterverarbeitung zu Garnen und Textilien einschließlich Färbung, Veredlung, Ausrüstung (Konfektion) und Textilmaschinen sowie um die Weiterverarbeitung fertiger Stoffe zu Heimtextilien, Tag- und Nachtwäsche, Oberbekleidung und technischen Textilien. In wirtschaftlich ausgerichteten Studiengängen wie **„Textiltechnologie-Textilmanagement"** dreht sich alles um die Organisation der industriellen Fertigung von Textilien und Bekleidung, die Entwicklung neuer Arbeitsmethoden sowie die Gestaltung des Produktes. Überschneidungen bestehen hier mit den Bereichen Gestaltung/Design sowie mit der Textilchemie und dem Werkstoff- oder Kunststoff-Ingenieurwesen.
- Studiengänge wie „**Kunststofftechnik**" und **„Kunststoff- und Elastomertechnik"** befassen sich mit der Herstellung, Verarbeitung und Anwendung von Kunststoffen (einschließlich dem Gummi-Rohstoff Kautschuk) und den dabei benutzten Maschinen und Geräten.

Inhalte des Studiums

- Im Bachelorstudium „**Druck- und Medientechnik**" vermitteln Module die mathematischen, statistischen, naturwissenschaftlichen, gestalterischen und betriebswirtschaftlichen Basiskompetenzen. Hinzu kommen Modulangebote zu gängigen Druckverfahren und Medientechniken, zu Maschinenelementen, Produktionsplanung und -steuerung, zu Controlling und Werkstoffen sowie zu den notwendigen Grundlagen der Informatik. Im weiteren Verlauf werden die Kenntnisse der Technologien der Druckvorstufe, des Drucks und der Druckverarbeitung sowie auf kaufmännisch-wirtschaftlichem Gebiet vertieft. Hinzu kommen Module zu Arbeitssicherheit oder Fremdsprachen. Der Schwerpunkt im Masterstudium kann auf ein bestimmtes Branchensegment oder einen bestimmten Bereich gelegt werden, etwa zu Technik der Druckverfahren, Druck-Management, Print und Publishing oder Verpackungstechnik.
- Studiengänge wie „**Papier- und Verpackungstechnik**" oder **„Papiertechnik"** vermitteln grundlegende mathematisch-naturwissenschaftliche und vertiefende ingenieurwissenschaftliche Kenntnisse und Fähigkeiten aus dem Bereich Maschinenbau, Verfahrenstechnik, Material- und Anlagentechnik für die Papier- und Verpackungsindustrie.
- Das Modulangebot im Studiengang „**Holztechnik**" umfasst natur- und ingenieurwissenschaftliche sowie forst- und holzwirtschaftliche Grundlagen- und Vertiefungsfächer wie z.B. Verfahrenstechniken in der Holz- und Holzwerkstoffindustrie, Konstruktions- und Produktionstechnik, Konstruktion und Berechnungen bei Möbel- und Holzbauwerken, CNC-Technik, Qualitätsmanagement,

ökologische Fragen der Holzverarbeitung und Betriebswirtschaft. Je nach Angebot der Hochschule ermöglichen Studienrichtungen und -schwerpunkte wie Anlagenautomatisierung, holzindustrielle Produktion, Möbelbau/Konstruktion, Forstnutzung und Technologie, Holzbiologie oder Unternehmensführung eine Spezialisierung.

- In Studiengängen wie „**Textiltechnik**" und „**Bekleidungstechnik**" werden mathematisch-naturwissenschaftliche, technische und fachspezifische Grundlagen vermittelt. Dazu gehören Module wie Mathematik und technisches Zeichnen, Physik, (Textil-)Chemie, Statistik, Informationstechnologie, Werkstoffe und Maschinen, textile Rohstoffe, Grundlagen der Textilerzeugung und -veredlung sowie betriebswirtschaftliches Grundwissen. Im weiteren Studienverlauf erfolgt die anwendungsorientierte Vertiefung mittels Modulangeboten zu Automatisierungstechnik, Fertigungssteuerung, CAD, Sicherheits- und Anlagentechnik, Faser-, Weberei-, Maschentechnologie, Verbundwerkstoffe, technische Textilien, Textilprüfung, chemische Analytik, Polymerchemie, Färberei, Textildruck, Umweltanalytik und -management. Schließlich folgen Inhalte zur Produkt- und Verfahrensentwicklung sowie die Vertiefung betriebswirtschaftlicher Kenntnisse in Organisation und Marketing. Teilweise können Schwerpunkte in Bereichen wie Textilmanagement, Bekleidungsmanagement, Textile Technologien oder Produktentwicklung gebildet werden.
- Das Studium der „**Kunststofftechnik**" beginnt mit Modulen aus Mathematik, Natur- und Ingenieurwissenschaften sowie Werkstofftechnik. Darauf aufbauend vermitteln anwendungsbezogene Module Kenntnisse der Kunststoffe, des werkstoffgerechten Konstruierens und der Kunststoffverarbeitung sowie in den Gebieten Polymerchemie, Messtechnik, Wärmetechnik, Elektro- und Antriebstechnik, Technische Mechanik, Werkzeugbau. Hinzu kommen nichttechnische Module wie Betriebswirtschaft, Qualitätsmanagement, Projektmanagement. Je nach Hochschule kann sich der Schwerpunkt mehr am Maschinenbau und der Verfahrenstechnik bzw. an der Chemietechnik orientieren.
- In Studiengängen wie „**Werkstofftechnik Glas und Keramik**" oder „**Ceramic Science and Engineering**" stehen naturwissenschaftliche Module in Mathematik, Physik und anorganischer bzw. physikalischer Chemie im Curriculum. Daneben stehen Mineralogie, Kristallographie, Keramik, keramisches Rechnen, Grundlagen der Ingenieurwissenschaften und Fremdsprachen auf dem Stundenplan. Vertiefungsmöglichkeiten gibt es in Werkstoffkunde, mechanische und thermische Verfahrenstechnik, Mess- und Regelungstechnik, Glas und Glasuren, Industrielle Formgestaltung, silikatische Feinkeramik, Baukeramik, Struktur- und Funktionskeramik, feuerfeste Erzeugnisse sowie Betriebswirtschaft, Wertstoffrecycling und Qualitätssicherung.

Zulassungskriterien & Studienbewerbung

Einige Hochschulen führen ein hochschulinternes Auswahlverfahren durch.

Berufsmöglichkeiten nach dem Studium

- **Ingenieur*innen der Drucktechnik** arbeiten vorwiegend in Druckereien, in der Druckvorlagenherstellung, in der Druckweiterverarbeitung, in Zulieferbetrieben, im Fachhandel für das grafische Gewerbe, in Betrieben des Maschinenbaus (Druck-, Buchbindereimaschinen, Reproduktionsgeräte usw.). Da viele Werbemittel, Bücher und Zeitungen inzwischen vor allem elektronisch bzw. online angeboten werden, gab es in den vergangenen Jahren einen Rückgang an Stellen in diesem Bereich.
- **Holzwirt*innen und Ingenieur*innen der Holztechnik** arbeiten v.a. in der Holz bearbeitenden Industrie, z.B. in der Säge- und Hobelindustrie, in Sperrholz-, Holzfaser- und Spanplattenwerken, in der Holz verarbeitenden Industrie, z.B. in der Möbelherstellung, in der Holzleimbauindustrie, in Betrieben des Fertighausbaus, der Holzbauelemente-, Holzwarenherstellung sowie in der chemischen Holzindustrie, z.B. in der Herstellung von Holzschutzmitteln, Holzlacken und -leimen sowie in der Papier-, Pappen- und Zellstoffherstellung. Weitere Beschäftigungsmöglichkeiten bieten der Holzhandel, die Bauwirtschaft, Herstellerbetriebe von Holzbe- und -verarbeitungsmaschinen und -anlagen, die Forschung und Lehre, Behörden und Holzwirtschaftsverbände. ▸

- **Textil- und Bekleidungsingenieur*innen** arbeiten in der Bekleidungs-, Textil- und Chemiefaserindustrie sowie in der Textilmaschinen- und Farbstoffindustrie, aber auch in textilnahen Branchen und Anwendermärkten wie der Automobil-, Luft- und Raumfahrtindustrie (z. B. Entwicklung und Produktion von Autositzbezügen). Berufsmöglichkeiten bestehen außerdem in Forschungs- und Prüfinstituten sowie im Handel.
- Neben der Keramik- und Glasindustrie finden **Werkstoffingenieur*innen** mit dem Schwerpunkt auf **Keramik und Glas** überall dort Beschäftigung, wo keramische und Glaskomponenten Anwendung finden (u.a. Verkehrstechnik, Automobilbau, Bahn, Luft- und Raumfahrt, Chemische Industrie, Energie- und Umwelttechnik etc.) ■

➔ links

Gesamtverband textil + mode
Informationen rund um die Textilwirtschaft sowie zahlreiche Berufsinformationen
➔ www.textil-mode.de

GO-TEXTILE!
Ausbildungsplattform der deutschen Textil- und Bekleidungsindustrie
➔ www.go-textile.de

Verband der Holzwirtschaft
➔ www.holzverband.de

Hauptverband der deutschen Holzindustrie
➔ www.holzindustrie.de

Bundesverband Keramische Industrie
➔ www.keramverbaende.de

3.2.8 Gebäude-, Versorgungstechnik, Facility-Management

Ingenieur*innen der Versorgungs- und Gebäudetechnik planen, projektieren, bauen und betreiben die Infrastruktur von Einfamilienhäusern, Wohnanlagen, Gewerbebauten oder öffentlichen Einrichtungen wie etwa Krankenhäusern und Schulen.

Das Studienfeld im Überblick

Die Studiengänge beschäftigen sich im Kern mit Fragen zur Versorgung mit Wasser, Strom, Gas und Wärme und behandeln Themen wie die Entsorgung von Abwässern und Abfällen sowie die Klimatisierung und Belüftung von Gebäuden. Auch die Ausstattung mit modernen Energietechnologien (Solaranlagen, Kraft-Wärmekopplung, Wärmepumpen), Brandschutzanlagen und Aufzügen wird in diesem Studienfeld behandelt. Das Facility-Management verwaltet und bewirtschaftet einzelne Gebäude, Anlagen und Einrichtungen mit dem Ziel, die Wirtschaftlichkeit und Werterhaltung zu optimieren und einen reibungslosen Betriebsablauf zu ermöglichen.

Studienangebot

Die Studiengänge dieses Bereichs können grundständig und weiterführend studiert werden. Meist findet das Studium an Fachhochschulen statt.

Die Studiengänge sind entweder generalistisch ausgelegt („Energie- und Gebäudetechnik", „Technische Gebäudeausrüstung", „Versorgungstechnik", „Anlagenbetriebstechnik") oder haben einen umwelttechnischen Schwerpunkt wie etwa „Gebäude-, Energie- und Umwelttechnik", „Gebäudeklimatik", „Green Building"). Studiengänge wie „Infrastrukturmanagement" oder „Infrastrukturingenieurwesen" befassen sich zudem mit Themen wie Urbanisierung, Verkehrsplanung und -bau sowie Klimawandel, Nachhaltigkeit und Umweltschutz. Studiengänge wie „Facility Management", „Immobilientechnik und Immobilienwirtschaft", „Bau- und Immobilienmanagement" werden i.d.R. zu den technisch-wirtschaftlichen Organisationswissenschaften gezählt.

Inhalte des Studiums

Die Studierenden in diesem Feld belegen Basismodule aus Mathematik, Chemie, Physik und Ingenieurwissenschaften (Technische Mechanik, Elektrotechnik, Werkstoff- und Konstruktionstechnik, Messtechnik, Steuer- und Regelungstechnik, Thermodynamik, Energie- und Umwelttechnik sowie Rohrleitungsbau).

Vertiefungsmöglichkeiten gibt es im Bereich **Technische Gebäudeausrüstung/Gebäudetechnik**. Dazu gehören Heizungs- und Klimatechnik, Gas-, Wasser- und Sanitärtechnik, Elektroinstallation, rationelle Energieverwendung, klimagerechtes Bauen, Brandschutz und integriertes Planen. Im Bereich öffentliche und industrielle Versorgung gibt es folgende Vertiefungsinhalte: Energie- und Kältetechnik, Gas-, Wasser- und Elektrizitätsversorgung, Fernwärme, Feuerungs- und Gastechnik und Energiewirtschaft, während in der Umwelttechnik Rohrleitungsbau, Immissionsschutz, Abwassertechnik und Abfallwirtschaft behandelt werden.

Der Bereich **Versorgungstechnik** kann auch als Schwerpunkt im Rahmen eines grundständigen Maschinenbaustudiums gewählt werden. Von besonderer Bedeutung ist dabei der Bereich der Wärme- und Brennstofftechnik.

In Studiengängen wie „**Facility Management**" oder „**Immobilienmanagement**" wird Wissen aus den Bereichen Betriebswirtschaftslehre, Ingenieur- und Naturwissenschaften, aber auch Recht vermittelt.

Zulassungskriterien & Studienbewerbung

Einige Hochschulen führen ein hochschulinternes Auswahlverfahren durch.

Berufsmöglichkeiten nach dem Studium

Beschäftigungsmöglichkeiten für **Ingenieur*innen der Versorgungstechnik und der Technischen Gebäudeausrüstung** bestehen in der Projektierung und Bauleitung bei Firmen der Sanitär-, Heizungs-, Klima- und Lüftungstechnik, der Bäder- und Krankenhausbetriebstechnik, in der Betriebsüberwachung bei Industriebetrieben und großen Gebäudekomplexen mit eigener Energieversorgung (z. B. Krankenhäusern), in der Entwicklung, Erprobung und im Vertrieb bei Herstellerfirmen von versorgungstechnischen Anlagen und Produkten, in der Planung und Überwachung bei Behörden (z.B. Kommunalverwaltungen, Bauämter) und Versorgungsbetrieben für Gas, Wasser, Strom und Fernwärme, im Gebäude- und Infrastrukturmanagement sowie als Mitarbeiter*in oder Selbstständige*r in Ingenieur- und Sachverständigenbüros.

Facility Manager*innen arbeiten u. a. in Unternehmen der Bau-, Immobilien- und Gebäudewirtschaft, bei Immobilienverwaltungen und -maklern, Bauträgern, Wohnungsbau- und Immobiliengesellschaften. ■

➔ links

Info-Portal der Verbände der Energie- und Wasserwirtschaft
➔ www.berufswelten-energie-wasser.de

Vereinigung der Arbeitgeberverbände energie- und versorgungswirtschaftlicher Unternehmungen
➔ www.vaeu.de

Spitzenverband der Gebäudetechnik VdZ
➔ www.vdzev.de

GEFMA – Deutscher Verband für Facility Management
➔ www.gefma.de

RealFM e.V. – Berufsverband der Real Estate und Facility Manager
➔ www.realfm.de

3.2.9 Geoinformation, Vermessung

Ob Landkarten, Navigationssysteme, Satelliten oder Ortungssysteme – sie alle liefern Geoinformationen. Auch in der Vermessung werden Geodaten gebraucht. Studierende in diesem Feld lernen, wie sie die Daten erheben, verarbeiten und nutzen können.

Das Studienfeld im Überblick

Die **Geoinformation** ist eine noch junge wissenschaftliche Disziplin. Sie entwickelt computergestützte Lösungen wie z.B. Navigationshilfen oder 3-D-Modelle von Städten und Landschaften, um raumbezogene Daten zu analysieren und aufzubereiten. Dafür nutzt sie Methoden aus der Geografie, Geologie, Ökologie und Kartografie und verbindet diese mit Grundlagenwissenschaften wie Mathematik und Informatik.

Das **Vermessungswesen** oder die **Geodäsie** beschäftigt sich mit der Erfassung und ▶

Aufbereitung der Erdoberfläche. Unter dem Einsatz moderner Technologie – elektronische Tachymeter, Satellitenempfänger oder Photogrammetrie und Laserscanning – werden die so erhobenen Geodaten für die Planung, Überwachung und Ausführung etwa von Bauvorhaben gewonnen. Die Messdaten werden softwaregestützt ausgewertet und mithilfe von Geoinformationssystemen und Webdiensten dokumentiert und visualisiert.

Studienangebot
Fachhochschulen und Universitäten bieten Bachelor- und Masterstudiengänge in diesem Bereich an, häufig auch in Kombination. Statt Vermessung wird meist der Begriff Geodäsie benutzt; Geoinformatik zum Teil synonym für Geoinformation.

Inhalte des Studiums
Im Bachelorstudium werden Module angeboten aus Naturwissenschaften und Mathematik sowie fachspezifische Themen wie Ingenieurmathematik, Experimentalphysik, Geowissenschaften, Programmierung von Geodaten, Statistik und geodätisches Rechnen, geodätische Messtechnik, Global Positioning System (GPS), Ingenieurgeodäsie und geodätische Punktfelder bzw. Auswertemethoden, Geoinformation und Kartographie, Raumplanung, Flächen- und Immobilienmanagement, Photogrammetrie und Fernerkundung, Ausgleichsrechnung, astronomische, physikalische und mathematische Geodäsie, Positionierung und Navigation, Bildverarbeitung, Computergrafik/Visualisierung, Recht sowie Betriebs- und Volkswirtschaft.

Zulassungskriterien & Studienbewerbung
Sowohl an Fachhochschulen als auch an Universitäten sind Praktika fester Bestandteil des Studiums. Bei Fachhochschulstudiengängen ist meist ein ganzes Praxissemester integriert.

Berufsmöglichkeiten nach dem Studium
Beschäftigungsmöglichkeiten für Absolvent*innen gibt es bei Ingenieur- und Vermessungsbüros, bei Baufirmen, bei Flugzeug- und Automobilherstellern und deren Zulieferern sowie bei Herstellern von Mess- und Auswertungssystemen. Weitere Arbeitsmöglichkeiten bieten sich durch eine kombinierte Offizierslaufbahn bei der Bundeswehr, bei Behörden wie Landesvermessungs- und Katasterämtern und Flurbereinigungsbehörden. Auch in der Forschung, beispielsweise an Hochschulen oder anderen Forschungseinrichtungen, gibt es Beschäftigungsmöglichkeiten. ■

➔ links
Ausschuss Geodäsie (DGK)
➔ www.dgk.badw.de

Geoinformationsdienst der Bundeswehr
(Suchwort: Geoinformationsspezialist)
➔ www.bundeswehrkarriere.de

Deutscher Dachverband für Geoinformation
➔ www.ddgi.de

Deutscher Verband für Angewandte Geographie
➔ www.geographie-dvag.de

3.2.10 Maschinenbau, Mechanik

Der Maschinenbau mit dem Teilbereich Mechanik ist die größte Industriebranche Deutschlands und ein maßgeblicher Motor der technischen Weiterentwicklung. Er gehört daher zu den wichtigsten Ingenieurdisziplinen.

Das Studienfeld im Überblick
Maschinenbauingenieur*innen entwickeln Maschinen und Anlagen, die in der industriellen Produktion zum Einsatz kommen: Sie konstruieren Fräs- und Schleifmaschinen, Förderanlagen, Kräne und Industrieroboter. Motoren, Pumpen oder Gebläse sind zudem in vielen Alltagsprodukten zu finden, etwa in Waschmaschinen oder Autos. Dies macht den Maschinenbau zu einem der führenden Industriezweige Deutschlands. Analog dazu ist das Studienfach Maschinenbau auch die größte Ingenieurdisziplin an den Hochschulen.

Studierende können aus zahlreichen Vertiefungsmöglichkeiten wie z.B. Anlagenbau, Fertigungstechnik, Energietechnik, Theoretischer Maschinenbau, Leichtbau oder Fahrzeugtechnik, die die gesamte Breite des Maschinenbaus abdecken, wählen. Manche der Vertiefungsmöglichkeiten werden je nach Hochschule auch als eigenständiger Studiengang angeboten (*siehe etwa Abschnitt 3.2.5 „Energietechnik,*

Energiemanagement“ oder *3.2.7 „Fertigungstechnologien“*).

An zahlreichen Hochschulen kann Maschinenbau auch in Form eines ausbildungsintegrierenden dualen Studiums belegt werden.

Studienangebot

Zu den Studienfächern in diesem Feld zählen nicht nur der Maschinenbau und die Mechanik, häufig unter dem Begriff „Mechanical Engineering“ zu finden, sondern etwa auch „Angewandte Mechanik“ oder „Service Engineering".

Bereits im grundständigen Studium kann – je nach Hochschule und Studiengang – eine Spezialisierung erfolgen, z.B. in Energie- und Umwelttechnik, Fahrzeugtechnik oder Automatisierungstechnik.

Inhalte des Studiums

Im Bachelorstudium vermitteln Module die naturwissenschaftlichen, technischen und methodenorientierten Basiskompetenzen. Typische Fächer sind Mathematik, technische Mechanik, Werkstoffkunde und -prüfung, Konstruktionslehre, rechnergestütztes Konstruieren, Messtechnik, Thermodynamik, Fertigungs-, Verarbeitungs-, Verfahrenstechnik, Elektrizitätslehre, Technische Informatik, Experimentalphysik, Arbeits- und Betriebsorganisation.

Anschließend erfolgt die Erweiterung der Grundlagen sowie (je nach Angebot) die Wahl einer Vertiefungsrichtung wie Konstruktionstechnik, Produktions-/Fertigungstechnik, Produktentwicklung, Energie- und Verfahrenstechnik, Verbrennungsmotoren, Wärme-, Antriebs- und Fördertechnik, Werkzeugmaschinen, Flugantriebe und Strömungsmaschinen, Erdbau- und Landmaschinen, Transport- und Verkehrstechnik, Luft- und Raumfahrttechnik oder Kunststofftechnik.

Hinzu kommen Fachmodule wie Energietechnik, Fertigungstechnologie, Maschinenelemente, Strömungslehre, numerische Berechnungsverfahren, Regelungstechnik, Simulationstechnik, Industrieautomatisierung, Lichttechnik oder Qualitätsmanagement. Ergänzende Angebote gibt es z. B. zu Projektmanagement oder wirtschaftlichen und ökologischen Rahmenbedingungen.

Während des Studiums absolvieren die Studierenden in der Regel ein Industriepraktikum.

Zulassungskriterien & Studienbewerbung

Bei der Studienbewerbung ist häufig ein einschlägiges Vorpraktikum nachzuweisen.

Berufsmöglichkeiten nach dem Studium

Überall, wo Maschinen und Anlagen entwickelt, gebaut, betrieben und instand gesetzt werden, bestehen Beschäftigungsmöglichkeiten für Maschinenbauingenieur*innen. In Abhängigkeit vom jeweiligen Studienschwerpunkt sind sie z.B. in der Entwicklung, Projektierung, Konstruktion und Erprobung, Produktionsplanung und -überwachung, Fertigung und Arbeitsvorbereitung, Qualitätssicherung, Instandhaltung sowie in Service, Anwendungsberatung und im Vertrieb tätig.

Darüber hinaus bestehen Beschäftigungsmöglichkeiten in Ingenieurbüros, bei Wirtschafts- und Berufsverbänden, in Forschung und Lehre, bei Technischen Überwachungsvereinen und im öffentlichen Dienst. Auch eine selbstständige Tätigkeit z.B. in der Planung und Konstruktion oder als Sachverständige*r ist möglich. ■

➔ links

Verein Deutscher Ingenieure (VDI)
➔ www.vdi.de

Verband Deutscher Maschinen- und Anlagenbau (VDMA)
➔ www.vdma.org

Fakultätentag für Maschinenbau und Verfahrenstechnik
➔ www.ftmv.de

ISA
Das Informationssystem Studienwahl & Arbeitsmarkt der Universität Duisburg-Essen gibt Informationen zur Entwicklung in den einzelnen Studienbereichen und Teilarbeitsmärkten.
➔ www.uni-due.de/isa

3.2.11 Mechatronik, Mikro- und Optotechnik

Automatisiert in eine Parklücke einparken, das Handy per Fingerabdruck entsperren – das komplexe Zusammenwirken von Sensoren, Aktoren, Lasern, Radar und mehr spielt eine zunehmende Rolle in unserem Alltag. Damit das funktioniert, wirken mehrere technische Disziplinen zukunftsweisend zusammen: Mechatronik, Mikrotechnik und Optotechnik.

Das Studienfeld im Überblick

Studiengänge,in diesem Studienfeld haben eines gemeinsam: an der Schnittstelle zwischen Elektronik, Informatik, Mechanik, Sensorik und Messtechnik beschäftigen sie sich mit Lösungen für technische und medizinische Probleme.

- Bei der **Mechatronik** verbinden sich Inhalte aus den klassischen Ingenieurdisziplinen Maschinenbau und Mechanik, Elektrotechnik und Elektronik sowie aus der Informatik. Interdisziplinäres und systemtechnisches Denken spielen hierbei eine große Rolle.
- Auch das Studium der **Mikrotechnik** verbindet Fachgebiete aus Informatik, Mikrooptik und -elektronik sowie der Mikromechanik und ist daher in hohem Maße interdisziplinär angelegt.
- Mit den Eigenschaften des Lichts und seinen Anwendungsmöglichkeiten, etwa in der optischen Messtechnik und Lasertechnik, beschäftigen sich die Studiengänge in den Bereichen **Optoelektronik und Optische Technologien**. Hier unterscheiden sich die grundständigen Studiengänge vor allem nach den Disziplinen Augenoptik/Optometrie sowie Lasertechnik/Optische Systemtechnik/Optronik. Der Masterabschluss ist vertiefend im Studiengang Photonik (Optische Technologien) möglich.

Studienangebot

Studiengänge in diesem Bereich gibt es an Universitäten und Fachhochschulen. An den meisten Hochschulen besteht die Möglichkeit, das Studium mit einem Master fortzuführen.

Inhalte des Studiums

- Im Bachelorstudium **Mechatronik** vermitteln Module Basiskompetenzen aus den Fächern Mathematik und Physik sowie aus ingenieurwissenschaftlichen Fächern wie Technische Mechanik, Elektrotechnik, Elektronik und Elektronische Bauelemente, Schaltungstechnik, Informatik, Digitaltechnik, Steuerungstechnik, Signale und Systeme, Statik, Dynamik, Konstruktionstechnik, Systementwurf, Elektro-CAE (Computer Aided Engineering), Elektrische Antriebstechnik, Regelungstechnik, Signaltechnik, Sensortechnik, Messtechnik, Robotersysteme, Automation, Thermo- und Fluiddynamik, Werkstoffe, Technische Optik und Lichttechnik, Hydraulik und Pneumatik. Hinzu kommen z. B. Ergänzungsmodule in Englisch, Betriebswirtschaft/Rechnungswesen, Projektmanagement und Recht.
- In **Mikrotechnik** werden im Bachelorstudium Module zu Grundlagen in Mathematik, Physik, Chemie, Technischer Mechanik, Elektrotechnik, Technischer Optik, Werkstofftechnik, Technischem Konstruktionszeichnen/CAD, Bauelementen und Schaltungstechnik oder Technischer Programmierung absolviert. Anschließend erfolgt die Vermittlung anwendungsbezogener Kenntnisse in Fächern wie Informatik, Elektronik, Mikroprozessortechnik, Signale und Systeme, Signalverarbeitung, Biomaterialien, Mess- und Regelungstechnik, Konstruktionsmethodik, Einführung in Modellbildung und Simulation, Produktionstechniken sowie Technische Optik.
- Zu den Studieninhalten der **Optotechnik** gehören Atom- und Molekülphysik, Chemie, Informatik, Programmierung, Technische Optik, Mess- und Regelungstechnik, Biomedizin und physiologische Optik.

Während des Studiums gibt es meist Praxisphasen, teilweise ein berufspraktisches Studiensemester.

Zulassungskriterien & Studienbewerbung

Manche Hochschulen verlangen ein mehrwöchiges Vorpraktikum. Für den Studiengang Augenoptik wird eine abgeschlossene Berufsausbildung zum*zur Augenoptiker*in vorausgesetzt bzw. empfohlen.

Berufsmöglichkeiten nach dem Studium

- Ingenieur*innen der **Mechatronik** arbeiten in allen wichtigen Branchen des

Maschinen- und Anlagenbaus sowie der Elektrotechnik und Elektronik. Sie werden in Betrieben der Automobil- und Luftfahrtindustrie, der Fahrzeugtechnik, Automatisierungstechnik, Robotik, Mikrosystem- und Feinwerktechnik, Print- und Medientechnik, Audio- und Videoindustrie sowie der Medizintechnik gebraucht.

- Ingenieur*innen des Fachbereichs **Mikrotechnik** arbeiten v.a. in Herstellerbetrieben für feinwerk- und mikrotechnische Produkte, z.B. für Geräte der Informationstechnik, Unterhaltungselektronik, Optik und Fototechnik, Mess-, Steuer- und Regelungstechnik, Sensortechnik, Medizintechnik, Fertigungs- und Montagetechnik, Haushaltsgerätetechnik, Sicherheitstechnik sowie im Fahrzeugbau.

Dank der Interdisziplinarität und Anwendungsbreite der **optischen Technologien** finden Absolvent*innen Beschäftigungsmöglichkeiten in Betrieben der Optikindustrie, der Medizin- und Umwelttechnik, der Informations- und Telekommunikationsbranche, der Automobilindustrie sowie bei zahlreichen weiteren Herstellern optischer Bauteile und Komponenten.

Die Absolvent*innen aller Bereiche können auch in Forschungseinrichtungen Beschäftigung finden. ■

➔ links

Cluster Mechatronik und Automation
➔ www.cluster-ma.de

Studieninformationssystem
des Fakultätentages für Maschinenbau und Verfahrenstechnik (TMV)
➔ sis.ftmv.de

Photonikforschung
Infoportal des Bundesministeriums für Bildung und Forschung (BMBF) zur Forschung in den Optischen Technologien.
➔ www.photonikforschung.de

OptecNet Deutschland e.V.
Zusammenschluss der neun regionalen Kompetenznetze Optische Technologien in Deutschland.
➔ www.optecnet.de

IVAM Fachverband für Mikrotechnik
➔ www.ivam.de

Deutsche Gesellschaft für Mechatronik (DGM) ➔ www.dgmev.de

3.2.12 Medien-, Veranstaltungstechnik

Medien- und Veranstaltungstechniker*innen bereiten Künstler*innen, Kreativen, Politiker*innen oder Sportler*innen eine angemessene Bühne in Bild und Ton – live, aufgezeichnet, online und offline.

Das Studienfeld im Überblick

Das Studium der **Medientechnik** vermittelt hauptsächlich die technischen Aspekte elektronischer Medien – vom Entwurf bis zur Produktion. Dazu zählen alle Technologien, die akustische und optische Signale kombinieren: Film, Video, Präsentationen, Streamings, Podcasts und die dazugehörige Übertragungstechnik etwa via Internet. Der interdisziplinäre Studiengang kombiniert ingenieurwissenschaftliche Fächer, Informationstechnologie sowie gestalterische Elemente.

Im Gegensatz zu den klassischen Ingenieurberufen benötigen Medieningenieur*innen eine besonders vielseitige Orientierung: Technik und Kunst, Produktion und Kommunikation, Informatik und Elektronik, aber auch Natur- und Sozialwissenschaften.

Im Studium der **Veranstaltungstechnik** werden die Grundlagen vermittelt, um Events wie Messen, Konferenzen, Sportveranstaltungen oder Konzerte technisch zu planen und durchzuführen. Dazu gehören Auf- und Abbau der Ausstattung, Konzeption und Dekoration von Bühnen, die Verkabelung komplexer und vernetzter Anlagen – auch für unterschiedliche Übertragungstechniken, etwa Streamings im Internet sowie die Beherrschung von Technologien zur Umsetzung von Pyro-, Hologramm-, Laser-, Virtual Reality- oder anderen 3-D-Effekten. Auch die Entwicklung eigener mechanischer oder digitaler Lösungen gehört dazu.

Studienangebot

Hauptsächlich bieten Fachhochschulen, vereinzelt aber auch Universitäten und Kunsthochschulen, Bachelor- und Masterstudiengänge in diesem Bereich an. Die Studiengangsbezeichnungen sind beispielsweise auch „Media and Acoustical Engineering“, „Digital Reality“ oder „Ton und Bild“ sowie „Veranstaltungstechnik und -management“.

Inhalte des Studiums

Im Bachelorstudium **Medientechnik** werden Module zu den naturwissenschaftlich-technischen Grundlagen angeboten: Mathematik, Physik, Elektrotechnik, Nachrichtentechnik, Messtechnik, Informatik, Audio-/Videotechnik sowie ▶

Produktionstechnik. Je nach Studiengang kommen gestalterische Fächer wie z.B. Szenografie, Sounddesign, Grafikdesign oder Lichtgestaltung hinzu. Auch Medienlehre, Mediengestaltung, Medienrecht, Kommunikationsforschung, Wirtschaft und Projektmanagement sind mögliche Fächer.

Weitere Module – oft im Zusammenhang mit anwendungsorientierter Projektarbeit – erlauben ggf. im Rahmen eines Masterstudiums eine Schwerpunktbildung in den Bereichen Akustik, Digitalisierung, Medieninformatik, Film/Fernsehen, Hörfunk, Druck, Interaktive Medien. Eine Schwerpunktsetzung in Richtung Animation/Games-Engineering ist auch möglich (*siehe dazu Abschnitt 3.9.2 „Gestaltung, Design“ und 3.9.5 „Schauspiel, Tanz, Film, Fernsehen“*)

Im Studium **Veranstaltungstechnik** gibt es Module zu den naturwissenschaftlich-technischen Grundlagen aus Mathematik, Physik, Elektrotechnik, Technische Mechanik, Fertigungsverfahren, Antriebstechnik und Betriebswirtschaftslehre.

Weitere Module sind beispielsweise Hydraulik, Pneumatik, Baurecht, Betriebs- und Arbeitssicherheit, Konstruktion, Licht- und Beleuchtungstechnik, Tontechnik, Projektionstechnik. Veranstaltungsmanagement sowie Kosten und Leistungsrechnung. Vertiefende Wahlinhalte berücksichtigen auch aktuelle Entwicklungen wie 3-D-Visualisierung oder Netzwerk- und Kommunikationstechnik zur Digitalisierung von Inhalten.

Während des Studiums sind Praxisphasen möglich.

Zulassungskriterien & Studienbewerbung

An Fachhochschulen ist häufig ein mehrwöchiges Vorpraktikum im Medienbereich Pflicht. An Kunsthochschulen gibt es vorab eine Eignungsprüfung.

Berufsmöglichkeiten nach dem Studium

Absolvent*innen aus dem Bereich **Medientechnik** können in Studios von Produktionsfirmen sowie Hörfunk- oder Fernsehsendern arbeiten, oder sie werden Projektleiter*in, Techniker*in, Konzeptioner*in oder Producer*in einer Online- oder Multimedia-Agentur, bei Werbeagenturen, Verlagen und anderen Unternehmen der Medienbranche.

Absolvent*innen aus dem Bereich **Veranstaltungstechnik** sind bei Eventagenturen, Messe- und Kongressveranstaltern, in kulturellen Einrichtungen von Kommunen sowie bei öffentlichen Veranstaltungsträgern gefragt. ■

→ links

VPLT – Verband für Medien- und Veranstaltungstechnik
→ www.vplt.org

Bundesverband Druck und Medien
→ www.bvdm-online.de

ISDV e.V.
Interessengemeinschaft der selbstständigen Dienstleister*innen in der Veranstaltungswirtschaft
→ www.isdv.net

Deutsche Theatertechnische Gesellschaft
→ www.dthg.de

3.2.13 Medizintechnik, Technisches Gesundheitswesen

Operationsroboter, Armprothesen, Hörimplantate, Computertomografen – im Gesundheitswesen wimmelt es nur so von High-Tech-Produkten. Die Medizintechnik kombiniert all das medizinische, naturwissenschaftliche, ingenieur- und informationstechnische Fachwissen, das für die Entwicklung solcher Technologien notwendig ist.

Das Studienfeld im Überblick

Studierende in diesem Studienfeld beschäftigen sich allgemein mit Medizinischer Technik, mit Technologien für die Mundchirurgie, für ein besseres Hören oder Sehen oder zur Wiedererlangung der Beweglichkeit (Orthopädie oder Rehatechnik). Dabei decken die angebotenen Studiengänge ein großes Spektrum aus Forschung und Entwicklung ab, das von Verfahren und Gerätetechnik für schnelle und präzise Diagnose und schonende Therapie über Analyse, Modellierung und Simulation lebender Systeme und Teilsysteme bis hin zur Entwicklung von Biomaterialien und Organersatz reicht.

Dabei erarbeitet etwa die eher generalistisch angelegte **Medizintechnik** Lösungen für

Anforderungen aus der medizinischen Praxis (Diagnose und Behandlung) und setzt diese in industrielle Produkte um. Beispiele dafür sind bildgebende Verfahren wie die Positronen-Emissions-Tomografie (PET), virtuelle Trainingssimulationen für die Ausbildung von Ärzt*innen, die Lasertherapie in der Augenheilkunde, neurotechnische Implantate, die Entwicklung biokompatibler Materialien oder endoskopischer Operationsmethoden. Zunehmend spielen auch Themen aus der Datenwissenschaft und Informatik eine Rolle.

In anderen Studiengängen des **technischen Gesundheitswesens** geht es um spezifische Technologien, um etwa bestimmte gesundheitliche Einschränkungen zu kompensieren, Krankheiten zu heilen oder Leistung zu steigern.

Studienangebot

Die Bachelor- und Masterstudiengänge werden an Fachhochschulen und Universitäten angeboten. Studiengangsbezeichnungen sind: „Biomedical Engineering“, „Sportmedizinische Technik“, „Biomedizintechnik“ oder „Dentaltechnologie“. Im Masterstudium sind Spezialisierungen möglich, etwa „Orthopädie- und Rehabilitationstechnik“, „Medizinische Orthobionik“, „Hörakustik und Audiologische Technik“ oder „Mikromedizintechnik“. An manchen Hochschulen ist auch ein praxisintegrierendes duales Studium möglich.

Inhalte des Studiums

Im Bachelorstudium werden Module aus Naturwissenschaft (Medizin) und Technik angeboten (Mathematik, Physik, Anatomie, Physiologie, Informatik, Werkstofftechnik, Technische Mechanik, Fertigungstechnik). Hinzu kommen betriebswirtschaftliches Grundwissen sowie Fremdsprachen. Außerdem können Inhalte z.B. aus dem sozialen Bereich sowie Praktika und Projektarbeiten auf dem Studienplan stehen.

Je nach inhaltlicher Ausrichtung kann ein Vertiefungsstudium folgen mit Modulen z.B. in Biomechanik, Medizinischer Mikrosystemtechnik, Regelungs- und Steuerungstechnik, Elektrotechnik, Medizinischem Gerätebau, Biotelemetrie, Leichtbau, Technischer Orthopädie und Rehatechnik, Hörakustik, Augenoptik, Biokompatiblen Werkstoffen, Kardiotechnik, Digitaler Bild- und Signalverarbeitung, Robotersystemen, Umwelt- und Hygienetechnik, Medizinischer Sicherheitstechnik, Qualitätsmanagement.

Sowohl an Fachhochschulen als auch an Universitäten sind Praktika fester Bestandteil des Studiums.

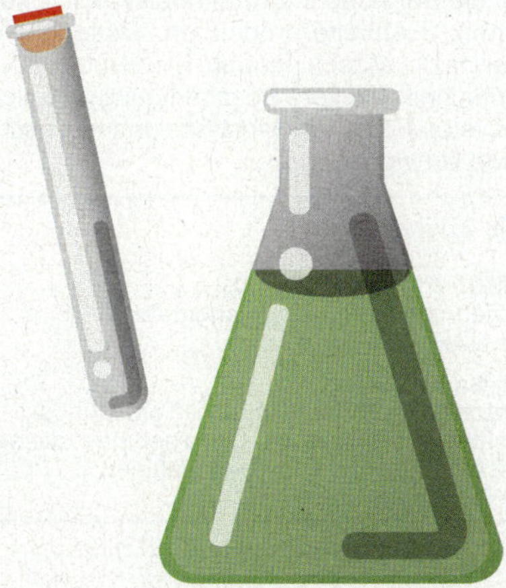

Zulassungskriterien & Studienbewerbung

An Fachhochschulen wird manchmal ein Vorpraktikum verlangt.

Berufsmöglichkeiten nach dem Studium

Ingenieur*innen für Medizintechnik arbeiten in der Medizin- und Gesundheitsindustrie, in Forschung und Entwicklung, Produktion, Montage, Service und Verkauf. Außerdem finden sie Beschäftigung in Krankenhäusern, Kliniken, Sanatorien und Laboren. Darüber hinaus gibt es Arbeitsplätze in Ingenieurbüros, Beratungsfirmen, Softwarehäusern oder auch bei Versicherungen. ■

➔ links

Bundesverband Medizintechnologie
➔ www.bvmed.de

Medizintechnik im Deutschen Industrieverband SPECTARIS
➔ www.spectaris.de/medizintechnik

VDI-Fachbereich Medizintechnik
➔ www.vdi.de/medizintechnik

VDMA – Arbeitsgemeinschaft Medizintechnik
➔ medtec.vdma.org/

3.2.14 Nanowissenschaften

Was haben eine Computer-Festplatte, die Sonnencreme mit hohem Lichtschutzfaktor und die schmutzabweisende Oberfläche einer Duschkabine gemeinsam? Bei allen dreien kommen Erkenntnisse aus einer Welt zur Anwendung, die dem menschlichen Auge und oft auch der menschlichen Vorstellungskraft verborgen ist: der Nanotechnologie.

Das Studienfeld im Überblick

Nanotechnologie ist der Sammelbegriff für eine breite Palette von Technologien, die sich auf unterschiedlichste Weise mit der Analyse und Bearbeitung von Materialien beschäftigen, denen eines gemeinsam ist: Ihre Größendimension beträgt ein bis einhundert Nanometer. Ein Nanometer ist ein Milliardstel Meter (ein menschliches Haar ist damit mehrere 10.000 Nanometer dick). Dies ist ein Grenzbereich, in dem quantenphysikalische Effekte eine wichtige Rolle spielen.

Sehr vereinfacht ausgedrückt: Die Nanotechnologie nutzt aus, dass Materialien und Strukturen allein aufgrund der geringen Größe einzelner Bestandteile zu neuen oder verbesserten Produkteigenschaften führen können. Somit ist man in der Lage, aus den Bausteinen der Natur – Atomen und Molekülen – neue Produkte mit maßgeschneiderten Eigenschaften aufzubauen. Beispiele dafür sind eine deutlich höhere Härte und Bruchfestigkeit von Materialien oder die selbstreinigenden Eigenschaften von Oberflächen.

Verschiedene Wissenschaftsbereiche, z.B. Chemie, Werkstoffwissenschaften, Physik, Biologie, Medizin und Informatik, sind daran beteiligt, Nanostrukturen zu erschließen. Die Nanotechnologie wird deshalb als Querschnittstechnologie begriffen. Ihre Erkenntnisse sind für eine große Zahl von Wissenschafts- und Technologiefeldern relevant.

Studienangebot

Studiengänge in diesem Feld werden vor allem an Universitäten, nur vereinzelt an Fachhochschulen angeboten. Die Studiengänge tragen Namen wie „Nano Science“, „Nanotechnologie“ oder „Nanowissenschaften“.

Inhalte des Studiums

Das Studium kann eine eher ingenieur- und materialwissenschaftliche Komponente besitzen oder den Schwerpunkt in der physikalischen Ausbildung setzen. Im Grundlagenstudium (Bachelor) werden Kenntnisse in Mathematik, experimenteller und theoretischer Physik, Chemie, in den Ingenieurwissenschaften und der Nanotechnologie vermittelt.

In ingenieur- und materialwissenschaftlichen Modulen haben die Studierenden im Vertiefungsstudium die Möglichkeit, tiefergehende Kenntnisse in einer ausgewählten Anwendungsrichtung (z.B. Energietechnik, Elektronik, Biophysik) bzw. in einem Technologiefeld (z.B. Materialwissenschaften, Nanostrukturierungstechnologie, Bauelemente) zu erlangen. Praktika, Laboreinsätze und Fachexkursionen schlagen die Brücke zwischen theoretischen Kenntnissen und industrieller Anwendung.

Zulassungskriterien & Studienbewerbung

Je nach Hochschule ist ein mehrwöchiges Vorpraktikum vor Aufnahme des Studiums und/oder ein studienintegriertes zehn- bis zwölfwöchiges Industriepraktikum Pflicht.

Berufsmöglichkeiten nach dem Studium

Die Absolvent*innen arbeiten vor allem in Unternehmen und Einrichtungen, die Verfahren der Nanotechnologie erforschen oder anwenden. Dazu gehören neben der chemischen Industrie z.B. die Bereiche Informationstechnik, Energietechnik, Halbleiterproduktion, Biotechnologie, Pharmazie, Maschinenbau, Medizintechnik oder Gentechnik. Weitere Beschäftigungsmöglichkeiten bieten Forschungsinstitute und Hochschulen sowie Umweltbehörden. ■

➔ links

BMBF Projekt DaNa4.0
Daten und Wissen zu Nanomaterialien
➔ www.nanopartikel.info

cc-NanoBioNet
Netzwerk aus Hochschulen, Forschungsinstituten, Kliniken und Unternehmen, die sich mit Nanotechnologien beschäftigen
➔ www.nanobionet.de

3.2.15 Physikalische Technik

Die Physikalische Technik befasst sich damit, grundlegende Erkenntnisse und Forschungsergebnisse aus den Naturwissenschaften, insbesondere der Physik und Chemie, in technische Innovationen umzusetzen.

Das Studienfeld im Überblick

Die Physikalische Technik umfasst alle modernen Technologien z.B. aus den Bereichen Mikro- und Nanotechnologie, Halbleitertechnik und Elektronik, Oberflächen- und Dünnschichttechnik, Optik und Lasertechnik, Medizintechnik, Sensortechnik, Mess- und Analysentechnik.

Dabei werden Ergebnisse der physikalisch-chemischen Grundlagenforschung aufgegriffen und in praktische Anwendungsfälle bzw. in technische Entwürfe überführt. Ziel ist es, nutzbringende umweltverträgliche und nachhaltige Produkte und Verfahren zu entwickeln.

Das Studium der Physikalischen Technik vermittelt ein breit gefächertes physikalisch-chemisches Grundwissen sowie die Kompetenzen für interdisziplinäre, technische Problemlösungen. Begleitend werden Themen des Maschinenbaus, der Elektrotechnik und Elektronik sowie weiterer Ingenieurwissenschaften behandelt.

Studienangebot

Das Studium wird an Fachhochschulen und Universitäten angeboten. Die Studiengänge tragen unter anderem auch Bezeichnungen wie „Engineering Physics“, „Physik-Ingenieurwesen“ oder „Physikalische Technologien“.

Inhalte des Studiums

Im Bachelorstudium vermitteln Module die allgemeinen mathematisch-physikalischen-chemischen, informationstechnischen und ingenieurwissenschaftlichen Basiskompetenzen. Fachspezifische Grundlagen werden in Bezug zum spezifischen Schwerpunkt der jeweiligen Hochschule in Veranstaltungen z.B. zur Werkstoffkunde, Strömungslehre und Thermodynamik, Festkörperphysik, Elektronik, Automatisierungstechnik, technischen Optik, Laserphysik, technischen Mechanik, Informatik und Konstruktionslehre gelehrt.

Die Fach- und Methodenkompetenz kann in anwendungsbezogenen Modulen, etwa in den Bereichen Mess-, Steuerungs- und Regelungstechnik, Vakuum- und Kryotechnik, Technische Optik, Nanostrukturen, Medizinphysik, Lasertechnologien, Spektroskopie, Technische Akustik oder Solartechnik vertieft werden.

Berufsmöglichkeiten nach dem Studium

Absolvent*innen der Physikalischen Technik (Physikingenieur*innen) arbeiten in allen Bereichen der naturwissenschaftlich-technologischen Entwicklungskette. Entsprechend der fachlichen Ausrichtung und Interessenlage umfasst dies Tätigkeiten in Forschungsinstituten, Entwicklungsabteilungen von Unternehmen, in der Produktion, der Planung, dem Vertrieb und Service. Physikingenieur*innen arbeiten z.B. aber auch in der Automobilindustrie und Luftfahrt, im Maschinen- und Anlagenbau, in der Halbleiterindustrie, der Kommunikationstechnik, der optischen Industrie oder in den Bereichen Lasertechnik und Medizintechnik. Viele dieser Branchen sind wichtig für die deutsche Wirtschaft, sodass gute Berufsaussichten mit interessanten Tätigkeiten bestehen. ■

➔ links

Fachbereichstag Physikalische Technologien
➔ www.fachbereichstag-pht.de

Deutsche Physikalische Gesellschaft
➔ www.dpg-physik.de

Physikalische Technische Bundesanstalt
➔ www.ptb.de

3.2.16 Produktentwicklung, Konstruktion

Die Entwicklung und Konstruktion von industriellen Produkten stehen in diesem Studienfeld im Mittelpunkt. Dabei geht es um deren gesamten Produktlebenszyklus. Berücksichtigt werden neben Qualitätssicherungs- und Recyclingmaßnahmen auch betriebswirtschaftliche Aspekte.

Das Studienfeld im Überblick

Studierende in diesem Feld beschäftigen sich mit systematischen Schritten, die für die Entwicklung und Konstruktion neuer Produkte erforderlich sind. Der Weg von der Produktidee über das Konzept bis hin zur Realisierung erfolgt meist in Zusammenarbeit mit anderen Fachbereichen.

Dabei kommen mathematische Optimierungsverfahren, unternehmensspezifische Software-Lösungen sowie standardisierte Warenwirtschaftssysteme (ERP-Systeme) zum Einsatz. Berührungspunkte und zahlreiche Überschneidungen gibt es v.a. mit der Fertigungstechnologie (*Abschnitt 3.2.7*), der Informatik (*Abschnitt 3.3.5*) und mit dem Wirtschaftsingenieurwesen/Technologiemanagement (*Abschnitt 3.2.24*).

Studienangebot

Bachelor- und Masterstudiengänge in diesem Bereich bieten sowohl Fachhochschulen, duale Hochschulen als auch Universitäten an. Häufig wird die Studienrichtung im Rahmen des Maschinenbaus angeboten. Mögliche grundständige Studiengänge sind etwa „Entwicklung und Konstruktion", „Konstruktionstechnik", „Maschinenbau/Produktentwicklung" oder „Technisches Design". Masterstudiengänge heißen „Leichtbau", über „Maschinenbauentwicklung" oder zu „Produkt- und Systementwicklung".

Inhalte des Studiums

Das Studium vermittelt mathematisch-naturwissenschaftliche Grundlagen sowie theoretisches und methodisches Fachwissen. Die Vorlesungen, Seminare und praktischen Übungen werden unterschiedlichen Modulen zugeordnet, etwa Mathematik und Informatik, Physik, Technische Mechanik, Elektrotechnik, Thermodynamik, Konstruktionssystematik, CAD, Werkstoffkunde, Fertigungstechnik und BWL oder Arbeitswissenschaft.

Vertiefungsmöglichkeiten gibt es z.B. in Fabrikplanung, Produktionsplanung und -steuerung, Produktionsmittel und -logistik, Auslegung von Werkzeugmaschinen, Metallverarbeitung und CNC-Technik, Prozess-, Projekt- und Personalmanagement, Umformtechnik, Industrieller Logistik, Materialflusstechnik, Industrieroboter, angewandter Informatik, Qualitätsmanagement, Umweltschutz. Je nach Schwerpunktsetzung (z.B. in Produktionstechnik oder Produktionsmanagement) gibt es weitere technisch- oder managementorientierte Fächer; ergänzend Projektmanagement.

Während des Studiums sind Praxisphasen von unterschiedlicher Dauer vorgesehen.

Zulassungskriterien & Studienbewerbung

Je nach Studiengang muss häufig ein mehrwöchiges Vorpraktikum z.B. in Produktionsbetrieben oder Ingenieurbüros nachgewiesen werden. Gegebenenfalls gibt es auch hochschulinterne Auswahlverfahren.

Berufsmöglichkeiten nach dem Studium

Absolvent*innen des Studienbereichs haben Zugang zu Aufgabenfeldern in verschiedenen Branchen, in denen Produkte industriell hergestellt werden. Beschäftigungsmöglichkeiten bieten sich z.B. im Maschinen- und Anlagenbau, im Kraftfahrzeugbau, in der Energieerzeugung, in der Elektroindustrie, feinmechanischen Industrie, Automobilindustrie, Textilindustrie, Papierindustrie oder Metallbearbeitungsindustrie.

Darüber hinaus werden sie in Ingenieurbüros, bei Wirtschafts- und Berufsverbänden und im öffentlichen Dienst z.B. in der Gewerbeaufsicht oder bei Arbeitsschutzämtern beschäftigt. Auch eine selbstständige Tätigkeit z.B. im Vertrieb oder in der Beratung ist möglich. ■

3.2.17 Qualitätsmanagement

Das Qualitätsmanagement zielt darauf ab, Produkte, Dienstleistungen und Prozesse zu verbessern, um die Wettbewerbsfähigkeit, Kundenzufriedenheit und -bindung zu erhöhen. Für Ingenieur*innen stehen in diesem Bereich insbesondere industrielle Produktionsprozesse im Fokus.

Das Studienfeld im Überblick

Qualitätsmanagement ist in allen Branchen relevant. Qualitätssichernde Maßnahmen durchzusetzen, Arbeitsabläufe nachhaltig effektiver und effizienter zu gestalten, Schwachstellen zu identifizieren, kontinuierliche Verbesserungen umzusetzen und neue Qualitätssysteme zu implementieren gehört zu den wesentlichen strategischen Wettbewerbsfaktoren. Das Studienfeld hat generell einen betriebswirtschaftlichen Hintergrund und bewegt sich an den Schnittstellen zur Sicherheitstechnik, Projekt- und Prozessplanung, Produktentwicklung, Konstruktion und Produktion. In der Regel erfolgt die Spezialisierung auf einen Themenbereich.

Studienangebot

Qualitätsmanagement ist ein reines weiterführendes Studienfach, das auf einem grundständigen ingenieurwissenschaftlichen Studium (etwa Sicherheitstechnik) aufbaut.

Inhalte des Studiums

Die Studieninhalte sind anwendungsbezogen und reichen von Methoden und Modellen der Qualitätssicherung, Risikoanalysen und Statistik, Auditierung und Normen, Qualitätstechniken bis hin zur Produkthaftung. Studierende lernen kunden- und prozessorientiert zu denken, komplexe Wirkungszusammenhänge zu erkennen und Qualitätsmethoden in konkreten Aufgabenstellungen zu beurteilen und anzuwenden.

Zulassungskriterien & Studienbewerbung

Es wird ein ingenieurwissenschaftlicher Studiengang, etwa Sicherheitstechnik, Prüftechnik oder Maschinenbau, als Studienhintergrund erwartet, ggf. auch Berufspraxis.

Berufsmöglichkeiten nach dem Studium

Da Qualitätsmanagement in vielen Branchen eine Rolle spielt, sind die beruflichen Einsatzfelder breit gefächert. Absolvent*innen finden branchenübergreifend Beschäftigungsmöglichkeiten in Forschung und Lehre, Unternehmensführung, Unternehmensberatung, Projektplanung und -betreuung. ■

3.2.18 Rohstoffgewinnung / Hüttenwesen

Metalle, Gesteine, Erdgase – das Auffinden, der Abbau, die Weiterverarbeitung und Wiederverwertung von Rohstoffen, die zur Herstellung von Industriegütern benötigt werden, stehen bei diesem Studienfeld im Mittelpunkt.

Das Studienfeld im Überblick

Die nachhaltige Bereitstellung ausreichender Energiequellen und die umweltverträgliche Nutzbarmachung von endlichen Rohstoffen sind eine große Herausforderung. Für deren nachhaltige Gewinnung oder das Recycling gilt es, verbesserte zukunftsfähige Strategien zu entwickeln. Hierfür braucht es technisch-naturwissenschaftliches Basiswissen. Ein Studium in diesem Bereich bereitet auf eine Tätigkeit in einer international ausgerichteten Branche vor.

Studienangebot

Das Studienangebot umfasst Bachelor- und Masterstudiengänge oder duale Studiengänge wie „Energie und Rohstoffe", „Gießereitechnik", „Metallurgy and Metal Forming", „Rohstoffingenieurwesen", als Master „Petroleum Engineering" oder „Sustainable Mining and Remediation Management".

Inhalte des Studiums

Im Studium werden mathematisch-naturwissenschaftliche Kenntnisse, Grundlagen der Ingenieurwissenschaft, des Bauingenieurwesens, Rohstoffgewinnung und Prozesstechnik sowie ▶

betriebswirtschaftliche Themen vermittelt. Grundlagenwissen in fachbezogener Chemie und Mechanik, Metallkunde, und Werkstoffwissenschaft spielt ebenfalls eine Rolle.

Belegt werden können Fächer wie Lagerstätten-Management, Tagebau- und Tiefbautechnik, Herstellen von Grubenbauten und Tunneln, Aufbereitungsverfahren, Maschinentechnik in der Rohstoffindustrie, Technical English, Rohstoff- und Energierecht sowie Techniken zum Emissions- und Umweltschutz.

Vertiefungsrichtungen finden sich in Markscheidewesen, Rohstoffgewinnung, Rohstoffaufbereitung sowie Energieressourcen.

Auch der Erwerb von Fremdsprachenkenntnissen und interkulturellen Kompetenzen ist in der international ausgerichteten Branche von Bedeutung.

Während des Studiums finden Laborpraktika und Exkursionen statt.

Zulassungskriterien und Studienbewerbung

Oft wird als Zulassungsvoraussetzung ein mehrwöchiges Vorpraktikum in der Industrie verlangt.

Berufsmöglichkeiten nach dem Studium

Beschäftigung finden Absolvent*innen dieser Studienrichtung in unterschiedlichen Industriezweigen, in der Anlagen-, Bau- und Bergbaumaschinenindustrie, in Betrieben der Gewinnungs- oder Sprengstofftechnik, in Betrieben der Erdgas- und Erdölgewinnung, in Steinbrüchen, bei Energieversorgern oder in Umweltbehörden, im Bergbau, in der Prozessplanung, -steuerung oder im Vertrieb. ■

→ links

Vereinigung Rohstoffe und Bergbau e.V.
→ v-r-b.de

Bundesanstalt für Geowissenschaften und Rohstoffe
→ www.bgr.bund.de

3.2.19 Sicherheit und Gefahrenabwehr, Rettungsingenieurwesen

Erdbeben, Hochwasser, Brände, Brückeneinstürze, Chemieunfälle: In unserer Welt kommt es immer wieder zu Katastrophen. In solchen Fällen werden Expert*innen gebraucht, die einen kühlen Kopf bewahren, das Krisenmanagement übernehmen und geeignete Abwehrmaßnahmen ergreifen.

Das Studienfeld im Überblick

Studiengänge im Bereich **Sicherheit und Gefahrenabwehr** bilden Expert*innen aus, die dafür sorgen, dass Sicherheitsrisiken minimiert oder Dinge wieder unter Kontrolle gebracht werden, die außer Kontrolle geraten sind. Bei Feuerwehr und Polizei, im Sicherheitsmanagement in Unternehmen verschiedener Branchen sowie bei Staat und Regierung entwickeln sie Sicherheitstechnik und -konzepte sowie Ablaufpläne und sorgen nicht nur im Katastrophenfall dafür, dass diese auch eingehalten werden. Weil das Tätigkeitsfeld so breit ist, brauchen Sicherheitsfachkräfte spezifisches Wissen auf vielen Gebieten. Überschneidungen gibt es zu den Rechts-, Wirtschafts- und Sozialwissenschaften, aber auch zu Chemie, Physik und Psychologie.

Das **Rettungsingenieurwesen** ist eine fachübergreifend ausgerichtete Disziplin, die ingenieurwissenschaftliche Fächer mit sozialwissenschaftlichen, wirtschaftswissenschaftlichen und fachspezifischen Fächern verbindet.

Studienangebot

Das Studienangebot im Bereich **Sicherheit und Gefahrenabwehr** umfasst sowohl generalistische Studiengänge als auch spezialisierte Angebote, z.B. im Bereich „Industrielle Sicherheit". Das Studium ist i.d.R. sowohl forschungs- als auch anwendungsorientiert und beinhaltet Praktika. Mögliche Studiengangsbezeichnungen sind „Gefahrenabwehr/Hazard Control", „Qualität, Umwelt, Sicherheit und Hygiene", „Risiko- und Sicherheitsmanagement", „Risikoingenieurwesen",„Security & Safety Engineering" oder „Sicherheitsmanagement".

Studiengänge im **Rettungsingenieurwesen** bieten derzeit nur die Technische Hochschule Köln (Bachelor und Master) sowie die Hochschule für angewandte Wissenschaften Hamburg (Bachelor).

Inhalte des Studiums

Im Studium setzen sich die Studierenden der **Sicherheit und Gefahrenabwehr** mit verschiedenen Disziplinen auseinander. Sie erlangen je nach Ausrichtung Grundlagenwissen u.a. aus den Bereichen Sicherheitstechnik, Arbeits-, Brand- und Umweltschutz, Chemie, Elektrotechnik, Grundlagen der Kommunikation, Konflikt und Kriminalität im gesellschaftlichen Prozess, Marketing und Management, Physik, Recht und BWL, Selbst- und Konfliktmanagement, Umweltschutz, Informatik, Verfahrenstechnik und Psychologie. Darüber hinaus können sie eigene Schwerpunkte setzen. Dazu zählen bspw. Hochwasser- oder Strahlenschutz, Löschtechnik und Öffentlichkeitsarbeit. Studierende des **Rettungsingenieurwesens** erwerben zunächst naturwissenschaftliche und technische Grundlagen. Außerdem lernen sie, wie man Gefahren, Risiken und deren Zusammenhänge erkennt, sie einschätzt, ihnen vorbeugt und sie bekämpft. Sie beschäftigen sich u.a. mit der Bedarfsplanung in Rettungsdienst und Brandschutz, mit Chemie, Betriebswirtschaft, Humanbiologie, Ingenieurmathematik, Risikoanalyse, Notfallmedizin, Physik und Technischer Mechanik.

Zulassungskriterien & Studienbewerbung

Für ein Studium der Sicherheit und Gefahrenabwehr bzw. des Rettungsingenieurwesens können z.T. mehrwöchige Praktika bzw. Eignungsfeststellungsprüfungen Voraussetzung sein.

Berufsmöglichkeiten nach dem Studium

Absolvent*innen beider Fächer können arbeiten u.a.bei Berufsfeuerwehren, in der Industrie, bei Brand-, Katastrophen- und Umweltschutzbehörden des Bundes, der Länder oder von Gemeinden, bei der Polizei, als Sachverständige bei Versicherungen, im Bauwesen oder bei Banken, in der Entwicklung oder Herstellung von Brandschutz- und Sicherheitstechnik. ■

3.2.20 Technik, Ingenieurwissenschaften (übergreifend)

Technische Systeme, Geräte und Anlagen werden in unseren modernen Zeiten um immer leistungsstärkere mechanische, elektronische oder informationstechnische Komponenten erweitert und dadurch komplexer. Vor diesem Hintergrund werden Fachkräfte gebraucht, die fit sind in der interdisziplinären Zusammenarbeit verschiedener ingenieurwissenschaftlicher Fachdisziplinen.

Das Studienfeld im Überblick

Das Studienfeld bündelt mehrere methodenorientierte ingenieurwissenschaftliche Studiengänge, in denen die allgemeinen Ingenieurwissenschaften in Kombination mit den Naturwissenschaften, der Mathematik oder der Informatik vermittelt werden

Studienangebot

Das Studienangebot umfasst:

- rein generalistische ingenieurwissenschaftliche Studiengänge, bspw. „Allgemeine Ingenieurwissenschaft", „Engineering Science", „Engineering technischer Systeme", „Internationale Ingenieurwissenschaften" oder „Interdisziplinäre Ingenieurwissenschaft"
- Studiengänge aus dem Bereich Kybernetik und Systemtechnik (bspw. „Systemtechnik und Technische Kybernetik" oder „Technische Kybernetik und Systemtheorie", „System Engineering", „Smart Systems"), also der Entwicklung komplexer Maschinen oder Steuerung und Regelung von Maschinen (Robotik), Lebewesen und sozialen Organisationen anhand von Modellen und Simulationen (*siehe Abschnitt 3.2.2 „Automatisierungs-, Produktionstechnik"*).
- Studiengänge des Patentingenieurwesens, das die ingenieurwissenschaftlichen Grundlagen um juristische Inhalte ergänzt

Inhalte des Studiums

Im generalistischen Studium erfolgt zunächst eine Grundausbildung in den Fächern Ingenieurwissenschaften, Naturwissenschaften, Mathematik und Informatik. Gelehrt werden je nach Studiengang u.a. die Fächer Automatisierungstechnik, Elektrische Signalverarbeitung, Elektronische Systeme, Chemie, Konstruktion, Thermodynamik, Materialwissenschaften, Mathematik für Ingenieur*innen, Mikrotechnologie, Prozessinformatik, Recht und Betriebswirtschaftslehre. ▶

Im Rahmen von Schwerpunkten und Vertiefungsrichtungen können die Studierenden anschließend fachspezifische Kenntnisse erwerben. Zu den Vertiefungsrichtungen zählen bspw. Maschinenbau, Mediziningenieurwesen, Optoelektronik, Energie- und Umwelttechnik, Elektro- und Informationstechnik sowie Bioverfahrenstechnik.

Studiengänge aus dem Bereich Kybernetik/Systemtechnik und Patentingenieurwesen thematisieren von Anfang an spezifische Aspekte etwa Simulation und Modellierung, Robotik bzw. Patentrecht.

Zulassungskriterien & Studienbewerbung

Teilweise werden Eignungsfeststellungstests bzw. mehrwöchige Praktika verlangt, die man i.d.R. bis zum Ende des dritten Semesters absolvieren kann. Die Studiengänge sind i.d.R. zulassungsbeschränkt. Die Bewerbung erfolgt über die Hochschule.

Berufsmöglichkeiten nach dem Studium

Die Aufgabenbereiche von Ingenieur*innen sind vielfältig und abhängig von der jeweiligen Studienrichtung bzw. dem Studienschwerpunkt. So arbeiten sie bspw. in Maschinenbauunternehmen, in der Biotechnologie, in der Luft- und Raumfahrt, in der Automobil-, Elektro- und chemischen Industrie, in Wissenschaft und Forschung von Hochschulen und privaten Instituten, in Handwerksbetrieben, Kanzleien, bei Patentämtern, Verbänden und Organisationen oder in der öffentlichen Verwaltung. ■

➔ links

VDI – Verein Deutscher Ingenieure
➔ www.vdi.de

3.2.21 Umwelttechnik, Umweltschutz

Studiengänge im Bereich Umwelttechnik und Umweltschutz befassen sich unter anderem damit, wie Ressourcen nachhaltig geschont und Schäden an der Umwelt vermieden oder rückgängig gemacht werden können.

Das Studienfeld im Überblick

Abfallbeseitigung, Luftreinhaltung, Gewässerschutz und eine nachhaltig produzierende Industrie sind Beispiele dafür, in welchen Bereichen sich Absolvent*innen dieser Studienrichtung später für die Umwelt einsetzen können. Umweltbezogene Studieninhalte finden sich in vielen Studiengängen, z.B. im Maschinenbau (*Abschnitt 3.2.10*), in der Chemie (*Abschnitt 3.3.3*), der Physik (*Abschnitt 3.3.7*), den Agrarwissenschaften (*Abschnitt 3.1.1*), aber auch den Wirtschaftswissenschaften (*Kapitel 3.5*) oder den Rechts- und Sozialwissenschaften (*Kapitel 3.6*). Die Grundlagen für dieses anwendungsbezogene Studienfeld liefern die Ingenieur- und Naturwissenschaften.

Studienangebot

Studienangebote rund um Umwelttechnik und Umweltschutz lassen sich zwei Hauptrichtungen zuordnen:

- Ingenieurwissenschaftlich-technische Ausrichtung: Im Bereich **Umweltschutztechnik** wird Wissen aus den Ingenieurwissenschaften, etwa aus dem Maschinenbau, der Verfahrenstechnik oder dem Bauingenieurwesen sowie aus den Naturwissenschaften genutzt, um umwelttechnische Anlagen zu entwickeln. Eigenständige Studiengänge widmen sich menschlichen Lebensräumen, nachwachsenden Rohstoffen, dem Bodenschutz, der Luftreinhaltung, der Entsorgungstechnik, der Recyclingtechnik, der Wasser- und Abwassertechnologie oder der Entsorgungswirtschaft.
- Planerisch-gestalterische Ausrichtung im Bereich **Umweltschutz**: Hier kommen naturwissenschaftliche, sozioökonomische und gestaltende Fachgebiete zusammen. Beispiele hierfür sind die Studiengänge „Landschaftsökologie und Naturschutz", „Nachhaltiges Landnutzungsmanagement" und „Naturschutz und Landschaftsplanung". Teilweise gibt es Überschneidungen zu den Geo-, Bio- und Umweltwissenschaften (*siehe Kapitel 3.3 „Mathematik und Naturwissenschaften"*) sowie zur Landschaftsarchitektur (*siehe Abschnitt 3.2.1 „Architektur, Raumplanung"*).

Die fachliche Spezialisierung kann bereits in den letzten Semestern des Bachelorstudiums erfolgen, ist aber insbesondere Ziel des Masterstudiums.

Inhalte des Studiums

Die Studieninhalte reichen – je nach fachlicher Ausrichtung – von naturwissenschaftlichen Fächern wie Mathematik, Biologie, Physik und Chemie und technischen wie Mechanik, Maschinenbau, Konstruktion, Energietechnik und Verfahrenstechnik über die Wirtschaftswissenschaften bis hin zu den Rechts- und Sozialwissenschaften.

Berufsmöglichkeiten nach dem Studium

Absolvent*innen umweltbezogener Studiengänge können je nach Fachrichtung unterschiedliche berufliche Wege einschlagen:

- **Umwelttechnikingenieur*innen** entwickeln umweltfreundliche Produktionsverfahren, überprüfen Anlagen und Betriebsstätten auf die Einhaltung von Umweltauflagen und erstellen Umweltbilanzen. Unter ihnen gibt es wiederum Spezialist*innen, wie zum Beispiel Ingenieur*innen für Abfall- und Entsorgungstechnik. Sie konstruieren, verkaufen und warten Anlagen für Recycling, Wasser- und Abwasserversorgung, Abfallentsorgung etc.
  Ingenieur*innen dieser Fachrichtung arbeiten vorrangig bei Unternehmen, die eine besondere Umweltrelevanz haben, z.B. in der Energiewirtschaft, Chemischen Industrie, Papierindustrie, Galvanoindustrie, Baustoffindustrie sowie der Entsorgungs- und Abfallwirtschaft. Zudem sind sie tätig bei Behörden, z.B. bei kommunalen Umweltbehörden, Ver- und Entsorgungsbetrieben, Gewerbeaufsichtsämtern oder Bezirks-, Landes- und Bundesbehörden, Ministerien sowie für analysierende, beratende und gutachterliche Tätigkeitsschwerpunkte auch bei Beratungs- und Ingenieurbüros.

- **Ingenieur*innen für Landschaftsökologie und Naturschutz** konzipieren u.a. die umweltschonende Nutzung der Land- und Forstwirtschaft oder von Freiflächen. Sie finden insbesondere Beschäftigung als Planer*innen in Ingenieur- und Architekturbüros, als Gutachter*innen im öffentlichen Dienst, z.B. bei Umweltämtern sowie Land-, Forst- und Wasserwirtschaftsbehörden oder im Bereich Umweltbildung, z.B. bei Verbänden, in der Verwaltung von Schutzgebieten oder an Hochschulen. ■

→ links

BWK – die Umweltingenieure
→ bwk-bund.de

Umweltcluster Bayern
Netzwerk der bayerischen Umweltwirtschaft
→ www.umweltcluster.net

Bundesverband Beruflicher Naturschutz
→ www.bbn-online.de

3.2.22 Verfahrens-, Chemietechnik

Die Chemie- oder Verfahrenstechnik beschäftigt sich im Kern mit der Verarbeitung von (Roh-)Stoffen zu Produkten, etwa Lebensmitteln, Pharmazeutika oder Petrochemie sowie Materialien zur Weiterverarbeitung (Stahl, Glas etc.). Um die dafür notwendigen physikalischen, chemischen oder biologischen, mechanischen oder thermischen Verfahren zu planen, ist Wissen aus Chemie, Biologie, Materialwissenschaften, technischer Physik, Mathematik und teilweise Maschinenbau notwendig.

Das Studienfeld im Überblick

- **Verfahrenstechnik** ist in erster Linie Stoffumwandlungstechnik. Hierbei werden physikalische (besonders mechanische und thermische), chemische und biologische Prozesse von technischen Anlagen und Verfahren untersucht, modelliert und optimiert.
- Die **Chemie- und Pharmatechnik** stellen allerdings chemische, biologische und physikalische Prozesse und Verfahren der Stoffumwandlung in den Vordergrund. Beispiele sind die Umwandlung von Zucker in Alkohol, von Ethylen in Polyethylen oder das physikalische Einmischen bzw. Trennen von Stoffen bei der Medikamentenherstellung. Neben der Herstellung industrieller Produkte gehören auch der Umweltschutz, die Recyclingtechnik sowie die Entwicklung von nachhaltigen (d.h. in diesem Fall: Rohstoff schonenden) Produktionsverfahren zu den Anwendungsgebieten des Chemieingenieurwesens. ▶

- Die **Biotechnologie** bzw. das Bioengineering beschäftigt sich damit, ob und wie kleinste Organismen oder deren Bestandteile in technischen Anwendungen zum Einsatz kommen können, etwa Bakterien als Energiespeicher, Enzyme als Beschleuniger von Herstellungsverfahren oder Werkzeuge der Gentechnik

Schnittmengen zu Chemie- und Verfahrenstechnik haben der Maschinenbau (*Abschnitt 3.2.10*) und die Fertigungstechnologien (*Abschnitt 3.2.7*), wobei diese eher Produktionsverfahren, die Bauteile zusammenfügen, im Fokus haben und weniger die Verarbeitung von Rohstoffen.

Studienangebot

Bachelor- und Masterstudiengänge in diesem Bereich gibt es an Universitäten und Fachhochschulen. Verfahrenstechnik, Chemieingenieurwesen und Biotechnologie werden in einigen Fällen auch kombiniert angeboten. Außerdem gibt es eine Reihe Studiengänge mit unterschiedlichen Bezeichnungen aber verwandten Themen.

Inhalte des Studiums

Im Bachelorstudium vermitteln Module die naturwissenschaftlich-technische Basis: Mathematik, Physik, Biologie, anorganische und organische Chemie, Mechanik, Werkstoff- und Kunststoffkunde, Thermodynamik, Strömungsmechanik, Informationstechnik, Maschinenzeichnen und CAD. Zudem erfolgt eine allgemeine Einführung in die verfahrenstechnische Produktion.

Darauf bauen (ggf. auch erst im Masterstudium) Module zu den spezifischen Fachgebieten auf: Verfahrenstechnik, Bioverfahrenstechnik, Technische Chemie, Anlagen- und Apparatebau, Prozessdynamik und Regelung, Prozessgestaltung, numerische Mathematik, Wärme- und Stoffübertragung.

Beim Fachhochschulstudium steht i.d.R. die Vermittlung verfahrenstechnischer Kenntnisse im Vordergrund. Diese erhalten eine Vertiefung in den Bereichen Prozess- und Anlagentechnik, Reaktionstechnik, industrielle Chemie, Sicherheits- und Umwelttechnik.

Teils ist ein erhöhter Anwendungsbezug in Gebieten und Branchen wie Kosmetik-Pharma- oder Prozess- bzw. Naturstofftechnik, der Umwelt- und Biotechnik, des Lackingenieurwesens oder der Textilchemie möglich.

Zulassungskriterien & Studienbewerbung

Je nach Hochschule ist teilweise ein Vorpraktikum nötig.

Berufsmöglichkeiten nach dem Studium

Beschäftigungsmöglichkeiten für Ingenieur*innen der Verfahrens- und Chemietechnik bzw. Biotechnologie bestehen vor allem bei:

- Betreibern von verfahrenstechnischen Anlagen z.B. in der chemischen, pharmazeutischen und biotechnologischen Industrie, in der petrochemischen Industrie, der Eisen- und Stahlindustrie, der Kunststoffindustrie, der Holz- und Baustoffindustrie, der Glas- und keramischen Industrie, der Papier- und Zellstoffindustrie, der Textilindustrie, der Nahrungs- und Genussmittelindustrie, in Ver- und Entsorgungsbetrieben, Energieerzeugungsbetrieben, Aufbereitungs- und Veredlungsbetrieben des Bergbaus
- Planungs-, Hersteller- und Montagefirmen für verfahrenstechnische Maschinen und Anlagen
- Überwachungs- und Genehmigungsbehörden, Technischen Überwachungsvereinen
- (auch selbstständigen) Ingenieurbüros bzw. Sachverständigenbüros ■

➔ links

Studieninformationssystem
des Fakultätentages für Maschinenbau und Verfahrenstechnik (TMV)
➔ sis.ftmv.de/

VDMA Verfahrenstechnische Maschinen und Apparate
➔ vtma.vdma.org

Arbeitsgemeinschaft für Pharmazeutische Verfahrenstechnik (APV)
➔ www.apv-mainz.de

VDI-Gesellschaft Verfahrenstechnik und Chemieingenieurwesen (GVC)
➔ www.vdi.de/gvc

Vereinigung Deutscher Biotechnologie-Unternehmen (VBU)
➔ v-b-u.org

3.2.23 Werkstoff-, Materialwissenschaften

Ingenieur*innen in diesem Feld erforschen moderne Materialien und entsprechende Werkstoffe, um neue und im besten Fall nachhaltigere Technologien zur Anwendung zu bringen.

Das Studienfeld im Überblick

Haifischhaut, Biokeramiken, Hitzeschutzschilde, Stadiondachkonstruktionen oder ultraleichte Autokarosserien – all das sind Themen, mit denen sich die Ingenieur*innen der Werkstoff- und Materialwissenschaft befasst haben. Ein Ziel bei der Entwicklung von neuen Werkstoffen oder Materialien ist es, Eigenschaften zu verbessern, um etwa im Sinne der Nachhaltigkeit Produkte, Produktionsverfahren oder Technologien zu optimieren. So senkt der Leichtbau den Energieverbrauch, andere neue Materialien sind biokompatibel, recycelbar und reagieren intelligent auf veränderte Betriebsbedingungen.

Materialwissenschaftler*innen sind aber auch Expert*innen für die physikalischen Eigenschaften lang erprobter Werkstoffe: Der modernen Technik stehen unzählige zur Verfügung. Zu den klassischen Werkstoffgruppen gehören z.B. Metalle, Keramiken, Gläser und Polymere. Werkstoffentwicklungen aus den Bereichen der Verbundwerkstoffe, Werkstoffmischungen, Halbleiter, Naturstoffe (Bionik) sowie den sogenannten „Smart Materials", die sich z.B. selbstständig äußeren Einflüssen anpassen können (Formgedächtnis). Auch ultramoderne Schlüsseltechnologien wie die Nano(struktur)technik sind im Bereich der Materialwissenschaft und Werkstofftechnik angesiedelt.

Studienangebot

Im Studium der **Werkstofftechnik** geht es um die ingenieurwissenschaftlichen Aspekte der Entwicklung, Herstellung, Verarbeitung und des Recyclings aller Arten von Werkstoffen. Es setzt v. a. technisches Interesse und eine Affinität zu mathematisch-naturwissenschaftlichen Phänomenen voraus.

Die **Materialwissenschaft** ist stärker naturwissenschaftlich orientiert. Hier untersucht man interdisziplinär den strukturellen Aufbau funktionaler Materialien (Metalle, Polymere, Gläser/Keramiken, Halbleiter, Verbundwerkstoffe, Kunststoffe) und die daraus resultierenden technischen Eigenschaften, die eine Herstellung maßgeschneiderter Materialien mit neuen oder verbesserten Eigenschaften erlauben.

Es gibt aber auch Studiengänge, die Materialwissenschaft und Werkstofftechnik miteinander vereinen oder sich bereits auf eine Werkstoffgruppe spezialisieren etwa Baustoffingenieurwissenschaft, Polymerwissenschaften oder Verbundstofftechnik.

Inhalte des Studiums

Zu Beginn des Studiums erfolgt eine breite Basisausbildung in den mathematisch-naturwissenschaftlichen und ingenieurwissenschaftlichen Fächern. Dazu gehören insbesondere Mathematik, Physik, Chemie, Mechanik, Werkstoffchemie, Kristallographie, Materialkunde, Werkstofftechnik, Werkstoffverarbeitung und analytische Methoden. Je nach Wahl des Studienganges unterscheidet sich die Schwerpunktlegung.

Im Laufe des Studiums werden die Kenntnisse der theoretischen, experimentellen und technologischen Aspekte der einzelnen Materialien und Werkstoffe sowie deren Herstellung und Verarbeitung erweitert. Dazu dienen vertiefende Module, die sehr spezifisch auf die individuellen Studien- und Berufsinteressen zugeschnitten sind und zwischen den Studiengängen variieren. Je nach Studiengang ermöglichen Wahlmodule so eine berufszielbezogene Profilbildung.

Zulassungskriterien & Studienbewerbung

Je nach Hochschule und Vorbildung sind teilweise Vorpraktika notwendig.

Berufsmöglichkeiten nach dem Studium

Werkstoffingenieur*innen werden in der industriellen Forschung und Entwicklung, in der ▶

Fertigung, dem Qualitätswesen, im technischen Vertrieb sowie im öffentlichen Dienst (Technische Überwachungsvereine, Bundesanstalt für Materialprüfung etc.) eingesetzt. Beschäftigungen bieten sich, z.T. abhängig vom Werkstoff, in allen Industriebereichen an.
Beispiele für relevante Branchen sind:
- Verkehrstechnik, Automobilbau, Bahn, Luft- und Raumfahrttechnik (z.B. Gewichtsreduzierung, Bremssysteme, Turbinen)
- Maschinenbau (z.B. verschleißfeste oder hochfeste Materialien)
- Chemische Industrie (z.B. Katalysatoren, Wärmetauscher)
- Umwelttechnik (z.B. Recycling, Ressourcenschonung)
- Energietechnik (z.B. Solarzellen, Brennstoffzellen)
- Mikroelektronik (z.B. Halbleiter, Sensoren)
- Nachrichtentechnik (z.B. Lichtleitfasern, Hochfrequenzsubstrate)
- Optische Industrie (z.B. vergütete Linsen, Wellenleiter, digitale Bildspeicherung)
- Medizintechnik (z.B. Implantate, Zahnersatz)
- Denkmalpflege (z.B. Restauration)

Beispiele für die verarbeitende Industrie sind:
- Erzbergbau und Hüttenindustrie (Eisen- und Nichteisenmetalle, Hochofen-, Stahl- und Warmwalzwerke)
- Gießereiindustrie
- Betriebe der Oberflächenveredlung (z.B. Korrosionsschutz)
- Stahl- und Leichtmetallbau
- Baustoffindustrie (z.B. Wärmedämmung, Sonnenschutzgläser)
- Glas- und Keramikindustrie ■

➔ links

Deutsche Gesellschaft für Materialkunde e.V. (DGM)
➔ www.dgm.de/medien/print-medien/dgm-studienhandbuch

Studientag Materialwissenschaft und Werkstofftechnik e.V. (StMW)
➔ www.stmw.de/

3.2.24 Wirtschaftsingenieurwesen, Technologiemanagement

Um im Wechselwirkungsbereich von Wirtschaft und Technik die unterschiedlichen Anforderungen integrieren und Prozesse optimieren zu können, brauchen Betriebe und z.T. auch Verwaltungen Fachleute mit generalistischen, technischen und betriebswirtschaftlichen Kenntnissen.

Das Studienfeld im Überblick
Expert*innen aus dem Bereich Wirtschaftsingenieurwesen und Technologiemanagement kennen sich sowohl mit technischen Aspekten als auch mit betriebswirtschaftlichen Anforderungen aus. Sie vermitteln nicht nur zwischen den Themen, sondern auch zwischen unterschiedlichen Denk- und Arbeitsweisen.

Studienangebot
Studiengänge in diesem Bereich heißen vor allem „Wirtschaftsingenieurwesen", aber auch „Business Engineering", „Technische Betriebswirtschaft" oder „Management und Technik" sind möglich.

Im Studium werden oft gleichzeitig eine Ingenieurwissenschaft – seltener Naturwissenschaft oder Informatik – und Wirtschaftswissenschaften studiert. Dabei existieren zahlreiche Spezialisierungsmöglichkeiten, z.B. im Bauingenieurwesen, in der Elektro- und Informationstechnik, im Maschinenbau, in der Biotechnologie, in der Logistik oder im Produktmanagement.

Der Anteil der ingenieurwissenschaftlichen und betriebswirtschaftlichen Studieninhalte variiert von Standort zu Standort stark. Daher sollten sich Bewerber*innen vor Studienbeginn detailliert über das jeweilige Profil des Studiengangs informieren. Im Anschluss an ein i.d.R. ingenieurwissenschaftliches Studium kann auch ein Aufbau- oder Zusatzstudium, das wirtschaftswissenschaftliche und teilweise auch weitere technische Fächer enthält, absolviert werden.

Inhalte des Studiums
Das Studium umfasst die Vermittlung wirtschafts- und sozialwissenschaftlicher Kenntnisse sowie die Ausbildung in der gewählten ingenieurtechnischen Richtung (z.B. Maschinenbau, Elektrotechnik, Bauingenieurwesen, Chemie- und Verfahrenstechnik, Verkehrswesen, etc.). In der gewählten Ingenieurrichtung erwerben die Studierenden Kenntnisse der spezifischen ingenieur- und naturwissenschaftlichen Grundlagen. Hinzu kommen wirtschaftswissenschaftliche Modulangebote zu Mikro- und Makroökonomie, betriebliches Rechnungswesen,

Marketing, Produktionsmanagement, Statistik, Wirtschaftsrecht und Logistik. Auch mathematische Module wie Analysis, Lineare Algebra sowie informationstechnische Inhalte sind oft Teil des Angebotes.

Zulassungskriterien & Studienbewerbung

Teilweise sind Vorpraktika im kaufmännischen oder technischen Bereich verpflichtend.

Berufsmöglichkeiten nach dem Studium

Als interdisziplinär ausgebildete Spezialist*innen an der Schnittstelle zwischen Technik und Ökonomie arbeiten Wirtschaftsingenieur*innen und Technologiemanager*innen in nahezu allen technisch-wirtschaftlichen Funktionsbereichen, wie z.B. in Vertrieb und Marketing, Logistik und Materialwirtschaft, Produktion und Fertigung, im Gebäudemanagement, im Qualitätswesen sowie im Finanz- und Rechnungswesen.

Beschäftigungsmöglichkeiten gibt es v.a. in größeren Produktionsbetrieben aller Branchen. Aber auch Handelsbetriebe, Consulting- und Wirtschaftsberatungsunternehmen sowie größere Verkehrsunternehmen bieten Arbeitsplätze. Dabei bestimmt die jeweilige ingenieurwissenschaftliche Fachrichtung in hohem Maß die Branche, in der sie tätig werden können. ■

➔ links

Verband deutscher Wirtschaftsingenieure
➔ www.vwi.org

ISA
Das Informationssystem Studienwahl & Arbeitsmarkt der Universität Duisburg-Essen gibt Informationen zur Entwicklung in den einzelnen Studienbereichen und Teilarbeitsmärkten.
➔ www.uni-due.de/isa

3.3 Studienbereich Mathematik, Naturwissenschaften

Die Naturwissenschaften beobachten, beschreiben und erforschen die Zusammenhänge natürlicher Gesetzmäßigkeiten. Dazu führen die Wissenschaftler*innen Experimente durch oder stellen anhand der Ergebnisse Modelle und Theorien auf.

Naturwissenschaftler*innen kümmern sich dabei vorwiegend um die Grundlagenforschung. Darauf setzen dann wiederum praxisorientierte Bereiche wie Medizin, Landwirtschaft oder Technik auf (*siehe Abschnitt 3.3.1 „Angewandte Naturwissenschaften“*). Zu den Naturwissenschaften, die sich vorwiegend mit der unbelebten Natur bzw. Materie befassen, gehören Physik, Chemie, Geologie und Astronomie. Hingegen untersuchen die biologischen Naturwissenschaften (Biologie, Genetik, Anthropologie, Physiologie) Phänomene der belebten Natur bzw. Materie.

Die wichtigste Hilfsdisziplin für die Naturwissenschaften ist die Mathematik. Sie befasst sich mit Problemen, die durch Zahlen und geometrische Figuren dargestellt werden können, und mit den von ihnen abgeleiteten formalen Strukturen und Systemen. Die Mathematik und Naturwissenschaften bilden die Grundlagen für die Ingenieurwissenschaften (*Kapitel 3.2*).

Die Methoden der Naturwissenschaftler*innen sind Beobachten, Beschreiben, Vergleichen, Ordnen, Zusammenfassen und Messen. Aus den so gewonnenen Daten entwickeln sie Hypothesen, Modelle und Theorien. Voraussetzungen für ein MINT-Studium (Mathematik, Informatik, Naturwissenschaft und Technik) sind daher logisches Denkvermögen sowie Freude am Erkunden und Untersuchen.

Da die Sprache der Wissenschaft Englisch ist, sind gute Kenntnisse Voraussetzung für ein erfolgreiches Studium und an manchen Hochschulen sogar notwendig für die Zulassung.

Einige Hochschulen bieten Vorkurse in Chemie, Mathematik, Informatik oder Physik an, um Studienanfänger*innen Einblick in die Arbeitsweise während des Studiums zu geben und eventuelle Wissenslücken zu schließen. Über diese Angebote informieren die Studienberatungsstellen der Hochschulen.

Informationen zum Lehramtsstudium liefert das *Kapitel 3.10 „Lehramtsausbildung in den Bundesländern“*. ■

➔ links

„Lernort Labor“ (LeLa)
Internetplattform mit vielfältigen Informationen zum Thema Labor und zu MINT-Fächern
➔ www.lernort-labor.de

Informationen zum Studium der Ingenieur- und Naturwissenschaften
sowohl für Studieninteressierte als auch für Studierende bietet die Webseite des Bundesverbandes TU9
➔ www.tu9.de

ISA
Das Informationssystem Studienwahl & Arbeitsmarkt der Universität Duisburg-Essen gibt Informationen zur Entwicklung in den einzelnen Studienbereichen und Teilarbeitsmärkten.
➔ www.uni-due.de/isa

abi>>
Spannende Reportagen zu diesem Studienfeld finden Sie auch auf abi.de:
➔ www.abi.de > Studium > Studienfelder > Mathematik, Naturwissenschaften

UNSER **LEVEL-UP**
FÜR MINT-STUDIERENDE:

TECHNISCHE INFORMATIK UND KOMMUNIKATIONSTECHNIK (B. ENG.)

Was?	Bachelorstudium Technische Informatik und Kommunikationstechnik mit Abschluss Bachelor of Engineering (B. Eng.) mit 210 ECTS-Punkte
Wer?	IT-begeisterte Nachwuchskräfte mit einer (angestrebten) allgemeinen Hochschulreife ø 2,5 und einer guten Note in Mathematik
Wo?	Universität der Bundeswehr München in Neubiberg
Wann?	Bewerbungsfrist: jährlich zum 15.01. Studienbeginn: jährlich zum 01.10.
Wie viel?	Studienbeihilfe für Euch von monatlich 1.145,- €
Wichtig!	Du bist zivile*r Student*in der ZITiS, kein*e Soldat*in, und musst deshalb auch keine Uniform tragen.

www.zitis.bund.de

Der Studienbereich auf einen Blick

STUDIENFELD	STUDIENFÄCHER, z.B.	STUDIENFELD	STUDIENFÄCHER, z.B.
Angewandte Naturwissenschaften	Angewandte Naturwissenschaft	**Informatik**	Bioinformatik Datenwissenschaft, Data Science IT-Management Mensch-Maschine-Interaktion, Interfacedesign
Bio-, Umweltwissenschaften	Biologie Biomechanik Bionik Umweltwissenschaft	**Mathematik, Statistik**	Biomathematik Computermathematik Finanz- und Wirtschaftsmathematik Technomathematik
Chemie, Pharmazie	Biochemie Lebensmittelchemie Pharmazie Wirtschaftschemie	**Physik**	Astrophysik* Biophysik Medizinische Physik Wirtschaftsphysik
Geowissenschaften, -technologie	Geografie Geoökologie Meteorologie Wasser- und Bodenmanagement, Wassertechnologie		

*nur weiterführend

Alternative Studienbereiche

- **Agrar-, Forst-, Ernährungswissenschaften → Seite 87**
- **Ingenieurwissenschaften → Seite 94**
- **Wirtschaftswissenschaften → Seite 156**

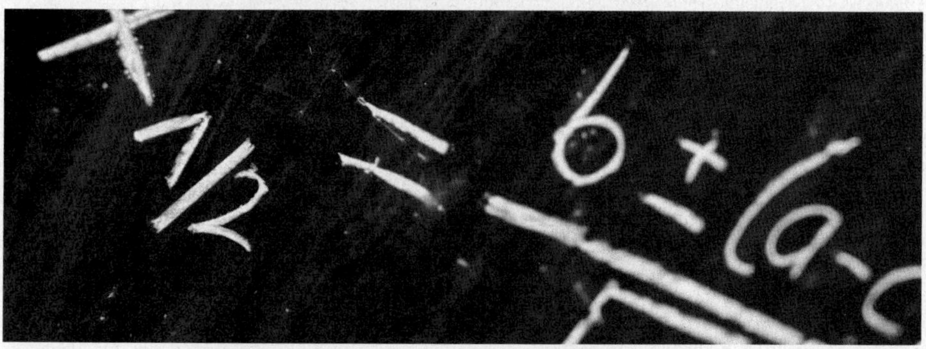

3.3.1 Angewandte Naturwissenschaften

Wie können Mathematik, Physik, Chemie, Biologie oder Informatik die technologische oder medizinische Entwicklung voranbringen? Mit dieser Frage beschäftigen sich die Studierenden in den Angewandten Naturwissenschaften.

Das Studienfeld im Überblick

Studierende in diesem Studienfeld lernen naturwissenschaftliche Erkenntnisse mithilfe von mathematischen Modellen oder Simulationen systematisch zu erfassen und Probleme aus dem Anwendungsbereich zu lösen.

Absolvent*innen sind insbesondere in der Entwicklung und Forschung tätig und arbeiten eng mit Ingenieur*innen zusammen.

Fächerübergreifendes Denken ist hierbei von großer Bedeutung, denn Absolvent*innen der Angewandten Naturwissenschaften nutzen Methoden aus verschiedenen Disziplinen. Ebenso wichtig ist das Arbeiten in Teams.

Studienangebot

Im Studiengang „Angewandte Naturwissenschaften" erhalten Studierende eine grundlegende Ausbildung in allen Naturwissenschaften. Wer bereits einen Schwerpunkt setzen möchte, findet in diesem Studienfeld neben Studiengängen mit dem Titel „Angewandte Naturwissenschaften" auch Studienangebote wie „Angewandte Mathematik und Physik".

Eine am späteren Berufswunsch orientierte fachliche Vertiefung erfolgt im Masterstudium. Durch den hohen Anwendungsbezug werden einige dieser Studiengänge auch im dualen Studienmodell in Kooperation mit Unternehmen unterschiedlicher Branchen angeboten.

Inhalte des Studiums

Das stark forschungsorientierte Studium vermittelt zunächst Grundlagenwissen in den MINT-Fächern, das später mit hohem Anwendungsbezug vertieft wird. Wahlpflichtbereiche ermöglichen es, eigene Schwerpunkte zu setzen. Im Labor sammeln die Studierenden erste praktische Erfahrungen. Hinzu kommt das Erlernen von Methoden wie Datenerhebung und -analyse, Medien- und Sozialkompetenzen sowie Englisch.

Zulassungskriterien & Studienbewerbung

Bachelorstudiengänge der angewandten Naturwissenschaften sind meist zulassungsfrei, können aber ggf. örtlich zulassungsbeschränkt sein.

Berufsmöglichkeiten nach dem Studium

Naturwissenschaftler*innen mit Anwendungsbezug arbeiten an Schnittstellen zwischen Forschung, Entwicklung und technischer Anwendung. Sie sind etwa in entsprechenden Abteilungen der freien Wirtschaft tätig, für öffentliche Behörden wie Umweltämter, für Kliniken, Institute oder Labore sowie an Hochschulen. Für eine Tätigkeit an Universitäten ist die Promotion als Voraussetzung üblich.

Absolvent*innen sind auch als Gutachter*innen für Forschungsaufträge, als Datenanalyst*innen in der Banken- und Versicherungsbranche, im Bildungsbereich oder als Wissenschaftsjournalist*innen tätig. ■

3.3.2 Bio-, Umweltwissenschaften

Die Biologie ist die Wissenschaft der belebten Natur. Sie beschreibt und untersucht die Erscheinungsformen aller Lebewesen und ihr komplexes Zusammenspiel. Die Umweltwissenschaften dagegen beschäftigen sich mit den Auswirkungen menschlicher Einflüsse auf die Umwelt.

Das Studienfeld im Überblick

Die Biowissenschaften beschäftigen sich mit Prozessen oder Strukturen von Lebewesen. Wie funktioniert der menschliche Körper? Wie unterscheidet sich das Verhalten verschiedener Tierarten voneinander? Und wie sind Pflanzen aufgebaut? Diesen und vielen weiteren Fragen widmen sich etwa Biolog*innen. Sie beobachten, dokumentieren, stellen mathematische Modellierungen und Hypothesen auf und experimentieren, um Erkenntnisse aus den Abläufen und Erscheinungen der Natur zu gewinnen. Eher interdisziplinär arbeiten Umweltwissenschaftler*innen, die z.B. durch den Menschen verursachte Belastungen des natürlichen Kreislaufs beobachten und untersuchen.

Dieses Studienfeld ist eng verbunden mit den anderen Naturwissenschaften. Aus gemeinsamen Grenzbereichen haben sich zum Beispiel die Biochemie, die Biophysik, die Biomathematik und die Bioinformatik gebildet. Auch in anderen Studiengängen findet man die Biowissenschaften als Grundlagenwissenschaft, z.B. in der Medizin, der Pharmazie, den Agrarwissenschaften oder der Ernährungswissenschaft.

Studienangebot

Prinzipiell gibt es vier große Studienbereiche rund um die Biologie:

- Die **klassische Biologie** erforscht die Entwicklung, den Bauplan sowie biochemische Prozesse von Lebewesen – von Mikroorganismen (Mikrobiologie) über Pflanzen (Botanik) und Tiere (Zoologie) bis hin zu den Menschen (Anthropologie). Eine mögliche Spezialisierung ist zum Beispiel die Meeresbiologie.
- Die **Biowissenschaften** umfassen mehrere Fächer und Disziplinen: Sie kombinieren biologische Inhalte mit Wissen aus anderen naturwissenschaftlichen Disziplinen, um Vorgänge und Naturgesetze zu beschreiben, die alle Lebewesen betreffen. Dazu zählen etwa die Zellbiologie, Biophysik, Biochemie, Pharmazie und Ernährungswissenschaften oder die Evolutionsbiologie, die die Entstehung und Entwicklung aller Lebewesen betrachtet.

- Die **Umweltwissenschaften**, auch „Life Sciences“, werfen einen ganzheitlichen Blick auf unterschiedliche Ökosysteme. Speziell geht es hier um die Auswirkungen menschlichen Handelns auf die Natur und darum, wie Schäden vermieden beziehungsweise behoben werden können. Technische Lösungen dafür findet das Studienfeld Umwelttechnik (*siehe Abschnitt 3.2.21*).
- Die **Bioingenieurwissenschaften** verbinden die Biologie mit den Ingenieurwissenschaften. Dazu zählt etwa die Bionik, die technische Lösungen nach Vorbildern der Natur entwickelt, die Biomechanik, die Bewegungsapparate von Lebewesen nach den Gesetzmäßigkeiten der Mechanik untersucht, oder die Biotechnologie, bei der lebende Organismen durch technische Maßnahmen nutzbar gemacht werden sollen – beispielsweise durch die Gentechnik. Dank des hohen Anwendungsbezugs sind diese Bereiche für die Industrie oder etwa die Medizin von großer Bedeutung.

Inhalte des Studiums

Das biologische **Bachelorstudium** beinhaltet Module wie Zell- und Molekularbiologie, Botanik und botanische Systematik, Zoologie, biochemische und biophysikalische Grundlagen, Neurobiologie, Mikrobiologie, Zellbiologie, Genetik, Biodiversität der Tier- und Pflanzenwelt, Ökologie, Evolution und Systematik der Tiere und Pflanzen, Morphologie, Entwicklungsbiologie, Verhaltensbiologie, Physiologie und Biochemie der Pflanzen. Insbesondere in den interdisziplinär ausgerichteten Studiengängen werden die naturwissenschaftlichen Grundlagen in den Fächern Mathematik, Physik und Chemie sowie z.T. der Ingenieurwissenschaften oder der Informatik vermittelt.

Je nach Hochschule werden im **Masterstudium** Schwerpunkte wie Molekularbiologie/Zellbiologie, Biochemie/Biophysik, Bioinformatik, Biotechnologie, Biodiversität/Ökologie, Parasitologie/Virologie, Physiologie, Neurobiologie und Entwicklungsbiologie sowie Umweltwissenschaften angeboten. ▶

Zulassungskriterien & Studienbewerbung

Rund zwei Drittel der Bachelorstudiengänge in Biologie sind örtlich zulassungsbeschränkt. Einige Hochschulen nutzen zur Vergabe ihrer begrenzten Studienplätze das Dialogorientierte Service-Verfahren (DoSV) der Stiftung für Hochschulzulassung.

Berufsmöglichkeiten nach dem Studium

Biolog*innen ohne Lehramtsabschluss (*zu den Lehrämtern siehe Kapitel 3.10*) finden überwiegend an Hochschulen und Forschungseinrichtungen Beschäftigung. Sie arbeiten auch in der pharmazeutischen Industrie (z.B. als Pharmaberater*in oder für die klinische Prüfung von Arzneimitteln), in der chemischen und Lebensmittelindustrie, in der Medizintechnik, im Brauwesen, bei Dienstleistern im Bereich Dokumentation und Recherche sowie bei Behörden, die sich mit Umwelt- und Gesundheitsschutzgesetzen befassen. Auch bei Medienunternehmen sowie in der Aus- und Weiterbildung können sie unterkommen. ■

➔ info

Der **Studien- und Berufsführer „Deine Zukunft: Biowissenschaften!"** des Verbands Biologie, Biowissenschaften & Biomedizin in Deutschland (Hrsg.), München 2018, kann als PDF unter folgender Adresse kostenlos heruntergeladen werden:
➔ www.vbio.de/ausbildung-beruf/berufliche-ausbildung

3.3.3 Chemie, Pharmazie

Entwickelt die Industrie neue Kunststoffe, Pflanzenschutzmittel oder Medikamente, stammen die Grundlagen aus der chemisch-pharmazeutischen Forschung. Die klassische Chemie hingegen hat den Aufbau, die Eigenschaften, die Zusammensetzung und die Umwandlung von Stoffen allgemein zum Inhalt.

Das Studienfeld im Überblick

Chemiker*innen beschäftigen sich mit dem Aufbau, den Eigenschaften und der Umwandlung von Stoffen. Dabei analysieren sie die Zusammensetzung unterschiedlicher Verbindungen, um durch Synthese neue, nicht natürlich vorkommende Stoffe herzustellen. Die klassische Chemie widmet sich organischen oder anorganischen Verbindungen sowie Phänomenen, die der Chemie zugrunde liegen, etwa der Thermodynamik oder dem Ablauf chemischer Reaktionen. Die makromolekulare Chemie (Polymer-Chemie) befasst sich mit der Synthese neuer Kunststoffe.

Im Anwendungsbereich ist die Chemie essenziell etwa in der Pharmazie, der Lebensmittelchemie oder der Chemieindustrie.

Studienangebot

Studiengänge rund um Chemie lassen sich in folgende Kategorien einteilen:

- Studiengänge der **klassischen Chemie** vermitteln wissenschaftliches und praktisches Wissen, um chemische Stoffe zu untersuchen. Eine mögliche Spezialisierung ist etwa die Molekular- oder die Polymer-Chemie.
- Die **angewandte Chemie** macht wissenschaftliche Erkenntnisse aus der Chemie für viele Bereiche menschlicher Lebensbedürfnisse nutzbar. Dies geschieht durch die Entwicklung von Methoden zur industriellen Herstellung von Kunststoffen und Kunstfasern, mineralischen Düngern oder Schädlingsbekämpfungsmitteln. Hier gibt es zahlreiche Übergänge zur Verfahrenstechnik bzw. zum Chemieingenieurwesen (*Abschnitt 3.2.22*).
- Die **Pharmazie** beschäftigt sich mit Arzneimitteln und Medizinprodukten, deren Entwicklung, Herstellung, Prüfung und Qualitätssicherung. Außerdem geht es um Maßnahmen zum Schutz der Patient*innen und zur Versorgung der

➔ links

Online-Studienführer „Bachelor in den Biowissenschaften"
des Verbands Biologie, Biowissenschaften und Biomedizin in Deutschland e.V. – VBIO, erreichbar unter: ➔ www.bachelor-bio.de

ISA
Das Informationssystem Studienwahl & Arbeitsmarkt der Universität Duisburg-Essen gibt Informationen zur Entwicklung in den einzelnen Studienbereichen und Teilarbeitsmärkten.
➔ www.uni-due.de/isa

Bevölkerung sowie um sachgerechte Information für die am Gesundheitswesen Beteiligten. Auch kaufmännische und rechtliche Aspekte sind in das Studium einbezogen. Erst nach Ablegen der Pharmazeutischen Prüfung dürfen Pharmazie-Absolvent*innen als Apotheker*innen tätig sein. Es gibt aber auch grundständige Pharmazie-Studiengänge, die nicht auf die Pharmazeutische Prüfung (Staatsexamen) hinführen. Die **Pharmatechnik** dagegen befasst sich mit der Herstellung von Arzneimitteln.

- Gegenstand der **Lebensmittelchemie** sind Lebensmittel und ihre Inhaltsstoffe. Analysiert werden diese hinsichtlich der Zusammensetzung, Veränderung bei Lagerung und Verarbeitung. Daneben werden auch physikalische Eigenschaften, beispielsweise Farbe oder Konsistenz, geprüft. Die Lebensmittelchemie beschäftigt sich außerdem mit Zusatzstoffen, Tabakerzeugnissen, kosmetischen Erzeugnissen sowie mit Lebensmittelverpackungen. Sie ist nicht zu verwechseln mit der Lebensmitteltechnologie, die sich mit technischen Verfahren zur Herstellung und Verarbeitung von Lebensmitteln befasst. Der eigenständige universitäre Studiengang Lebensmittelchemie schließt entweder mit dem ersten Staatsexamen oder mit Bachelor und Master ab. Wer den Titel „Staatlich geprüfte*r Lebensmittelchemiker*in" tragen will, muss nach dem Praktischen ▶

Jahr das zweite Staatsexamen ablegen. Daneben gibt es die Möglichkeit, Lebensmittelchemie als Schwerpunkt im Rahmen der Studiengänge Chemie oder Pharmazie zu studieren.

- Chemie spielt auch in vielen **Schnittstellenstudiengängen** eine tragende Rolle. Darunter fällt z.B. die **Biochemie**, die einen Übergang von organischer Chemie zur Biologie bildet, die **Geochemie**, die sich mit der Chemie des Bodens und der Erdoberfläche beschäftigt, oder die **pharmazeutische Chemie**. Ein weiterer Teilbereich ist die **(Öko-)Toxikologie**, die Methoden zur Bestimmung von Umweltchemikalien in Ökosystemen und Grundlagen zur Abschätzung von chemischen Umweltrisiken entwickelt. Weitere Fachrichtungen sind die **Agro-, Bau-, Nuklear-, Elektro-, Textil- oder Waschmittelchemie**. Die **Chemieingenieurwissenschaften** kombinieren naturwissenschaftliches und technisches Wissen. Ein weiterer Schnittstellenstudiengang ist die **Wirtschaftschemie**, die zwischen der Chemie und den Wirtschaftswissenschaften angesiedelt ist.

Während beim Universitätsstudium die wissenschaftlichen Grundlagen und Methoden der Chemie in der Forschung und Entwicklung im Vordergrund stehen, befähigen die stärker technisch ausgerichteten und anwendungsbezogenen Chemie-Studiengänge an Fachhochschulen zur Mitarbeit im Labor sowie im produktions- und betriebstechnischen Bereich.

Inhalte des Studiums

Im **Bachelorstudium Chemie** vermitteln Module eine Basisausbildung in Fächern wie: allgemeine, organische, anorganische und physikalische Chemie, analytische Chemie und biologische Chemie. Hinzu kommen Mathematik und Physik für Chemiker*innen (z.B. Experimentalphysik), technische Chemie, Biochemie, makromolekulare Chemie und theoretische Chemie, Toxikologie, spektroskopische Methoden, Sicherheit und Recht. Die Schwerpunktsetzung erfolgt entsprechend den fachlichen Interessen, z.B. in theoretischer Chemie, Biochemie, Qualitätssicherung, Radiochemie, Umwelt- oder Wasserchemie oder aus dem Lehrangebot anderer Fachbereiche wie der Materialforschung, der Strukturbiologie oder Chemieinformation. Fachübergreifende Module gibt es zu Themen wie Ethik, Fremdsprachen, Betriebswirtschaft und Patentrecht.

Im **Masterstudium** erfolgt eine Profilbildung durch Wahlmodule oder Schwerpunktbildung in den Kernfächern (anorganische, organische, physikalische Chemie), darüber hinaus theoretische Chemie, Biochemie, Umweltchemie/Umwelttechnologie, Anlagentechnik, Polymerchemie, chemische/biologische Verfahrenstechnik, Textilchemie, Nuklearchemie, Materialwissenschaften oder Wirtschaftschemie.

Im **Pharmazie-Studium** werden Grundlagen der Chemie, der pharmazeutischen Biologie, der Humanbiologie, der Physik, der physikalischen Chemie, der Arzneiformenlehre sowie der pharmazeutischen Analytik vermittelt. Im Grundstudium ist während der veranstaltungsfreien Zeiten eine Famulatur von acht Wochen unter Leitung eines*einer Apotheker*in zu absolvieren. Der erste und zweite Prüfungsabschnitt der Pharmazeutischen Prüfung werden während des Hochschulstudiums absolviert. Der dritte ist nach Abschluss der praktischen Ausbildung abzulegen.

Studierende der **Pharmatechnik** erwerben fachübergreifende Kenntnisse in Chemie und Pharmakologie, in Biologie und Pharmazeutischer Technologie. Dazu kommen ingenieurwissenschaftliche Studieninhalte wie Betriebs- und Maschinentechnik sowie rechtliche und betriebswirtschaftliche Fächer.

Der Studiengang **Lebensmittelchemie** hat eine starke analytische Ausprägung und berücksichtigt auch biologische und mikrobiologische Methoden sowie lebensmittelrechtliche Aspekte. Studierende müssen häufig ein Praktikum während des Studiums absolvieren.

Zulassungskriterien & Studienbewerbung

Bei den Bachelorstudiengängen im Bereich Chemie sind etwa zwei Drittel zulassungsfrei. Einige Hochschulen verlangen ein mehrwöchiges, einschlägiges Praktikum vor dem Studium. Die Pharmazie-Studiengänge, die mit der Pharmazeutischen Prüfung (Staatsexamen) abschließen, sind dagegen bundesweit zulassungsbeschränkt. Hier erfolgt die Bewerbung über das Portal **hochschulstart.de.**

Berufsmöglichkeiten nach dem Studium

Chemiker*innen arbeiten in erster Linie in Forschungsabteilungen der chemischen Industrie, bei Herstellern von Farben und Lacken, in der pharmazeutischen und Kosmetikindustrie sowie bei Herstellern von Dünge- und Pflanzenschutzmitteln. Darüber hinaus finden sie

Beschäftigung bei Klebstoffherstellern, Herstellern von Wasch- und Reinigungsmitteln, von Brandschutzmitteln, in der Nahrungsmittel- und Getränkeindustrie und der Baustoff- und Zementindustrie. Auch Betriebe anderer Industriezweige kommen infrage, insbesondere die Papier-, Glas-, Keramik-, Mineralöl-, Galvanoindustrie u. Ä. Weitere mögliche Arbeitgeber sind Hersteller von Laborbedarfsartikeln, Hochschulen und Forschungsinstitute sowie chemische Untersuchungsämter. Auch bei Behörden, die mit dem Vollzug umweltgesetzlicher Vorschriften befasst sind, gibt es Arbeitsmöglichkeiten. Viele Chemiker*innen arbeiten freiberuflich als Gutachter*innen, Sachverständige und in beratender Funktion.

Tätigkeitsfelder von **Apotheker*innen** sind insbesondere öffentliche Apotheken, Krankenhausapotheken, Krankenkassen sowie die Pharmaindustrie. Zunehmend kommen für Pharmazeut*innen auch Unternehmen als Arbeitgeber infrage, die sich mit der bio- und gentechnologisch basierten Entwicklung und Herstellung von Arzneimitteln befassen. Beschäftigungsmöglichkeiten gibt es zudem in Behörden, Institutionen und Verwaltungen, wie der Europäischen Kommission, dem Europarat oder der Weltgesundheitsorganisation. Darüber hinaus gibt es Betätigungsfelder in der Wissenschaft, in medizinischen Laboren, im Fachjournalismus und im Bereich der Unternehmensberatung.

Lebensmittelchemiker*innen arbeiten hauptsächlich im Bereich der amtlichen Lebensmittelüberwachung, in der Lebensmittel- und Getränkeindustrie, der Kosmetikindustrie sowie in der Lebensmittelforschung. Daneben gibt es Beschäftigungsmöglichkeiten bei landwirtschaftlichen Forschungsanstalten und als vereidigte Sachverständige.

Übrigens: Der größte Teil der Chemiker*innen mit Masterabschluss schließt unmittelbar an das Studium die Promotion an, die insbesondere in Industrie und Forschung erwartet wird. ■

➔ links

Chemie studieren
Informationsportal der Gesellschaft Deutscher Chemiker (GDCh):
➔ www.chemie-studieren.de

Chemistry Views
Hier finden sich ein Fachbereichs- und ein Fachinformationsführer (kommentierte Sammlung ausgewählter und von Experten evaluierter digitaler Informationsquellen; Sprache: Englisch).
➔ www.chemistryviews.org

ISA
Das Informationssystem Studienwahl & Arbeitsmarkt der Universität Duisburg-Essen gibt Informationen zur Entwicklung in den einzelnen Studienbereichen und Teilarbeitsmärkten.
➔ www.uni-due.de/isa

Approbationsordnung für Apotheker
vom 19. Juli 1989, BGBl. I S. 1489, zuletzt geändert durch Artikel 1 der Verordnung vom 2. August 2013 (BGBl. I S. 3005), siehe:
➔ www.gesetze-im-internet.de/aappo

ABDA – Bundesvereinigung Deutscher Apothekenverbände
➔ www.apotheken-karriere.de

3.3.4 Geowissenschaften, -technologie

Die Geowissenschaften widmen sich unserem Planeten Erde, seiner Entstehung und der Beschaffenheit seiner Oberfläche. Wie diese geologischen Ressourcen genutzt werden können, ist wiederum Gegenstand der Geotechnologie.

Das Studienfeld im Überblick

Unter dem Begriff Geowissenschaften sind gleich mehrere Studiengänge zusammengefasst. Sie alle beschäftigten sich mit den Aspekten des Erdsystems, also Boden, Gesteinen, Wasser und der Atmosphäre, sowie damit, wie diese sich gegenseitig beeinflussen. Das Feld ist stark forschungsorientiert und interdisziplinär ausgerichtet, hat beispielsweise Berührungspunkte mit den Umweltwissenschaften (*Abschnitt 3.3.2*) oder der Umwelttechnik (*Abschnitt 3.2.21*). Ebenfalls an der Schnittstelle zu den Ingenieurwissenschaften bewegt sich die Geotechnologie.

Geowissenschaftler*innen sind gefragte Expert*innen in der Rohstoffgewinnung, im Umweltschutz, in der Abfalllagerung sowie in der Stadt- und Regionalplanung. In letzterem Gebiet gibt es Überschneidungen mit Studienfächern wie Bautechnik (*Abschnitt 3.2.3*) oder Stadt- und Regionalplanung (*Abschnitt 3.2.1*).

Studienangebot

Zu den Studiengängen „rund um Geo" zählen folgende Angebote:

- Die **Geowissenschaften** untersuchen die Erdschichten, die Gewässer und die Atmosphäre sowie ihre Wechselwirkungen untereinander. ▸

- Die **Geografie** lässt sich in zwei große Teilbereiche einteilen: Die Humangeografie befasst sich vorwiegend mit dem Einfluss des Menschen auf den geografischen Raum, unter sozialen und wirtschaftlichen Aspekten. Die Physische Geografie dagegen beschäftigt sich vorwiegend mit den Strukturen und den natürlichen sowie durch den Menschen verursachten Veränderungen der Erdoberfläche.
- Der Fokus in der **Geologie** oder **Mineralogie** liegt auf der Erdkruste. Studierende erfahren beispielsweise, wie sich Minerale und Gesteine bilden. Die praktische Forschung in Form von Feld- oder Laborarbeit spielt in diesem Studiengang eine große Rolle.
- Eine anwendungsbezogene Spezialisierung der Geologie ist die **Geotechnologie**, auch Georessourcenmanagement, Bergbau, Markscheidewesen bzw. Rohstoffingenieurwesen (*Abschnitt 3.2.18*) genannt. Sie beschäftigt sich mit dem Abbau bzw. mit der Gewinnung von Ressourcen wie Erdwärme, Wasser, Mineralien oder fossilen Brennstoffen.
- Die **Geoökologie** verbindet die Natur- mit den Umweltwissenschaften. Betrachtet werden Umweltsysteme sowie der Einfluss von Menschen auf diese.
- Aus physikalischer Sicht blickt die Fachrichtung **Geophysik** auf die Naturphänomene der Erde, zum Beispiel Erdbeben, Vulkanausbrüche oder Rohstoffvorkommen.
- Mit den physikalischen und chemischen Prozessen der Atmosphäre setzt sich die **Meteorologie** auseinander. Die Erkenntnisse dieses Fachgebiets kommen für Wettervorhersagen oder in der Klimaforschung zum Einsatz.
- Die **Hydrologie** oder **Wassertechnologie** beobachtet, wo und wie Wasser auf unserem Planeten vorkommt, wie es sich bewegt, welchen Einfluss die Lebewesen auf die Vorräte haben und welche physikalischen, chemischen und biologischen Eigenschaften Wasser hat.
- Ein eigenes Feld bildet die **Geoinformation** beziehungsweise das **Vermessungswesen** (*Abschnitt 3.2.9*). Dabei werden Daten der Erde erfasst und ausgewertet, um sie zum Beispiel für Landkarten oder Navigationssysteme zu verwenden.

Inhalte des Studiums

In allen Studiengängen dieses Feldes erfolgt im **Bachelorstudium** zunächst eine geowissenschaftliche Basisausbildung mit Modulen aus Physik, Biologie, Chemie und Mathematik. Dazu gehören im Studiengang Geowissenschaften mineralogisches und petrologisches Grundwissen, Geoinformatik, Geochemie, Sedimentologie, Tektonik, Paläontologie und Erdgeschichte, Hydrogeologie und Geophysik.

Im **Master** erfolgt je nach Studiengang eine unterschiedliche Schwerpunktbildung:

- Im Studiengang **Geowissenschaften** z.B. gibt es Module in Gebieten wie Astrophysik, Geochemie, Geoinformatik, Geologie, Geophysik, Hydrogeologie/Umweltgeologie, Ingenieurgeologie/Geotechnik, Mineralogie, Petrologie/Lagerstättenforschung oder Paläontologie.
- Im Studiengang **Geografie** bieten sich unterschiedliche Vertiefungsmöglichkeiten an, z.B. Anthropogeografie (Humangeografie), physische Geografie oder Regionalanalyse.
- Im Studiengang **Geoökologie** steht die Landschaftsökologie, Bodenkunde, Hydrologie, Mineralogie/Geochemie und Bio-/Geoinformatik im Vordergrund.
- Die Ausbildung im Studiengang **Meteorologie** umfasst Module in theoretischer, experimenteller und angewandter Meteorologie inklusive der Klimatologie, mit experimentellen und numerischen Praktika sowie einem fachübergreifenden Wahlbereich.

Zulassungskriterien & Studienbewerbung

Die geowissenschaftlichen Bachelorstudiengänge sind i.d.R. zulassungsfrei.

Berufsmöglichkeiten nach dem Studium

Beschäftigung finden **Geowissenschaftler*innen** überwiegend als Sachverständige im Consultingbereich. So benötigen geologische Beratungsunternehmen, Ingenieur- und Planungsbüros für den Umweltbereich (z.B. Altlastenbearbeitung, Sanierung von Boden, Grundwasser oder Baugrund) geowissenschaftlichen Sachverstand. Weiterhin gibt es Arbeitsmöglichkeiten im öffentlichen Dienst, insbesondere bei geologischen Landesämtern, bei der Bundesanstalt für Geowissenschaften und Rohstoffe, im Geoinformationsdienst der Bundeswehr, bei kommunalen Gebietskörperschaften (Kommunen, Landkreise) sowie bei Bergämtern der

Länder oder bei Universitäten und außeruniversitären Forschungseinrichtungen.

Ferner beschäftigen Hersteller von geowissenschaftlichen Messeinrichtungen, die Bauindustrie sowie Software-Hersteller Geowissenschaftler*innen.

Mineralog*innen finden darüber hinaus Arbeit in Unternehmen, die neue Materialien entwickeln oder diese verarbeiten, z.B. Hochleistungsmaterialien, Oberflächen und Beschichtungen, mineralische Baustoffe und Bindemittel. Zudem kümmern sie sich in der Industrie um die umweltgerechte Behandlung und Entsorgung mineralischer Rückstände oder um die Sanierung des Kulturerbes.

Meteorolog*innen arbeiten hauptsächlich in der Klima- und Umweltforschung an Forschungseinrichtungen sowie bei nationalen und internationalen Wetterdiensten; ferner in Ingenieurbüros und Industriebetrieben als Gutachter*in oder Umweltschutzbeauftragte*r oder bei Versicherungen in der Risikoabschätzung. Auch im Geoinformationsdienst der Bundeswehr werden Meteorolog*innen u.a. für die Wetterberatung oder im Bereich der Forschung und Weiterentwicklung (z.B. von Vorhersagemodellen) eingesetzt.

Geograf*innen arbeiten überwiegend in der Privatwirtschaft, etwa bei Luftbild- und Fernerkundungsunternehmen, in Fachverlagen, in der Immobilienwirtschaft, bei der Standortplanung größerer Unternehmen, in der Tourismus- und Fremdenverkehrswirtschaft, bei Beratungs- und Consulting-Unternehmen, bei Energieversorgungsunternehmen oder Umweltschutzorganisationen. Arbeitsfelder ergeben sich ferner in der öffentlichen Verwaltung (statistische Ämter, Kommunal- und Zweckverbände, Raumordnungs- und Umweltschutzämter), an Hochschulen, bei Verbänden, Kammern und Forschungseinrichtungen. ■

→ links

Deutsche Gesellschaft für Geotechnik e.V.
→ www.dggt.de

Berufsverband Deutscher Geowissenschaftler e.V. (BDG)
→ www.geoberuf.de

Deutsche Geologische Gesellschaft - Geologische Vereinigung (DGGV)
→ www.dggv.de

Verband für Geoökologie in Deutschland e. V. (VGöD)
→ www.geooekologie.de

Deutscher Wetterdienst (DWD)
→ www.dwd.de

Deutscher Verband für Angewandte Geographie e.V. (DVAG)
→ www.geographie-dvag.de

Deutsche Gesellschaft für Geographie (DGfG) e.V.
→ www.geographie.de

Deutscher Markscheider-Verein (DMV)
→ www.dmv-ev.de

3.3.5 Informatik

Die Informatik ist sowohl eine Grundlagenwissenschaft als auch eine Ingenieurdisziplin. Sie liefert die theoretischen und methodischen Voraussetzungen, mit denen technische Lösungen geschaffen, Systeme gebaut und Produkte hergestellt werden können.

Das Studienfeld im Überblick

Als Grundlagenwissenschaft ist die Informatik eng mit mathematischen Modellen verbunden, als Ingenieurdisziplin hat sie starken Bezug zur Elektrotechnik/Elektronik und beschäftigt sich mit technischen und organisatorischen Problemen bei der Entwicklung und Anwendung informationsverarbeitender Systeme.

Das Studienfeld erforscht zum einen die **Informationsverarbeitung**, zum anderen die Anwendung von Informationstechnologien (IT). Das heißt, die Informatik formuliert

durch Abstraktion und Modellbildung allgemeine Gesetzmäßigkeiten. Daraus entwickelt sie Standardlösungen für die Praxis, z.B. bei der Bewältigung großer Daten- und Informationsmengen und der Steuerung komplexer Produktionsabläufe.

Das anwendungsorientierte Informatikstudium befähigt dazu, Modelle zur Beschreibung **komplexer Systeme** zu entwickeln, die wesentlichen Einflussgrößen zu erkennen, für Detailprobleme algorithmische Lösungen zu finden und Anwendungssysteme zu ▶

entwickeln. Das erfordert analytische Fähigkeiten und fundierte Kenntnisse leistungsfähiger Programmiermethoden, ein breites Portfolio an Begriffen, Modellen und Verfahren aus Mathematik, Logik und auch theoretischer Informatik sowie Grundkenntnisse über den logischen und technischen Aufbau von Rechnern.

Die extrem hohe Innovationsgeschwindigkeit in der IT verlangt die ständige Anpassung der Kenntnisse sowie eine verstärkte Spezialisierung.

Studienangebot

Die Informatik teilt sich in vier Bereiche auf, die sich auch im Studienangebot widerspiegeln:

- Die **Theoretische Informatik** beschäftigt sich mit den abstrakten, mathematischen Grundlagen dieser Wissenschaft. Sie untersucht, was berechnet werden kann, wie Algorithmen gestaltet und formuliert werden können (z.B. Programmiersprachen). Entsprechende Studiengänge sind die Informatik, die Datenwissenschaften (Data Science) oder die Computervisualistik.
- In der **Technischen** oder **Ingenieurinformatik** geht es insbesondere um die Hardware, also etwa um die Herstellung und Architektur von Mikroprozessoren, Rechnern, eingebetteten Systemen sowie um ihre Steuerungssoftware. Die Computational Engineering Science beschäftigt sich dabei vor allem mit Computersimulationen.
- Das tatsächliche Programmieren und die Softwareentwicklung erlernen Studierende in der **Praktischen Informatik**. Die entsprechenden Studiengänge heißen häufig „Angewandte Informatik" oder „Allgemeine Informatik".
- Im Bereich der **Angewandten Informatik** finden sich auch Studiengänge mit Spezialisierung wie Mensch-Maschine-Kommunikation, IT-Sicherheit oder IT-Management sowie Schnittstellenstudiengänge. Zu Letzteren zählen etwa Bioinformatik, Medieninformatik, Medizinische Informatik, Rechnergesteuerte Naturwissenschaften (Computational Science) oder Umweltinformatik.

Inhalte des Studiums

Im Grundlagenstudium (**Bachelor**) stehen Module zu den Kernbereichen der Informatik und den mathematischen Grundlagen im Vordergrund. Dazu zählen: Analysis, Lineare Algebra, Logik, Grundlagen der Stochastik und Statistik, Algorithmen, Datenstrukturen und Theoretische Informatik. In den eher anwendungsorientierten Studiengängen kommen weitere Module hinzu, wie Programmieren und Softwaretechnik, Technische Informatik, Betriebssysteme und Netzwerke, Datenbanken, Rechnerarchitektur, Betriebssysteme und IT-Sicherheit sowie Software-Engineering, Angewandte Informatik, Angewandte Analysis, elektrotechnische Grundlagen, Kommunikation, Digitaltechnik, Mikroprozessortechnik, Compilerbau oder Verteilte Informationssysteme.

Zusätzlich gibt es Software-Praktika, Projektarbeiten (auch als Betriebspraktikum) sowie überfachliche Lehrveranstaltungen, z.B. Gründung und Führung softwareorientierter Unternehmen.

Im **Master** erfolgt eine Vertiefung der erworbenen Kenntnisse oder eine Spezialisierung auf bestimmte Fachbereiche. Infrage kommt auch eine Profilbildung durch die Wahl von Nebenfächern, z.B. Physik, Mathematik, Biowissenschaften, Medizin, Maschinenbau, Betriebswirtschaft, Linguistik, Wirtschaftswissenschaften. Anwendungsorientierte Schwerpunkte sind etwa Softwaretechnik, Kommunikationstechnik, Bildverarbeitung, Datenbanksysteme, Signalverarbeitung, Simulation, Parallele und Verteilte Systeme, Medizinische Informatik, Robotik und Prozessinformatik.

Zulassungskriterien & Studienbewerbung

Rund zwei Drittel der Bachelorstudiengänge im Fachbereich Informatik sind zulassungsfrei. An Fachhochschulen ist je nach schulischer/beruflicher Vorbildung meist ein mehrwöchiges Vorpraktikum Pflicht.

➔ links

Portal Informatik
➔ www.einstieg-informatik.de

Gesellschaft für Informatik
➔ www.gi.de

Bundesverband Informationswirtschaft, Telekommunikation und neue Medien (Bitkom)
➔ www.bitkom.org

ISA
Das Informationssystem Studienwahl & Arbeitsmarkt der Universität Duisburg-Essen gibt Informationen zur Entwicklung in den einzelnen Studienbereichen und Teilarbeitsmärkten.
➔ www.uni-due.de/isa

Berufsmöglichkeiten nach dem Studium

Informatiker*innen arbeiten vor allem bei Unternehmen der Datenverarbeitungs-/Computertechnik (Hardware und Software), bei Herstellern von Systemen der Informations- und Telekommunikationstechnik (IT-Systemen), bei Unternehmen, die Systeme und Dienstleistungen der Informations- und Telekommunikationstechnik anbieten, z.B. bei System- und Softwarehäusern, datenverarbeitenden Beratungsunternehmen sowie in informationstechnischen Abteilungen von datenverarbeitenden Anwenderbetrieben, also in den IT-Abteilungen jeder Branche. Tätigkeitsfelder gibt es auch im öffentlichen Dienst.

Die Absolvent*innen übernehmen Aufgaben in unterschiedlichsten Bereichen, z.B. in Forschung und Entwicklung, bei der Produktionsplanung und -steuerung, der Betriebsorganisation und der Administration von Netzwerken und Datenbanken. Daneben spielen sie zunehmend im Gesundheitswesen (E-Health) und in der Verwaltung (E-Government) sowie in der Sicherheitstechnik eine Rolle. ■

3.3.6 Mathematik, Statistik

Seit mehr als 2.500 Jahren liefert die Mathematik der Menschheit Rechenmodelle, die die Welt begreifbar machen sollen. Sie gliedert sich in zwei große Teilbereiche: die Theoretische und die Angewandte Mathematik.

Das Studienfeld im Überblick

Es gibt kaum ein Produkt, in dem – wenn oft auch unsichtbar – nicht Mathematik steckt. Zudem ist die Mathematik Sprache und Handwerkszeug in zahlreichen anderen Wissenschaften, vor allem in den Naturwissenschaften. Im Kern stellt sie rechnerische Modelle bereit, mit denen sich die Wirklichkeit beschreiben lässt und mithilfe derer allgemeingültige Aussagen getroffen werden können. Ziel des Mathematikstudiums ist es also, mathematische Begriffe und Methoden zu erlernen und zu beherrschen. Die Fähigkeit zum abstrakten strukturellen Denken ist daher Voraussetzung für das Studium und den Beruf des*der Mathematiker*in.

Von ebenso großer Bedeutung ist die Bereitschaft zur interdisziplinären Zusammenarbeit. Das wird schon während des Studiums durch die obligatorische Wahl eines Nebenfachs berücksichtigt. Das gewählte Neben- oder Vertiefungsfach kann je nach Studienort eine Natur- oder Ingenieurwissenschaft, eine Wirtschaftswissenschaft oder die Informatik sein. Die Wahl anderer Nebenfächer ist an vielen Standorten aber nicht ausgeschlossen.

Studienangebot

- Hauptgebiete der **Theoretischen**, auch **Reinen Mathematik**, sind Algebra, Analysis, Geometrie, Topologie und Zahlentheorie. Die Reine Mathematik befasst sich mit abstrakten Strukturen und deren inneren Beziehungen, wobei sie bemüht ist, eine möglichst große Fülle von Aussagen aus wenigen Annahmen abzuleiten.
- Die **Angewandte Mathematik** hat zum Ziel, ein Instrumentarium bereitzustellen, um damit in den Natur- und Ingenieurwissenschaften Fragestellungen zu bearbeiten. Das Gleiche trifft auf die quantitativen, empirischen Methoden der Wirtschafts- und Sozialwissenschaften zu. ▶

Ihre Hauptgebiete sind die Numerik, die Optimierung und die Stochastik.

- Ein ausgegliederter Teilbereich und somit eine Spezialisierung ist die **Statistik**. Dabei geht es um die Planung, Durchführung und Auswertung umfangreicher Untersuchungen und Experimente mithilfe aufwendiger mathematischer Modelle. Ziel ist es, aus vorliegenden quantitativen Daten, etwa Messdaten, korrelative Zusammenhänge herzustellen.

- Schnittstellenstudiengänge wie etwa Wirtschaftsmathematik, Technomathematik, Finanzmathematik, Biomathematik, Computermathematik und andere kombinieren jeweils die Inhalte der Angewandten Mathematik mit Grundkenntnissen aus den entsprechenden Fächern. Meist geht es dabei um die Entwicklung mathematischer Modelle für die rechnerische Lösung technischer Probleme mit Hilfe von Softwareprogrammen.

Inhalte des Studiums

Im **Bachelorstudium** werden vertiefende Grundlagen in Analysis (Differenzial- und Integralgleichungen, Funktionentheorie, Integrationstheorie), Lineare Algebra und Analytische Geometrie, Angewandte Mathematik/ Stochastik (Wahrscheinlichkeitsrechnung und Statistik, Modellbildung), Numerik sowie Optimierung vermittelt. Bei anwendungsorientierten Studiengängen stehen zusätzlich Module zu den jeweils gewählten technischen, naturwissenschaftlichen, medizinischen oder wirtschaftswissenschaftlichen Anwendungsgebieten auf dem Stundenplan. Neben verschiedenen Methoden und Arbeitstechniken werden meist auch Grundlagen der Informatik und der Einsatz professioneller Software sowie höhere Programmiersprachen, einschließlich „Rechnerpraktika“, angeboten.

Im **Masterstudium** erfolgt dann eine Vertiefung oder die Profilbildung, z.B. in der Reinen Mathematik oder in verschiedenen Anwendungsfächern, z.B. in Techno- oder Wirtschaftsmathematik.

Das Statistikstudium umfasst die Fächer Statistik, Mathematik, Informatik sowie ein oder mehrere Anwendungsgebiete. Modulangebote sind beispielsweise: Einführung und Grundlagen, lineare Methoden und Modelle, mathematische Statistik und Wahrscheinlichkeitsrechnung, Kerngebiete der angewandten Statistik, praktische Statistik mit Projekt- oder Fallstudien, mathematische Modulangebote zur Analysis, Vektor- und Matrizenrechnung, Numerik und Logik. Im Bereich der Informatik gibt es Modulangebote zu Datenanalyse, Programmierung, Softwareentwicklung, Datenbank- und Informationssystemen sowie Statistik-Software. In der Angewandten Mathematik sind in der Regel Projektstudien und Praktika vorgesehen. Diese können zum Beispiel in Versicherungsstatistik, Sozialforschung, Biometrie, Psychometrie, Geowissenschaften und Meteorologie erfolgen.

Zulassungskriterien & Studienbewerbung

Nur selten sind Bachelorstudiengänge in Mathematik mit einer Zulassungsbeschränkung belegt. Meist müssen sich Studieninteressierte neben Mathematik zusätzlich für ein Haupt- bzw. Nebenfach entscheiden.

Berufsmöglichkeiten nach dem Studium

Mathematiker*innen arbeiten überwiegend in Unternehmen des Versicherungs- und Kreditgewerbes, bei Herstellern datenverarbeitender Technik, bei Software-Unternehmen sowie Unternehmensberatungen und Marktforschungsinstituten. Als Wirtschaftsmathematiker*innen (und nach Weiterbildung als Aktuar*innen) sind sie bei Versicherungsgesellschaften, Banken, Bausparkassen oder berufsständischen Versorgungseinrichtungen tätig.

Im Zuge der technologischen Entwicklung ergeben sich neue Aufgabenfelder in Bereichen wie Biotechnologie oder Medizintechnik. Daneben gibt es Beschäftigungsmöglichkeiten im öffentlichen Dienst, insbesondere bei statistischen Ämtern und Behörden sowie an Hochschulen. ■

➔ links

Deutsche Mathematiker-Vereinigung
Einen umfassenden Überblick zur Mathematik finden Sie unter:
➔ www.mathematik.de

Deutsche Aktuarvereinigung
➔ aktuar.de

ISA
Das Informationssystem Studienwahl & Arbeitsmarkt der Universität Duisburg-Essen gibt Informationen zur Entwicklung in den einzelnen Studienbereichen und Teilarbeitsmärkten.
➔ www.uni-due.de/isa

3.3.7 Physik

Wie schnell sind Licht oder Schall? Warum fällt der Apfel nach unten? Fragen wie diese klärt die Physik. Wie kaum eine andere Wissenschaft hat sie unser Verständnis von grundlegenden Phänomenen der Natur geprägt. In der Praxis bilden die Forschungsergebnisse aus der Physik die Basis für unzählige technische Anwendungen.

Das Studienfeld im Überblick

Erkenntnisse über den Aufbau von Atomen, die Entdeckung Schwarzer Löcher oder die Zusammenhänge von Raum und Zeit – die Physik beobachtet Naturphänomene und beschreibt sie durch mathematische Modelle und Theorien.

Während sich die **Experimentalphysik** auf die Beobachtung und Messung spezialisiert hat, widmet sich die **Theoretische Physik** der Modell- und Theoriebildung. Die intensive Zusammenarbeit beider Bereiche führt zu einem fortschreitenden Verständnis der Natur und ermöglicht vielfältige Formen der Anwendung und Nutzung. Jüngere Beispiele für die Umsetzung physikalischer Forschung in technische Anwendungen sind die Halbleitertechnik, die Optoelektronik, die Nanotechnik sowie die Lasertechnik. Die Mathematik (*siehe Abschnitt 3.3.6*) ist die wichtigste Hilfswissenschaft für Physiker*innen.

Studienangebot

Das Studium der **Physik** vermittelt die theoretischen und experimentellen Grundlagen. Dabei werden die Studierenden an moderne Methoden der Forschung herangeführt und so zum selbstständigen wissenschaftlichen Arbeiten befähigt. Das versetzt die zukünftigen Physiker*innen in die Lage, physikalische Erkenntnisse und Methoden anzuwenden und weiterzuentwickeln. In den vergangenen Jahren sind im Bereich der **Angewandten Physik** eine Reihe interdisziplinärer Studiengänge entstanden, um fachliche Spezialisierungen zu ermöglichen.

- Die **Astrophysik** bildet mit der physikalischen Erforschung der Himmelskörper (Planetensystem, Sonne, Fixsterne, interstellare Materie) und des Weltraumes den Hauptschwerpunkt der Astronomie.
- Das interdisziplinäre Studium der **Biophysik** befasst sich mit der Anwendung physikalischer und physikalisch-chemischer Methoden zur Erforschung elementarer und komplexer Lebensvorgänge. Es kombiniert eine biologisch-chemische Grundausbildung mit einer physikalisch-mathematischen Ausbildung und beinhaltet auch die Grundlagen der Informatik.
- Die **Medizinische Physik** beschäftigt sich mit technischen Lösungen in Diagnostik und Therapie. Dazu zählen bildgebende Verfahren wie Röntgen, Computertomografie (CT) oder Magnetresonanztomografie (MRT) sowie therapeutische Maßnahmen, etwa Strahlentherapie oder der Einsatz von Laser- und UV-Strahlen.

Inhalte des Studiums

Im **Bachelorstudium** erfolgt eine Grundausbildung in experimenteller und theoretischer Physik, in Mathematik und in weiteren physikalischen und nicht-physikalischen Fächern (zum Beispiel Chemie und Informatik). Hinzu kommen hochschulspezifische Vertiefungsgebiete sowie die Vermittlung experimenteller und theoretischer Arbeitsmethoden (z.B. Umgang mit physikalischen Geräten, Einsatz von Computern, Mess- und Auswertungsverfahren). Neben Vorlesungen stellen Übungen und Praktika die wichtigsten Vermittlungsformen dar.

Das **Masterstudium** bietet eine Spezialausbildung in mehreren Teilfächern der Physik. Es wird durch das wissenschaftliche Profil der Universität und des Fachbereichs Physik geprägt und gliedert sich in eine fachliche Vertiefungs- und eine Forschungsphase, in der eigenständig eine wissenschaftliche Fragestellung bearbeitet wird.

Berufsmöglichkeiten nach dem Studium

Physiker*innen arbeiten in Hochschul- und Forschungseinrichtungen sowie in der Industrie, etwa in der Materialforschung, in der Energietechnik, im Maschinen- und Gerätebau, in der Medizin(technik), in der Halbleiterindustrie oder in der optischen/optoelektronischen Industrie. Viele Physiker*innen sind auch in verwandten technisch-naturwissenschaftlichen Berufen tätig, etwa als Informatiker*in, Mathematiker*in oder als Ingenieur*in. Weitere Tätigkeitsfelder sind etwa das Patentwesen und der Wissenschaftsjournalismus.

Auch die freiberufliche Tätigkeit ist eine Option, insbesondere als Gutachter*innen und Sachverständige. ▶

Astronom*innen arbeiten überwiegend im öffentlichen Dienst, insbesondere an astronomischen Forschungseinrichtungen (Universitätssternwarten mit angeschlossenen Instituten, Forschungsinstituten) sowie an Volkssternwarten und Planetarien.

Biophysiker*innen arbeiten an Universitäten und Forschungsinstituten sowie in Forschungsabteilungen der Industrie. Weitere Einsatzmöglichkeiten finden sie in Biotechnologie- und Pharmaunternehmen sowie bei Herstellern von medizintechnischen Geräten. ■

→ links

Deutsche Physikalische Gesellschaft (DPG)
→ www.dpg-physik.de

PhysNet der Universität Oldenburg
Überblick über physikalische Institute
→ www.physnet.de

ISA
Das Informationssystem Studienwahl & Arbeitsmarkt der Universität Duisburg-Essen gibt Informationen zur Entwicklung in den einzelnen Studienbereichen und Teilarbeitsmärkten.
→ www.uni-due.de/isa

3.4 Studienbereich Medizin, Gesundheitswissenschaften, Psychologie, Sport

Mit dem menschlichen Geist und Körper setzen sich Mediziner*innen, Gesundheitswissenschaftler*innen, Psycholog*innen und Sportler*innen bzw. Sportwissenschaftler*innen auseinander. Sie heilen und lindern (psychische) Krankheiten oder Verletzungen bei Mensch und Tier – und beugen diesen vor. Sie erforschen deren Ursachen, neue Diagnose- und Behandlungsmethoden sowie Heilmittel und verfolgen individuelle Therapieansätze.

Dazu sind fundierte Kenntnisse der menschlichen (oder auch tierischen) Anatomie, Physiologie und Psyche erforderlich. Als Grundlagenwissenschaften spielen die Naturwissenschaften Biologie, Biochemie, Chemie und Physik eine große Rolle. In der empirisch angelegten Psychologie kommen außerdem sozialwissenschaftliche Methoden zum Einsatz.

Mediziner*innen und Psycholog*innen müssen dazu bereit sein, sich ständig an neue Entwicklungen in der medizinischen Forschung und Technik anzupassen und sich mit den ethischen Fragen des Berufs auseinanderzusetzen. Studierende sollten Interesse am (helfenden) Umgang mit Menschen (respektive Tieren) haben, müssen dabei aber Distanz und Objektivität wahren.

Ein Studium der Human-, Zahn- und Tiermedizin ist nur an Universitäten möglich.

Im Bereich **Gesundheitswissenschaften** werden Fachkenntnisse für Management- und Stabsfunktionen, insbesondere wissenschaftlich fundierte Pflege-, Leitungs- und Führungskompetenz sowie pädagogisch-didaktische Qualifikationen vermittelt.

Das Studium der **Pflege- und Gesundheitswissenschaften** wird an Universitäten, Fachhochschulen und der Dualen Hochschule angeboten.

Mit allen Facetten des Phänomens Sport beschäftigt sich die **Sportwissenschaft**. Dazu zählen bspw. Physiologie, Bewegungs- und Trainingslehre, Sportdidaktik, Medizin, Sportrecht und -verwaltung. Studierende können aus einer Reihe von Spezialisierungsmöglichkeiten wählen und haben Karrierechancen als aktive Sportler im Freizeit-, Leistungs- und Wettkampfsport, aber auch in der gesundheitlichen Prävention und Therapie. ■

→ info

Informationen zum Studium der **Pharmazie** finden Sie *im Abschnitt 3.3.3 „Chemie, Pharmazie“*.

→ links

ISA
Das Informationssystem Studienwahl & Arbeitsmarkt der Universität Duisburg-Essen gibt Informationen zur Entwicklung in den einzelnen Studienbereichen und Teilarbeitsmärkten.
→ www.uni-due.de/isa

Der Studienbereich auf einen Blick

STUDIENFELD	STUDIENFÄCHER, z.B.	STUDIENFELD	STUDIENFÄCHER, z.B.
Biomedizin, Neurowissenschaften	Biomedizin, Molekulare Medizin Neurowissenschaft	**Psychologie**	Gesundheits-, Rehabilitationspsychologie Kognitionswissenschaft Kommunikationspsychologie Wirtschaftspsychologie
Gesundheitswissenschaften	Hebammenkunde Medizin-, Pflegepädagogik Pflegemanagement, -wissenschaft Gerontologie	**Sport**	Gesundheitssport Sportwissenschaft
Human-, Tier-, Zahnmedizin	Humanmedizin Tiermedizin Zahnmedizin Komplementärmedizin	**Therapien**	Ergotherapie Kunsttherapie Logopädie, Sprachtherapie Physiotherapie

Alternative Studienbereiche

- **Erziehungs-, Bildungswissenschaften → Seite 187**
- **Mathematik, Naturwissenschaften → Seite 128**
- **Rechts-, Sozialwissenschaften → Seite 179**

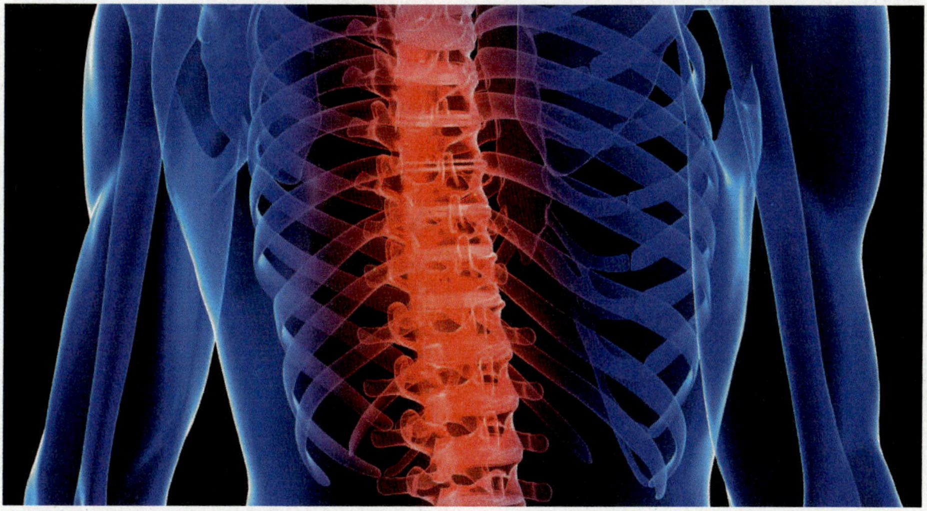

3.4.1 Biomedizin, Neurowissenschaften

Biomedizin und Neurowissenschaften beschäftigen sich in erster Linie mit molekularbiologischen Vorgängen. Hier kommen Methoden der DNA-Analytik genauso zum Einsatz wie computertomografische Verfahren, die neuronale Aktivitäten sichtbar machen.

Das Studienfeld im Überblick

Angesiedelt im Grenzbereich zwischen Medizin und Biologie erforscht die Biomedizin die molekularen und zellbiologischen Grundlagen des Lebens. Ziel ist, die Ursachen von Krankheiten zu erkennen, um diesen vorbeugen bzw. sie behandeln zu können. Als interdisziplinäres Teilgebiet der Humanbiologie vereint die Biomedizin Methoden der Molekularbiologie mit solchen der Zellbiologie und geht Fragen der experimentellen Medizin nach.

Im Zentrum der Neurowissenschaften steht die Erforschung von Nervensystemen. Untersucht werden verschiedene Zelltypen bspw. diffuser Nervensysteme von Hohltieren, des Strickleitersystems von Arthropoden (Gliederfüßern) oder des Zentralnervensystems von Wirbeltieren, um deren Zusammenschluss zu neuronalen Netzwerken zu erforschen. Neurowissenschaftler*innen arbeiten in der Praxis z.T. mit Vertreter*innen anderer Disziplinen wie Kognitionswissenschaft, Psychologie oder Philosophie zusammen.

Studienangebot

Das Angebot an reinen Biomedizin- bzw. Neurowissenschaftsstudiengängen ist begrenzt. In den Biowissenschaften gibt es Kombi-Angebote wie etwa Biomedizinische Chemie. Wer ein naturwissenschaftliches Bachelorstudium abgeschlossen hat, findet allerdings ein vergleichsweise breites Angebot an neurowissenschaftlichen Masterstudiengängen.

Inhalte des Studiums

Im Studium der **Biomedizin** werden zunächst naturwissenschaftliche Grundlagen in den Bereichen Biochemie, Physiologie und Anatomie des Menschen vermittelt. Im Wahlpflichtbereich können die Studierenden Praktika in verschiedenen Bereichen absolvieren. Im Studienverlauf erwerben sie Schlüsselkompetenzen u.a. in Gentechnik, Versuchstierkunde, Biometrie und biologischer Sicherheit. Ein Teil der Ausbildung kann gemeinsam mit Biologie- und Medizinstudierenden erfolgen.

Neurowissenschaftliche Bachelorstudiengänge vermitteln ebenfalls medizinisch-naturwissenschaftliche Grundlagen, bspw. in Chemie, Physik, Physiologie, Biochemie oder Neuroanatomie, beinhalten aber auch tiefer greifende Module wie kognitive Neurowissenschaften, Neurohistologie oder Neuroanatomie. Im **Master** vertiefen die Studierenden ihr Wissen und setzen ggf. Schwerpunkte.

Berufsmöglichkeiten nach dem Studium

Absolvent*innen der **Biomedizin** arbeiten klassischerweise in der Forschung an Universitäten, in Forschungszentren oder in der pharmazeutischen und Biotech-Industrie, können aber auch in Umwelt- und Gesundheitsämtern, Kliniken, im Wissenschaftsmanagement oder im Patentwesen beschäftigt sein.

Neurowissenschaftler*innen finden Anstellung in der Lehre, in der forschenden Pharmaindustrie, im wissenschaftlichen Verlagswesen oder in der wissenschaftlichen Koordinationsarbeit von Organisationen. ■

→ info

Der **Studien- und Berufsführer „Deine Zukunft: Biowissenschaften"** des Verbands Biologie, Biowissenschaften & Biomedizin in Deutschland (Hrsg.), 6. Auflage, Juli 2018, kann als PDF geladen werden unter
→ www.vbio.de/publikationen/zukunft-biowissenschaften

→ links

Online-Studienführer „Bachelor in den Biowissenschaften" des Verbands Biologie, Biowissenschaften und Biomedizin in Deutschland e.V. – VBIO, erreichbar unter:
→ www.bachelor-bio.de

3.4.2 Gesundheitswissenschaften

Die Studiengänge Pflege, Pflegepädagogik, Pflege- und Gesundheitsmanagement sowie Gesundheits- und Pflegewissenschaft sollen dem Mangel an qualifizierten Führungskräften in der Kranken-, Kinderkranken- und Altenpflege entgegenwirken. Zugleich soll damit eine wissenschaftliche Grundlage für die Qualifikationsanforderungen der Pflegefachberufe geschaffen werden.

Das Studienfeld im Überblick

Die Gesundheitswissenschaften sind ein relativ junges Studienfeld. Die ersten Studienmöglichkeiten gab es im Rahmen von dualen Studiengängen im Pflegebereich. Nötig geworden ist die Akademisierung der Pflege- und Gesundheitsberufe aufgrund des demografischen Wandels, epidemiologischer Veränderungen sowie des medizinischen Fortschritts. Sie überschneiden sich inhaltlich z.T. mit medizinischen Studiengängen, führen aber zu einem nicht-ärztlichen Beruf.

Studienangebot

Universitäten, Fachhochschulen und duale Hochschulen bieten die Studiengänge an und vermitteln Kenntnisse aus Pflege, Gesundheitswesen, Betriebswirtschaftslehre, Personalwesen, Pflegewissenschaft und Medizin. Die Studierenden lernen, Konzepte für die Kranken-, Kinderkranken- und Altenpflege zu entwickeln, einschließlich Pflegeprozess und Pflegedokumentation. Das Studium erfolgt als Vollzeitstudium oder als berufsbegleitendes Studium. Auch die Möglichkeit eines Fernstudiums besteht.

- Die Studiengänge im Bereich **Pflege- und Gesundheitsmanagement** beschäftigen sich mit gesundheitsökonomischen Fragestellungen. Das Studium vermittelt breite Kenntnisse der betriebswirtschaftlichen und strukturellen Bedingungen des jeweiligen Branchen- und Dienstleistungsumfelds und qualifiziert für Managementaufgaben in der Gesundheitsversorgung. Ziel ist es, Ablaufprozesse im Gesundheitswesen so zu gestalten, dass bei gleicher oder gar verbesserter Qualität weniger Ressourcen verbraucht werden.
- Der Studienbereich **Gesundheitsförderung/Gesundheitspädagogik** dagegen hat die Planung und Umsetzung von Maßnahmen der Gesundheitsförderung und dabei Aspekte der Prävention, Intervention und Rehabilitation zum Gegenstand.
- Der Studiengang **Advanced Nursing Practice** vermittelt wissenschaftliche und praktische Kompetenzen zu Schwangerschaft, Geburt und Kindergesundheit. Studierende erlangen Grundlagenwissen in ▶

Anatomie, Physiologie, Beratung, Geburtshilfe, Pädiatrie und Recht. Ziel ist es, auf die wissenschaftlich fundierte und situationsspezifische Betreuung von Schwangeren, Gebärenden oder Wöchnerinnen vorzubereiten.

- Studiengänge im Bereich **Pflegepädagogik** vermitteln den Studierenden Wissen in den Bereichen Bildungsmanagement, Ethik in Gesundheit und Medizin, Managementmethoden und -instrumente, Medizinische Psychologie und Soziologie sowie Pädagogische Psychologie. Außerdem erwerben die Studierenden pflege- und gesundheitswissenschaftliche Grundlagen.
- Die akademische Auseinandersetzung mit dem **Sanitäts- und Rettungswesen** beinhaltet wissenschaftliches und praktisches Wissen in Unfallmedizin, Akutdiagnostik und Akuttherapie sowie Rettungswesen und Katastrophenschutz.

Inhalte des Studiums

Im **Bachelorstudium** gibt es je nach fachlicher Ausrichtung des Studiengangs Modulangebote zu den Themen: Pflegewissenschaft und Pflegeforschung, Handlungsgrundlagen und Handlungskonzepte der Pflege und Geburtshilfe, medizinische, naturwissenschaftliche und gesellschaftliche Grundlagen der Pflege und Geburtshilfe, Epidemiologie, Psychologie, Theorien und Methoden der Pflegewissenschaft, Pädagogik für Gesundheitsberufe/Pflegepädagogik, Ökonomie des Gesundheitswesens, Gesundheitswissenschaften/Public Health, Gesundheitsmanagement, Prävention und Gesundheitsförderung, Beratung und Verhaltensmodifikation, rechtliche und betriebswirtschaftliche Grundlagen, Berufsethik der Pflege, Qualitätsmanagement im Gesundheitswesen, Personalentwicklung, betriebliche Steuerungsprozesse, Kosten und Leistungsrechnung, Statistik, EDV, Fremdsprachen, Praktika und Studienprojekte.

Im **Masterstudium** erfolgt eine Verbreiterung der Grundlagen oder eine Spezialisierung.

Zulassungskriterien & Studienbewerbung

Neben der Hochschul- bzw. Fachhochschulreife wird in den pflegewissenschaftlichen Studiengängen häufig eine abgeschlossene einschlägige Berufsausbildung und ein- oder mehrjährige Berufserfahrung vorausgesetzt (*vgl. auch Abschnitt 2.4.4 „Weiterbildende Studiengänge“*). Daneben bestehen duale Studiengänge, die außer der Hochschul- bzw. Fachhochschulreife einen Ausbildungsvertrag voraussetzen. Zudem gibt es einige wenige primärqualifizierende Modellstudiengänge, wobei die Ausbildung an einer Hochschule stattfindet, ergänzt um praktische Inhalte, deren Anteil der gesetzlich vorgegebenen Stundenzahl für die staatliche Prüfung nach den Berufsgesetzen entspricht.

Berufsmöglichkeiten nach dem Studium

An Hochschulen aus- und weitergebildete

Pflegefachkräfte finden vorrangig Beschäftigung als Pflegeexpert*innen in der Pflegedienstleitung in Krankenhäusern, Sanatorien, Pflegeheimen sowie bei ambulanten Diensten. Sie übernehmen Managementaufgaben bzw. die Unternehmensführung von Betrieben des Gesundheits- und Sozialwesens.

Pflegewissenschaftler*innen arbeiten überwiegend in der Forschung und Lehre sowie als Berater*innen bei Institutionen der Gesundheitsförderung, der Gesundheits- und Sozialpolitik, bei Ämtern und Verbänden, oder sie übernehmen Führungspositionen in Pflegeeinrichtungen.

Insbesondere Absolvent*innen der Studiengänge **Pflegepädagogik** finden ihren Arbeitsplatz an Berufsfachschulen und Schulen des Gesundheitswesens.

Der Studiengang **Gesundheitsmanagement** qualifiziert für Einsatzgebiete in der ambulanten und stationären Gesundheitsversorgung, bei Kranken- und Pflegeversicherungen, im Bereich der Gesundheitsförderung und -information sowie in der pharmazeutischen Industrie und im Arzneimittelhandel. ■

3.4.3 Human-, Tier-, Zahnmedizin

Die Medizin ist die Wissenschaft von den Ursachen, der Heilung, Linderung und Vorbeugung von Krankheiten. Die ärztlichen Tätigkeiten erstrecken sich auf Erkennung (Diagnose) und Behandlung (Therapie) von Krankheiten, Leiden oder Körperschäden, auf gesundheitliche Vor- und Nachsorge sowie die Forschung.

Das Studienfeld im Überblick

Die Ausbildung von Human-, Tier- und Zahnärzt*innen ist bundeseinheitlich durch die jeweilige Verordnung zur Approbation geregelt. Im Rahmen von **Modellstudiengängen in der Humanmedizin**, die derzeit die private Universität Witten-Herdecke, die private Medizinische Hochschule Brandenburg in Neuruppin und die staatlichen Universitäten Aachen, Berlin (Charité), Bochum, Düsseldorf, Hamburg-Eppendorf, Hannover, Heidelberg (Fakultät für Medizin in Mannheim), Köln und Oldenburg anbieten, kann von den Vorgaben der Approbationsordnung für Ärzte abgewichen und insbesondere die Trennung von vorklinischem und klinischem Studienabschnitt aufgehoben werden.

Studienangebot

Das Studium der Human-, Tier- oder Zahnmedizin ist in Deutschland bundesweit zulassungsbeschränkt (*Informationen zur bundesweiten Zulassungsbeschränkung finden Sie in Abschnitt 4.2.1*). Die Studiengänge werden nur an Universitäten angeboten.

Inhalte des Studiums

Humanmedizin

- Neben der Vermittlung der wissenschaftlichen Grundlagen werden auch koordinierende, allgemeinmedizinische, pharmakotherapeutische und gesundheitsökonomische Fragestellungen behandelt.
- Fächerübergreifender und fallbezogener Unterricht mit problemorientierter und fächerverbindender Vermittlung themenbezogener Inhalte, die sich an den Patient*innen ausrichten

- Kurse z.B. in Schmerzmedizin, Palliativmedizin, Notfallmedizin
- Praxisbezogener Unterricht am Krankenbett in Form von Patientendemonstrationen in Kleingruppen von maximal sechs, bei Patientenuntersuchungen von höchstens drei Studierenden

Die Studierenden absolvieren eine viermonatige Famulatur (medizinisches Praktikum) während der unterrichtsfreien Zeit des Studiums zwischen dem ersten Abschnitt und dem zweiten Abschnitt der Ärztlichen Prüfung (nur schriftlich). Sie ist bei verschiedenen Einrichtungen mit festgelegten Mindestzeiten abzuleisten (Krankenhäuser, ärztliche Praxen, Einrichtungen der hausärztlichen Versorgung usw.).

Des Weiteren gibt es praktische Übungen und Blockpraktika von ein- oder zwei- bis sechswöchiger Dauer in den wichtigsten medizinischen Bereichen.

Am Ende des Medizinstudiums, nach dem Zweiten Abschnitt der Ärztlichen Prüfung, folgt eine zusammenhängende praktische Ausbildung von 48 Wochen (Praktisches Jahr) in einem Krankenhaus oder teilweise auch in geeigneten ärztlichen Praxen (Lehrpraxen). Abschließend ist der Dritte Abschnitt der Ärztlichen Prüfung (nur mündlich) abzulegen.

Ärztliche Prüfung: Der erste Abschnitt der (staatlichen) Ärztlichen Prüfung erfolgt nach einem Studium von zwei Jahren. Die Universitäten überprüfen die erworbenen Qualifikationen in den klinischen Fächern und Querschnittsbereichen des darauffolgenden dreijährigen Studienabschnitts in Form benoteter Leistungsnachweise. Diese sind auch Voraussetzung für die Meldung zum Zweiten Abschnitt der Ärztlichen Prüfung nach einem Studium von fünf Jahren.

Daran schließt sich das praktische Jahr an, das Ausbildungsabschnitte von je 16 Wochen in Innerer Medizin, Chirurgie, Allgemeinmedizin oder einem weiteren klinisch-praktischen Fachgebiet beinhaltet. Der Dritte Abschnitt der Ärztlichen Prüfung wird nach einem Studium von insgesamt sechs Jahren absolviert, einschließlich des Praktischen Jahres.

Ärzt*innen können unmittelbar nach dem Studium eine Assistenzarztstelle antreten bzw. eine Facharztweiterbildung aufnehmen.

Weiterbildung: Nach der ärztlichen Approbation gibt es vielfältige Möglichkeiten der fachärztlichen Weiterbildung, die auf der Grundlage der Weiterbildungsordnungen der Landesärztekammern erfolgen.

Tiermedizin

Vorklinisches Studium (vier Semester): Vorlesungen und Praktika in Physik, Chemie, Zoologie, Botanik, Anatomie, Histologie, Embryologie, Physiologie, Biochemie, Tierzucht und Genetik.

Klinisches Studium (sechs Semester): Virologie, Bakteriologie und Mykologie, Parasitologie, Tierernährung, Tierhaltung und Tierhygiene, allgemeine Pathologie und spezielle pathologische Anatomie und Histologie, Innere Medizin, Chirurgie und Anästhesiologie, Radiologie, Reproduktionsmedizin, Geflügelkrankheiten, Pharmakologie und Toxikologie, Tierschutz, Tierseuchenbekämpfung, Lebensmittelkunde, Milchkunde, Fleischhygiene, Arznei- und Betäubungsmittelrecht, Klinische Propädeutik und tierärztliches Berufs- und Standesrecht.

Der naturwissenschaftliche Abschnitt (Vorphysikum) der Tierärztlichen Vorprüfung findet bereits nach dem 1. oder 2. Semester statt, der anatomisch-physiologische Abschnitt (Physikum) nach dem 4. Semester. Das klinische Studium vom 5. bis 11. Semester wird begleitet von mehreren Teilabschnitten der Tierärztlichen Prüfung.

Die **Tierärztliche Prüfung** wird in mehreren Abschnitten, i.d.R. in den vorlesungsfreien Zeiten abgelegt, wobei die Prüfungen zeitnah zu den Unterrichtsveranstaltungen durchzuführen sind.

Weiterbildung: Eine Weiterbildung zum*zur Fachtierarzt*Fachtierärztin für einzelne Spezialgebiete ist möglich (Dauer: drei bis fünf Jahre).

- Während des Studiums müssen angehende Tiermediziner*innen verschiedene Praktika leisten: 70 Stunden in der Landwirtschaft, Tierzucht und Tierhaltung
- 150 Stunden in einer tierärztlichen Praxis oder Tierklinik (nach dem Physikum)
- 75 Stunden in der Hygienekontrolle und Lebensmittelüberwachung/-untersuchung
- 100 Stunden praktische Ausbildung in der Schlachttier- und Fleischuntersuchung
- 75 Stunden im öffentlichen Veterinärwesen
- 700 Stunden in einer tierärztlichen Praxis oder Tierklinik (ab dem 8. Semester)

Ein Teil davon kann in einem Wahlpraktikum in anderen Einrichtungen, z.B. in einem naturwissenschaftlichen Institut einer Universität oder einem wissenschaftlich geleiteten zoologischen Garten, abgeleistet werden.

Zahnmedizin

Zahnärztliche und kieferchirurgische Eingriffe erfordern gute Augen und Geschick im Umgang mit komplizierten Apparaturen und Instrumenten. ▶

Das Studium der Zahnmedizin gliedert sich in einen vorklinischen und einen klinischen Abschnitt. Neben der theoretischen Unterweisung ist es stark auf die praktische Ausbildung zum*zur Zahnarzt*Zahnärztin ausgerichtet.

Vorklinisches Studium (fünf Semester): Vorlesungen, Praktika und Kurse in Zoologie oder Biologie, Physik und Chemie, Anatomie, Physiologie und Biochemie, Werkstoffkunde, technischer Propädeutik und Zahnersatzkunde. Naturwissenschaftliche Vorprüfung nach dem 2. Semester, Zahnärztliche Vorprüfung nach dem 5. Semester.

Klinisches Studium (fünf Semester): Theoretische und praktische Ausbildung in der Zahnheilkunde und weiteren zugehörigen medizinischen Fächern. Freiwillige Famulaturen im europäischen und außereuropäischen Ausland vermittelt der Zahnmedizinische Austauschdienst (ZAD).

Weiterbildung: Nach ihrer Approbation können sich Zahnärzt*innen in der Oralchirurgie, in der Kieferorthopädie, in der Parodontologie oder für das öffentliche Gesundheitswesen auf Grundlage der Weiterbildungsverordnungen der Landeszahnärztekammern weiterbilden (Dauer i.d.R. vier Jahre).

Vor und während des Studiums werden Praktika im zahntechnischen Labor empfohlen.

Die zahnärztliche Prüfung wird nach Abschluss des klinischen Studiums innerhalb von sechs Monaten nach Semesterschluss abgelegt.

Zulassungskriterien & Studienbewerbung

Die Studienplätze in der Human-, Tier- und Zahnmedizin werden zentral über die Stiftung für Hochschulzulassung vergeben. Eine Bewerbung ist über das Portal **hochschulstart.de** möglich. Da es deutlich mehr Bewerber als freie Studienplätze gibt, müssen Interessierte einen sehr guten Notendurchschnitt mitbringen.

Humanmedizin

Studieninteressierte müssen einen dreimonatigen Krankenpflegedienst sowie eine Ausbildung in Erster Hilfe vor dem Studium oder während der unterrichtsfreien Zeit bis spätestens vor der Meldung zum ersten Abschnitt der Ärztlichen Prüfung nach vier Semestern (Anrechnung von bestimmten Ausbildungen möglich) absolvieren.

Tiermedizin

Der Studienbeginn ist nur zum Wintersemester möglich.

Berufsmöglichkeiten nach dem Studium

Ärzt*innen arbeiten als niedergelassene Ärzt*innen in freier Praxis und in Krankenhäusern, Sanatorien, Kureinrichtungen sowie als

➔ links

Approbationsordnung für Ärzte
vom 27. Juni 2002, (Bundesgesetzblatt I S. 2405), zuletzt geändert durch Artikel 5 des Gesetzes vom 17. Juli 2017 (BGBl. I S. 2581) finden Sie unter:
➔ www.gesetze-im-internet.de/_appro_2002

Landkarte Hochschulmedizin
Informationen über alle medizinischen Fakultäten, die zugehörigen Universitätskliniken sowie die Studienbedingungen
➔ www.landkarte-hochschulmedizin.de

medizin-studieren
Das Online-Portal bietet Grundinformationen zum Medizinstudium und Berufseinstieg.
➔ www.aerzteblatt-studieren.de

Bundesärztekammer und Anschriften der Landesärztekammern
➔ www.bundesaerztekammer.de

Medizinischer Fakultätentag
Verband der Medizinischen Ausbildungs- und Forschungsstätten Deutschlands.
➔ www.medizinische-fakultaeten.de

Verordnung zur Approbation von Tierärztinnen und Tierärzten
vom 27. Juli 2006 (BGBl. 2006, Teil I, S. 1827), zuletzt geändert durch Artikel 1 der Verordnung vom 20. Dezember 2016 (BGBl. I S. 3341).
➔ www.gesetze-im-internet.de/tappv

Bundestierärztekammer
➔ www.bundestieraerztekammer.de

Approbationsordnung für Zahnärzte
vom 26. Januar 1955 (BGBl. I S. 37), zuletzt geändert durch Artikel 8 des Gesetzes vom 27. Juni 2017 (BGBL. I S. 1966) finden Sie unter: ➔ www.gesetze-im-internet.de/z_pro

Buhdeszahnärztekammer
Informationen zur zahnärztlichen Weiterbildung finden Sie unter:
➔ www.bzaek.de

Bundesverband der Zahnmedizinstudenten in Deutschland (BdZM) e.V.
➔ www.bdzm.info

Infos rund um das Zahnmedizinstudium
bietet das Zahniportal unter:
➔ www.zahniportal.de

ISA
Das Informationssystem Studienwahl & Arbeitsmarkt der Universität Duisburg-Essen gibt Informationen zur Entwicklung in den einzelnen Studienbereichen und Teilarbeitsmärkten.
➔ www.uni-due.de/isa

Sanitätsoffiziere der Bundeswehr. Beschäftigungsmöglichkeiten bieten sich außerdem in Forschung und Lehre, in der öffentlichen Verwaltung (z.B. Gesundheitsämter), in betriebsärztlichen Diensten, in der pharmazeutischen Industrie sowie in der Sportmedizin.

Neben dem klinischen Bereich bieten sich für Mediziner*innen auch in anderen, nichtkurativen Berufsfeldern wie z.B. in der medizinischen Informatik, im Gesundheitsmanagement, im medizinischen Fachjournalismus oder in der Umweltmedizin Alternativen. Zusätzlich erworbene Kenntnisse u.a. in Betriebswirtschaft und EDV könnten dafür von Bedeutung sein.

Tiermedizin
Tierärzt*innen arbeiten selbstständig oder als Praxisassistent*innen überwiegend in Kleintier- und Großtierpraxen, in Tierkliniken, im amtstierärztlichen Dienst (Tierseuchenbekämpfung, Tierschutz, Schlachttier- und Fleischuntersuchung, Lebens- und Futtermittelüberwachung), bei Landes- und Bundesbehörden sowie in der Pharmazeutischen Industrie (z.B. Forschung, Technischer Service, Vertrieb und Marketing). Beschäftigungsmöglichkeiten – wenn auch in geringerem Umfang – bieten sich ferner in großen zoologischen Gärten und Tierheimen oder an Hochschulen und Forschungseinrichtungen im In- und Ausland.

Zahnmedizin
Zahnärzt*innen arbeiten überwiegend in freier Praxis, aber auch in Krankenhäusern, zahnmedizinischen Kliniken, Sanatorien und Kureinrichtungen, in Forschung und Lehre sowie als Sanitätsoffiziere der Bundeswehr. Daneben bieten sich Beschäftigungsmöglichkeiten in eher beratender, verwaltender Funktion bei Sozialversicherungsträgern, in der Pharmazeutischen Industrie, der Medizintechnik, bei Zahnärztekammern, kassenärztlichen Vereinigungen sowie bei Berufs- und Fachverbänden. ■

3.4.4 Psychologie

Psychologie ist die Wissenschaft vom Erleben, Verhalten und Handeln des Menschen.

Das Studienfeld im Überblick
Die wissenschaftliche Psychologie entwickelt ihr Wissen aus geisteswissenschaftlichen, sozialwissenschaftlichen und naturwissenschaftlichen Denkmodellen und Forschungsstrategien. Sie ist eine empirische Wissenschaft, d.h. alle Aussagen werden auf Beobachtungen und Experimente gestützt. Die Ergebnisse werden mit Hilfe mathematisch-statistischer Methoden verarbeitet. Die Psychologie hat interdisziplinäre Züge und besitzt Überschneidungen zu Wissenschaftsgebieten wie den Biowissenschaften, Soziologie, Pädagogik, Philosophie, zu den Sprachwissenschaften, Wirtschaftswissenschaften (v.a. Marketing und experimentelle Wirtschaftsforschung) oder zur Informatik.
Die Psychologie lässt sich in verschiedene Teildisziplinen einteilten:

- Die **Allgemeine Psychologie** befasst sich mit den grundlegenden Funktionsformen menschlichen Erlebens und Verhaltens (Lernen, Gedächtnis, Sprache, Emotion, Motivation u.a.).
- Bei der **Differentiellen Psychologie/ Persönlichkeitspsychologie** stehen die individuellen und gruppenspezifischen Unterschiede in den Funktionsbereichen, die in der Allgemeinen Psychologie angesprochen werden, im Vordergrund der Betrachtung.
- Die **Entwicklungspsychologie** beschäftigt sich mit alters- oder lebensabschnittsabhängigen Veränderungen des Verhaltens und Erlebens. Ihre Ergebnisse sind v.a. für die Pädagogische und Klinische Psychologie bedeutsam.
- Gegenstand der **Sozialpsychologie** sind die vielfältigen Bedingungen und Wirkungen für das soziale Verhalten und die Interaktionen zwischen Individuen und Gruppen. ▶

- In der **Biologischen Psychologie** und der **Neuropsychologie** wird die gegenseitige Bedingtheit psychischer und körperlicher Prozesse (z.B. im Nervensystem) untersucht.

Studienangebot

Psychologie wird als Bachelor- und Masterstudiengang unter der Bezeichnung Psychologie angeboten, kann aber auch als sogenanntes Bindestrich-Fach mit Schwerpunkt studiert werden, bspw. Wirtschaftspsychologie oder Arbeits- und Organisationspsychologie.

Inhalte des Studiums

Im **Grundlagenstudium** vermitteln Module eine Einführung in die Psychologie und Erkenntnistheorie sowie wissenschaftliche Basistechniken und Forschungsmethoden (z.B. Versuchsplanung, Empirie, Statistik, computergestützte Datenanalyse). Hinzu kommen Module zur allgemeinen und differenziellen Psychologie, zur Sozial-, Entwicklungs- und Biopsychologie, zur psychologischen Diagnostik und Testtheorie sowie zu relevanten Anwendungsgebieten (pädagogische Psychologie, Gesundheitspsychologie, Grundlagen der klinischen Psychologie, Arbeits- und Organisationspsychologie).

Im **Vertiefungsstudium** ermöglichen Module die Erweiterung oder Spezialisierung des Grundlagen- und Anwendungswissens sowie die Bildung von Schwerpunkten, z.B. Kognitionspsychologie oder Business Psychology.

Zulassungskriterien & Studienbewerbung

Aufgrund der hohen Nachfrage nach Studienplätzen können in der Regel nicht alle Interessierten zum Psychologiestudium zugelassen werden. Der Numerus clausus ist von Hochschule zu Hochschule unterschiedlich und lag in der Vergangenheit meistens zwischen 1,0 und 2,0.

Berufsmöglichkeiten nach dem Studium

Die Beschäftigungsmöglichkeiten für Psycholog*innen sind sehr unterschiedlich und v.a. vom jeweiligen Studienschwerpunkt abhängig. Mögliche Tätigkeitsbereiche sind:

- Klinisch-psychologische Praxen, Psychotherapeutische Praxen
- Psychologische Beratungsstellen in kommunaler, kirchlicher oder freier Trägerschaft
- Psychosomatische Kliniken und Psychiatrie-Krankenhäuser, Rehabilitations- und Kureinrichtungen
- Behinderten- und Seniorenheime, Heime und Institutionen für Sozial- und Sonderpädagogik

- Psychologischer Dienst in der Bundesagentur für Arbeit und den einzelnen Agenturen für Arbeit
- Psychologische Dienste von Behörden, Gebietskörperschaften, bei Justizbehörden, Polizeiverwaltungen und Jugendämtern, schulpsychologische Dienste bei Ländern und Kommunen sowie der Bundeswehr
- Lehr- und Forschungseinrichtungen, Einrichtungen der Erwachsenenbildung, Schulen und vorschulpädagogische Einrichtungen
- In großen Unternehmen z.B. in betriebspsychologischen Diensten, im Personalwesen und Coaching, in der innerbetrieblichen Aus- und Weiterbildung sowie bei der Moderation internationaler Teams
- Markt- und Meinungsforschungsinstitute, PR- und Werbeagenturen, Verlage.

Das größte Einsatzgebiet für Psycholog*innen eröffnet sich nach wie vor im klinischen Sektor. Daneben gewinnen neue Betätigungsfelder z.B. in der Umwelt- und Verkehrspsychologie, der Moderation internationaler Teams in global operierenden Unternehmen, in der Notfallpsychologie, Seniorenarbeit oder Sport- und Freizeitpsychologie an Bedeutung.

Das Psychotherapeutengesetz bindet bundeseinheitlich die Führung der Berufsbezeichnung „Psychologische*r Psychotherapeut*in“ sowie „Kinder- und Jugendlichenpsychotherapeut*in“ an eine entsprechende Approbation. Voraussetzung für die Erteilung dieser Approbation ist das Bestehen einer staatlichen psychotherapeutischen Prüfung (Anerkennung durch den Wissenschaftlichen Beirat Psychotherapie der Bundesärztekammer) auf der Grundlage eines abgeschlossenen Psychologiestudiums, das aus einem polyvalenten dreijährigen Bachelorstudium und einem zweijährigen Masterstudium bestehen muss.

➔ links

Deutsche Gesellschaft für Psychologie e.V. (DGPs)
➔ www.dgps.de

Berufsverband Deutscher Psychologinnen und Psychologen (BDP) e.V.
➔ www.bdp-verband.org

Deutsche Psychotherapeutenvereinigung e.V.
➔ www.deutschepsychotherapeutenvereinigung.de

Bundespsychotherapeutenkammer
Eine Übersicht der Landeskammern der Psychologischen Psychotherapeut*innen und der Kinder- und Jugendlichenpsychotherapeut*innen finden Sie unter:
➔ www.bptk.de

ISA
Das Informationssystem Studienwahl & Arbeitsmarkt der Universität Duisburg-Essen gibt Informationen zur Entwicklung in den einzelnen Studienbereichen und Teilarbeitsmärkten.
➔ www.uni-due.de/isa

3.4.5 Sport

Das Studium des Sports und der Sportwissenschaft ist auf die spätere Tätigkeit als Sportlehrer*in sowie auf sportbezogene Berufsfelder, z.B. bei Organisationen im Freizeit- und Gesundheitssport oder im Leistungs- und Wettkampfsport, vereinzelt auch auf eine wissenschaftliche Tätigkeit, ausgerichtet.

Das Studienfeld im Überblick

Neben einer praktisch-methodischen Ausbildung in den wesentlichen Sportarten (Leichtathletik, Geräteturnen, Gymnastik/Tanz, Schwimmen, Ballsportarten usw.) steht die theoretisch-wissenschaftliche Beschäftigung mit Fächern wie Pädagogik, Didaktik, Psychologie, Medizin, Soziologie und Geschichte des Sports, Bewegungs- und Trainingslehre, Sportstättenbau, Sportverwaltung, -publizistik und -recht im Vordergrund des Studiums.

Studienangebot

Das Feld Sport umfasst in erster Linie die Studiengänge Gesundheitssport und Sportwissenschaft. Das Fach ist aber auch im Rahmen ▶

eines Lehramtsstudiums belegbar. Dann ist i.d.R. ein zweites, wissenschaftliches Unterrichtsfach vorgeschrieben (*siehe Kapitel 3.10 „Lehrämter“*).Die Studiengänge im Bereich **Sportwissenschaften** umfassen Theorie und Praxis von Sportarten sowie sportwissenschaftliche Inhalte (Trainingslehre, Sportmedizin, -biologie, -pädagogik) einerseits, wirtschaftswissenschaftliche Zusammenhänge (Marketing, Unternehmensrechnung, Organisation und Personalwesen) und Themen aus dem Bereich Rechtswissenschaft (Sportrecht, Steuerrecht im Sport) andererseits (*siehe hierzu auch Abschnitt 3.5.14 „Tourismuswirtschaft, Sport- und Eventmanagement“*).

Inhalte des Studiums

Im **Bachelorstudium** gibt es Module wie didaktisch-methodische Grundlagen der Bewegungsarten, Sportspiele und Sportarten, Sportbiomechanik, Sportmedizin (anatomisch-physiologische Grundlagen), Trainingswissenschaft, Sportpsychologie/Sportsoziologie, Sport und Bewegung im Erziehungs- und Bildungsprozess, Sportrecht und -verwaltung, Sport und Medien.

Im **Masterstudium** erfolgt eine Profilbildung durch themenorientierte Vertiefung und Schwerpunktsetzung in Bereichen wie: Freizeit- und Gesundheitssport, Leistungs- und Wettkampfsport, Prävention und Rehabilitation, Sport im Erwachsenen- und Seniorenalter, Natursport und Sporttourismus, Sportökonomie und Management, Medien und Kommunikation.

Zulassungskriterien & Studienbewerbung

Wer Sport studieren möchte, muss i.d.R. ein Gesundheitszeugnis vorlegen. An den meisten Hochschulen wird außerdem zum Nachweis der sportlichen Leistungsfähigkeit eine Eingangsprüfung vorgenommen.

Berufsmöglichkeiten nach dem Studium

Sportlehrer*innen und Sportwissenschaftler*innen arbeiten überwiegend im öffentlichen und privaten Schulwesen sowie (angestellt oder freiberuflich) bei Sportverbänden und -vereinen, bei professionellen Sportveranstaltern, im Behindertensport, in Kliniken und Rehabilitationseinrichtungen, im kommerziellen Freizeitsport (Tourismus, Fremdenverkehr, Fitness-Bereich) sowie bei Medienunternehmen. ■

→ links

Deutsche Vereinigung für Sportwissenschaft e.V. (dvs)
→ www.sportwissenschaft.de

Deutscher Olympischer Sportbund
→ www.dosb.de

3.4.6 Therapien

Wer anderen Menschen helfen möchte, dem bieten sich verschiedene Berufsziele in der nichtärztlichen Therapie. Zu nennen sind z.B. die Ergotherapie, die Physiotherapie, die Logopädie sowie die Musik- oder Kunsttherapie.

Das Studienfeld im Überblick

Kennzeichnend für diesen Studienbereich ist, dass sich alle Studiengänge damit beschäftigen, Menschen bei der Erhaltung oder Wiederherstellung ihrer Gesundheit zu helfen. Vielfach werden den Studierenden neben den spezifischen therapeutischen und medizinischen Kenntnissen auch solche in Psychologie sowie in rechtlichen und sozialen Grundlagen nähergebracht.

Studienangebot

- Die interdisziplinär ausgerichtete **Therapiewissenschaft** beschäftigt sich mit Prävention, Kuration und Rehabilitation. Außerdem erlernen die Studierenden Basiswissen in Management sowie fachspezifischer Betriebswirtschaftslehre und IT.

- In der **Logopädie** (Sprach-/Sprechtherapie), der Klinischen Linguistik bzw. Patholinguistik geht es um die Behandlung von Hör-, Stimm-, Sprach- und Schluckstörungen, z.B. beim Spracherwerb im Kindesalter oder nach Schlaganfällen.
- In der **Ergotherapie** wird ein breites Spektrum von Methoden der Beschäftigungs- und Arbeitstherapie angewendet, um kranke oder behinderte Menschen bei der Aktivierung ihrer (verbliebenen) Kräfte zu fördern bzw. sie bei der Eingliederung ins Alltags- und Arbeitsleben zu unterstützen.
- Die **Physiotherapie** befasst sich vorwiegend mit Prävention, Beratung und Therapie hinsichtlich von Funktions- und Entwicklungsstörungen des Bewegungsapparates.
- Die **Musiktherapie** behandelt mit dem Hören diagnosegerecht ausgewählter Musik (passive Musiktherapie) und mit dem aktiven Nutzen musikalischer Ausdrucksmittel (aktive Musiktherapie), wie etwa dem Verwenden von Perkussions- oder Orff-Instrumenten, Kranke und Menschen mit Behinderung. Sie bahnt damit z.B. Menschen mit autistischen Störungen erste Kommunikationswege. Hinweis: Dieses Arbeitsgebiet überschneidet sich z.T. mit der Rhythmik und der Allgemeinen Musikerziehung (AME), *siehe Abschnitt 3.9.4 „Musik“*.
- Ähnliche Aufgaben nimmt die **Kunsttherapie** wahr, die ihren Patient*innen mit verschiedensten Artikulationsmöglichkeiten der Bildenden Kunst hilft, z.B. Probleme oder Prozesse bildnerisch auszuarbeiten und „bildhaft“ zu machen und damit eine „sichtbare“ Grundlage zu schaffen, um sich wirklich damit auseinanderzusetzen.

Für die Therapieberufe gibt es duale Studienmöglichkeiten. Außerdem haben die Bundesländer die Möglichkeit, probeweise primärqualifizierende Hochschulstudiengänge in Physiotherapie, Ergotherapie und Logopädie einzurichten. Absolvent*innen eines dieser Studiengänge können dann die Berufsbezeichnung – z.B. Physiotherapeut*in oder Ergotherapeut*in – führen und haben gleichzeitig den Bachelorabschluss erworben. Diese Studiengänge ergänzen das vielfältige Spektrum der Berufsfachschulausbildungen in einigen Therapiefächern.

Inhalte des Studiums

Im Rahmen des Studiums sind bis zu drei Praktika obligatorisch. Sie dauern zwischen sechs Wochen und drei Monaten (Praxissemester) und sind i.d.R. an eine therapeutische Praxis angebunden.

In allen grundständigen Therapie-Studiengängen findet im Grundlagenstudium (**Bachelor**) die biomedizinische, diagnostische und therapeutische Basisausbildung statt.

- Dazu gehören z.B. Modulangebote in verschiedenen psychologischen und medizinischen Disziplinen sowie in musikalischen bzw. bildkünstlerischen Grundlagenfächern und ihrer therapeutischen Anwendung in den musik- und kunsttherapeutischen Studiengängen.
- Psychologische, neurologische, linguistische und audiologisch-phoniatrische Studien füllen die ersten Semester in den sprachtherapeutischen Studiengängen.
- In der Musiktherapie kommt z.B. Selbsterfahrung für Musiktherapeut*innen sowie Supervision hinzu, in der Kunsttherapie Kunsttheorie.

Das **Masterstudium** führt Themengebiete i.d.R. fort, vertieft und erweitert sie und vermittelt Praxiskenntnisse auf Fortgeschrittenenniveau. Hinzu kommen Module zur Qualitätssicherung und zum Sozial- und Gesundheitssystem.

Zulassungskriterien & Studienbewerbung

In Logopädie, Ergotherapie und Physiotherapie gibt es u.a. duale Studiengänge, bei denen die Berufsfachschulausbildung in einem entsprechenden Beruf und ein grundständiges Fachhochschulstudium parallel erfolgen und aufeinander bezogen sind; z.T. wird aber auch zum Zeitpunkt des Studienbeginns eine abgeschlossene Erstausbildung in einem entsprechenden Beruf vorausgesetzt.

Für die künstlerischen Therapiestudiengänge braucht man außer dem Schulabschluss entsprechende Eignungsnachweise, z.B. eine bestandene Aufnahmeprüfung. ▸

➔ info

In diesem Studienfeld gibt es auch einige, meist kostenpflichtige, Masterstudiengänge für Berufserfahrene. Auf ➔studienwahl.de finden Sie nur jene Studiengänge, die sich an Erststudierende richten und auch ohne Berufserfahrung studiert werden können. Weiterbildende Masterstudiengänge gibt es unter ➔ www.hochschulkompass.de

Berufsmöglichkeiten nach dem Studium

Nichtärztliche Therapeut*innen behandeln i.d.R. auf ärztliche Verordnung hin selbstständig Kranke und Behinderte mit den Methoden ihres jeweiligen Fachgebiets. Sie arbeiten in Kliniken, Rehabilitationseinrichtungen, Ausbildungseinrichtungen des Gesundheitswesens und freiberuflich/selbstständig oder in eigener Praxis. ■

3.5 Studienbereich Wirtschaftswissenschaften

Die Wirtschaftswissenschaften vereinen die beiden klassischen Disziplinen Volkswirtschaftslehre (VWL) und Betriebswirtschaftslehre (BWL). Beide Disziplinen beschäftigen sich mit wirtschaftlichen Vorgängen, entweder innerhalb eines Unternehmens oder mit Blick auf eine ganze Gesellschaft.

Ein Unternehmen managen, Märkte analysieren, Kosten überwachen oder Prozesse optimieren – all das sind Aufgaben von Wirtschaftswissenschaftler*innen. Als Expert*innen für wirtschaftliche Zusammenhänge behalten sie in mittelständischen Industrieunternehmen, Weltkonzernen, Banken und Versicherungen sowie bei Behörden, Verbänden und Institutionen Wertschöpfungsketten im Blick und suchen nach Optimierungsmöglichkeiten.

Studierende der Wirtschaftswissenschaften sollten deshalb eine gute Allgemeinbildung, gute Kenntnisse in Mathematik und modernen Fremdsprachen sowie Interesse an wirtschaftlichen, sozialen, politischen und historischen Fragen mitbringen. Außerdem sollten sie analytisch denken und methodisch vorgehen können, ▸

Der Studienbereich auf einen Blick

STUDIENFELD	STUDIENFÄCHER, z.B.	STUDIENFELD	STUDIENFÄCHER, z.B.
Automobilwirtschaft	Automobilwirtschaft, Automotive Management	**Internationale Wirtschaft**	Internationale Wirtschaft
Bau-, Immobilienwirtschaft	Baubetriebswirtschaft, Baumanagement Immobilienwirtschaft	**Logistik, Verkehr**	Logistik, Supply-Chain-Management Luftverkehrsmanagement Schiffs-, Reedereimanagement, Hafenwirtschaft Verkehrsbetriebswirtschaft
Betriebswirtschaft	Betriebswirtschaftslehre, Business Administration	**Management**	Dienstleistungs-, Servicemanagement Innovationsmanagement Nachhaltigkeitsmanagement Unternehmensberatung
Finanz- und Rechnungswesen, Controlling, Steuern	Finanz- und Rechnungswesen, Controlling Steuern, Prüfungswesen	**Marketing, Vertrieb**	Marketing, Vertrieb
Finanzdienstleistungen, Versicherungswirtschaft	Bank, Finanzdienstleistungen Versicherungsbetriebswirtschaft Risikomanagement*	**Medienwirtschaft, -management**	Medienwirtschaft, -management
Gesundheitsmanagement, -ökonomie	Gesundheitsmanagement, -ökonomie	**Öffentliche Verwaltung** (Kap 3.11)	Sozialversicherung
Handel, Industrie, Handwerk	Buchhandel, Verlagswirtschaft Handelsbetriebswirtschaft Handwerksmanagement Industriebetriebswirtschaft	**Personalmanagement, -dienstleistung**	Personalmanagement, -dienstleistung

WIRTSCHAFTSWISSENSCHAFTEN

STUDIENFELD	STUDIENFÄCHER, z.B.
Tourismuswirtschaft, Sport- und Eventmanagement	Event-Management Hotelmanagement Tourismusmanagement Sportmanagement
Wirtschaftsinformatik	Internetbasierte Systeme, E-Services Verwaltungsinformatik Wirtschaftsinformatik
Wirtschaftswissenschaften, Volkswirtschaft	Sozialökonomie Volkswirtschaftslehre Wirtschaftswissenschaften

* nur weiterführend

Alternative Studienbereiche

- **Rechts-, Sozialwissenschaften** **➔(Seite 179)**
- **Sprach-, Kulturwissenschaften** **➔(Seite 189)**

sozialkompetent und teamfähig sein sowie selbstständig und theoretisch arbeiten können.

Neben generalistischen BWL- und VWL-Studiengängen gibt es auch solche, die einen Industrie- oder Dienstleistungszweig in den Fokus rücken oder die interdisziplinär Inhalte anderer Fachgebiete kombinieren, z.B. mit den Ingenieurwissenschaften, der Mathematik, der Informatik, den Rechtswissenschaften, den Gesellschafts- und Sozialwissenschaften und den Sprach- und Kulturwissenschaften. Beispiele hierfür sind Wirtschaftsingenieurwesen, Wirtschaftsinformatik und Wirtschaftsrecht.

In diesem Studienfeld haben die Veränderungen der politischen und wirtschaftlichen Rahmenbedingungen, z.B. die Globalisierung und Internationalisierung der Märkte, wachsender Kapitalexport, Verlagerung und Ausgliederung von Betriebsteilen u.Ä. zu mehr europäischen und international ausgerichteten Studiengängen sowie integrierten Austauschprogrammen geführt.

Mit einem wirtschaftswissenschaftlichen Bachelorabschluss ist i.d.R. ein Karriereeinstieg z.B. im mittleren Management möglich, während für Führungspositionen und Aufgaben im höheren Management im Allgemeinen ein Masterabschluss Voraussetzung ist. ■

➔ links

ISA
Das Informationssystem Studienwahl & Arbeitsmarkt der Universität Duisburg-Essen gibt Informationen zur Entwicklung in den einzelnen Studienfeldern und Teilarbeitsmärkten.
➔ www.uni-due.de/isa

Bundesverband Deutscher Volks- und Betriebswirte (BDVB) ➔ www.bdvb.de

abi>>
Spannende Reportagen zu diesem Studienfeld finden Sie auch auf abi.de:
➔ www.abi.de > Studium > Studienfelder > Wirtschaftswissenschaften

3.5.1 Automobilwirtschaft

Wer über eine Leidenschaft für Automobile verfügt und die wirtschaftlichen Aspekte einer mobilen Zukunft im Blick hat, ist in diesem Studienfeld gut aufgehoben.

Das Studienfeld im Überblick

Die Studiengänge in diesem Feld beschäftigen sich speziell mit den wirtschaftlichen Aspekten der Automobil- und Zulieferindustrie. Neben allgemeinen betriebswirtschaftlichen und rechtlichen Kenntnissen werden spezielle Fachkompetenzen für den Automotive-Bereich vermittelt. Dazu gehören die praxisorientierte Beschäftigung mit Beschaffungs- und Wertschöpfungsprozessen in der Automobilwirtschaft, Nutzungs- und Vermarktungsstrategien, Brand Management und Automobilmarketing, Servicemanagement sowie das Management von Automobilhandelsgruppen. Auch technische Zusammenhänge und Entwicklungstrends im Automobilbereich werden thematisiert. Spezielle Fremdsprachenangebote vermitteln interkulturelle Kompetenzen für das international geprägte Umfeld.

Studienangebot

Die Studiengänge werden (auch dual) vor allem an Fachhochschulen angeboten. An einigen Hochschulen kann auch im Rahmen des Wirtschaftsingenieurwesens ein Schwerpunkt in der Automobilwirtschaft gesetzt werden.

Inhalte des Studiums

Das Bachelorstudium vermittelt wissenschaftliches und praktisches Grundlagenwissen in Produktion und Logistik, Fahrzeugtechnik, technischem Einkauf und Controlling sowie Produktmanagement.

Mögliche Module sind beispielsweise Automobilnachfrage und -absatz, Automobiltechnik und Projektmanagement, Business English and Business Computing, Controlling in der Automobilwirtschaft, Marketingschwerpunkte in der Automobilwirtschaft, Mathematik, Rechtsgrundlagen in der Automobilwirtschaft, Strategisches Management, Werkstatt- und Teilemanagement, Wertschöpfungsstrukturen und -prozesse sowie Wettbewerbs- und Wirtschaftsrecht.

Berufsmöglichkeiten nach dem Studium

Absolvent*innen bieten sich unterschiedliche Tätigkeitsfelder in Unternehmen der Fahrzeugindustrie sowie in Zulieferbetrieben, z.B. in Einkauf, Beschaffung, Vertrieb, Verkauf oder Management. ■

3.5.2 Bau-, Immobilienwirtschaft

In diesem Studienfeld geht es vorrangig um die betriebswirtschaftliche Seite vom Bau und die Vermarktung von Gebäuden, sowohl von Wohngebäuden als auch Gewerbeobjekten.

Das Studienfeld im Überblick

Im Bereich Bau- und Immobilienwirtschaft haben sich zunehmend eigenständige Studiengänge etabliert, die vorher nur als Schwerpunkt in betriebswirtschaftlichen Studiengängen angeboten wurden. Sie verbinden technische und betriebswirtschaftliche Aspekte und beschäftigen sich mit Fragen der Immobilieninvestition und -finanzierung, der Projektentwicklung und -steuerung sowie der Gebäudelehre und -technik. In der Bauwirtschaft steht die betriebswirtschaftliche Seite bei der Planung und Errichtung von Bauwerken im Mittelpunkt. Die Immobilienwirtschaft konzentriert sich auf die Bewertung, Bewirtschaftung und Vermarktung von Immobilien. Dabei kann es sich um Gewerbeimmobilien, Wohnungen oder Häuser handeln. Kaufmännisches Denken, Organisationsfähigkeit sowie kommunikative Fähigkeiten sind dafür gute Voraussetzungen.

Studienangebot

Die Bachelorstudiengänge „Immobilienmanagement", „Baumanagement", „Betriebswirtschaft (Bau und Immobilien), „Real Estate Management" oder „Wohnungs- und Immobilienwirtschaft" werden vorwiegend von Fachhochschulen angeboten. An einigen Hochschulen gibt es die Möglichkeit, das Studium mit einem Master fortzuführen.

Bei entsprechender Schwerpunktsetzung ist je nach Hochschule auch ein Studium im Rahmen der Betriebswirtschaft oder des Wirtschaftsingenieurwesens möglich.

Inhalte des Studiums

- Im Bachelorstudium **Bauwirtschaft** erhalten die Studierenden ein wissenschaftliches und praktisches Grundlagenwissen in der kaufmännischen und technischen Bauplanung sowie in der Bauauftragsabwicklung. Das Studium enthält Module wie Baubetriebswirtschaftslehre, Baukonstruktion und -mechanik, Baustatik, Bodenmechanik und Erdbau, Geoinformation, Rechnungswesen, Vergabe- und Vertragswesen, Verkehrsanlagen und Baustofflogistik.
- Das Bachelorstudium **Immobilienwirtschaft** vermittelt Grundlagenwissen in Betriebswirtschaftslehre, Recht sowie Bau- und Haustechnik in Modulen wie Bautechnik, Gebäudelehre, Immobilienmanagement und -marketing, Immobilienbesteuerung und -finanzierung, Immobilienrecht, Projektentwicklung, Rechnungswesen und Controlling sowie Software für Real Estate.

Berufsmöglichkeiten nach dem Studium

Absolvent*innen arbeiten in Unternehmen der Bau-, Immobilien- und Gebäudewirtschaft, bei Immobilienverwaltungen und Makler*innen, bei Bauträger-, Wohnungsbau- und Immobiliengesellschaften, in bautechnischen Ingenieurbüros oder in der öffentlichen Verwaltung, wie z.B. bei Liegenschaftsämtern.

3.5.3 Betriebswirtschaft

Die Betriebswirtschaft befasst sich mit wirtschaftlichen Zusammenhängen und Gesetzmäßigkeiten einzelner Betriebe und Unternehmen mit dem Ziel, Entscheidungsprozesse konkret zu unterstützen.

Das Studienfeld im Überblick

Die Studiengänge des Studienfeldes Betriebswirtschaft gehören seit Jahren zu den beliebtesten an den deutschen Hochschulen – und zwar für Frauen und Männer gleichermaßen. Die Betriebswirtschaft ist ein Teilgebiet der Wirtschaftswissenschaften. Hier stehen einzelne Unternehmen mit ihren wirtschaftlichen Zusammenhängen, Abläufen und Gesetzmäßigkeiten im Fokus. Das Fach vermittelt allgemeine Wirtschaftskenntnisse im Rahmen eher generalistisch ausgerichteter Studiengänge, die häufig auch Möglichkeiten zur Schwerpunktsetzung bieten, etwa für das Finanz- und Rechnungswesen, das Marketing oder die internationalen Aspekte der Unternehmenstätigkeit. Darüber hinaus hat sich die Betriebswirtschaft stark differenziert und eigenständige Studiengänge hervorgebracht, die sich noch spezialisierter mit Fragestellungen aus einzelnen Funktionsbereichen oder Industrien bzw. Branchen auseinandersetzen. Diese werden bei Studienwahl in gesonderten Abschnitten behandelt. ▶

Studienangebot

Bachelorstudiengänge in diesem Bereich gibt es vor allem an Fachhochschulen, aber auch an einigen Universitäten. Die Studiengangsbezeichnungen lauten üblicherweise „Betriebswirtschaftslehre" oder „Betriebswirtschaft", „Business Studies" oder „Business Administration".

Inhalte des Studiums

Das Studium vermittelt die Grundlagen der Betriebs- und teilweise der Volkwirtschaftslehre sowie Kenntnisse auf Gebieten wie Unternehmensführung, Unternehmensbesteuerung, Personalwirtschaft, Wirtschaftsmathematik und Statistik, Buchführung und Bilanzierung, Kosten- und Leistungsrechnung, Beschaffung, Produktion und Logistik, Wirtschaftsrecht, Personalführung sowie Außenhandel und Internationales Recht.

Berufsmöglichkeiten nach dem Studium

Absolvent*innen haben viele Möglichkeiten, z.B. in Wirtschafts- und Personalberatungen, in der Industrie, in Handel und Dienstleistung, in der Kredit-, Versicherungs- und Verkehrswirtschaft oder in der EDV-Beratungs- und Softwarebranche. Aber auch in der öffentlichen Verwaltung und Wirtschaft, bei Verbänden und nationalen wie internationalen Behörden eröffnen sich Tätigkeitsfelder. ■

➔ links

BERUFE.TV
➔ www.berufe.tv
(Stichwort: Betriebswirtschaftslehre)

Bundesverband Deutscher Volks- und Betriebswirte (BDVB)
➔ www.bdvb.de

Verband der Hochschullehrer für Betriebswirtschaft (VHB)
➔ www.vhbonline.org

3.5.4 Finanz- und Rechnungswesen, Controlling, Steuern

Wie entwickeln sich der Wettbewerb und die Märkte? Unternehmen sind auf betriebswirtschaftliche Kennzahlen angewiesen, um zielführend und effizient reagieren zu können. Genau damit beschäftigt sich das Studienfeld Finanz- und Rechnungswesen, Controlling und Steuern.

Das Studienfeld im Überblick

Das **Finanzwesen** sorgt dafür, dass die Leistungsfähigkeit von Unternehmen erhalten bleibt, indem es etwa die Chancen und Risiken von geschäftlichen Finanzierungen und Investitionen abwägt und die Liquiditätsversorgung sicherstellt. Um sämtliche Vorgänge in allen betrieblichen Bereichen plan- und steuerbar zu machen, nutzen Unternehmen die Instrumente des Rechnungswesens und des Controllings. Eng damit verbunden ist das Steuer- und Prüfungswesen.

Das **Rechnungswesen** erfasst und dokumentiert regelmäßig Geschäftsvorfälle wie z.B. Jahresabschlüsse und Bilanzen und bildet somit die Basis für die Planungs-, Informations-, Steuerungs- und Koordinationsaufgaben des Controllings.

Das **Controlling und Finanzwesen** erstellt daraus Kennzahlen, Reports und Prognosen, die wiederum als ein betriebswirtschaftliches Instrumentarium dienen, mit dem sich Unternehmen güter- und finanzwirtschaftlich steuern lassen.

Das **Steuerwesen** ermittelt schließlich die Höhe und den Einfluss der hierbei entstehenden Steuerbelastungen.

Studienangebot

Bachelorstudiengänge in diesem Bereich gibt es vor allem an Fachhochschulen, aber auch an einigen Universitäten. Mögliche Studiengangsbezeichnungen lauten etwa „Accounting & Finance", '„Controlling", „Finanz- und Rechnungswesen", „International Finance", „Rechnungswesen, Steuern, Wirtschaftsrecht" oder „Steuerlehre".

Inhalte des Studium

Das Studium vermittelt ein umfassendes betriebswirtschaftliches Grundlagenwissen, das um spezifische Fach- und Methodenkenntnisse aus den verschiedenen Bereichen des internen und externen Rechnungswesens bzw. des Steuerrechts erweitert wird. Dazu zählen z.B. Kenntnisse über den Aufbau geeigneter Kostenrechnungssysteme und ein umfassendes Verständnis der nationalen und internationalen Rechnungslegung, einschließlich der entsprechenden steuerlichen Auswirkungen.

Folgende Unterrichtsmodule können Inhalt des Studiums sein: Investition und Finanzierung, IT-gestütztes Controlling, Statistik, Unternehmenssteuerung, Kostenrechnung und Produktionswirtschaft, Wirtschaftsinformatik, Betriebswirtschaftliche Steuerlehre, Prüfungswesen, Rechnungswesen, Wirtschaftsrecht und Steuerrecht.

Berufsmöglichkeiten nach dem Studium

Absolvent*innen dieser Bereiche eröffnen sich Berufsfelder in den entsprechenden Funktionen und Abteilungen von Unternehmen aller Branchen, in Steuerberatungs- und Wirtschaftsprüfungsgesellschaften, in Unternehmensberatungen oder in der öffentlichen Verwaltung. ■

3.5.5 Finanzdienstleistungen, Versicherungswirtschaft

Die Studiengänge dieses Studienfeldes bereiten auf Managementaufgaben bei Kreditinstituten und Versicherungsunternehmen vor.

Das Studienfeld im Überblick

Das Studienfeld bietet eine akademische Ausbildung im Versicherungs-, Bank- und Finanzwesen. Aufbauend auf einer betriebswirtschaftlichen Grundlagenausbildung, in der auch Kenntnisse der Finanzmathematik und Statistik vermittelt werden, erwerben die Studierenden die für eine Tätigkeit in der Bank- und Versicherungswirtschaft spezifischen Branchenkenntnisse.

In der **Banken- und Finanzbranche** wird zwischen Privatkund*innen- und Firmenkundengeschäft unterschieden. Die Branche kümmert sich darum, dass Unternehmen und Privatpersonen liquide bleiben. Außerdem streben Banken danach, den eigenen Gewinn zu maximieren. Dabei dreht sich alles um das Börsen- und Wertpapiergeschäft, um den Handel mit Rohstoffen, das Kreditwesen sowie um Darlehen, Kapitalanlagen und mehr. Die **Versicherungswirtschaft** dagegen sichert Privatpersonen und Unternehmen gegen mögliche Risiken ab. Die Internationalisierung des Marktes sowie neue Vertriebsformen, z.B. Direktversicherungen, haben die Wettbewerbssituation verändert und stellen die wirtschaftlich bedeutende Branche und ihre Erwerbstätigen in Deutschland vor neue Herausforderungen.

Um diesen Aufgaben gerecht zu werden, müssen Beschäftigte eine solide spezifische Qualifikation v.a. in Risikomanagement, Marketing- und Vertriebsmanagement, Controlling sowie Informations- und Kommunikationstechnologie mitbringen.

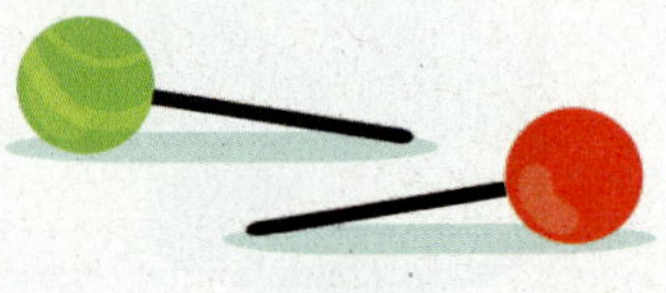

Studienangebot

Bachelorstudiengänge in diesem Bereich gibt es vor allem an Fachhochschulen, aber auch an einigen Universitäten. Der Studiengang wird zudem häufig dual oder berufsbegleitend angeboten. Mögliche Studiengangsbezeichnungen lauten „BWL – Bank“, „Banking and Finance“, „Finanzdienstleistungen“, „Versicherungswirtschaft“ oder „Versicherungs- und Finanzwirtschaft“.

Inhalte des Studiums

Aufbauend auf einer betriebswirtschaftlichen Grundlagenausbildung erhalten die Bachelorstudierenden fach- und branchenspezifisches Wissen, z.B. rechtliche, mathematische und spartenbezogene Kenntnisse des Bank- und Versicherungsgeschäfts. Beispielhafte Module sind Grundlagen der Betriebswirtschaft, Grundlagen von Finanzdienstleistungen, Bank- und Finanzmanagement, Kreditgeschäft, Vertrieb von Finanzdienstleistungsprodukten, Wirtschaftsrecht, Statistische Methoden der Versicherungswirtschaft, Versicherungsgeschäft, Versicherungsrecht, Risiko- und Entscheidungstheorie sowie Wirtschaftsmathematik. In zahlreichen Studiengängen setzen die Studierenden in höheren Semestern Schwerpunkte.

Berufsmöglichkeiten nach dem Studium

Für Absolvent*innen bieten sich unterschiedliche Tätigkeitsfelder bei Banken, Versicherungen und Finanzdienstleistungsunternehmen an, aber auch in der Industrie und in Dienstleistungsunternehmen, z.B. im Bereich Controlling oder Finanz- und Rechnungswesen. ■

→ links

Deutsches Institut für Bankwirtschaft
→ www.deutsches-institut-bankwirtschaft.de

Bundesverband deutscher Banken
→ www.bankenverband.de

GDV – Die Deutschen Versicherer
→ www.gdv.de

3.5.6 Gesundheitsmanagement, -ökonomie

In der Gesundheitsversorgung der Bevölkerung besteht der Anspruch, Standards zu sichern und zu verbessern – gleichzeitig sollen Krankenhäuser, Arztpraxen und Krankenkassen effizient wirtschaften. Wie dies gelingen kann, damit beschäftigen sich die Studiengänge in diesem Studienfeld.

Das Studienfeld im Überblick

Die zentralen Inhalte der Studiengänge Gesundheitsökonomie und Gesundheitsmanagement beschäftigen sich mit ökonomischen Gesichtspunkten im Gesundheitswesen. Das Studium vermittelt deshalb breite Kenntnisse der betriebswirtschaftlichen und strukturellen Bedingungen im Bereich und qualifiziert für Managementaufgaben in der Gesundheitsversorgung. Betriebswirtschaftliche Inhalte werden durch gesundheitswissenschaftliche, medizinische, pharmazeutische, sozialrechtliche und gesundheitspolitische Inhalte ergänzt. Darüber hinaus werden Fragen der Leistungsmessung im Gesundheitswesen, der Personalentwicklung sowie des Qualitäts- und Dienstleistungsmanagements thematisiert. Ziel ist es, Ablaufprozesse im Gesundheitswesen so zu gestalten, dass bei gleicher oder gar verbesserter Qualität weniger Kosten entstehen.

Studienangebot

Bachelor- und Masterstudiengänge in diesem Studienfeld gibt es vor allem an Fachhochschulen, auch als duales Studium, aber auch an einigen Universitäten. Mögliche Studiengangsbezeichnungen sind etwa „Gesundheits- und Sozialmanagement", „Health Care Management", „Management im Gesundheitswesen" oder „Betriebswirtschaft im Gesundheitswesen".

Inhalte des Studiums

Im Bachelorstudium wird wissenschaftliches und praktisches Grundlagenwissen in Wirtschaftswissenschaften, Gesundheitswissenschaft und Medizinmanagement vermittelt. Mögliche Module sind Grundlagen der Gesundheitswissenschaften, Betriebliches Gesundheitsmanagement, Strukturen der Gesundheitsversorgung, Management und Personalführung in Gesundheitsorganisationen oder Unternehmerisches Denken und Handeln in Organisationen des Gesundheitswesens.

Zulassungskriterien & Studienbewerbung

Je nach Hochschule kann ein hochschulinternes Auswahlverfahren stattfinden. Eventuell muss ein Vorpraktikum oder eine abgeschlossene Ausbildung in einem Gesundheitsberuf nachgewiesen werden.

Berufsmöglichkeiten nach dem Studium

Studiengänge im Bereich Gesundheitsmanagement und -ökonomie qualifizieren für Einsatzgebiete in der Verwaltung von Arztpraxen, in Krankenhäusern, bei Kranken- und Pflegeversicherungen, im Bereich der Gesundheitsförderung und -information sowie in der pharmazeutischen Industrie und im Arzneimittelhandel. ■

3.5.7 Handel, Industrie, Handwerk

Handel, Industrie und Handwerk stehen vor neuen Herausforderungen. Sowohl die Globalisierung als auch die Digitalisierung bergen Chancen und Risiken. Was das für Bereiche wie Wertschöpfung, Logistik und Produktion bedeutet, lernen zukünftige Führungskräfte in diesem Studienfeld.

Das Studienfeld im Überblick

Das Studienfeld umfasst Studiengänge, die Managementqualifikationen für die spezifischen Handlungs- und Entscheidungsfelder von Handel, Industrie und Handwerk vermitteln. Aufbauend auf einer grundlegenden betriebswirtschaftlichen Ausbildung werden unter anderem Fragen des Rechnungswesens sowie zu den Instrumenten des Marketings behandelt.

Zum Bereich **Handel** gehören beispielsweise Module wie Handelslogistik, Handelscontrolling oder Strategisches Handelsmanagement.

Fokussiert auf die Aufgabenstellungen in der **Industrie** sind Studiengänge mit Themen wie Industrielles Controlling, Industrielle Prozesse und Wertschöpfung, angewandte Produktions- und Logistikoptimierung.

Auch das **Handwerk** ist mit Herausforderungen wie dem ständigen Innovationsdruck oder dem technologischen Wandel konfrontiert. Das Studium Handwerksmanagement bereitet mit Lehrveranstaltungen wie Operatives und Strategisches Handwerksmanagement oder Unternehmensgründung auf Führungsaufgaben im Handwerk vor. Einige Hochschulen bieten spezialisierte Studiengänge im Bereich Modemanagement an. Module sind dabei beispielsweise Visual Merchandising und Store Design, Online-Marketing, Modetrendforschung oder Investition und Finanzierung.

Studienangebot

Studiengänge in Handel, Industrie und Handwerk sind überwiegend an Fachhochschulen angesiedelt – vor allem im dualen Studium. Mögliche Bezeichnungen sind „BWL – Handel", „BWL – Industrie", „BWL – Modemanagement", „Handelsmanagement", „Handwerksmanagement", „Industriemanagement", „Management im Handel", „International Fashion Retail" oder „Mode- & Designmanagement".

Inhalte des Studiums

Im Bachelorstudium erhalten die Studierenden wissenschaftliches und praktisches Grundlagenwissen in Betriebswirtschaftslehre, Marketing und Rechnungswesen, das im Bereich **Industrie** durch Module wie Bilanzierung/Steuern, Materialwirtschaft und Logistik, Organisation und Personalmanagement vertieft wird.

Im Bereich **Handel** vermitteln Module wie Handelsmanagement, Handelsmarketing, Marktforschung und -psychologie, Kommunikations- und Distributionspolitik sowie Statistik das notwendige Know-how.

Der Bereich **Handwerk** ist eher praxisorientiert ausgerichtet. Beispielhafte Module sind Betriebsorganisation und -planung, Innovationsmanagement, Leistungserstellungsprozesse, Strategisches Handwerksmanagement oder Teammanagement.

Berufsmöglichkeiten nach dem Studium

Tätigkeitsfelder für Absolvent*innen bieten sich in der freien Wirtschaft, z.B. in den Bereichen Betriebsorganisation oder -planung, Einkauf, Beschaffung oder Management, Vertrieb, Verkauf oder Unternehmensführung. ■

3.5.8 Internationale Wirtschaft

Globales Denken und Handeln ist für mittelständische Unternehmen in gleicher Weise von strategischer Bedeutung wie für multinationale Konzerne. Benötigt werden Fach- und Führungskräfte, die über vertiefte Kenntnisse der globalen wirtschaftlichen Zusammenhänge verfügen.

Das Studienfeld im Überblick

Im Studium werden neben einer breiten betriebswirtschaftlichen Ausbildung vertiefte Kenntnisse des globalen Handelns sowie interkulturelle Kompetenzen vermittelt. Dazu gehört Fachwissen über die verschiedenen globalen Wirtschafts-, Rechts- und Steuersysteme, wobei Studiengänge in diesem Bereich die internationalen Aspekte der Wirtschaftswissenschaften betonen. Sie werden üblicherweise ohne besondere fachliche Spezialisierung angeboten.

Studienangebot

Die Studiengänge in diesem Studienfeld gibt es vor allem an Fachhochschulen, aber auch an einigen Universitäten. Mögliche Studiengangsbezeichnungen sind „BWL – International Business“, „European Business Programme“, „Global Management“ oder „International Business“. Häufig ist die Unterrichtssprache Englisch. ▶

#studyred
Lass Dir Praxis-beispiele nie von Theoretikern erklären.
Jetzt anmelden – Semesterstart September
Kim S., 20 Jahre, und Frank K., 22 Jahre, Studierende des eufom Bachelor-Studiengangs „International Business Management"

An einigen Hochschulen kann in Kooperation mit ausländischen Partnerhochschulen ein Doppelabschluss erworben werden.

Inhalte des Studiums

Das Studium vermittelt zunächst die wirtschaftswissenschaftlichen Grundlagen. Dazu gehören Module in Bereichen wie Allgemeine Betriebswirtschaftslehre, Rechnungswesen, Controlling, Marketing und Vertrieb sowie die quantitativen Methoden der Wirtschaftswissenschaft wie Statistik und Mathematik.

Auf die Besonderheiten der internationalen Geschäftswelt werden die Studierenden in Lehrveranstaltungen wie Internationale Rechnungslegung, International Finance, International Economics oder Internationales Wirtschaftsrecht vorbereitet.

Fremdsprachige Lehrveranstaltungen, integrierte Auslandssemester oder internationale Praktikumsphasen sind i.d.R. feste Bestandteile. Die Studierenden erwerben bzw. vertiefen darüber hinaus ihre Fremdsprachenkenntnisse.

Berufsmöglichkeiten nach dem Studium

Tätigkeitsfelder für Absolvent*innen bieten sich in der freien Wirtschaft, beispielsweise im Finanz- und Rechnungswesen, in Marketing, Werbung, Management oder Unternehmensführung. ■

3.5.9 Logistik, Verkehr

Die Welt rückt zusammen. Güter und Menschen werden heute zu jeder Zeit an jeden Ort rund um den Globus transportiert. Ob Reise, Business oder Warenhandel – dies stellt besondere Anforderungen an Logistik und Verkehr.

Das Studienfeld im Überblick

Logistik bedeutet viel mehr als den bloßen Transport, Umschlag oder die Lagerhaltung von Waren. Heute umfasst die **Logistik in Unternehmen** die ganzheitliche Planung, Steuerung, Koordination, Durchführung und Kontrolle aller unternehmensinternen und -übergreifenden Güter- und Informationsflüsse. Die Logistik stellt sicher, dass das richtige Gut in der richtigen Menge im richtigen Zustand am richtigen Ort zur richtigen Zeit für den richtigen Kunden zu den passenden Kosten vorhanden ist.

Dafür benötigen Logistikunternehmen eine entsprechend gut funktionierende Infrastruktur sowie fundiertes Know-how in der Steuerung von Verkehrsströmen. Nur so kann man dem zunehmenden Konkurrenzdruck und den gestiegenen Kundenerwartungen gerecht werden.

Die Studiengänge im Bereich Logistik und Verkehr verstehen sich als Querschnittsdisziplin. Denn es sind viele Akteure nötig, um den Transport von Rohstoffen und Waren präzise zu steuern.

Die **Logistik** integriert die Prozesse von der Rohstoffbeschaffung bis zum Verkauf an den Endkunden unternehmensübergreifend zu Wertschöpfungsketten (Supply Chain Management) bzw. diese zu globalen Netzwerken. Die Beschaffungs-, Produktions-, Distributions- und Verkehrslogistik sowie das Wissensmanagement sind dabei wichtige Teilgebiete, die in alle Prozessketten und -kreisläufe einfließen. Auch die Abfallentsorgung und das Recycling gehören dazu.

Bei entsprechender Schwerpunktsetzung können unterschiedliche Verkehrsarten wie Seeverkehr, Luftfahrt oder Sparten, beispielsweise Handel, Chemie oder Transportwesen im Fokus stehen.

Studienangebot

Bachelorstudiengänge in Logistik und Verkehr werden vorwiegend an Fachhochschulen aber auch an Universitäten angeboten.

Mögliche Bezeichnungen für die Studiengänge sind „Aviation Management", „BWL – Spedition, Transport und Logistik", „Internationales Logistik-Management", „Logistik", „Luftverkehrsmanagement", „Supply Chain Management" oder „Verkehrswirtschaft".

Inhalte des Studiums

Das Bachelorstudium bietet eine interdisziplinär angelegte und praxisorientierte Ausbildung. Dabei ist meist eine Vertiefung im wirtschaftlichen oder (informations-)technischen Bereich möglich. Zum Bachelorstudium gehören mathematisch-naturwissenschaftliche und ingenieurwissenschaftliche Grundlagen und Methoden, Betriebswirtschaft, Produktionslogistik (Materialflussplanung, Produktionsplanung und -steuerung), Informationstechnik, Distributionsmanagement, Transport und Verkehr, Logistik-Management (Unternehmensplanung, Logistik-Controlling), internationale Logistik, Supply Chain Management und Recht. Hinzu kommen Industriepraktika, Exkursionen und Projektarbeiten (auch im Ausland).

Berufsmöglichkeiten nach dem Studium

In der Logistikbranche arbeiten rund drei Millionen Menschen in Deutschland, ein Viertel davon in reinen Logistikunternehmen. Die Branche ist damit der drittgrößte Wirtschaftszweig. Akademisch ausgebildete Spezialist*innen arbeiten bei in- und ausländischen Industrieunternehmen aller Wirtschaftszweige, z.B. in der Luftfahrt-, Automobil- oder Investitionsgüterindustrie, in Handels- und Dienstleistungsunternehmen, in Speditionsunternehmen, bei Fluggesellschaften und Reedereien, bei Fahrzeugverleihfirmen oder in Consultingunternehmen. ■

➔ links

Logistik-Studiengänge und Fachbereiche
➔ www.logistik-studium.de

Bundesvereinigung Logistik
➔ www.bvl.de

Jobsource BME – Jobportal für Einkauf, SCM und Logistik
➔ www.jobsource.bme.de/studiengaenge

3.5.10 Management

Personalwesen und Mitarbeiter*innenführung, Marketing und Vertrieb, Finanzierung und Controlling, Produktion und Logistik: Das sind nur einige Aufgaben von Führungskräften in Unternehmen. Sie managen, organisieren und halten Teams zusammen.

Das Studienfeld im Überblick

Manager*innen führen Unternehmen oder Abteilungen, konzipieren Unternehmensstrategien oder setzen Unternehmensziele und koordinieren weitere Aktivitäten, die das Unternehmen zum Erfolg führen sollen. Zudem entwickeln und planen sie Kontrollinstrumente zur Überprüfung wirtschaftlicher Ziele.

Das Management-Studium ähnelt dem der Betriebswirtschaftslehre, ist aber praxisorientierter. Es erfolgt je nach Hochschule entweder generalistisch oder ist auf spezifische Aufgabenfelder in der Berufspraxis zugeschnitten. Bei generalistisch gestalteten Studiengängen werden grundsätzliche Kompetenzen für die Unternehmensführung vermittelt, spezifische Aufgabenfelder können etwa auf eine Unternehmensgründung, bzw. Führungsaufgaben in Dienstleistungsunternehmen, im Handel oder Mittelstand vorbereiten. Darauf aufbauend können Studierende Schwerpunkte setzen, etwa auf verwaltungswirtschaftliche, rechtliche, ökonomische, politische und sozialwissenschaftliche Fragestellungen.

Studienangebot

Management-Studiengänge werden vor allem von privaten Hochschulen, aber auch von staatlichen Fachhochschulen und Universitäten angeboten. Die Studiengänge sind z.B. unter diesen Bezeichnungen zu finden: „Entrepreneurship", „Mittelstandsmanagement", „Management", „Leadership" oder „Unternehmensführung".

Inhalte des Studiums

Das Bachelorstudium beinhaltet eine Einführung in die klassischen betriebswirtschaftlichen Grundlagen und Arbeitsmethoden. Dazu gehören z.B. Buchführung und Bilanzierung, Statistik, Kosten- und Leistungsrechnung, Marketing, Unternehmens- und Mitarbeiter*innenführung. Hinzu kommen die Vertiefung oder Spezialisierung in den verschiedenen Managementschwerpunkten sowie Fremdsprachen. Im Masterstudium können die gewählten Schwerpunkte vertieft werden.

Berufsmöglichkeiten nach dem Studium

Absolvent*innen im Bereich Management finden Anstellungen in der Industrie, bei Dienstleistungsunternehmen und anderen Branchen. Sie arbeiten in der freien Wirtschaft in der Unternehmensführung, in der Unternehmensberatung, Betriebsorganisation, -planung oder in der Werbung, im Controlling, Verkauf, Vertrieb und Marketing. Auch in der öffentlichen Verwaltung bieten sich Stellen, etwa in der Wirtschaftsförderung. ■

3.5.11 Marketing, Vertrieb

Im immer unübersichtlicher werdenden globalen Markt ist es ein wichtiges Unternehmensziel, sich vom Wettbewerb abzuheben. Deshalb spielt das Marketing eine entscheidende Rolle für den Unternehmenserfolg.

Das Studienfeld im Überblick

Je nach Definition umfasst das Marketing alle Maßnahmen, die darauf abzielen, Märkte zu erschließen, Produkte oder Dienstleistungen zu verkaufen oder bekannt zu machen. Fachleute im Marketing und Vertrieb analysieren dafür Märkte, Wettbewerber und Zielgruppen und schaffen Vertriebswege sowie Absatzstrategien an der Schnittstelle zwischen Preisgestaltung, Markenpositionierung, Produktkommunikation, Öffentlichkeitsarbeit, Werbung und Unternehmensstrategie.

Studienangebot

Marketing-Studiengänge werden vor allem von Fachhochschulen, aber auch von einzelnen Universitäten angeboten. Die Bezeichnungen der Studiengänge lauten beispielsweise: „Brand Management", „Digital Media Marketing", „Internet- und Online-Marketing", „Internationales Marketing".

Kenntnisse in Marketing und Vertrieb können an zahlreichen Hochschulen auch im Rahmen allgemeiner betriebswirtschaftlicher Studiengänge als Schwerpunkt oder Vertiefung erworben werden.

Inhalte des Studiums

Aufbauend auf eine betriebswirtschaftliche Grundausbildung erwerben die Studierenden Qualifikationen für verschiedene strategische und operative Handlungsbereiche wie z.B. Angebotsmanagement, Customer Relationship Marketing, E-Commerce, Brand Management, Marktforschung, Kommunikationsmanagement, Konzeptionelles Marketing oder das Vertriebsmanagement. Darüber hinaus werden branchenspezifische Spezialisierungen wie Sportmarketing, Modemarketing, Multimedia Marketing oder für das Internationale Marketing angeboten.

Berufsmöglichkeiten nach dem Studium

Absolvent*innen können in Werbung, Marketing und Vertrieb in zahlreichen Branchen der freien Wirtschaft arbeiten. ■

3.5.12 Medienwirtschaft, -management

Die Medienwelt verändert sich rasant. Die Entwicklungsgeschwindigkeit neuer Technologien ist hoch. Permanent entstehen neue Medienformate und -produkte. Dafür werden Fachkräfte benötigt, die neben einer fundierten betriebswirtschaftlichen Ausbildung eine umfassende Medienkompetenz vorweisen können.

Das Studienfeld im Überblick

Das Studium der Medienwirtschaft bzw. des Medienmanagements bereitet darauf vor, Medienprodukte von der Konzeption bis zur gestalterischen und technischen Umsetzung zu begleiten, wirtschaftlich rentabel zu managen und zu vermarkten. Die Studierenden werden darüber hinaus befähigt, auf künftige Entwicklungen im Mediennutzungsverhalten frühzeitig zu reagieren, technische Innovationen zu entwickeln und zukunftsfähige Geschäftsmodelle für die Medien-, Kultur- und Kreativwirtschaft mitzugestalten.

Studienangebot

Die Bachelor- und Masterstudiengänge in Medienwirtschaft und -management werden an Fachhochschulen und Universitäten angeboten sowie in Form eines dualen Studiums.

Inhalte des Studiums

Das Studium umfasst wirtschaftliche, rechtliche, z.T. technische, medien- und kommunikationswissenschaftliche sowie teilweise gestalterische Aspekte. Das Bachelorstudium beinhaltet Modulangebote zu betriebs- und volkswirtschaftlichen Grundlagen sowie zur Kommunikationsforschung, Medienrecht, Medienwirkung sowie empirische Sozialforschung. Im Masterstudium kann eine Spezialisierung auf bestimmte Medien stattfinden, etwa auf digitale Medien oder Design. Zudem ist eine ▶

Vertiefung von Teilaspekten des Medienmanagements möglich. Ein Beispiel wäre die crossmediale Kommunikation oder das Medienrecht. Typische Studiengangsbezeichnungen sind: „Medien- und Kommunikationswirtschaft“, „Kommunikations- und Multimediamanagement“, „Media Management“ oder „Medien und Kommunikation“.

Zulassungskriterien & Studienbewerbung

Teilweise führen die Hochschulen hochschulinterne Auswahlverfahren mit Eignungsprüfungen durch. Bei dualen Studiengängen wird i.d.R. ein Ausbildungs-, Praktikums- oder Arbeitsvertrag mit einem geeigneten Unternehmen (sog. Praxispartner) vorausgesetzt.

Berufsmöglichkeiten nach dem Studium

Absolvent*innen können in unterschiedlichen Bereichen tätig werden, etwa in der Medienproduktion, in der Theater-, Film- und Fernsehproduktion oder im Kunst- und Kulturmanagement. Beschäftigungsmöglichkeiten gibt es in IT- und Multimedia-Unternehmen, Verlagen, bei Hörfunk-, Fernseh- und Filmproduktionen sowie in Werbe- und PR-Agenturen, in Marketingabteilungen industrieller Unternehmen, bei Meinungsforschungsinstituten oder im E-Commerce. ■

3.5.13 Personalmanagement, -dienstleistung

Durch Fachkräfteengpässe und die Globalisierung gewinnt sogenanntes „Human Ressource Management“ an Bedeutung. Dabei gilt es, über geeignete Maßnahmen Mitarbeiter*innen zu finden, zu binden und zu fördern.

Das Studienfeld im Überblick

Das Personalmanagement, klassisch als Personalwesen bezeichnet, beschäftigt sich aus der betriebswirtschaftlichen Perspektive, mit dem Faktor „menschliche Arbeitskraft“. Ziel eines modernen Personalmanagements ist der nachhaltige unternehmerische Erfolg, auch unter Berücksichtigung sozialer und ethischer Aspekte. In den vergangenen Jahren hat sich hierbei der Begriff Corporate Governance etabliert, der nicht nur die monetäre Wertschöpfung im Blick hat, sondern auch die ideellen Unternehmenswerte, die nach innen und außen image- und wertsteigernd wirken. Aufgabe eines nachhaltigen Personalmanagements ist es demnach, auch für eine Unternehmenskultur zu sorgen, die die Bedürfnisse aller Beteiligten in einem unternehmerischen Prozess berücksichtigt. Teilaspekte, die dabei eine Rolle spielen, sind z.B. Personalplanung, Personalbedarfsdeckung, Personalführung, Personalentwicklung, Entgeltgestaltung und Personalverwaltung.

Studienangebot

Das Studium wird überwiegend an Fachhochschulen, aber auch an einigen Universitäten angeboten, meist in Masterstudiengängen, grundständig zum Teil auch als duales Modell. Neben spezifischen Studiengängen im Bereich Personalwesen bzw. -management kann dieser Schwerpunkt auch in allgemeinen betriebswirtschaftlichen Studiengängen gewählt werden. Zudem stehen international ausgerichtete Studiengänge (Internationales Personalmanagement) zur Auswahl. Studiengangsbezeichnungen sind etwa „Human Resources Management“, „Arbeitswissenschaft“, „Personal und Arbeit“ oder „Management und Personalwesen“.

Inhalte des Studiums

Studierende im Bereich Personalmanagement erwerben zusätzlich zu den betriebswirtschaftlichen Grundlagen spezifische Kenntnisse, etwa in Personalführung und -entwicklung, Personalmarketing und -controlling, Strategie- und Veränderungsorganisation („Change Management“), Anlage und Steuerung begleitender Kommunikationsprozesse, Konfliktmanagement, Arbeits- und Sozialversicherungsrecht oder Personalpsychologie und -ethik. Zum Teil überlappen sich die Inhalte und Berufsmöglichkeiten mit Studiengängen zur Arbeits- und Organisations- bzw. Wirtschaftspsychologie (*siehe dazu auch Abschnitt 3.4.4 „Psychologie“*).

Berufsmöglichkeiten nach dem Studium

Absolvent*innen können Aufgaben im Personalmanagement und der Betriebsorganisation von Unternehmen aller Branchen und Organisationen übernehmen, z.B. als Betriebswirt*innen für Personalmanagement oder als Fachkräfte im Personalbereich. ■

3.5.14 Tourismuswirtschaft, Sport- und Eventmanagement

➔ Finde Studiengänge: *stuwa.info/3514*

Ein verändertes Freizeitverhalten, ein gestiegenes Interesse an nachhaltigem, sozialem und gesundem Tourismus, die zunehmende Bedeutung von körperlicher Fitness und Gesundheitsvorsorge in weiten Teilen der Bevölkerung – damit beschäftigen sich Akteure wie Reiseveranstalter, Hotels, Tourismusorganisationen sowie Veranstalter im Sport-, Messe- und Eventbereich.

Das Studienfeld im Überblick

In diesem Studienfeld werden Fach- und Führungskräfte ausgebildet, die sowohl über detailliertes Tourismus-Know-how als auch über fundiertes wirtschaftswissenschaftliches Wissen verfügen. Die Studierenden lernen außerdem, wie sie Events, Sport- und Kulturveranstaltungen oder Dienstleistungen im Tourismus planen, organisieren, vermarkten und finanzieren.

Studienangebot

Bachelor- und Masterstudiengänge im Bereich Tourismuswirtschaft, Sport- und Eventmanagement werden überwiegend an Fachhochschulen angeboten. An Universitäten finden sich einige Studiengänge rund um das Sportmanagement. Manche sind eher interdisziplinär ausgerichtet, z.B. „Betriebswirtschaft und Kultur-, Freizeit-, Sportmanagement" oder „Gesundheits- und Tourismusmanagement", während spezialisierte Studiengänge einen speziellen Teilbereich beleuchten, etwa „Sportökonomie", „Hotelmanagement", „Eventmanagement" oder „International Tourism Management".

Inhalte des Studiums

Neben betriebs-, volkswirtschaftlichen und rechtlichen Kenntnissen vermitteln die Studiengänge branchenspezifische Qualifikationen, z.B. im Bereich **Tourismus- und Hotelmanagement**, Destinationsmanagement, Tourismusmarketing, Kreuzfahrttourismus, Hotel- und Hospitality-Management oder Geschäftsreisen. Oftmals finden einzelne Lehrveranstaltungen in verschiedenen Fremdsprachen statt. Auslandssemester können in den Studienplan integriert sein. Im Bereich **Eventmanagement** bzw. Messe- und Kongresswirtschaft spielen auch Inhalte wie Kommunikation und Kreation, sowie Konzeption eine große Rolle, während im **Sportmanagement** auch medizinisches bzw. biologisches Basis-Know-how vermittelt wird.

Zulassungskriterien & Studienbewerbung

Für die Zulassung zu Studiengängen im Bereich Sportmanagement und -ökonomie muss gegebenenfalls eine Sporteignungsprüfung bestanden werden. Bei Eventmanagement sowie Hotel- und Tourismusmanagement kann ein Nachweis über Englischkenntnisse verlangt werden.

Berufsmöglichkeiten nach dem Studium

- Touristikmanager*innen finden z.B. Beschäftigung bei Touristik- und Hotelunternehmen, bei Reiseveranstaltern und -anbietern, im Destinationsmanagement, bei Tourismusverbänden und Verkehrsträgern.

Mögliche Tätigkeitsfelder sind operatives Management, Marketing, Produktmanagement, Rechnungswesen und Controlling.

- Sportmanager*innen und -ökonom*innen arbeiten in Sportorganisationen und -vereinen, in der Sport(artikel)branche, bei Sportvermarktungsagenturen und Sportreiseagenturen, im Gesundheits-, Tourismus- und Fitnessbereich sowie in der öffentlichen Sportverwaltung. Dort übernehmen sie verschiedene Aufgaben, kontrollieren etwa die Finanzen, führen Mitarbeiter*innen, suchen nach Sponsoren und Kooperationsmöglichkeiten, verhandeln mit Medienpartnern oder organisieren Sportevents.
- Eventmanager*innen wiederum sind z.B. bei Veranstaltungsagenturen, Messe-, Ausstellungs- oder Konzertveranstaltern, Kongressagenturen oder in der öffentlichen Verwaltung bei Kulturämtern oder im Stadtmarketing beschäftigt, wo sie Events von der Konzeption bis zur Nachbereitung organisieren und koordinieren. Dabei behalten sie sowohl die Vorstellungen der Auftraggeber als auch das Budget im Auge. ■

> **➔ info**
>
> Siehe hierzu auch das **Studienfeld** „Sport" (*Abschnitt 3.4.5*).

3.5.15 Wirtschaftsinformatik

Prozessunterstützende Informations- und Kommunikationssysteme sind mittlerweile ein entscheidender Wirtschaftsfaktor – nicht nur in global agierenden Unternehmen. Als angewandte Wissenschaft beschäftigt sich die Wirtschaftsinformatik mit deren Entwicklung und Einsatz.

Das Studienfeld im Überblick

Wirtschaftsinformatiker*innen entwickeln und integrieren IT-Anwendungssysteme für Verwaltungsaufgaben innerhalb eines Betriebs. Dazu zählen z.B. sogenannte Enterprise Resource Planning (ERP) Systeme zur Auftragsabwicklung, Beschaffungswesen, Lager- und Materialflussüberwachung, Kostenrechnung oder Lohn- und Gehaltsabrechnungen. Außerdem übernehmen sie koordinierende, beratende und strategische Aufgaben wie etwa Projektmanagement, Prozessanalyse oder unterstützende Produktionsplanung. Sie verfügen über ein breites betriebswirtschaftliches Wissen und kennen den Aufbau und die Struktur von Systemsoftware, z.B. Betriebssysteme und Datenbanken, sowie von lokalen und weltweiten Kommunikationssystemen und Netzwerken (*siehe dazu auch Abschnitt 3.3.5 „Informatik"*).

Studienangebot

Bachelor- und Masterstudiengänge in diesem Bereich werden vor allem von Fachhochschulen, aber auch von einzelnen Universitäten angeboten. Mögliche Studiengangsbezeichnungen sind z.B. auch „Business Analytics", „Business Information Systems" oder „Digital Business Management". Wirtschaftsinformatik kann an manchen Hochschulen auch im Rahmen eines betriebswirtschaftlichen Studiums oder eines

Informatik-Studiengangs als Schwerpunkt oder Vertiefung studiert werden.

Inhalte des Studiums

Das interdisziplinär ausgerichtete Studium vermittelt zum einen die Grundlagen der Betriebswirtschaftslehre, einschließlich Mathematik und Statistik. Zum anderen werden ▶

anwendungsbezogene Kenntnisse in der Informatik erworben. Dazu gehören Fachgebiete wie Software-Programmierung, Rechnerkommunikation, Datenbanken, Datennetze und IT-Sicherheit sowie die aktuellen Entwicklungen im Bereich Mobile Media.

Berufsmöglichkeiten nach dem Studium

Die Beschäftigungsmöglichkeiten für Wirtschaftsinformatiker*innen sind vielseitig und finden sich in nahezu allen Wirtschaftszweigen, von der EDV-Branche (z.B. Softwarehäuser, Unternehmensberatungen, Computerhersteller) über das verarbeitende/produzierende Gewerbe, Kreditinstitute und Versicherungen bis hin zu Dienstleistungs- und Beratungsunternehmen. Es dominieren qualifizierte Tätigkeiten und Führungsaufgaben im IT- oder im betriebswirtschaftlichen Bereich, vorzugsweise in den Feldern Organisation/Systemanalyse, Programmierung/Softwareentwicklung sowie Beratung und Vertrieb. ■

3.5.16 Wirtschaftswissenschaften, Volkswirtschaft

Studiengänge der Wirtschaftswissenschaften legen ein höheres Gewicht auf die methodische Ähnlichkeit der Volkswirtschaft und der Betriebswirtschaft. Die Volkswirtschaftslehre beschreibt und analysiert systematisch einzel- und gesamtwirtschaftliche Zusammenhänge (Mikro- bzw. Makroökonomie).

Das Studienfeld im Überblick

Die ökonomische Globalisierung führt dazu, dass Waren, Dienstleistungen und Kapital nahezu weltweit mobil sind. Bisherige wirtschaftliche Verflechtungen und Beziehungen auf nationaler oder transnationaler Ebene erweitern sich im globalen Maßstab.

Unternehmen und Organisationen benötigen daher akademische Fachkräfte, die global denken und entsprechend entscheiden und/oder handeln. Es sind Expert*innen gefragt, die weltwirtschaftliche Zusammenhänge erkennen und verstehen, nationale und internationale Märkte untersuchen und länderspezifische Probleme bzw. Besonderheiten einbeziehen. Dafür sind gute Sprachkenntnisse wichtig.

Dazu werden in den **Wirtschaftswissenschaften** zunächst sowohl betriebs- als auch volkswirtschaftliches Wissen sowie Zusammenhänge zwischen beiden Disziplinen vermittelt. Die **Volkswirtschaft** dagegen versucht, Gesetzmäßigkeiten zu finden, und leitet daraus Handlungsempfehlungen ab, etwa zu Ursachen von Arbeitslosigkeit, der Funktionsweise von Märkten oder zu internationalen Wirtschaftsbeziehungen.

Studienangebot

Das Studium wird überwiegend an Universitäten angeboten. Die Studierenden können sich beispielsweise auf Finanzwissenschaft, Wirtschaftspolitik, Entwicklungsökonomie und Industrie-/Wettbewerbspolitik spezialisieren. Studiengangsbezeichnungen lauten auch „Economics“ bzw. „Ökonomie“ und „Sozialökonomie“ sowie „Wirtschaft“.

Inhalte des Studiums

Zu den Pflichtmodulen im Bachelorstudium **Wirtschaftswissenschaften** gehören etwa Grundlagen der Betriebs- und der Volkswirtschaftslehre, Handelsrecht, Rechnungswesen, Stochastik und Wirtschaftsstatistik. Außerdem können beispielsweise Module aus den Bereichen Arbeits- und Organisationspsychologie, Mathematik, Informatik und Wirtschaftsethik hinzukommen.

In **Volkswirtschaft** geht es beispielsweise um Mikro- und Makroökonomik, Statistik, Einführung in die Theorie der Unternehmung, Theorie der Geldpolitik oder Währungstheorie.

Berufsmöglichkeiten nach dem Studium

- Absolvent*innen der Wirtschaftswissenschaften übernehmen oftmals Aufgaben im mittleren Management von Wirtschaftsunternehmen, bei Banken und Versicherungen, Forschungsinstituten, Parteien, Verbänden, Kammern, nationalen oder internationalen Organisationen, aber auch in der öffentlichen Verwaltung.
- Die Studiengänge der **Volkswirtschaft** qualifizieren für planende, analysierende und beratende Tätigkeiten z.B. in Behörden, Ministerien, internationalen Organisationen, Kammern und Verbänden, in internationalen Konzernen und nationalen Unternehmen mit globalem Bezug, bei Banken und Versicherungen sowie in der Unternehmens- und Politikberatung. ■

3.6 Studienbereich Rechts-, Sozialwissenschaften

Sowohl die Rechtswissenschaften (Jura) als auch die Sozialwissenschaften beschäftigen sich mit dem gesellschaftlichen (Zusammen-)Leben der Menschen. Wo die Sozialwissenschaften soziale Systeme und Bedingungen in den Blick nehmen, geht es in den Rechtswissenschaften um gesetzliche Regelungen des Miteinanders.

Die **Rechtswissenschaften (Jura)** beschäftigen sich mit der Ordnung, die das gesellschaftliche Zusammenleben regelt, also mit Gesetzen und Verordnungen sowie der jeweils gültigen Rechtsprechung. Das Studium der Rechtswissenschaften schließt an Universitäten mit der ersten juristischen Prüfung (bestehend aus universitärer Schwerpunktbereichs- und staatlicher Pflichtfachprüfung) ab. Diese ist Voraussetzung für den zweijährigen Vorbereitungsdienst als Rechtsreferendar*in. Abgeschlossen wird die Ausbildung mit der zweiten juristischen Prüfung, die für die klassischen Laufbahnen als Volljurist*in (Richter*in, Staatsanwalt*Staatsanwältin, Rechtsanwalt*Rechtswältin usw.) qualifiziert.

Die vereinzelt an Universitäten angebotenen Abschlüsse Bachelor und Master bereiten, ebenso wie die Fachhochschulausbildung im Studiengang Wirtschaftsrecht, auf eine Tätigkeit außerhalb der klassischen Berufsfelder von Volljurist*innen in Wirtschaft und Verbänden vor.

Studierende der Rechtswissenschaften sollten logisch denken, mit abstrakt gefassten Texten (Gesetzestexte, Kommentare, Gerichtsurteile) umgehen und sich schriftlich wie mündlich gut ausdrücken können. Darüber hinaus erfordert das Studium eine gute Allgemeinbildung. Nützlich sind historische und wirtschaftliche Kenntnisse sowie betriebswirtschaftliches Grundwissen.

Als **Sozialwissenschaften** werden die Fächer bezeichnet, die sich mit dem gesellschaftlichen Leben der Menschen beschäftigen. Oft wird als Synonym Gesellschaftswissenschaften verwendet.

Das Studienfeld enthält unterschiedliche wissenschaftliche Einzeldisziplinen, etwa Arbeitsmarktmanagement, Politologie/Politikwissenschaften, Sozialwesen, Sozialwissenschaften und Soziologie.

Studierende der Sozialwissenschaften sollten großes Interesse an Menschen und deren sozialen, wirtschaftlichen und individuellen Lebensbedingungen mitbringen. Allgemeinbildung, Kontaktfähigkeit, Einfühlungsvermögen und Geschick im Umgang mit Menschen sind ebenfalls wichtig.

Darüber hinaus werden analytisches Denkvermögen sowie – je nach Studienfach und eigenem Schwerpunkt – entweder eher forschend-distanziertes Verhalten oder aber Freude an einer praktischen, pädagogisch-anleitenden Funktion vorausgesetzt.

Die Berufsfelder für Sozialwissenschaftler*innen sind im Gegensatz zu denen von Jurist*innen oft nicht eindeutig festgelegt. Deshalb sollten Studierende rechtzeitig überlegen, wie sie bereits während des Studiums Weichen stellen können. Das können etwa gesellschaftswissenschaftliche Zusatzfächer, unterschiedliche Studienorte (auch im Ausland) oder geeignete Praktika sein. Die Teilnahme an außeruniversitären Weiterbildungsmöglichkeiten oder das Anfertigen einer berufsfeldnahen Abschlussarbeit können den Übergang in das Berufsleben ebenfalls erleichtern. Ein hoher Stellenwert wird Fremdsprachenkenntnissen beigemessen. ■

Der Studienbereich auf einen Blick

STUDIENFELD	STUDIENFÄCHER, z.B.	STUDIENFELD	STUDIENFÄCHER, z.B.
Arbeitsmarktmanagement	Arbeitsmarktmanagement Beratung für Bildung, Beruf und Beschäftigung	**Sozialwesen**	Coaching, Beratung, Supervision Soziale Arbeit Sozialmanagement
Politikwissenschaften	Humanitäre Hilfe Entwicklungsforschung, -politik* Staats-, Verwaltungswissenschaft	**Sozialwissenschaften, Soziologie**	Gender Studies Sozialwissenschaften Soziologie Kriminologie*
Rechtswissenschaften	Öffentliches Recht Rechtswissenschaft Wirtschaftsrecht		

* nur weiterführend

Alternative Studienbereiche

- **Erziehungs-, Bildungswissenschaften → Seite 187**
- **Öffentliche Verwaltung → Seite 267**
- **Wirtschaftswissenschaften → Seite 156**

3.6.1 Arbeitsmarktmanagement

Die Hochschule der Bundesagentur für Arbeit (HdBA) bietet zwei Bachelorstudiengänge an: „Arbeitsmarktmanagement" sowie „Beratung für Bildung, Beruf und Beschäftigung". Mit beiden können sich Studierende für arbeitsmarktbezogene Aufgaben qualifizieren.

Das Studienfeld im Überblick

Die Studiengänge dauern jeweils drei Jahre, sind multidisziplinär ausgerichtet und beinhalten eine Kombination aus Wirtschafts-, Sozial- sowie Rechtswissenschaften. Außerdem vermitteln sie spezielles Wissen aus den Bereichen Arbeitsmarktpolitik und arbeitsmarktbezogene Dienstleistungen. Das Studium gliedert sich in neun Trimester, die jeweils vier Monate dauern. Fünf Trimester verbringen die Studierenden am jeweiligen Campus (Präsenztrimester). Dazwischen absolvieren sie vier Praktikumstrimester in einer Agentur für Arbeit, einem Jobcenter bzw. in einem anderen Betrieb im In- oder Ausland.

Studienangebot

Die beiden Studiengänge „Arbeitsmarktmanagement" sowie „Beratung für Bildung, Beruf und Beschäftigung" werden an den Campus in Schwerin und Mannheim angeboten und sind duale Studiengänge.

Inhalte des Studiums

- Der Studiengang „Arbeitsmarktmanagement" beinhaltet die wählbaren Studienschwerpunkte „Arbeitsmarktintegration", „Leistungsrecht und -beratung" und „Arbeitsmarkt und Public Management".
- Im Studiengang „Beratung für Bildung, Beruf und Beschäftigung" erwerben die Studierenden spezifische Beratungsfachkenntnisse und können zwischen den Schwerpunkten „Berufliche Beratung", „Fallmanagement" oder „Teilhabe am Arbeitsleben" wählen.

Zulassungskriterien & Studienbewerbung

Über den Zugang zum Studium entscheidet ein mehrstufiges Auswahlverfahren: Bewerben muss man sich online über das BA-Bewerbungsportal, direkt bei der jeweiligen örtlichen Agentur für Arbeit. Nach Prüfung der Voraussetzungen werden Bewerber*innen im positiven Fall zu einem Eignungstest eingeladen. Bei erfolgreichem Verlauf folgt die Einladung zu einem Assessment-Center. Anschließend beginnt das formale Zulassungsverfahren an der Hochschule der Bundesagentur für Arbeit (HdBA).

Vor Beginn des Studiums schließen die Studierenden einen Vertrag über das duale Studium mit einer Agentur für Arbeit ab. Die Einstellung erfolgt jährlich zum 1. September.

Berufsmöglichkeiten nach dem Studium

HdBA-Absolvent*innen werden nach erfolgreichem Studienabschluss in ein unbefristetes Arbeitsverhältnis bei der Bundesagentur für Arbeit (BA) übernommen.

In diesem Rahmen übernehmen die Absolvent*innen direkt nach Studienabschluss in der Regel eine der folgenden Tätigkeiten in einer Agentur für Arbeit oder einem Jobcenter:

- In den Agenturen für Arbeit sind HdBA-Absolvent*innen beispielsweise als Vermittlungsfachkräfte tätig und vermitteln Arbeitssuchende in Arbeit oder betreuen Arbeitgeber. Darüber hinaus können sie verschiedene sachbearbeitende Tätigkeiten ausüben oder erbringen Serviceleistungen für die BA, z.B. im Rahmen des internen Personalmanagements.
- In den Jobcentern sind sie z.B. als persönliche Ansprechpartner*innen tätig, arbeiten als Arbeitsvermittler*in, Fallmanager*in, als Fachkraft in der Leistungsgewährung oder im Arbeitgeber-Service.

Darüber hinaus ergeben sich gute Aufstiegs- und Entwicklungsmöglichkeiten innerhalb der BA (Fach- oder Führungskarriere). Auch außerhalb der BA gibt es Beschäftigungsmöglichkeiten, z.B. im Bereich Public Management bei öffentlichen Einrichtungen, bei Trägern der Sozialversicherung oder bei Personaldienstleistern. ■

➔ links

Hochschule der Bundesagentur für Arbeit
➔ www.hdba.de

Duales Studium „Arbeitsmarktmanagement"
➔ www.arbeitsagentur.de/ba-karriere/studium-arbeitsmarktmanagement

Duales Studium „Beratung für Bildung, Beruf und Beschäftigung"
➔ www.arbeitsagentur.de/ba-karriere/studium-beratung

Bewerbungsportal der BA
➔ www.arbeitsagentur.de/ba-karriere/ba-bewerbungsprozess

3.6.2 Politikwissenschaften

Die Politikwissenschaften (Politologie) befassen sich mit den Institutionen von Staat und Gesellschaft, ihren theoretisch-philosophischen Grundlagen sowie ihren Erscheinungsformen in der neueren Geschichte und Gegenwart.

Das Studienfeld im Überblick

Die Politikwissenschaften untersuchen, wie politische und soziale Ideen organisatorisch und rechtlich in Staat, Institutionen und Parteien, aber auch in internationalen Beziehungen umgesetzt werden. Sie befassen sich damit, wie Interessengruppen Einfluss geltend machen und in welchen Formen die politische Willensbildung verläuft.

Wichtige Hilfs- und Nebenfächer sind Geschichtswissenschaften, Sozialwissenschaften, Staatsrecht und Wirtschaftswissenschaften. Fremdsprachenkenntnisse, v.a. Englisch, sind unentbehrlich, ebenso Kenntnisse in Datenverarbeitung und Statistik.

Studienangebot

Zu den Studienfächern in diesem Bereich zählen nicht nur die Politikwissenschaften, sondern etwa auch „Internationale Beziehungen", „Staats- und Sozialwissenschaften" sowie spezialisierte Masterstudiengänge im Bereich Entwicklungspolitik und Friedens- und Konfliktforschung.

Inhalte des Studiums

Im **Bachelor** gibt es v.a. fachwissenschaftliche und methodenorientierte Module zu Teilgebieten wie: Politische Theorie und Ideengeschichte, politische Institutionen und Systeme, Innenpolitik, internationale und europäische Politik, politische Soziologie und politische Sozialstrukturanalyse, politische Bildung und Didaktik der Politik, Methoden empirischer Sozialforschung/Statistik, Wirtschaft und Politik, Verfassungsrecht, Verwaltungswissenschaft.

Je nach Hochschule werden z.T. im **Masterstudium** Ergänzungsmodule in Fächern wie Geschichte, Kommunikationswissenschaft, Philosophie, Rechtswissenschaft, Wirtschaftswissenschaft oder Soziologie angeboten.

Berufsmöglichkeiten nach dem Studium

Die Bandbreite möglicher Einsatzfelder ist groß; Tätigkeitsmöglichkeiten ergeben sich z.B. bei:

- Ministerien von Bund und Ländern
- politischen Parteien und als Assistenz von Abgeordneten
- internationalen Organisationen und in der entwicklungspolitischen Zusammenarbeit
- Stiftungen und Institutionen zur politischen Bildung
- Einrichtungen der Erwachsenenbildung
- Medienunternehmen
- Gewerkschaften, Unternehmerverbänden
- Unternehmensberatungen
- Bibliotheken, Archiven, Dokumentationsstellen
- Wahl- und Meinungsforschungsinstituten. ■

➔ links

Deutsche Vereinigung für Politikwissenschaft
➔ www.dvpw.de

3.6.3 Rechtswissenschaften

→ Finde Studiengänge: *stuwa.info/363*

In einem rechtswissenschaftlichen Studium lernt man, die zahlreichen und oft sehr abstrakten Rechtsnormen zu verstehen und auf unterschiedliche konkrete Situationen anzuwenden.

Das Studienfeld im Überblick

Im Bereich der Rechtswissenschaften gibt es zum einen die Studiengänge an Universitäten, die mit der ersten und zweiten juristischen Prüfung abschließen. Nach einem Vorbereitungsdienst (Referendariat) erwerben die Studierenden die Befähigung zum Richteramt (Volljurist*in). Die Studiengänge mit Bachelor- oder Masterabschluss hingegen kombinieren die für die Unternehmens- oder Verwaltungspraxis relevanten Elemente der juristischen Ausbildung mit Inhalten eines betriebswirtschaftlichen Studiums. Die Ausbildung ist auf eine spätere praktische Tätigkeit in der Wirtschaft ausgerichtet.

Studienangebot

Neben den klassischen Rechtswissenschaften gehören auch Studienfächer aus den Bereichen „Business Law“, „Deutsches und Französisches Recht“, „Öffentliches Recht“ sowie „Wirtschaftsrecht“ zu diesem Studienfeld.

Inhalte des Studiums

Die Studierenden beschäftigen sich mit den unterschiedlichen Rechtsgebieten wie Bürgerliches Recht, Strafrecht, Öffentliches Recht und Verfahrensrecht. In den Studiengängen aus dem Bereich Wirtschaftsrecht kommen beispielsweise Module zu den Themen Unternehmensrecht, Steuerrecht, Betriebliches Rechnungswesen sowie Wirtschaftsinformatik dazu.

Vertiefungsmöglichkeiten und Schwerpunktsetzungen gibt es etwa in den Bereichen europäisches oder internationales Privat- und Verfahrensrecht, Kriminologie, Arbeitsrecht und Personalwirtschaft, Handels- und Gesellschaftsrecht, Medien- und Telekommunikationsrecht, Finanzdienstleistungen, gewerblicher Rechtsschutz, Baurecht und Immobilienwirtschaft, aber auch Wettbewerbs- und Insolvenzrecht. Exkursionen, Fallstudien und überfachliche Modulangebote wie Projektplanung, Wirtschaftsenglisch, Rhetorik und Präsentationstechniken oder Teamarbeit ergänzen das Studium.

Voraussetzung für die Befähigung zum Richteramt und eine Tätigkeit als Richter*in oder Staatsanwalt*Staatsanwältin sind der Abschluss eines rechtswissenschaftlichen Studiums an einer Universität mit der ersten juristischen Prüfung und des anschließenden Vorbereitungsdienstes mit der zweiten Staatsprüfung (Volljurist*in“). Dies gilt auch für die Zulassung als Rechtsanwalt*Rechtsanwältin und Notar*in sowie für den höheren Verwaltungsdienst (außer Auswärtiges Amt).

Hinweis: Mit einem Bachelor- oder Masterabschluss ist kein Zugang in den Vorbereitungsdienst möglich und somit auch keine Tätigkeit als Richter*in, Staatsanwalt*Staatsanwältin, Rechtsanwalt*Rechtsanwältin, Notar*in oder im höheren Verwaltungsdienst.

Berufsmöglichkeiten nach dem Studium

Jurist*innen mit erster juristischer Prüfung und zweiter Staatsprüfung (Volljurist*innen) können als Rechtsanwält*innen, Richter*innen oder Staatsanwält*innen und im höheren Verwal- ▶

→ links

ISA
Das Informationssystem Studienwahl & Arbeitsmarkt der Universität Duisburg-Essen gibt Informationen zur Entwicklung in den einzelnen Studienfeldern und Teilarbeitsmärkten.
→ www.uni-due.de/isa

Bundesverband der Wirtschaftsjuristen
→ www.wjfh.de

Wirtschaftsjuristische Hochschulvereinigung (WHV)
→ www.wirtschaftsrecht-fh.de

tungsdienst tätig werden. Für Anwält*innen ist eine freiberufliche Tätigkeit die Regel. Aber auch im Notariatswesen, in der öffentlichen Verwaltung oder in der Wirtschaft (z.B. bei Banken, Versicherungen, großen Industrie- und Handelsunternehmen), in der Wirtschaftsberatung sowie bei Verbänden können Jurist*innen tätig sein.

Wirtschaftsjurist*innen arbeiten nicht nur in Rechtsabteilungen, sondern auch in Finanz-, Vertriebs-, Beschaffungs- und Personalabteilungen von Unternehmen. Außerdem im Handel, bei Banken, Versicherungen, Unternehmensberatungen, Steuerberatungs- und Wirtschaftsprüfungsgesellschaften. Das Dienstleistungsgewerbe und Wirtschaftsverbände kommen für eine Tätigkeit ebenfalls in Betracht. ■

3.6.4 Sozialwesen

Das Sozialwesen beschäftigt sich damit, wie Menschen in schwierigen Lebenssituationen geholfen werden kann und wie man sozialen Notlagen vorbeugt.

Das Studienfeld im Überblick

Die Studierenden lernen Methoden wie Einzelfallhilfe, Streetwork oder Supervision. Auch das Management von sozialen Einrichtungen wird im Studium vermittelt. Die theoretischen Grundlagen stammen aus den Bereichen der Pädagogik, der Psychologie, der Sozialwissenschaften, der Betriebs-, Rechts- und Verwaltungswissenschaften.

Studienangebot

Die Studiengänge im Bereich Sozialwesen werden überwiegend an Fachhochschulen angeboten. Dazu gehören etwa „Soziale Arbeit", „Sozialpädagogik und Management" oder auch „Sozialmanagement".

Inhalte des Studiums

Im **Bachelorstudium** belegen die Studierenden u.a. Module aus den Erziehungswissenschaften, aus Pädagogik, Soziologie, Psychologie, Betriebs-, Rechts- und Verwaltungswissenschaften. Im Vertiefungsstudium sind Schwerpunktsetzungen möglich, etwa in den Bereichen Elementarerziehung, Erziehungshilfe, Familienhilfe, Jugendarbeit, Rehabilitation und Gesundheit, Altenarbeit, interkulturelle Soziale Arbeit, Erwachsenenbildung, betriebliche Sozialarbeit, Freizeitpädagogik, Drogenhilfe, Resozialisierung, Stadtteilarbeit oder Sozialmanagement.

Häufig ist ein verpflichtendes Praktikum Teil des Studiums.

➔ links

Deutscher Berufsverband für Soziale Arbeit (DBSH) e.V. ➔ www.dbsh.de

ISA
Das Informationssystem Studienwahl & Arbeitsmarkt der Universität Duisburg-Essen gibt Informationen zur Entwicklung in den einzelnen Studienfeldern und Teilarbeitsmärkten.
➔ www.uni-due.de/isa

Berufsmöglichkeiten nach dem Studium
Beschäftigungsmöglichkeiten für Sozialarbeiter*innen bestehen bei Organisationen, Verbänden, Selbsthilfegruppen und öffentlichen Trägern, z.B. den Gemeinden und bei einer Vielzahl von freien Trägern wie Kirchen, Wohlfahrtsverbänden und Stiftungen.

Sozialarbeiter*innen und Sozialpädagog*innen arbeiten v.a. in der Jugend-, Familien-, Gesundheits-, Alten- und Sozialhilfe, in der Strafrechtspflege, in Heimen und in Wohn- und Selbsthilfegruppen, in Beratungsstellen, in Kliniken und Rehabilitationszentren, bei sozialpsychiatrischen Diensten in Jugend- und Erwachsenenbildungsstätten sowie in der Flüchtlingshilfe. ■

3.6.5 Sozialwissenschaften, Soziologie

Die Sozialwissenschaften und die Soziologie untersuchen das Zusammenleben von Menschen in Gesellschaften. Sie befassen sich mit Zweck und Struktur sozialer Gebilde sowie mit ihrer Entstehung und Veränderung.

Das Studienfeld im Überblick
Die Sozialwissenschaften gehen der Frage nach, wie das Zusammenspiel von sozialen, ökonomischen, kulturellen und politischen Bedingungen die Strukturen schafft, die dafür sorgen, dass soziale Systeme funktionieren. Dabei gehen sie sowohl empirisch als auch systematisch vor. So bewirken sie eine möglichst genaue, weitgehend quantitative Erforschung konkreter Gegebenheiten sowie allgemein gültige Formulierungen von Erkenntnissen und sozialphilosophischen Theorien. Als eigenständige Wissenschaften stehen sie mit anderen Disziplinen, etwa mit der Wirtschaftswissenschaft, der Politikwissenschaft, der Philosophie, der Ethnologie, der Psychologie und der Pädagogik, in enger Beziehung. An manchen Universitäten werden Studiengänge mit soziologischem Schwerpunkt, z.B. in den Wirtschaftswissenschaften, angeboten.

Studienangebot
Zu den Studienfächern in diesem Bereich gehören neben Soziologie und Sozialwissenschaften auch Gender Studies und Kriminologie.

Inhalte des Studiums
Im **Bachelorstudium** belegen die Studierenden Module in Kernfächern wie Empirische ▸

Sozialforschung (einschl. EDV und Statistik), Politikwissenschaft und Soziologie (einschl. Sozioökonomie), Sozialstrukturen und Sozialstrukturanalyse. Ergänzende Module gibt es etwa zu Mediationsverfahren oder Konfliktmanagementstrategien.

Im **Masterstudium** können beispielsweise folgende Schwerpunkte gewählt werden: Jugend-, Familien- und Bildungssoziologie, Industrie- und Betriebssoziologie, Soziologie des Geschlechterverhältnisses, Medizinsoziologie, Arbeits- und Organisationssoziologie, Friedens- und Konfliktforschung, Empirische Sozialforschung.

Berufsmöglichkeiten nach dem Studium

Für Sozialwissenschaftler*innen und Soziolog*innen gibt es kein klar definiertes Aufgabengebiet, und dementsprechend breit sind die Einsatzmöglichkeiten. Tätig sind Soziolog*innen z.B.

- in der Forschung an Hochschulen und staatlichen Forschungseinrichtungen,
- bei Markt- und Meinungsforschungsinstituten, Multimedia- und Werbeagenturen,
- in Lehre und Unterricht, z.B. in der Erwachsenenbildung und an (Hoch-) Schulen,
- in der öffentlichen Verwaltung, z.B. bei Stadtplanungsämtern, in der Sozialarbeit, in der Jugendhilfe, im Strafvollzug, bei Bundes- und Länderministerien, im Gesundheitswesen,
- in Unternehmen z.B. in den Bereichen Personalwesen, Aus- und Weiterbildung, Statistik und Marktforschung, Öffentlichkeitsarbeit,
- bei Verbänden und Organisationen des Wirtschafts- und Arbeitslebens, in politischen Parteien, bei kirchlichen Einrichtungen und Hilfsorganisationen,
- im Medienbereich bei Hörfunk- und Fernsehanstalten, bei Verlagen. ■

→ links

Berufsverband Deutscher Soziologinnen und Soziologen e.V. (BDS)
→ www.bds-soz.de

Deutsche Gesellschaft für Soziologie (DGS)
→ www.soziologie.de

ISA
Das Informationssystem Studienwahl & Arbeitsmarkt der Universität Duisburg-Essen gibt Informationen zur Entwicklung in den einzelnen Studienfeldern und Teilarbeitsmärkten.
→ www.uni-due.de/isa

3.7 Studienbereich Erziehungs-, Bildungswissenschaften

Die Erziehungs- und Bildungswissenschaften befassen sich damit, wie Menschen selbstständig und eigenverantwortlich handeln. Dabei betrachten sie sowohl Familien und Gesellschaft als auch Schulen und pädagogische Einrichtungen.

Der Studienbereich im Überblick

Hauptaufgabe von Erziehungs- und Bildungswissenschaftler*innen ist neben dem Beraten von Einzelpersonen und Gruppen in verschiedensten Lebensbereichen die konzeptionelle Arbeit in der Aus- und Weiterbildung. Dazu entwickeln und erproben sie Theorien sowie zielgruppenspezifische Angebote. Sie werden in der Erziehungs-, Unterrichts- und Beratungsarbeit (einschließlich der Verwaltung bzw. Leitung entsprechender Einrichtungen) auch selbst praktisch tätig.

Das Studium vermittelt ein grundlegendes Verständnis der pädagogischen Denkweisen, Fragestellungen und methodischen Grundlagen sowie der gesellschaftlichen Voraussetzungen von Erziehung.

Im fortgeschrittenen Studium stehen unter anderem quantitative Forschungsmethoden, Lernprozesse sowie die Organisation und Planung von Bildungsprozessen im Vordergrund. Je nach angestrebter Spezialisierung, wie Pädagogik der frühen Kindheit, Rehabilitations- und Sonderpädagogik, Betriebspädagogik oder Personalentwicklung, Erwachsenenbildung, Bildungsmanagement und Weiterbildung, erwerben die Studierenden auch entsprechende berufsfeldbezogene Handlungskompetenzen.

Auch das Lehramtsstudium umfasst in der Regel bildungswissenschaftliche Inhalte und beschäftigt sich neben didaktischen Prinzipien auch mit Erziehungsprozessen sowie mit Bildungssystemen (*siehe Kapitel 3.10 „Lehramtsausbildung in den Bundesländern“*). Ebenfalls artverwandt ist das Feld Sozialwesen/Sozialpädagogik/Soziale Arbeit (*siehe Kapitel 3.6 „Rechts-, Sozialwissenschaften“*)

Studienangebot

Fachhochschulen und Universitäten bieten Bachelor- und Masterstudiengänge in Erziehungs- und Bildungswissenschaften an.

Mögliche Studiengangsbezeichnungen sind unter anderem „Pädagogik“, „Bildung in Kindheit und Jugend“, „Erziehungswissenschaft“, „Bildung und Erziehung“ oder „Bildungswissenschaften“. Studiengänge, die sich mit konkreten Handlungsfeldern auseinandersetzen, heißen z.B. „Bildungsmanagement“, „Frühpädagogik“, „Gehörlosenpädagogik“, „Abenteuer- und Erlebnispädagogik“ und „Medienpädagogik“. Studiengänge mit den Titeln „Berufs- und Wirtschaftspädagogik“, „Ingenieurpädagogik“ oder „Erwachsenenbildung“ fokussieren dabei die Bildungsarbeit mit Erwachsenen, während „Rehabilitationspädagogik“, „Sonderpädagogik“ oder „Heilpädagogik“ sowohl medizinische als auch entwicklungspsychologische Aspekte berücksichtigen.

Im Masterstudium erfolgt die Spezialisierung oder Vertiefung und Profilbildung durch forschungs- und anwendungsbezogene Module wie etwa in Bildungstheorie und Bildungsprozesse, internationale Bildungsforschung, Erwachsenenbildung, Mediendidaktik, Migration und interkulturelle Pädagogik, außerschulische Jugendbildung, Pädagogik der frühen Kindheit, Kulturpädagogik, Bildungs- und Lernberatung, Bildungsökonomie und -planung, Organisationsentwicklung.

Inhalte des Studiums

Im **Bachelorstudium** werden erziehungswissenschaftliche Grundlagen vermittelt, durch Module wie beispielsweise Grundfragen und Grundbegriffe der Erziehungswissenschaft, Bildungs-, Erziehungs- und Lernprozesse sowie -theorien, Medien und pädagogische Kommunikation, lebenslanges Lernen und lebensbegleitende Bildung, Methoden der Empirischen Bildungs- und Sozialforschung, qualitative und quantitative Datenanalyse in der Bildungs- und Sozialforschung, pädagogische Psychologie, Qualitätsmanagement in der Aus- und Weiterbildung. Begleitend dazu stehen Inhalte aus Bezugswissenschaften, wie beispielsweise der Psychologie und den Sozialwissenschaften, auf dem Lehrplan.

In der **Berufspädagogik** werden zudem Module zur beruflichen Orientierung, Didaktik beruflicher Bildung, Einführung in die Berufspädagogik, Entwicklung von Institutionen beruflicher Bildung angeboten.

In der **Kultur- und Medienpädagogik** werden auch Grundlagen der Kultur- und Medienbildung, Kultursoziologische und interkulturelle ▸

Grundlagen, theoretische und historische Aspekte der Kultur- und Medienwissenschaften vermittelt.

In der **Rehabilitationspädagogik** sind beispielsweise Psychodiagnostik und Intervention, psychologische und soziologische Grundlagen der Rehabilitation sowie Recht wichtige Fächer.

An Fachhochschulen sind zwei bis drei Monate praktische Tätigkeit in Schulen und Einrichtungen der Erwachsenenbildung, der Sozialpädagogik, des betrieblichen Ausbildungswesens o.Ä. Teil des Studiums.

Berufsmöglichkeiten nach dem Studium

Die Tätigkeitsfelder von Erziehungs- und Bildungswissenschaftler*innen liegen im Bildungs- und Erziehungswesen in der Regel außerhalb der allgemeinbildenden Schule. Beschäftigungsmöglichkeiten gibt es z.B. in:

- Einrichtungen der Erwachsenenbildung
- Einrichtungen für Behinderte
- Beratungseinrichtungen, z.B. Erziehungsberatung oder Schwangerschaftskonfliktberatung
- Freizeit-, Erholungs- und Sportzentren
- Seniorenheimen, altenpädagogischen Einrichtungen
- pädagogischen Einrichtungen von Städten und Landkreisen, z.B. Jugendzentren
- Bildungsträgern (z.B. Bewerbungstraining, Coaching, berufliche Integration, Betreuung berufsvorbereitender Maßnahmen, Unterrichtstätigkeit)
- Kindertagesstätten und vorschulpädagogischen Einrichtungen.
- Die Aufgabenschwerpunkte der Heil- und Sonderpädagog*innen liegen im Bereich der Frühförderung und in der Beratung und Unterstützung von Menschen mit Behinderung. Sie sind z.B. tätig in schulvorbereitenden Einrichtungen, in heilpädagogischen Tagesstätten, Kindergärten und Heimen, in Werkstätten und -wohnheimen, in Erziehungsberatungsstellen, in kinder- und jugendpsychiatrischen Kliniken und in Rehabilitationszentren.

➔ links

Berufs- und Fachverband der Heilpädagogen (BHP) e.V.
➔ www.heilpaedagogik.de

Berufsverband der Erziehungswissenschaftlerinnen und Erziehungswissenschaftler
Der Verband informiert auf seiner Webseite über die verschiedenen erziehungswissenschaftlichen Studiengänge in Deutschland.
➔ www.bv-paed.de/studium-beruf

Berufsverband Deutscher Diplom-Pädagogen und Diplom-Pädagoginnen
➔ www.bddp.de

Deutsche Gesellschaft für Bildungsverwaltung (DGBV)
➔ www.dgbv.de

Gewerkschaft Erziehung und Wissenschaft
➔ www.gew.de

Der Studienbereich auf einen Blick

STUDIENFELD	STUDIENFÄCHER, z.B.
Erziehungs-, Bildungswissenschaften	Berufspädagogik Heilpädagogik Kultur-, Medienpädagogik Wirtschaftspädagogik
Lehrämter (Kap. 3.10)	Lehramt Gymnasien Lehramt Grundschulen

Alternative Studienbereiche

- **Medizin,Gesundheitswissenschaften, Psychologie, Sport ➔ Seite 142**
- **Rechts-, Sozialwissenschaften ➔ Seite 179**

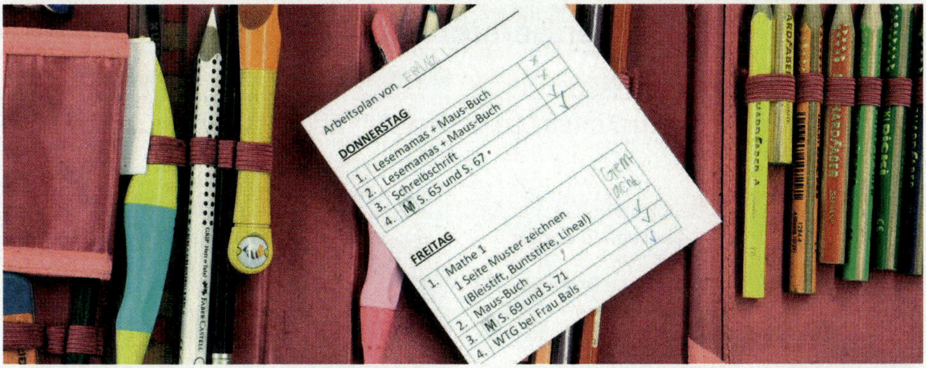

- Wirtschafts-, Berufs- und Ingenieurpädagog*innen finden unter anderem Anstellung in Berufs(fach)schulen oder übernehmen pädagogische Aufgaben in Unternehmen und nichtstaatlichen Institutionen, etwa die Planung und Organisation der innerbetrieblichen Aus- und Weiterbildung, das betriebliche Bildungs- und Personalwesen, die Erwachsenenbildung, die Bildungsverwaltung und -beratung oder die Personal- und Organisationsentwicklung. ■

3.8 Studienbereich Sprach-, Kulturwissenschaften

Studierende in diesem Bereich befassen sich mit der Auslegung und Deutung von sogenannten Kulturleistungen des Menschen wie z.B. Sprache, Literatur, Philosophie, Religion, Moral sowie mit Institutionen wie Familie oder Staat.

In dieser Fächergruppe finden sich so unterschiedliche Fächer wie Germanistik, Geschichte, alte und neue Philologien, aber auch anwendungsbezogene Fächer wie Kommunikation und Medien oder Dolmetschen und Übersetzen.

Bei allen Unterschieden haben Absolvent*innen der Sprach- und Kulturwissenschaften innerhalb ihres Aufgabenbereiches dennoch recht ähnliche Aufgaben. Betrachtet man beispielsweise Arabist*innen und Philosoph*innen, wird klar: Beide fungieren als kulturelle Vermittler – Arabist*innen erforschen, analysieren und dokumentieren arabische Sprache und Literatur in all ihren gegenwärtigen und historischen Erscheinungsformen, Philosoph*innen versuchen die Welt und die menschliche Existenz zu ergründen, zu deuten und zu verstehen.

Studierende aus dem Bereich **Sprach- und Kulturwissenschaften** sollten sich gerne mit Texten, Theorien und Methoden auseinandersetzen. Angesichts der Menge der zu bewältigenden Primär- und Sekundärliteratur dürfen sie nicht den Blick für das Wesentliche verlieren und sollten über kritisches Urteilsvermögen verfügen. Ein differenzierter Wortschatz, gutes Sprachverständnis und Sprachgefühl sowie eine exakte Arbeitsweise sind wichtige Voraussetzungen für ein erfolgreiches Studium.

Geistes- und kulturwissenschaftliche Bachelorstudiengänge werden oft als **Kombinationsstudiengänge** angeboten. Das Studium umfasst dabei i.d.R. zwei Teilstudiengänge, die entsprechend den hochschulspezifischen Kombinationsvorschriften zu wählen sind (2-Fach-Bachelor). ■

➔ links

ISA
Das Informationssystem Studienwahl & Arbeitsmarkt der Universität Duisburg-Essen gibt Informationen zur Entwicklung in den einzelnen Studienfeldern und Teilarbeitsmärkten.
➔ www.uni-due.de/isa

abi>>
Spannende Reportagen zu diesem Studienfeld finden Sie auch auf
➔ www.abi.de > Studium > Studienfelder > Sprach-, Kulturwissenschaften

Der Studienbereich auf einen Blick

STUDIENFELD	STUDIENFÄCHER, z.B.
Ältere europ. Sprachen und Kulturen	Keltologie* Klassische Philologie - Gräzistik Klassische Philologie - Latinistik Neogräzistik
Altertumswissenschaften, Archäologie	Ägyptologie Altertumswissenschaften Archäologie Orientalistik
Anglistik, Amerikanistik	Anglistik, Amerikanistik
Archiv, Bibliothek, Dokumentation	Archivwissenschaft Bibliotheks-, Informationswissenschaft Buchwissenschaft
Außereuropäische Sprachen und Kulturen	Afrikanistik Arabistik Islamwissenschaft Japanologie
Germanistik	Deutsch als Zweit-/Fremdsprache Germanistik Niederlandistik Skandinavistik
Geschichtswissenschaften	Geschichte Mediävistik
Jüdische Studien, Judaistik	Jüdische Studien, Judaistik
Kleinere europ. Sprachen und Kulturen	Baltistik Finnougristik
Kommunikation und Medien	Informationsmanagement Interkulturelle Kommunikation Journalistik Kommunikationswissenschaft
Kulturwissenschaften	Ethnologie Interkulturelle Studien Kulturmanagement Museologie
Liberal Arts	Liberal Arts
Philosophie, Theologie, Religionspädagogik	Philosophie, Ethik Religionswissenschaft Evangelische Theologie Katholische Theologie
Regionalwissenschaften	Regionalwissenschaft - Afrika Regionalwissenschaft - Asien Regionalwissenschaft - Europa Regionalwissenschaft - Nordamerika
Romanistik	Romanistik - Französisch Romanistik - Italienisch Romanistik - Portugiesisch Romanistik - Spanisch

STUDIENFELD	STUDIENFÄCHER, z.B.	STUDIENFELD	STUDIENFÄCHER, z.B.
Slawistik	Slawistik - Ostslawistik Slawistik - Südslawistik Slawistik - Westslawistik	**Sprach-, Literaturwissenschaften, Dolmetschen u. Übersetzen**	Computerlinguistik Fremdsprachendidaktik Rhetorik, Sprechwissenschaft

*nur weiterführend

Alternative Studienbereiche

- **Kunst, Musik → Seite 208**
- **Lehramt → Seite 217**
- **Rechts-, Sozialwissenschaften → Seite 179**

3.8.1 Altertumswissenschaften, Archäologie

Die Altertumswissenschaften befassen sich mit der kulturhistorischen Erforschung der griechisch-römischen Antike sowie des Vorderen Orients und des Mittelmeerraums. Und auch die Archäologie blickt in die Vergangenheit, um vergangene und bestehende Kulturen zu studieren.

Das Studienfeld im Überblick

Altertumswissenschaftler*innen beschäftigen sich mit der Erforschung verschiedener Kulturen. Während bei klassischen Altertumswissenschaftler*innen die griechisch-römische Antike im Zentrum steht, gibt es auch Forscher*innen, die sich zum Beispiel auf das alte Ägypten oder auf den Vorderen Orient spezialisieren.

Überschneidungen gibt es zur **Archäologie**, einer Wissenschaft, die sich in erster Linie für die Bodenfunde jener Völker interessiert, über die wir keine schriftlichen Quellen besitzen. Durch die materiellen Hinterlassenschaften ziehen Archäolog*innen Rückschlüsse auf deren Lebensweise und Kultur.

Studienangebot

Fächer im Bereich Altertumswissenschaften und Archäologie werden vor allem an Universitäten, vereinzelt auch an Fachhochschulen angeboten. Während sich beispielsweise der grundständige Studiengang „Altertumswissenschaften" mit der griechischen und römischen Antike beschäftigt, kann man sich mit einem Studiengang wie „Vorderasiatische Altertumskunde" auch auf eine bestimmte Region konzentrieren. Archäologie ist häufig ein Bestandteil der Altertumswissenschaften, kann aber auch als eigenständiges Fach studiert werden.

Mit einem anschließenden Masterstudiengang können die erworbenen Kenntnisse ausgebaut oder spezifiziert werden.

Zulassungskriterien & Studienbewerbung

Die meisten Studiengänge sind ohne Zulassungsbeschränkung oder unterliegen örtlichen Auswahlverfahren. Häufig werden Sprachkenntnisse, etwa Latein oder ggf. auch Altgriechisch, gefordert. Allerdings besteht in der Regel die Möglichkeit, diese an der Hochschule nachzuholen.

Inhalte des Studiums

Die Studieninhalte richten sich je nach Wahl des Schwerpunkts oder der Spezifikation. In der Regel wird ein breiter Überblick über die Zeitgeschichte, über Epochen und Gattungen vermittelt. Auch praktische Kompetenzen in den Bereichen Grabungstechniken, Konservierung und Restaurierung sowie Museumsarbeit gehören zum Studium.

Berufsmöglichkeiten nach dem Studium

Absolvent*innen der Altertumswissenschaften sowie der Archäologie können im Ausstellungsmanagement, bei archäologischen Ausgrabungen, in der Erwachsenenbildung, im Kulturmanagement oder im Journalismus Beschäftigung finden. ■

→ links

ISA
Das Informationssystem Studienwahl & Arbeitsmarkt der Universität Duisburg-Essen gibt Informationen zur Entwicklung in den einzelnen Studienfeldern und Teilarbeitsmärkten.
→ www.uni-due.de/isa

3.8.2 Anglistik, Amerikanistik

Die Anglistik und die Amerikanistik befassen sich mit Sprache und Literatur der englischsprachigen Welt.

Das Studienfeld im Überblick

Im Vordergrund des Studienfelds stehen Großbritannien (Anglistik im engeren Sinne) und Nordamerika (Amerikanistik, vereinzelt auch Kanadistik). Es werden aber auch andere Länder und Kulturräume miteinbezogen, in denen die englische Sprache eine gewichtige Rolle spielt. Die Alt-Amerikanistik beschäftigt sich mit Sprache, Kultur und Geschichte der vergangenen Hochkulturen Süd-, Mittel- und Nordamerikas (z.B. Azteken, Maya, Inka).

Nele (19),
Studentin
Arbeite gemeinsam mit mir
IM AUFTRAG
DER DEMOKRATIE!
Bewirb dich für eine Ausbildung oder ein duales Studium.
Ob im Innen- oder Außendienst –
dich erwarten spannende Einsatzmöglichkeiten
in allen Abteilungen des Verfassungsschutzes.
Scannen für Jobangebote
Bundesamt für
Verfassungsschutz
WERDE VERFASSUNGSSCHÜTZER*IN.
Mehr Informationen unter
verfassungsschutz.de/karriere

Studienangebot

Anglistik und Amerikanistik werden an zahlreichen Universitäten, zum Teil als Kombinationsfach, angeboten.

Je nach Hochschule gibt es unterschiedliche fachliche Ausrichtungen oder Spezialisierungen. Einige Studiengänge wie „British Studies" fokussieren sich auf Großbritannien, während in der Amerikanistik die Vereinigten Staaten von Amerika im Zentrum stehen. Viele Studiengänge vereinen beides.

Studieninhalt

Die Studierenden setzen sich vor allem mit den sprachlichen, kulturellen, geschichtlichen, politischen oder geografischen Gegebenheiten des englischsprachigen Raums auseinander. Auch Theater, Film und Fernsehen sowie Kunst und Musik sind von Interesse. Da die Erweiterung der Sprachkompetenzen einen hohen Stellenwert einnimmt, finden Vorlesungen und Veranstaltungen häufig auf Englisch statt. Zudem ist es üblich, einen Auslandsaufenthalt zu absolvieren.

Zulassungskriterien & Studienbewerbung

Einige Hochschulen führen einen Eignungstest durch, um Sprachbegabung sowie Motivation zu prüfen.

Berufsmöglichkeiten nach dem Studium

Anglist*innen finden Beschäftigung im Bereich Journalismus, Medien und TV, Verlagswesen, Bildung, kulturelle Einrichtungen, Museen oder auch in der Unternehmensberatung. ■

3.8.3 Archiv, Bibliothek, Dokumentation

Im Fokus dieser Studienfächer steht die Gewinnung, Systematisierung, Aufbereitung, Verbreitung und Bewahrung von Informationen.

Das Studienfeld im Überblick

- In **Archiven** werden Schrift-, Bild-, Ton- und Filmgut sowie Karten, Pläne und sonstige Unterlagen aufbewahrt. Das Archivgut wird geordnet und durch Inventare erschlossen, damit es für die Verwaltung, Forschung oder die Öffentlichkeit bereitsteht. Studiengänge in diesem Bereich vermitteln Wissen in Informationswissenschaft und Archivmanagement. Die Digitalisierung verlangt zudem zunehmend Kompetenzen auf den Gebieten der digitalen Langzeitarchivierung und der Präsentation von Informationen im Internet.
- In **Bibliotheken** erhalten die Benutzer*innen freien Zugang zu Informationen. Neben gedruckten Medien werden zunehmend auch digitale Medien zur Verfügung gestellt. Unterschieden wird in der Regel zwischen öffentlichen und wissenschaftlichen Bibliotheken. Ein Studium im Bibliothekswesen vermittelt Kenntnisse in den Bereichen Beschaffung, Präsentation, Erschließung und Informationsvermittlung.
- Unter **Dokumentation** versteht man die Zusammenstellung und Nutzbarmachung von Dokumenten zu bestimmten Themen (handschriftlich oder maschinengeschrieben, gedruckt, gezeichnet oder gestanzt, auf Bild- und Tonträgern oder elektromagnetisch gespeichert). Dokumentar*innen werden an Fachhochschulen ausgebildet.
- **Informationstechnologien**, immer spezifischere Kundenwünsche sowie der Übergang zur globalisierten Informations- und Wissensgesellschaft stellen erhöhte Ansprüche an Gewinnung, Selektion, Aufbereitung, Vermittlung und Präsentation von Informationen aus allen Bereichen. Informationswirt*innen bzw. Informationswissenschaftler*innen konzipieren z.B. benutzerfreundliche Datenbankanwendungen im Internet, gestalten Informations- und Content-Management-Systeme (CMS), entwickeln elektronische Marktplätze, Online-Shops oder andere E-Commerce-Lösungen und beschäftigen sich mit Informations- und Wissensmanagement in Unternehmen und Organisationen. Hierfür werden informationstechnische, rechtliche und ökonomische Methoden, Theorien und Werkzeuge verwendet.

Studienangebot

Die meisten Bachelorstudiengänge, die für den Bibliotheks- und Informationsbereich ausbilden, werden von Fachhochschulen angeboten, vereinzelt aber auch von Universitäten. Die Studiengänge heißen etwa „Bibliotheks- und Informationswissenschaft", „Information Science", „Buchwissenschaft" oder „Editions- und Dokumentwissenschaft". Es ist auch möglich, Archiv- ▶

wesen für eine Karriere im öffentlichen Dienst zu studieren (*siehe Kapitel 3.11.2 Archivwesen*).

Inhalte des Studiums

- In den Anfangssemestern im Bereich **Archiv** vermitteln Module neben Schlüsselqualifikationen breite EDV-Kenntnisse sowie die theoretischen, praktischen und methodischen Grundkompetenzen der Informationswissenschaft. Darauf aufbauend werden Aspekte der Archivwissenschaft und des Archivmanagements vertieft. Hinzu kommt ein breiter Überblick über die deutsche Geschichte sowie praktische Übungen in den historischen Grundwissenschaften. Weitere Schwerpunkte des Studiums sind die historische Bildungsarbeit, digitale Publikationen, Projekt- und Wissensmanagement.

- Im Bereich **Bibliothek** werden Strukturen des Bibliothek- und Informationswesens, Bibliotheksmanagement, IT-Kompetenz/Informationstechnologie, -kompetenz und -vermittlung, Bibliotheksbau und -technik, Bestandsmanagement, Datenmanagement, Medien- und Informationserschließung, Publikationen- und Medienkunde, Bibliotheksgeschichte sowie bibliotheksrelevantes Recht vermittelt.
- Studierende der **Informationswirtschaft** lernen unter anderem Wirtschaftslehre, Informatik, Mathematik, Wissensmanagement, Informationssysteme/-rezeption, Recht, Kommunikation und Medien sowie Marketing und Qualitätsmanagement.
- Betriebslehre, Medien- und Informationsbeschaffung stehen auf dem Stundenplan in den Studiengängen des **Dokumentationswesens**, außerdem Datenbankentwicklung, Knowledge Engineering, Information Retrieval und Fachinformation, Projekt- und Wissensmanagement sowie digitale Publikationen. In der medizinischen Dokumentation bilden Techniken der Datenstrukturierung, Datenverarbeitung und der statistischen Datenanalyse neben Fachkenntnissen in Biologie und Medizin weitere Ausbildungsschwerpunkte.

Berufsmöglichkeiten nach dem Studium

Bibliothekar*innen, Dokumentar*innen, Archivar*innen und Absolvent*innen aus dem Bereich Informationswirtschaft bzw. -wissenschaft haben je nach Abschluss unterschiedliche Beschäftigungsmöglichkeiten: Sie arbeiten in öffentlichen und wissenschaftlichen Bibliotheken, an Instituts- und Behördenbibliotheken sowie an Betriebs- oder Werksbibliotheken großer Unternehmen, bei Zeitungen, Zeitschriften, Verlagen und Verbänden, in Archiven, bei Datenbank-Informationsdiensten und Research Centers, in Hörfunkanstalten oder bei Fernsehsendern. Je nach Einsatzgebiet ist dabei spezielles Fachwissen nötig. ■

> **➔ links**
>
> **Bibliothek & Information Deutschland**
> ➔ www.bideutschland.de
>
> **Deutscher Bibliotheksverband**
> ➔ www.bibliotheksportal.de
>
> **Berufsverband Information Bibliothek e.V.**
> ➔ www.bib-info.de

3.8.4 Außereuropäische Sprachen und Kulturen

Zum Studienfeld der außereuropäischen Sprachen und Kulturen zählen unter anderem die Afrikanistik, die Japanologie und die Turkologie.

Das Studienfeld im Überblick

Die arabisch-islamische Welt, der afrikanische Kontinent, die Kulturen Asiens – das Studienfeld umfasst in Abgrenzung an die kleinen europäischen Sprachen und Kulturen Regionen außerhalb Europas. Die einzelnen Disziplinen haben auf den ersten Blick kaum etwas miteinander gemeinsam, doch sie alle beschäftigen sich mit der eingehenden Betrachtung der Sprache, Kultur, Geschichte und Religion der jeweiligen Region.

Studienangebot

Von Afrikanistik über Indologie bis hin zur Turkologie: Studiengänge zu außereuropäischen Sprachen und Kulturen gibt es in Deutschland in unterschiedlichster Form an zahlreichen

→ links

ISA
Das Informationssystem Studienwahl & Arbeitsmarkt der Universität Duisburg-Essen gibt Informationen zur Entwicklung in den einzelnen Studieneldern und Teilarbeitsmärkten.
→ www.uni-due.de/isa

Hochschulen – meist als einzelne Disziplin, teilweise auch im Rahmen von Kombinationsstudiengängen.

Inhalte des Studiums

Im Mittelpunkt der Studienfächer steht die Auseinandersetzung mit der Sprache, Kultur, Geschichte und Religion der jeweiligen Regionen. In der Regel bildet eine fundierte Sprachausbildung die Basis für das Verständnis hierfür. Ziel dieser Studiengänge ist es, die Fähigkeit zum selbstständigen wissenschaftlichen Arbeiten sowie umfangreiche Kenntnisse zu Kultur, Geschichte und regionalen Besonderheiten zu erwerben.

Berufsmöglichkeiten nach dem Studium

Absolvent*innen finden Beschäftigung in Wissenschaft, im Diplomatischen Dienst und Kulturaustausch sowie bei Medien und Behörden. ■

3.8.5 Germanistik

Deutsche Sprache und Literatur sind die Hauptgegenstände der Germanistik. Sie werden in sprachwissenschaftlicher, literaturwissenschaftlicher und kulturwissenschaftlicher Hinsicht untersucht.

Das Studienfeld im Überblick

Die Germanistik beschäftigt sich nicht nur mit den Zeugnissen gegenwärtiger Sprache und Literatur (seit 1500, „Neuzeit") sondern auch mit den früheren Formen (z.B. Alt- oder Mittelhochdeutsch). Ziel des Germanistikstudiums ist die eingehende Kenntnis der Entwicklung der deutschen Sprache und der wichtigsten Strömungen der deutschen Literatur.

Eng verwandt ist die Germanistik mit der Skandinavistik (auch Nordistik, Nordische/Nordgermanische/Skandinavische Philologie oder Nordeuropa-Studien genannt), die sich mit den skandinavischen Sprachen (Dänisch, Färöisch, Isländisch, Norwegisch und Schwedisch), Literaturen und Gesellschaften beschäftigt. Abzugrenzen ist die Germanistik hingegen von der „Slawistik" (*siehe Abschnitt 3.8.15*).

Studienangebot

Das Studienfach Germanistik wird ausschließlich an Universitäten angeboten. Zu diesem Studienfeld gehören auch Studienfächer aus dem Bereich „Niederlandistik" und „Skandinavistik".

Inhalte des Studiums

Das Germanistik-Studium ist in drei Teilbereiche gegliedert:

- Die **germanistische Sprachwissenschaft (Linguistik)** widmet sich unter Betonung sprachwissenschaftlicher Elemente der systematischen Untersuchung der deutschen Sprache.
- Die **Neuere deutsche Literaturwissenschaft** beschäftigt sich mit der deutschen Literatur vom 16. Jahrhundert bis in unsere Gegenwart. Sie analysiert Literaturgattungen, unterscheidet Perioden/Epochen und vermittelt intensiv Kenntnisse zu unterschiedlichen Zugangswegen und Interpretationsansätzen.
- Die **Germanistische Mediävistik** befasst sich mit sprach- und literaturwissenschaftlichen Untersuchungen der deutschen Literatur von ihren Anfängen um 800 bis in die Frühe Neuzeit. Auch „Mittelhochdeutsch" wird dabei vermittelt.

Neben dem germanistischen Kernfach muss meist ein wissenschaftliches Ergänzungs- oder Nebenfach aus dem kultur- oder sozialwissenschaftlichen Bereich studiert werden.

Im **Masterstudium** erlauben dann je nach Hochschule und Schwerpunkt Module in Bereichen wie Literatur- und Gattungsgeschichte, synchrone und diachrone Sprachwissenschaft, Sprach- und Literaturvermittlung oder Deutsch als Zweit- und Fremdsprache eine Spezialisierung. Zusatzkompetenzen vermitteln Module wie Textproduktion, interkulturelle Germanistik, Medienästhetik, Medien/Kommunikation oder Technikkommunikation.

Berufsmöglichkeiten nach dem Studium

Außerhalb des Lehramts finden Germanist*innen Beschäftigungsmöglichkeiten im Verlagswesen bzw. als Redakteur*innen in Presse, Funk und Fernsehen oder in der Öffent- ▶

lichkeitsarbeit, Werbung sowie im Bibliotheks- und Dokumentationswesen. Weiterhin können sie in der Erwachsenenbildung, an Hochschulen und anderen Forschungseinrichtungen oder als Dramaturg*innen an Theatern sowie bei Fernseh- und Hörfunkanstalten tätig sein. Aufgrund ihrer Fähigkeiten im Kommunizieren und Präsentieren finden sie darüber hinaus oft Aufgaben im Personalwesen, als Projektleiter*innen oder Unternehmensberater*innen. ■

➔ links

Deutscher Germanistenverband (DGV)
Informationen zu Studium und Beruf unter:
➔ www.germanistenverband.de

ISA
Das Informationssystem Studienwahl & Arbeitsmarkt der Universität Duisburg-Essen gibt Informationen zur Entwicklung in den einzelnen Studienfeldern und Teilarbeitsmärkten.
➔ www.uni-due.de/isa

3.8.6 Geschichtswissenschaften

Die Geschichtswissenschaft erforscht die Entwicklung des Menschen als soziales und handelndes Wesen. Sie versucht, das Geschehene anhand gesicherter Quellen zu rekonstruieren und kritisch zu deuten.

Das Studienfeld im Überblick

Die traditionellen Teilgebiete der Geschichtswissenschaften sind Altertum, Mittelalter und Neuzeit. Darüber hinaus haben sich teils einzelne Disziplinen entwickelt, z.B. Ägyptologie, Assyriologie oder Byzantinistik (Geschichte und Kultur des Oströmischen Reiches), teils wurden Inhalte auch einzelnen Fachwissenschaften zugeordnet (Kirchen- und Religionsgeschichte, Literatur- und Kunstgeschichte etc.). Auch eigene Fächer haben sich entwickelt, z.B. zur Geschichte des Judentums (*siehe Abschnitt 3.8.7 „Jüdische Studien, Judaistik"*).

Als Reaktion auf die Industrialisierung entstanden die Wirtschafts- und Sozialgeschichte sowie die Technikgeschichte. Aus der Untersuchung einzelner Räume entwickelten sich Regional-, Landes-, Stadtgeschichte sowie Bevölkerungsgeschichte. Überschneidungen gibt es zum Studienfeld „Altertumswissenschaften, Archäologie" (*siehe Abschnitt 3.8.1*).

Studienangebot

Die Möglichkeit, Geschichtswissenschaften zu studieren, besteht nur an Universitäten. Die Vielfalt der Studienfächer reicht von „Alte Geschichte" über „Geschichtswissenschaften" und „Europäische Geschichte" bis hin zu weiteren Spezialisierungen wie „Geschichte in Wissenschaft und Praxis" oder „Geschichte der Naturwissenschaften". Hilfswissenschaften der Geschichte sind Paläographie (Schriftkunde), Diplomatik (Urkundenlehre), Chronologie (Zeitrechnung), Genealogie (Abstammungslehre), Sphragistik (Siegelkunde), Numismatik (Münzkunde), Heraldik (Wappenkunde); ferner Soziologie, Wirtschaftswissenschaften und Statistik. Nicht an jeder Universität sind alle Richtungen vertreten.

Inhalte des Studiums

Folgende Module vermitteln im Bachelorstudium zunächst die Grundlagen der historischen Forschung, der Arbeitstechniken und Methoden sowie Kenntnisse der Großepochen:

- Die Alte Geschichte steht in enger Verbindung zur Klassischen Philologie und zur Archäologie.
- Die Erforschung des Mittelalters ist primär auf handschriftliche Überlieferung angewiesen. Wichtige Bei- und Ergänzungsfächer sind hier Kunst- und Kirchengeschichte, Mittellateinische Philologie sowie die historischen Hilfswissenschaften.
- Die Neuere Geschichte setzt mit gedruckten Quellen im frühen 16. Jahrhundert ein.
- Ab 1789 sprechen wir von der Neuesten Geschichte.
- Mit den historischen Ereignissen nach dem Zweiten Weltkrieg befasst sich die Zeitgeschichte, die ihrerseits wieder in engem Zusammenhang mit der Politikwissenschaft steht.

Darauf aufbauend werden die Kenntnisse in Teilepochen und in ausgewählten Problemfeldern vertieft, wobei i.d.R. eine Profilbildung bzw. Spezialisierung erfolgt.

Hinzu kommen Module in den Teilfächern der Geschichtswissenschaft wie Verfassungs-, Wirtschafts- und Sozialgeschichte, historische Hilfswissenschaften, Landesgeschichte sowie in Schlüsselqualifikationen wie Übersetzen von Quellen und Fachtexten, Informationsbeschaffung u.Ä.

Zulassungskriterien & Studienbewerbung

An einigen Universitäten werden Fremdsprachenkenntnisse, etwa in Französisch und Englisch vorausgesetzt. Latein kann in der Regel während des Studiums nachgeholt werden, falls verlangt.

> **→ links**
>
> **ISA**
> Das Informationssystem Studienwahl & Arbeitsmarkt der Universität Duisburg-Essen gibt Informationen zur Entwicklung in den einzelnen Studienfeldern und Teilarbeitsmärkten.
> → www.uni-due.de/isa

Berufsmöglichkeiten nach dem Studium

Historiker*innen finden Beschäftigung in der Erwachsenen- und politischen Bildung, an Forschungsinstituten, in Museen, Archiven und Bibliotheken, im Auswärtigen Dienst, bei Verbänden, Stiftungen und Parteien sowie im Medienbereich und in der Presse- und Öffentlichkeitsarbeit. Daneben ist ein Hauptbetätigungsfeld der Historiker*innen das Unterrichten an Schulen; das Studium wird hierfür mit der Lehramtsprüfung abgeschlossen (*siehe Kapitel 3.10 „Lehrämter"*). ■

3.8.7 Jüdische Studien, Judaistik

Die Studiengänge Jüdische Studien und Judaistik dienen der Vermittlung und der Erforschung der über 3.000-jährigen Geschichte, Religion und Kultur des jüdischen Volkes in Orient und Okzident.

Das Studienfeld im Überblick

Die Judaistik (auch Jüdische Studien genannt) ist eine wissenschaftliche Disziplin, die sich allen Aspekten des Judentums widmet. Erforscht werden je nach Fachbereich die jüdische Religion, die Geschichte und die Entwicklungen des modernen Judentums. Ziel des Studiums ist es, historische und moderne Quellentexte selbstständig zu übersetzen, zu analysieren und in den richtigen Kontext einordnen zu können.

Studienangebot

Das Studium wird an den Universitäten häufig in Form von Kombinations-Bachelorstudiengängen angeboten. Darauf aufbauende Masterstudiengänge decken ein breites Spektrum der Judaistik ab.

Inhalte des Studiums

Studieninhalte sind die Sprachausbildung (Hebraicum, je nach Hochschule auch Aramaicum, Jiddicum und Judenspanisch), Lehrveranstaltungen zur jüdischen heiligen Schrift (Tora) und deren Auslegung. Ebenfalls betrachtet werden die rabbinische Literatur, Halacha und Liturgie, jüdische Philosophie und Geistesgeschichte, die hebräische Sprachwissenschaft und Literatur, die Geschichte des jüdischen Volkes, deutsch-jüdische Literatur und Kultur sowie die jiddische Sprache und Literatur.

Zulassungskriterien & Studienbewerbung

Alle Studiengänge stehen Bewerber*innen unabhängig von ihrer Religionszugehörigkeit offen.

Berufsmöglichkeiten nach dem Studium

Für Absolvent*innen im Bereich Jüdische Studien, Judaistik bieten sich Tätigkeiten im Verlagswesen bzw. als Redakteur*innen in Presse, Funk und Fernsehen oder in der Öffentlichkeitsarbeit, in der Werbung sowie im Bibliotheks- und Dokumentationswesen. Weiterhin können sie in der Erwachsenenbildung, an Hochschulen und anderen Forschungseinrichtungen tätig werden. ■

3.8.8 Kleinere europ. Sprachen und Kulturen

Im Studienfeld „Kleinere europäische Sprachen und Kulturen“ sind die modernen Philologien Finnougristik und Baltistik zusammengefasst.

Das Studienfeld im Überblick

Die Fennistik bzw. Finnougristik (Uralistik) befasst sich mit den Sprachen und Literaturen Finnlands, Ungarns, Estlands und einiger kleinerer Sprachen in Russland sowie mit deren Kulturen. Ihnen gemein ist, dass sie keinerlei Verwandtschaft mit den anderen Sprachen Europas besitzen.

Die Baltistik beschäftigt sich mit den baltischen Sprachen Lettisch und Litauisch bzw. mit den kaukasischen Sprachen (Kaukasiologie).

Studienangebot

Studiengänge im Bereich Fennistik werden an verschiedenen Universitäten angeboten, zum Teil in Kombination mit der Skandinavistik.

Als einzige Hochschule in Deutschland bietet die Universität Greifswald den Studiengang Baltistik an.

Studieninhalt

Das Studium vermittelt umfassende fachliche Kenntnisse, Methoden und Fähigkeiten im Bereich der finnougrischen Sprachen und Kulturen. Dazu gehören linguistische Grundlagen, ggf. das Erlernen der beiden Sprachen Finnisch und Ungarisch, Landeskunde sowie grundlegende wissenschaftliche Arbeitstechniken und Kompetenzen.

Das in Deutschland einzigartige Studienfach „Baltistik“ beschäftigt sich mit der baltischen Philologie. Der philologische Blick auf das Baltikum umfasst dabei sprachliche, literarische und kulturelle Entwicklungen Lettlands und Litauens. Dabei werden auch Sprachkenntnisse in mindestens einer der beiden Sprachen erworben.

Berufsmöglichkeiten nach dem Studium

Absolvent*innen werden in kulturellen, wirtschaftlichen und politischen Einrichtungen tätig, gerade unter dem Aspekt des zusammenwachsenden Europas. ■

3.8.9 Kommunikation und Medien

Die Studiengänge in diesem Studienfeld bereiten auf eine berufliche Tätigkeit in den Bereichen Redaktion, Journalistik, Presse- und Öffentlichkeitsarbeit sowie Kommunikation oder Informationsmanagement vor.

Das Studienfeld im Überblick

Im Studienfeld Kommunikation und Medien findet sich eine Vielfalt an Möglichkeiten – sowohl was die Studiengänge als auch die späteren Berufsmöglichkeiten betrifft. Häufig ist durch die Wahl des Studienfaches noch nicht klar, wo später der berufliche Weg einmündet. Durch mobile und digitale Technologien stehen diese Disziplinen stets vor neuen Herausforderungen. Dies erklärt, warum in den vergangenen Jahren in diesem Bereich viele neue Studiengänge entstanden sind.

- Die **Kommunikationswissenschaft** untersucht den Kommunikationsprozess in all seinen Auswirkungen, die Funktionsweise von Massenmedien und deren Wirkung auf die Öffentlichkeit.
- Unter dem Oberbegriff „**Medien**“ finden sich zum einen theoretisch orientierte Studiengänge, die auf eine Tätigkeit in Journalismus und Redaktion sowie in Presse- und Öffentlichkeitsarbeit vorbereiten. Voraussetzungen sind neben einem kreativen und sicheren Umgang mit Sprache die Fähigkeit, komplexe Sachverhalte und Zusammenhänge allgemein verständlich wiederzugeben sowie Interesse an vielfältigen Kontakten. Die produktionsorientierten Studiengänge wie Medientechnik oder Informationsmanagement vermitteln zum anderen eher das praktische Wissen um die Medienproduktion und -verwaltung.

Studienangebot

Die **Bachelorstudiengänge** werden an Universitäten und Fachhochschulen angeboten und tragen entsprechend der Breite des Studienfeldes beispielsweise folgende Studiengangsbezeichnungen: Informationsmanagement, Interkulturelle Kommunikation, Journalistik oder Journalismus, Onlinejournalismus, Kommunikationswissenschaft, Sprache und Kommunikation, Digitale Medienproduktion, Public Relations oder Marketingkommunikation.

Im **Masterstudium** ist eine Spezialisierung oder Verbreiterung der Kenntnisse möglich, z.B. in Bereichen wie Media Direction, Literatur und Medienpraxis.

Inhalte des Studiums

Je nach Schwerpunkt und Ausrichtungen des gewählten Studiengangs werden unterschiedliche Grundlagen in Theorie und Praxis vermittelt, z.B. Begriffs- und Methodenwissen, journalistisches Schreiben, Produktions- oder Medientechnik, Gestaltung und Ästhetik, Management- oder Informatikkenntnisse, Medienrecht, Informationsrecht, Datenbanken und dynamische Webseiten, interkulturelle Kommunikation, Kommunikations- und Mediengeschichte, psychologisch-qualitative Marktforschung, quantitative Marktforschung, digitale Medien, Medienpraxis, Mediengeschichte, Printmedien, Rundfunk, Content Management, Medienethik, PR-Praxis, Webseitenerstellung, Online-Dokumentation, Technical English, visuelle Gestaltung, Beschreibungen, Werbetext, Online-Medien und E-Commerce.

Zulassungskriterien & Studienbewerbung

Für Journalistikstudiengänge werden an manchen Hochschulen zwei bis drei Monate Vorpraktikum in einem Verlag, einer Redaktion oder in der Presseabteilung eines Unternehmens vorausgesetzt.

Berufsmöglichkeiten nach dem Studium

Absolvent*innen aus dem Bereich Medien können in Produktionsstudios von Hörfunk- oder Fernsehsendern arbeiten, in einer Multimedia-Agentur, bei Werbeagenturen, Verlagen und anderen Unternehmen der Medienbranche, in Meinungsforschungsinstituten oder in der Presse- und Öffentlichkeitsarbeit von Unternehmen oder Institutionen.

Absolvent*innen eines journalistischen Studienganges sind – in der Regel nach Abschluss eines ein- bis dreijährigen Volontariats nach dem Studium – tätig als Redakteur*innen, Korrespondent*innen, Moderator*innen, Fachlektor*innen, Reporter*innen, Bildjournalist*innen sowie Presse- und Medienreferent*innen. Beschäftigung finden sie – bei wachsender Tendenz zur Freiberuflichkeit – im Online- und Multimediabereich sowie bei Tages- und Wochenzeitungen, Zeitschriften, Anzeigenblättern, bei Fernsehen und Hörfunk, bei Pressestellen, Agenturen und Pressebüros; zunehmend auch im Bereich Public Relations/ Öffentlichkeitsarbeit und Corporate Publishing, wobei es hier vielfältige Überschneidungen zu den Bereichen Werbung und Marketing gibt.

Technische Redakteur*innen arbeiten oft als freie Mitarbeiter*innen in der technischen Dokumentation für Industrieunternehmen oder für Fachzeitschriften. ■

➔ links

Medienstudienführer.de
Wissenswertes zu mehr als 600 Studien- und Weiterbildungsangeboten im Bereich Medien, u.a. Infos zu Aufbaustudiengängen und Ausbildungen außerhalb der Hochschulen.
➔ www.medienstudienfuehrer.de

3.8.10 Kulturwissenschaften

Studienangebote, die Teilbereiche des breiten Spektrums der Kulturwissenschaften umfassen, sind multidisziplinär angelegt, vereinen also Studieninhalte aus unterschiedlichen Fachdisziplinen. Die Ethnologie etwa erforscht und vergleicht die Kulturen von Völkern und ethnischen Gruppen weltweit, während sich die Volkskunde auf europäische Gesellschaften beschränkt.

Das Studienfeld im Überblick

Im Mittelpunkt des Studiums steht die wissenschaftlich-theoretische Auseinandersetzung mit „Kultur“ im weitesten Sinne, dabei werden Aspekte wie Kulturfinanzierung, Controlling, Marketing, Management und Logistik oder die anwendungsbezogene Orientierung über mögliche Berufsfelder beachtet. Teilweise handelt es sich dabei um internationale Studiengänge. Die Kulturwissenschaften sind ein stark interdisziplinäres Studienfeld: Je nach Ausrichtung beinhalten sie auch die kulturellen Aspekte von Ethnologie und Sprachwissenschaften. Kulturen, ▸

deren historische Entwicklung sowie einzelne Kulturleistungen und -techniken werden untersucht und miteinander verglichen. Die Studierenden setzen sich aber nicht nur theoretisch mit kulturwissenschaftlichen Inhalten auseinander, sondern beschäftigen sich in der Denkmalpflege oder den Konservierungs- und Restaurierungswissenschaften auch mit dem Erhalten oder Rekonstruieren von Architekturen und archäologischen Funden. Auf Tätigkeiten in Museen und anderen kulturellen Einrichtungen bereiten Studiengänge im Bereich Kulturmanagement und Museologie vor.

Ethnolog*innen betreiben auch empirische Feldforschung und nehmen zeitweise am Leben von Gruppen teil, die sie untersuchen. Dadurch erhalten sie tiefe Einblicke. Von Studieninteressierten wird entsprechend eine große Offenheit für den direkten Kontakt mit (fremden) Menschen erwartet sowie hohes Interesse an gesellschaftlichen Entwicklungen.

Je nach Ausrichtung sind für den Studienerfolg unterschiedliche Fähigkeiten wichtig. Ausgeprägtes Sprachvermögen und interkulturelle Kompetenz sind wesentliche Grundlagen für alle diese Studiengänge.

Studienangebot

Die Bachelorstudiengänge werden meist an Universitäten, selten auch an Fachhochschulen angeboten. Sie können Bezeichnungen tragen wie Empirische Kulturwissenschaft, European Cultures and Society, Ethnologie, Volkskunde/Europäische Ethnologie, Deutsch-Französische Studien/Études Franco-Allemandes, Deutsch-Polnische Studien, Kulturarbeit, Kulturmanagement, Museologie, Sozial- und Kulturanthropologie.

Inhalte des Studiums

Allen kulturwissenschaftlichen Studiengängen gemein sind Veranstaltungen zu Kulturtheorie und -geschichte. Daneben vermitteln Module, je nach Hochschule, Kenntnisse aus einem breiten Spektrum an wählbaren Fachdisziplinen. Das Veranstaltungsangebot umfasst die Auseinandersetzung mit Fragen der wissenschaftlichen Methodik und Interdisziplinarität, wirtschafts- und rechtswissenschaftliche sowie künstlerische und ästhetische, zum Teil auch kultur- und kunstpraktische oder technische Studieninhalte, bis hin zu Einführungen in die Datenverarbeitung und Sprachkurse.

Berufsmöglichkeiten nach dem Studium

Kulturwissenschaftler*innen und Kulturpädagog*innen nehmen in erster Linie kommunikative und integrative Aufgaben im kulturellen Sektor wahr. Als Angestellte oder freiberuflich Tätige organisieren sie im Auftrag privater oder öffentlicher Kulturveranstalter Ausstellungen, Stadtfeste, Theater- oder Filmfestivals und mehr. Sie arbeiten außerdem als Museumspädagog*innen und Museolog*innen oder als Journalist*innen bei Presse, Rundfunk und Fernsehen. Beschäftigungsmöglichkeiten finden sich auch in den Bereichen Kulturmanagement, Tourismus, Werbung, Marketing, Öffentlichkeitsarbeit, Medien, Handel, Wissenschaft und Forschung sowie in der Kinder-, Jugend- und Seniorenarbeit.

Neben Hochschulen, Forschungseinrichtungen und Museen bieten sich den Absolvent*innen ethnologischer Studiengänge Beschäftigungsmöglichkeiten in Bereichen an, in denen interkulturelle Kompetenzen und ein kulturell ausgerichtetes Regionalwissen gefragt sind. Dazu gehören die Entwicklungszusammenarbeit, Beschäftigungen in internationalen Organisationen und in Bereichen, die sich mit Migration befassen ■

3.8.11 Liberal Arts

In diesem noch jungen Studienfeld soll eine breite und an persönlichen Interessen orientierte wissenschaftliche Ausbildung erfolgen.

Das Studienfeld im Überblick

Während die deutschen Universitäten heute zumeist disziplinär ausgerichtet sind, dienen die Liberal Arts, auch Liberal Education, der Ausbildung versierter Generalisten nach angelsächsischem Vorbild.

Das Studium ist daher interdisziplinär angelegt und bezieht Wissen aus den Bereichen Naturwissenschaft, Ingenieurwissenschaft, Politik und Gesellschaft, Umwelt, Recht, Wirtschaft und Kultur ein.

Der Bachelorstudiengang richtet sich an Studierende, denen ein Fachstudium als zu enger Horizont erscheint. Im Rahmen des Studiums soll anhand realer Problemstellungen disziplinenübergreifendes Denken erlernt werden. Die erworbenen Problemlösungsstrategien werden auf komplexe Fragen aus Wissenschaft und Praxis angewendet und geübt.

Studienangebot

Der Bachelorstudiengang wird bisher nur an wenigen Universitäten angeboten. Die Studiengangsbezeichnungen lauten beispielsweise Liberal Arts and Sciences oder Studium Individuale. Einen Masterstudiengang gibt es derzeit noch nicht.

Inhalte des Studiums

Der Bachelorstudiengang Liberal Arts vermittelt breit angelegtes, interdisziplinäres wissenschaftliches Grundlagenwissen. Inhaltliche Schwerpunkte können z.B. in den Bereichen Gesellschaft, Wirtschaft, Kultur oder Naturwissenschaften gesetzt werden. Die Studiengänge sind international ausgerichtet und werden teilweise fremdsprachig durchgeführt. Mögliche Studienmodule sind beispielsweise: Anthropologie und Erfahrung, Kontexte des Wissens, Kultur und Kommunikation, Umgang mit Zahlen, Statistiken und Modellen.

Berufsmöglichkeiten nach dem Studium

Absolvent*innen bieten sich unterschiedliche Tätigkeitsfelder in der freien Wirtschaft und in Institutionen, z.B. im Bereich Presse- und Öffentlichkeitsarbeit, Erwachsenenbildung, Kunst- oder Kulturmanagement, Journalismus oder Redaktion. ■

3.8.12 Philosophie, Theologie, Religionspädagogik

Wie orientieren wir uns in der Welt? Welche Werte und Grundsätze geben Halt und weisen den Weg? Diese Fragen stehen im Mittelpunkt der Studiengänge im Bereich Philosophie, Theologie und Religionspädagogik.

Das Studienfeld im Überblick

Dabei sind die Blickwinkel in den einzelnen Studiengängen unterschiedlich: Während die Philosophie sich unter anderem mit dem Denken und Erkennen des Menschen in der Welt beschäftigt, erforschen Theologie und Religionswissenschaften verschiedene Glaubensrichtungen empirisch, historisch und systematisch. Für Theolog*innen ist der Berufsweg meist recht klar vorgezeichnet, während Philosoph*innen und Religionswissenschaftler*innen breitere berufliche Möglichkeiten vorfinden.

Die Philosophie widmet sich ganz dem Menschen. Sie beleuchtet sein Denken und seine Stellung in der Welt, hinterfragt sein Handeln und diskutiert seine Probleme.

Während das Studium der Religionspädagogik für eine Tätigkeit als Religionslehrer*in an Schulen und für die kirchliche Gemeindearbeit qualifiziert, beschäftigt sich die Religionswissenschaft mit der Vielfalt der Religionen aus Vergangenheit und Gegenwart.

Theologische Studiengänge (evangelisch, katholisch, jüdisch und islamisch) erkunden wissenschaftlich die unterschiedlichen Glaubenslehren und legen diese aus.

Studienangebot

Neben dem generalistischen Philosophiestudium werden spezialisierte Studiengänge wie Philosophy & Economics, Angewandte Philosophie und Antike Philosophie angeboten. Inhalte ▸

der Religionspädagogik werden unter Studiengangsbezeichnungen wie Gemeindepädagogik und Diakonie, Praktische Theologie oder eben Religionspädagogik vermittelt. Bei den Religionswissenschaften ist die Auswahl groß: Sie erstreckt sich von Interreligiösen Studien über Christentum und Kultur bis hin zur Vergleichenden Kultur- und Religionswissenschaft. Wer sich für Theologie interessiert, findet den gewünschten Studiengang i.d.R. auch unter diesem Begriff – ergänzt um die jeweilige Glaubenslehre.

Inhalte des Studiums

Teilgebiete des **Philosophiestudiums** sind unter anderem Metaphysik, Ontologie, Erkenntnistheorie, Logik, Ethik und Ästhetik. Verbindungen zu anderen Fächern bilden etwa die Rechts-, Geschichts-, Sozial- und Sprachphilosophie.

Das Studium der **Religionspädagogik** beinhaltet an Universitäten und Fachhochschulen zum Beispiel Module zu Grundproblemen der Religionswissenschaft, Religionsgeschichte, empirische Religionsforschung, Religionspädagogik sowie Literaturen der Religionen und Sprachen. Außerdem werden Kenntnisse in folgenden Bereichen vermittelt: Biblische und systematische Theologie (Dogmatik, Ethik), Religionswissenschaft, Theologie der Religionen sowie Kirchengeschichte. Hinzu kommen Pädagogik, psychosoziale Grundlagen, Soziologie, Medienpädagogik, Rechtskunde, Religionspädagogik, Gemeindepädagogik und kirchliche Bildungsarbeit.

Im interdisziplinären und kulturwissenschaftlich ausgerichteten Bachelorstudiengang **Religionswissenschaft** stehen Religionsgeschichte im kulturwissenschaftlichen Rahmen, inter- und transdisziplinäre Religionsforschung, Judentum, Islam und asiatische Religionen, antike Religionen und Christentum, methodische Kompetenzen in der Interpretation religiöser Quellen, qualitative Religionsforschung sowie empirische Sozialforschung auf dem Studienplan. Vertiefungsmöglichkeiten ergeben sich in Bereichen wie europäische und außereuropäische Religionsgeschichte, religiöse Gegenwartskultur, museale Präsentation von Religionen, europäische Ethnologie/Kulturwissenschaft und Völkerkunde.

Studierende der **Theologie** befassen sich, je nach gewählter Glaubenslehre, mit heiligen Schriften, Kirchengeschichte, systematischer und praktischer Theologie. Hinzu kommen verschiedene Sprachmodule. Auch Fächer wie Anthropologie, Ethik, Metaphysik, Psychologie, Dogmatik, Moraltheologie, Kirchenrecht, Liturgik, Katechetik, Religionspädagogik und Pastoraltheologie spielen eine Rolle. Der Studiengang Islamische Theologie legt zudem den Fokus auf theoretische und empirische Analysen des Islam in Deutschland sowie auf seine Reflexion im Kontext bisheriger theologischer Wissenschaftstraditionen. Gegenstand der Jüdischen Theologie ist die jüdische Religion in ihren historischen und gegenwärtigen Erscheinungsformen.

Berufsmöglichkeiten nach dem Studium

Für Absolvent*innen des Studiums der Philosophie sowie der Religionswissenschaft bieten sich außerhalb von Schule und Hochschule weitere Beschäftigungsmöglichkeiten, etwa im Verlags- und Pressewesen, bei Hörfunk und Fernsehen, in Bibliotheken und Archiven, in internationalen Organisationen, in Beratungs- und Sachverständigenstellen, in der Erwachsenenbildung sowie im Bereich der Lebensberatung im Rahmen philosophischer Praxen.

Religionspädagog*innen sind v.a. in der regionalen Gemeindearbeit, auf überregionaler Ebene in Kirchenkreisen, bei den Landeskirchen, bei Dekanaten und Diözesen und als Religionslehrer*in tätig. Ihre Aufgaben dort liegen z.B. in der Jugend- und Altenarbeit, Seelsorge, Erwachsenenbildung sowie der Organisation und Durchführung von Kinder- und Schulgottesdiensten.

Theolog*innen arbeiten überwiegend als Pfarrer*innen (Pastor*innen), Priester*innen, Pastoralreferent*innen, Rabbiner*innen. Absolvent*innen der Islamischen Theologie bilden einerseits den wissenschaftlichen Nachwuchs in diesem Bereich aus und haben andererseits Berufsperspektiven als Fachkräfte für theologische, religions- und gemeindepädagogische sowie seelsorgerische Tätigkeiten in Moscheegemeinden. ■

3.8.13 Regionalwissenschaften

Die Welt ist ein Dorf – und dennoch äußerst vielfältig. Je nach Region unterscheiden sich Gesellschaft, Kultur und Geschichte ganz erheblich. Hierauf blicken die Regionalwissenschaften genauer.

Das Studienfeld im Überblick

Studiengänge der Regionalwissenschaften beschäftigen sich nicht nur mit der Geschichte, Sprache, Kunst und Kultur in unterschiedlichen Regionen und Kulturräumen, sondern auch mit den gesellschaftlichen und ökonomischen Gegebenheiten und Prozessen. Dabei werden den Studierenden etwa landeskundliche Kenntnisse und interkulturelle Kompetenzen vermittelt.

Regionalwissenschaftler*innen setzen sich unter anderem mit religions- und kulturwissenschaftlichen, linguistischen und sozialwissenschaftlichen Fragen auseinander. Sie untersuchen die jeweilige Region mit wissenschaftlichen Methoden. Geographische Schwerpunkte liegen zum Beispiel auf Asien, Afrika, Nord- und Lateinamerika sowie Mittel- und Osteuropa.

Studienangebot

Das Studienfach Regionalwissenschaft wird grundständig und weiterführend angeboten. Typische Studiengangsbezeichnungen lauten z.B. Regionalstudien Asien/Afrika, Südostasienwissenschaft, Afrikastudien, Ostasienwissenschaften, Integrierte Europastudien, Interdisziplinäre Russlandstudien, Europäische Studien, Lateinamerika- und Altamerikastudien, American Studies und Nordamerikastudien.

Zulassungskriterien & Studienbewerbung

Je nach Hochschule kann ein örtliches Auswahlverfahren zum Einsatz kommen. Zum Teil werden Sprachkenntnisse in einer oder mehreren Fremdsprachen vorausgesetzt.

Inhalte des Studiums

Neben Sprachkursen, geschichtlichen sowie politikwissenschaftlichen Fächern stehen unter anderem ethnologische und kulturelle Inhalte auf dem Studienplan. In wirtschaftswissenschaftlichen Modulen beschäftigen sich die Studierenden unter anderem mit der industriellen Ausprägung der jeweiligen Region. Aber auch die Literatur- sowie Medienlandschaft wird mitunter beleuchtet – z.B. in weiterführenden Studienangeboten mit entsprechenden Schwerpunkten. Typische Fächerbezeichnungen sind beispielsweise American History, Culture and Society, Geschichte Lateinamerikas und Interkulturalität.

Berufsmöglichkeiten nach dem Studium

Regionalwissenschaftler*innen arbeiten nach ihrem Studium z.B. in der wissenschaftlichen Forschung oder übernehmen Lehrtätigkeiten an Hochschulen. Darüber hinaus finden sie sich in der Presse- und Öffentlichkeitsarbeit im Bereich Redaktion, Journalismus und Lektorat, im Kunst- und Kulturmanagement sowie in der Erwachsenenbildung. ■

3.8.14 Romanistik

Die Romanistik beschäftigt sich mit den romanischen Sprachen, also jenen Sprachen, die sich aus dem Lateinischen entwickelt haben. Dazu zählen in erster Linie das Französische, das Italienische, die iberoromanischen Sprachen (Spanisch, Portugiesisch, Katalanisch) sowie das Rumänische und Rätoromanische.

Das Studienfeld im Überblick

Aufgabe der Romanistik ist es, die Entstehung der romanischen Sprachfamilie zu untersuchen sowie Gemeinsamkeiten und Differenzen der einzelnen Sprachen zu erfassen. Die Romanistik war ursprünglich eine rein historisch-vergleichende Sprachwissenschaft, die ihr Augenmerk hauptsächlich auf das sehr gut dokumentierte Lateinische legte. In Deutschland entwickelte sie sich als Wissenschaft weiter, die ursprünglich mehrere Sprachen gleichzeitig behandelte, während sich v.a. in romanischen Ländern einzelne Philologien herauskristallisierten. Auch deshalb tritt die Beschäftigung mit allen romanischen Sprachen heutzutage zunehmend in den Hintergrund. ▶

Studienangebot

In der Romanistik werden generalistische Studiengänge angeboten, aber auch solche, die die Spezialisierung bereits im Namen tragen. Zu Letzteren gehören bspw. „Kommunikation, Sprache und Literatur", Frankoromanistik oder Hispanistik. Romanistische Studiengänge werden ausschließlich an Universitäten angeboten.

Inhalte des Studiums

Die Studierenden beschäftigen sich neben dem Erlernen der Sprache auch mit den geografischen, geschichtlichen, kulturellen und politischen Gegebenheiten der jeweiligen Länder. Sie können den Fokus der Ausbildung individuell wählen und sich bspw. auf Literaturwissenschaft spezialisieren. Die Pflichtmodule sind entsprechend Literaturwissenschaft, Sprachwissenschaft, Kulturwissenschaft und Sprachpraxis. Zu den Wahlpflichtmodulen gehören Sprachpraxis in einer weiteren romanischen Sprache, Einführung in die Regional- und Kulturwissenschaft, Translation, Mediale Kommunikation sowie Medien und Gesellschaft. Praktika und Auslandsaufenthalte sind i.d.R. obligatorisch.

Zulassungskriterien & Studienbewerbung

Je nach Hochschule kann ein örtliches Auswahlverfahren zum Einsatz kommen. Teilweise werden Sprachkenntnisse vorausgesetzt.

Berufsmöglichkeiten nach dem Studium

Die Absolvent*innen können als Dolmetscher*innen und Übersetzer*innen arbeiten, Sprachunterricht geben, im Kunst- und Kulturmanagement tätig oder bei Unternehmensberatungen angestellt sein. Weitere Tätigkeitsfelder sind Presse- und Öffentlichkeitsarbeit, Redaktion, Journalismus und Lektorat, Medienproduktion sowie die Erwachsenenbildung. ■

3.8.15 Slawistik

Gegenstand der Slawistik sind die Sprachen, Literaturen und Kulturen der mittel-, ost- und südosteuropäischen Völker.

Das Studienfeld im Überblick

Die Slawistik wird in drei Gruppen unterteilt: die Ostslawistik (Russinisch/Ruthenisch, Russisch, Ukrainisch und Weißrussisch), die Westslawistik (Kaschubisch, Nieder-/Obersorbisch, Polnisch, Slowakisch und Tschechisch) und die Südslawistik (Bulgarisch, Burgenländisch-Kroatisch, Makedonisch, Serbo-Kroatisch/Bosnisch und Slowenisch). Außerdem gehört das Altkirchenslawische in diese Gruppe, das sprachgeschichtlich eine große Bedeutung hat.

. Die Slawistik beschäftigt sich mit den Sprachen der jeweiligen Regionen genauso wie mit der Literatur, der Kultur und Geschichte.

Studienangebot

Slawistik-Studiengänge werden in Deutschland ausschließlich an Universitäten angeboten. Neben Studiengängen wie „Russisch" oder „Polonistik" gibt es auch solche, die unter den Bezeichnungen Slawische Sprachen, Sorabistik oder Südslavische Philologie laufen.

Inhalte des Studiums

Im Slawistikstudium erlangen die Studierenden einerseits sprachwissenschaftliches Wissen über die jeweilige Sprachgruppe. Andererseits beschäftigen sie sich mit der jeweiligen Kultur und Literatur. Zudem belegen sie i.d.R. sprachpraktische Module. Zur Wahl stehen ihnen bspw. Spezialisierungen in den Bereichen „aktuelle Probleme der slawistischen Sprachwissenschaft", „synchrone slawistische Sprachwissenschaft" oder weitere slawische Sprachen wie Polnisch, Tschechisch oder Serbisch/Kroatisch. Auslandsaufenthalte und Praktika sind i.d.R. obligatorisch.

Zulassungskriterien & Studienbewerbung

Je nach Hochschule kann ein örtliches Auswahlverfahren zum Einsatz kommen. Teilweise werden Sprachkenntnisse vorausgesetzt.

Berufsmöglichkeiten nach dem Studium

Die Absolvent*innen haben Arbeitsmöglichkeiten in der Presse- und Öffentlichkeitsarbeit, als Dolmetscher*innen und Übersetzer*innen, in Unternehmensberatungen, im Kunst- und Kulturmanagement, im Bereich Redaktion, Journalismus, Lektorat, in der Erwachsenenbildung, in der Medienproduktion (Print, Online, Multimedia) oder im Bereich Sprachunterricht. ■

3.8.16 Sprach-, Literaturwissenschaften, Dolmetschen und Übersetzen

Studiengänge aus dem Feld Sprach-, Literaturwissenschaften, Dolmetschen und Übersetzen befassen sich mit unterschiedlichen Bereichen von Sprache.

Das Studienfeld im Überblick

Im Gegensatz zu Studiengängen wie Romanistik geht es bei diesem Studienfeld nicht um eine einzelne Sprachgruppe, sondern um einen transnationalen oder vergleichenden Ansatz. Studiengänge dieses Bereichs sind auf bestimmte Themen innerhalb der Sprach- und Literaturwissenschaften spezialisiert oder befassen sich wie das Dolmetschen mit der inhaltsgetreuen Übertragung von einer Sprache in die andere.

Studienangebot

Meist werden die Studiengänge dieses Studienfeldes grundständig und weiterführend angeboten. Studiengangsbezeichnungen lauten u.a. „Allgemeine Sprachwissenschaft", „Komparatistik", „Phonetik", „Language Sciences", „Linguistik", „Indogermanistik", „Computerlinguistik", „Internationale Kommunikation und Übersetzen", „Fachübersetzen", „Übersetzungswissenschaft" oder „Rhetorik". Einige Studiengänge werden auch in Form von Kombinationsstudiengängen angeboten.

Enge Wechselbeziehungen haben Sprach- und Sprechwissenschaften zu den jeweiligen Nachbardisziplinen Pädagogik, Anthropologie, Ethnologie, Logik, Philosophie, Informatik, Psychologie sowie zu therapeutisch ausgerichteten Studiengängen.

Inhalte des Studiums

- Sprechwissenschaftliche Studiengänge wie **Rhetorik, Sprechkunst oder Sprecherziehung** befassen sich mit pädagogischen, kommunikationstheoretischen oder sprachheilpädagogischen Aspekten des Sprechens.

- Die **historisch-vergleichende Sprachwissenschaft** befasst sich meist mit einem Vergleich der indo-europäischen Sprachenfamilie oder mit der Rekonstruktion und Korrektur defekter Textüberlieferungen, die als Quelle für andere Disziplinen dienen. Beispiele hierfür sind Studiengänge wie Historische Linguistik sowie Indogermanistik.
- In der **allgemeinen Sprachwissenschaft** geht es i.d.R. um lebende Sprachen sowie die gegebenen Sprachsysteme in phonologischer, morphologischer, syntaktischer, semantischer, pragmatischer und textkritischer Hinsicht. Eine wichtige Disziplin ist dabei die Kommunikationsforschung, die sich mit der zwischenmenschlichen Kommunikation befasst. Als besondere Forschungsbereiche haben sich die Psycholinguistik, die Soziolinguistik und die Pragmalinguistik herausgebildet.
- Studiengänge wie **Computerlinguistik** behandeln die Verarbeitung natürlicher Sprache in Computersystemen. Hier gibt es Überschneidungen mit der Informatik und der Informationswissenschaft. ▶

Die Texttechnologie hat u.a. die technologische Aufbereitung sowie die Informationsanreicherung von Texten zum Gegenstand.

- **Sprachlehrforschung**, z.B. der Studiengang Fremdsprachendidaktik, beschäftigt sich mit den Bedingungen und Möglichkeiten des Lernens und Lehrens von Fremdsprachen sowie deren kommunikativer Verwendung.

- **Sprechwissenschaft, Rhetorik und Phonetik** befassen sich mit den Bedingungen menschlicher Kommunikation unter dem Gesichtspunkt lautsprachlicher Äußerungen, also mit dem menschlichen Sprechen und Hören.
- In Studiengängen aus dem Bereich **Übersetzen und Dolmetschen** geht es um die inhaltsgetreue Übertragung von Reden, (Konferenz-)Gesprächen (Dolmetschen) oder geschriebenen Texten (Fachübersetzen/literarisches Übersetzen) in andere Sprachen. In der Regel entscheidet man sich bei diesen Studiengängen für eine Fremdsprache.

Zulassungskriterien & Studienbewerbung

Je nach Hochschule kann ein örtliches Auswahlverfahren zum Einsatz kommen. Erforderlich sind i.d.R. Kenntnisse in mehreren Fremdsprachen, davon mindestens zwei lebende Sprachen sowie ausreichende Lateinkenntnisse, die z.T. durch schriftliche Tests belegt werden müssen.

Berufsmöglichkeiten nach dem Studium

Sprach- und Sprechwissenschaftler*innen finden Beschäftigungsmöglichkeiten in Forschung und Lehre, Bibliotheken, Archiven, Dokumentationsstellen, bei Verlagen, Rundfunk- und Fernsehanstalten, in Ministerien (Bund und Länder), internationalen Behörden, Einrichtungen der Erwachsenenbildung, bei entsprechendem Studienschwerpunkt auch

in therapienahen Arbeitsbereichen oder im Umfeld der Darstellenden Künste.

Computerlinguist*innen arbeiten darüber hinaus in Softwareentwicklungsunternehmen und Übersetzungsbüros.

Dolmetscher*innen und Übersetzer*innen arbeiten vorrangig in Dolmetscher- und Übersetzungsbüros oder größeren Betrieben/Unternehmen aller Wirtschaftszweige. Neben der reinen Übersetzertätigkeit übernehmen sie dabei häufig Aufgaben im Projektmanagement, in der Auftragssachbearbeitung, in der Unternehmenskommunikation oder in der Kundenpflege. Arbeitsmöglichkeiten gibt es ferner bei internationalen Organisationen, Verwaltungen, Behörden, Dolmetscherschulen, Sprachvereinen, Einrichtungen der Erwachsenenbildung sowie (i.d.R. freiberuflich) als Literaturübersetzer*in. ■

3.8.17 Ältere europ. Sprachen und Kulturen

Dieses Studienfeld widmet sich vor allem der altgriechischen und lateinischen Sprache, Literatur, Rhetorik, Geschichtsschreibung und Philosophie. Auch die Neugriechische Philologie gehört in diesen Bereich.

Das Studienfeld im Überblick

Als ein zentrales Fundament unserer Kultur werden Sprache und Literatur der griechischen und römischen Antike erforscht. Wichtige Hilfs- und Nebenfächer der **Klassischen Philologie** sind neben den Sprachwissenschaften die Alte Geschichte, Klassische Archäologie, Altertumswissenschaft, Kunstgeschichte, Philosophie sowie die Religionswissenschaft. Eng an die Klassische Philologie angelehnt ist das Fach **Mittellateinische Philologie**, das sich mit der lateinischen Sprache und Literatur des europäischen Mittelalters beschäftigt.

Studienangebot

Die Studienfächer dieses Bereichs sind vor allem an den traditionellen Universitäten vertreten. In der Klassischen Philologie wählen Studierende mit dem Studiengang meist einen der Schwerpunkte Altgriechisch/Gräzistik oder Latein/Latinistik. Diese Studiengänge können sowohl grundständig als auch weiterführend studiert werden. Auch Neogräzistik (Neugriechische Philologie) wird im Bachelor und im Master angeboten. Keltologie, die Auseinandersetzung mit Sprache und Literatur der keltischen Völker, wird im Bachelor lediglich als Begleitfach oder als weiterführender Studiengang angeboten.

Inhalte des Studiums

In den Fächern wie **Latinistik/Latein, Klassische Philologie, Griechische Philologie** und **Gräzistik** bildet die Lektüre der wichtigsten antiken Autoren im Original sowie der hierfür relevanten Kommentare das Kernstück des gesamten Studiums. Die fachlichen und methodischen Kompetenzen werden dabei nach und nach erweitert. Dazu dienen sprach-, literatur- und altertumswissenschaftliche Module. Aufbauend auf den am Gymnasium erworbenen Sprachkenntnissen vermitteln Basismodule die zentralen Inhalte und Methoden des Faches. Dazu gehören Übersetzungs-, Grammatik- und Stilübungen, Kenntnisse zur Kultur der Antike sowie die Aneignung wissenschaftlicher Arbeitsweisen und literaturtheoretischer Konzepte/Ansätze.

Das Studium der **Neogräzistik** erstreckt sich auf Literatur, Sprache und Landeskunde des Neuen Griechenland (ab dem Beginn des 19. Jahrhunderts).

Im Rahmen des Lehramtsstudiums kommen pädagogische und fachdidaktische Module hinzu. Reisen/Exkursionen in die Länder und Landschaften der antiken Kultur dienen der Vertiefung landeskundlicher Kenntnisse.

Zulassungskriterien & Studienbewerbung

Voraussetzung für die meisten Studiengänge dieses Bereichs sind gute Latein- und Griechischkenntnisse. Für die Lektüre der Sekundärliteratur werden oftmals auch Englisch-, Französisch- und Italienischkenntnisse erwartet. Wegen der engen Verflechtung der lateinischen und griechischen Literatur und Geistesgeschichte müssen die Studierenden i.d.R. auch Kenntnisse der jeweils anderen Sprache nachweisen oder während des Studiums erwerben (Graecum bzw. Latinum).

Berufsmöglichkeiten nach dem Studium

Klassische Philolog*innen arbeiten in erster Linie im Schuldienst. Weitere, wenn auch eingeschränkte Tätigkeitsfelder bieten Hochschulen, Museen für Altertumskunde, Sonderforschungseinrichtungen, Bibliotheken, Schulbuchverlage und der sonstige Medienbereich sowie in Ausnahmefällen der Tourismus (Fremdenführungen). ■

➔ links

Deutscher Altphilologenverband
Hier erhalten Sie z.B. einen Überblick über die geforderten Lateinkenntnisse:
➔ www.altphilologenverband.de

3.9 Studienbereich Kunst, Musik

Möglichkeiten, sich künstlerisch auszuleben, gibt es viele – sei es auf der Bühne, am PC, mit einem Instrument oder dem Pinsel in der Hand. Wer kreative Ideen umsetzen, sich künstlerisch entfalten und seinen eigenen Stil entwickeln möchte, findet im Studienbereich Kunst und Musik zahlreiche Angebote.

Der Bereich umfasst Studiengänge, in denen künstlerisches Potenzial und Talent gefragt sind. Neben Studiengängen, die sich mit Kunst und Musik, Theater oder Film wissenschaftlich-theoretisch oder pädagogisch auseinandersetzen, zählen dazu jene, bei denen das eigene künstlerische und gestalterische Schaffen im Mittelpunkt steht.

Zu den künstlerischen Studiengängen gehören Bildende Künste, Darstellende Künste, Film, Fernsehen, Schauspiel, Gestaltung, Grafik, Design, Theaterwissenschaft, Musik, Musikwissenschaft, -pädagogik, Kunstwissenschaft, -geschichte, -pädagogik.

Gefragt sind neben einer ausgeprägten künstlerisch-kreativen Begabung Eigeninitiative, Motivation, Flexibilität, Belastbarkeit, Durchhaltevermögen und Spaß am Netzwerken. Nicht selten mündet ein Studium in diesem Bereich in eine freiberufliche Tätigkeit.

Die Eignung für ein Studium wird häufig durch Auswahlverfahren festgestellt. Meist finden Eignungsprüfungen statt. Es kann aber auch eine Mappe mit künstlerischen Arbeitsproben gefordert werden, beispielsweise im Bereich Design. In der Musik gibt es Vorspiel-, am Theater Vorsprechtermine. ■

→ links

ISA

Das Informationssystem Studienwahl & Arbeitsmarkt der Universität Duisburg-Essen informiert über die Entwicklung in den einzelnen Studienbereichen und Teilarbeitsmärkten.
→ www.uni-due.de/isa

abi>>

Spannende Reportagen zu diesem Studienfeld finden Sie auch auf abi.de:
→ www.abi.de > Studium > Studienfelder > Kunst, Musik

Der Studienbereich auf einen Blick

STUDIENFELD	STUDIENFÄCHER, z.B.	STUDIENFELD	STUDIENFÄCHER, z.B.
Bühnenbild, Szenografie	Bühnen-, Kostümbild Szenografie	**Musik**	Dirigieren, Chorleitung Gesang Instrumentalmusik Musikwissenschaft
Gestaltung, Design	Fotografie Kommunikationsdesign, visuelle Kommunikation Mediendesign,-kunst Produkt-, Industriedesign	**Schauspiel, Tanz, Film, Fernsehen**	Dramaturgie Maskenbild Regie Theaterpädagogik
Kunst	Bildende Künste Kunstgeschichte Kunstpädagogik Kunstwissenschaft		

Alternative Studienbereiche

- **Erziehungs-, Bildungswissenschaften → Seite 187**
- **Lehramt → Seite 217**
- **Sprach-, Kulturwissenschaften → Seite 189**

3.9.1 Bühnenbild, Szenografie

Für Theater-, Film- und Fernsehproduktionen Szenerien, Räume, Figuren und Dekorationen entwerfen und gestalten: Wer sich dafür interessiert, kann einen Studiengang rund um Bühnenbild und Szenografie wählen.

Das Studienfeld im Überblick

Die praxisnahen und projektorientierten Studiengänge sind angesiedelt im Bereich Bühne, Dramaturgie, Regie, Kostümbild und neue Medienformen. Die optische Umsetzung eines Theater-, Film- oder Fernsehstoffes in (Bühnen-)Räumen mit den entsprechenden Dekorationen und Kostümen steht dabei im Mittelpunkt. Beschäftigte in diesem Bereich arbeiten eng mit Regisseur*innen und Choreograf*innen zusammen.

Neben wissenschaftlichem Grundlagenwissen stehen künstlerisch-gestalterische Fertigkeiten in Gestaltung und bildender Kunst, Theaterwissenschaft sowie Kunst- und Stilgeschichte im Fokus.

Studienangebot

Die Bachelor- und Diplomstudiengänge werden an Kunsthochschulen, Universitäten und Fachhochschulen angeboten. Grundständige Studiengänge finden sich etwa unter folgenden Bezeichnungen: Bühnenbild, Bühnen- und Kostümbild, Kostümbild, Szenografie, Szenenbild, Theaterausstattung.

Inhalte des Studiums

Das Studium vermittelt dramaturgische, bildnerische, organisatorische und betriebswirtschaftliche Kenntnisse. Mögliche Studieninhalte sind Bildnerisches Gestalten, Bühnen- und Kostümbild, Dramaturgie und Entwurf, Entwurfstechniken, Schnittkunde, Kunst- und Theaterwissenschaft.

Hinzu kommen Module wie Kommunikation und Präsentation, Bildgestaltung, szenografische Grundlagen, Film- und Mediengeschichte, Dramaturgie, Literatur oder visuelle Effekte.

Zulassungskriterien & Studienbewerbung

In vielen Fällen müssen Studieninteressierte hochschulinterne Auswahlverfahren und Eignungsprüfungen absolvieren bzw. durch die Vorlage einer Mappe ihre künstlerische Neigung nachweisen.

Berufsmöglichkeiten nach dem Studium

Absolvent*innen des Studienfelds können freiberuflich oder festangestellt bei Film, Fernsehen, an Opernhäusern, Theatern und für Video- und Internetproduktionen arbeiten. Auch im Ausstellungsmanagement, bei Konzertveranstaltern oder Museen finden sich Beschäftigungsmöglichkeiten. Aufgrund der Einschränkungen im Kulturbetrieb wegen der Corona-Pandemie treffen die aktuellen Absolvent*innen allerdings auf einen schwierigen Arbeitsmarkt. ■

3.9.2 Gestaltung, Design

Gutes Design ist in vielen Branchen gefragt. Entsprechend vielfältige Studienmöglichkeiten gibt es: Kommunikations-, Medien-, oder Produktdesign, Informations- oder Gamedesign stehen zur Wahl.

Das Studienfeld im Überblick

Ideen eine Form zu geben ist das zentrale Anliegen des Bereichs Gestaltung/Design, der im Wesentlichen das Produkt- bzw. Industriedesign sowie das Kommunikationsdesign umfasst.

- Zum **Industrie- oder Produktdesign** gehört die Gestaltung von Konsumgütern (z.B. Mode, Schmuck, Hausrat, Möbel, Verpackung, Verbrauchsgüter), Investitionsgütern (z.B. Maschinen, Anlagen, Werkzeug, medizinisches Gerät, Arbeitsmittel) und Fahrzeugen (z.B. Pkw, Schienenfahrzeuge, Schiffe, Flugzeuge).

- Zum Bereich **Kommunikationsdesign** zählt die Gestaltung von Kommunikationsmitteln wie Zeitungen, Zeitschriften, Prospekten, Verpackungen, Displays und Multimedia. Hierzu gehört etwa die Herstellung von Druckvorlagen für Werbung, Kataloge, Kundeninformationen, Gebrauchsanleitungen und Presseerzeugnisse. Ebenso relevant sind die Konzeption, Gestaltung und Erstellung von Corporate Designs und Medien (z.B. Werbevideos, Spiele und Lehrfilme). Neben zahlreichen weiteren Ausbildungsrichtungen geht es darüber hinaus auch um die Gestaltung von Internetseiten oder von elektronischen Informations- und Lernsystemen.

Insgesamt spielen neben gestalterischen und handwerklich-technischen Aspekten auch funktionale sowie wirtschaftliche Fragen eine Rolle. Digitale Technologien sorgen dafür, dass die Gestaltungsmöglichkeiten von Designer*innen immer vielfältiger werden.

Studienangebot

Das Studienangebot in diesem Bereich ist äußerst breitgefächert und reicht von Audio-, Sounddesign, Ausstellungsdesign über Fotografie, Gamedesign, Kommunikationsdesign, Mediendesign, Modedesign, Produkt-, Industriedesign, Schmuckdesign bis hin zu Textildesign.

Inhalte des Studiums

- Die Studieninhalte unterscheiden sich je nach Studiengang mitunter erheblich. Im grundständigen Studienfach **Produkt-, Industriedesign** stehen etwa folgende Module auf dem Studienplan: Darstellungstechniken; Designgeschichte; Farbe, Form, Komposition; Kunstgeschichte; Material- und Herstellungstechnik, Medientechniken CAD und DTP; Technische Kommunikation sowie zeichnerische Grundlagen.
- Im Studienfach **Kommunikationsdesign/visuelle Kommunikation** wird Folgendes behandelt: audiovisuelle Sprache; Farbe, Form, Komposition; Fotografie; Grundlagen des Kommunikationsdesigns; Interaction/Interface; Kunst-, Kultur- und Designgeschichte; Typografie; visuelle Sprache; zeichnerische Grundlagen.

Im Vertiefungsstudium können die Kenntnisse und Fähigkeiten entsprechend erweitert und spezialisiert werden.

Zulassungskriterien & Studienbewerbung

Häufig sind künstlerisch-gestalterische Arbeitsproben z.B. in Form einer künstlerischen Mappe obligatorisch. Manchmal gibt es außerdem Feststellungsverfahren, um die persönliche Eignung zu prüfen, oder hochschulinterne Auswahlverfahren. Einige Hochschulen verlangen auch einschlägige Vorpraktika von unterschiedlicher Dauer.

Berufsmöglichkeiten nach dem Studium

Designer*innen arbeiten in Designateliers und -büros, in Werbe-, Medien- und PR-Agenturen sowie in Entwicklungs- bzw. Konstruktionsabteilungen von Unternehmen. Grafik- bzw. Kommunikationsdesigner*innen sind vorwiegend in der Werbung und Öffentlichkeitsarbeit, aber auch in den Neuen Medien tätig. Industrie- bzw. Produktdesigner*innen finden Beschäftigung in der Konsum- und Investitionsgüterindustrie.

Darüber hinaus können Designer*innen auch bei Zeitungen, Zeitschriften oder Verlagen sowie bei Film und Fernsehen tätig sein. ■

3.9.3 Kunst

Wer kreativ ist, den Kopf voller Ideen hat, sein künstlerisches Können mit unterschiedlichen Materialien auszudrücken vermag oder sich einfach für die Wirkung von Kunst interessiert, findet in diesem Studienfeld eine breite Palette an Möglichkeiten.

→ Finde Studiengänge: *stuwa.info/393*

Das Studienfeld im Überblick

Die Bildenden Künste, die Kunstwissenschaft bzw. -geschichte und die Kunstpädagogik bilden die drei Säulen dieses Studienfelds.

- Die **Bildende Kunst** gliedert sich in zwei Hauptbereiche: die freie und die angewandte Kunst. Zur **freien Kunst** zählen Malerei, Grafik, Bildhauerei oder Fotografie einschl. aller dreidimensionalen Arbeiten wie Objekte und Installationen. Zum Bereich der **angewandten Kunst** gehören Gold- und Silberschmieden, Keramik, Textilkunst und Bühnenbild, wobei es zahlreiche Überschneidungen mit dem Bereich Grafikdesign, Medienkunst, Textildesign, Produktdesign etc. gibt. Auch der Übergang zu den freien Künsten ist mitunter fließend.
- **Kunstgeschichte, -wissenschaft** befasst sich im Wesentlichen mit der historischen Entwicklung der bildenden Künste von der Antike bis zur Gegenwart. Sie umfasst Werke aus den Bereichen Architektur, Plastik, Malerei, Grafik, Ornamentik und Kunstgewerbe einschließlich der technischen Bildmedien. Sie beschäftigt sich mit den Darstellungsinhalten der Kunstwerke und ihrer zeitlichen und räumlichen Einordnung sowie der Interpretation von Kunstwerken nach historischen, ästhetischen, stilistischen, soziologischen, ökonomischen und psychologischen Gesichtspunkten.
- Im Zentrum der **Kunstpädagogik** steht die Vermittlung der Kunst und der ästhetischen Phänomene des alltäglichen Lebens in unserer Gesellschaft. Der Studiengang kombiniert zu diesem Zweck ein kunstwissenschaftliches Studium mit einer gestalterisch-praktischen und einer fachdidaktischen Ausbildung, wobei die Erarbeitung der Fachtheorie und eigene künstlerische Arbeit dabei stets in Bezug zueinander stehen.

Studienangebot

Das Bachelorstudium ist an Kunsthochschulen, Universitäten, Pädagogischen Hochschulen und an einigen Fachhochschulen möglich. Es werden grundständige und weiterführende Studienfächer in den Feldern Bildende Künste, Kunstgeschichte, Kunstpädagogik und Kunstwissenschaft angeboten – teilweise in Form von Kombinations-Bachelorstudiengängen (z.B. Kunstpädagogik), zum Teil in Diplomstudiengängen. Die Studiengänge heißen beispielsweise Freie Kunst, Illustration, Malerei/Grafik, Bild- und Kunstgeschichte, Europäische Kunstgeschichte, Bildende Kunst und Ästhetische Erziehung.

Inhalte des Studiums

Das grundständige Studienfach der **Bildenden Künste** vermittelt wissenschaftliches und praktisches Grundlagenwissen in Kunst, Kunstgeschichte, Kunsttheorie sowie in der Gestaltung mit bildnerischen, plastischen oder digitalen Methoden. Mögliche Module sind beispielsweise Bildhauerei, Malerei, Zeichnen, Grafik, Design, Fotografie, Drucktechniken, Video.

In **Kunstgeschichte** liegt der Fokus auf wissenschaftlichem und praktischem Grundlagenwissen über Architektur, Skulptur und Bildkunstwerke aus verschiedenen Epochen. Mögliche Module sind beispielsweise Bildende Kunst und Architektur, Kunstgeschichte der Moderne, Kunstgeschichte des Mittelalters, Christliche Archäologie.

Wissenschaftliches und praktisches Grundlagenwissen, z.B. über Pädagogik und Didaktik, Kunstgeschichte und Kunstvermittlung spielen in **Kunstpädagogik** eine Rolle. Mögliche Module sind beispielsweise Künstlerische Aktion und Interaktion, Gestaltete Umwelt, Erkundungen und Experimente zu Farbe, Form und Material, Künstlerische Arbeit mit modernen Medien, Kunstpädagogische Arbeit mit gesundheitlich oder sozial Benachteiligten.

Zulassungskriterien & Studienbewerbung

Um zum Kunststudium zugelassen zu werden, müssen Interessierte neben der Hochschulreife/Fachhochschulreife künstlerisch-gestalterische Arbeitsproben einreichen und im Rahmen von Auswahl- oder Eignungsprüfungsverfahren eine besondere auf den Studiengang bezogene künstlerische Befähigung/Eignung nachweisen. Kriterien für die Auswahl sind eine Mappe mit eigenständigen künstlerischen Arbeiten, Klausuren und i.d.R. ein Auswahlgespräch. Ein Studium ohne Hochschulreife ist bei herausragender künstlerischer Begabung ebenfalls möglich. Dies gilt allerdings nicht für Studiengänge, die mit der Ersten Staatsprüfung für ein Lehramt abschließen.

Angehende Kunstpädagog*innen müssen ggf. auch einen Nachweis über Fremdsprachenkenntnisse erbringen.

Berufsmöglichkeiten nach dem Studium

Absolvent*innen der **Bildenden Künste** können in den Bereichen Bildhauerei, Malerei oder künstlerisches Zeichnen tätig werden. Sie arbeiten häufig freiberuflich.

Ein Studium der **Kunstgeschichte** führt in folgende Tätigkeitsfelder: Ausstellungsmanagement, -planung, Kunst-, Kulturmanagement oder Vertrieb, Verkauf (Kunst-, Antiquitätenhandel). Kunsthistoriker/-innen sind vorwiegend in Museen, Galerien, im Kunst-/Antiquitätenhandel, in Forschung und Lehre sowie in wissenschaftlichen Einrichtungen angestellt.

Kunstpädagog*innen arbeiten in der Erwachsenenbildung, Kunsterziehung oder Medien-, Kulturpädagogik. ■

3.9.4 Musik

Wer Musik studieren möchte, findet an Musik- und Kunsthochschulen, teilweise auch an Universitäten und Pädagogischen Hochschulen, ein vielfältiges Angebot.

Das Studienfeld im Überblick

Der Studienbereich Musik gliedert sich in drei Bereiche: musikpraktische oder künstlerische, musikpädagogische sowie -wissenschaftliche Studiengänge. Ziel der praktisch-künstlerischen und der pädagogischen Ausbildung ist es, auf die Ausübung eines künstlerischen oder musikpädagogischen Berufs vorzubereiten und dafür die erforderlichen fachlichen Kenntnisse, Fähigkeiten und Methoden zu vermitteln. Im Unterschied dazu umfasst die Musikwissenschaft vorrangig die theoretischen und historischen Aspekte der Musik.

- In den **künstlerischen Studiengängen** Instrumentalmusik (Solo-, Orchester- und Kammermusik) sowie in den Studiengängen Kirchenmusik, Gesang (Solo, Chor) ▶

und Dirigieren (Chor- und Orchesterleitung) geht es in erster Linie um die Entwicklung der musikpraktischen Fähigkeiten am jeweiligen Instrument, an Stimme oder Dirigat. Wie bei den Studiengängen Korrepetition (Einstudierung und Begleitung am Klavier) und Komposition werden ferner Gehörbildung und musiktheoretische Fächer wie Musikgeschichte und Harmonielehre vermittelt.

- In der sozialen Arbeit werden zunehmend Fachkräfte benötigt, die musikalisch-soziale Bildungsangebote gestalten, begleiten und initiieren können. Die **musikpädagogischen Studiengänge** vermitteln deshalb nicht nur musikwissenschaftliches und musikpraktisches, sondern auch sozialpädagogisches Fachwissen. Das heißt, man erlangt neben theoretischen auch praktische Kenntnisse. Außer Gehörbildung oder Musikgeschichte werden Methoden und Kompetenzen vermittelt, wie man Kinder und Erwachsene an die Musik heranführt.
- Der **historisch-wissenschaftliche** Bereich gliedert sich in Musikgeschichte, systematische Musikwissenschaft sowie musikalische Volks- und Völkerkunde – wie etwa Musikethnologie, Ethnomusikologie, Weltmusik.
- Die Ausbildung für das **Lehramt** an allgemeinbildenden Schulen ist ebenfalls Aufgabe der Hochschulen. Daneben bilden diese, wie auch Musikakademien und Konservatorien, Lehrer*innen an Musikschulen und selbstständige Musiklehrer*innen aus. Sowohl an staatlichen wie an kirchlichen Musikhochschulen ist auch die A- und B-Ausbildung der Kirchenmusik möglich.

Studienangebot

Die künstlerisch und pädagogisch ausgerichteten Bachelorstudiengänge finden in der Regel an Kunst- und Musikhochschulen, teilweise an Pädagogischen Hochschulen statt, die musikwissenschaftlichen Studiengänge an Universitäten. Mögliche Bezeichnungen für die Studiengänge sind: Alte Musik, Historische Instrumente, Chorleitung, Dirigieren, Orchesterdirigieren, Gesang, Instrumentalmusik (z.B. Akkordeon, Blasinstrumente/Schlagzeug, Gitarre, Holzblasinstrumente, Klavier, Streichinstrumente), Jazz, Popular- und Weltmusik, Volksmusik, Kirchenmusik, Elektronische Komposition, Filmmusik und Sounddesign, Opernkorrepetition, Gesangspädagogik, Instrumentalpädagogik, Musikpädagogik, Musikerziehung Instrument/Gesang, Musical, Musikforschung und Medienpraxis, Musiktheorie und Gehörbildung, Angewandte Musikwissenschaft.

Inhalte des Studiums

Für das **praktisch-künstlerische** Musikstudium werden je nach Studiengang beispielsweise folgende Inhalte angeboten:

- **Dirigieren, Chorleitung:** Chordirigieren, Orchesterdirigieren, Korrepetition für Dirigenten, Partiturspiel, Werkanalyse
- **Gesang:** Gesangsdidaktik und -methodik, Atem- und Bewegungstechnik, Sprecherziehung, Gesang, Hochschul- und Kammerchor
- **Instrumentalmusik:** Streichinstrumente, Blasinstrumente, Klavier, Harfe, Schlagzeug, Musikalische Analyse, Hörschulung, Ensemble, Musikgeschichte, Musiktheorie
- **Komposition:** Instrumentale Komposition, Elektronische Komposition, Musiktheorie, Musikgeschichte

In **musikpädagogischen** Studiengängen stehen beispielsweise diese Inhalte auf dem Lehrplan: Rhythmik, Fachdidaktik, Instrumentalkunde (z.B. Gitarre oder Klavier), sozialpädagogische Grundlagen, Musikvermittlung, Sprecherziehung, Körperschulung, Musikpsychologie.

Der **historisch-wissenschaftliche** Bereich gliedert sich in die Grundlagen und Methoden der Musikwissenschaft, Musikgeschichte bzw. in historische Musikwissenschaft, systematische Musikwissenschaft, Musik und Medialität, Notations- und Quellenkunde sowie musikalische Volks- und Völkerkunde.

Zulassungskriterien & Studienbewerbung

Eine auf den Studiengang bezogene künstlerische Eignung muss im Rahmen von Prüfungen nachgewiesen werden. Erwartet werden v.a. eine bildungsfähige Sing- und Sprechstimme, das Beherrschen eines Haupt- und Nebeninstruments, gutes Gehör und Kenntnisse der allgemeinen Musik- und Harmonielehre. Bei Nachweis einer herausragenden künstlerischen Begabung ist – soweit es sich nicht um Studiengänge handelt, die mit der Ersten Staatsprüfung für ein Lehramt abschließen – der Nachweis der Hochschulreife nicht erforderlich.

Für die Ausbildung zum*zur selbstständigen Musiklehrer*in gelten in Einzelfällen Sonderregelungen.

Berufsmöglichkeiten nach dem Studium

Absolvent*innen des Studienbereichs können in den Tätigkeitsfeldern Musik, Gesang, Komposition, Musikerziehung oder Redaktion, Journalismus und Lektorat arbeiten.

Auch im Bereich Schauspiel, Tanz, Bewegungskunst oder Theater-, Film- und Fernsehproduktion finden sich Beschäftigungsmöglichkeiten.

Musiklehrer*innen für allgemeinbildende Schulen finden außerhalb des Schuldienstes nur eingeschränkte Beschäftigungsmöglichkeiten, z.B. in Medienunternehmen, bei Plattenfirmen oder Musikverlagen.

Hochbegabte und gut ausgebildete Absolvent*innen eines Musikstudiums arbeiten als Sänger*innen, Musiker*innen, Dirigent*innen, Chorleiter*innen und Kapellmeister*innen an Opernhäusern, Musiktheatern, staatlichen und privaten Orchestern oder als Musiklehrer*innen und Privatmusiklehrer*innen. Professionelle Musiker*innen werden auch für die Bereiche Laienmusizieren und Unterhaltungsmusik benötigt. ■

3.9.5 Schauspiel, Tanz, Film, Fernsehen

In diesem Studienfeld zählt neben der Freude, gerne in andere Rollen zu schlüpfen und Menschen zu begeistern, auch die Bereitschaft, im Rampenlicht zu stehen, die Kamera zu führen oder hinter den Kulissen „die Strippen zu ziehen“.

Das Studienfeld im Überblick

Das Studium der **Theater-** bzw. **Film-** und **Fernsehwissenschaft** bereitet auf leitende Tätigkeiten am Theater, bei Film und Fernsehen sowie im allgemeinen kulturellen Leben vor.

Schauspieler*innen verkörpern durch den Einsatz von Sprache, Mimik und Gestik auf der Bühne oder bei Film und Fernsehen verschiedene, in Text und durch Regie angelegte Rollen; meist geschieht dies innerhalb eines Ensembles.

Musicaldarsteller*innen vereinen in ihrer Kunst Gesang, Tanz und darstellendes Spiel. Hierfür sollten sie neben einer bildungsfähigen Singstimme und ausgeprägter Musikalität über darstellerische Fähigkeiten und eine gute körperliche Konstitution verfügen.

Bühnentänzer*innen gestalten klassische und moderne Tanzrollen, z.B. in Ballett- und Musicalinszenierungen.

Aufgabe der **Choreograf*innen** ist es, Tanzinszenierungen zu entwickeln und zu bearbeiten. Tänzerische Begabung, künstlerisches Feingefühl, Ausdrucks- und Gestaltungsfähigkeit, physische Belastbarkeit und Kondition sind wichtige Voraussetzungen dafür.

Theaterwissenschaftler*innen befassen sich mit allen Erscheinungsformen des Theaters, wie der Schauspielkunst, Musik, Dramaturgie, Bühnentechnik, Theaterbau, Publikumsverhalten oder Kritik.

Regiestudiengänge vermitteln die szenische Umsetzung von Theater-, Film-, Fernseh- oder Hörspielstoffen.

Maskenbildner*innen entwickeln im Dialog mit Regie und Ausstattung eigenständige Maskenkonzepte und setzen diese um. Hierzu werden unter anderem wissenschaftliches und praktisches Grundlagenwissen vermittelt sowie Maskenbau und Perückengestaltung.

Theaterpädagog*innen ermöglichen Menschen jedes Alters den aktiven Zugang zur Welt des Theaters, vermitteln Kenntnisse über das Theater und leiten sie zur künstlerischen Selbstdarstellung an.

Studienangebot

- Die Ausbildung **zum*zur Schauspieler*in** erfolgt an Musik- und Theaterhochschulen, daneben an staatlichen oder privaten Schauspielschulen.
- **Bühnentänzer*innen** werden an Musikhochschulen ausgebildet, im nichtuniversitären Bereich an staatlichen oder privaten Ballettschulen. Für die Ausbildung zum*zur Bühnentänzer*in oder Musicaldarsteller*in ist gesetzlich kein bestimmter formaler Bildungsabschluss vorgeschrieben, wobei eine tänzerische Früherziehung jedoch vorausgesetzt wird.
- **Theaterpädagogik** kann im Rahmen von Lehramtsstudiengängen studiert werden und wird teilweise in Form von Kombinations-Bachelorstudiengängen angeboten.

Die Studiengänge in diesem Studienfeld lauten beispielsweise: Drehbuch, Dramaturgie, Figurentheater, Cinematography, Kamera, Animation, Motion Pictures, Kino- und Fernsehfilm, Fernsehproduktion, Regie, Tanz, Theater-, Film- und Medienwissenschaft.

Inhalte des Studiums

Darstellende Künste: Grundlagen der instrumentellen Mittel wie Körper und Stimme, Tanzen, Sprechen, Ensemblearbeit, Grundlagen von Darstellung und Spiel für Bühne/Film/TV, Bühnen- und Vertragsrecht, Geschichte, Dramaturgie und Ästhetik in den Medien der Darstellung, Spielen unter Praxisbedingungen durch Werkstattinszenierungen und Aufführungen, Musiklehre für Tänzer*innen, Körperarbeit, Tanztechnik, Internationale Tanzformen

Theater-, Film- und Fernsehwissenschaften: Theatergeschichte, Grundlagen der Textproduktion für Film, Fernsehen und Theater,

Auseinandersetzung mit Geschichte, Ästhetik und Theorie sowie Entstehungs- und Wirkungsbedingungen, klassische und moderne Filmtheorien, Filmgeschichte, Fernsehtheorien

Gestalterische Studiengänge: Drehbuch schreiben, Bühnentechnik, Bühnenbild, Beleuchtung, Einführung in die Videotechnik, Kostümkunde, Dramaturgie, Regie, Schauspiel/Bewegung, Entwicklung einer Theater- bzw. Filmfigur, Maskengestaltung, Stil- und Kostümkunde, Spezialeffekte, Kamera- und Schnitttechnik, Auditive Gestaltung, Angewandte Bildgestaltung, Studioproduktion, Organisation und Management

Zulassungskriterien & Studienbewerbung

Die Zulassung zu Studiengängen in diesem Bereich erfordert neben der Hochschulreife das Bestehen einer Eignungsprüfung (Ausnahme: Theater-, Film- und Fernsehwissenschaften an Universitäten). Verfügt jemand über eine außergewöhnliche künstlerische Begabung, kann auf den Nachweis der Hochschulreife verzichtet werden.

Berufsmöglichkeiten nach dem Studium

Absolvent*innen der Studiengänge Bühnentanz, Choreografie, Musical, Schauspiel, Regie und Maskenbild arbeiten bei öffentlichen und privaten Theatern, bei Tourneetheatern und freien Theatergruppen, manchmal auch für Film und Fernsehen.

Theaterpädagog*innen sind an Theatern und verschiedenen Bildungseinrichtungen wie Kindergärten und Schulen zu finden.

Theater-, Film- und Fernsehwissenschaftler*innen arbeiten (freiberuflich oder angestellt) an Theatern und Opernhäusern vorwiegend als Dramaturg*innen oder im Bereich der Öffentlichkeitsarbeit. Bei Filmstudios, Fernseh- und Rundfunkanstalten sind sie in vielen Funktionen tätig, z.B. als Dramaturg*innen, Redakteur*innen, Lektor*innen, Produzent*innen, in der Medienwirkungsforschung, als freie Publizist*innen usw. Weitere Tätigkeitsfelder finden sich in Bibliotheken und Archiven, an Universitäten, Akademien und (Kunst-)Hochschulen, in Einrichtungen der Erwachsenenbildung, Kunstvereinen, in öffentlichen oder privaten Kulturverwaltungen, bei Verlagen, Zeitungen und Zeitschriften.

Aufgrund der Schließungen von Theatern und Opernhäusern wegen der Corona-Pandemie erwartet die Absolvent*innen aktuell allerdings ein eher schwieriger Arbeitsmarkt. ■

3.10 Lehramtsausbildung in den Bundesländern

Sie möchten Lehrer*in werden? Auf den folgenden Seiten erfahren Sie alles Wesentliche über die Ausbildung, Studienvoraussetzungen und Inhalte eines Lehramtsstudiums und können sich über die unterschiedlichen Regelungen zur Lehramtsausbildung in den 16 Bundesländern informieren.

Da die Ausbildungsgänge in den einzelnen Bundesländern unterschiedlich sind, werden die Lehrämter sowie Einzelheiten über das Studium, die Prüfungen usw. in den folgenden Abschnitten nach Ländern getrennt dargestellt.

In der Einführung können Sie sich zunächst grundsätzlich über die unterschiedlichen Lehramtstypen, die Zugangsvoraussetzungen, die Ausbildung sowie die zu erwartenden Berufsaussichten informieren.

Einführung

Die Lehrerbildung in Deutschland umfasst für alle Lehrämter mehrere Ausbildungsphasen: das Studium, den Vorbereitungsdienst sowie ▸

die berufsbegleitende Fort- und Weiterbildung für Lehrer*innen im Schuldienst.

Die Kultusministerkonferenz (KMK) hat Eckpunkte für die gegenseitige Anerkennung von Abschlüssen in Lehramtsstudiengängen festgelegt. Bewerber*innen, die ein Lehramtsstudium gemäß den Vorgaben der KMK absolviert haben, erhalten – unabhängig vom Bundesland, in dem der Abschluss erworben wurde – gleichberechtigten Zugang zum Vorbereitungsdienst für den ihrem Abschluss entsprechenden Lehramtstyp. Dennoch kann es aufgrund der unterschiedlichen Schulformen und Lehramtsausbildungen in den Ländern von Vorteil sein, wenn das Studium und der Vorbereitungsdienst in dem Bundesland absolviert werden, in dem eine spätere Anstellung im Schuldienst angestrebt wird. Dies sollte bei der Wahl der Hochschule bedacht werden.

Zugangsvoraussetzungen

Grundsätzlich ist die allgemeine Hochschulreife oder eine als gleichwertig anerkannte Zugangsberechtigung erforderlich. Bei bestimmten Fächerverbindungen und Studiengängen genügt die fachgebundene Hochschulreife. Bei den Fächern Kunst, Musik und Sport sowie z.T. auch bei den neueren Fremdsprachen findet außerdem eine Eignungsprüfung statt.

Für das Lehramt an beruflichen Schulen ist zudem eine auf die berufliche Fachrichtung bezogene einschlägige fachspezifische Tätigkeit von mindestens einjähriger Dauer bis zum Eintritt in den Vorbereitungsdienst nachzuweisen. Der Abschluss einer einschlägigen Berufsausbildung gilt als Nachweis der fachspezifischen Tätigkeit.

Genauere Informationen erhalten Sie bei den jeweiligen Hochschulen.

Persönliche Anforderungen

Die wichtigsten Voraussetzungen für diesen Beruf sind: Sie sollten gut erklären können, gerne mit jungen Menschen umgehen, belastbar sein und über Durchsetzungsvermögen verfügen.

Viele Universitäten bieten Unterstützung bei der Eignungsabklärung vor und während des Studiums an.

Quereinstieg in den Vorbereitungsdienst

Je nach Einstellungsbedarf kann Absolvent*innen bestimmter, meist technisch-naturwissenschaftlicher Studiengänge der Zugang zum Vorbereitungsdienst für ein Lehramt – v.a. an beruflichen Schulen – gewährt werden. Auskünfte hierzu erteilen die zuständigen Ministerien der Länder.

Schularten

Die Gliederung der Lehrämter entspricht mehrheitlich der Gliederung des Schulwesens nach Schularten/Schulformen in den einzelnen Ländern (z.B. Grund- und Hauptschulen, Mittel- oder Realschulen, Gymnasien, berufliche Schulen und Förder-/Sonderschulen).

Grundschulen (Primarstufe)

Das Studium findet an Universitäten oder Pädagogischen Hochschulen (nur Baden-Württemberg) statt.

Realschulen, Hauptschulen, Mittelschulen (Sekundarstufe I)

Das Studium findet an Universitäten oder Pädagogischen Hochschulen (nur Baden-Württemberg) statt, für musisch-künstlerische Fächer auch an Kunst- und Musikhochschulen. Teilweise erfolgt die Ausbildung schulart- bzw. schulstufenübergreifend (z.B. für das Lehramt an Grund-, Haupt- und Realschulen und den entsprechenden Jahrgangsstufen der Gesamtschulen.) ▶

STUDIERE
BERUFSSCHUL
LEHRAMT
Herr Seyd ist Lehrer für Fahrzeugtechnik in Mühlhausen.

Gymnasien (Sekundarstufe II)
Das Studium findet an Universitäten statt, für die künstlerischen Fächer auch an Hochschulen für Musik oder bildende Künste. In den meisten Bundesländern orientiert sich die Lehramtsausbildung an der Schulform und bildet für den Unterricht in allen Jahrgangsklassen aus.

Berufliche/berufsbildende Schulen, Berufskollegs
Im beruflichen Schulwesen gibt es eine Vielfalt von Schulformen, die teilweise in den Ländern unterschiedliche Bezeichnungen tragen: Berufsschule, Berufsfachschule, Berufsaufbauschule, Fachschule, Fachakademie, Fachoberschule, Berufsoberschule, Kolleg, Fachgymnasium und berufliches Gymnasium; diese wiederum gliedern sich in eine Vielzahl von Bildungsgängen innerhalb der verschiedenen Berufsfelder. Das Studium findet an Universitäten oder Pädagogischen Hochschulen (nur Baden-Württemberg) statt, teilweise auch in Kooperation mit Fachhochschulen.

Aufgabe der Lehrkräfte an diesen Schulen ist die Vermittlung einer vertieften und erweiterten Allgemeinbildung im Zusammenhang mit dem zukünftigen Beruf sowie jener Kenntnisse und Fertigkeiten, die für diese Berufe erforderlich sind. Während Letzteres überwiegend Aufgabe der Lehrer*innen für Fachpraxis und der Fachlehrer*innen ist, die dem gehobenen Dienst angehören, gibt es für die erstgenannte Tätigkeit den Zugang über ein neun- bis zehnsemestriges Studium für ein Lehramt an beruflichen Schulen, eine einjährige betriebspraktische Tätigkeit und einen – je nach Bundesland – 12- bis 24-monatigen Vorbereitungsdienst.

Förder-/Sonderschulen, Sonderpädagogik
Hier handelt es sich i.d.R. um ein mindestens achtsemestriges grundständiges Studium, das in den meisten Bundesländern angeboten wird. Das Studium wird an Universitäten oder Pädagogischen Hochschulen (nur Baden-Württemberg) angeboten. Daneben ist in einigen Ländern auch ein Zusatz- oder Aufbaustudium im Anschluss an die Ausbildung für ein allgemeines Lehramt möglich.

An Sonderschulen/Förderschulen werden Kinder und Jugendliche mit Förderbedarf in geistiger Entwicklung, Hören, Sehen, Lernen und Sprache bzw. solche, die in ihrer geistigen, körperlichen und motorischen oder sozialen und emotionalen Entwicklung beeinträchtigt sind, unterrichtet. Die pädagogischen und psychischen ▶

➔ links

„CCT – internetgestützte Laufbahnberatung für (angehende) Lehrer*innen“
Tests rund um die persönlichen Voraussetzungen für den Lehrerberuf
➔ www.cct-germany.de

Informationssystem Studienwahl und Arbeitsmarkt (ISA)
Hier finden Sie eine eigene Arbeitsmarktstudie für Lehrer*innen (unter „Start“, Rubrik: Teilarbeitsmarkt Schule-Lehramt).
➔ www.uni-due.de/isa

Anforderungen an Lehrkräfte dieser Schulen sind sehr hoch.

In den meisten Ländern können Kinder mit Behinderungen an allgemeinbildenden Schulen unterrichtet werden – mit sonderpädagogischer Unterstützung. Angehende Sonderpädagog*innen sollten sich deshalb darauf einstellen, später in allgemeinbildenden Schulen in Kooperation mit den dort unterrichtenden Lehrkräften die Kinder mit Beeinträchtigungen zu fördern und Lehrer*innen dieser Schulen zu beraten.

Fachlehrer*in

Neben dem Regelfall der Lehrerausbildung durch Hochschulstudium und Vorbereitungsdienst gibt es spezielle Ausbildungsgänge zum*zur Fachlehrer*in ohne Hochschulstudium. Derzeit bilden nur Baden-Württemberg, Bayern, Hessen und Nordrhein-Westfalen aus.

Berufsaussichten für Lehrer*innen – ein Überblick

Lehrer*innen werden in vielen Bundesländern gebraucht – das ist das Ergebnis fast aller Prognosen zum Lehrerbedarf in den kommenden Jahren. Doch trotz der Prognosen gilt: Eine automatische oder pauschale Jobgarantie für Abiturient*innen, die jetzt ihr Lehramtsstudium beginnen und sich in fünf bis acht Jahren um eine Einstellung bewerben, gibt es nicht. Das liegt v.a. daran, dass der Lehrkräftebedarf von Bundesland, Schulform und Fächerkombination abhängig ist.

Fazit

Vor der Entscheidung für ein Lehramtsstudium ist es deshalb ratsam, die spezifischen Berufsaussichten für einzelne Fächer, Schultypen/-stufen und Bundesländer genauer anzuschauen. Örtliche Flexibilität, eine breit gefächerte Qualifizierung und eine sorgfältig überlegte Fächerkombination erhöhen die künftigen Einstellungschancen. ■

➔ info

Lehrerbedarf
Überblick der Kultusministerkonferenz (KMK) über die voraussichtliche Entwicklung des Lehrereinstellungsbedarfs und -angebots:
➔ www.kmk.org/aktuelles/artikelansicht/laender-benoetigen-jaehrlich-rund-32000-lehrkraefte-bis-2030.html

3.10.1 Lehramtsausbildung in Baden-Württemberg

In Baden-Württemberg erfolgt die Lehrer*innenausbildung für folgende Lehramtstypen: Lehramt Grundschule, Lehramt Sekundarstufe I), Lehramt Gymnasium, Lehramt Sonderpädagogik, Höheres Lehramt an beruflichen Schulen.

Struktur der Lehramtsausbildung

Bevor Studieninteressierte in Baden-Württemberg ein Lehramtsstudium aufnehmen können, müssen sie nachweisen, dass sie am Lehrerorientierungstest (Career Counselling for Teachers), der Fragen zur Eignung und Interesse am Lehrerberuf umfasst, teilgenommen haben (Link zum Online-Test: www.cct-germany.de).

Das Lehramtsstudium in Baden-Württemberg erfolgt über ein zweistufiges System. Die Studierenden absolvieren zunächst einen lehramtsbezogenen Bachelorstudiengang, dem ein lehramtsbezogener Masterstudiengang folgt. Ein 18-monatiger Vorbereitungsdienst rundet die Ausbildung ab.

Schulpraktische Erfahrungen sammeln die Lehramtsstudierenden im Bachelor- und Masterstudiengang sowie gegebenenfalls weitere Praktika im Masterstudiengang, die auch im Ausland stattfinden können.

Lehramt Grundschule

Studienorte: Pädagogische Hochschulen Freiburg, Heidelberg, Karlsruhe, Ludwigsburg, Schwäbisch Gmünd, Weingarten

Ausbildungsdauer: 8 Semester Regelstudienzeit (davon 6 Semester Bachelorstudiengang,

2 Semester Masterstudiengang plus Anrechnung von 60 ECTS aus dem 18-monatigen Vorbereitungsdienst auf den Abschluss Master of Education). Das gilt auch für das **Europalehramt**.

Schulpraktische Studien: begleitetes Orientierungspraktikum (in der Regel 3 Wochen) bis spätestens zum Beginn des 3. Semesters des Bachelorstudiengangs, Integriertes Semesterpraktikum (in der Regel mind. 12 Wochen) nicht vor dem 3. Semester und ggf. weitere Praktika

Fächer und Kombinationen

Das Studium umfasst die **Grundbildung** in Deutsch oder Mathematik, zwei Fächer, wobei eines Deutsch oder Mathematik sein muss, außerdem Studienanteile in Deutsch als Zweitsprache, Bildungswissenschaften und schulpraktische Studien.

Als **zweites Fach** kann gewählt werden: Englisch, Evangelische Theologie/Religionspädagogik, Französisch, Islamische Theologie/Religionspädagogik, Katholische Theologie/Religionspädagogik, Kunst, Musik, naturwissenschaftlich-technischer Sachunterricht (mit Schwerpunkt in Alltagskultur und Gesundheit, Biologie, Chemie, Physik oder Technik), sozialwissenschaftlicher Sachunterricht (mit Schwerpunkt in Geografie, Geschichte, Politikwissenschaft oder Wirtschaftswissenschaft) oder Sport.

Ein zusätzliches Fach kann als **Erweiterungsfach** in einem ergänzenden Masterstudiengang mit 60 ECTS-Punkten, davon mindestens 50 ECTS-Punkte im Fach, studiert werden. Die Hochschulen ermöglichen durch entsprechende Studienorganisation den Erwerb von Studienleistungen im Erweiterungsfach ab Beginn des Studiums.

Hinweise:

- Zu den Bildungswissenschaften gehören Erziehungswissenschaft, Psychologie und Soziologie.
- Die Fächer **Evangelische Theologie/Religionspädagogik** oder **Katholische Theologie/Religionspädagogik** kann im Hinblick auf eine Zulassung zum Vorbereitungsdienst in Baden-Württemberg nur wählen, wer der jeweiligen Konfession angehört. Das Fach **Islamische Theologie/Religionspädagogik** kann im Hinblick auf eine Zulassung zum Vorbereitungsdienst in Baden-Württemberg nur wählen, wer ein sunnitisches Religionsbekenntnis vorweisen kann.
- Die Pädagogischen Hochschulen legen die zeitliche Einfügung des **Integrierten Semesterpraktikums** in den Studienablauf fest. Es wird in der Regel in einem zusammenhängenden Zeitraum absolviert. Ein Anspruch auf einen Praktikumsplatz an einer bestimmten Schule besteht nicht. Das Integrierte Semesterpraktikum wird von den Schulpraxisämtern der Pädagogischen Hochschulen organisiert. Es umfasst Unterricht (Hospitation und angeleiteter eigener Unterricht im Umfang von in der Regel 130 Unterrichtsstunden, davon insgesamt angeleiteter eigener Unterricht im Umfang von mindestens 30 Unterrichtsstunden) und Teilnahme an möglichst vielen Arten von Konferenzen, Besprechungen, Beratungsgesprächen und weiteren schulischen und außerschulischen Veranstaltungen auch in Kooperation mit anderen schulischen und außerschulischen Partnern und mit den Eltern. Eingeschlossen ist die Teilnahme an den regelmäßig stattfindenden begleitenden Ausbildungsveranstaltungen der Pädagogischen Hochschule.

- Der **Integrierte Studiengang** für das Lehramt Grundschule wird an der Pädagogischen Hochschule Freiburg und der Université de Haute-Alsace in Mulhouse auf der Basis des deutsch-französischen Kooperationsvertrags in der jeweils geltenden Fassung studiert.
- Das Lehramt Grundschule mit der **Profilierung Europalehramt** (PH Freiburg, PH Karlsruhe) verbindet das Studium für das Lehramt Grundschule mit bilingualem Lehren und Lernen sowie mit kultureller Diversität und schließt ein verbindliches Auslandssemester ein. Verpflichtend zu wählen sind die Grundbildung Deutsch und Deutsch als Zweitsprache oder die Grundbildung Mathematik sowie das Fach Englisch oder Französisch und ein bilinguales Sachfach (Evangelische Theologie/Religionspädagogik, Islamische Theologie/Religionspädagogik, Katholische Theologie/Religionspädagogik, Kunst, Musik, naturwissenschaftlich-technischer Sachunterricht, sozialwissenschaftlicher Sachunterricht oder Sport) entsprechend der Studien- und Prüfungsordnung der Hochschule. ▶

Lehramt Sekundarstufe I

Studienorte: Pädagogische Hochschulen Freiburg, Heidelberg, Karlsruhe, Ludwigsburg, Schwäbisch Gmünd, Weingarten

Ausbildungsdauer: 10 Semester Regelstudienzeit (davon 6 Semester Bachelorstudiengang, 4 Semester Masterstudiengang); nach dem Masterabschluss 18 Monate Vorbereitungsdienst. Das gilt auch für das **Europalehramt**.

Schulpraktische Studien: in der Regel 3-wöchiges begleitetes Orientierungspraktikum bis spätestens zum Beginn des 4. Semesters des Bachelorstudiengangs, Integriertes Semesterpraktikum (in der Regel mind. 12 Wochen zu Beginn des Masterstudiengangs) und ggf. weitere Praktika

Fächer und Kombinationen
Das Studium umfasst zwei Fächer, Bildungswissenschaften und schulpraktische Studien. **Fächer** (Fachwissenschaft und Fachdidaktiken) sind:

Alltagskultur und Gesundheit, Biologie, Chemie, Deutsch mit Studienanteilen Deutsch als Zweitsprache, Englisch, Ethik, Evangelische Theologie/Religionspädagogik, Französisch, Geografie, Geschichte, Islamische Theologie/Religionspädagogik, Katholische Theologie/Religionspädagogik, Kunst, Mathematik, Musik, Physik, Politikwissenschaft, Sport, Technik sowie Wirtschaftswissenschaft.

Ein zusätzliches Fach kann als **Erweiterungsfach** in einem ergänzenden Masterstudiengang mit 90 ECTS-Punkten studiert werden. Die Hochschulen ermöglichen durch entsprechende Studienorganisation den Erwerb von Studienleistungen im Erweiterungsfach ab Beginn des Studiums.

Hinweise:

- Zu den Bildungswissenschaften gehören Erziehungswissenschaft, Psychologie und Soziologie.
- Für die Zulassung zum Vorbereitungsdienst in Baden-Württemberg ist die Kombination von Katholischer Theologie/Religionspädagogik oder Evangelischer Theologie/Religionspädagogik oder Islamischer Theologie/Religionspädagogik oder Ethik untereinander ausgeschlossen.
- Die Fächer **Evangelische Theologie/Religionspädagogik** oder **Katholische Theologie/Religionspädagogik** kann im Hinblick auf eine Zulassung zum Vorbereitungsdienst in Baden-Württemberg nur wählen, wer der jeweiligen Konfession angehört. Das Fach **Islamische Theologie/Religionspädagogik** kann im Hinblick auf eine Zulassung zum Vorbereitungsdienst in Baden-Württemberg nur wählen, wer ein sunnitisches Religionsbekenntnis vorweisen kann.
- Die Pädagogischen Hochschulen legen die zeitliche Einfügung des **Integrierten Semesterpraktikums**, das an Werkreal- und Hauptschulen sowie Realschulen und an Gemeinschaftsschulen absolviert werden kann, in den Studienablauf des Masterstudiengangs fest. Es wird in der Regel in einem zusammenhängenden Zeitraum absolviert. Ein Anspruch auf einen Praktikumsplatz an einer bestimmten Schule besteht nicht. Das Integrierte Semesterpraktikum wird von den Schulpraxisämtern der Pädagogischen Hochschulen organisiert. Wer sein Integriertes Semesterpraktikum absolviert, nimmt unter kontinuierlicher Beratung der oder des nach § 2 Absatz 12 Satz 3 beauftragten Ausbildungsberater*in am gesamten Schulleben teil. Dies umfasst Unterricht (Hospitation und angeleiteter eigener Unterricht im Umfang von in der Regel 130 Unterrichtsstunden, davon insgesamt angeleiteter eigener Unterricht im Umfang von mindestens 30 Unterrichtsstunden) und Teilnahme an möglichst vielen Arten von Konferenzen, Besprechungen, Beratungsgesprächen und weiteren schulischen und außerschulischen Veranstaltungen, auch in Kooperation mit anderen schulischen und außerschulischen Partnern und mit den Eltern. Eingeschlossen ist die Teilnahme an den regelmäßig stattfindenden begleitenden Ausbildungsveranstaltungen der Pädagogischen Hochschule.
- Das Lehramt Sekundarstufe I mit der **Profilierung Europalehramt** verbindet das Studium für das Lehramt Sekundarstufe I mit bilingualem Lehren und Lernen sowie mit kultureller Diversität auf der Grundlage der Zielsprache Englisch oder Französisch und schließt ein verbindliches Auslandssemester ein. Zu wählen sind als Fach Englisch oder Französisch und ein bilinguales Sachfach (Alltagskultur und Gesundheit, Biologie, Chemie, Ethik, Evangelische Theologie/Religionspädagogik, Geografie, Geschichte, Islamische Theologie/Religionspädagogik, Katholische Theologie/Religionspädagogik, Kunst, Mathematik, Musik, Physik, Politikwissenschaft, Sport, Technik oder Wirtschaftswissenschaft) entsprechend der Studien- und Prüfungsordnung der Hochschule.

Lehramt Gymnasium

Studienorte: alle staatlichen Universitäten in Baden-Württemberg, dazu die Kunst- und Musikhochschulen und die Hochschule für Jüdische Studien Heidelberg.

Ausbildungsdauer: 10 Semester Regelstudienzeit (davon 6 Semester Bachelorstudiengang, 4 Semester Masterstudiengang), in Fächerverbindungen mit Musik oder Kunst 12 Semester Regelstudienzeit (davon 8 Semester Bachelorstudiengang, 4 Semester Masterstudiengang); nach dem Masterabschluss 18 Monate Vorbereitungsdienst.

Schulpraktische Studien: In der Regel 3-wöchiges begleitetes Orientierungspraktikum im Bachelorstudiengang, in der Regel 12-wöchiges Schulpraxissemester in einem Wintersemester des Masterstudiengangs. Eine vergleichbare sonstige Schulpraxis als Fremdsprachenassistent*in, in einer deutschen Schule im Ausland oder in einem Vorbereitungsdienst aus einem anderen Lehramt kann von der Hochschule auf entsprechenden Antrag als Ersatz für maximal acht Wochen des Schulpraxissemesters anerkannt werden. Die letzten vier Wochen des Schulpraxissemesters müssen an einem baden-württembergischen Gymnasium absolviert werden.

Fächer und Kombinationen

Das Studium umfasst **zwei Fächer (Fachwissenschaft und Fachdidaktik)**, außerdem **Bildungswissenschaften** und schulpraktische Studien. Folgende Fächer können gewählt werden: Bildende Kunst, Biologie, Chemie, Chinesisch, Deutsch mit Studienanteilen Deutsch als Zweitsprache, Englisch, Evangelische Theologie, Französisch, Geografie, Geschichte, Griechisch, Informatik, Italienisch, Islamische Religionslehre, Jüdische Religionslehre, Katholische Theologie, Latein, Mathematik, Musik, Naturwissenschaft und Technik (NwT), Philosophie/Ethik, Physik, Politikwissenschaft, Russisch, Spanisch, Sport und Wirtschaftswissenschaft.

Ein zusätzliches Fach kann als **Erweiterungsfach** in einem ergänzenden Masterstudiengang mit 90 ECTS-Punkten oder mit 120 ECTS-Punkten studiert werden. Die Hochschulen ermöglichen durch entsprechende Studienorganisation den Erwerb von Studienleistungen im Erweiterungsfach ab Beginn des Studiums.

Hinweise:

- Zu den Bildungswissenschaften gehören Erziehungswissenschaft, Psychologie und Soziologie.
- Die Fächer Bildende Kunst und Musik können mit allen genannten Fächern verbunden werden, nicht jedoch untereinander.
- In Kombination mit dem Fach **Bildende Kunst** oder **Musik** kann als zweites Fach eine Fachwissenschaft gewählt werden. In Kombination mit dem Fach Musik kann das Verbreiterungsfach Musik/Jazz und Popularmusik gewählt werden. In Kombination mit dem Fach Bildende Kunst und einer Fachwissenschaft kann das Erweiterungsfach Bildende Kunst/Intermediales Gestalten im Umfang von 90 ECTS-Punkten nach dem Abschluss Master of Education im Fach Bildende Kunst studiert werden.
- Die Zulassung zum **Musikstudium** (Bachelor of Music) oder zum **Kunststudium** (Bachelor of Fine Arts) für das Lehramt Gymnasium erfolgt durch eine künstlerische Eignungsprüfung vor Beginn des Studiums. Bei Bestehen des Bachelorabschlusses in Musik oder Bildender Kunst mit Lehramtsanteilen und einem Weiterstudium des Masterstudiengangs mit Abschluss Master of Education in Musik oder Bildender Kunst erfolgt keine neuerliche Eignungsprüfung. Der bestandene Bachelorabschluss in Musik oder Bildender Kunst ersetzt diese. Zum Eintritt in einen Masterstudiengang mit dem Abschluss Master of Education in den Fächern Bildende Kunst oder Musik erfolgen künstlerische Eignungsprüfungen, wenn ein Neueintritt in die Hochschule oder in den Studiengang erfolgt.
- Das Fach **Naturwissenschaft und Technik (NwT)** kann nur in Verbindung mit einem der Fächer Biologie, Chemie, Physik oder Geografie mit Schwerpunkt Physische Geografie studiert werden.
- Die Fächer **Evangelische Theologie** oder **Katholische Theologie** kann im Hinblick auf eine Zulassung zum Vorbereitungsdienst in Baden-Württemberg nur wählen, wer der jeweiligen Konfession angehört. Das Fach **Islamische Theologie/ Religionspädagogik** kann im Hinblick auf eine Zulassung zum Vorbereitungsdienst in Baden-Württemberg nur wählen, wer ein sunnitisches Religionsbekenntnis vorweisen kann.
- Für die Zulassung zum Vorbereitungsdienst in Baden-Württemberg ist die Kombination von Katholischer Theologie oder Evangelischer Theologie oder Jüdischer Theologie oder Islamischer Religionslehre oder Philosophie/Ethik untereinander ausgeschlossen. ▶

3 STUDIENFELDER & STUDIENINHALTE

- Das **Schulpraxissemester** kann an allgemeinbildenden Gymnasien und an beruflichen Schulen in Baden-Württemberg absolviert werden. Das Schulpraxissemester ermöglicht ein fundiertes Kennenlernen des gesamten Tätigkeitsfeldes Schule unter professioneller Begleitung von Schulen und Seminaren für Ausbildung und Fortbildung der Lehrkräfte (Gymnasien beziehungsweise Berufliche Schulen). Dies umfasst Unterricht (Hospitation und angeleiteter eigener Unterricht im Umfang von in der Regel 120 Unterrichtsstunden, davon insgesamt angeleiteter eigener Unterricht im Umfang von mindestens 30 Unterrichtsstunden), Teilnahme an möglichst vielen Arten von Dienstbesprechungen, Konferenzen und schulischen Veranstaltungen und Teilnahme an regelmäßig stattfindenden Ausbildungsveranstaltungen der beauftragten Ausbildungslehrkräfte.

Lehramt Sonderpädagogik

Studienorte: Pädagogische Hochschulen Heidelberg und Ludwigsburg

Ausbildungsdauer: 10 Semester Regelstudienzeit (davon 6 Semester Bachelorstudiengang, 4 Semester Masterstudiengang), anschließend 18 Monate Vorbereitungsdienst.

Schulpraktische Studien: begleitetes Orientierungspraktikum (in der Regel 3 Wochen) bis spätestens zum Beginn des 3. Semesters des Bachelorstudiengangs, Integriertes Semesterpraktikum (in der Regel mind. 12 Wochen) nicht vor dem 3. Semester, Blockpraktikum (in der Regel 4 Wochen) oder Schulpraxisveranstaltungen mit Praxisanteilen in der zweiten sonderpädagogischen Fachrichtung im Masterstudiengang, ggf. zusätzlich weitere Praktika. Interessierte Studienbewerber*innen sollten sich vor Stellung eines Zulassungsantrages im Einzelfall bei der infrage kommenden PH beraten lassen.

1. Studiengang für das Lehramt Sonderpädagogik (grundständig)

Das Studium umfasst **Grundbildung** Deutsch oder Grundbildung Mathematik aus dem Studiengang Lehramt Grundschule, **ein Fach** aus dem Studiengang Lehramt **Sekundarstufe I**, Studienanteile Deutsch als Zweitsprache, Bildungswissenschaften, sonderpädagogische Grundlagen, sonderpädagogische Handlungsfelder, **zwei sonderpädagogische Fachrichtungen** und schulpraktische Studien.

Sonderpädagogische Fachrichtungen sind: Lernen, Sprache, Emotional-soziale Entwicklung, Geistige Entwicklung, Körperliche und motorische Entwicklung, Lernen bei Blindheit und Sehbehinderung sowie Hören

Sonderpädagogische Handlungsfelder sind: Sonderpädagogischer Dienst/Kooperation/inklusive Bildungsangebote; Frühförderung sowie frühkindliche Bildung und Erziehung von Kindern mit Behinderungen; Ausbildung, Erwerbsarbeit und Leben; Religiöse Bildung in der Sonderpädagogik; Kulturarbeit, Gestalten und Lernen; Pädagogik bei Krankheit; Leiblichkeit, Bewegung und Körperkultur; Sprache und Kommunikation

Hinweise:

- Das Handlungsfeld Sonderpädagogischer Dienst/Kooperation/inklusive Bildungsangebote ist für alle Studierenden verbindlich.
- Zwei weitere Handlungsfelder werden gewählt.
- Das **Handlungsfeld Sprache und Kommunikation** gliedert sich in die Schwerpunkte Sprachwissenschaften, Unterstützte Kommunikation, Brailleschrift und Gebärdensprache. Von den Studierenden sind ein bis zwei dieser Schwerpunkte zu wählen.
- Für Studierende der Fachrichtung Sprache ist das Handlungsfeld Sprache und Kommunikation mit dem Schwerpunkt Sprachwissenschaften verbindlich, für Studierende der Fachrichtung Hören das Handlungsfeld Sprache und Kommunikation mit dem Schwerpunkt Gebärdensprache.
- Weiterführende Regelungen können in den Studienordnungen getroffen werden.
- Die Fächer **Evangelische Theologie/Religionspädagogik**, **Katholische Theologie/Religionspädagogik** oder **Islamische Theologie/Religionspädagogik** kann im Hinblick auf eine Zulassung zum Vorbereitungsdienst in Baden-Württemberg nur wählen, wer der jeweiligen Konfession bzw. dem sunnitischen Islam angehört.
- Zu den Bildungswissenschaften gehören Erziehungswissenschaft, Psychologie und Soziologie.

Die Pädagogischen Hochschulen legen die zeitliche Einfügung des **Integrierten Semesterpraktikums** in den Studienablauf des Bachelorstudiengangs fest. Es wird in der Regel in einem zusammenhängenden Zeitraum absolviert. Im Zentrum des Integrierten Semesterpraktikums, das in der Regel in Baden-Württemberg absolviert wird, steht die von den Studierenden gewählte erste sonderpädagogische Fachrichtung sowie die Fachdidaktik des studierten Faches. Das Integrierte Semesterpraktikum wird von der Pädagogischen Hochschule, einer Sonderschule oder einer Schule mit inklusivem Bildungsangebot, welche die Betreuung durch eine Sonderschullehrkraft gewährleistet, verantwortlich begleitet. Ein Anspruch auf einen Praktikumsplatz an einer bestimmten Schule besteht nicht. Das Integrierte Semesterpraktikum wird von den Schulpraxisämtern der Pädagogischen Hochschulen organisiert. Es umfasst Unterricht (Hospitation und angeleiteter eigener Unterricht im Umfang von in der Regel 130 Unterrichtsstunden, davon insgesamt angeleiteter eigener Unterricht im Umfang von mindestens 30 Unterrichtsstunden) sowie die Übernahme von Aufgaben in kooperativen Arbeitsfeldern und Teilnahme an Beratungsgesprächen, Besprechungen, Konferenzen, schulischen und außerschulischen Veranstaltungen, auch in Kooperation mit anderen schulischen und außerschulischen Partnern und mit den Eltern. Eingeschlossen ist die Teilnahme an den regelmäßig stattfindenden begleitenden Ausbildungsveranstaltungen der Pädagogischen Hochschule. Ein **zusätzliches Fach** mit 60 ECTS-Punkten (davon mindestens 50 ECTS-Punkte im Fach) oder mit 90 ECTS-Punkten oder eine weitere sonderpädagogische Fachrichtung mit 60 ECTS-Punkten (einschließlich sonderpädagogischer Grundlagen, Handlungsfelder bezogen auf diese Fachrichtung) kann als Erweiterungsfach in einem ergänzenden Masterstudiengang studiert werden. Die Hochschulen ermöglichen durch entsprechende Studienorganisation den Erwerb von Studienleistungen im Erweiterungsfach ab Beginn des Studiums.

2. Aufbaustudium für das Lehramt Sonderpädagogik

Wer erfolgreich einen auf ein Lehramt bezogenen Masterstudiengang (Master of Education; mindestens 240 ECTS-Punkte) oder die Zweite Staatsprüfung für ein Lehramt absolviert hat, kann den Abschluss Master of Education Sonderpädagogik auch über ein **viersemestriges Aufbaustudium** erwerben.

Das Aufbaustudium umfasst sonderpädagogische Grundlagen, ein sonderpädagogisches Handlungsfeld sowie die erste und zweite sonderpädagogische Fachrichtung. Die schulpraktischen Studien haben in der Regel einen Umfang von acht Wochen. Die erste und die zweite sonderpädagogische Fachrichtung müssen hierbei gleichermaßen Berücksichtigung finden.

Die schulpraktischen Studien können auf zwei Praktika verteilt werden, um schulpraktische Studien sowohl in der ersten als auch in der zweiten sonderpädagogischen Fachrichtung zu ermöglichen. Wer vor dem Aufbaustudium eine Zweite Staatsprüfung für ein Lehramt bestanden hat, erwirbt mit dem Abschluss Master of Education Sonderpädagogik zugleich die Befähigung für die Laufbahn des gehobenen Schuldienstes für das Lehramt Sonderpädagogik. Wer eine Erste Staatsprüfung für ein Lehramt bestanden oder erfolgreich einen Abschluss eines auf ein Lehramt bezogenen Masterstudiengangs absolviert hat, erwirbt die Befähigung für die Laufbahn des gehobenen Schuldienstes für das Lehramt Sonderpädagogik mit der Zweiten Staatsprüfung.

Lehramt an Waldorfschulen

Die Freie Hochschule Stuttgart – Seminar für Waldorfpädagogik bietet speziell für das Berufsziel Lehrerin und Lehrer an Waldorfschulen ausgerichtete Studiengänge an. Die konsekutiven Studiengänge „Bachelor of Arts, Eurythmie mit pädagogischer Basisqualifikation" und „Master of Arts, Eurythmiepädagogik" qualifizieren für eine eigenverantwortliche Tätigkeit als Eurythmielehrer*in. Das dreijährige Bachelorstudium „Waldorfpädagogik" in Verbindung mit dem zweijährigen konsekutiven Masterstudiengang „Klassen- und Fachlehrer*in" bereitet zukünftige Waldorfpädagog*innen auf eine eigenverantwortliche Klassenführung vor. Die beiden postgradualen Masterstudiengänge „Oberstufenlehrer*in an Waldorfschulen" sowie „Klassen- und Fachlehrer*in an Waldorfschulen" wenden sich an Hochschulabsolvent*innen eines einschlägigen wissenschaftlichen oder pädagogischen Studiengangs.

Höheres Lehramt an beruflichen Schulen

Studienorte: HS Aalen/PH Schwäbisch Gmünd, HS Esslingen/PH Ludwigsburg, U Heidelberg, U Hohenheim, HS Karlsruhe/PH Karlsruhe, KIT, U Konstanz, U Mannheim, HS Mannheim/PH Heidelberg, HS Offenburg/PH Freiburg, HS Ravensburg-Weingarten/PH Weingarten, U Stuttgart, U Tübingen

Ausbildungsdauer: 10 Semester Regelstudienzeit; nach dem Studienabschluss 18 Monate Vorbereitungsdienst (Referendariat)

Praktika: Innerhalb der Regelstudienzeit werden schulpraktische Studien im Bachelor- und im Masterstudiengang absolviert. Je nach Studiengang ist ein Betriebspraktikum erforderlich.

Fächer und Kombinationen: Bei den beruflichen Schulen werden drei verschiedene Bereiche unterschieden: **gewerbliche Schulen, kaufmännische Schulen** sowie **hauswirtschaftliche, pflegerische, sozialpädagogische und landwirtschaftliche Schulen**. ▶

Gewerbliche Schulen

Das Studium Technikpädagogik an der Universität Stuttgart besteht aus einem Hauptfach (Maschinenbau, Elektrotechnik, Bautechnik oder Informatik, der Erziehungswissenschaft und einem Wahlpflichtfach (Chemie, Deutsch, Englisch, Ethik, Politik, Sport, evangelische Theologie, katholische Theologie, Wirtschaftswissenschaften, Mathematik, Physik, Information oder einer Vertiefung des Hauptfaches). Am Karlsruher Institut für Technologie (KIT) besteht das Studium Ingenieurspädagogik aus einem ersten Studienfachgebiet (Metalltechnik, Elektrotechnik oder Bautechnik) und einem zweiten Studienfachgebiet (beim Hauptfach Metalltechnik eine Vertiefungsrichtung, bei allen anderen Fächern Mathematik, Physik, Sport, Wirtschaftskunde oder Gemeinschafts- und Sozialkunde). Die Bachelor- und Masterabschlüsse Technikpädagogik der Uni Stuttgart sowie Ingenieurspädagogik des KITs werden als Voraussetzung für die Zulassung zum Vorbereitungsdienst anerkannt. Die Voraussetzung für die Zulassung zum Vorbereitungsdienst erfüllen neben den oben genannten Studiengängen auch weitere kooperative Bachelor-/Masterstudiengänge im gewerblich-technischen Bereich an der HS Aalen/ PH Schwäbisch Gmünd, der HS Karlsruhe/ PH Karlsruhe der HS Ravensburg-Weingarten/ PH Weingarten, der HS Mannheim/PH Heidelberg, der HS Offenburg/PH Freiburg und der HS Esslingen/PH Ludwigsburg.

Kaufmännische Schulen

An den Standorten Mannheim, Hohenheim und Konstanz werden die Bachelor-/Masterstudiengänge Wirtschaftspädagogik bzw. wirtschaftswissenschaftliche Studiengänge mit pädagogischem Profil angeboten. Diese Abschlüsse werden als Voraussetzung für die Zulassung zum Vorbereitungsdienst anerkannt. Die Allensbach Hochschule bietet einen Masterstudiengang im Fernstudium an. Dieser führt bei Erfüllung bestimmter Mindeststudienleistungen ebenfalls zur Zulassung zum Vorbereitungsdienst.

Sozialpädagogische, pflegerische, hauswirtschaftliche und landwirtschaftliche Schulen

Die Uni Tübingen bietet den Bachelor-/Masterstudiengang Sozialpädagogik/Pädagogik an. Neben dem beruflichen Fach Sozialpädagogik/Pädagogik wird ein allgemeinbildendes Fach studiert. Mögliche Zweitfächer sind Chemie, Deutsch, Englisch, Evangelische Theologie, Französisch, Geschichte, Informatik, Islamische Religionslehre, Katholische Theologie, Mathematik, Philosophie/Ethik, Physik, Politikwissenschaft, Spanisch und Sport. Der viersemestrige Masterstudiengang „Sozialpädagogik/Pädagogik und Psychologie an sozialpädagogischen Schulen" an der PH Freiburg baut primär auf den Bachelorstudiengängen Erziehungswissenschaft und Kindheitspädagogik der PH Freiburg auf. An der Uni Heidelberg kann der Bachelor- und Masterstudiengang „Gerontologie, Gesundheit & Care" studiert werden. Das Studium umfasst Berufspädagogik und Bildungswissenschaften, Fachwissenschaften und -didaktiken und schulpraktische Studien sowie ein allgemeinbildendes Zweitfach (Chemie, Deutsch mit Studienanteilen Deutsch als Fremdsprache, Englisch, evangelische Theologie, Französisch, Geschichte, Informatik, Jüdische Religionslehre an der HS für Jüdische Studien Heidelberg, Katholische Theologie, Mathematik, Philosophie/Ethik, Physik, Politikwissenschaft, Spanisch oder Sport). Mit Blick auf eine zukünftige Tätigkeit im Bereich Pflege an beruflichen Schulen wird für den Bachelorstudiengang „Gerontologie, Gesundheit und Care" entweder eine dreijährige erfolgreich abgeschlossene Pflegefachausbildung bzw. eine einjährige Berufsausbildung in der Pflege oder eine abgeschlossene Ausbildung zum*zur Heilerziehungspfleger*in bzw. ein Nachweis über das absolvierte erste Ausbildungsjahr in einer Pflegefachausbildung mit Versetzungsnachweis in das zweite Ausbildungsjahr vorausgesetzt. Darüber hinaus ist der Nachweis über eine gültige Ausbildungsvereinbarung mit einer Ausbildungsstätte, die einen Kooperationsvertrag mit der Universität Heidelberg zur Durchführung des Studienganges abgeschlossen hat, zu erbringen. Der Masterstudiengang „Pflege/Wirtschafts- und Sozialmanagement" kann an der PH Freiburg studiert werden. Das Studium umfasst die Bereiche Fachwissenschaft des Unterrichtsfachs Wirtschafts- und Sozialmanagement, Bildungswissenschaften mit Schwerpunkt Berufs- und Wirtschaftspädagogik, Fachdidaktik der beruflichen Fachrichtung des Unterrichtsfachs sowie Schulpraktika. Zulassungsvoraussetzung zum Master ist u. a. ein fachlich einschlägiges Studium von mindestens sechs Semestern und Studienanteilen der Fachwissenschaft der beruflichen Fachrichtung Pflege (erstes Fach), des Wirtschafts- und Sozialmanagements (Unterrichtsfach) sowie der Bildungswissenschaften. Außerdem ist der Nachweis über eine erfolgreich abgeschlossene Berufsausbildung in einem der folgenden Ausbildungsberufe Voraussetzung für die Zulassung zum Studium: Gesundheits- und Krankenpfleger*in oder Kinderkrankenpfleger*in oder Altenpfleger*in. Für die weiteren Schultypen gibt es keine spezifischen Lehramtsstudiengänge. Bei Bedarf können Absolvent*innen folgender Studiengänge zum Vorbereitungsdienst zugelassen werden:

Im Bereich Hauswirtschaftliche Schulen: Ernährungswissenschaft oder Biotechnologie;

Im Bereich Landwirtschaftliche Schulen: Agrarwissenschaften (mit Vertiefungsrichtung Tier- oder Pflanzenwissenschaften), Forstwissenschaft oder Gartenbauwissenschaft.

Hinweise:

- Der Masterabschluss im Lehramt Gymnasium (Master of Education) in allgemeinbildenden Fächern berechtigt zum Vorbereitungsdienst an den beruflichen Schulen, wenn ein einschlägiges Betriebspraktikum von drei Monaten Dauer nachgewiesen wird.
- Das im Studium absolvierte Schulpraxissemester wird in den LA-Studiengängen mit berufl. Fächern auf das Betriebspraktikum von mindestens einem Jahr angerechnet; eine einschlägige Ausbildung ersetzt die Betriebspraxis, nicht aber das Schulpraxissemester.

Lehrerausbildung ohne Studium

In Baden-Württemberg sind spezielle Ausbildungswege zum Lehrerberuf an öffentlichen Schulen auch ohne Hochschulstudium möglich. Voraussetzung für diese Ausbildungsgänge sind in der Regel ein mittlerer Bildungsabschluss und eine abgeschlossene Berufsausbildung. An allgemeinbildenden Schulen können Fachlehrkräfte in musischen oder technischen Fächern eingesetzt werden. Der Ausbildungsschwerpunkt liegt dabei auf einer späteren Tätigkeit an einer Hauptschule. An gewerblichen Schulen arbeiten technische Fachlehrer*innen z. B. als Werkstattleiter*innen. An kaufmännischen Schulen unterrichten sie die Fächer Textverarbeitung oder Bürokommunikation.

Hinweise und Besonderheiten

Aktuelle Informationen zur Lehramtsausbildung und zu den voraussichtlichen künftigen Einstellungschancen in Baden-Württemberg sind im Internet abrufbar unter www.lieber-lehramt.de oder unter www.km-bw.de („Schule – Berufsziel Lehrerin und Lehrer") und www.lehrer-online-bw.de.

Unter www.cct-germany.de können Sie einen Selbsttest absolvieren, um zu überprüfen, ob der Beruf Lehrer*in zu Ihnen passt. Am Ende des Tests erhalten Sie ein Zertifikat, welches für alle Lehrämter als Zulassungsvoraussetzung für eine Bewerbung um einen Studienplatz in Baden-Württemberg vorgelegt werden muss. ■

➔ links

Studieninformation Baden-Württemberg
➔ www.studieninfo-bw.de

Kultusportal Baden-Württemberg
➔ www.km-bw.de
(Rubrik: Schule > Beruf der Lehrkraft)

Portal für Lehramtsausbildung in Baden-Württemberg
➔ www.mwk.baden-wuerttemberg.de/de/hochschulen-studium/lehrerbildung/

3.10.2 Lehramtsausbildung in Bayern

In Bayern erfolgt die Lehrer*innen-ausbildung für folgende Lehramtstypen: Lehramt an Grundschulen, Lehramt an Mittelschulen, Lehramt an Realschulen, Lehramt an Gymnasien, Lehramt an beruflichen Schulen, Lehramt für Sonderpädagogik.

Struktur der Lehramtsausbildung

Das Lehramtsstudium ist modularisiert und mit einem Leistungspunktesystem versehen. Es umfasst von Anfang an die miteinander verzahnten Bereiche Fachwissenschaften, Fachdidaktik, Erziehungswissenschaften und Schulpraktika. An einigen Universitäten erlangen Studierende nach dem sechsten Semester einen dem jeweiligen Fachstudium entsprechenden Bachelorgrad: Bachelor of Arts (B.A.), Bachelor of Science (B.Sc.) oder Bachelor of Education (B.Ed.). Dieser wird nach dem Erwerb von 180 Leistungspunkten (LP) verliehen. Die Erste Lehramtsprüfung besteht aus zwei Teilen, einem universitären Prüfungsteil – den studienbegleitend abzulegenden Modulprüfungen – und der Ersten Staatsprüfung unter staatlicher Aufsicht. Die Erste Staatsprüfung für ein Lehramt an öffentlichen Schulen wird – mit Ausnahme des Lehramts an beruflichen Schulen – durch die von den Hochschulen zu verleihenden Bachelor- und Masterabschlüsse nicht ersetzt!

An mehreren Universitäten des Landes sind die Lehramtsstudiengänge in bestimmten Fächerkombinationen nach dem Bachelor-Master-Modell neu strukturiert. Die Studierenden erwerben nach sechs Semestern zunächst den nur für den außerschulischen Bereich berufsqualifizierenden Grad „Bachelor of Education“. Nach weiteren ein bis drei Semestern besteht die Möglichkeit, das Studium mit der Ersten Staatsprüfung für das betreffende Lehramt abzuschließen. Zusätzlich kann nach entsprechendem Studium ein Mastergrad erworben werden (M.Ed., M.A., M.Sc.).

Lehramt an Grundschulen, Lehramt an Mittelschulen

Studienorte: alle bayerischen Universitäten außer Bayreuth U und München TU; Hochschulen für Musik in München und Würzburg

Ausbildungsdauer: 7 Semester Regelstudienzeit; nach der Ersten Lehramtsprüfung 2 Jahre Vorbereitungsdienst

Praktika: ein 8-wöchiges Betriebspraktikum, ein Orientierungspraktikum (3–4 Wochen), ein pädagogisch-didaktisches Schulpraktikum (i.d.R. im Laufe von zwei aufeinanderfolgenden Schulhalbjahren abzuleisten), ein studienbegleitendes fachdidaktisches Praktikum, das sich auf eines der gewählten Fächer (und nicht auf ein die Erweiterung des Studiums begründendes Fach) bezieht sowie ein zusätzliches studienbegleitendes Praktikum im Zusammenhang mit dem Studium der Didaktik der Grundschule bzw. ein zusätzliches studienbegleitendes Praktikum im Zusammenhang mit dem Studium der Didaktiken einer Fächergruppe der Mittelschule

Fächer und Kombinationen

Als Unterrichtsfächer können gewählt werden:

- Beruf und Wirtschaft (nur für das Lehramt an Mittelschulen), Biologie, Chemie, Deutsch, Deutsch als Zweitsprache, Englisch, Ethik, Geografie, Geschichte, Informatik (nur für Lehramt an Mittelschulen), Kunst, Mathematik, Musik, Physik, evangelische Religionslehre, katholische Religionslehre, Politik und Gesellschaft, Sport.

- Zusätzlich zu jeder Fächerverbindung ist das Fach Didaktik der Grundschule bzw. Didaktiken einer Fächergruppe der Mittelschule (einschließlich der fachwissenschaftlichen Grundlagen) zu studieren. Hinzu kommt ein **Erziehungswissenschaftliches Studium**, das allgemeine Pädagogik, Schulpädagogik, Psychologie sowie eines der folgenden Gebiete: Politikwissenschaft, Soziologie, Volkskunde; ergänzend Theologie oder Philosophie beinhaltet.
- An der Universität Regensburg wird das Didaktikfach „Naturwissenschaft und Technik" (NWT) angeboten, um eine naturwissenschaftlich-technische Profilierung des Lehramtsstudiums zu erreichen.

Erweiterung:

- An die Stelle des Studiums eines der genannten Unterrichtsfächer kann in Erweiterung des Studiums das Studium der Psychologie mit schulpsychologischem Schwerpunkt treten (Regelstudienzeit 9 Semester). Das ist aber nur an folgenden Studienorten möglich: Bamberg U, Eichstätt-Ingolstadt KU, München U.
- Das Studium für das Lehramt an Grundschulen und für das Lehramt an Mittelschulen kann erweitert werden durch das Studium eines weiteren Unterrichtsfachs, des Fachs Islamischer Unterricht oder durch das Studium, das zu einer sonderpädagogischen Qualifikation oder der pädagogischen Qualifikation als Beratungslehrkraft führt.
- Das Studium für das Lehramt an Grundschulen kann ferner durch das Studium der Didaktiken einer Fächergruppe der Mittelschule, das Studium für das Lehramt an Mittelschulen durch das Studium der Didaktik der Grundschule erweitert werden.
- Nachträglich kann die Ausbildung erweitert werden durch das Studium: einer fremdsprachlichen Qualifikation, der Medienpädagogik, des Darstellenden Spiels oder des Faches „Individuelle Förderung von Schülerinnen und Schülern" (nur an Augsburg U).

Lehramt an Realschulen

Studienorte: alle bayerischen Universitäten sowie die Hochschulen für Musik in München und Würzburg (Fach: Musik)

Ausbildungsdauer: 7 Semester Regelstudienzeit; nach der Ersten Lehramtsprüfung 2 Jahre Vorbereitungsdienst

Praktika: ein 8-wöchiges Betriebspraktikum, ein Orientierungspraktikum (3–4 Wochen), ein pädagogisch-didaktisches Schulpraktikum (i.d.R. im Laufe von zwei aufeinanderfolgenden Schulhalbjahren abzuleisten) und ein studienbegleitendes fachdidaktisches Praktikum, das sich auf eines der gewählten Fächer (und nicht auf ein die Erweiterung des Studiums begründendes Fach) bezieht

Erziehungswissenschaftliches Studium: Allgemeine Pädagogik, Schulpädagogik, Psychologie.

Fächer und Kombinationen

Neben dem Studium der Erziehungswissenschaften (Pädagogik und Psychologie) werden zwei Unterrichtsfächer (Umfang 72 LP je Fach, inkl. Fachdidaktik) gewählt.

- Biologie mit Chemie, Englisch, Informatik oder Physik;
- Chemie mit Englisch, Mathematik oder Physik;
- Deutsch mit Englisch, Französisch, Geografie, Geschichte, Kunst, Mathematik, Musik, Physik, Religionslehre oder Sport;
- Englisch mit Ethik, Französisch, Geografie, Geschichte, Informatik, Kunst, Mathematik, Musik, Physik, Religionslehre, Sport oder Wirtschaftswissenschaften;
- Ethik mit Mathematik;
- Französisch mit Geografie;
- Geografie mit Wirtschaftswissenschaften;
- Informatik mit Mathematik, Physik oder Wirtschaftswissenschaften;
- Kunst mit Mathematik;
- Mathematik mit Musik, Physik, Religionslehre, Sport oder Wirtschaftswissenschaften;
- Musik mit Physik, Religionslehre oder Sport;
- Politik und Gesellschaft mit Wirtschaftswissenschaften;
- Sport mit Wirtschaftswissenschaften.

Erweiterung:

Das Studium dieser Fächerverbindungen kann erweitert werden durch:

- das Studium eines dritten Unterrichtsfachs aus den oben aufgeführten Fächern,
- das Studium des Unterrichtsfachs Tschechisch oder des Islamischen Unterrichts,
- das Studium, das zu einer pädagogischen oder sonderpädagogischen Qualifikation führt.

Ferner ist in Verbindung mit dem Fach Englisch, dem Fach Mathematik oder dem Fach Informatik eine Erweiterung des Studiums mit dem Fach Psychologie mit schulpsychologischem Schwer- ▶

punkt, das an die Stelle des zweiten Fachs der Fächerverbindung tritt, möglich.

Lehramt an Gymnasien

Studienorte: alle bayerischen Universitäten sowie die Musikhochschulen in München und Würzburg (Fach: Musik) und die Akademien der bildenden Künste in Nürnberg und München (Fach: Kunst)

Ausbildungsdauer: 9 Semester Regelstudienzeit (10 Semester in einer Fächerverbindung mit Psychologie mit schulpsychologischem Schwerpunkt); nach der Ersten Lehramtsprüfung 2 Jahre Vorbereitungsdienst

Praktika: ein 8-wöchiges Betriebspraktikum, ein Orientierungspraktikum (3–4 Wochen), ein pädagogisch-didaktisches Schulpraktikum (i.d.R. im Laufe von zwei aufeinanderfolgenden Schulhalbjahren abzuleisten) und ein studienbegleitendes fachdidaktisches Praktikum, das sich auf vertieft studierte Fächer bezieht (nicht auf ein die Erweiterung des Studiums begründendes Fach und nicht auf das Fach Psychologie mit schulpsychologischem Schwerpunkt)

Erziehungswissenschaftliches Studium: Allgemeine Pädagogik, Schulpädagogik, Psychologie

Fächer und Kombinationen

Neben dem Studium der Erziehungswissenschaften (Pädagogik und Psychologie) werden i.d.R. zwei vertieft studierte Fächer (Umfang 102 LP je Fach, inkl. Fachdidaktik) oder als Doppelfach auch Kunst oder Musik gewählt.

- Biologie mit Chemie, Englisch, Informatik oder Physik;
- Chemie mit Englisch, Geografie, Informatik, Mathematik oder Physik;
- Deutsch mit Englisch, Französisch, Geografie, Geschichte, Latein, Mathematik, Musik, Religionslehre, Philosophie/Ethik, Politik und Gesellschaft oder Sport;
- Englisch mit Französisch, Geografie, Geschichte, Informatik, Italienisch, Latein, Mathematik, Musik, Philosophie/Ethik, Physik, Psychologie mit schulpsychologischem Schwerpunkt, Religionslehre, Russisch, Politik und Gesellschaft, Spanisch, Sport oder Wirtschaftswissenschaften;
- Französisch mit Geografie, Geschichte, Latein oder Spanisch;
- Geografie mit Physik oder Wirtschaftswissenschaften;
- Geschichte mit Latein;
- Griechisch mit Latein;
- Informatik mit Mathematik, Physik oder Wirtschaftswissenschaften;
- Kunst (Doppelfach);
- Latein mit Mathematik, Musik, Philosophie/Ethik, Psychologie mit schulpsychologischem Schwerpunkt, Religionslehre oder Sport;
- Mathematik mit Musik, Philosophie/Ethik, Physik, Psychologie mit schulpsychologischem Schwerpunkt, Religionslehre, Sport oder Wirtschaftswissenschaften;
- Musik (Doppelfach);
- Religionslehre mit Sport.

Erweiterung:

Sämtliche Fächerverbindungen können um ein drittes vertieft studiertes Fach aus den oben aufgeführten Fächern erweitert werden. Als Erweiterungsfach kann auch Chinesisch, Polnisch, Tschechisch oder Türkisch gewählt werden. Eine Erweiterung ist außerdem möglich durch das Studium der Psychologie mit schulpsychologischem Schwerpunkt (soweit dieses Studium nicht schon im Rahmen der Fächerverbindung gewählt worden ist) sowie in einer sonderpädagogischen Qualifikation oder in der pädagogischen Qualifikation als Beratungslehrkraft. In einer Fächerverbindung mit dem Fach Musik ist eine Erweiterung mit dem Doppelfach Musik ausgeschlossen; ebenso ist in der Fächerverbindung Musik (Doppelfach) eine Erweiterung mit dem Fach Musik ausgeschlossen. Eine nachträgliche Erweiterung ist darüber hinaus möglich durch das Studium des Fachs Deutsch als Zweitsprache, einer fremdsprachlichen Qualifikation, der Medienpädagogik, des Darstellenden Spiels oder des Fachs „Individuelle Förderung von Schülerinnen und Schülern" (nur an Augsburg U).

Lehramt an beruflichen Schulen

Studienorte: Bamberg U, Bayreuth U, Erlangen-Nürnberg U, München TU, München U

Ausbildungsdauer: Bachelor-/Masterstudiengang 10 Semester; 2 Jahre Vorbereitungsdienst

Praktika: laut Prüfungsordnung der jeweiligen Universität müssen in der beruflichen Fachrichtung, im Unterrichtsfach (Zweitfach) und in den Sozial- und Bildungswissenschaften begleitende schulpraktische Studien absolviert werden. Darüber hinaus muss bis zum Eintritt in den Vorbereitungsdienst ein Berufspraktikum (48 Wochen) absolviert werden. Dieses kann durch eine einschlägige abgeschlossene Berufsausbildung ersetzt werden. Nicht einschlägige Berufsausbildungen und weitere einschlägige Tätigkeiten (z.B. fachpraktische Ausbildung in der 11. Jahrgangsstufe der Fachoberschule) können zum Teil auf das Berufspraktikum angerechnet werden.

Fächer und Kombinationen

Neben dem vertieften Studium einer beruflichen Fachrichtung studieren angehende Lehrkräfte an Berufsschulen ein allgemeinbildendes Fach (Zweitfach) oder eine zweite berufliche Fachrichtung. Darüber hinaus sind Erziehungswissenschaften (Allgemeine Pädagogik, Schulpädagogik, Psychologie, Gesellschaftswissenschaften, Berufs- und Arbeitskunde) wesentliche Studieninhalte.

Berufliche Fachrichtungen: Metalltechnik, Elektrotechnik und Informationstechnik, Bautechnik, Ernährungs- und Hauswirtschaftswissenschaft, Agrarwirtschaft, Sozialpädagogik, Gesundheits- und Pflegewissenschaft, Wirtschaftspädagogik.

Fächer: Je nach Studienort kann aus folgenden Unterrichtsfächern (Zweitfach) gewählt werden: Deutsch, Berufssprache Deutsch, Sprache und Kommunikation Deutsch, Mathematik, Physik, Chemie, Biologie, Sozialkunde, Englisch, Religionslehre, Ethik, Sport, Kunst, Musik, Informatik, Wirtschaftsinformatik, Mechatronik, Französisch, Spanisch, Schulpsychologie, Geografie.

Es sind bestimmte Fächerverbindungen zwischen den Fachrichtungen und Unterrichtsfächern festgelegt.

Erweiterung:

Die Fächerverbindungen können durch das Studium eines dritten Faches, einer sonderpädagogischen Qualifikation oder in der pädagogischen Qualifikation als Beratungslehrkraft erweitert werden, das jeweils mit einer Ersten Staatsprüfung abgeschlossen wird. Eine nachträgliche Erweiterung ist darüber hinaus durch das Studium einer fremdsprachlichen Qualifikation, das Studium der Medienpädagogik, das Studium des Darstellenden Spiels, das Studium der Psychologie mit schulpsychologischem Schwerpunkt oder durch das Studium des Fachs „Individuelle Förderung von Schülerinnen und Schülern" möglich, das jeweils mit einer Ersten Staatsprüfung abgeschlossen wird.

Hinweise:

Der Masterabschluss in Wirtschaftspädagogik oder Berufspädagogik entspricht der Ersten Lehramtsprüfung für das Lehramt an beruflichen Schulen, wenn er den Anforderungen des Lehramts genügt und daneben das erforderliche Berufspraktikum nachgewiesen wird.

Lehramt für Sonderpädagogik

Studienorte: München U, Würzburg U, Regensburg U

Ausbildungsdauer: 9 Semester Regelstudienzeit; nach der Ersten Lehramtsprüfung 2 Jahre Vorbereitungsdienst

Praktika: ein 8-wöchiges Betriebspraktikum, ein Orientierungspraktikum (4 Wochen), ein pädagogisch-didaktisches Schulpraktikum (i.d.R. im Laufe von zwei aufeinanderfolgenden Schulhalbjahren abzuleisten), ein sonderpädagogisches Blockpraktikum an einer Förderschule der vertieft studierten Fachrichtung (4 Wochen mit mindestens 100 Unterrichtsstunden), ein sonderpädagogisches Blockpraktikum an einer Förderschule der Fachrichtung des Qualifizierungsstudiums (2 Wochen) sowie ein zusätzliches studienbegleitendes sonderpädagogisches Praktikum

Erziehungswissenschaftliches Studium: Allgemeine Pädagogik, Schulpädagogik, Psychologie

Das Studium der sonderpädagogischen Fachrichtungen umfasst das vertiefte Studium (Umfang 90 LP) und das Qualifizierungsstudium (Umfang 30 LP) je einer sonderpädagogischen Fachrichtung.

Die Erste Staatsprüfung kann in folgenden Kombinationen sonderpädagogischer Fachrichtungen abgelegt werden:

- Gehörlosenpädagogik (vertieft studiert) mit Schwerhörigenpädagogik (Qualifizierungsstudium),
- Geistigbehindertenpädagogik (vertieft studiert) mit Gehörlosenpädagogik, Körperbehindertenpädagogik, Schwerhörigenpädagogik, Sprachheilpädagogik oder Pädagogik bei Verhaltensstörungen (jeweils Qualifizierungsstudium),
- Körperbehindertenpädagogik (vertieft studiert) mit Geistigbehindertenpädagogik, Lernbehindertenpädagogik, Sprachheilpädagogik oder Pädagogik bei Verhaltensstörungen (jeweils Qualifizierungsstudium),
- Lernbehindertenpädagogik (vertieft studiert) mit Gehörlosenpädagogik, Körperbehindertenpädagogik, Schwerhörigenpädagogik, Sprachheilpädagogik oder Pädagogik bei Verhaltensstörungen (jeweils Qualifizierungsstudium),
- Schwerhörigenpädagogik (vertieft studiert) mit Gehörlosenpädagogik (Qualifizierungsstudium),
- Sprachheilpädagogik (vertieft studiert) mit Gehörlosenpädagogik, Geistigbehindertenpädagogik, Körperbehindertenpädagogik, Lernbehindertenpädagogik, Schwerhörigenpädagogik oder Pädagogik bei Verhaltensstörungen (jeweils Qualifizierungsstudium), ▶

- Pädagogik bei Verhaltensstörungen (vertieft studiert) mit Geistigbehindertenpädagogik, Gehörlosenpädagogik, Körperbehindertenpädagogik, Lernbehindertenpädagogik, Schwerhörigenpädagogik oder Sprachheilpädagogik (jeweils Qualifizierungsstudium).

Das Studium der sonderpädagogischen Fachrichtungen ist mit dem Studium der Didaktik der Grundschule oder mit dem Studium der Didaktiken einer Fächergruppe der Mittelschule zu verbinden.

Erweiterung:
Das Studium für das Lehramt an Sonderschulen kann erweitert werden durch das Studium einer sonderpädagogischen Qualifikation, das Studium der Didaktik der Grundschule oder der Didaktiken einer Fächergruppe der Mittelschule oder das Studium eines geeigneten Unterrichtsfachs. Eine nachträgliche Erweiterung ist darüber hinaus auch durch das Studium der pädagogischen Qualifikation als Beratungslehrkraft, durch das Studium der Psychologie mit schulpsychologischem Schwerpunkt, durch das Studium des Islamischen Unterrichts, durch das Studium einer fremdsprachlichen Qualifikation, durch das Studium der Medienpädagogik oder durch das Studium des Darstellenden Spiels möglich.

➔ links

Bayerisches Staatsministerium für Unterricht und Kultus
➔ www.km.bayern.de/lehrer/lehrerausbildung.html

Selbsterkundungsprogramm „SeLF“
des Münchener Zentrums für Lehrerbildung der Ludwig-Maximilian-Universität
➔ www.self.mzl.lmu.de

3.10.3 Lehramtsausbildung in Berlin

In Berlin werden Lehrkräfte für folgende Lehrämter ausgebildet: Lehramt an Grundschulen, Lehramt an Integrierten Sekundarschulen und Gymnasien, Lehramt an beruflichen Schulen.

Struktur der Lehramtsausbildung

Das modular aufgebaute **Bachelorstudium mit Lehramtsoption** führt nach einer Studienzeit von sechs Semestern (180 LP) zum Abschluss Bachelor of Science (B.Sc.) oder Bachelor of Arts (B.A.). Je nach angestrebtem Lehramt werden zwei bis drei Fächer bzw. Fachrichtungen sowie Bildungswissenschaften einschließlich eines berufsfelderschließenden Praktikums studiert.

Die Dauer des anschließenden **Masterstudiums** beträgt vier Semester (120 LP). Der lehramtsbezogene Masterabschluss (Master of Education) berechtigt zum Vorbereitungsdienst.

Im Sinne eines inklusiven Schulsystems hat Berlin das **Lehramt für Sonderpädagogik** aufgegeben. Stattdessen können Sie bei allen drei Lehrämtern ein Studienfach durch das Fach Sonderpädagogik ersetzen.

Im Rahmen von Modellversuchen wurden zusätzlich für ausgewählte Fächer Masterstudiengänge für den Quereinstieg („Q-Master“) im Umfang von vier Semestern implementiert.

Inklusion und Sprachbildung sind als Querschnittsthemen **integraler Bestandteil aller lehramtsbezogenen Studiengänge.**

Lehramt an Grundschulen

Studienorte: Berlin HU, Berlin FU, Berlin UdK

Ausbildungsdauer: 6 + 4 Semester; nach dem Masterabschluss 18-monatiger Vorbereitungsdienst

Praktika: ein berufsfelderschließendes Praktikum (6 Wochen) im Bachelorstudium, ein Praxissemester im Masterstudium

Fächer und Kombinationen

Das Studium für das Lehramt an Grundschulen umfasst neben den Bildungs-

➔ links

Freie Universität Berlin
➔ www.fu-berlin.de/sites/dse/studium/interesse-lehramt/index.html

Humboldt Universität Berlin
➔ pse.hu-berlin.de/de/studium

Technische Universität Berlin
➔ www.setub.tu-berlin.de/menue/school_of_education_setub/

Senatsverwaltung für Bildung, Jugend und Familie
➔ www.berlin.de/sen/bildung/fachkraefte/lehrerausbildung/studium

Studieren in Berlin und Brandenburg
➔ www.studieren-in-bb.de

Universität der Künste
➔ www.udk-berlin.de/studium/

wissenschaften und der allgemeinen Grundschulpädagogik **grundsätzlich die Fächer Deutsch und Mathematik**. Als drittes Fach können Studierende wählen zwischen: Englisch, Französisch, Bildende Kunst, Musik, Sachunterricht in Verbindung mit Gesellschaftswissenschaften, Sachunterricht in Verbindung mit Naturwissenschaften, Sport. Anstatt der Fächer Deutsch, Mathematik oder dem frei wählbaren dritten Fach kann das Fach Sonderpädagogik inkl. zweier sonderpädagogischer Fachrichtungen gewählt werden. Folgende Förderschwerpunkte stehen zur Auswahl:

- Sehen,
- Geistige Entwicklung,
- Körperliche und motorische Entwicklung,
- Hören und Kommunikation,
- Lernen/Emotionale und soziale Entwicklung,
- Sprache/Emotionale und soziale Entwicklung,
- Gebärdensprachenpädagogik/Hören und Kommunikation.

Lehramt an Integrierten Sekundarschulen und Gymnasien

Studienorte: Berlin HU, Berlin FU, Berlin UdK, Berlin TU

Ausbildungsdauer: 6 + 4 Semester; nach dem Masterabschluss 18-monatiger Vorbereitungsdienst

Praktika: ein berufsfelderschließendes Praktikum (6 Wochen) im Bachelorstudium, ein Praxissemester im Masterstudium

Fächer und Kombinationen

Erst- oder Zweitfächer: Arbeitslehre, Bildende Kunst, Biologie, Chemie, Deutsch, Englisch, Ethik/Philosophie, Evangelische Theologie, Französisch, Geografie, Geschichte, Griechisch, Informatik, Italienisch, Katholische Theologie, Latein, Mathematik, Musik, Physik, Politikwissenschaft, Russisch, Spanisch, Sportwissenschaft, Theater. Bildende Kunst, Musik und Theater sind an der UdK Berlin nur als Erstfächer wählbar. An die Stelle des ersten Faches können **zwei sonderpädagogische Fachrichtungen** gewählt werden. Folgende Förderschwerpunkte stehen zur Auswahl:

- Sehen,
- Geistige Entwicklung,
- Körperliche und motorische Entwicklung,
- Hören und Kommunikation,
- Lernen/Emotionale und soziale Entwicklung,
- Sprache/Emotionale und soziale Entwicklung,
- Gebärdensprachenpädagogik/Hören und Kommunikation.

Lehramt an beruflichen Schulen

Studienorte: Berlin HU, Berlin TU, Berlin FU (an der FU nur Studium im Zweitfach möglich)

Ausbildungsdauer: 6 + 4 Semester; nach dem Masterabschluss 18-monatiger Vorbereitungsdienst

Praktika: ein berufsfelderschließendes Praktikum (6 Wochen) im Bachelorstudium, ein Praxissemester im Masterstudium

Fächer und Kombinationen

Berufliche Fachrichtung: Bautechnik, Elektrotechnik, Ernährung/Lebensmittelwissenschaft, Fahrzeugtechnik, Land- und Gartenbauwissenschaft/Landschaftsgestaltung, Informationstechnik, Medientechnik, Metalltechnik, Wirtschaftspädagogik/Wirtschaft und Verwaltung

Zweitfächer (ggf. zweite berufliche Fachrichtung): Die o.g. berufliche Fachrichtung wird mit einem Zweitfach kombiniert. Dieses kann eine weitere berufliche Fachrichtung sein (nur Fahrzeugtechnik, Informationstechnik sowie Medientechnik), das Fach Arbeitslehre (Lehramt an Integrierten Sekundarschulen/Gymnasien) oder eines der folgenden allgemeinbildenden Fächer: Biologie, Chemie, Deutsch, Englisch, Französisch, Informatik, Mathematik, Physik, Politikwissenschaft, Spanisch, Sportwissenschaft. Statt dieses weiteren Faches können **zwei sonderpädagogische Fachrichtungen** gewählt werden. Folgende Förderschwerpunkte stehen zur Auswahl:

- Sehen,
- Geistige Entwicklung,
- Körperliche und motorische Entwicklung,
- Hören und Kommunikation.
- Lernen/Emotionale und soziale Entwicklung ■

3.10.4 Lehramtsausbildung in Brandenburg

Im Land Brandenburg erfolgt die Lehrer*innenausbildung für folgende Lehramtstypen: Lehramt für die Primarstufe, Lehramt für die Sekundarstufen I und II (allgemeinbildende Fächer) sowie Lehramt für Förderpädagogik (Letzteres zunächst nur im Bachelorstudium, ab Wintersemester 2023/2024 auch im Masterstudium).

Struktur der Lehramtsausbildung

Das Studium erfolgt als gestuftes Modell mit den Abschlüssen Bachelor of Education (B.Ed.) und Master of Education (M.Ed.). Schulpraktische Studien haben sowohl im Bachelor- als auch im Masterstudium eine besondere Bedeutung. Die schulpraktischen Studien werden von der Erziehungswissenschaft, der Inklusions- bzw. Förderpädagogik, der Psychologie und den gewählten Fächern verantwortet. Somit werden in allen Professionsbereichen im Bachelor- und im Masterstudium praktische Kompetenzen erworben.

Lehramt für die Primarstufe

Studienort: Potsdam U

Ausbildungsdauer: 6 + 4 Semester Regelstudienzeit; nach dem Masterabschluss 12 Monate Vorbereitungsdienst

Praktika: im Bachelorstudium ein integriertes Eingangspraktikum, ein Praktikum in pädagogisch-psychologischen Handlungsfeldern, je ein fachdidaktisches Tagespraktikum in den beiden gewählten Fächern; im Masterstudium ein psychodiagnostisches Praktikum und ein Schulpraktikum (14 Wochen)

Fächer und Kombinationen

Für dieses Lehramt werden zwei Fächer kombiniert. Als **Fach 1** kann Deutsch, Englisch oder Mathematik gewählt werden, als **Fach 2** ist die Wahl von Deutsch, Englisch, Kunst (zunächst nur im Bachelorstudium, ab Wintersemester 2023/2024 auch im Masterstudium), Mathematik, Musik, Sachunterricht oder Sport möglich.

Eine Besonderheit ergibt sich inhaltlich im Studium (nicht bei Bewerbung und Immatrikulation) bei der Wahl des Faches Sachunterricht. Das Fach **Sachunterricht** wird in den Jahrgangsstufen 1 bis 4 an den Schulen des Landes Brandenburg unterrichtet, in den Jahrgangsstufen 5 und 6 werden die Unterrichtsfächer Gesellschaftswissenschaften, Naturwissenschaften, Lebensgestaltung-Ethik-Religionskunde (LER) und Wirtschaft-Arbeit-Technik (WAT) unterrichtet. Im Rahmen des Studiums des Faches Sachunterricht werden daher Bezugsfächer gewählt, deren Wahl vom gewählten Erstfach abhängig ist. Wird Mathematik als Erstfach gewählt, kann Naturwissenschaften oder Wirtschaft-Arbeit-Technik als Bezugsfach gewählt werden. Bei der Wahl von Deutsch oder Englisch als Erstfach kann Gesellschaftswissenschaften oder Lebensgestaltung-Ethik-Religionskunde als Bezugsfach gewählt werden. Neben dem Studium der Fächer gehört das Studium von **Bildungswissenschaften** (inkl. Inklusionspädagogik) und **Grundschulbildung** sowohl zum Bachelor- als auch zum Masterstudium.

Das Lehramt für die Primarstufe kann auch mit dem **Schwerpunkt Inklusionspädagogik** studiert werden. Dabei können ausschließlich die Fächer Deutsch und Mathematik kombiniert werden. Neben Bildungswissenschaften wird statt Grundschulbildung der Bereich Inklusionspädagogik mit der Allgemeinen Inklusionspädagogik und -didaktik sowie den Förderschwerpunkten „emotional-soziale Entwicklung", „Lernen" und „Sprache" studiert.

Bei Absolvent*innen, die nicht an der Universität Potsdam studiert haben und entweder eine kürzere als die dortige Regelstudienzeit oder keine im Wesentlichen gleichen schulpraktischen Studien hatten, dauert der Vorbereitungsdienst gemäß § 5 Abs. 2 BbgLeBiG 18 Monate.

Lehramt für die Sekundarstufen I und II (allgemeinbildende Fächer)

Studienort: Potsdam U

Ausbildungsdauer: 6+4 Semester Regelstudienzeit; nach dem Masterabschluss anschließend 12 Monate Vorbereitungsdienst

Praktika: im Bachelorstudium ein Orientierungspraktikum, ein Praktikum in pädagogisch-psychologischen Handlungsfeldern, je ein fachdidaktisches Tagespraktikum in den beiden gewählten Fächern; im Masterstudium ein psychodiagnostisches Praktikum und ein Schulpraktikum (14 Wochen)

Fächer und Kombinationen

Für dieses Lehramt werden zwei Fächer kombiniert: Biologie, Chemie, Deutsch, Englisch, Französisch, Geografie, Geschichte, Informatik, Kunst (zunächst nur im Bachelorstudium, ab Wintersemester 2023/2024 auch im Masterstudium), Latein (im Masterstudium ausschließlich Schwerpunkt Sekundarstufe II möglich), Lebensgestaltung-Ethik-Religionskunde (LER, im Masterstudium ausschließlich Schwerpunkt Sekundarstufe I möglich), Mathematik, Musik, Physik, Politische Bildung, Polnisch, Russisch, Spanisch, Sport, Wirtschaft-Arbeit-Technik (WAT, im Masterstudium ausschließlich Schwerpunkt Sekundarstufe I möglich). Zudem gibt es ein besonderes Angebot für das Studium der Fächer Mathematik und Physik im Verbund (zunächst nur im Bachelorstudium, ab Wintersemester 2023/2024 auch im Masterstudium).

Die Fächer Russisch und Polnisch sowie Geschichte, Politische Bildung und LER sind jeweils nicht miteinander kombinierbar. Da Latein im Masterstudium ausschließlich mit Schwerpunkt Sekundarstufe II, LER und WAT aber ausschließlich mit Schwerpunkt Sekundarstufe I gewählt werden kann, ist die Kombination dieser Fächer (auch im Bachelorstudium) nicht möglich.

Neben dem Studium der Fächer gehört das Studium von **Bildungswissenschaften** (inkl. Inklusionspädagogik) sowohl zum Bachelor- als auch zum Masterstudium.

Bei Absolvent*innen, die nicht an der Universität Potsdam studiert haben und entweder eine kürzere als die dortige Regelstudienzeit oder keine im Wesentlichen gleichen schulpraktischen Studien hatten, dauert der Vorbereitungsdienst gemäß § 5 Abs. 2 BbgLeBiG 18 Monate.

Lehramt für Förderpädagogik

Studienort: Potsdam U

Ausbildungsdauer: zunächst nur Bachelorstudium, ab Wintersemester 2023/2024 auch Masterstudium. 6 + 4 Semester **Regelstudienzeit**, nach dem Masterabschluss anschließend 12 Monate Vorbereitungsdienst

Praktika: im Bachelorstudium ein Orientierungspraktikum, ein Praktikum in pädagogisch-psychologischen Handlungsfeldern, ein fachdidaktisches Tagespraktikum in dem gewählten Fach; im Masterstudium voraussichtlich ein psychodiagnostisches Praktikum und ein Schulpraktikum (14 Wochen)

Fächer und Kombinationen

Für dieses Lehramt wird ein Fach mit dem Studienbereich Förderpädagogik kombiniert: Deutsch, Englisch, Mathematik; ab dem Wintersemester 2021/2022 voraussichtlich auch Sport und Wirtschaft-Arbeit-Technik (WAT). Neben dem Studium des Fachs wird der Bereich Förderpädagogik mit der Allgemeinen Förder- und Inklusionspädagogik sowie den Förderschwerpunkten „emotionale und soziale Entwicklung", „geistige Entwicklung", „Lernen" und „Sprache" studiert, von denen zwei absolviert werden müssen (darunter mindestens „emotionale und soziale Entwicklung" oder „Lernen").

Neben dem Studium der Fächer und der Förderpädagogik gehört das Studium von **Bildungswissenschaften** sowohl zum Bachelor- als auch zum Masterstudium.

Bei Absolvent*innen, die nicht an der Universität Potsdam studiert haben und entweder eine kürzere als die dortige Regelstudienzeit oder keine im Wesentlichen gleichen schulpraktischen Studien hatten, dauert der Vorbereitungsdienst gemäß § 5 Abs. 2 BbgLeBiG 18 Monate. ■

3.10.5 Lehramtsausbildung in Bremen

In Bremen erfolgt die Lehrer*innenausbildung für folgende Lehramtstypen: Lehramt an Grundschulen, Lehramt an Gymnasien/Oberschulen, Lehramt für Inklusive Pädagogik/Sonderpädagogik und Lehramt an berufsbildenden Schulen.

Struktur der Lehramtsausbildung

Die Ausbildung in den lehramtsbezogenen Studiengängen ist für Studienanfänger*innen grundsätzlich **nur im Wintersemester** möglich (Ausnahme: Berufliche Bildung – Mechatronik) und wird an der Universität Bremen in einem konsekutiven Studienmodell mit Bachelor- und Masterabschlüssen angeboten.

Bis zum Masterabschluss liegt die Regelstudienzeit bei 10 Semestern. Der Master of Education ist von der bremischen Senatorin für Kinder und Bildung als Erstes Staatsexamen für das jeweilige Lehramt anerkannt. Daher findet in Bremen keine eigenständige Erste Staatsprüfung mehr statt. Diese Anerkennung ▶

gilt gemäß KMK-Beschlusslage auch in allen anderen Bundesländern, unabhängig davon, ob diese ihr Lehramtsstudium auf die Bachelor-Master-Struktur umgestellt haben. Der Master of Education ist Voraussetzung für den 18-monatigen Vorbereitungsdienst (Referendariat) in Bremen, das mit dem zweiten Staatsexamen abschließt. Erst damit wird die Lehrbefähigung als Lehrer*in an öffentlichen Schulen erworben.

Hinweis: Die Bewerbung für Bachelorstudiengänge mit dem Berufsziel Lehramt erfolgt für zwei bzw. drei Unterrichtsfächer, die sich je nach Schulart unterscheiden. Zu beachten ist, dass eines oder mehrere Fächer zulassungsbeschränkt sein können. Für das Studium einiger Lehramtsfächer sind Sprachkenntnisse, Aufnahmeprüfung, Selbsttest oder ein Vorpraktikum erforderlich. Bei einer Bewerbung für ein Bachelorstudium mit zwei oder drei Fächern wird man nur zugelassen, wenn man in allen Studienfächern einen Studienplatz erhält. Eine Ablehnung in einem Fach führt zur Ablehnung des gesamten Studienwunsches, eine Einschreibung in einem Teil-Studiengang ist nicht möglich. Im Zuge der Bewerbung kann man sich auf verschiedene Fächerkombinationen mit einem Fach bewerben. Für das Studium einiger Lehramtsfächer sind Sprachkenntnisse, Aufnahmeprüfung, Selbsttest oder ein Vorpraktikum erforderlich.

Lehramt an Grundschulen

Studienort: Bremen U

Ausbildungsdauer: 6+4 Semester Regelstudienzeit; nach dem Masterabschluss 18 Monate Vorbereitungsdienst

Praktika: im Bachelorstudium ein Orientierungspraktikum sowie zwei praxisorientierte fachdidaktische Elemente (POE), das zweite Semester im Masterstudium wird als Praxissemester durchgeführt.

Fächer und Kombinationen

Das Studium für das Lehramt an Grundschulen umfasst immer zwei große Fächer und ein kleines Fach. **Pflichtfächer** sind Deutsch und Elementarmathematik. Die Pflichtfächer können als großes oder als kleines Fach studiert werden. Als **Wahlfächer** können Englisch/English-Speaking Cultures, Kunst-Medien-Ästhetische Bildung, Musikpädagogik, Religionswissenschaft/Religionspädagogik oder Interdisziplinäre Sachbildung/Sachunterricht gewählt werden.

Das Drei-Fächer-Studium hat bereits im Bachelor eine stark professionsorientierte Ausrichtung im Hinblick auf die möglichen späteren Berufsfelder Lehramt an Grundschulen oder Lehramt für Inklusive Pädagogik/Sonderpädagogik. Die berufsbezogenen Anteile (Fachdidaktik, Bereich Erziehungswissenschaft und Schulpraktika) umfassen über 40 Prozent des Bachelorstudiums.

Lehramt an Gymnasien/Oberschulen

Studienort: Bremen U

Ausbildungsdauer: 6 + 4 Semester, nach dem Masterabschluss 18 Monate Vorbereitungsdienst

Praktika: im Bachelorstudium ein Orientierungspraktikum sowie zwei praxisorientierte fachdidaktische Elemente, das zweite Semester im Masterstudium wird als Praxissemester durchgeführt.

Fächer und Kombinationen

Das Studium mit der Lehramtsoption für Gymnasium oder Oberschule umfasst **zwei Fächer**, die in gleichem Umfang studiert werden. Es muss mindestens ein Pflichtfach belegt werden. Als zweites Fach kann eines der anderen Pflichtfächer oder ein Wahlfach studiert werden. Die Kombination zweier sozialwissenschaftlicher Fächer (Politik-Arbeit-Wirtschaft, Geschichte, Geografie und Religionswissenschaft/Religionspädagogik) ist ausgeschlossen.

Erziehungswissenschaftliche, fachdidaktische und schulpraktische Elemente sind bereits in der Bachelorphase enthalten.

Pflichtfächer: Biologie, Chemie, Deutsch/Germanistik, Englisch/English-Speaking Cultures, Französisch/Frankoromanistik, Kunst-Medien-Ästhetische Bildung, Mathematik, Musikpädagogik, Physik, Slawistik/Unterrichtsfach Russisch (in Kooperation mit der Uni Oldenburg), Spanisch/Hispanistik.

Als **Wahlfächer** können Geografie, Geschichte, Politik-Arbeit-Wirtschaft oder Religionswissenschaft/Religionspädagogik gewählt werden.

Lehramt für Inklusive Pädagogik/Sonderpädagogik

Studienort: Bremen U

Ausbildungsdauer: 6+4 Semester; nach dem Masterabschluss 18 Monate Vorbereitungsdienst

Praktika: im Bachelorstudium ein Orientierungspraktikum sowie zwei praxisorientierte fachdidaktische Elemente, das zweite Semester im Masterstudium wird als Praxissemester durchgeführt.

Fächer und Kombinationen

Das Lehramt für Inklusive Pädagogik/Sonderpädagogik kann an der Universität Bremen für zwei verschiedene Schulformen studiert werden:

- Lehramt Inklusive Pädagogik/Sonderpädagogik an Grundschulen (Klasse 1–4). Es wird eine Doppelqualifikation mit dem Lehramt an Grundschulen erworben.
- Lehramt Inklusive Pädagogik/Sonderpädagogik an Gymnasien/Oberschulen (Klasse 5–12/13).

Für das Berufsziel **Lehramt für Inklusive Pädagogik/Sonderpädagogik** in einer Doppelqualifikation **mit dem Lehramt Grundschule** studiert man drei Fächer in der Bachelor/Master-Struktur, und zwar zwei große Fächer und ein kleines Fach (s.o.). Das Studienfach „Inklusive Pädagogik“ muss als großes Fach belegt werden, kombiniert mit den beiden Pflichtfächern Deutsch und Elementarmathematik. Man erwirbt eine Doppelqualifikation: das Lehramt Grundschule und das Lehramt Inklusive Pädagogik/Sonderpädagogik. Das Referendariat kann deshalb entweder mit dem Ziel Lehramt an Grundschulen oder mit dem Ziel Lehramt für Inklusive Pädagogik/Sonderpädagogik absolviert werden.

Pflichtfächer: Inklusive Pädagogik (großes Fach), Deutsch (zweites großes oder kleines Fach) und Elementarmathematik (zweites großes oder kleines Fach).

Für das Berufsziel **Lehramt für Inklusive Pädagogik/Sonderpädagogik an Gymnasien/Oberschulen** studiert man im gleichen Umfang zwei Studienfächer in der konsekutiven Bachelor-Master-Struktur, das Pflichtstudienfach Inklusive Pädagogik und ein Unterrichtsfach. Das Unterrichtsfach kann aus der Liste der Wahlfächer gewählt werden.

Pflichtfach: Inklusive Pädagogik

Wahlfächer: Deutsch, Englisch/English-Speaking Cultures oder Mathematik

Lehramt an berufsbildenden Schulen

Das Lehramt an berufsbildenden Schulen kann an der Universität Bremen für fünf berufliche Fachrichtungen studiert werden:

- Metalltechnik
- Fahrzeugtechnik
- Elektrotechnik
- Informationstechnik
- Pflege

Lehramt an berufsbildenden Schulen – Technik

Studienort: Bremen U

Ausbildungsdauer: 6+4 Semester Regelstudienzeit; nach dem Masterabschluss 18 Monate Vorbereitungsdienst

Praktika: Im Bachelorstudium enthält das Vollfach „Berufliche Bildung – Mechatronik“ kein Pflichtpraktikum im engeren Sinne, aber es ist notwendig, die sogenannte fachpraktische Tätigkeit nachzuweisen, bei der Arbeitsprozesse in den Betrieben durchgeführt werden müssen. Im Masterstudium wird ein Praktikum im zweiten Semester (Praxissemester) durchgeführt.

Fächer und Kombinationen

Für das „Lehramt an berufsbildenden Schulen – Technik“ bietet die Universität Bremen einen Vollfach-Bachelor „Berufliche Bildung – Mechatronik“ an, in dem die fachlichen Schwerpunkte elektrotechnisch oder metalltechnisch akzentuiert werden. Erst im Master of Education muss eine der beruflichen Fachrichtungen Elektrotechnik, Informationstechnik, Metalltechnik oder Fahrzeugtechnik mit einem allgemeinbildenden Unterrichtsfach kombiniert werden. Dieses zweite Unterrichtsfach kann aus der Liste der Wahlfächer frei gewählt werden. Zugangsvoraussetzung für das Masterstudium ist unter anderem eine einschlägige fachpraktische Tätigkeit in der beruflichen Fachrichtung im Umfang von 6 Monaten. Auch Absolvent*innen eines abgeschlossenen Vollfach-Studiums im Bereich GTW, Informatik oder Ingenieurwissenschaft auf Bachelor- oder Diplom-Niveau können für den 4-semestrigen Master of Education-Studiengang „Lehramt an berufsbildenden Schulen – Technik“ zugelassen werden. Als Pflichtfach: Metalltechnik, Fahrzeugtechnik, Elektrotechnik oder Informationstechnik. Wahlfächer: Chemie, Deutsch/Germanistik, Englisch/English-Speaking Cultures, Mathematik, Physik oder Politik-Arbeit-Wirtschaft.

Lehramt an berufsbildenden Schulen – Pflege

Studienort: Bremen U

Voraussetzung: abgeschlossene Berufsausbildung in einem Pflegeberuf

Ausbildungsdauer: 6+4 Semester Regelstudienzeit; nach dem Masterabschluss 18 Monate Vorbereitungsdienst

Praktika: Im Bachelorstudium „Berufliche Bildung – Pflegewissenschaft“ ist ein fachdidaktisch ausgerichtetes Schulpraktikum enthalten. Im Masterstudium wird am Ende des ersten Semesters ein berufspädagogisches Praktikum ▶

und am Ende des dritten Semesters ein schulbezogenes Forschungspraktikum durchgeführt.

Fächer und Kombinationen

Für das „Lehramt an berufsbildenden Schulen – Pflege" wird an der Universität Bremen die berufliche Fachrichtung Pflegewissenschaft bereits im Bachelorstudium mit einem allgemeinbildenden Unterrichtsfach kombiniert. Das Unterrichtsfach kann aus der Liste der Wahlfächer frei gewählt werden.

Pflichtfach: Berufliche Bildung – Pflegewissenschaft

Wahlfächer: Biologie, Deutsch/Germanistik, Mathematik, Politik, Religionswissenschaft/ Religionspädagogik

Hinweis für Lehre an nicht-staatlichen Schulen: Für Absolvent*innen mit einem fachwissenschaftlichen Bachelorstudium in der Pflegewissenschaft bietet die Universität Bremen einen Masterstudiengang „Berufspädagogik Pflegewissenschaft" (Master of Arts M.A.) an. Der M.A.-Studiengang bereitet auf lehrende Tätigkeiten an privaten Schulen im Gesundheitswesen vor. ■

➔ links

Behörde der Senatorin für Kinder und Bildung
Informationen zu Einstellungschancen und Seiteneinstieg
➔ www.bildung.bremen.de

Universität Bremen
Zentrum für Lehrer*innenbildung
➔ www.uni-bremen.de/zflb

Landesinstitut für Schule Bremen
Informationen zum Referendariat
➔ www.lis.bremen.de

3.10.6 Lehramtsausbildung in Hamburg

In Hamburg erfolgt die Lehrer*innenausbildung in fünf verschiedenen grundständigen Studiengängen: Lehramt an Grundschulen, Lehramt für Sekundarstufe I und II (Stadtteilschulen und Gymnasien), Lehramt für Sonderpädagogik – Profilbildung Grundschule, Lehramt für Sonderpädagogik – Profilbildung Sekundarstufe, Lehramt an berufsbildenden Schulen.

Struktur der Lehramtsausbildung

Das Studium erfolgt an der Universität Hamburg sowie in fachbezogener Kooperation mit der Hochschule für Musik und Theater Hamburg (HfMT), der Hochschule für Bildende Künste Hamburg (HFBK), der Hochschule für Angewandte Wissenschaften Hamburg (HAW) und der Technischen Universität Hamburg (TUHH). Die Ausbildung in den Lehramtsstudiengängen findet in konsekutiven Bachelor und Master of Education Studiengängen statt. Der Vorbereitungsdienst in Hamburg dauert für alle Lehrämter 18 Monate.

Für das Studium einiger Lehramtsfächer sind Nachweise über bestandene Eignungsprüfungen oder Sprachkenntnisse erforderlich.

Die Teilnahme an einem anonymisierten Self-Assessment muss bestätigt werden.

Lehramt an Grundschulen

Ausbildungsdauer: 6+4 Semester Regelstudienzeit; nach dem Masterabschluss 18 Monate Vorbereitungsdienst

Praktika: im Bachelorstudium ein Orientierungspraktikum (4 Wochen); im Masterstudium das Kernpraktikum I und Kernpraktikum II (jeweils semesterbegleitend und mit einem 5- bzw. 4-wöchigen Blockpraktikum in der vorlesungsfreien Zeit)

Fächer und Kombinationen

Das Studium umfasst **Erziehungswissenschaft** und drei Unterrichtsfächer aus dem Fächerkanon der Grundschule. Verpflichtend müssen Deutsch und Mathematik belegt werden, als drittes Unterrichtsfach kann gewählt werden: Englisch, Evangelische Religion, Katholische Religion, Sachunterricht, Sport. Ein Angebot für Islamische und Alevitische Religion erfolgt unter Vorbehalt. Die Unterrichtsfächer Bildende Kunst und Musik sind eine Ausnahme. Sie werden als Doppelfach studiert und sind ausschließlich mit Deutsch oder Mathematik kombinierbar. Die Regelstudienzeit verlängert sich nicht. Im Bachelorstudium wird zudem ein Freier Studienanteil im Umfang von 9 LP studiert.

Im Masterstudiengang wird eines der drei Unterrichtsfächer zum Schwerpunktfach gewählt und mit fachwissenschaftlicher Vertiefung studiert.

Lehramt für Sekundarstufe I und II

Ausbildungsdauer: 6 + 4 Semester Regelstudienzeit; nach dem Masterabschluss 18 Monate Vorbereitungsdienst. Wird ein künstlerisches Unterrichtsfach gewählt, verlängert sich die Regelstudienzeit im Bachelorstudium auf 8 Semester.

Praktika: im Bachelorstudium ein Orientierungspraktikum (4 Wochen); im Masterstudium das Kernpraktikum I und Kernpraktikum II (jeweils semesterbegleitend und mit einem 5- bzw. 4-wöchigen Blockpraktikum in der vorlesungsfreien Zeit)

Fächer und Kombinationen

Das Studium umfasst drei Teilstudiengänge: die **Erziehungswissenschaft** einschließlich der Fachdidaktiken sowie ein **erstes und zweites Unterrichtsfach**, die aus dem nachfolgenden Fächerkanon grundsätzlich frei wählbar sind: Bildende Kunst, Biologie, Chemie, Deutsch, Englisch, Evangelische Religion, Französisch, Geografie, Geschichte, Griechisch, Informatik, Latein, Mathematik, Musik, Philosophie, Physik, Russisch, Sozialwissenschaften, Spanisch, Sport, Arbeitslehre/Technik. Im Bachelorstudium wird zudem ein Freier Studienanteil im Umfang von 9 LP studiert. Die Unterrichtsfächer Geschichte, Griechisch, Philosophie und Sozialwissenschaften können nicht miteinander kombiniert werden. Musik und Bildende Kunst können formal nicht miteinander kombiniert werden.

Lehramt an berufsbildenden Schulen

Zugangsvoraussetzung zum Studium ist eine abgeschlossene Berufsausbildung in der gewählten beruflichen Fachrichtung oder ein einjähriges einschlägiges Praktikum.

Ausbildungsdauer: 6+4 Semester Regelstudienzeit; nach dem Masterabschluss 18 Monate Vorbereitungsdienst

Praktika: im Bachelorstudium Orientierungspraktikum (4 Wochen); im Masterstudium ein seminarbegleitendes Kernpraktikum (2 Semester) und ein Blockpraktikum (4 Wochen)

Fächer und Kombinationen

Das Studium für das Lehramt an Beruflichen Schulen umfasst das Fach **Erziehungswissenschaft** mit dem Schwerpunkt Berufs- und Wirtschaftspädagogik, der Didaktik der **beruflichen Fachrichtung** sowie der **Fachdidaktik des Unterrichtsfaches**, eine aus der Fächergruppe a) grundsätzlich frei wählbare berufliche Fachrichtung sowie ein weiteres aus der Fächergruppe b) wählbares Unterrichtsfach:

Fächergruppe a):

- Bautechnik*, Chemietechnik, Elektrotechnik-Informationstechnik*, Ernährungs- und Haushaltswissenschaften, Gesundheitswissenschaften, Holztechnik*, Kosmetikwissenschaft, Medientechnik*, Metalltechnik*, Wirtschaftswissenschaften.

*integriert in den Teilstudiengang Gewerblich-Technische Wissenschaften

Fächergruppe b):

- Betriebswirtschaftslehre, Berufliche Informatik, Biologie, Chemie, Deutsch, Englisch, Evangelische Religion, Französisch, Geografie, Geschichte, Mathematik, Physik, Sozialwissenschaften, Spanisch, Sport.

Im Bachelorstudium wird zudem ein Freier Studienanteil im Umfang von 9 LP studiert.
Es gibt einige **Einschränkungen** in den Kombinationsmöglichkeiten von beruflichen Fachrichtungen und Unterrichtsfächern, diese sind:

- Die Unterrichtsfächer Französisch und Spanisch können nur mit den beruflichen Fachrichtungen Ernährungs- und Haushaltswissenschaften oder Wirtschaftswissenschaften kombiniert werden.
- Das Unterrichtsfach Geografie kann nur mit der beruflichen Fachrichtung Wirtschaftswissenschaften kombiniert werden.
- Die beruflichen Fachrichtungen Gesundheitswissenschaften und Kosmetikwissenschaft können nicht mit Biologie kombiniert werden.
- Die berufliche Fachrichtung Chemietechnik kann nicht mit Chemie kombiniert werden.
- Die berufliche Fachrichtung Elektrotechnik-Informationstechnik kann nicht mit Physik kombiniert werden.
- Die berufliche Fachrichtung Wirtschaftswissenschaften kann nicht mit Betriebswirtschaftslehre kombiniert werden.

Lehramt für Sonderpädagogik – Profilbildung Grundschule

Ausbildungsdauer: 6 + 4 Semester Regelstudienzeit; nach dem Masterabschluss 18 Monate Vorbereitungsdienst

Praktika: im Bachelorstudium ein Erkundungspraktikum (semesterbegleitend) und ein Orientierungspraktikum (4 Wochen); im Masterstudium das Kernpraktikum I und Kernpraktikum II (jeweils semesterbegleitend und mit einem 5- bzw. 4-wöchigen Blockpraktikum in der vorlesungsfreien Zeit)

Fächer und Kombinationen

Das Studium umfasst die Fächer **Erziehungswissenschaft, Sonderpädagogik** und ein ▶

Unterrichtsfach aus dem Fächerkanon der Grundschule: Deutsch, Mathematik, Englisch, Evangelische Religion, Sachunterricht, Sport. Es werden sechs sonderpädagogische Schwerpunkte angeboten. Der **sonderpädagogische Schwerpunkt „Lernen"** ist verpflichtend, ein **zweiter kann frei gewählt werden**: Sehen, Hören, Geistige Entwicklung, Sprache, Emotionale und soziale Entwicklung.

Im Bachelorstudium wird zudem ein Freier Studienanteil im Umfang von 9 LP studiert.

Lehramt für Sonderpädagogik – Profilbildung Sekundarstufe

Ausbildungsdauer: 6 + 4 Semester Regelstudienzeit; nach dem Masterabschluss 18 Monate Vorbereitungsdienst. Wird das Unterrichtsfach Bildende Kunst oder Musik gewählt, erhöht sich der Umfang des Bachelorstudiengangs um 60 LP, wodurch sich die Regelstudienzeit um 2 Semester auf 8 Semester verlängert.

Praktika: im Bachelorstudium ein Erkundungspraktikum (semesterbegleitend) und ein Orientierungspraktikum (4 Wochen); im Masterstudium das Kernpraktikum I und Kernpraktikum II (jeweils semesterbegleitend und mit einem 5- bzw. 4-wöchigen Blockpraktikum in der vorlesungsfreien Zeit)

Fächer und Kombinationen

Das Studium umfasst die Fächer **Erziehungswissenschaft, Sonderpädagogik** sowie ein Unterrichtsfach aus dem Fächerkanon der Sekundarstufe I und II: Bildende Kunst, Biologie, Chemie, Deutsch, Englisch, Evangelische Religion, Geografie, Geschichte, Informatik, Mathematik, Musik, Physik, Sozialwissenschaften, Sport, Arbeitslehre/Technik. Es werden sechs sonderpädagogische Schwerpunkte angeboten. Der **sonderpädagogische Schwerpunkt „Lernen"** ist verpflichtend, ein **zweiter kann frei gewählt werden**: Sehen, Hören, Geistige Entwicklung, Sprache, Emotionale und soziale Entwicklung.

Im Bachelorstudium wird zudem ein Freier Studienanteil im Umfang von 9 LP studiert. ■

➔ links

Portal der Stadt Hamburg
Informationen über Einstellungschancen
➔ www.hamburg.de/bewerbungen-online/64710/einstellungschancen.html

Informationen über den Vorbereitungsdienst (Referendariat) und die aktuellen Einstellungschancen für den Vorbereitungsdienst in Hamburg finden Sie unter
➔ www.hamburg.de/bsb/vorbereitungsdienst

Zentrum für Lehrerbildung
Gemeinsame Einrichtung der Universität Hamburg und des Landesinstituts für Lehrerbildung und Schulentwicklung sowie der an der Lehrerausbildung beteiligten Hochschulen mit grundlegenden Informationen über die Lehramtsausbildung.
➔ www.zlh-hamburg.de/studium/lehramtsstudiengaenge-ab-wise-2021.html

Hamburger Institut für Berufliche Bildung
➔ hibb.hamburg.de/2021/03/18/berufswunsch-lehrerin-oder-lehrer/

3.10.7 Lehramtsausbildung in Hessen

In Hessen erfolgt die Lehrer*innenausbildung für folgende Lehramtstypen: Lehramt an Grundschulen, Lehramt an Hauptschulen und Realschulen, Lehramt an beruflichen Schulen, Lehramt an Gymnasien, Lehramt an Förderschulen.

Struktur der Lehramtsausbildung

Die Ausbildung in den Lehramtsstudiengängen bis zur Ersten Staatsprüfung findet in Hessen an den fünf Universitäten, für das Fach Musik an Gymnasien auch an der Hochschule für Musik und Darstellende Kunst in Frankfurt a.M. statt.

Im Rahmen der Lehramtsstudiengänge sind schulpraktische Studien abzuleisten. Zudem sind in der Regel ein vierwöchiges Orientierungspraktikum sowie ein achtwöchiges Betriebspraktikum verbindlich vorgesehen.

Am Pilotprojekt Praxissemester, das die bisherigen Praktika ablöst, beteiligen sich die U Frankfurt mit dem Studium für das Lehramt an Gymnasium sowie die Hochschule für Musik und Darstellende Kunst Frankfurt a. M. hinsichtlich der Studierenden für das Lehramt an Gymnasien im Fach Musik, die U Gießen mit dem Studium für das Lehramt an Förderschulen und die U Kassel mit dem Studium für das Lehramt an Grundschulen sowie dem Studium für das Lehramt an Hauptschulen und Realschulen.

Für das Studium einiger Lehramtsfächer sind Nachweise über bestandene Eignungsprüfungen oder Sprachkenntnisse teilweise bereits vor Beginn des Studiums erforderlich.

Für die Anrechnung bereits erbrachter Studien-/Prüfungsleistungen auf ein Lehramtsstudium in Hessen liegt die Zuständigkeit für das

Lehramt an beruflichen Schulen bei der jeweiligen Universität, für alle anderen Lehrämter bei der Prüfungsstelle des Universitätsstandortes.

Im Anschluss an das Studium, das mit einer Ersten Staatsprüfung für ein Lehramt oder dem Master abschließt, absolviert die künftige Lehrkraft einen **Vorbereitungsdienst** mit einer Dauer von 21 Monaten.

Mit bestandener Zweiter Staatsprüfung wird die Befähigung zum jeweiligen Lehramt erworben, mit der eine Bewerbung für den Schuldienst möglich ist und die auch zum Unterricht in anderen Schulformen oder -stufen berechtigt.

Lehramt an Grundschulen

Studienorte: Frankfurt U, Gießen U, Kassel U

Ausbildungsdauer: 7 Semester Regelstudienzeit; nach der Ersten Staatsprüfung 21 Monate Vorbereitungsdienst

Praktika: idealerweise vor dem Studium ein mind. 4-wöchiges Orientierungspraktikum sowie ein mind. 8-wöchiges Betriebspraktikum; an der U Kassel werden das Orientierungs- und das Betriebspraktikum durch ein Praxissemester ersetzt.

Fächer und Kombinationen

Es sind die Fächer Deutsch und Mathematik sowie ein weiteres Fach aus folgendem Fächerkanon zu wählen: Englisch, Evangelische Religion, Französisch, Katholische Religion, Kunst, Musik, Sachunterricht, Sport. Des Weiteren kann das Lehramt an Grundschulen mit dem Unterrichtsfach Islamische Religion oder mit dem Unterrichtsfach Ethik studiert werden Weitere Studienfächer sind: Erziehungs- und Gesellschaftswissenschaften, Didaktik der Grundschule, musisch-ästhetische Bildung, Bewegungserziehung. Die Befähigung zum Lehramt an Grundschulen berechtigt auch zum Unterricht in den Jahrgangsstufen 5 und 6 in Hauptschulen, Realschulen sowie in Gymnasien und Gesamtschulen.

Lehramt an Hauptschulen und Realschulen

Studienorte: Frankfurt U, Gießen U, Kassel U

Ausbildungsdauer: 7 Semester Regelstudienzeit; nach der Ersten Staatsprüfung 21 Monate Vorbereitungsdienst

Praktika: idealerweise vor dem Studium ein mind. 4-wöchiges Orientierungspraktikum sowie ein mind. 8-wöchiges Betriebspraktikum; an der U Kassel werden das Orientierungs- und das Betriebspraktikum durch ein Praxissemester ersetzt.

Fächer und Kombinationen

Es werden zwei Fächer aus folgendem Fächerkanon miteinander kombiniert: Arbeitslehre, Biologie, Chemie, Deutsch, Englisch, Erdkunde, Evangelische Religion, Französisch, Geschichte, Informatik, Katholische Religion, Kunst, Mathematik, Musik, Physik, Politik und Wirtschaft, Sport. Achtung! **Nicht alle Fächer werden an allen Universitäten angeboten.** Bewerber*innen sollten sich immer auch direkt bei der Universität bzw. auf deren Webseite über das aktuelle Studienangebot informieren.

Das Studium dieser Fächer erstreckt sich auf die Fachwissenschaft und die Fachdidaktik. Daneben sind Studienleistungen in Erziehungs- und Gesellschaftswissenschaften zu erbringen.

Die Befähigung zum Lehramt an Hauptschulen und Realschulen berechtigt auch zum Unterricht in den Schuljahrgängen 5 bis 10 der Gymnasien und Gesamtschulen sowie zum Unterricht in den allgemeinbildenden Fächern der beruflichen Schulen, soweit sie der Sekundarstufe I zugeordnet sind.

Lehramt an Gymnasien

Studienorte: Frankfurt U, Gießen U, Kassel U, Marburg U, Darmstadt TU

Ausbildungsdauer: 9 Semester Regelstudienzeit; nach der Ersten Staatsprüfung 21 Monate Vorbereitungsdienst

Praktika: idealerweise vor dem Studium ein mind. 4-wöchiges Orientierungspraktikum sowie ein mind. 8-wöchiges Betriebspraktikum; an der U Frankfurt werden das Orientierungs- und das Betriebspraktikum durch ein Praxissemester ersetzt.

Fächer und Kombinationen

Das Studium umfasst neben dem erziehungs- und gesellschaftswissenschaftlichen Studium das fachwissenschaftliche Studium mit fachdidaktischen Anteilen für (mindestens) zwei Unterrichtsfächer. Es werden **zwei Fächer aus folgendem Fächerkanon** miteinander kombiniert: Biologie, Chemie, Deutsch, Englisch, Erdkunde, Ethik, Französisch, Geschichte, Griechisch, Informatik, Islamische Religion (nur Frankfurt U), Italienisch, Latein, Kunst, Mathematik, Musik, Philosophie, Physik, Politik und Wirtschaft, evangelische Religion, katholische Religion, Sport, Spanisch, Russisch (nur Gießen U). Achtung! **Nicht alle Fächer werden an allen Universitäten angeboten.** Bewerber*innen sollten sich immer auch direkt bei der Universität bzw. ▶

auf deren Webseite über das aktuelle Studienangebot informieren.

Die Befähigung zum Lehramt an Gymnasien berechtigt auch zum Unterricht in den Hauptschulen, Realschulen und Gesamtschulen sowie zum Unterricht in den allgemeinbildenden Fächern der beruflichen Schulen.

Lehramt an beruflichen Schulen

Studienorte: Darmstadt TU, Gießen U, Frankfurt U, Kassel U

Ausbildungsdauer: Das Studium gliedert sich in den Studiengang Gewerblich-technische Bildung mit dem Abschluss Bachelor of Education (Regelstudienzeit: 6 Semester) und dem Studiengang Lehramt an beruflichen Schulen mit dem Abschluss Master of Education (Regelstudienzeit: 4 Semester), anschließend 21 Monate Vorbereitungsdienst.

Praktika: je eine schulische Praxisphase im Bachelor- und im Masterstudium

Fächer und Kombinationen

An der TU Darmstadt wird im Lehramtsstudium an beruflichen Schulen eine berufliche Fachrichtung und ein allgemeines Unterrichtsfach aus dem Fächerangebot der Universität studiert. Der inhaltliche Schwerpunkt des Studiengangs Gewerblich-technische Bildung (B.Ed.) liegt auf der Fachwissenschaft der jeweiligen beruflichen Fachrichtung, also bspw. Architektur (berufliche Fachrichtung Bautechnik), Chemie (berufliche Fachrichtung Chemietechnik) oder Maschinenbau (berufliche Fachrichtung Metalltechnik). Es ist ein Nachweis eines fachnahen Praktikums von 52 Wochen oder einer fachnahen Berufsausbildung zu erbringen.

An der U Frankfurt gibt es den konsekutiven Bachelor-/Masterstudiengang Wirtschaftspädagogik, welcher in zwei Studienrichtungen angeboten wird: die wirtschaftswissenschaftlich und personalpsychologisch ausgerichtete Studienrichtung I und die durch ein allgemeines Fach ergänzte Studienrichtung II.

An der U Gießen ist der Studiengang gestuft (B.Ed./M.Ed.) in „Berufliche und Betriebliche Bildung“ einerseits mit den Fachrichtungen „Ernährung und Hauswirtschaft“ und „Agrarwirtschaft“ und andererseits in Kooperation mit der TH Mittelhessen mit den Fachrichtungen „Metalltechnik“ und „Elektrotechnik“. Für den Einstieg ins Masterstudium werden hier 47 Wochen Vorpraktikum, bis zur Einschreibung nachzuweisen, verlangt.

Die U Kassel bietet die konsekutiven Bachelor-/Masterstudiengänge Wirtschaftspädagogik und Berufspädagogik (mit den Fachrichtungen Elektrotechnik oder Metalltechnik) sowie den, in Kooperation mit der Hochschule Fulda, konsekutiven Bachelorstudiengang Berufspädagogik mit dem Fach Gesundheit an.

Einige der Masterabschlüsse sind der Ersten Staatsprüfung gleichgestellt und ermöglichen den Einstieg in den Vorbereitungsdienst des Lehramts an beruflichen Schulen in Hessen. An der U Frankfurt sind ausschließlich Absolvent*innen der Studienrichtung II für den Einstieg in den Vorbereitungsdienst des Lehramts an beruflichen Schulen qualifiziert.

Die Befähigung zum Lehramt an beruflichen Schulen berechtigt auch zum Unterricht in den Hauptschulen, Realschulen, Gymnasien und Gesamtschulen.

Lehramt an Förderschulen

Studienorte: U Frankfurt, U Gießen

Ausbildungsdauer: 9 Semester Regelstudienzeit; nach der Ersten Staatsprüfung 21 Monate Vorbereitungsdienst

Praktika im Studium: ein Praxissemester an der U Gießen, an der U Frankfurt ein mind. 4-wöchiges Orientierungspraktikum (idealerweise vor dem Studium) sowie ein mind. 8-wöchiges Betriebspraktikum

Fächer und Kombinationen

Die Studierenden wählen zwei sonderpädagogische Fachrichtungen: Beeinträchtigung des Lernens, geistige Entwicklung, Beeinträchtigung der emotional-sozialen Entwicklung, Beeinträchtigung der Sprache und des Sprechens (U Gießen); bzw. soziale und emotionale Entwicklung, Förderschwerpunkt Lernen, Förderschwerpunkt geistige Entwicklung (U Frankfurt). Hinzu kommt ein Unterrichtsfach: Arbeitslehre (nur U Gießen), Biologie, Chemie, Deutsch, Englisch, Erdkunde, Ethik (nur U Gießen), Evangelische Religion, Geschichte, Informatik (nur U Frankfurt), Katholische Religion, Kunst, Mathematik, Musik, Physik, Politik und Wirtschaft oder Sport. Das Studium umfasst außerdem Erziehungs- und Gesellschaftswissenschaften.

Die Befähigung zum Lehramt an Förderschulen berechtigt auch zum Unterricht in den

➔ links

Informationen (z.B. zur Lehrerbeschäftigung, zu Bedarfsprognosen, zum Quereinstieg) sind zu finden unter
➔ www.kultusministerium.hessen.de
> Lehrkräfte.

Überblick über die lehramtspezifischen Studiengänge in Hessen:
➔ lehrkraefteakademie.hessen.de/lehrerausbildung/studium-hessen

Grundschulen, und im studierten Fach zum Unterricht in den Hauptschulen, Realschulen und in den Schuljahrgängen 5–10 der Gesamtschulen.

Besonderheiten und Hinweise
Da im Rahmen der Neuorganisation der Lehramtsstudiengänge auch Veränderungen des Studienangebots denkbar sind, sollten Bewerber*innen sich immer auch direkt bei der Universität bzw. auf deren Webseite über das aktuelle Studienangebot informieren. ■

3.10.8 Lehramtsausbildung in Mecklenburg-Vorpommern

In Mecklenburg-Vorpommern erfolgt die Lehrer*innenausbildung für folgende Lehramtstypen: Lehramt an Grundschulen, Lehramt an Regionalen Schulen, Lehramt an Gymnasien, Lehramt für Sonderpädagogik, Lehramt an beruflichen Schulen.

Lehramt an Grundschulen

Studienorte: Rostock U, Rostock HMT (Musik, Theater), Greifswald U.

Ausbildungsdauer: 10 Semester Regelstudienzeit, anschließend 12-monatiger Vorbereitungsdienst

Praktika im Umfang von 15 ECTS-Punkten: an der Universität Rostock im Grundstudium Orientierungspraktikum (4 Wochen Hospitationspraktikum); im Hauptstudium Hauptpraktikum (6 Wochen Fachdidaktisches Praktikum)

An der Universität Greifswald: semesterbegleitende Praxistage vom 1. bis 8. Semester und ein Praxissemester im 9. Semester

Abschlussarbeit im Umfang von 15 ECTS-Punkten

Fächer und Kombinationen
Das Studium umfasst folgende Teilstudien:

1. Bildungswissenschaften (60 ECTS-Punkte) einschließlich Sonderpädagogik (21 ECTS-Punkte),
2. allgemeine Grundschulpädagogik (30 ECTS-Punkte),
3. vier Lernbereiche der Grundschule und ihre Fachdidaktiken, darunter Deutsch und Mathematik (Pflichtbereiche) sowie zwei weitere Lernbereiche zur Wahl aus dem folgenden Katalog: Evangelische Religion, Fremdsprachenunterricht wie Englisch, Französisch (Rostock U) und Polnisch (Greifswald U), Kunst und Gestaltung, Musik, Niederdeutsch (Greifswald U), Philosophieren mit Kindern, Sachunterricht, Sport (Rostock U), Theater (Darstellendes Spiel) und Werken (Rostock U). Gesamtumfang: 180 ECTS-Punkte.

Lehramt an Regionalen Schulen

Studienorte: Rostock U, Rostock HMT (Musik, Theater), Greifswald U

Ausbildungsdauer: 10 Semester Regelstudienzeit, anschließend 18-monatiger Vorbereitungsdienst

Praktika im Umfang von 15 ECTS-Punkten: im Grundstudium Sozialpraktikum (3 Wochen) und Schulpraktikum I (Greifswald U, 4 Wochen, an einer Regionalen Schule oder einer anderen Schulart) bzw. Orientierungspraktikum (Rostock U, 3 Wochen, nicht an einer Regionalen Schule); im Hauptstudium Schulpraktikum II (Greifswald U, 8 Wochen) bzw. Hauptpraktikum (Rostock U, 9 Wochen) an einer Regionalen Schule

Abschlussarbeit im Umfang von 15 ECTS-Punkten

Fächer und Kombinationen
Das Studium umfasst folgende Teilstudien:

1. Bildungswissenschaften (60 ECTS-Punkte) einschließlich Sonderpädagogik (21 ECTS-Punkte),
2. Fachwissenschaften des ersten und zweiten Unterrichtsfaches und dessen Fachdidaktiken, beide zusammen im Umfang von 210 ECTS-Punkten. Dabei werden an den Universitäten folgende Fächer ausgebildet: Arbeit-Wirtschaft-Technik (AWT), Biologie, Chemie, Deutsch, Englisch, Evangelische Religion, Französisch, Geschichte, Informatik, Mathematik, Musik, Philosophie, Physik (mit Astronomie), Sozialwissenschaften, Spanisch, Sport, Theater (Darstellendes Spiel) (Rostock U) sowie Deutsch, Englisch, Evangelische Religion, Geografie, Geschichte, Kunst und Gestaltung, Philosophie, Polnisch, Russisch (Greifswald U). In Greifswald können Dänisch, Schwedisch und Norwegisch als Drittfächer studiert werden. ▶

Auslandsaufenthalt: Falls eine moderne Fremdsprache (Englisch, Französisch, Spanisch, Russisch, Polnisch) als ein Unterrichtsfach gewählt wurde, sollen die Studierenden bis zur 1. Staatsprüfung einen mindestens dreimonatigen ausbildungsrelevanten Aufenthalt im entsprechenden Ausland nachweisen. Nach der Ersten Staatsprüfung kann auf Antrag eine Erweiterungsprüfung in einem oder mehreren anderen Prüfungsfächern abgelegt werden.

Lehramt an Gymnasien

Studienorte: Rostock U, Rostock HMT (Musik, Theater), Greifswald U.

Ausbildungsdauer: 10 Semester Regelstudienzeit, anschließend 18-monatiger Vorbereitungsdienst

Praktika im Umfang von 15 ECTS-Punkten: im Grundstudium Sozialpraktikum (3 Wochen), Schulpraktikum I (Greifswald U, 4 Wochen, an einem Gymnasium oder einer anderen Schulart) bzw. Orientierungspraktikum (Rostock U, 3 Wochen, nicht an einem Gymnasium); im Hauptstudium Schulpraktikum II (Greifswald U, 8 Wochen) bzw. Hauptpraktikum (Rostock U, 9 Wochen) an einem Gymnasium

Abschlussarbeit im Umfang von 15 ECTS-Punkten

Fächer und Kombinationen

Das Studium umfasst folgende Teilstudien:

1. Bildungswissenschaften (30 ECTS-Punkte),
2. zwei der folgenden gleichberechtigten, in der Kombination frei wählbaren Fachwissenschaften der Unterrichtsfächer einschließlich ihrer Fachdidaktiken (insgesamt 240 ECTS-Punkte): Dabei werden an der Universität Rostock folgende Fächer ausgebildet: Arbeit-Wirtschaft-Technik (AWT), Biologie, Chemie, Deutsch, Englisch, Evangelische Religion, Französisch, Geschichte, Griechisch, Informatik, Latein, Mathematik, Musik, Philosophie, Physik (mit Astronomie), Sozialwissenschaften, Spanisch, Sport und Theater (Darstellendes Spiel). In Rostock kann Italienisch als Drittfach studiert werden.
3. Weiter können an der Universität Greifswald folgende Fächer studiert werden: Deutsch, Englisch, Evangelische Religion, Geografie, Geschichte, Kunst und Gestaltung, Mathematik, Philosophie, Physik, Polnisch und Russisch. In Greifswald können Dänisch, Schwedisch und Norwegisch als Drittfächer studiert werden.

Auslandsaufenthalt: Falls eine moderne Fremdsprache (Dänisch, Englisch, Französisch, Italienisch, Norwegisch, Polnisch, Russisch, Schwedisch, Spanisch) als ein Unterrichtsfach gewählt wird, sollen die Studierenden bis zur Ersten Staatsprüfung einen mindestens dreimonatigen ausbildungsrelevanten Aufenthalt im entsprechenden Ausland nachweisen. Nach der Ersten Staatsprüfung kann auf Antrag eine Erweiterungsprüfung in einem oder mehreren anderen Prüfungsfächern abgelegt werden.

Lehramt für Sonderpädagogik

Studienort: Rostock U, Rostock HMT (Musik, Theater).

Ausbildungsdauer: 9 Semester Regelstudienzeit, anschließend 18-monatiger Vorbereitungsdienst

Praktika im Umfang von 15 ECTS-Punkten: im Grundstudium Sozialpraktikum (3 Wochen), Orientierungspraktikum (3 Wochen, nicht an einer Sonderschule); im Hauptstudium Hauptpraktikum I (4 Wochen in einer sonderpädagogischen Fachrichtung) und Hauptpraktikum II (5 Wochen an einer integrativen/inklusiven Schule)

Abschlussarbeit im Umfang von 15 ECTS-Punkten

Fächer und Kombinationen

Das Studium umfasst folgende Teilstudien:

1. Bildungswissenschaften einschließlich Allgemeiner Sonderpädagogik (60 ECTS-Punkte),
2. zwei sonderpädagogische Fachrichtungen (Lernen, Emotionale und soziale Entwicklung, Sprache und Geistige Entwicklung) einschließlich ihrer Fachdidaktik (zusammen 120 ECTS-Punkte),
3. eines der folgenden Unterrichtsfächer einschließlich dessen Fachdidaktik: Biologie, Deutsch, Englisch, Evangelische Religion, Geschichte, Mathematik, Musik, Sport oder Grundschuldeutsch und Grundschulmathematik (60 ECTS-Punkte).

Nach der Ersten Staatsprüfung kann auf Antrag eine Erweiterungsprüfung in einem oder mehreren anderen Prüfungsfächern abgelegt werden.

Lehramt an beruflichen Schulen

Studienort: Neubrandenburg HS, Rostock U

Ausbildungsdauer: 7 Semester Regelstudienzeit Bachelor, 3 Semester Master (nur Rostock U), danach 18-monatiger Vorbereitungsdienst

Praktika im Umfang von 15 ECTS-Punkten: im Bachelorstudiengang „Berufspädagogik" ein berufspädagogisches Praktikum (Neubrandenburg HS, 4 Wochen) bzw. Orientierungspraktikum an einer berufsbildenden Schule (Rostock U, 3 Wochen); im Masterstudiengang „Berufspädagogik" und „Berufspädagogik für Gesundheits- und Sozialberufe" (Rostock U, 6 Wochen); im Bachelorstudiengang „Wirtschaftspädagogik" Orientierungspraktikum an einer beruflichen Schule oder in einer Institution der beruflichen Bildung (Rostock U, 4 Wochen); im Masterstudiengang „Wirtschaftspädagogik" schulpraktische Studien in einer berufsbildenden Schule (berufsschulische Studienorientierung 6 Wochen) bzw. berufs- und betriebspraktische Studien (wirtschaftswissenschaftliche Studienorientierung 6 Wochen).

Fächer und Kombinationen

Die Hochschule Neubrandenburg bietet den Bachelorstudiengang „Berufspädagogik für Soziale Arbeit, Sozialpädagogik und Kindheitspädagogik" und den Bachelorstudiengang „Berufspädagogik für Gesundheitsfachberufe" an. Beide Studiengänge schließen eine affine Fachrichtung ein. Die Studiengänge werden an der Universität Rostock mit dem Abschluss Master weitergeführt. Die Universität Rostock hält im Rahmen des wirtschaftspädagogischen Studiums die berufliche Fachrichtung Wirtschaft und Verwaltung als Bachelor- und Masterstudium vor. Auch wird an der Universität Rostock in die berufspädagogischen Bachelorstudiengänge Elektrotechnik, Informationstechnik, Agrarwirtschaft und Metalltechnik eingeschrieben. Diese Bachelorstudiengänge werden als Masterstudiengänge mit entsprechenden allgemeinbildenden Fächern weitergeführt. ■

➔ links

Ministerium für Bildung, Wissenschaft und Kultur
➔ www.bm.regierung-mv.de

3.10.9 Lehramtsausbildung in Niedersachsen

In Niedersachsen wird für die folgenden Lehramtstypen ausgebildet: Lehramt an Grundschulen, Lehramt an Haupt- und Realschulen, Lehramt an Gymnasien, Lehramt an berufsbildenden Schulen, Lehramt für Sonderpädagogik.

Struktur der Lehramtsausbildung

Das Studium mit dem Berufsziel Lehrer*in beginnt für alle Lehrämter mit einem sechssemestrigen **Bachelorstudium**, in dem zwei den Schulfächern entsprechende Fächer studiert werden. Die Kombinationsvorschriften laut der Verordnung über Masterabschlüsse für Lehrämter in Niedersachsen (Nds. MasterVO-Lehr) sind bereits beim Bachelorstudium zu beachten. Die Gewichtung der Fächer zueinander kann je nach Hochschule variieren. Insgesamt umfasst das Bachelorstudium 180 Leistungspunkte (LP).

Zusätzlich zu den praktischen Anteilen sieht das Studium einen umfangreichen Professionalisierungsbereich vor, der Pädagogik und Psychologie ebenso wie Schlüsselkompetenzen enthält. Der Bachelorabschluss eröffnet gleichermaßen die Möglichkeit eines direkten außerschulischen Berufseintritts wie den Zugang zu fachwissenschaftlichen oder lehramtsspezifischen Masterstudiengängen.

Im für das Berufsziel Lehrer*in obligatorischen **lehramtsspezifischen Masterstudiengang** (4 Semester, 120 LP) werden insbesondere die didaktischen und pädagogischen Kenntnisse vertieft. Der Master of Education berechtigt zum Eintritt in den Vorbereitungsdienst.

Lehramt an Grundschulen

Studienorte: Braunschweig TU, Hildesheim U, Lüneburg U, Oldenburg U, Osnabrück U, Vechta U

Ausbildungsdauer: 6 + 4 Semester Regelstudienzeit; anschließend 18 Monate Vorbereitungsdienst

Praktika: mindestens 4 Wochen allgemeines Schulpraktikum, mindestens 4 Wochen Betriebs- und Sozialpraktikum; im Masterstudiengang Praxisblock von insg. 18 Unterrichtswochen in beiden studierten Unterrichtsfächern

Fächer und Kombinationen

Es werden zwei Unterrichtsfächer gewählt. Dabei muss ein Unterrichtsfach Deutsch oder Mathematik sein. Weitere Fächer sind: Englisch, Evangelische Religion, Gestaltendes Werken, Islamische Religion, Katholische Religion, Kunst, Musik, Sachunterricht, Sport und Textiles Gestalten.

Hinweis: Nicht alle Fächer werden an allen Hochschulen angeboten. ▶

Lehramt an Haupt- und Realschulen Schwerpunkt Hauptschule

Studienorte: Braunschweig TU, Hildesheim U, Lüneburg U, Oldenburg U, Osnabrück U, Vechta U

Ausbildungsdauer: 6+4 Semester Regelstudienzeit; anschließend 18 Monate Vorbereitungsdienst

Praktika: mindestens 4 Wochen allgemeines Schulpraktikum, mindestens 4 Wochen Betriebs- und Sozialpraktikum; im Masterstudiengang Praxisblock von insg. 18 Unterrichtswochen in beiden studierten Unterrichtsfächern

Fächer und Kombinationen

Es werden zwei Unterrichtsfächer gewählt. Dabei muss ein Unterrichtsfach Chemie, Deutsch, Englisch, Kunst, Mathematik, Musik oder Physik sein. Weitere Fächer sind: Biologie, Erdkunde, evangelische Religion, Geschichte, Gestaltendes Werken, Informatik, Islamische Religion, Katholische Religion, Niederländisch, Politik, Sport, Technik, Textiles Gestalten, Werte und Normen, Wirtschaft.

Hinweis: Nicht alle Fächer können frei miteinander kombiniert werden, nicht alle Hochschulen bieten alle Fächer an.

Lehramt an Haupt- und Realschulen Schwerpunkt Realschule

Studienorte: Braunschweig TU, Hildesheim U, Lüneburg U, Oldenburg U, Osnabrück U, Vechta U

Ausbildungsdauer: 6+4 Semester Regelstudienzeit; anschließend 18 Monate Vorbereitungsdienst

Praktika: mindestens 4 Wochen allgemeines Schulpraktikum, mindestens 4 Wochen Betriebs- und Sozialpraktikum; im Masterstudiengang Praxisblock von insgesamt 18 Unterrichtswochen in beiden studierten Unterrichtsfächern

Fächer und Kombinationen

Es werden zwei Unterrichtsfächer gewählt. Dabei muss ein Unterrichtsfach Chemie, Deutsch, Englisch, Französisch, Kunst, Mathematik, Musik oder Physik sein. Weitere Fächer sind: Biologie, Erdkunde, Evangelische Religion, Geschichte, Gestaltendes Werken, Informatik, Islamische Religion, Katholische Religion, Niederländisch, Politik, Sport, Technik, Textiles Gestalten, Werte und Normen, Wirtschaft.

Hinweis: Nicht alle Fächer können frei miteinander kombiniert werden, nicht alle Hochschulen bieten alle Fächer an.

Lehramt an Gymnasien

Studienorte: Braunschweig HBK, Braunschweig TU, Göttingen U, HMTM Hannover, Hannover U, Oldenburg U, Osnabrück U

Ausbildungsdauer: 6 + 4 Semester Regelstudienzeit (8 Semester im Bachelorstudiengang, wenn ein künstlerisches Fach an der HBK oder der HMTMH studiert wird); anschließend 18 Monate Vorbereitungsdienst

Praktika: insgesamt 18 Wochen

Fächer und Kombinationen

Es werden zwei Unterrichtsfächer gewählt. Dabei muss ein Unterrichtsfach Deutsch, Englisch, Französisch, Kunst, Latein, Mathematik, Musik, Physik, Spanisch oder Biologie in Kombination mit Chemie sein.

Weitere Fächer sind: Chinesisch, Darstellendes Spiel, Erdkunde, Evangelische Religion, Geschichte, Griechisch, Informatik, Islamische Religion, Katholische Religion, Niederländisch, Philosophie, Politik-Wirtschaft, Russisch, Sport, Werte und Normen.

Hinweis: Nicht alle Fächer können frei miteinander kombiniert werden, nicht alle Hochschulen bieten alle Fächer an. Darstellendes Spiel kann mit Kunst oder Musik nur verbunden werden, wenn diese Fächer an einer künstlerisch-wissenschaftlichen Hochschule studiert werden.

Lehramt für Sonderpädagogik

Studienorte: Hannover HMTM, Hannover U, Oldenburg U

Ausbildungsdauer: 6 + 4 Semester Regelstudienzeit (8 Semester im Bachelorstudiengang, wenn Musik an der HMTMH studiert wird); anschließend 18 Monate Vorbereitungsdienst

Praktika: insgesamt 18 Wochen

Fächer und Kombinationen

Es werden zwei sonderpädagogische Fachrichtungen sowie ein Unterrichtsfach studiert.

Sonderpädagogische Fachrichtungen sind: Pädagogik bei Beeinträchtigung der geistigen Entwicklung, Pädagogik bei Beeinträchtigung der körperlichen und motorischen Entwicklung, Pädagogik bei Beeinträchtigung des schulischen Lernens, Pädagogik bei Beeinträchtigung des schulischen Lernens, Pädagogik bei Beeinträchtigung der Sprache und des Sprechens, Pädagogik bei Beeinträchtigung der emotionalen und sozialen Entwicklung.

Lehramt an berufsbildenden Schulen

Studienorte: Göttingen U, Hannover U, Lüneburg U, Oldenburg U, Osnabrück U

Ausbildungsdauer: 6 + 4 Semester Regelstudienzeit; anschließend 18 Monate Vorbereitungsdienst

Praktika: diverse fachrichtungsbezogene Praktika, schulische Praktika im Umfang von 10 Wochen

Fächer und Kombinationen

Es wird eine berufliche Fachrichtung und ein Unterrichtsfach studiert. Berufliche Fachrichtungen sind: Bautechnik, Elektrotechnik, Fahrzeugtechnik, Farbtechnik und Raumgestaltung, Gesundheitswissenschaften, Holztechnik, Kosmetologie, Lebensmittelwissenschaft (Ernährung), Metalltechnik, Ökotrophologie, Pflegewissenschaften, Sozialpädagogik, Wirtschaftswissenschaften.

Hinweis: Nicht alle Fächer können frei miteinander kombiniert werden, nicht alle Hochschulen bieten alle Fächer an. ■

→ links

Weitere Informationen zum Studium erhalten Sie auf den Internetseiten der niedersächsischen Hochschulen oder auf der Webseite:

→ www.studieren-in-niedersachsen.de/studienwahl/studienangebot/studiengangsarten/lehramtsstudium.html

Für die **Anrechnung bereits erbrachter Studien-/Prüfungsleistungen** für ein lehramtsbezogenes Studium in Niedersachsen liegt die Zuständigkeit bei den einzelnen Hochschulen. Die Anschriften erfahren Sie unter

→ www.studieren-in-niedersachsen.de

Weiterführende Informationen zur Bewerbung für den Vorbereitungsdienst, zur Lehrerbeschäftigung, zu Bedarfsprognosen und zum Quereinstieg finden Sie beim **Niedersächsischen Kultusministerium** unter

→ www.mk.niedersachsen.de.

3.10.10 Lehramtsausbildung in Nordrhein-Westfalen

In Nordrhein-Westfalen erfolgt die Lehrer*innenausbildung für folgende Lehramtstypen: Lehramt an Grundschulen, Lehramt an Haupt-, Real-, Sekundar- und Gesamtschulen, Lehramt an Gymnasien und Gesamtschulen, Lehramt an Berufskollegs, Lehramt für sonderpädagogische Förderung.

Struktur der Lehramtsausbildung

An der Lehrer*innenausbildung beteiligen sich in NRW:

- die Universitäten: TH Aachen, Bielefeld, Bochum, Bonn, TU Dortmund, Duisburg-Essen, Köln, Münster, Paderborn, Siegen, Wuppertal und Deutsche Sporthochschule Köln,
- die Fachhochschulen: Aachen, Bielefeld, Bochum, Bonn-Rhein-Sieg, Dortmund, Hamm-Lippstadt, Köln, Münster, Niederrhein, Ostwestfalen-Lippe, Südwestfalen und Westfälische Hochschule,
- und die Kunst- und Musikhochschulen: Hochschule für Musik Detmold, Kunstakademie Düsseldorf, Folkwang Universität der Künste, Hochschule für Musik Köln, die Kunstakademie Münster und die staatlich anerkannte private Alanus Hochschule.

In den Fächern Kunst, Musik und Sport ist der Zugang zur Lehramtsausbildung von dem Nachweis einer Eignung für die Studiengänge abhängig.

Lehramt an Grundschulen

Studienorte: Zum Fächerangebot in den Lehramtsstudiengängen erteilen die Hochschulen Auskunft.

Ausbildungsdauer: 6+4 Semester Regelstudienzeit; nach dem Masterabschluss 18 Monate Vorbereitungsdienst

Praktika: ein Eignungs- und Orientierungspraktikum (mindestens 25 Tage) sowie ein (in der Regel) außerschulisches Berufsfeldpraktikum im Bachelorstudium (mindestens 4 Wochen); im Masterstudium gibt es ein Praxissemester.

Fächer und Kombinationen

Es werden drei Fächer gewählt. Dabei sind Deutsch und Mathematik verpflichtend, das dritte Fach kann frei gewählt werden. Zur Auswahl stehen: Sachunterricht, Kunst, Musik, Englisch, Religion (katholische, evangelische, islamische) oder Sport. ▶

Lehramt an Haupt-, Real-, Sekundar- und Gesamtschulen

Studienorte: Zum Fächerangebot in den Lehramtsstudiengängen erteilen die Hochschulen Auskunft.

Ausbildungsdauer: 6+4 Semester Regelstudienzeit; nach dem Masterabschluss 18 Monate Vorbereitungsdienst

Praktika: ein Eignungs- und Orientierungspraktikum (mindestens 25 Tage) sowie ein (in der Regel) außerschulisches Berufsfeldpraktikum im Bachelorstudium (mindestens 4 Wochen); im Masterstudium gibt es ein Praxissemester.

Fächer und Kombinationen

Die Hochschulen legen ihr Fächerangebot fest. Nicht alle Studienfächer werden an allen Hochschulen angeboten. Grundsätzlich sind folgende Fächer für das Lehramtsstudium an Haupt-, Real, Sekundar- und Gesamtschulen (Sekundarschulen I) zugelassen:

1. Biologie, Chemie, Deutsch, Englisch, Evangelische Religionslehre, Geschichte, Islamische Religionslehre, Katholische Religionslehre, Mathematik, Physik, Praktische Philosophie oder Sozialwissenschaft (Politikwissenschaft, Soziologie, Wirtschaftswissenschaft)
2. Französisch, Geografie, Hauswirtschaft (Konsum/Ernährung/Gesundheit), Informatik, Kunst, Musik, Niederländisch, Russisch, Spanisch, Sport, Technik, Textilgestaltung, Türkisch

Eines der beiden Fächer muss aus dem ersten Fächerkanon gewählt werden.

Lehramt an Gymnasien und Gesamtschulen

Studienorte: Zum Fächerangebot in den Lehramtsstudiengängen erteilen die Hochschulen Auskunft.

Ausbildungsdauer: 6+4 Semester Regelstudienzeit; nach dem Masterabschluss 18 Monate Vorbereitungsdienst

Praktika: ein Eignungs- und Orientierungspraktikum (mindestens 25 Tage) sowie ein (in der Regel) außerschulisches Berufsfeldpraktikum im Bachelorstudium (mindestens 4 Wochen); im Masterstudium gibt es ein Praxissemester.

Fächer und Kombinationen

Die Hochschulen legen ihr Fächerangebot fest. Nicht alle Studienfächer werden an allen Hochschulen angeboten. Grundsätzlich sind folgende Fächer für das Studium für das Lehramt für Gymnasien und Gesamtschulen (Sekundarschulen II) zugelassen:

1. Biologie, Chemie, Deutsch, Englisch, Evangelische Religionslehre, Französisch, Geschichte, Islamische Religionslehre, Katholische Religionslehre, Latein, Mathematik, (praktische) Philosophie, Physik, Sozialwissenschaften (Politikwissenschaft, Soziologie, Wirtschaftswissenschaft), Spanisch
2. Chinesisch, Ernährungslehre, Geografie, Griechisch, Informatik, Italienisch, Japanisch, Kunst, Latein, Musik, Niederländisch, Pädagogik, Psychologie, Rechtwissenschaft, Russisch, Sport, Technik, Türkisch

Eines der beiden Fächer muss aus dem ersten Fächerkanon gewählt werden. Ausnahmeregelungen davon gibt es, wenn ein Fach im Rahmen eines bilingualen Studiengangs studiert wurde, der Absolventinnen und Absolventen befähigt, in ihrem Fach auf der sprachlichen Kompetenzstufe C1 zu arbeiten. Anstelle zweier Unterrichtsfächer kann das Unterrichtsfach Musik oder Kunst als Doppelfach (jeweils 200 Leistungspunkte) gewählt werden. Ein Unterrichtsfach der zweiten Kategorie kann ebenfalls durch einen sonderpädagogischen Förderschwerpunkt („körperliche und motorische Entwicklung“, „Hören und Kommunikation“ oder „Sehen“) verbunden werden. In dem Fall wird kein zweites Fach gewählt.

Lehramt an Berufskollegs

Studienorte: Zum Fächerangebot in den Lehramtsstudiengängen erteilen die Hochschulen Auskunft.

Ausbildungsdauer: 6+4 Semester Regelstudienzeit; nach dem Masterabschluss 18 Monate Vorbereitungsdienst

Praktika: Es muss eine einschlägige fachpraktische Tätigkeit von 12 Monaten Dauer nachgewiesen werden. Der überwiegende Teil davon vor dem Studium. Im Bachelorstudium selbst sind ein Eignungs- und Orientierungspraktikum sowie ein (in der Regel) außerschulisches Berufsfeldpraktikum verpflichtend; im Masterstudium gibt es ein Praxissemester.

Fächer und Kombinationen

Angehende Lehrkräfte an Berufskollegs entscheiden sich zunächst zwischen drei möglichen Kombinationen. Sie können

- zwei Unterrichtsfächer,
- zwei berufliche Fachrichtungen oder
- ein Unterrichtsfach und eine berufliche Fachrichtung wählen.

Lehramt für sonderpädagogische Förderung

Studienorte: Zum Fächerangebot in den Lehramtsstudiengängen erteilen die Hochschulen Auskunft.

Ausbildungsdauer: 6+4 Semester Regelstudienzeit; nach dem Masterabschluss 18 Monate Vorbereitungsdienst

Praktika: ein Eignungs-, ein Orientierungspraktikum sowie ein (in der Regel) außerschulisches Berufsfeldpraktikum im Bachelorstudium; Praxissemester im Masterstudiengang

Fächer und Kombinationen

Es werden zwei Unterrichtsfächer und zwei sonderpädagogische Fachrichtungen studiert. Ein Unterrichtsfach muss aus dem 1. Fächerkanon gewählt werden, das zweite kann frei gewählt werden.

1. Deutsch, Mathematik, Lernbereich Sprachliche Grundbildung, Lernbereich Mathematische Grundbildung
2. Englisch, Religionslehre (evangelische, katholische oder islamische), Kunst, Musik, Sport, Biologie, Chemie, Französisch, Geschichte, Hauswirtschaft (Konsum/Ernährung/Gesundheit), Informatik, Physik, Praktische Philosophie, Sozialwissenschaften (Politikwissenschaft, Soziologie, Wirtschaftswissenschaft, Technik, Textilgestaltung

Aus den sonderpädagogischen Fachrichtungen muss entweder der

- Förderschwerpunkt Lernen oder
- der Förderschwerpunkt emotionale und soziale Entwicklung

gewählt werden. Beide Fachrichtungen können miteinander kombiniert werden, alternativ ist einer der folgenden Förderschwerpunkte zu wählen:

- Förderschwerpunkt geistige Entwicklung
- Förderschwerpunkt Hören und Kommunikation
- Förderschwerpunkt körperliche und motorische Entwicklung
- Förderschwerpunkt Sehen
- Förderschwerpunkt Sprache

Weiterführende Informationen

Zum Fächerangebot in den Lehramtsstudiengängen erteilen die Hochschulen Auskunft.

Über das Studienangebot informiert zudem der Hochschulkompass der HRK auf der Internetseite www.hochschulkompass.de, auch verfügbar über die Internetseite des Ministeriums für Innovation, Wissenschaft und Forschung des Landes Nordrhein-Westfalen (www.mkw.nrw/hochschule-und-forschung/studium-und-lehre/studiengaenge-nrw).

Weitere Informationen zu Studienstandorten, Studienangebot sowie Fachkombinationen/Kombinationsgeboten finden sich im Internet auf der Seite www.wissenschaft.nrw.de und auf den Seiten der lehrerausbildenden Hochschulen. Die Internetseite www.schulministerium.nrw.de enthält Informationen zu gesetzlichen Grundlagen, Berufsaussichten, Mangelfächern u.a. ■

➔ links

➔ Lehrer werden
Bildungsportal des Ministeriums für Schule und Bildung des Landes Nordrhein-Westfalen zum Berufsziel „Lehrer“
➔ www.lehrer-werden.nrw

Lehrerausbildungsgesetz
➔ www.schulministerium.nrw.de/docs/Recht/LAusbildung/LABG/

Lehramtszugangsverordnung
➔ www.recht.nrw.de
(Suchbegriff: Lehramtszugangsverordnung)

Portal ELISE
Informationsportal zum Eignungspraktikum
➔ www.elise.nrw.de

3.10.11 Lehramtsausbildung in Rheinland-Pfalz

In Rheinland-Pfalz erfolgt die Lehrer*innenausbildung für folgende Lehramtstypen: Lehramt an Grundschulen, Lehramt an Realschulen plus, Lehramt an Gymnasien, Lehramt an berufsbildenden Schulen, Lehramt an Förderschulen.

Struktur der Lehramtsausbildung

Lehramtsstudiengänge werden als konsekutives Studienkonzept mit Bachelor- und Masterstudiengängen an den Universitäten angeboten. Das dreijährige Bachelorstudium beinhaltet lehramtsübergreifende und lehramtsspezifische Inhalte. Es beginnt mit einem Grundlagenstudium. Zum fünften Semester ist der lehramtsspezifische ▸

Schwerpunkt zu wählen. Hinsichtlich der angebotenen lehramtsspezifischen Schwerpunkte sowie der Hinweise für das Masterstudium wird auf die Informationen der Hochschulen verwiesen.

Das Masterstudium ist lehramtsspezifisch konzipiert und dauert zwei Semester für das Lehramt an Grundschulen, drei Semester für das Lehramt an Realschulen plus bzw. an Förderschulen, vier Semester für die Lehrämter an Gymnasien und an berufsbildenden Schulen.

Die Bachelor- und Masterstudiengänge sind Hochschulstudiengänge mit studienbegleitenden (Modul-)Prüfungen und werden als Erste Staatsprüfung für das jeweilige Lehramt anerkannt.

Lehramt an Grundschulen

Studienorte: Koblenz-Landau U (Campus Koblenz / Campus Landau), Trier U

Ausbildungsdauer: 6+2 Semester Regelstudienzeit (inkl. Schulpraktika); nach der Ersten Staatsprüfung 18 Monate Vorbereitungsdienst

Praktika: zwei orientierende Praktika, ein vertiefendes Praktikum im Bachelor, ein Vertiefendes Praktikum im Master

Fächer und Kombinationen

In den ersten vier Semestern des Bachelorstudiums werden das Fach Bildungswissenschaften und jeweils ein Fach aus der Fächergruppe Deutsch, Englisch, Französisch, Mathematik sowie aus der Fächergruppe Bildende Kunst, Biologie, Chemie, Deutsch, Englisch, Ethik, Evangelische Religionslehre, Französisch, Geografie, Geschichte, Katholische Religionslehre, Mathematik, Musik, Physik, Sozialkunde, Sport, Wirtschaft und Arbeit studiert.

Ab dem fünften Semester des Bachelorstudiums folgt das Fach Grundschulbildung mit den Studienbereichen Bildungswissenschaftliche Grundlegung, Deutsch, Mathematik, Fremdsprachliche Bildung, Sachunterricht, Ästhetische Bildung.

Das Fach Grundschulbildung wird zusammen mit einem Wahlpflichtbereich (Bildende Kunst, Musik, eine Religionslehre oder Sport) im Masterstudium fortgeführt.

Lehramt an Realschulen plus

Studienorte: Kaiserslautern TU, Koblenz-Landau U, Trier U

Ausbildungsdauer: 6+3 Semester Regelstudienzeit (inkl. Schulpraktika); nach der Ersten Staatsprüfung 18 Monate Vorbereitungsdienst

Praktika: zwei orientierende Praktika, ein vertiefendes Praktikum im Bachelor, ein vertiefendes Praktikum im Master

Fächer und Kombinationen

Der Studiengang Lehramt an Realschulen plus umfasst folgende Fächer:

- Bildungswissenschaften
- zwei Fächer aus der Fächergruppe Bildende Kunst, Biologie, Chemie, Deutsch, Englisch, Ethik, Evangelische Religionslehre, Französisch, Geografie, Geschichte, Informatik, Katholische Religionslehre, Mathematik, Musik, Physik, Sozialkunde, Sport, Wirtschaft und Arbeit

Lehramt an Gymnasien

Studienorte: Kaiserslautern TU, Koblenz-Landau U, Mainz U, Trier U

Ausbildungsdauer: 6 + 4 Semester Regelstudienzeit (inkl. Schulpraktika); nach der Ersten Staatsprüfung 18 Monate Vorbereitungsdienst

Praktika: zwei orientierende Praktika, ein vertiefendes Praktikum im Bachelor, ein vertiefendes Praktikum im Master

Fächer und Kombinationen

Der Studiengang Lehramt an Gymnasien umfasst folgende Fächer:

- Bildungswissenschaften
- zwei Fächer aus der Fächergruppe Bildende Kunst, Biologie, Chemie, Deutsch, Englisch, Evangelische Religionslehre, Französisch, Geografie, Geschichte, Griechisch, Informatik, Italienisch, Katholische Religionslehre, Latein, Mathematik, Musik, Philosophie/Ethik, Physik, Russisch, Sozialkunde, Spanisch, Sport.

Die Fächer Bildende Kunst und Musik können nicht in Kombination gewählt werden.

Lehramt an berufsbildenden Schulen

Studienorte: Kaiserslautern TU, Koblenz-Landau U (Campus Koblenz, in Zusammenarbeit mit HS Koblenz sowie PTH Vallendar), Mainz U

Ausbildungsdauer: 6 + 4 Semester Regelstudienzeit (inkl. Schulpraktika); nach der Ersten Staatsprüfung 18 Monate Vorbereitungsdienst

Praktika: zwei orientierende Praktika, ein vertiefendes Praktikum im Bachelor, ein vertiefendes Praktikum im Master

Fächer und Kombinationen

Der Studiengang Lehramt an beruflichen Schulen umfasst folgende Fächer:

- Bildungswissenschaften
- je ein Fach aus der Fächergruppe (berufliches Fach) Bautechnik, Elektrotechnik,

Gesundheit, Holztechnik, Metalltechnik, Pflege, Informationstechnik/Informatik, Wirtschaft sowie der Fächergruppe Biologie, Chemie, Deutsch, Englisch, Ethik, Evangelische Religionslehre, Französisch, Geografie, Informatik, Katholische Religionslehre, Mathematik, Physik, Sozialkunde, Spanisch, Sport.

Die Fächer Informationstechnik/Informatik und Informatik können nicht miteinander kombiniert werden.

Lehramt an Förderschulen

Studienort: Koblenz-Landau U (Campus Landau)

Ausbildungsdauer: 6 + 3 Semester Regelstudienzeit (inkl. Schulpraktika); nach der Ersten Staatsprüfung 18 Monate Vorbereitungsdienst.

Praktika: zwei orientierende Praktika, ein vertiefendes Praktikum im Bachelor, ein vertiefendes Praktikum im Master

Fächer und Kombinationen

In den ersten vier Semestern des Bachelorstudiums werden das Fach Bildungswissenschaften und jeweils ein Fach aus der Fächergruppe Deutsch, Mathematik, Wirtschaft und Arbeit sowie aus der Fächergruppe Bildende Kunst, Biologie, Chemie, Deutsch, Englisch, Ethik, Evangelische Religionslehre, Französisch, Geografie, Geschichte, Katholische Religionslehre, Mathematik, Musik, Physik, Sozialkunde, Sport, Wirtschaft und Arbeit studiert.

Ab dem fünften Semester ist das Studium der beiden Fächer sowie der Bildungswissenschaften abgeschlossen. Stattdessen studieren die künftigen Lehrkräfte das Fach Grundlagen sonderpädagogischer Förderung (Sonderpädagogik).

Das Fach Grundlagen sonderpädagogischer Förderung wird im Masterstudium fortgeführt. Hinzu kommen außerdem zwei der folgenden Schwerpunkte sonderpädagogischer Förderung: Ganzheitliche Entwicklung, Motorische Entwicklung, Lernen, Sprache, Sozial-emotionale Entwicklung. ■

→ links

Informationen zum Lehramtsstudium sowie über die Praktikumsvergabe sind unter folgenden Adressen zu finden:

→ www.bm.rlp.de/de/bildung/schule/lehrerin-oder-lehrer-werden

→ www.schulpraktika.rlp.de

Selbsteinschätzungstest zur Eignung für den Lehrer*innenberuf
Ein Angebot des Ministeriums für Bildung

→ www.cct.rlp.de

Informationen zu den Einstellungsaussichten

3.10.12 Lehramtsausbildung im Saarland

Im Saarland wird für folgende Lehrämter ausgebildet: Lehramt für die Primarstufe (LP), Lehramt für die Sekundarstufe I (Klassenstufen 5–10) (LS1), Lehramt für die Sekundarstufen I und II (Gymnasium und Gemeinschaftsschulen) (LS 1+2) sowie Lehramt an beruflichen Schulen (LAB).

Struktur der Lehramtsausbildung

Die Lehramtsstudiengänge werden im Saarland – unter Beibehaltung der Staatsprüfung – in reformierter und modularisierter Form angeboten. Durch den Erwerb von Credit Points (CP) in den Lehrveranstaltungen und der Wissenschaftlichen Arbeit werden bereits 80 Prozent der Prüfungsleistung für die Erste Staatsprüfung studienbegleitend erbracht. Insgesamt müssen für LP und LS1 240 CP, für LS1+2 und LAB 300 CP erbracht werden.

Das Bestehen der Ersten Staatsprüfung berechtigt zum Eintritt in den Vorbereitungsdienst (18 Monate).

Lehramt für die Primarstufe

Studienort: Saarbrücken, Universität des Saarlandes (UdS)

Ausbildungsdauer: 8 Semester Regelstudienzeit (240 Credit Points); anschließend 18 Monate Vorbereitungsdienst

Praktika: 5-wöchiges Orientierungspraktikum, semesterbegleitendes fachdidaktisches Schulpraktikum in Sachunterricht, jeweils ein 4-wöchiges fachdidaktisches Schulpraktikum in Deutsch und Mathematik; 4-wöchiges Betriebspraktikum

Fächer und Kombinationen

Der Studiengang umfasst neben dem Fach Bildungswissenschaften auch die Studien- ▶

fächer der Primarstufe. Diese setzen sich wie folgt zusammen:

Im Pflichtbereich sind die Fächer Fachdidaktik Deutsch (Primarstufe), Fachdidaktik Mathematik (Primarstufe) und Didaktik des Sachunterrichts (Primarstufe) zu belegen.

Im Wahlpflichtbereich „Ästhetische Bildung/Werteerziehung" ist eines der folgenden Studienfächer zu wählen: Bildende Kunst, Musik, Sport, Evangelische bzw. Katholische Religion. Im Wahlpflichtbereich „Frühes Sprachenlernen und Mehrsprachigkeit" ist eines der folgenden Studienfächer zu wählen: Frühes Fremdsprachenlernen Französisch (FFF) bzw. Deutsch als Zweitsprache (DaZ).

In den Wahlpflichtbereichen stehen Veranstaltungen zu den relevanten Übergängen bzw. für die Bildung eines individuellen Qualifikationsprofils zur Auswahl. Eines der Studienfächer (außer DaZ) muss als Profilfach ausgewählt werden. Je nach Profilfach variiert die Anzahl der Credit Points (zwischen 30 und 50 CP). Eine Anmeldung zum Vorbereitungsdienst erfolgt dann mit „Didaktik der Primarstufe" und dem gewählten Profilfach. Das Fach Bildende Kunst wird an der Hochschule für Bildende Künste (HBK) Saar, das Fach Musik an der Hochschule für Musik (HfM) Saar studiert.

Lehramt für die Sekundarstufe I (Klassenstufe 5–10) (LS1)

Studienort: Saarbrücken, Universität des Saarlandes (UdS)

Ausbildungsdauer: 8 Semester Regelstudienzeit (240 Credit Points); anschließend 18 Monate Vorbereitungsdienst

Praktika: 5-wöchiges Orientierungspraktikum (davon 2 Wochen Grundschule, 3 Wochen weiterführende Schule), jeweils ein semesterbegleitendes fachdidaktisches Schulpraktikum im 1. und 2. Fach sowie ein 4-wöchiges fachdidaktisches Schulpraktikum im 1. und 2. Fach; 4-wöchiges Betriebspraktikum

Fächer und Kombinationen

Der Studiengang umfasst das Studium des Faches Bildungswissenschaften sowie das Studium zweier Lehramtsfächer einschließlich fachwissenschaftlicher, fachdidaktischer, fachpraktischer und schulpraktischer Studien. Ab dem 3. Semester können weitere Fächer studiert werden. Folgende Fächer können studiert werden: (Arbeitslehre), Bildende Kunst, Biologie, Chemie, Deutsch, Englisch, (Erdkunde), Evangelische Religion, Französisch, Geschichte, Katholische Religion, Mathematik, Musik, Philosophie/Ethik, Physik, (Sozialkunde/Politik), Sport.

Zu beachten: Das Studium der in Klammern angegebenen Fächer wird an den saarländischen Hochschulen nicht angeboten; aufgrund einer Kooperationsvereinbarung kann das Fach ggf. an einer Hochschule in Rheinland-Pfalz studiert und geprüft werden.

Das Fach Bildende Kunst wird an der Hochschule für Bildende Künste (HBK) Saar, das Fach Musik an der Hochschule für Musik (HfM) Saar studiert. Ein Kombinationsverbot besteht für die Fächer Evangelische und Katholische Religion. Das Ministerium für Bildung und Kultur kann in Ausnahmefällen die Wahl eines anderen Unterrichtsfaches zulassen.

Lehramt für die Sekundarstufe I und II (Gymnasien und Gemeinschaftsschulen) (LS1+2)

Studienort: Saarbrücken, Universität des Saarlandes (UdS)

Ausbildungsdauer: 10 Semester Regelstudienzeit (300 Credit Points); anschließend 18 Monate Vorbereitungsdienst

Praktika: 5-wöchiges Orientierungspraktikum (davon 2 Wochen Grundschule, 3 Wochen weiterführende Schule), jeweils ein semesterbegleitendes fachdidaktisches Schulpraktikum im 1. und 2. Fach sowie ein 4-wöchiges fachdidaktisches Schulpraktikum im 1. und 2. Fach; 4-wöchiges Betriebspraktikum

Fächer und Kombinationen

Der Studiengang umfasst das Studium des Faches Bildungswissenschaften sowie das Studium zweier Lehramtsfächer einschließlich fachwissenschaftlicher, fachdidaktischer, fachpraktischer und schulpraktischer Studien. Ab dem 3. Semester können weitere Fächer studiert werden.

Folgende Fächer können studiert werden: Bildende Kunst, Biologie, Chemie, Deutsch, Englisch, (Erdkunde), Evangelische Religion, Französisch, Geschichte, Griechisch, Informatik, (Italienisch), Katholische Religion, Latein, Mathematik, Musik, Philosophie/Ethik, Physik, (Sozialkunde/Politik), Spanisch, Sport.

Zu beachten: Das Studium der in Klammern angegebenen Fächer wird an den saarländischen Hochschulen nicht angeboten; aufgrund einer Kooperationsvereinbarung kann das Fach ggf. an einer Hochschule in Rheinland-Pfalz studiert und geprüft werden. Griechisch kann nur als zusätzliches Fach in Kombination mit Latein gewählt werden.

Das Fach Bildende Kunst wird an der Hochschule für Bildende Künste (HBK) Saar, das Fach Musik an der Hochschule für Musik (HfM) Saar studiert.

Das Fach Musik kann in normalem Umfang (115 CP) oder in erweitertem Umfang (142 CP) studiert werden. In letzterem Fall kann das zweite Fach nach den Anforderungen für LS1 studiert und hier die Lehrbefähigung für die Sekundarstufe I erworben werden (sofern dieses Fach im LS1-Studiengang angeboten wird).

Ein Kombinationsverbot besteht für die Fächer Evangelische und Katholische Religion.

Lehramt an beruflichen Schulen (LAB)

Studienort: Saarbrücken, Universität des Saarlandes (UdS)

Ausbildungsdauer: 10 Semester Regelstudienzeit; anschließend 18 Monate Vorbereitungsdienst

Praktika: 5-wöchiges Orientierungspraktikum (2 Wochen Gemeinschaftsschule, 3 Wochen berufliche Schule), jeweils ein semesterbegleitendes fachdidaktisches Schulpraktikum im beruflichen und im allgemeinbildenden Fach sowie ein 4-wöchiges fachdidaktisches Schulpraktikum im beruflichen und im allgemeinbildenden Fach; 36-wöchiges Betriebspraktikum

Fächer und Kombinationen

Der Studiengang umfasst das Studium des Faches Bildungswissenschaften, einer beruflichen Fachrichtung und eines allgemeinbildenden Unterrichtsfachs der beruflichen Schulen (Sekundarstufe II) einschließlich fachwissenschaftlicher, fachdidaktischer, fachpraktischer und schulpraktischer Studien. Ab dem 3. Semester können weitere Fächer studiert werden.

Als berufliche Fachrichtungen können gewählt werden: Informatik sowie Technik (mit den Vertiefungsrichtungen: Elektrotechnik, Mechatronik, Metalltechnik).

Als allgemeinbildende Unterrichtsfächer können gewählt werden: Bildende Kunst, Biologie, Chemie, Deutsch, Englisch, Evangelische Religion, Französisch, Informatik (nicht in Verbindung mit der beruflichen Fachrichtung Informatik), Katholische Religion, Mathematik, Musik, Philosophie/Ethik, Physik, (Sozialkunde/Politik), Sport.

Zu beachten: Das Studium des in Klammern angegebenen Faches wird an den saarländischen Hochschulen nicht angeboten; aufgrund einer Kooperationsvereinbarung kann das Fach ggf. an einer Hochschule in Rheinland-Pfalz studiert und geprüft werden.

Das Fach Bildende Kunst wird an der Hochschule für Bildende Künste (HBK) Saar, das Fach Musik an der Hochschule für Musik (HfM) Saar studiert. Das Ministerium für Bildung und Kultur kann im Einzelfall auch andere allgemeinbildende und berufliche Fächer zulassen.

Bachelor-/Masterstudiengang Wirtschaftspädagogik

Studienort: Saarbrücken, Universität des Saarlandes (UdS)

Der Studiengang Wirtschaftspädagogik sieht zwei Studienrichtungen zur Wahl (mit bzw. ohne allgemeinbildendes Fach) vor. Als allgemeinbildende Fächer können gewählt werden: Biologie, Chemie, Deutsch, Englisch, Evangelische Religion, Französisch, Informatik, Katholische Religion, Mathematik, Philosophie/Ethik, Physik, Sport.

Hinweis: An den Masterstudiengang Wirtschaftspädagogik (Studienrichtung II) schließt sich der 18-monatige Vorbereitungsdienst an und endet mit dem Zweiten Staatsexamen für das Lehramt an beruflichen Schulen.

Lehramt für Sonderpädagogik

Das Studium für das Lehramt der Sonderpädagogik wird im Saarland nicht angeboten. Die nächstgelegene Ausbildungsstätte ist die Universität Koblenz/Landau (*siehe Abschnitt 3.10.11 „Lehramtsausbildung in Rheinland-Pfalz“*). Der Vorbereitungsdienst kann jedoch im Saarland abgeleistet werden. ■

➔ links

Zentrum für Lehrerbildung an der Universität des Saarlandes
➔ www.uni-saarland.de/zfl

3.10.13 Lehramtsausbildung in Sachsen

In Sachsen erfolgt die Lehrer*innenausbildung für folgende Lehramtstypen: Lehramt an Grundschulen, Lehramt an Oberschulen, Lehramt an berufsbildenden Schulen, Lehramt an Gymnasien, Lehramt Sonderpädagogik.

Struktur der Lehramtsausbildung

Die Ausbildung in den modularisierten Lehramtsstudiengängen bis zur Ersten Staatsprüfung findet in Sachsen an drei Universitäten statt. Das Fach Musik kann an Musikhochschulen in Dresden und Leipzig studiert werden.

Für das Studium einiger Lehramtsfächer sind Nachweise über bestandene Eignungsprüfungen oder Sprachkenntnisse bereits vor Beginn des Studiums erforderlich.

Lehramt an Grundschulen

Studienorte: Chemnitz TU, Dresden TU, Leipzig U

Ausbildungsdauer: Regelstudienzeit 8 Semester; 18 Monate Vorbereitungsdienst

Praktika: 5 schulpraktische Studien, an der TU Dresden ist zusätzlich ein sog. Grundpraktikum verbindlich.

Fächer und Kombinationen

Es sind Bildungswissenschaften (Erziehungswissenschaft, Grundschulpädagogik, Pädagogische Psychologie), Schulpraktische Studien, ein Fach und die Grundschuldidaktik (Deutsch, Mathematik und Sachunterricht) zu wählen.

Lehramt an Oberschulen

Studienorte: Dresden TU, Leipzig U

Ausbildungsdauer: 9 Semester Regelstudienzeit, anschließend 18 Monate Vorbereitungsdienst

Praktika: 5 schulpraktische Studien, an der TU Dresden ist zusätzlich ein sog. Grundpraktikum verbindlich.

Fächer und Kombinationen

Es sind Bildungswissenschaften (Erziehungswissenschaft, Pädagogische Psychologie), Schulpraktische Studien und zwei miteinander kombinierte Fächer zu wählen. Diese können entweder beide aus der Fächergruppe 1 (Biologie, Deutsch, Englisch, Geografie, Mathematik, Physik, Sorbisch, Sport) stammen, oder es wird ein Fach aus der Fächergruppe 1 und ein Fach aus der Fächergruppe 2 gewählt (Chemie, Ethik/Philosophie, Evangelische Religion, Französisch, Gemeinschaftskunde/Rechtserziehung, Geschichte, Informatik, Katholische Religion, Kunst, Musik, Polnisch, Russisch, Spanisch, Tschechisch, Wirtschaft-Technik-Haushalt/Soziales). Zusätzlich kann das Fach Musik mit den Fächern Evangelische Religion, Katholische Religion oder Ethik/Philosophie kombiniert werden.

Zusätzlich kann das Fach Wirtschaft-Technik-Haushalt/Soziales mit dem Fach Informatik kombiniert werden. Die Ausbildung in den Fächern erstreckt sich auf die Fachwissenschaft und die Fachdidaktik. Nicht alle Fächer werden an beiden Universitäten angeboten.

Lehramt an berufsbildenden Schulen

Studienort: Dresden TU

Ausbildungsdauer: 10 Semester; anschließend 18 Monate Vorbereitungsdienst

Praktika: 5 schulpraktische Studien. Die Zulassung zur Ersten Staatsprüfung für das Lehramt an berufsbildenden Schulen setzt den Nachweis eines mindestens zwölfmonatigen berufsbereichsbezogenen Berufspraktikums oder einer berufsbereichsbezogenen abgeschlossenen Berufsausbildung voraus.

Fächer und Kombinationen

Es sind Bildungswissenschaften (Grundlagen der beruflichen Bildung und Gestaltung beruflichen Unterrichts, Pädagogische Psychologie), Schulpraktische Studien und eine Fachrichtung kombiniert mit einem Fach oder einer weiteren Fachrichtung zu wählen. Die Ausbildung in der Fachrichtung und im Fach erstreckt sich auf die Fachwissenschaft, die Didaktik des Berufsfeldes und die Fachdidaktik des Faches.

Folgende Fachrichtungen werden angeboten: Bautechnik, Elektrotechnik und Informationstechnik, Farbtechnik/Raumgestaltung und Oberflächentechnik, Gesundheit und Pflege, Holztechnik, Labor- und Prozesstechnik, Lebensmittel-, Ernährungs- und Hauswirtschaftswissenschaft, Metall- und Maschinentechnik, Sozialpädagogik.

Außerdem folgende Fächer: Chemie, Deutsch, Englisch, Ethik/Philosophie, Evangelische Religion, Französisch, Gemeinschaftskunde/Rechtserziehung/Wirtschaft, Geschichte, Informatik, Italienisch, Katholische Religion, Mathematik, Physik, Russisch.

Bei den Kombinationen gibt es einige Einschränkungen. Bitte informieren Sie sich hierzu in der entsprechenden Studienordnung der Fachrichtung oder des Faches.

Lehramt an Gymnasien

Studienorte: Dresden TU, Leipzig U

Ausbildungsdauer: 10 Semester; anschließend 18 Monate Vorbereitungsdienst

Praktika: 5 schulpraktische Studien, an der TU Dresden ist zusätzlich ein sog. Grundpraktikum verbindlich.

Fächer und Kombinationen

Es sind Bildungswissenschaften (Erziehungswissenschaft, Pädagogische Psychologie), Schulpraktische Studien und **zwei miteinander kombinierte Fächer** zu wählen. Diese können entweder beide aus der **Fächergruppe 1** (Biologie, Deutsch, Englisch, Französisch, Geografie, Latein, Mathematik, Physik, Sorbisch, Spanisch, Sport) gewählt werden, oder es wird ein Fach aus der Fächergruppe 1 sowie ein weiteres Fach aus der **Fächergruppe 2** gewählt (Chemie, Ethik/Philosophie, Evangelische Religion, Gemeinschaftskunde/Rechtserziehung/Wirtschaft, Geschichte, Griechisch, Informatik, Italienisch, Katholische Religion, Kunst, Musik, Polnisch, Russisch, Tschechisch).

Das Fach Musik kann zusätzlich mit den Fächern Ethik/Philosophie, Evangelische Religion oder Katholische Religion kombiniert werden. Die Ausbildung in den Fächern erstreckt sich auf die Fachwissenschaft und die Fachdidaktik. Nicht alle Fächer werden an beiden Universitäten angeboten.

Lehramt Sonderpädagogik

Studienort: Leipzig U

Ausbildungsdauer: 10 Semester Regelstudienzeit, anschließend 18 Monate Vorbereitungsdienst

Praktika: Sozialpraktikum (4 Wochen) vor dem Studium, semesterbegleitende Praktika und mindestens zwei Blockpraktika im Umfang von jeweils 4 Wochen

Fächer und Kombinationen

Es sind Bildungswissenschaften (Erziehungswissenschaft, Allgemeine Sonderpädagogik, Pädagogische Psychologie), schulpraktische Studien, ein studiertes Fach einschließlich der zugehörigen Fachdidaktik oder Grundschuldidaktik (Deutsch, Mathematik, Sachunterricht) und ein weiteres Fach (Kunst, Musik, Sport oder Werken) zu wählen sowie zwei Förderschwerpunkte: „Lernen“ und/oder „emotionale und soziale Entwicklung“ (einer der beiden Förderschwerpunkte ist verpflichtend) sowie „körperliche und motorische Entwicklung“, „Sprache“ oder „geistige Entwicklung“. ■

→ links

Informationen (z.B. zum Studium und zum Vorbereitungsdienst, zur Lehrereinstellung und Einstiegschancen) sind unter
→ www.lehrerbildung.sachsen.de/lehrerwerden.htm zu finden.

TU Chemnitz
→ www.tu-chemnitz.de/zlb/

TU Dresden
→ https://tu-dresden.de/zlsb

Universität Leipzig
→ www.zls.uni-leipzig.de

3.10.14 Lehramtsausbildung in Sachsen-Anhalt

In Sachsen-Anhalt erfolgt die Lehrer*innenausbildung für folgende Lehramtstypen: Lehramt an Grundschulen, Lehramt an Sekundarschulen, Lehramt an Gymnasien, Lehramt an berufsbildenden Schulen, Lehramt an Förderschulen.

Struktur der Lehramtsausbildung

An der Universität Halle-Wittenberg und der Burg Giebichenstein Kunsthochschule Halle wird das Lehramtsstudium modularisiert angeboten. Dabei bleibt der Abschluss des Ersten Staatsexamens erhalten. Eignungsprüfungen müssen in den Fächern Sport, Musik und Kunst bzw. Gestalten abgelegt werden.

An der Universität Magdeburg erfolgt die Lehramtsausbildung im Bachelor-Master-System. Der Abschluss Master of Education entspricht dem Ersten Staatsexamen. Eignungsprüfungen müssen an diesem Standort im Unterrichtsfach Sport abgelegt werden.

Lehramt an Grundschulen

Studienort: Halle U

Studiendauer: 8 Semester, nach der Ersten Staatsprüfung 16-monatiger Vorbereitungsdienst ▶

Praktika: ein Beobachtungspraktikum (2 Wochen), zwei unterrichtsfachbezogene Schulpraktika (insgesamt mindestens 8 Wochen), schulpraktische Übungen sowie ein außerunterrichtliches pädagogisches Praktikum

Fächer und Kombinationen

Die Fächer Deutsch und Mathematik sind als Unterrichtsfächer I und II zu belegen. Das als Unterrichtsfach I gewählte Fach wird vertieft studiert.

Das Unterrichtsfach III ist aus den Unterrichtsfächern Englisch, Ethik, Evangelische Religion, Gestalten, Katholische Religion, Musik, Sachunterricht und Sport zu wählen.

Die Bewerbung erfolgt für die konkrete Fächerkombination:

1. Deutsch/Mathematik/Evangelische oder Katholische Religion
2. Deutsch/Mathematik/Ethik
3. Deutsch/Mathematik / Englisch
4. Deutsch/Mathematik/Gestalten
5. Deutsch/Mathematik/Musik
6. Deutsch/Mathematik/Sachunterricht
7. Deutsch/Mathematik/Sport

Ergänzungsfach: Medienbildung (nach dem 2. Fachsemester)Das Studienfach Gestalten wird in Kooperation mit der Burg Giebichenstein Kunsthochschule Halle angeboten.

Lehramt an Sekundarschulen

Studienort: Halle U, Burg Giebichenstein Kunsthochschule Halle

Studiendauer: 8 Semester Regelstudienzeit (9 Semester, wenn Musik oder Kunsterziehung gewählt wurde); nach der Ersten Staatsprüfung 16-monatiger Vorbereitungsdienst

Praktika: ein Beobachtungspraktikum (2 Wochen), zwei unterrichtsfachbezogene Schulpraktika (insgesamt mindestens 8 Wochen), schulpraktische Übungen sowie ein außerunterrichtliches pädagogisches Praktikum.

Fächer und Kombinationen

Es müssen zwei Fächer gewählt werden. Bis auf die unten genannten ausgeschlossenen Kombinationen können prinzipiell alle Fächer miteinander kombiniert werden:

Biologie, Chemie, Deutsch, Englisch, Ethik, Evangelische Religion, Französisch, Geografie, Geschichte, Informatik (nur als Erweiterungsfach), Katholische Religion, Kunst (Burg Giebichenstein), Mathematik, Musik, Physik, Russisch, Sozialkunde, Sport.

Ergänzungsfächer:

- Deutsch als Zweitsprache (nach dem 3. Semester)
- Astronomie (bei Wahl eines der Fächer Mathematik, Physik oder Geografie)
- Medienbildung (nach dem 2. Fachsemester)

Ausgeschlossene Kombinationen: Kunst – Musik, Ethik – Evangelische bzw. Katholische Religion (auch wenn eines der Fächer als Erweiterungsfach studiert wird), Katholische Religion – Evangelische Religion (auch wenn eines der Fächer als Erweiterungsfach studiert wird). Ein Studium in den Fächern Russisch und Sozialkunde ist nur in Verbindung mit den Fächern Deutsch, Mathematik oder Englisch möglich.

Weitere Hinweise:
Kunst ist ein Studienfach an der Burg Giebichenstein Kunsthochschule Halle.

Studienort: Magdeburg U

Studiendauer: 6 Semester Regelstudienzeit (Bachelorstudium) + 4 Semester Regelstudienzeit (Masterstudium); nach dem Masterabschluss 16-monatiger Vorbereitungsdienst

Praktika: ein Orientierungspraktikum (4 Wochen), ein pädagogisches oder betriebliches Praktikum (4 Wochen), schulpraktische Übungen sowie ein Schulpraxissemester

Fächer und Kombinationen

Es müssen zwei Unterrichtsfächer gewählt werden. Die Bewerbung erfolgt für die konkreten Fächerkombinationen:

- Mathematik/Deutsch
- Mathematik/Ethik
- Mathematik/Physik
- Mathematik/Sozialkunde
- Mathematik/Sport

- Technik/Deutsch
- Technik/Ethik
- Technik/Mathematik
- Technik/Physik
- Technik/Sozialkunde
- Technik/Sport

- Wirtschaft/Deutsch
- Wirtschaft/Ethik
- Wirtschaft/Mathematik
- Wirtschaft/Sport

Ausgeschlossene Kombinationen: Mathematik – Mathematik, Wirtschaft – Physik, Wirtschaft – Sozialkunde

Lehramt an Gymnasien

Studienort: Halle U, Burg Giebichenstein Kunsthochschule Halle

Studiendauer: 9 Semester Regelstudienzeit (in der Kombination mit Musik oder Kunst

10 Semester); nach der Ersten Staatsprüfung 16-monatiger Vorbereitungsdienst

Praktika: ein Beobachtungspraktikum (2 Wochen), zwei unterrichtsfachbezogene Schulpraktika (insgesamt mindestens 8 Wochen), schulpraktische Übungen sowie ein außerunterrichtliches pädagogisches Praktikum

Fächer und Kombinationen

Es müssen zwei Fächer gewählt werden. Bis auf die in den Hinweisen genannten ausgeschlossenen Kombinationen können prinzipiell alle Fächer miteinander kombiniert werden:

Biologie, Chemie, Deutsch, Englisch, Ethik, Evangelische Religion, Französisch, Geografie, Geschichte, Griechisch, Informatik, Italienisch, Katholische Religion, Kunst (Burg Giebichenstein), Latein, Liturgische Musik (Evangelische Hochschule für Kirchenmusik Halle), Mathematik, Musik, Philosophie, Physik, Russisch, Sozialkunde, Spanisch, Sport.

Ergänzungsfächer:

- Deutsch als Zweitsprache, (nach dem 3. Semester)
- Astronomie (bei Wahl eines der Fächer Mathematik, Physik oder Geografie).
- Medienbildung (nach dem 2. Fachsemester)

Ausgeschlossene Kombinationen:

Kunst – Musik, Ethik – Evangelische bzw. Katholische Religion (auch wenn eines der Fächer als Erweiterungsfach studiert wird), Philosophie – Evangelische bzw. Katholische Religion (auch wenn eines der Fächer als Erweiterungsfach studiert wird), Katholische Religion – Evangelische Religion (auch wenn eines der Fächer als Erweiterungsfach studiert wird), Ethik – Philosophie (die Kombination ist möglich, wenn eines der Fächer als Erweiterungsfach gewählt wird). Ein Studium in den Fächern Russisch und Spanisch ist nur in Verbindung mit den Fächern Deutsch, Mathematik oder Englisch möglich.

Weitere Hinweise:

Liturgische Musik, ein Fach an der Evangelischen Hochschule für Kirchenmusik Halle, kann nur mit dem Fach Musik an der Universität Halle kombiniert werden.

Kunst ist ein Studienfach an der Burg Giebichenstein Kunsthochschule Halle.

Studienort: Magdeburg U

Studiendauer: 6 Semester Regelstudienzeit (Bachelorstudium) + 4 Semester Regelstudienzeit (Masterstudium), nach dem Masterabschluss 16-monatiger Vorbereitungsdienst

Praktika: ein Orientierungspraktikum (4 Wochen), ein pädagogisches oder betriebliches Praktikum (4 Wochen), schulpraktische Übungen sowie ein Schulpraxissemester

Fächer und Kombinationen

Es müssen zwei Unterrichtsfächer gewählt werden. Die Bewerbung erfolgt für die konkreten Fächerkombinationen:

- Mathematik/Deutsch
- Mathematik/Ethik
- Mathematik/Physik
- Mathematik/Sozialkunde
- Mathematik/Sport

- Technik/Deutsch
- Technik/Ethik
- Technik/Mathematik
- Technik/Physik
- Technik/Sozialkunde
- Technik/Sport

- Wirtschaft/Deutsch
- Wirtschaft/Ethik
- Wirtschaft/Mathematik
- Wirtschaft/Sport

Ausgeschlossene Kombinationen:

Mathematik – Mathematik, Wirtschaft – Physik, Wirtschaft – Sozialkunde

Lehramt an berufsbildenden Schulen

Studienort: Magdeburg U

Studiendauer: 6 Semester Regelstudienzeit (Bachelorstudium) + 4 Semester Regelstudienzeit (Masterstudium): nach dem Masterabschluss 16-monatiger Vorbereitungsdienst

Praktika: ein Orientierungspraktikum (4 Wochen), schulpraktische Übungen sowie fach(richtungs)bezogene professionspraktische Studien

Berufspraktikum: Für die Zulassung zum Vorbereitungsdienst ist eine einschlägige berufspraktische Tätigkeit im Umfang von 52 Wochen nachzuweisen, wobei eine fachrichtungsbezogene Berufsausbildung als berufspraktische Tätigkeit anerkannt wird.

Fächer und Kombinationen

Studiert wird in der Regel eine berufliche Fachrichtung und ein Unterrichtsfach. **Berufliche Fachrichtungen:** Bautechnik, Elektrotechnik, Gesundheit und Pflege (nur im Master), Informationstechnik, Metalltechnik, Labor- und Prozesstechnik, Wirtschaft und Verwaltung. **Unterrichtsfächer:** Deutsch, Ethik, Informatik, Mathematik, Physik, Sozialkunde oder Sport

Ausgeschlossene Kombinationen: Informationstechnik – Informatik, Gesundheit und Pflege – Physik, Wirtschaft und Verwaltung – Physik.

Anmerkungen zu Studienprogrammen mit Kooperationshochschulen: ▶

Absolvent*innen des Bachelorstudienganges Ingenieurpädagogik (HS Merseburg oder HS Harz) studieren im Master zwei berufliche Fachrichtungen. Absolvent*innen des Bachelorstudienganges Ingenieurpädagogik (Hochschule Merseburg) studieren im Master 2 der folgenden beruflichen Fachrichtungen (und kein Unterrichtsfach): Elektrotechnik, Informationstechnik, Labor- und Prozesstechnik oder Metalltechnik. Absolvent*innen des Bachelorstudienganges Ingenieurpädagogik (Hochschule Harz) studieren im Master die beiden beruflichen Fachrichtungen Elektrotechnik und Informationstechnik (und kein Unterrichtsfach). Absolvent*innen der Bachelorstudiengänge Evidenzbasierte Pflege (Martin-Luther-Universität Halle) und Angewandte Pflegewissenschaften/Angewandte Pflegewissenschaften im Praxisverbund (Ostfalia Hochschule Wolfsburg) studieren im Master zwei berufliche Fachrichtungen: Pflege in Kombination mit der affinen Fachrichtung Gesundheit.

Lehramt an Förderschulen
(Rehabilitationspädagogik)

Studienort: Halle U

Studiendauer: 9 Semester Regelstudienzeit (10 Semester, wenn Musik oder Kunsterziehung gewählt wurde); nach der Ersten Staatsprüfung 16-monatiger Vorbereitungsdienst

Praktika: Beobachtungspraktikum (2 Wochen), schulpraktische Übungen (SPÜ) , Außerunterrichtliches pädagogisches Praktikum/Sozialpraktikum, förderdiagnostisches Praktikum, fachrichtungsbezogene Schulpraktika I und II in den gewählten rehabilitationspädagogischen Fachrichtungen insgesamt 8 Wochen)

Fächer und Kombinationen

Für das Lehramt an Förderschulen können folgende Kombinationen von zwei förderpädagogischen Fachrichtungen studiert werden: Geistigbehindertenpädagogik/Körperbehindertenpädagogik, Geistigbehindertenpädagogik/Verhaltensgestörtenpädagogik, Lernbehindertenpädagogik/Sprachbehindertenpädagogik, Lernbehindertenpädagogik/Verhaltensgestörtenpädagogik, Sprachbehindertenpädagogik/Körperbehindertenpädagogik. Außerdem müssen ein Sekundarschulfach oder zwei Grundschulfächer gewählt werden. Folgende Sekundarschulfächer können gewählt werden: Biologie, Chemie, Deutsch, Englisch, Kunst, Ethik, Evangelische Religion, Französisch, Geografie, Geschichte, Katholische Religion, Mathematik, Musik, Physik, Russisch, Sozialkunde, Sport.

Ergänzungsfach: Medienbildung (nach dem 2. Fachsemester)

Weitere Hinweise:

Kunst ist ein Studienfach an der Kunsthochschule Halle „Burg Giebichenstein".

Werden zwei Grundschulfächer gewählt, muss eines der beiden Fächer Deutsch oder Mathematik sein. Das zweite Fach kann aus den folgenden Fächern ausgewählt werden: Deutsch, Mathematik, Englisch, Ethik, Evangelische/Katholische Religion, Gestalten, Sachunterricht, Musik oder Sport. ■

➔ links

Studien-Webseite des Landes
➔ www.wirklichweiterkommen.de

Webseiten der Hochschulen
Martin-Luther-Universität Halle-Wittenberg
➔ www.uni-halle.de

Otto von Guericke Universität Magdeburg
➔ www.ovgu.de/lehramt

Burg Giebichenstein Kunsthochschule Halle
➔ www.burg-halle.de

3.10.15 Lehramtsausbildung in Schleswig-Holstein

In Schleswig-Holstein erfolgt die Lehrer*innenausbildung für folgende Lehrämter: Lehramt an Grundschulen, Lehramt an Gymnasien, Lehramt an Gemeinschaftsschulen, Lehramt für Sonderpädagogik, Lehramt an berufsbildenden Schulen.

Struktur der Lehramtsausbildung

Die Ausbildung in den Lehramtsstudiengängen findet in Schleswig-Holstein an der Christian-Albrechts-Universität zu Kiel und an der Europa-Universität Flensburg sowie für das Fach Musik auch an der Musikhochschule Lübeck statt. An der Christian-Albrechts-Universität zu Kiel beträgt die Ausbildungsdauer im Bachelor sechs

Semester, im Master vier Semester Regelstudienzeit.

An der Europa-Universität Flensburg ist für das Lehramt an Grundschulen, Gemeinschaftsschulen, Gymnasien oder Sonderpädagogik zunächst ein noch nicht unmittelbar schulartbezogener sechssemestriger Bachelorstudiengang in Bildungswissenschaften zu studieren. Dieser umfasst zwei Fächer sowie „Bildung, Erziehung, Gesellschaft". Studierende der Sonderpädagogik wählen Sonderpädagogik als eines ihrer Fächer. Im Anschluss an das bildungswissenschaftliche Bachelorstudium an der Europa-Universität Flensburg kann – je nach Fächerkombination – ein viersemestriger schulartenbezogener „Master of Education"-Studiengang aufgenommen werden.

Das Studium für das Lehramt an Gymnasien wird an der Musikhochschule Lübeck im Rahmen des Studiengangs „Musik Vermitteln" in den Varianten des sog. „Doppelfachstudiums" sowie des „Zwei-Fächer-Studiums" angeboten, letzteres in Kooperation mit der Universität Hamburg bzw. für das Zweitfach „Mathematik Vermitteln" in Kooperation mit der Universität zu Lübeck. Die Regelstudienzeit beträgt im Bachelorstudiengang 8 Semester, im Masterstudiengang 4 Semester.

Lehramt an Grundschulen

Studienort: Flensburg U

Ausbildungsdauer: 6 + 4 Semester Regelstudienzeit; anschließend 18 Monate Vorbereitungsdienst

Praktika: zwei semesterbegleitende Orientierungspraktika und ein 3-wöchiges fachdidaktisches Praktikum im Bachelorstudium; ein Praxissemester im Masterstudium

Fächer und Kombinationen

Neben dem Bereich Pädagogik umfasst der Masterstudiengang „Lehramt an Grundschulen" zwei Fächer und zwei disziplinäre bzw. interdisziplinäre Lernbereiche.

Als Fächer können gewählt werden: Dänisch, Deutsch, Englisch, Ev. Religion, Kath. Religion, Kunst, Mathematik, Musik, Philosophie, Sachunterricht, Sport, Technik, Textillehre und Darstellendes Spiel/Theater (der Teilstudiengang soll im Bachelorstudium im Herbstsemester 2021/22 beginnen, in den Masterstudiengängen darauf aufbauend im Herbstsemester 2024/25).

Ein Studiengang muss mindestens Deutsch, Mathematik, Englisch oder Sachunterricht sein. Als disziplinäre Lernbereiche werden angeboten: Deutsch, Deutsch als Zweit- und Fremdsprache, Mathematik.

Als interdisziplinäre Lernbereiche werden angeboten: Ästhetisch-kultureller Lernbereich, Bewegung und Gesundheit, Darstellendes Spiel, Ernährung, Friesisch, Globales Lernen, Naturphänomene in der Grundschule, Niederdeutsch, Umgang mit normativen Fragen.

Wenn Deutsch nicht als Teilstudiengang studiert wird, muss der Lernbereich Deutsch oder der Lernbereich Deutsch als Zweit- oder Fremdsprache gewählt werden. Wenn Mathematik nicht als Teilstudiengang studiert wird, muss der Lernbereich Mathematik gewählt werden.

Lehramt an Gymnasien

Studienort: Kiel U

Ausbildungsdauer: 6 + 4 Semester Regelstudienzeit, danach 18 Monate Vorbereitungsdienst

Praktika: ein pädagogisches Praktikum (3 Wochen) und ein fachdidaktisches Praktikum (3 Wochen) im Bachelorstudium; ein Praxissemester im Masterstudium

Fächer und Kombinationen

Es werden zwei Fächer für das sechssemestrige Bachelorstudium (Zwei-Fächer-Bachelor) sowie der Profilierungsbereich „Lehramt an Gymnasien" einschließlich Fachdidaktik und Schulpraktika studiert. Im viersemestrigen konsekutiven Masterstudium, das mit dem „Master of Education" abschließt, wird das Studium der beiden Fächer des Bachelorstudiengangs weitergeführt.

Für das Fach Kunst besteht zum Teil eine Kooperation mit der Muthesius Kunsthochschule. Seit dem WS 2019/20 bietet die Kiel U zusätzlich den Ein-Fach-Masterstudiengang Kunst an.

Eine Übersicht der **Kombinationsmöglichkeiten** unter den Fächern gibt es im „Studienfachangebot der Christian-Albrechts-Universität zu Kiel" (www.studservice.uni-kiel.de/sfangebot.shtml). Für einige Fächer sind besondere praktische Tätigkeiten oder Sprachnachweise erforderlich. Diese können in der „Satzung über den Nachweis einer praktischen Tätigkeit oder von Fremdsprachenkenntnissen" eingesehen werden (www.studium.uni-kiel.de/de/pruefungen/ba-ma/ordnungen-ba-ma, Suchwort Studienqualifikationssatzung).

In Fächern, in denen das Lehrangebot dies zulässt, besteht zusätzlich zum Zwei-Fächer-Studium mit dem Profil Lehramt an Gymnasien oder mit dem Profil Wirtschaftspädagogik die Möglichkeit, ein Erweiterungs- oder Ergänzungsfach zu wählen. Das Erweiterungsstudium bietet die Möglichkeit, die Lehrbefugnis für ein drittes Schulfach zu erlangen. Das Ergänzungsstudium bietet die Möglichkeit, zusätzliche ▶

Qualifikationen zu erwerben, die eine verbesserte Berufsperspektive bieten. Erweiterungsfächer können (mit Ausnahme von Griechisch und Informatik) erst ab dem dritten Fachsemester belegt werden.

Mögliche Erweiterungsfächer sind: Dänisch, Evangelische Religionslehre, Französisch, Geschichte, Griechische Philologie, Informatik, Italienisch, Kunst, Lateinische Philologie, Mathematik, Philosophie, Russisch, Spanisch. Mögliche Ergänzungsfächer sind: Deutsch als Zweitsprache/Deutsch als Fremdsprache, Frisistik, Niederdeutsch, Türkisch.

Bei einer Kombination mit dem Schulfach Italienisch ist es nach derzeitigem Stand nicht möglich, in Schleswig-Holstein in den Vorbereitungsdienst einzutreten.

Studienort: Flensburg U

Ausbildungsdauer: 6 + 4 Semester Regelstudienzeit, danach 18 Monate Vorbereitungsdienst

Praktika: zwei semesterbegleitende Orientierungspraktika und ein 3-wöchiges fachdidaktisches Praktikum im Bachelorstudium; ein Praxissemester im Masterstudium

Fächer und Kombinationen

Als Teilstudiengänge, die auf entsprechenden Fachunterricht im Sekundarlehramt vorbereiten, werden an der Europa-Universität Flensburg angeboten: Dänisch, Deutsch, Englisch, Französisch, Geschichte, Kunst, Mathematik, Spanisch, Sport, Wirtschaft/Politik sowie Darstellendes Spiel/Theater (der Teilstudiengang soll im Bachelorstudium im Herbstsemester 2021/22 beginnen, in den Masterstudiengängen darauf aufbauend im Herbstsemester 2024/25). Alle Fächer sind miteinander kombinierbar.

Studienort: Lübeck Musikhochschule

Ausbildungsdauer: 8 + 4 Semester Regelstudienzeit, danach 18 Monate Vorbereitungsdienst

Praktika: ein Einführungspraktikum (150 Stunden, „Musikvermittlung" innerhalb und außerhalb der Schule) und ein 4-wöchiges Schulpraktikum im Bachelorstudium; ein Praxissemester im Masterstudium.

Fächer und Kombinationen

Das Studium des Fachs Musik in Kombination mit einem wissenschaftlichen Zweitfach wird an der Musikhochschule Lübeck in Kooperation mit der Universität Hamburg, der Europa-Universität Flensburg und der Universität zu Lübeck (Fach Mathematik) durchgeführt. Die Zulassung zum Studium an der Musikhochschule Lübeck erfolgt aufgrund von Eignungsprüfungen (Nähere Informationen unter: www.mh-luebeck.de/studium).

Die Ausbildung von Musiklehrer*innen kann als Doppelfachstudium sowohl im Bachelor- als auch im Masterstudiengang allein an der Musikhochschule Lübeck absolviert werden. An der Europa-Universität Flensburg gibt es für die weiterführenden allgemeinbildenden Schularten das Sekundarschullehramt mit zwei Sek.-II-Fächern und darauf vorbereitende Studiengänge.

Lehramt an Gemeinschaftsschulen

Studienort: Flensburg U

Ausbildungsdauer: 6 + 4 Semester Regelstudienzeit, danach 18 Monate Vorbereitungsdienst

Praktika: zwei semesterbegleitende Orientierungspraktika und ein 3-wöchiges fachdidaktisches Praktikum im Bachelorstudium; ein Praxissemester im Masterstudium

Fächer und Kombinationen

Zur Aufnahme des Masters of Education für das Lehramt an Gemeinschaftsschulen können als Fächer gewählt werden:

Bereich 1 (Sek. II): Dänisch, Deutsch, Englisch, Französisch, Geschichte, Kunst, Mathematik, Spanisch, Sport, Wirtschaft/Politik und (geplant) Darstellendes Spiel/Theater (der Teilstudiengang soll im Bachelorstudium im Herbstsemester 2021/22 beginnen, in den Masterstudiengängen darauf aufbauend im Herbstsemester 2024/25).

Bereich 2 (Sek. I): Biologie, Chemie, Evangelische Religion, Geografie, Ernährung und Verbraucherbildung, Katholische Religion, Kunst, Musik, Philosophie, Physik, Sport, Technik, Textillehre.

Eines der beiden Fächer muss aus **Bereich 1** gewählt werden.

Eine Kombination von zwei Fächern aus dem **Bereich 1** ist nicht möglich, weil dies zu dem zuvor beschriebenen Lehramt an Gymnasien führt.

Lehramt für Sonderpädagogik

Studienort: Flensburg U

Ausbildungsdauer: 6 + 4 Semester Regelstudienzeit, danach 18 Monate Vorbereitungsdienst

Praktika: zwei semesterbegleitende Orientierungspraktika und ein 3-wöchiges fachdidaktisches Praktikum im Bachelorstudium; ein Praxissemester im Masterstudium

Fächer und Kombinationen

Zu Beginn des Bachelorstudiums wählen die Studierenden zwei der folgenden sonderpädagogischen Fachrichtungen: Lernbehinderten-

und Förderpädagogik, Pädagogik für Menschen mit Sprach- und Kommunikationsstörungen, Pädagogik bei Verhaltensstörungen und Erziehungshilfe, Pädagogik für Menschen mit geistiger und schwerster Behinderung.

Folgende Unterrichtsfächer können mit dem Schwerpunkt Primarstufe oder Sekundarstufe studiert werden: Biologie, Chemie, Dänisch, Deutsch, Englisch, Ernährung und Verbraucherbildung, evangelische Religion, Geografie, Geschichte, katholische Religion, Kunst, Mathematik, Musik, Philosophie, Physik, Sachunterricht, Sport, Technik, Textillehre, Wirtschaft/Politik und Darstellendes Spiel/Theater (der Teilstudiengang soll im Bachelorstudium im Herbstsemester 2021/22 beginnen, in den Masterstudiengängen darauf aufbauend im Herbstsemester 2024/25).

Lehramt an berufsbildenden Schulen

Studienorte: Kiel U, Flensburg U

Ausbildungsdauer: 6 + 4 Semester Regelstudienzeit, anschließend 18 Monate Vorbereitungsdienst

Praktika: Im Bachelorstudium wird ein fachdidaktisches Schulpraktikum absolviert, im Masterstudium ist das Praxismodul „Komplementäre Unterrichts-/Didaktikkompetenz" Pflicht.

Fächer und Kombinationen

Voraussetzung für ein Studium an der **Europa-Universität Flensburg**, das auf das Lehramt an berufsbildenden Schulen (gewerblich-technischer Bereich und Ernährungs- und Hauswirtschaftswissenschaft) vorbereitet, ist ein abgeschlossenes Studium mit einem einschlägigen Bachelorabschluss in einem Umfang von 180 LP oder ein mindestens gleichwertiger Abschluss in einem der Teilstudiengänge Elektrotechnik, Fahrzeugtechnik, Informationstechnik, Metalltechnik sowie Ernährungs- und Hauswirtschaftswissenschaften. Außerdem wird eine abgeschlossene Berufsausbildung oder ein mindestens einjähriges Praktikum in der gewählten Fachrichtung vorausgesetzt.

Der hierauf aufbauende **Masterstudiengang** in den Fachrichtungen Elektrotechnik, Fahrzeugtechnik, Informationstechnik, Metalltechnik (Maschinenbau) sowie Ernährungs- und Hauswirtschaftswissenschaften umfasst neben der jeweiligen beruflichen Fachrichtung auch Module der Berufspädagogik sowie ein allgemeinbildendes Fach (Englisch, Mathematik, Physik oder Wirtschaft/Politik).

In Kooperation mit dem für Wissenschaft zuständigen Ministerium wird seit dem Herbstsemester 2019/20 an der Europa-Universität Flensburg ein Dualer Studiengang für die Gewinnung von Lehrkräften an berufsbildenden Schulen angeboten. Zu den Bedingungen siehe

1. www.uni-flensburg.de/portal-studieninteressierte/bewerbung/bewerbung-master/lehramt-an-beruflichen-schulen-duales-studium/

sowie

2. www.schleswig-holstein.de/DE/Landesregierung/Themen/BildungHochschulen/LehrkraefteSH/QuerSeiteneinstieg/documents/dualesStudium.html

An der **Christian-Albrechts-Universität zu Kiel** ist das Fach Wirtschaftswissenschaft mit folgenden Schulfächern kombinierbar: Deutsch, Englisch, Evangelische Religionslehre, Französisch, Geografie, Geschichte, Informatik, Mathematik, Philosophie, Spanisch, Sportwissenschaft.

Im Fach Informatik wird die Durchführung des Vorbereitungsdienstes im Rahmen vorhandener Kapazitäten ermöglicht. Lehrkräfte mit einem grundständigen Fach Informatik können nach Absolvierung von Studium und Vorbereitungsdienst von den Schulen im Rahmen vorhandener Kapazitäten und der nötigen Fächerversorgung angefordert werden.

Hinweise: An der **Europa-Universität Flensburg** absolvieren die Studierenden mit dem Ziel Lehramt an Grundschulen, Lehramt an Gemeinschaftsschulen, Lehramt an Gymnasien sowie Lehramt für Sonderpädagogik im Bachelorstudium ein Orientierungspraktikum (15 Tage), ein Schulpraktikum (bei dem die Praktikant*innen einmal wöchentlich eine Patenklasse betreuen) und ein dreiwöchiges Vertiefungspraktikum in einem selbst gewählten Berufsfeld (in der Regel im fünften oder sechsten Semester semesterbegleitend im Rahmen von Lehrveranstaltungen in den pädagogischen Studien oder blockweise).

Im **Masterstudium** ist für Studierende in den Lehramtsstudiengängen ein Praxissemester im Umfang von zehn Wochen obligatorisch. Im Rahmen des Studiums „Lehramt an berufsbildenden Schulen" (gewerblich-technischer Bereich) werden zwei Berufsbildungspraktika und ein Schulpraktikum durchgeführt. Die Anrechnung bereits erbrachter Studien-/Prüfungsleistungen erfolgt durch die jeweilige Universität (Kiel oder Flensburg).

Im Anschluss an das Studium, das mit dem Master abschließt, absolviert die künftige Lehrkraft einen **Vorbereitungsdienst** mit einer Dauer von 18 Monaten. Dieser Vorbereitungsdienst kann zum 1. Februar (Bewerbungsschluss: 1. Oktober des Vorjahres) oder 1. August (Bewerbungsschluss: 1. April) jedes Jahres begonnen werden; er umfasst die Ausbildung an ▶

einer Schule (Hospitationen, Unterricht unter Anleitung, eigenverantwortlicher Unterricht) und Ausbildungsveranstaltungen sowie Beratungen des „Instituts für Qualitätsentwicklung an Schulen Schleswig-Holstein" (IQSH) oder des „Schleswig-Hosteinischen Instituts für berufliche Bildung" (SHIBB). Das IQSH ist für die Aus-, Fort- und Weiterbildung von Lehrkräften der Lehrämter an Grundschulen, an Gemeinschaftsschulen und an Gymnasien sowie für das Lehramt für Sonderpädagogik zuständig, während das SHIBB für die Aus-, Fort- und Weiterbildung von Lehrkräften des Lehramtes an berufsbildenden Schulen zuständig ist. Im Vorbereitungsdienst für das Lehramt an Gymnasien und für das Lehramt an Gemeinschaftsschulen kann neben den üblichen Fächerkombinationen auch im Fach Darstellendes Spiel in Verbindung mit einem zweiten Fach ausgebildet werden.

Mit bestandener **Staatsprüfung** wird die jeweilige Lehramtsbefähigung erworben, mit der eine Bewerbung für den Schuldienst möglich ist und die je nach studiertem Niveau des Faches (Primarstufe, Sekundarstufe I oder Sekundarstufe I und II) auch zum Unterricht in anderen Schulformen oder -stufen berechtigt. ■

➔ links

Informationen sind zu finden unter ➔ www.schleswig-holstein.de/DE/Themen/L/lehrerausbildung.html (> Ausbildung).

➔ info

Da im Rahmen der **Neuorganisation der Lehramtsstudiengänge** auch Veränderungen des Studienangebotes denkbar sind, sollten Bewerber*innen sich auf jeden Fall immer auch direkt bei der Universität bzw. auf deren Webseite über das aktuelle Studienangebot informieren.

3.10.16 Lehramtsausbildung in Thüringen

In Thüringen erfolgt die Lehrer*innenausbildung für folgende Lehramtstypen: Lehramt an Grundschulen, Lehramt an Regelschulen, Lehramt an Gymnasien, Lehramt an berufsbildenden Schulen, Lehramt für Förderpädagogik.

Struktur der Lehramtsausbildung

Generell wird das Lehramtsstudium in Thüringen modularisiert angeboten und ist mit Leistungspunkten (LP) versehen. Es schließt mit der Ersten Staatsprüfung für ein schulartbezogenes Lehramt (an der Universität Jena) oder mit einem lehramtsbezogenen konsekutiven Masterabschluss (an der Universität Erfurt und an der Hochschule für Musik Franz Liszt Weimar) ab.

An der Universität Jena werden die Lehramtsstudiengänge nach dem „Jenaer Modell" mit einer Regelstudienzeit von 9 Semestern für das Lehramt an Regelschulen und von 10 Semestern für das Lehramt an Gymnasien studiert. An der Universität Erfurt sind die Studiengänge für das Lehramt an Grundschulen, an Regelschulen, an berufsbildenden Schulen und das Lehramt für Förderpädagogik in das Bachelor-/Master-Studienkonzept integriert. Nach sechs Semestern erwerben die Studierenden den polyvalenten Bachelorabschluss. Es schließt sich ein 4-semestriger Masterstudiengang für das Lehramt an.

Gleiches gilt für das Doppelfachstudium Musik an der Hochschule für Musik Franz Liszt Weimar.

Lehramt an Grundschulen

Studienort: Erfurt U

Ausbildungsdauer: 6+4 Semester Regelstudienzeit; anschließend 18 Monate Vorbereitungsdienst

Praktika: ein Orientierungspraktikum, mehrere erziehungswissenschaftliche Blockpraktika sowie studienbegleitende schulpraktische Übungen in den Fachdidaktiken im Bachelorstudium; umfangreiches Schulpraktikum im Masterstudium

Fächer und Kombinationen

Für das Lehramt an Grundschulen wird die Hauptstudienrichtung „Primare und elementare Bildung" (ehemals „Pädagogik der Kindheit") mit einer Nebenstudienrichtung kombiniert. Die Ausbildung für das Lehramt an Grundschulen umfasst drei Fächer, darunter die Pflichtfächer Deutsch und Mathematik. Als weiteres Fach kann gewählt werden: Englisch, Ethik, Französisch, Heimat- und Sachkunde, Kunsterziehung, Musik, Evangelische Religionslehre, Katholische Religionslehre, Russisch, Schulgarten, Sport oder Technik/Werken.

Lehramt an Regelschulen

Studienort: Erfurt U

Ausbildungsdauer: 6+4 Semester Regelstudienzeit, anschließend 24 Monate Vorbereitungsdienst, wobei durch die Anrechnung von Schulpraktika eine Verkürzung von bis zu 6 Monaten erfolgt

Praktika: ein Orientierungspraktikum, mehrere erziehungswissenschaftliche Blockpraktika sowie studienbegleitende schulpraktische Übungen in den Fachdidaktiken im Bachelorstudium; umfangreiches Schulpraktikum im Masterstudium

Kooperationen: Jena U in der Studienrichtung Katholische Religionslehre

Fächer und Kombinationen

Für das Lehramt an Regelschulen müssen im Bachelorstudiengang zwei lehramtsbezogene Studienrichtungen (eine Haupt- und eine Nebenstudienrichtung) miteinander kombiniert werden, die eine solide fachwissenschaftliche Grundlage für zwei Unterrichtsfächer der Regelschule vermitteln. Folgende Fächer können gewählt werden: Deutsch, Englisch, Ethik, Französisch, Geschichte, Mathematik, Evangelische Religionslehre, Katholische Religionslehre, Russisch, Sozialkunde, Sport, Musik, Kunsterziehung, Wirtschaft und Technik. Bei der Wahl der Haupt- und Nebenstudienrichtung sind die zulässigen Fachkombinationen zu beachten.

Studienort: Jena U

Ausbildungsdauer: 9 Semester Regelstudienzeit, anschließend 24 Monate Vorbereitungsdienst, wobei durch die Anrechnung von Schulpraktika eine Verkürzung von bis zu 6 Monaten erfolgt

Praktika: Nach dem 5. oder 6. Semester ist ein Praxissemester vorgesehen. Spätestens zur Anmeldung für dieses muss ein Eingangspraktikum von insgesamt 320 Stunden absolviert werden.

Fächer und Kombinationen

Das Studium umfasst neben den Bildungswissenschaften und Schulpraktika fachwissenschaftliche und fachdidaktische Studienanteile für zwei Fächer. Bei der Wahl der zwei Studienfächer sind die zulässigen Fachkombinationen zu beachten.

Fächergruppe 1: Biologie, Chemie, Deutsch, Englisch, Französisch, Informatik, Mathematik, Physik, Russisch, Sport

Fächergruppe 2: Ethik, Geografie, Geschichte, Evangelische Religionslehre, Sozialkunde

Katholische Religionslehre kann in Kooperation mit der Erfurt U studiert werden.

Kombiniert werden dürfen:

- Ein Fach aus der Fächergruppe 1 und ein Fach aus der Fächergruppe 2
- Zwei Fächer aus der Fächergruppe 1
- Kunsterziehung und ein Fach aus der Fächergruppe 2
- Musik und ein Fach aus der Fächergruppe 2

Darüber hinaus können Prüfungen in den Drittfächern Astronomie und Deutsch als Zweit- und Fremdsprache abgelegt werden.

Lehramt an Gymnasien

Studienort: Jena U

Ausbildungsdauer: 10 Semester Regelstudienzeit, anschließend 24 Monate Vorbereitungsdienst, wobei durch die Anrechnung von Schulpraktika eine Verkürzung von bis zu 6 Monaten erfolgt

Praktika: Nach dem 5. oder 6. Semester ist ein Praxissemester vorgesehen. Spätestens zur Anmeldung für dieses muss ein Eingangspraktikum von insgesamt 320 Stunden absolviert werden.

Kooperationen: BU Weimar in der Studienrichtung Kunsterziehung für das Lehramt an Gymnasien sowie im Doppelfach Kunsterziehung für das Lehramt an Gymnasien, HfM Weimar in der Studienrichtung Musik für das Lehramt an Gymnasien, U Erfurt in der Studienrichtung Katholische Religionslehre für das Lehramt an Gymnasien.

Fächer und Kombinationen

Das Studium umfasst neben den Bildungswissenschaften und Schulpraktika fachwissenschaftliche und fachdidaktische Studienanteile für zwei Fächer. Bei der Wahl der zwei Studienfächer sind die zulässigen Fachkombinationen zu beachten.

Fächergruppe 1: Biologie, Chemie, Deutsch, Englisch, Französisch, Informatik, Mathematik, Physik, Russisch, Spanisch, Sport

Fächergruppe 2: Ethik/Philosophie, Geografie, Geschichte, Griechisch, Kunsterziehung, Latein, Musik, Evangelische Religionslehre, Katholische Religionslehre, Sozialkunde, Wirtschaftslehre/Recht

Darüber hinaus können Prüfungen in den Drittfächern Astronomie, Deutsch als Zweit- und Fremdsprache und Italienisch abgelegt werden.

Kombiniert werden dürfen:

- Ein Fach aus der Fächergruppe 1 und ein Fach aus der Fächergruppe 2 ▸

- Zwei Fächer aus der Fächergruppe 1
- Kunsterziehung und ein Fach aus der Fächergruppe 2
- Musik und ein Fach aus der Fächergruppe 2
- Griechisch und Latein
- Kunsterziehung kann im Rahmen des „Jenaer Modells" für das Lehramt auch als Doppelfach studiert werden.

Studienort: Weimar HfM für das Doppelfach Musik

Ausbildungsdauer: 6 + 4 Semester Regelstudienzeit (Bachelor-/Master-Studienkonzept), anschließend 24 Monate Vorbereitungsdienst, wobei durch die Anrechnung von Schulpraktika eine Verkürzung von bis zu 6 Monaten erfolgt.

An der Hochschule für Musik Franz Liszt wird ein lehramtsbezogener Bachelor-/Masterstudiengang (Lehramt an Gymnasien – Doppelfach Musik) in Kooperation mit der FSU Jena angeboten.

Lehramt für Förderpädagogik

Studienort: Erfurt U

Ausbildungsdauer: 6 + 4 Semester Regelstudienzeit, anschließend 24 Monate Vorbereitungsdienst, wobei durch die Anrechnung von Schulpraktika eine Verkürzung von bis zu 6 Monaten erfolgt.

Praktika: ein berufsorientierendes interdisziplinäres Praktikum, zwei schulartbezogene Praktika im Bachelorstudium, umfangreiches Schulpraktikum im Masterstudium

Fächer und Kombinationen

Für das **Lehramt für Förderpädagogik** muss die Hauptstudienrichtung Förderpädagogik gewählt werden, in der zwei sonderpädagogische Fachrichtungen als Spezialisierung zu wählen sind. Diese werden mit einer der Nebenstudienrichtungen (Deutsch/Germanistik – Mathematik – Englisch/Anglistik) kombiniert.

Lehramt an berufsbildenden Schulen

Studienorte: Erfurt U, Ilmenau TU (Kooperation mit Erfurt U), Jena U

Ausbildungsdauer: 6+4 Semester Regelstudienzeit, anschließend 24 Monate Vorbereitungsdienst, wobei durch die Anrechnung von Schulpraktika eine Verkürzung von bis zu 6 Monaten erfolgt

Fächer und Kombinationen

Die Bachelorstudiengänge mit Option auf einen anschließenden lehramtsbezogenen Masterstudiengang für das Lehramt an berufsbildenden Schulen werden in **Kooperation mit der Universität Erfurt an der TU Ilmenau** für die Fachrichtung Elektrotechnik oder Metalltechnik angeboten. Sie umfassen sowohl fachwissenschaftliche Grundlagen für die berufliche Fachrichtung und für ein zweites Unterrichtsfach als auch berufspädagogische Grundlagen. In dem sich anschließenden lehramtsbezogenen Masterstudiengang mit fachdidaktischen, fachwissenschaftlichen und erziehungswissenschaftlichen Anteilen sowie verschiedenen Schulpraktika wird die wissenschaftliche (bzw. künstlerisch-praktische) Befähigung für den Unterricht in den entsprechenden Fächern erworben. Über die vorgenannten beruflichen Fachrichtungen hinaus kann der Abschluss Master of Education an der Universität Erfurt zudem in den beruflichen Fachrichtungen Bautechnik, Metalltechnik, Elektrotechnik, Gesundheit, Pflege/Körperpflege und Sozialpädagogik erworben werden.

An der **Universität Jena** wird ein lehramtsbezogener Masterstudiengang (Lehramt an berufsbildenden Schulen – Studienvariante Wirtschaftspädagogik II mit einem Zweitfach für die berufsbildenden Schulen) angeboten. Für das Lehramt an berufsbildenden Schulen ist weiterhin im polyvalenten Bachelorstudiengang ein Betriebspraktikum zu absolvieren, das im Bezug zum Erstfach (berufliche Fachrichtung) stehen soll. Für die Zulassung zum Vorbereitungsdienst sind insgesamt 12 Monate Betriebspraktika erforderlich. Es wird empfohlen, die Betriebspraktika bereits vor Aufnahme des Masterstudiums zu absolvieren; eine der beruflichen Fachrichtung entsprechende Berufsausbildung kann anerkannt werden.

Nach Abschluss des Masterstudiums bzw. der Ersten Staatsprüfung schließt sich der Vorbereitungsdienst mit einer Dauer von 24 Monaten an, wobei durch die Anrechnung von Schulpraktika eine Verkürzung von bis zu 6 Monaten erfolgt.

➔ links

Weiterführende und detaillierte Informationen zu Prüfungs- und Studienordnungen, zu Praktikumsordnungen, zu Eignungsprüfungen (z.B. für Kunsterziehung, Musik, Sport), zu Einstufungstests (z.B. für Fremdsprachen) sowie zu N.c.-Regelungen sind auf den Internetseiten der Thüringer Hochschulen zu finden.

Hinweise zur Lehrerbildung in Thüringen – einschl. Rechtsgrundlagen und Hinweise zum Vorbereitungsdienst – sind auf der Webseite des TMBJS zu finden:
➔ www.thueringen.de/th2/tmbjs/bildung/lehrer/lehrerbildung

3.11 Studienbereich Öffentliche Verwaltung

Die Behörden des Bundes und der Länder sowie die Stadt- und Gemeindeverwaltungen bieten Schulabgänger*innen mit Abitur oder Fachhochschulreife (bzw. einem als gleichwertig anerkannten Bildungsstand) eine Ausbildung in einer Vielzahl von zukunftsorientierten Berufen im Beamtenverhältnis.

Das Spektrum reicht von der klassischen Verwaltungstätigkeit in der allgemeinen und inneren Verwaltung über den Polizeivollzugsdienst und den Zolldienst bis hin zum naturwissenschaftlich geprägten Wetterdienst.

Die Ausbildung in der öffentlichen Verwaltung erfolgt im Rahmen sogenannter Vorbereitungsdienste, die i.d.R. ein Studium an einer verwaltungsinternen Fachhochschule einschließen. Sie werden üblicherweise in einem Beamtenverhältnis auf Widerruf abgeleistet und bestehen aus theoretischen und berufspraktischen Abschnitten. Während des Vorbereitungsdienstes werden Anwärterbezüge gezahlt, deren Höhe sich nach den jeweiligen Besoldungsgesetzen richtet. Manchmal erfolgt die Ausbildung allerdings nicht in einem Beamtenverhältnis auf Widerruf, sondern in einem Beschäftigungsverhältnis bzw. privatrechtlichen Ausbildungsverhältnis.

Es gibt keine Semesterferien, da während der vorlesungsfreien Zeiten die berufspraktische Ausbildung in den Ausbildungsbehörden oder in Lehrgängen stattfindet. Die theoretische Ausbildung an den Fachhochschulen und die berufspraktischen Studienzeiten in den Ausbildungsbehörden des Bundes bzw. der Länder oder Kommunen wechseln sich ab.

Den Bewerber*innen mit Fachhochschulreife oder einer anderen zu einem Hochschulstudium berechtigenden Schulbildung (bzw. einem hochschulrechtlich als gleichwertig anerkannten Bildungsstand) stehen unmittelbar nach ihrem Schulabschluss die Vorbereitungsdienste für nichttechnische Laufbahnen des gehobenen Dienstes oder vergleichbarer Einstiegsebenen offen.

Im gehobenen technischen Dienst oder einer vergleichbaren Einstiegsebene ist generell ein mit Bachelor (bzw. gleichwertigem Abschluss) abgeschlossenes Hochschulstudium in einer ingenieurwissenschaftlichen Fachrichtung erforderlich (Ausnahmen sind die Bundeswehr und die Wasser- und Schifffahrtsverwaltung des Bundes sowie Bayerns).

Auch ab einer bestimmten Einstiegsebene, z.B. dem höheren Dienst des Bundes, besteht keine Zugangsmöglichkeit unmittelbar nach dem Schulabschluss. Für die Einstellung in den Vorbereitungsdienst wird dann ein erfolgreich abgeschlossenes Masterstudium an einer Universität oder Fachhochschule oder ein gleichwertiger Abschlussgrad vorausgesetzt.

Manche Länderverwaltungen fordern für den Zugang zum höheren nichttechnischen Verwaltungsdienst ein mit der Ersten Juristischen Prüfung abgeschlossenes Studium der Rechtswissenschaften mit anschließendem Vorbereitungsdienst und Zweitem Juristischen Staatsexamen. ■

➔ links

abi>>
Spannende Reportagen zu diesem Studienfeld finden Sie auch auf abi.de:
➔ www.abi.de > Studium > Studienfelder > Öffentliche Verwaltung

3.11.1 Allgemeiner innerer Verwaltungsdienst

Die allgemeine (innere) Verwaltung umfasst die Gebiete Personalverwaltung und -entwicklung, Haushalts- und Rechnungswesen, Controlling, Organisation sowie die Informations- und Kommunikationstechnik.

Fachhochschulabsolvent*innen in der inneren Verwaltung sind mit Aufgaben wie der Rechtsanwendung und -gestaltung, der Sachverhaltsermittlung, der Planung und Organisation, mit elektronischer Datenverarbeitung sowie mit Beratung und Betreuung betraut. Auf der unteren Verwaltungsebene übernehmen sie Aufgaben der Personalführung, optimieren den Personaleinsatz und die Verwaltungsorganisation. ▶

Studienangebot

Die Ausbildung wird an der Hochschule des Bundes für öffentliche Verwaltung (Brühl) bzw. den Hochschulen der Länder für öffentliche Verwaltung (bzw. der Hochschule für den öffentlichen Dienst in Bayern) angeboten. Außerdem gibt es in einigen Bundesländern an staatlichen Fachhochschulen Bachelorstudiengänge wie „Public Administration“, „Öffentliche Verwaltung“ oder „Public Management“.

Inhalte des Studiums

Die Studierenden beschäftigen sich vor allem mit Staats- und Verfassungsrecht, Kommunalrecht, Raumordnungs- und Umweltschutzrecht, allgemeinem und besonderem Verwaltungsrecht, Volks- und Betriebswirtschaftslehre, Verwaltungsorganisation, Information und Informationsverbreitung sowie mit Organisations- und Sozialpsychologie. Außerdem wird Wissen über Aufbau und Aufgabenstellung von Behörden, Verwaltungshandeln sowie Projekt- und Qualitätsmanagement vermittelt.

Voraussetzungen

Wer sich für eine Tätigkeit in der inneren Verwaltung interessiert, muss die deutsche Staatsbürgerschaft oder die eines anderen EU-Staates besitzen und über die allgemeine oder die Fach-Hochschulreife verfügen. Außerdem müssen angehende Beamt*innen in der inneren Verwaltung die Gewähr dafür bieten, jederzeit für die freiheitlich-demokratische Grundordnung einzutreten. ■

➔ links

Hochschule des Bundes für öffentliche Verwaltung ➔ www.hsbund.de

3.11.2 Archivwesen

Archivar*innen übernehmen, sichern, bewerten und erschließen historische Unterlagen. Außerdem unterstützen sie Wissenschaftler*innen und andere Archivbenutzer*innen bei ihren Recherchen.

Archivar*innen sind i.d.R. als Sachbearbeiter*innen tätig. Zu ihren Aufgaben gehören die Beratung von Behörden, die Bewertung von Unterlagen, die Erschließung von Archivalien, die Betreuung der Benutzer*innen sowie die Bestandserhaltung. Je kleiner das Archiv ist, desto mehr kümmern sich die einzelnen Mitarbeiter*innen um alle anfallenden Arbeiten.

Studienangebot

Die Ausbildung erfolgt entweder in Form eines behördeninternen Studiums an einem der Ausbildungsarchive in Deutschland und der Archivschule in Marburg oder an der Hochschule für den öffentlichen Dienst in Bayern, Fachbereich Archiv- und Bibliothekswesen in München. Es kann aber auch ein Studium im Fachbereich Informationswissenschaften an der Fachhochschule Potsdam absolviert werden.

Inhalte des Studiums

Je nach Ausbildungsort stehen während des Studiums Fächer wie Allgemeine Archivlehre, Aktenaussonderung, Archivalienkunde, Bestandserhaltung, aber auch Webtechnologie und Informationssysteme sowie Statistik auf dem Lehrplan. Während der praktischen Ausbildung lernen die Studierenden u.a. Unterlagen zu bewerten und zu erschließen und diese für die Nutzung bereitzustellen. Außerdem erfahren sie, wie sie Benutzer*innen beraten und Anfragen beantworten.

➔ links

Bundesarchiv
➔ www.bundesarchiv.de

Geheimes Staatsarchiv Preußischer Kulturbesitz
➔ www.gsta.preussischer-kulturbesitz.de

Fachhochschule Archiv- und Bibliothekswesen an der Hochschule für öffentlichen Dienst Bayern
➔ fhvr.bayern.de

Fachhochschule Potsdam Fachbereich Informationswissenschaften
➔ www.fh-potsdam.de/studieren/fachbereiche/informationswissenschaften/

Länder:
Eine Übersicht mit den Kontaktdaten der Bundes- und Landesarchive bietet die Internetseite der Archivschule Marburg – Hochschule für Archivwissenschaft
➔ www.archivschule.de/DE/ausbildung/bewerbungsadressen/

Voraussetzungen
Anwärter*innen für den Archivdienst müssen – je nach Bundesland – über die allgemeine Hochschulreife oder die Fachhochschulreife verfügen und unterschiedliche Fremdsprachen beherrschen. Außerdem sollten sie u.a. Interesse an historischen und gesellschaftlichen Prozessen, strukturiertes und analytisches Denkvermögen sowie Motivation zum Umgang mit historischen Quellen mitbringen. ■

3.11.3 Auswärtiger Dienst

Die Beamt*innen im gehobenen Auswärtigen Dienst betreuen als Sachbearbeiter*innen breit gefächerte Aufgabengebiete. Einen besonderen Schwerpunkt stellt dabei der Bereich Rechts- und Konsularwesen dar.

Im gehobenen Auswärtigen Dienst wechselt man i.d.R. alle vier Jahre den Dienstort. Insgesamt verbringt man etwa zwei Drittel des Berufslebens im Ausland, die restliche Zeit in der Zentrale des Auswärtigen Amts in Berlin. Die Tätigkeit ist mit einem teilweise erheblichen Verwaltungsanteil verbunden. Routineaufgaben gehören zum Berufsalltag. Die unterschiedlichen Verhältnisse an den verschiedenen Dienstorten und das breite Aufgabenspektrum sorgen jedoch für Abwechslung.

Studienangebot
Das dreijährige duale Studium erfolgt an der Hochschule des Bundes für öffentliche Verwaltung, Fachbereich Auswärtige Angelegenheiten (Akademie Auswärtiger Dienst Berlin), in der Zentrale des Auswärtigen Amts und an der Hochschule für Wirtschaft und Recht in Berlin sowie an deutschen Vertretungen im Ausland.

Inhalte des Studiums
Neben der praktischen Einführung in die Arbeitsweise und die Aufgaben des Auswärtigen Dienstes steht der praktische und theoretische ▸

Unterricht in den Gebieten des Rechts, der Verwaltung, der Wirtschaft und der Entwicklungshilfe im Vordergrund. Die wichtigsten Studienfächer sind Zivilrecht bei besonderer Betonung des internationalen Privatrechts, Staats- und Verfassungsrecht, allgemeines Verwaltungsrecht, Beamtenrecht, Staatsangehörigkeits-, Konsular-, Pass- und Ausländerrecht, Strafrecht, Betriebs- und öffentliche Finanzwirtschaft, Volkswirtschaft, Entwicklungspolitik und Auswärtige Kulturpolitik. Regelmäßiger Fremdsprachenunterricht während eines Großteils der Ausbildung vertieft die Sprachkenntnisse.

Voraussetzungen

Über die Mindestanforderung der Fachhochschulreife hinaus werden die deutsche Staatsangehörigkeit und gute Kenntnisse über das politische, wirtschaftliche, soziale und kulturelle Zeitgeschehen verlangt. Bewerber*innen müssen eine widerstandsfähige Gesundheit besitzen und für die Verwendung in allen Einsatzgebieten des Auswärtigen Dienstes uneingeschränkt geeignet sein. Außerdem müssen sie einen mehrstufigen psychologischen Eignungstest sowie einen schriftlichen Sprachtest in Englisch und einer zweiten Prüfungssprache (Französisch, Arabisch, Bosnisch, Chinesisch, Farsi, Japanisch, Koreanisch, Kroatisch, Polnisch, Portugiesisch, Russisch, Serbisch, Spanisch oder Türkisch) absolvieren. ■

➔ links

„Weltweit wir"
Informationsbroschüre über die Ausbildungsmöglichkeiten im Auswärtigen Dienst
➔ www.auswaertiges-amt.de/de/uebersicht-node-ausbildungkarriere/aamt/randbox-weltweitwir/215646

Akademie Auswärtiger Dienst
➔ www.diplo.de/gehobenerdienst

3.11.4 Bundesnachrichtendienst (BND)

Der Bundesnachrichtendienst (BND) ist der Auslandsnachrichtendienst Deutschlands. Er ist weltweit präsent und kümmert sich um die wirtschaftliche, politische und militärische Auslandsaufklärung. In diesem Zusammenhang stellt er der Bundesregierung Informationen für ihre außen- und sicherheitspolitischen Entscheidungen zur Verfügung.

Der BND arbeitet im Auftrag der Bundesregierung. Zu seinen Aufgaben gehört das Sammeln von Informationen, die über die öffentlich verfügbaren Fakten und Meinungen hinausgehen. Hierbei arbeitet der Nachrichtendienst oft im Verborgenen. Die Zentrale des BND befindet sich in Berlin. Einige Mitarbeiter*innen arbeiten noch am ehemaligen Hauptsitz in Pullach.

Studienangebot

Wer sich für eine Karriere beim BND interessiert, kann zwischen folgenden Angeboten wählen:

Laufbahnausbildungen:

- Laufbahnausbildung im gehobenen Dienst,
- Laufbahnausbildung im gehobenen Verwaltungsinformatikdienst
- Laufbahnausbildung im gehobenen Verwaltungsdienst der Fachrichtung digitale Verwaltung und Cyber-Sicherheit

Studiengänge:

- Technische Informatik und Kommunikationstechnik (B.Eng.)
- Informatik (B.Sc.)

Die Laufbahnausbildungen erfolgen als Duales Studium an der Hochschule des Bundes für öffentliche Verwaltung in Brühl sowie am Zentrum für nachrichtendienstliche Aus- und Fortbildung (ZNAF) in Berlin. Umfangreiche Praxiserfahrung sammeln die Studierenden in den BND-Dienststellen in Berlin und Pullach.

Die Bachelorstudiengänge „Technische Informatik und Kommunikationstechnik" sowie „Informatik" werden an der Universität der Bundeswehr in Neubiberg angeboten und mit einem Stipendium in Höhe von 1.250 Euro pro Monat vergütet.

Inhalte des Studiums

Die Laufbahnausbildung im **gehobenen Dienst** (zum*zur Regierungsinspektor*in) vermittelt Wissen in den Bereichen Staats-, Verwaltungs- und Beamtenrecht. Außerdem lernen die Studierenden, Informationen anhand aktueller politischer, wirtschaftlicher oder rechtlicher Fragestellungen zu beschaffen und zu analysieren. Darüber hinaus werden sie in einer Fremdsprache und nachrichtendienstlichen Fachthemen geschult. In der Fachrichtung **Verwaltungsinformatik** (Abschluss als Diplomverwaltungswirt*in) erlernen die Anwärter*innen Kenntnisse und Fähigkeiten im Bereich der Fernmelde- und Elektronischen Aufklärung des Bundes. Daneben werden allgemeine Rechts- und Verwaltungskenntnisse vermittelt. Während der Laufbahnausbildung im **gehobenen Verwaltungsdienst der Fachrichtung digitale Verwaltung und Cyber-Sicherheit** stehen Inhalte aus verschiedenen Bereichen der Rechtswissenschaften und die Themenbereiche Datenschutz, Management, Mathematik und Informatik auf dem Lehrplan. Die Inhalte eines Praktikums und des vierten Semesters hängen davon ab, welcher der Schwerpunkte „Digital Administration" und „Cyber Security" gewählt wird

Die Studiengänge **„Technische Informatik und Kommunikationstechnik"** (Abschluss als Bachelor of Engineering) und **„Informatik"** (Abschluss als Bachelor of Science) vermitteln Wissen in den Bereichen Mathematik, Messtechnik, Elektrotechnik, Informatik und Cyber-Security. Die Absolvent*innen werden nach Abschluss ihres Studiums als Angestellte in die Laufbahn des gehobenen Dienstes übernommen. Im BND werden sie innerhalb der technischen Abteilungen eingesetzt und übernehmen primär Aufgaben auf dem Gebiet der Nachrichten- und Kommunikationstechnik, der Informatik und der Datenverarbeitung.

Voraussetzungen

Neben der allgemeinen Hochschul- oder der Fachhochschulreife müssen Bewerber*innen die deutsche Staatsangehörigkeit besitzen. Für die Laufbahnausbildung im gehobenen Dienst gilt ein Mindestnotendurchschnitt von 2,5 (10 Punkte). Spaß am Erlernen von Fremdsprachen wird ebenso vorausgesetzt wie Interesse an politischen und wirtschaftlichen Zusammenhängen. Wer sich für die Fachrichtung Verwaltungsinformatik, Technische Informatik und Kommunikationstechnik oder Informatik bewerben will, sollte außerdem über gute Grundkenntnisse im Umgang mit moderner Informationstechnik verfügen.

Für den Studiengang Technische Informatik und Kommunikationstechnik (B.Eng.) ist der Nachweis über die Ableistung eines fachspezifischen Vorpraktikums von mindestens acht Wochen notwendig. Alternativ wird auch eine zum Studienziel passende Berufsausbildung sowie die Fachhochschulreife in der Ausbildungsrichtung Technik als Vorpraktikum anerkannt. ■

➔ links

Bundesnachrichtendienst
➔ www.bnd.bund.de

3.11.5 Deutsche Bundesbank

Als unabhängige Zentralbank der Bundesrepublik Deutschland gestaltet die Deutsche Bundesbank gemeinsam mit ihren europäischen Partnern die Geldpolitik des Euro-Systems. Weitere Aufgabenbereiche der Bundesbank sind das Finanz- und Währungssystem, die Bankenaufsicht, der unbare Zahlungsverkehr sowie das Bargeld.

In der Bankenaufsicht achtet die Deutsche Bundesbank u.a. darauf, dass Kreditinstitute die nationalen und internationalen Regelungen zur Risikovorsorge einhalten. Außerdem versorgt die Deutsche Bundesbank die Wirtschaft mit Bargeld und garantiert die Qualität des umlaufenden Bargelds.

Studienangebot

Wer sich für eine Tätigkeit bei der Deutschen Bundesbank interessiert, kann zwischen den dualen Bachelor-Studiengängen **„Zentralbankwesen/Central Banking"** an der bankeigenen Hochschule in Hachenburg/Westerwald und **„Angewandte Informatik"** an der Dualen Hochschule in Baden-Württemberg in Mosbach wählen. Auch ein **duales Studium der Betriebswirtschaftslehre** in Kooperation mit der Ostbayerischen Technischen Hochschule in Regensburg ist möglich, außerdem **BWL mit Schwerpunkt Digitalisierungsmanagement** in Kooperation mit der Dualen Hochschule in Gera-Eisenach. Während der Praxisphasen und im Rahmen der Praxismodule lernen die Studierenden verschiedene Standorte der Deutschen Bundesbank kennen.

Inhalte des Studiums

Die Fach- und Praxisstudien umfassen Kenntnisse der Wirtschafts- und Rechtswissenschaften. Je nach Studiengang stehen wirtschaftswissenschaftliche Inhalte wie Bankwesen, Finanz- ▶

systeme und Geldpolitik oder technische wie Informatik, Wirtschaftsinformatik, Künstliche Intelligenz, Datenstrukturen, Betriebssysteme, Datenbanken, Programmiersprachen und IT-Security auf dem Lehrplan.

Voraussetzungen
Über die Mindestanforderung der Fachhochschulreife hinaus werden gute Deutsch-, Englisch- und Mathematikkenntnisse, ausgeprägte analytische Fähigkeiten, gute schriftliche und mündliche Ausdrucksfähigkeit sowie bundesweite Mobilität vorausgesetzt. ■

➔ links

Deutsche Bundesbank
➔ www.bundesbank.de/de/bundesbank/karriere

3.11.6 Deutscher Wetterdienst / Geoinformationsdienst der Bundeswehr

Als Bundesbehörde ist der Deutsche Wetterdienst (DWD) der nationale zivile meteorologische Dienst Deutschlands. Der Geoinformationsdienst der Bundeswehr (GeoInfoBw) versorgt die Streitkräfte der Bundeswehr mit aktuellen Daten über Gelände, Raum und Umwelt, um sie bei der Planung und Durchführung von Einsätzen im In- und Ausland zu unterstützen.

In Zusammenarbeit mit dem Geoinformationsdienst der Bundeswehr (GeoInfoDBw) bildet der Deutsche Wetterdienst (DWD) Beamt*innen in der Laufbahn des gehobenen naturwissenschaftlichen Dienstes aus.

Studienangebot
Die dreijährige Ausbildung zum*zur Diplom-Meteorolog*in (FH) erfolgt an der Hochschule des Bundes für öffentliche Verwaltung in Brühl, am Bildungs- und Tagungszentrum in Langen (Hessen) sowie im Ausbildungs- und Schulungszentrum des Geoinformationsdienstes der Bundeswehr in Fürstenfeldbruck (Bayern). Für zukünftige Offiziere schließt sich an das Studium eine Offizierausbildung von ca. zwölf Monaten Dauer in der jeweiligen Teilstreitkraft (Heer, Luftwaffe, Marine) an.

Inhalte des Studiums
Während des Studiums werden vor allem allgemeine und synoptische Meteorologie, Physik, Mathematik, Statistik, Geografie, Klimatologie, meteorologische und geophysikalische Beratungsverfahren, informationstechnische Anwendungen in der Meteorologie und fachbezogenes Englisch, aber auch rechtliche, politische, wirtschaftliche und sozialwissenschaftliche Grundlagen des Verwaltungshandelns vermittelt.

Voraussetzungen
Neben der Fachhochschulreife werden uneingeschränkte Schichtdiensttauglichkeit sowie bundesweite Versetzungsbereitschaft vorausgesetzt. Zusätzlich wird bei einer Bewerbung für den GeoInfoDBw die Bereitschaft zur Teilnahme als Offizier bzw. Beamt*in an Auslandseinsätzen der Bundeswehr im Soldatenstatus gefordert. In einem Eignungstest werden zudem grundlegende Kenntnisse in den Bereichen Physik, Logik, Mathematik, Meteorologie, Englisch, Geografie sowie Allgemeinbildung überprüft. ■

➔ links

Deutscher Wetterdienst
➔ www.dwd.de

Geoinformationsdienst der Bundeswehr (GeoInfoDBw, einschl. Stipendium)
➔ www.bundeswehrkarriere.de
➔ www.streitkraeftebasis.de

3.11.7 Finanzverwaltung (Steuer- und Zollverwaltung)

Dieses Studienfeld bietet Ausbildungsmöglichkeiten in den Bereichen Steuer- und Zollverwaltung. In beiden Fällen geht es in erster Linie um die Festsetzung und Prüfung von Steuern bzw. Abgaben. Schwerpunkte im Studium sind Recht und Betriebswirtschaftslehre.

Zu den Aufgaben der Zollverwaltung gehören die Erhebung von Abgaben (v.a. Zölle, Einfuhrumsatzsteuer, Verbrauchssteuern, Kraftfahrzeugsteuer), die Sicherung der Sozialsysteme (v.a. Bekämpfung von Schwarzarbeit und illegaler Beschäftigung sowie Kontrollen zur Einhaltung des gesetzlichen Mindestlohns) und der Schutz der Bevölkerung (v.a. Bekämpfung grenzüberschreitender Kriminalität und von Produktpiraterie).

Der Steuerverwaltung der Länder obliegt im Wesentlichen die Verwaltung (Festsetzung, Erhebung und Prüfung) der Besitz- und Verkehrssteuern. Zu ihren Aufgaben gehören u.a. die Ermittlung der Besteuerungsgrundlagen sowie die Festsetzung, Erhebung und erforderlichenfalls die Beitreibung, also Zwangsvollstreckung von Steuern.

Studienangebot

Je nach Bereich erfolgt die Ausbildung an der Hochschule des Bundes für öffentliche Verwaltung, Fachbereich Finanzen, im Bildungs- und Wissenschaftszentrum der Bundesfinanzverwaltung in Münster sowie in Ausbildungs-Hauptzollämtern oder an den Fachhochschulen und Bildungsstätten für Verwaltung und in Ausbildungsfinanzämtern.

Inhalte des Studiums

Während der Ausbildung im Bereich **Zollverwaltung** wird vor allem Wissen aus den Bereichen Abgabenrecht, Recht des grenzüberschreitenden Warenverkehrs, Zolltarifrecht, Verbrauchsteuerrecht, Straf- und Strafprozessrecht, Sozialversicherungsrecht, Haushaltsrecht, Betriebswirtschaft und Management vermittelt.

Studierende des Bereichs **Steuerverwaltung** setzen sich mit Inhalten wie Vollstreckungs- und Steuerstrafrecht, Finanzgerichtsordnung, ▶

→ Finde Studiengänge: stuwa.info/3117

Bewertungsrecht und Vermögensbesteuerung, Einkommen-, Körperschaft-, Gewerbe- und Umsatzsteuer, Bilanzsteuer- und Privatrecht, Öffentliches Recht, aber auch Informations- und Wissensmanagement sowie Sozialwissenschaft auseinander.

Voraussetzungen

Für ein Studium in beiden Bereichen werden die allgemeine Hochschulreife oder die Fachhochschulreife sowie die deutsche oder eine andere EU-Staatsbürgerschaft vorausgesetzt. Interessent*innen für ein Studium in der **Zollverwaltung** müssen außerdem die Gewähr dafür bieten, jederzeit für die freiheitlich-demokratische Grundordnung einzutreten, und dürfen nicht vorbestraft sein. Außerdem muss die Bereitschaft zum Tragen von Dienstkleidung und -waffe gegeben sein. Für die Aufnahme eines dualen Studiums bei einer **Steuerverwaltung** gelten Altersbegrenzungen, die je nach Bundesland variieren.

→ links

Informationsportal zu den Finanzverwaltungen der Länder
→ www.finanzamt.de

Zollverwaltung
→ www.zoll.de

3.11.8 Gehobener Vollzugs- und Verwaltungsdienst

Ziel und Zweck des Justizvollzugs ist es, Gefangene zu befähigen, künftig ein Leben ohne Straftaten zu führen (Eingliederungsauftrag). Gleichzeitig müssen die Gefangenen während des Vollzugs sicher untergebracht und beaufsichtigt werden (Sicherungsauftrag). Beides dient dem Schutz der Allgemeinheit vor weiteren Straftaten.

Die Beamt*innen des gehobenen Vollzugs- und Verwaltungsdienstes nehmen in einer Justizvollzugsanstalt bedeutsame Schlüsselfunktionen wahr. Sie sind maßgeblich an Entscheidungen beteiligt und tragen die Verantwortung für den ordnungsgemäßen Dienstbetrieb einer Anstalt mit.

Studienangebot

Interessierte für den gehobenen Vollzugs- und Verwaltungsdienst bewerben sich direkt bei den Vollzugsanstalten oder Justizministerien bzw. -senatsverwaltungen der Länder. Das Studium erfolgt für die meisten Bundesländer an der Fachhochschule für Rechtspflege Nordrhein-Westfalen in Bad Münstereifel oder an den Fachhochschulen für den öffentlichen Dienst anderer Bundesländer sowie den jeweiligen Justizvollzugsanstalten/-ämtern.

Inhalte des Studiums

Ziel des Vorbereitungsdienstes ist es, vielseitig verwendungsfähige Beamt*innen auszubilden, die sich der freiheitlich-demokratischen Grundordnung verpflichtet fühlen und nach ihrer Persönlichkeit sowie ihren Kenntnissen und Fähigkeiten in der Lage sind, die Aufgaben des gehobenen Vollzugs- und Verwaltungsdienstes selbstständig wahrzunehmen. Fächer der fachwissenschaftlichen Ausbildung sind insbesondere: Betriebswirtschaftslehre, Haushaltsrecht, Kriminologie, Personalverwaltung, Psychologie, Klinische Psychologie, Kommunikation, Staats- und Verwaltungsrecht, Straf- und Strafprozessrecht, Vollzugsrecht, Vollzugsverwaltung, Zivilrecht.

Voraussetzungen

Bewerber*innen benötigen eine zum Hochschulstudium berechtigende Schulbildung, die gesetzlichen Voraussetzungen für die Ernennung zum*zur Beamt*in und müssen – je nach Hochschule – unter 37 Jahre alt sein. Das Einsatzfeld dieser Laufbahn mit seinen kaufmännisch ausgerichteten Sachgebieten Rechnungswesen, Versorgungswesen und Controlling sowie die Übernahme von Leitungsfunktionen erfordert hohes Fachwissen, Selbstständigkeit, Führungsfähigkeit, soziale Kompetenz sowie die Bereitschaft zur Übernahme von Verantwortung. ■

→ links

Justiz.de
Justizportal des Bundes und der Länder
→ justiz.de

Fachhochschule für Rechtspflege Nordrhein-Westfalen
Studiengang Strafvollzug
→ www.fhr.nrw.de/aufgaben/lehre/strafvollzug

3.11.9 Rechtspflege

Rechtspfleger*innen sind bei unterschiedlichen Gerichten sowie bei Staatsanwaltschaften tätig. Sie nehmen dort die ihnen durch das Rechtspflegergesetz übertragenen Aufgaben wahr.

Dabei handelt es sich im Wesentlichen um richterliche Geschäfte. Besonders viele Aufgaben sind in der freiwilligen Gerichtsbarkeit auf Rechtspfleger*innen übertragen worden. Hier gibt es ganze Sachgebiete, in denen Richter*innen – abgesehen von Ausnahmen – nur noch im Rechtsbehelfsverfahren entscheiden. Rechtspfleger*innen sind aber auch in vielen anderen Rechtsgebieten mit der Wahrnehmung verantwortungsvoller Aufgaben betraut.

Studienangebot

Die Ausbildung erfolgt in Form eines dreijährigen Vorbereitungsdienstes als duales Studium. Das Fachstudium erfolgt in den Fachhoch- ▶

schulen der Länder, die berufspraktischen Ausbildungsabschnitte in Gerichten und Staatsanwaltschaften.

Inhalte des Studiums

Während des Studiums werden vor allem rechtliche Aspekte wie Familiengerichtsbarkeit, freiwillige Gerichtsbarkeit, Grundbuchrecht, Zwangsvollstreckungsrecht und Zwangsversteigerungsrecht, Insolvenzrecht, Grundzüge des Bürgerlichen Rechts, des Handelsrechts, des Zivilprozessrechts, des Strafrechts und des Strafverfahrensrechts vermittelt. In Fachpraktika werden den angehenden Rechtspfleger*innen berufspraktische Fähigkeiten und Kenntnisse vermittelt.

Voraussetzungen

Voraussetzung für die Aufnahme des Vorbereitungsdienstes sind neben der allgemeinen Hochschul- oder Fachhochschulreife die deutsche Staatsbürgerschaft sowie die gesundheitliche Eignung. Bewerber*innen dürfen außerdem nicht vorbestraft sein und – je nach Bundesland – ein Maximalalter nicht überschreiten. ■

➔ links

Justiz.de
Justizportal des Bundes und der Länder
➔ justiz.de

Bund deutscher Rechtspfleger
➔ www.bdr-online.de

Norddeutsche Hochschule für Rechtspflege
➔ www.fhr-nord.niedersachsen.de

Hochschule für Rechtspflege Schwetzingen
➔ www.fh-schwetzingen.de

Studienzentrum der Finanzverwaltung und Justiz Rotenburg a.d. Fulda
➔ www.studienzentrum-rotenburg.hessen.de

Fachhochschule für Rechtspflege Nordrhein-Westfalen
➔ www.fhr.nrw.de

Hochschule für den öffentlichen Dienst in Bayern
➔ www.fhvr.bayern.de

3.11.10 Sozialversicherung

Die Träger der gesetzlichen Rentenversicherung gewähren Leistungen zur medizinischen Rehabilitation und zur Teilhabe am Arbeitsleben. Außerdem bezahlen sie die Renten an die Versicherten – im Alter oder wegen verminderter Erwerbsfähigkeit – sowie an die Hinterbliebenen verstorbener Versicherter.

Unter dem Dach der „Deutschen Rentenversicherung" haben sich alle Rentenversicherungsträger in Deutschland zusammengeschlossen: die „Deutsche Rentenversicherung Bund", die „Deutsche Rentenversicherung Knappschaft-Bahn-See" sowie 14 Regionalträger (Deutsche Rentenversicherung).

➔ links

Deutsche Rentenversicherung
➔ www.deutsche-rentenversicherung.de

Deutsche Rentenversicherung Knappschaft-Bahn-See
➔ www.kbs.de > Karriere > Ausbildung und Studium

Deutsche Gesetzliche Unfallversicherung
➔ www.dguv.de

Hochschule für den öffentlichen Dienst in Bayern ➔ www.fhvr.bayern.de

Studienangebot

Das dreijährige duale Bachelorstudium erfolgt im Fachbereich Sozialversicherung der Hochschule des Bundes für öffentliche Verwaltung bzw. an den Fachhochschulen für Verwaltung der jeweiligen Bundesländer. In Praxisphasen lernen die Studierenden Sachverhalte und Vorgänge eigenverantwortlich zu bearbeiten.

Inhalte des Studiums

Die Studierenden beschäftigen sich unter anderem mit Inhalten aus den Bereichen Rechts-, Wirtschafts- und Sozialwissenschaften, Medizin, Psychologie, Informatik und Case Management. Im Rahmen eines Beschäftigungsverhältnisses bei der Deutschen Rentenversicherung Bund können die Studierenden unter den Schwerpunkten „Allgemeine Rentenversicherung" oder „Betriebsprüfung" wählen.

Voraussetzungen
Voraussetzung für ein Bachelor-Studium im Bereich Sozialversicherung ist eine Einstellung bei einem Rentenversicherungsträger. Über die Mindestanforderung der Fachhochschulreife hinaus gibt es bei einigen Sozialversicherungsträgern Altersgrenzen, die je nach Bundesland variieren. ■

3.11.11 Verfassungsschutz

Das Bundesamt für Verfassungsschutz (BfV) ist der Inlandsnachrichtendienst der Bundesrepublik Deutschland. Es ist eine Bundesoberbehörde im Geschäftsbereich des Bundesministeriums des Innern. Sein Auftrag besteht darin, Informationen über Bestrebungen gegen die freiheitlich-demokratische Grundordnung zu sammeln und auszuwerten.

Dazu gehören die Beobachtung des Links- und Rechtsextremismus, des Islamismus sowie die Abwehr terroristischer Bestrebungen. Das Aufgabengebiet erstreckt sich auch auf die Abwehr geheimdienstlicher Tätigkeiten ausländischer Nachrichtendienste (Spionage/ Sabotage) und sicherheitsgefährdender Bestrebungen von Ausländer*innen in der Bundesrepublik Deutschland. Darüber hinaus wirkt das Bundesamt für Verfassungsschutz mit bei der Überprüfung von Personen, die in sicherheitsempfindlichen Bereichen eingesetzt werden sollen.

Studienangebot
Das dreijährige duale Studium erfolgt an der Hochschule des Bundes für öffentliche Verwaltung in Brühl und im Zentrum für nachrichtendienstliche Aus- und Fortbildung (ZNAF) in Berlin. Praktika erfolgen beim Bundesamt sowie bei einem Landesamt für Verfassungsschutz, Lehrgänge an der Akademie für Verfassungsschutz in Swisttal-Heimerzheim (NRW).

Inhalte des Studiums
Die Studierenden beschäftigen sich unter anderem mit Staats-, Verwaltungs- und Zivilrecht, Sozialwissenschaften, VWL und BWL. Außerdem wird Wissen in Bereichen wie Verfassungs- und Datenschutzrecht, Recht der Nachrichtendienste, extremistische Phänomenbereiche, nachrichtendienstliche Arbeitstechniken, Informationsanalyse sowie geheime und offene Informationsbeschaffung vermittelt.

Voraussetzungen
Über die Mindestanforderung der Fachhochschulreife (Mindestnotendurchschnitt 2,5) hinaus wird die deutsche Staatsangehörigkeit verlangt. Neben guten Kenntnissen in Deutsch und Englisch sind weitere Fremdsprachenkenntnisse erwünscht. Erwartet werden zudem ein ausgeprägtes Interesse an innen- und sicherheitspolitischen Themen sowie ein hohes Maß an Einsatzbereitschaft, Teamfähigkeit und Diskretion. Die Auswahl von Bewerber*innen erfolgt im Rahmen eines mehrstufigen Auswahlverfahrens. ■

➔ links

Bundesamt für Verfassungsschutz
➔ www.verfassungsschutz.de

3.11.12 Verwaltungsinformatik

Nicht nur im Wirtschaftsleben, sondern auch im öffentlichen Sektor hat die Informationstechnologie eine zentrale Bedeutung. Verwaltung ist ohne qualifiziertes IT-Personal nicht mehr denkbar.

Verwaltungsinformatiker*innen unterstützen die Verwaltung bei Entwicklung, Aufbau und Betrieb der IT-Infrastruktur. Sie planen, steuern und kontrollieren IT-Projekte in unterschiedlichen Bundes- und Landesverwaltungen, etwa neue Softwaresysteme oder EDV-Konzepte.

Studienangebot
Das Studium der Verwaltungsinformatik wird an der Hochschule des Bundes für öffentliche Verwaltung, der Hochschule für den öffentlichen Dienst in Bayern, der Hochschule Hannover, der Technischen Hochschule Wildau, der Hochschule Harz sowie der Hochschule für Wirtschaft und Recht in Berlin angeboten. Die Studiendauer beträgt je nach Hochschule sechs bis sieben Semester. Teil des Studiums sind (mehrere) Praxisphasen in den ausbildenden Behörden. ▸

Inhalte des Studiums
Die Studierenden beschäftigen sich vor allem mit der Informationstechnik, also mit Betriebssystemen, Datenbanken, IT-Infrastrukturen, Datenschutz und Netzwerken. Neben informationstechnischen werden auch rechtliche und wirtschaftswissenschaftliche Grundlagen der Verwaltung vermittelt.

Voraussetzungen
Von den Studierenden werden Grundkenntnisse in der IT und ein ausgeprägtes Interesse daran erwartet. Auch mathematisches und analytisches Denkvermögen ist wichtig. Zudem sind gute Englischkenntnisse hilfreich, daneben auch soziale und kommunikative Fähigkeiten. Teilweise ist ein Vorpraktikum notwendig. ■

➔ links

Hochschule des Bundes für öffentliche Verwaltung
➔ www.hsbund.de

Hochschule Hannover
➔ www.hs-hannover.de

Hochschule für Wirtschaft und Recht Berlin
➔ www.hwr-berlin.de

Hochschule für den öffentlichen Dienst in Bayern
➔ www.verwaltungsinformatiker.de/de/startseite.html

Hochschule Harz
➔ www.hs-harz.de

Technische Hochschule Wildau
➔ www.th-wildau.de

3.11.13 Wissenschaftliches Bibliothekswesen

Hohe Anforderungen werden an die Fachkräfte in Bibliotheken und Dokumentationsstellen gestellt. Gefragt sind kommunikative und informationstechnisch orientierte Mitarbeiter*innen.

Die Sammlung, Erschließung und Verfügbarmachung von Literatur- und Datenbeständen sowie Informationsvermittlung stehen im Zentrum dieses Bereichs. Die Fachkräfte sind Mittler*innen zwischen Informationssuchenden und den vielfältigen Literatur- und Datenbeständen in Bibliotheken und Dokumentationsstellen.

Studienangebot
Eine verwaltungsinterne sechssemestrige Ausbildung für die dritte Qualifikationsebene bei den wissenschaftlichen Bibliotheken wird an der Hochschule für den öffentlichen Dienst in Bayern, Fachbereich Archiv- und Bibliothekswesen, angeboten. In den übrigen Bundesländern wurde die verwaltungsinterne Ausbildung durch externe sechs- bis achtsemestrige Studiengänge wie z.B. Informations-, Bibliotheks- oder Wissensmanagement an staatlichen Fachhochschulen ersetzt, die auch Praxisphasen an wissenschaftlichen Bibliotheken einschließen. Diese Studienabschlüsse qualifizieren auch für eine Tätigkeit jenseits einer Beamtenlaufbahn, z.B. als Bibliothekar*innen an öffentlichen Bibliotheken.

➔ links

Bibliothek & Information Deutschland
➔ www.bideutschland.de

Hochschule für den öffentlichen Dienst in Bayern
➔ www.hfoed.bayern.de

Bayerische Staatsbibliothek
➔ www.bibliotheksakademie.bayern

Deutscher Bibliotheksverband
➔ www.bibliotheksportal.de

Inhalte des Studiums
Die Studierenden beschäftigen sich unter anderem mit Grundlagen des Bibliotheks- und Informationswesens, mit Medienkunde und -bearbeitung, Bibliothekarischen Dienstleistungen, digitalen Daten und Datenmanagement, Informationstechnik und -visualisierung, Management und Recht.

Voraussetzungen
Für die verwaltungsinterne Ausbildung in Bayern werden über die Mindestanforderung der

➔ info

Externe Fachhochschulausbildungen
siehe Abschnitt 3.8.3 Archiv, Bibliothek, Dokumentation.

Fachhochschulreife oder einen als gleichwertig anerkannten Bildungsstand hinaus u.a. angemessene Kenntnisse in wenigstens zwei Fremdsprachen sowie das Bestehen des Auswahlverfahrens vorausgesetzt. Für den Zugang zu den externen Studiengängen gelten die jeweiligen Regelungen der einzelnen Hochschulen der Bundesländer. ■

3.11.14 Polizei der Länder

Polizeivollzugsbeamt*innen nehmen Aufgaben im Ermittlungs-, Bezirks- und Funkstreifendienst wahr. In einigen Bundesländern können sie Führungsfunktionen ausüben. Daneben erfüllen sie verwaltende und organisatorische Aufgaben.

Der Polizeivollzugsdienst ist in den einzelnen Bundesländern sehr unterschiedlich organisiert. So gibt es in einigen Ländern eine zweigeteilte Laufbahn mit gehobenem und höherem Dienst und in anderen eine dreigeteilte Laufbahn, in der es noch den Weg des mittleren Dienstes gibt.

Studienangebot

Das drei- bis dreieinhalbjährige (meist Bachelor-) Studium wird an einer Fachhochschule, einer Landespolizeischule, einer Polizeiakademie oder bei der Bereitschaftspolizei absolviert. Integriert sind Praktika bei den Polizeidienststellen. Zum Teil beginnt die Ausbildung mit einer zeitlich nicht genau begrenzten Vorbereitungszeit, an die sich ein sechsmonatiger Anwärterlehrgang an einer Landespolizeischule anschließt.

Inhalte des Studiums

Die Studierenden beschäftigen sich vor allem mit juristischen Inhalten, etwa Staats-, Verfassungs-, Polizei-, Straf- und Prozessrecht, Bürgerliches Recht, Strafneben- und Ordnungswidrigkeitenrecht. Aber auch Führungs- und Einsatzlehre, Verkehrslehre, Kriminalistik, Kriminologie, Soziologie, Sport, praktische Eigensicherung und Schießen sowie Staatsbürgerkunde und Wirtschaftswissenschaften sind Teil des Lehrplans.

Voraussetzungen

Für die Einstellung gelten bundeseinheitlich besondere gesundheitliche Anforderungen. Weitere Einstellungsvoraussetzungen (z.B. Höchstalter, Mindestgröße usw.) sind in den landesrechtlichen Bestimmungen unterschiedlich geregelt. Bewerber*innen mit Fachhochschulreife (bzw. einem gleichwertigen Bildungsstand) werden in fast allen Ländern unmittelbar in den Vorbereitungsdienst für den gehobenen Dienst oder eine vergleichbare Einstiegsebene eingestellt. Einige Länder bieten für Spitzensportler*innen spezielle Studien- und Ausbildungsgänge an. ■

➔ links

Offizielle Webseite der deutschen Polizei
➔ www.polizei.de

Länderinformationen
Informationen über die Ausbildung, Voraussetzungen, Einstellungs- und Bewerbungstermine sowie die Kontaktdaten der Einstellungsbehörden und Einstellungsberater*innen finden Sie auf den folgenden Internetseiten:

Baden-Württemberg:
➔ www.polizei-bw.de

Bayern: ➔ www.polizei.bayern.de

Berlin: ➔ www.berlin.de/polizei

Brandenburg:
➔ www.polizei.brandenburg.de

Bremen: ➔ www.polizei.bremen.de

Hamburg: ➔ www.hamburg.de/polizei

Hessen: ➔ www.polizei.hessen.de

Mecklenburg-Vorpommern:
➔ www.polizei.mvnet.de

Niedersachsen:
➔ www.polizei-studium.de

Nordrhein-Westfalen: ➔ polizei.nrw/

Rheinland-Pfalz: ➔ www.polizei.rlp.de

Saarland: ➔ www.polizei.saarland.de

Sachsen: ➔ www.polizei.sachsen.de

Sachsen-Anhalt:
➔ www.polizei.sachsen-anhalt.de

Schleswig-Holstein:
➔ www.polizei.schleswig-holstein.de

Thüringen: ➔ www.polizei.thueringen.de

3.11.15 Bundespolizei

Die Bundespolizei ist dem Bundesministerium des Innern (BMI) unterstellt und für den grenzpolitischen Schutz des Bundesgebietes sowie für vielfältige andere sonderpolizeiliche Aufgaben zuständig.

Neben dem Grenzschutz nimmt die Bundespolizei bahnpolizeiliche Aufgaben wahr. Sie kümmert sich außerdem um den Schutz vor Angriffen auf die Sicherheit des Luftverkehrs auf deutschen Flughäfen und schützt Verfassungsorgane des Bundes, Bundesministerien sowie die Deutsche Bundesbank. Bundespolizist*innen sind auch auf der Nord- und Ostsee im Einsatz, übernehmen polizeiliche Aufgaben im Notstands- und Verteidigungsfall und unterstützen die Landespolizeien sowie das Auswärtige Amt beim Schutz von deutschen diplomatischen und konsularischen Auslandsvertretungen. Darüber hinaus erfüllen Beamt*innen der Bundespolizei polizeiliche Aufgaben im Ausland.

Studienangebot

Der sechssemestrige duale Diplomstudiengang Verwaltungswirt*in wird an der Hochschule des Bundes für öffentliche Verwaltung absolviert. Das Grundstudium erfolgt im Zentralbereich in Brühl und das Hauptstudium im Fachbereich Bundespolizei in Lübeck. Teil des Studiums sind (mehrere) Praxisphasen in den Einsatzdienststellen.

Inhalte des Studiums

In den Fachstudienabschnitten beschäftigen sich die Studierenden unter anderem mit Polizeiführungswissenschaften wie z. B. Führungs- und Einsatzlehre sowie Kriminalistik. Außerdem werden rechts- und gesellschaftswissenschaftliche Inhalte wie etwa Polizei- und Ordnungsrecht, Strafrecht, Öffentliches Dienstrecht, Staats- und Verfassungsrecht, Politologie und Psychologie vermittelt.

Voraussetzungen

Anwärter*innen für den Bundespolizeidienst brauchen das Deutsche Schwimmabzeichen in Bronze, dürfen i.d.R. maximal 33 Jahre alt sein und müssen neben der Fachhochschulreife die deutsche Staatsangehörigkeit oder diejenige eines anderen EU-Staates besitzen. Außerdem wird ihre gesundheitliche Polizeidiensttauglichkeit in einem Auswahlverfahren festgestellt. ■

→ links

Bundespolizei
→ www.komm-zur-bundespolizei.de

3.11.16 Bundeskriminalamt (BKA)

Das BKA koordiniert die Zusammenarbeit des Bundes mit den Landeskriminalämtern und ermittelt u.a. in den Bereichen Cyberkriminalität, Terrorismusbekämpfung und bei Schwerer und Organisierter Kriminalität. Außerdem läuft der gesamte Dienstverkehr der deutschen Polizei mit dem Ausland über das BKA.

Als Zentralstelle für das polizeiliche Auskunfts- und Nachrichtenwesen in Deutschland sammelt das BKA eine Vielzahl wichtiger Informationen über Taten und Täter*innen, wertet sie aus und gibt den örtlichen Dienststellen der Bundesländer Hinweise für die Verbrechensbekämpfung.

Studienangebot

Das dreijährige duale Bachelorstudium zum*zur Kriminalkommissar*in findet an der Hochschule des Bundes für öffentliche Verwaltung in Brühl sowie an den drei Standorten des BKA in Wiesbaden, Meckenheim und Berlin statt. Die fachpraktische Ausbildung erfolgt bei den Kriminalpolizeidienststellen der Länder und in den Fachabteilungen des BKA.

Inhalte des Studiums

Studieninhalte sind unter anderem Kriminal- und Rechtswissenschaften. Auf dem Lehrplan stehen Module wie etwa „Politisch motivierte Kriminalität" oder auch „Grundlagen zu Aufgaben, Organisation und Handeln der Polizei,

Maßnahmen der Strafverfolgung und Gefahrenabwehr." Außerdem bietet das BKA polizeispezifische Trainings wie etwa Sprachausbildung, Einsatztraining und Dienstkunde an.

Voraussetzungen

Neben der Allgemeinen Hochschul- oder der uneingeschränkten Fachhochschulreife mit einem Notendurchschnitt von mindestens 3,5 und Englischkenntnissen auf dem Mindestniveau B1 müssen die Bewerber*innen die deutsche Staatsangehörigkeit besitzen (Ausnahmen sind möglich). Außerdem sollten Bewerber*innen i.d.R. maximal 33 Jahre alt sein und vor Einstellung den Führerschein der Klasse B besitzen. Die gesundheitliche Eignung wird im Zuge einer Untersuchung auf Polizeidiensttauglichkeit festgestellt. Im Idealfall sind angehende Bundeskriminalbeamt*innen nicht kleiner als 162 cm. ■

> **➔ links**
>
> **Bundeskriminalamt**
> ➔ www.bka.de
>
> **Offizielle Seite der deutschen Polizei**
> ➔ www.polizei.de

3.11.17 Bundeswehrverwaltung

Um die Streitkräfte zu entlasten, nimmt die Bundeswehrverwaltung als größter ziviler Bereich der Bundeswehr vielfältige Aufgaben wahr. Dazu gehören etwa das Personalmanagement, das Beschaffen von Material sowie das Sicherstellen der Ausrüstung der Truppe.

Die Bundeswehrverwaltung ist unterteilt in die Organisationsbereiche „Infrastruktur, Umweltschutz und Dienstleistungen (IUD)", „Ausrüstung, Informationstechnik und Nutzung (AIN)" und „Personal". Innerhalb der Wehrverwaltung gibt es die Möglichkeiten, im nichttechnischen und im technischen Verwaltungsdienst sowie im naturwissenschaftlichen Dienst tätig zu werden. Mitarbeiter*innen im gehobenen nichttechnischen Verwaltungsdienst nehmen klassische Verwaltungsaufgaben in verschiedenen Bundeswehrdienststellen wahr. Im gehobenen technischen Verwaltungsdienst wählen Mitarbeiter*innen mit ihrem Studium bereits einen Schwerpunkt (z.B. Nachrichten- oder Luftfahrzeugtechnik) und übernehmen je nach Schwerpunkt in einer Dienststelle spezielle Aufgaben. Mitarbeiter*innen im gehobenen naturwissenschaftlichen Dienst werden beim Geoinformationsdienst der Bundeswehr eingesetzt.

Studienangebot

Je nach Laufbahn dauert der Vorbereitungsdienst drei bis dreieinhalb Jahre. Im nichttechnischen Verwaltungsdienst erfolgt das Grundstudium an der Hochschule des Bundes für öffentliche Verwaltung, Fachbereich Bundeswehrverwaltung in Mannheim. Anwärter*innen für den technischen Verwaltungsdienst wählen einen der Studiengänge Informationstechnik und Elektronik, Luftfahrzeugtechnik, Marinetechnik, Maschinenbau, Mechatronik, Technische Informatik, Nachrichtentechnik/Elektronik, Energietechnik und erneuerbare Energien, Informatik, Luft- und Raumfahrttechnik, Elektrotechnik, Kommunikations- und Informationstechnik. Der Hochschulstandort hängt vom Studiengang ab. Interessent*innen für den naturwissenschaftlichen Dienst absolvieren ein Studium an der Hochschule des Bundes für öffentliche Verwaltung, am Bildungszentrum des Deutschen Wetterdienstes in Langen und an der zentralen Ausbildungseinrichtung des Geoinformationsdienstes der Bundeswehr in Fürstenfeldbruck. Begleitet wird das Studium jeweils von Praktika in verschiedenen Dienststellen der Bundeswehr.

Inhalte des Studiums

Die Studieninhalte variieren je nach gewählter Laufbahn und Studiengang stark. Im nichttechnischen Verwaltungsdienst liegen die Studienschwerpunkte vor allem in den rechts-, wirtschafts- und sozialwissenschaftlichen Bereichen. Studierende des technischen Verwaltungsdienstes lernen neben rechts-, sozial- und betriebswissenschaftlichen Inhalten je nach Studiengang spezialisierte ingenieurwissenschaftliche Inhalte. Der Studienschwerpunkt im naturwissenschaftlichen Dienst liegt vor allem in den Bereichen allgemeine/synoptische Meteorologie, Flugmeteorologie, meteorologische Messverfahren, Klimatologie, Geografie, geophysikalische Beratungsverfahren, Mathematik, Statistik, Physik und Informationstechnik. ▶

Voraussetzungen

Anwärter*innen dürfen maximal 50 Jahre alt sein, müssen die deutsche Staatsbürgerschaft besitzen und mindestens über die Fachhochschulreife verfügen. Außerdem müssen Bewerber*innen sich verpflichten, mindestens fünf Jahre als Beamt*in tätig zu sein und auch Auslandseinsätze der Bundeswehr wahrzunehmen. ■

➔ links

Karriereseiten der Bundeswehr
➔ www.bundeswehrkarriere.de

Hochschule des Bundes für öffentliche Verwaltung
➔ www.hsbund.de

3.11.18 Offiziere der Bundeswehr

Offiziere führen als militärische Vorgesetzte Soldat*innen. Sie übernehmen Leitungs- und Steuerungsaufgaben und sind in dieser Aufgabe im täglichen Dienst, aber auch in politisch mandatierten Auslandseinsätzen der Bundeswehr verantwortlich für Menschen und Material.

Offiziere der Bundeswehr können sich für den Truppen- oder den Sanitätsdienst ausbilden lassen. Die Laufbahn im Truppendienst umfasst Tätigkeiten und Verwendungen in den Teilstreitkräften Heer, Luftwaffe und Marine sowie in den anderen Organisationsbereichen der Bundeswehr, wie der Streitkräftebasis oder dem Zentralen Sanitätsdienst. Die Laufbahn im Sanitätsdienst umfasst ärztliche, zahnärztliche, tierärztliche, pharmazeutische, lebensmittelchemische und öffentlich-rechtliche Aufgaben.

Studienangebot

Für Offizieranwärter*innen im Truppendienst beginnt die Ausbildung mit einem allgemeinmilitärischen Abschnitt, der die Offizierprüfung einschließt. Es folgen akademische und militärfachliche Ausbildungsabschnitte. Das Studium an einer der Universitäten der Bundeswehr beginnt für alle Verwendungen regelmäßig im zweiten Dienstjahr. Die Teilnahme an einem universitären oder Fachhochschulstudiengang richtet sich grundsätzlich nach der Vorbildung. Das Studium ist in Trimester gegliedert und schließt i.d.R. mit einem Mastergrad ab.

Offizieranwärter*innen im Sanitätsdienst erhalten zunächst eine dreimonatige militärische und militärfachliche Ausbildung. Danach werden sie zum Studium an einer zivilen Universität in der jeweiligen Approbationsrichtung beurlaubt. Nach Erhalt der Approbation als Arzt*Ärztin, Zahnarzt*Zahnärztin bzw. Tierarzt*Tierärztin erfolgt die Beförderung zur*zum Stabsarzt*Stabsärztin bzw. Stabsveterinär*in. Die Beförderung zum*zur Stabsapotheker*in setzt neben der Approbation als Apotheker*in die Anerkennung als staatlich geprüfte*r Lebensmittelchemiker*in voraus.

Inhalte des Studiums

Für die Laufbahn im Truppendienst kann – je nach Teilstreitkraft – zwischen verschiedenen Studiengängen der Universitäten der Bundeswehr in München und Hamburg gewählt werden.

Anwärter*innen der Sanitätslaufbahn absolvieren ein ziviles Studium der Human-, Zahn- oder Tiermedizin, der Pharmazie oder Lebensmittelchemie.

Voraussetzungen

Wer Offizier werden möchte, muss über die allgemeine Hochschulreife verfügen, die deutsche Staatsbürgerschaft besitzen und zwischen 17 und 29 Jahre alt sein. Außerdem besteht eine Verpflichtungszeit als Soldat*in auf Zeit (17 Jahre im Sanitätsdienst, 13 Jahre im Truppendienst). ■

➔ links

Karriereseiten der Bundeswehr
➔ www.bundeswehrkarriere.de

Universität der Bundeswehr Hamburg
➔ www.hsu-hh.de

Universität der Bundeswehr München
➔ www.unibw.de

Bewerbung & Zulassung

Wo muss ich mich wie bewerben?

Sie haben Ihr Studienfach gefunden? Klasse! Nun sollten Sie herausfinden, ob Sie ein Bewerbungsverfahren durchlaufen müssen – und wenn ja, welches.

Laut Numerus-clausus-Check vom Centrum für Hochschulentwicklung (CHE) waren zum Wintersemester 2020/2021 insgesamt 40,6 Prozent der Studiengänge in Deutschland zulassungsbeschränkt. Damit es mit Ihrer Bewerbung klappt, sollten Sie die einzelnen Zulassungsmodi kennen.

Wann gibt es Zulassungsbeschränkungen?

Zulassungsbeschränkungen bestehen immer dann, wenn erfahrungsgemäß die Anzahl der Bewerbungen die Anzahl der zur Verfügung stehenden Studienplätze in einem Studiengang an einer Hochschule wesentlich übersteigt. Für solche Studiengänge, die mit einer örtlichen Zulassungsbeschränkung versehen sind, werden Studienplatzkapazitäten errechnet und festgesetzt. In Medizin, Tiermedizin, Zahnmedizin und Pharmazie existieren Zulassungsbeschränkungen an allen staatlichen Universitäten in Deutschland. Man spricht daher hier von einer „bundesweiten Zulassungsbeschränkung". Zuständig für den entsprechenden Bewerbungsprozess ist die Stiftung für Hochschulzulassung (www.hochschulstart.de).

Was bedeutet „N.c."?
„N.c." ist die Abkürzung für „**Numerus clausus**", was auf Deutsch „geschlossene Anzahl" bedeutet. Wenn die Nachfrage das Angebot an Studienplätzen überschreitet, muss der Zugang zu einem Studiengang (örtlich) beschränkt und ein Auswahlverfahren durchgeführt werden. Da bei dieser Auswahl die Abiturdurchschnittsnote den größten Einfluss hat, wird am Ende des Auswahlverfahrens auch stets ein sogenannter N.c.-Wert gebildet. Der N.c. steht dabei umgangssprachlich häufig für die Abiturdurchschnittsnote des*der Bewerber*in, an den*die im vergangenen Semester der letzte zur Verfügung stehende Studienplatz vergeben wurde.
Ein Beispiel: Ein „N.c." von 2,2 bedeutet, dass Bewerber*innen mit einer Durchschnittsnote von 2,1 und besser – aber auch einige mit 2,2 – zugelassen wurden. Häufig können nicht alle Bewerber*innen mit der gleichen Durchschnittsnote zugelassen werden, weil die verfügbaren Studienplätze nicht ausreichen. Dann werden sogenannte „nachrangige Kriterien" (bei örtlicher Zulassungsbeschränkung i.d.R. die Wartezeit) herangezogen, um über die Zulassung zu entscheiden. Unter der Wartezeit versteht man die seit dem Erwerb der Hochschulzugangsberechtigung (z.B. Abitur) verstrichene Zeit. Gemessen wird diese in Halbjahren – und das Ansammeln der Wartezeit wird nur durch die Aufnahme eines Studiums an einer staatlich anerkannten Hochschule in Deutschland unterbrochen. Das gilt auch für ein Teilzeit- oder Fernstudium. Außerdem wird die Wartezeit quasi „automatisch" angesammelt. Man muss sich also nirgendwo melden, damit die Wartezeit extra „erfasst" wird. Wenn man in N.c.-Übersichten etwa die Angabe „2,2 (3)" findet, so bedeutet dies, dass alle Bewerber*innen mit der Durchschnittsnote 2,1 und besser zugelassen werden konnten, da das letzte verfügbare Zulassungsangebot an eine Person vergeben wurde, die bei einer Durchschnittsnote von 2,2 insgesamt drei Wartesemester angesammelt hatte.
Wichtig: Diese Auswahlgrenzen werden also niemals vor dem Bewerbungsstart von den Hochschulen festgelegt!
Richtig ist: Vorab festgelegt ist nur die Anzahl der zur Verfügung stehenden Studienplätze. Die Auswahlgrenzen ergeben sich in jedem Semester und bei jedem Zulassungsverfahren neu und sind somit das Resultat eines **abgeschlossenen Auswahlverfahrens**. Die Grenzwerte der vergangenen Semester können zwar Anhaltspunkte für die Einschätzung der eigenen Zulassungschancen bieten, haben aber aufgrund der sich ändernden Bewerbungs- und Studienplatzzahlen keine verlässliche Aussagekraft über die künftigen Zulassungschancen.
Tipp: Keinesfalls sollten Sie auf eine Bewerbung für einen Studienplatz verzichten, nur weil Ihre Durchschnittsnote nicht den N.c.-Wert des vergangenen Vergabeverfahrens für den jeweiligen Studiengang erreicht. Sollte die Differenz zwischen N.c.-Wert und Ihrer Abiturleistung jedoch eher groß ausfallen, so müssen Sie sich darauf einstellen, eventuell keinen Erfolg bei der Bewerbung zu haben. ■

4.1 Wo muss ich mich für ein Studium bewerben?

Für Studiengänge mit einer Zulassungsbeschränkung müssen Sie sich um einen Studienplatz bewerben, entweder bei der Hochschule direkt oder über www.hochschulstart.de – also über die Internetseite der Stiftung für Hochschulzulassung (SfH). Das ist abhängig vom jeweiligen Studiengang und den Vorgaben der Hochschule.

Wo Sie sich jeweils bewerben müssen, erfahren Sie auf den Webseiten der Hochschulen, bei Hochschulstart und über die Studiengangsuche auf www.studienwahl.de.

Die Plätze für die Studiengänge **Medizin, Zahnmedizin, Tiermedizin** und **Pharmazie** werden deutschlandweit zentral von der SfH vergeben. Das heißt, das Bewerbungsverfahren für diese Fächer wird immer über Hochschulstart durchgeführt – ganz egal, an welcher staatlichen Universität Sie studieren wollen. Für die Bewerbung müssen Sie sich zunächst im Online-Portal registrieren, dann Ihre Angaben in einem speziell für diese Studiengänge geschaffenen Bereich hinterlegen und im Anschluss Ihre Unterlagen postalisch an die SfH senden. Wie genau Sie dabei vorgehen müssen, finden Sie zusammen mit weiteren wichtigen Infos auf www.hochschulstart.de.

Die Vergabe von Studienplatzangeboten durch Hochschulstart erfolgt auf der Basis des Dialogorientierten Serviceverfahrens (DoSV). Dabei handelt es sich um ein Koordinierungsverfahren, das von der SfH im Auftrag der staatlich anerkannten Hochschulen und der Wissenschaftsministerien der Bundesländer entwickelt und etabliert wurde, um den Bewerbungsprozess für nicht bundesweit zulassungsbeschränkte Studiengänge zu koordinieren. Nun ist dieses Verfahren die Grundlage für jede Bewerbung via Hochschulstart. Die Hochschulen weisen auf ihren Internetseiten darauf hin, ob und bei welchen örtlich zulassungsbeschränkten oder zulassungsfreien Studiengängen das DoSV genutzt wird. Eine Registrierung auf www.hochschulstart.de ist dann Grundvoraussetzung für entsprechende Bewerbungen.

Falls von den Hochschulen eine direkte Bewerbung abseits des DoSV gewünscht wird, so erfolgt diese online und/oder per Post. Das gilt sogar für manche Studiengänge ohne Zulassungsbeschränkung. Auf den Webseiten der entsprechenden Hochschulen finden Sie alle Details dazu.

Weitere Informationen und Erklärungen zu diesem Thema gibt es bei hochschulstart.de sowie *im folgenden Kapitel 4.2 „Die Auswahlverfahren im Überblick“*. ■

4.2 Die Auswahlverfahren im Überblick

Die Studienplätze der bundesweit und örtlich zulassungsbeschränkten Studiengänge werden in einem verknüpften Verfahren vergeben. Trotzdem kommen verschiedene Auswahlregeln und -kriterien zum Einsatz und auch die Stellen, an die eine Bewerbung zu richten ist, können sich unterscheiden.

Sie können sich für einen bestimmten Studiengang gleichzeitig an mehreren Hochschulen bewerben. Damit erhöhen Sie Ihre Zulassungschancen und können Ihre Wünsche untereinander priorisieren. Teilweise ist es möglich, sich für unterschiedliche Studiengänge an einer einzigen Hochschule zu bewerben. Für eine solche „Mehrfachbewerbung“ können aber je nach Hochschule unterschiedliche Beschränkungen für die maximale Anzahl der Bewerbungsanträge bestehen. Erkundigen Sie sich deshalb vorab bei der Hochschule. ▶

ⓘ Wege an die Hochschule

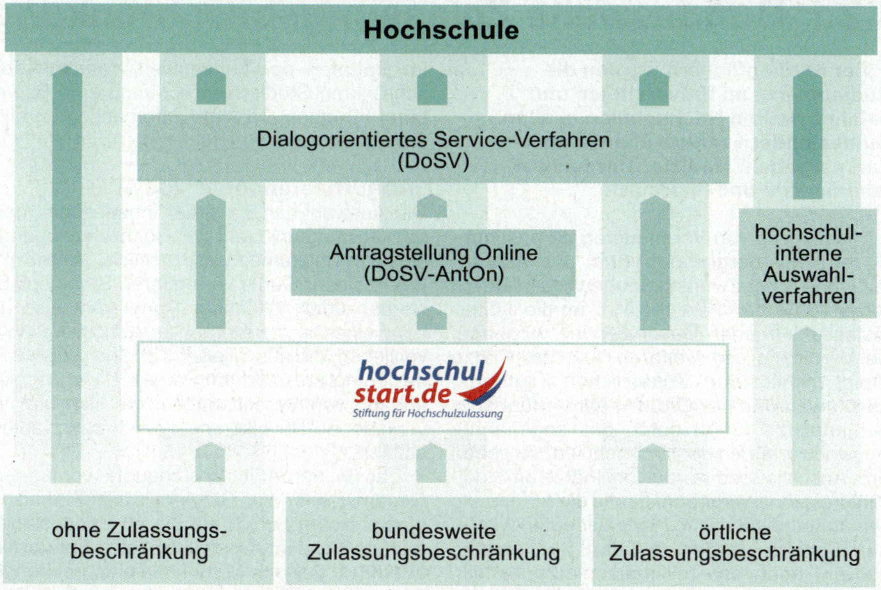

Quelle: Stiftung für Hochschulzulassung 2020

Abbildung 5

Bei der bundesweiten Studienplatzvergabe (für **Medizin, Zahnmedizin, Tiermedizin und Pharmazie**) gibt es nur eine einzige Einschränkung: Man kann hier maximal zwölf Wünsche/ Bewerbungen hinterlegen. Alle Bewerbungen für einen bundesweit zulassungsbeschränkten Studiengang werden in der Logik des DoSV als ein einziger Wunsch erfasst und entsprechend abgebildet. Wenn man sich also beispielsweise zu einem Wintersemester für alle vier bundesweit zulassungsbeschränkten Studiengänge bewirbt, so hat man (unabhängig von der Anzahl der jeweils genannten Orte) im DoSV stets noch acht Studienwünsche übrig.

Hinweis: Auch in Studiengängen, für die es keine Zulassungsbeschränkungen gibt und eine Studienplatzzusage deshalb sicher ist, kann an manchen Hochschulen eine vorherige Bewerbung/Voranmeldung erforderlich sein – manchmal sogar mithilfe des DoSV. Deshalb sollten Sie sich auch in diesem Fall bei der Hochschule erkundigen, ob, bis wann und wie die Bewerbungsunterlagen einzureichen sind.

Ist in zulassungsfreien Studiengängen keine vorherige Bewerbung/Voranmeldung erforderlich, keine Eignungsprüfung abzulegen und auch sonst – neben der Hochschulzugangsberechtigung – keine weitere Zugangsvoraussetzung zu erfüllen, genügt es, die Immatrikulation (Einschreibung) zum Semesterbeginn vorzunehmen. Teilweise ist dies online oder per Post möglich, teilweise ist persönliches Erscheinen nötig. Auf jeden Fall müssen Sie dabei im Rahmen der festgelegten Fristen bleiben und alle nötigen Dokumente und Nachweise vorlegen. ■

➔ info

Welches Verfahren jeweils zum Einsatz kommt, erfahren Sie auf der Internetseite Ihrer Hochschule. Erste Informationen hierzu bietet auch ➔ www.studienwahl.de. Hier können Sie neben fachlichen und regionalen Kriterien die Auswahlverfahren als Suchkriterium angeben (unter dem Punkt „Bewerbungsverfahren").
In den Ergebnislisten erhalten Sie genauere Angaben zum Auswahlverfahren.

➔ links

hochschulstart.de
Die Stiftung für Hochschulzulassung (SfH) informiert zur Bewerbung für bundesweit zulassungsbeschränkte Studienangebote sowie zum Dialogorientierten Serviceverfahren (DoSV).
➔ www.hochschulstart.de

abi>>
Informationen und Tipps zur Studienbewerbung finden Sie auch in der Rubrik „Bewerbung" auf dem abi>> Portal unter ➔ www.abi.de.

4.2.1 Bundesweite Zulassungsbeschränkung

In vier Studienfächern werden die Studienplätze an Universitäten und gleichgestellten Hochschulen in allen Bundesländern zentral über Hochschulstart vergeben: Medizin, Tiermedizin, Zahnmedizin und Pharmazie.

Nach Abzug von Vorabquoten für bestimmte Bewerbergruppen (u.a. für Ausländer*innen und Zweitstudienbewerber*innen) werden 30% der Studienplätze an die Abiturbesten eines jeden Bundeslandes vergeben. Die Verteilung von weiteren 10% der Plätze erfolgt mithilfe der „Zusätzlichen Eignungsquote", während der Großteil der verfügbaren Studienplätze (60%) durch das sogenannte „Auswahlverfahren der Hochschulen" vergeben wird. Anschließend werden die Plätze an Studieninteressierte vergeben, für die die Ablehnung eine außergewöhnliche Härte bedeuten würde. Zum Schluss werden (für den Studiengang Medizin) noch die Teilstudienplätze verteilt. Sie müssen sich übrigens nicht für die Teilnahme an einer der drei Hauptquoten entscheiden: Im Rahmen der bundesweit zulassungsbeschränkten Studiengänge nimmt eine Bewerbung für einen Ort stets automatisch an allen drei Quoten teil.

„Abiturbestenquote" (30%)

Die Auswahl der Bewerber*innen erfolgt nach der Gesamtpunktzahl der Hochschulzugangsberechtigung (umgangssprachlich: **„Abinote"**). Die in dieser Quote verfügbaren Studienplätze werden über 16 Landes-Ranglisten (also anhand eines landesinternen Leistungsvergleichs) vergeben, die abschließend in eine große Bundes-Rangliste überführt werden. Dies geschieht anhand von Berechnungen, die sich u.a. auf vorliegende Bevölkerungszahlen bzw. -anteile stützen.

Das in der Abiturbestenquote vorliegende Gesamtvolumen an Studienplätzen wird also in einem ersten Schritt auf die 16 Bundesländer aufgeteilt und im Anschluss in eine Bundesliste überführt. Danach werden die entsprechenden Kapazitäten mit Bewerbungen ausgefüllt, deren Rangfolge sich primär nach der im jeweiligen

Bundesland erbrachten Abiturleistung und sekundär nach einem abgeleisteten Dienst sowie einer zufällig zugewiesenen Losnummer ausrichtet. Die Wahl der möglichen Studienorte spielt für die Ranglisten-Position keine Rolle.

Zusätzliche Eignungsquote (10%)

Die „Zusätzliche Eignungsquote" setzt einen Schwerpunkt auf Kriterien, die unabhängig von der Abiturleistung eine Rolle bei der Studienplatzvergabe spielen. Im Wesentlichen fokussiert man sich hier auf **Ergebnisse von Studierfähigkeitstests**, aber auch andere Formen der Qualifikation wie bspw. eine relevante **Berufsausbildung** oder ein **abgeleisteter Dienst** können (je nach Vorgabe der Hochschule) in die Entscheidungsfindung einfließen.

Darüber hinaus wird im Rahmen dieser Quote für den Zeitraum bis Wintersemester 2022/23 an **Hochschulen in Bayern** noch die Wartezeit berücksichtigt. (Der Begriff „Wartezeit" wird zu Beginn von Kapitel 4 im Kontext des Numerus clausus erläutert.)

Die Berücksichtigung der Wartezeit erfolgt nach einem bestimmten Punktesystem: In der zusätzlichen Eignungsquote kann eine Bewerbung maximal 100 Punkte erreichen. Maximal 55 davon werden anhand von schulnotenunabhängigen Kriterien vergeben. Wofür man hier wie viele Punkte bekommt, gibt die jeweilige Hochschule vor.

Für die Vergabeverfahren für das Sommersemester 2022 und Wintersemester 2022/2023 gilt an bayerischen Hochschulen, dass durch das Ansammeln von Wartezeit maximal 30 Punkte erreicht werden können. Diese 30 Punkte werden durch 15 oder mehr Wartesemester vergeben. Bei weniger Wartesemestern nimmt die Berücksichtigung linear ab. Für 14 Wartesemester werden nur noch 28 Punkte vergeben, für 13 Wartesemester 26 Punkte und so weiter.

In allen anderen Bundesländern außer Bayern wird ab dem Vergabeverfahren für das Sommersemester 2022 die Wartezeit in der Zusätzlichen Eignungsquote nicht mehr berücksichtigt.

Auswahlverfahren der Hochschulen (AdH) in bundesweit zulassungsbeschränkten Studiengängen (60%)

Der Großteil der verfügbaren Studienplätze in den bundesweit zulassungsbeschränkten Studiengängen wird im Rahmen des Auswahlverfahrens der Hochschulen vergeben.

Bei der Auswahl im AdH hat die Durchschnittsnote der Hochschulzugangsberechtigung zwar einen maßgeblichen Einfluss auf die Auswahl – aber diesem Auswahlkriterium muss mindestens ein weiteres (ge)wichtiges notenunabhängiges Kriterium zur Seite gestellt werden. Für den Studiengang Medizin müssen sogar mindestens zwei zusätzliche „bedeutsame" Auswahlkriterien berücksichtigt werden.

Zu diesen Kriterien zählen vor allem das **Ergebnis eines Studierfähigkeitstests**, darüber hinaus können auch eine einschlägige **Berufsausbildung**, entsprechende **berufliche Praxiserfahrung** sowie die **Ableistung eines Diensts** oder der **Nachweis akademischer Aktivitäten abseits eines Studiums** (Bsp.: erfolgreiche Teilnahme an einem wissenschaftlichen Wettbewerb) in Betracht kommen. Auch **Auswahlgespräche** oder **Motivationsschreiben** können potenziell in die Entscheidungsfindung einfließen.

Wie genau die Auswahlkriterien gestaltet bzw. gewichtet werden und wie sie mit der Abiturleistung zusammenwirken, kann auf www.hochschulstart.de nachgelesen werden.

Die Bewerbung

Der erste Teil der Bewerbung für einen Studienplatz erfolgt online bei Hochschulstart. Dreh- und Angelpunkt ist auch für bundesweit zulassungsbeschränkte Studiengänge das DoSV-Bewerbungsportal. Wenn man sich dort nach einer Registrierung anhand des Studienangebots für einen bundesweit zulassungsbeschränkten Studiengang interessiert, wird man zum Dialogsystem **„AntOn" (= Antrag Online)** weitergeleitet. Dort werden die Bewerber*innen programmgestützt durch die benötigte Antragstellung geführt.

Die zur rechtsgültigen Antragstellung notwendige Unterschrift sowie die zum Antrag gehörenden Unterlagen (z.B. beglaubigte Kopie des Abiturzeugnisses) müssen per Post nachgereicht werden.

Die Bewerbungsergebnisse werden schließlich im persönlichen Benutzerkonto des DoSV-Bewerbungsportals angezeigt. Weitere Details zum Bewerbungsablauf sowie weitere in diesem Zusammenhang wichtige Informationen finden Sie auf www.hochschulstart.de (bspw. Angaben zu den geltenden Bewerbungsfristen).

Die Rolle der Studierfähigkeitstests

Wer seine Chancen auf eine Zulassung erhöhen möchte, sollte sich ernsthaft mit dem Thema **„Studierfähigkeitstests"** auseinandersetzen: Man kann bspw. einmalig an einem gebührenpflichtigen **Test für Medizinische Studiengänge (TMS)** teilnehmen. Für die Zulassung zum Studium ist die Teilnahme zwar nicht verbindlich, aber das Testergebnis ist nahezu flächendeckend für den Bewerbungsprozess relevant. ▶

ⓘ Bewerbungsschluss bei hochschulstart.de

Für das Wintersemester	Für das Sommersemester
31. Mai: Alt-Abiturient*innen Studienbewerber*innen, die ihre Studienberechtigung vor dem 16. Januar des laufenden Jahres erworben haben. **15. Juli: Neu-Abiturient*innen** Studienbewerber*innen, die ihre Studienberechtigung zwischen dem 16. Januar bis einschließlich 15. Juli des laufenden Jahres erworben haben.	**15. Januar:** Für Alt- und Neu-Abiturient*innen

Die genannten Bewerbungsfristen sind Ausschlussfristen. Quelle: www.hochschulstart.de

Abbildung 6

Der TMS findet einmal jährlich Anfang Mai zeitgleich an rund 50 Testorten in Deutschland statt. Anmeldeschluss ist jeweils der 15. Januar. Alt-Abiturient*innen können das TMS-Ergebnis nachreichen, wenn sie sich bei Hochschulstart fristgerecht beworben haben.

Weitere Informationen erhalten Sie bei den beteiligten Hochschulen, bei Hochschulstart und der TMS-Koordinationsstelle auf www.tms-info.org.

Alternativ zum TMS besteht außerdem die Möglichkeit, dass Hochschulen auch andere, lokale Testverfahren bei einer Bewerbung berücksichtigen (im Bereich Pharmazie beispielsweise den **„PhaST"**, der seit dem Wintersemester 2020/21 als fachspezifischer Studieneignungstest eingesetzt werden kann), für die sich die Bewerber*innen im Vorfeld auch lokal anmelden müssen. Auch unter diesem Gesichtspunkt lohnt sich also ein Blick auf die entsprechenden Informationen der Hochschulen.

➔ info

Auch Bewerber*innen mit ausländischen Schulabschlüssen eines EU-Landes, Islands, Liechtensteins oder Norwegens bzw. Ausländer*innen, die eine Hochschulzugangsberechtigung in Deutschland erworben haben, **bewerben sich über ➔ hochschulstart.de**. Das gilt auch für deutsche Staatsangehörige, die ihren Schulabschluss im Ausland erworben haben. Diesbezügliche Entscheidungen der Hochschulen und der Stiftung für Hochschulzulassung werden in der Regel gegenseitig anerkannt..

Vorabquoten: Alternative Bewerbungswege für Medizin für Land- und Amtsärzt*innen

Für den bundesweit zulassungsbeschränkten Studiengang Medizin besteht zudem die Möglichkeit, sich auch im Rahmen der Quote für sog. Landärzt*innen sowie in der Quote für den öffentlichen Gesundheitsdienst (ÖGD) für künftige Amtsärzt*innen um einen Studienplatz zu bewerben. Diese Formen der Bewerbung werden nicht über die herkömmlichen Hauptquoten (s.o.) im Verfahren berücksichtigt, sondern mithilfe dieser besonderen Vorabquoten, die sich dadurch auszeichnen, dass sie gesetzlich in den jeweiligen Bundesländern eingerichtet sein müssen und eine entsprechende Bewerbung durch die je nach Landesrecht für zuständig erklärten Stellen entgegengenommen und verarbeitet wird (d.h. unabhängig von der Konkurrenz im Vergabeverfahren von Hochschulstart; erforderlich ist insoweit nur eine vorherige Registrierung im DoSV).

➔ links

Die Details zu den jeweiligen Regelungen und Abläufen sowie die geltenden Termine werden durch die Bundesländer auf folgenden Internetseiten dargestellt.

Baden-Württemberg

➔ sozialministerium.baden-wuerttemberg.de/de/gesundheit-pflege/medizinische-versorgung/landarztquote

Bayern

➔ www.landarztquote.bayern.de

Mecklenburg-Vorpommern

➔ www.kvmv.de/nachwuchs/Landarztquote

Nordrhein-Westfalen

➔ www.lzg.nrw.de/lag

Rheinland-Pfalz

➔ mwg.rlp.de/de/themen/gesundheit/landarztquote/das-gesetz-zur-landarztquote/

Saarland

➔ www.saarland.de/las/DE/themen/landarztprogramme/landarztquote/landarztquote_node.html

Sachsen-Anhalt

➔ www.landarztquote-sachsen-anhalt.de

Im Rahmen der Verarbeitung legt die jeweils zuständige Stelle (bspw. das Bayerische Landesamt für Gesundheit und Lebensmittelsicherheit) dann anhand der eingereichten Unterlagen bzw. Qualifikationsnachweise fest, welche*r Bewerber*in an welcher Hochschule des jeweiligen Bundeslandes eine Zulassung erhalten soll, wobei man im Rahmen der Bewerbungsabgabe selbst festlegen kann, für welche Hochschulen man sich grundsätzlich interessiert.

Bewerber*innen, die diesen alternativen Weg ins Studium wählen wollen, verpflichten sich bei erfolgreicher Zulassung im Gegenzug, im entsprechenden Bundesland zu studieren und die ersten Berufsjahre als Amtsarzt*Amtsärztin im ÖGD zu verbringen oder sich für einige Zeit als Landarzt*Landärztin in ärztlich unterversorgten Gebieten niederzulassen – und zwar ebenfalls im jeweiligen Bundesland. Hierzu wird ein Vertrag zwischen dem Bundesland und der*dem Bewerber*in geschlossen.

> **→ info**
>
> **Wichtiges Detail:** Auch wenn der Bewerbungsprozess über die jeweils zuständigen Stellen läuft, so erhalten erfolgreiche Bewerber*innen ihren Zulassungsbescheid dennoch letztendlich von der Stiftung für Hochschulzulassung, da hier alle Fäden bezüglich der Zulassung für bundesweit zulassungsbeschränkte Studiengänge gesetzlich zusammenlaufen. Daher ist es auch notwendig, dass man sich im Rahmen der Bewerbung bei Hochschulstart registriert.

Folgende Bundesländer bieten den Weg ins Medizinstudium mithilfe einer Landarztquote an:

- Baden-Württemberg
- Bayern
- Mecklenburg-Vorpommern
- Nordrhein-Westfalen
- Rheinland-Pfalz
- Saarland
- Sachsen-Anhalt

Folgende Bundesländer bieten den Weg ins Medizinstudium über eine besondere Vorabquote für den öffentlichen Gesundheitsdienst an:

- Bayern
- Rheinland-Pfalz
- Sachsen-Anhalt (ab dem Wintersemester 22/23) ■

4.2.2 Örtliche Zulassungsbeschränkungen

Gilt für das Studienfach Ihrer Wahl eine (örtliche) Zulassungsbeschränkung, müssen Sie sich fristgerecht bei der betreffenden Hochschule oder über das Internetportal der Stiftung für Hochschulzulassung (www.hochschulstart.de) bewerben.

Häufig ist der Bewerbungsschluss der **15. Juli** für ein Wintersemester und der **15. Januar** für ein Sommersemester. Beachten Sie, dass Hochschulen ggf. davon abweichende Bewerbungsfristen haben können! Bei zahlreichen Hochschulen erfolgt die Bewerbung komplett online mittels eines Bewerbungsmoduls. Sollte eine Online-Bewerbung im Einzelfall noch nicht möglich sein, stehen die Bewerbungsunterlagen meist auf den Internetseiten der Hochschulen zum Download bereit.

Nach welchen Regeln wird verteilt?

Die Regeln und Kriterien für die örtlichen Auswahlverfahren sind in den Bundesländern teilweise unterschiedlich. Von der Zahl der verfügbaren Studienplätze wird meist vorweg eine Quote von bis zu 20% für bestimmte Bewerbergruppen (Härtefälle, Zweitstudienbewerber*innen u.Ä.) abgezogen. 10 bis 25% der verbleibenden Studienplätze werden nach Wartezeit vergeben, die übrigen in einem Auswahlverfahren der Hochschule.

Neben der Durchschnittsnote als Auswahlkriterium gewinnt die individuelle fachspezifische Eignung zunehmend an Bedeutung. Das geschieht z.B. durch eine höhere Gewichtung von **Auswahlgesprächen**, fachspezifischen **Studierfähigkeitstests** oder bestimmten **Zeugnisnoten**, die für den Studiengang besonders relevant sind. Manche Hochschulen setzen außerdem für eine Bewerbung die Teilnahme an einem **Selbsttest zur Studienorientierung** voraus (*mehr dazu in Kapitel 1.1 „Orientierungs- und Entscheidungshilfen“*). ■

> **→ info**
>
> Die Einzelheiten zum Verfahren und die Anmeldetermine erfragen Sie am besten direkt bei der betreffenden Hochschule. Ggf. ist auch eine vorherige Registrierung bei → www.hochschulstart.de erforderlich (vgl. die Hinweise zum **Dialogorientierten Serviceverfahren** in Abschnitt 4.2.3)

4.2.3 Dialogorientiertes Serviceverfahren

Hochschulstart bietet zur Unterstützung der Hochschulen bei der Durchführung ihrer örtlichen Auswahlverfahren das Dialogorientierte Serviceverfahren (DoSV) an.

Zum Wintersemester 2020/21 haben sich 151 Hochschulen mit ein wenig mehr als 1.800 Studienangeboten an diesem Verfahren beteiligt. Einige Hochschulen koordinieren alle ihre zulassungsbeschränkten Studienangebote über dieses Verfahren, da die Studienplätze so zügiger besetzt und langwierige Nachrückverfahren vermieden werden.

Im Bewerbungsportal von www.hochschulstart.de geben teilnehmende Hochschulen ihre Studienangebote bekannt. Studienbewerber*innen müssen sich dort registrieren und können sich im Anschluss – je nach Wunsch der Hochschule – im Bewerbungsportal der Hochschule oder bei Hochschulstart für einen Studienplatz bewerben. Im DoSV haben Sie die Möglichkeit, die Reihenfolge (Prioritäten) Ihrer Studienwünsche anzugeben und den Bearbeitungsstand Ihrer Bewerbungen zu verfolgen.

Auch mögliche Bewerbungen für bundesweit zulassungsbeschränkte (oder vereinzelt auch für zulassungsfreie) Studiengänge werden in dieser Übersicht erfasst und lassen sich hier in Kombination priorisieren – d.h. auch die **Studiengänge Medizin, Zahnmedizin, Tiermedizin und Pharmazie** werden seit dem Verfahren für das Sommersemester 2020 im DoSV dargestellt.

Nach Abschluss der auf die Bewerbungsphase folgenden Koordinierungsphase werden die restlichen verfügbaren DoSV-Studienplätze mithilfe einer separaten **Nachrückphase** („Koordiniertes Nachrücken" genannt) vergeben. Diese Phase bietet sogar die Möglichkeit, dass an diesem Nachrücken auch Bewerber*innen teilnehmen können, die sich zuvor noch nicht im Zuge des DoSV-Hauptverfahrens beworben hatten. Allerdings kann sich dieser Personenkreis nicht „nachträglich" für Restplätze von bundesweit zulassungsbeschränkten Studiengängen bewerben, die ebenfalls in dieser Phase verteilt werden.

Die Termine und Verfahrensbedingungen finden Sie unter www.hochschulstart.de sowie auf den Internetseiten der Hochschulen.

Ergebnis der Studienplatzvergabe

Ob es mit dem Studienplatz geklappt hat oder nicht, erfahren Sie per **Zulassungsbescheid bzw. Ablehnungsbescheid**. Dass eine Ablehnung Probleme verursacht, ist nachvollziehbar. Auch Zusagen können allerdings zu kniffligen Entscheidungslagen führen.

Viele Studieninteressierte bewerben sich abseits von Hochschulstart parallel an mehreren Hochschulen, die nicht am DoSV teilnehmen. Im Hinblick auf bessere Zulassungschancen im Wunschfach oder in den Wunschfächern ist das ggf. auch sinnvoll.

Zu Problemen kann es allerdings kommen, wenn die **Zulassungsbescheide** zu unterschiedlichen Terminen versandt werden und Bewerber*innen – ohne das Ergebnis aller Bewerbungen zu kennen – bis zu einem bestimmten Termin erklären sollen, ob sie einen Studienplatz annehmen.

Mehrfachbewerbungen außerhalb des DoSV führen an den „betroffenen" Hochschulen außerdem zu aufwendigen und bis in die Vorlesungszeit hinein dauernden **Nachrück- und Losverfahren**, bei denen dann viele noch eine Zusage bekommen, die vorher einen Ablehnungsbescheid erhalten hatten und sich zwischenzeitlich eventuell schon für einen anderen Studienplatz entschieden haben. Hier liegt einer der Hauptgründe für den Einsatz des DoSV, denn mithilfe des Dialogorientierten Serviceverfahrens wird diesem (auch für Hochschulen sehr belastenden) Effekt entgegengewirkt.

Bundesweite Studienplatzbörse

Wer bis zum Abschluss der Haupt- und Nachrückverfahren keinen Studienplatz bekommen hat, erhält mit der bundesweiten **Studienplatzbörse** eine zusätzliche Chance: Auf www.hochschulkompass.de werden jeweils zum Sommer- und Wintersemester Studiengänge nach Durchführung der Nachrückverfahren aufgeführt, bei denen noch Studienplätze verfügbar sind, für das Wintersemester frühestens ab 1. September bzw. für das Sommersemester ab 1. Februar. Bewerber*innen für zulassungsbeschränkte Studiengänge können sich über die Internetbörse informieren und die Teilnahme am Losverfahren bei der **jeweiligen Hochschule beantragen**. Die Einträge werden täglich aktualisiert. Es kann sich also lohnen, öfter auf die Seite zu schauen. ■

➔ **info**

Damit Sie innerhalb der vorgegebenen Frist die Erklärung über die Annahme eines Studienplatzes abgeben und sich immatrikulieren können, sollten Sie in den Wochen nach dem Bewerbungsschluss **unbedingt erreichbar** bleiben.

Wohnen & Finanzielles

Kosten und Finanzierungswege

Spätestens, wenn Sie Ihre Studienplatzzusage vorliegen haben, gilt es, die finanziellen Rahmenbedingungen zu klären und sich ggf. um eine Wohnung zu kümmern.

Die folgenden Abschnitte geben Ihnen einen Überblick, wie Sie das Leben und Wohnen im Studium organisieren und finanzieren können. In jedem Abschnitt finden Sie Adressen von zuständigen Anlaufstellen sowie Hinweise auf Quellen im Internet. ■

→ info

Der bei der Verbraucherzentrale Nordrhein-Westfalen erschienene **Ratgeber „Ausbildung und Studium – Geld, Recht, Versicherungen in einer spannenden Zeit"** gibt Tipps zu allen Aspekten der Studienfinanzierung. Er kann bezogen werden über die Verbraucherzentralen (→ www.ratgeber-verbraucherzentrale.de).
(1. Auflage 2019, EUR 16,90, E-Book: EUR 12,99)

→ links

21. Sozialerhebung des Deutschen Studentenwerks (DSW)
→ www.sozialerhebung.de

Studentenwerke
→ www.studentenwerke.de

Für ausländische Studierende
→ www.international-students.de

5.1 Was kostet ein Studium?

Die Antwort auf diese Frage ist vorwiegend davon abhängig, ob Sie bei Ihren Eltern wohnen oder einen eigenen Haushalt führen. Lebenshaltungskosten und Ausgaben für den Studienbedarf schwanken außerdem je nach Hochschulort und Studienfach.

Studiengebühren müssen in Deutschland an staatlichen oder kirchlichen Hochschulen nicht gezahlt werden. An privaten Hochschulen fallen jedoch i.d.R. Studiengebühren an. Kostenfrei ist das Studieren in Deutschland dadurch allerdings nicht.

Im Normalfall sind bei der Einschreibung bzw. Rückmeldung zu jedem neuen Semester **Sozialbeiträge** für die Leistungen des Studentenwerks, der Studierendenvertretung und ggf. für ein Semesterticket für den öffentlichen Nahverkehr zu entrichten. In einzelnen Ländern kommen noch Verwaltungskosten hinzu.

Aufschluss über die finanzielle Belastung eines typischen Studierenden liefert die Sozialerhebung, die im Auftrag des Deutschen Studentenwerks durchgeführt wird.

In der aktualisierten Berechnung anhand der 21. Sozialerhebung aus dem Jahr 2019 wird deutlich, dass die monatlichen Ausgaben für Miete und Nebenkosten das Budget der Studierenden am stärksten belasten. Dabei haben Studierende, die in einem Wohnheim wohnen, für die durchschnittliche Monatsmiete einschließlich Nebenkosten die geringsten (276 Euro), Studierende mit eigener Wohnung die höchsten Ausgaben (bis zu 389 Euro).

Als durchschnittliche Einnahmen, die den Studierenden im Jahr 2016 monatlich zur Verfügung standen, ermittelte die 21. Sozialerhebung 918 Euro, wobei die Streuung der monatlichen Einnahmenhöhe erheblich ist. Obwohl die große Mehrheit (86 %) finanziell vom Elternhaus unterstützt wird, tragen fast zwei Drittel (61 %) der Studierenden durch eigenen Verdienst aus einer Erwerbstätigkeit neben dem Studium zur Finanzierung der Lebenshaltungskosten bei.

Studiengebühren

Auch wenn kein deutsches Bundesland mehr allgemeine Studiengebühren bzw. -beiträge für ein Erststudium verlangt, gibt es in einigen Ländern (Niedersachsen, Saarland, Sachsen und Thüringen) Gebühren für **Langzeitstudierende** bzw. **Studienkonten**. Wer die Regelstudienzeit um zwei Jahre oder ein nach Landesrecht festgelegtes Studienguthaben überzieht, muss je nach Bundesland bis zu 500 Euro bezahlen.

Einige Länder erheben außerdem Gebühren für ein **Zweitstudium**, also ein weiteres grundständiges Studium, sowie teilweise auch für berufsbegleitende Studiengänge (z.B. in Bayern).

ⓘ Monatliche Ausgaben Studierender

für einzelne Positionen der Lebensführung
(arithmetischer Mittelwert)

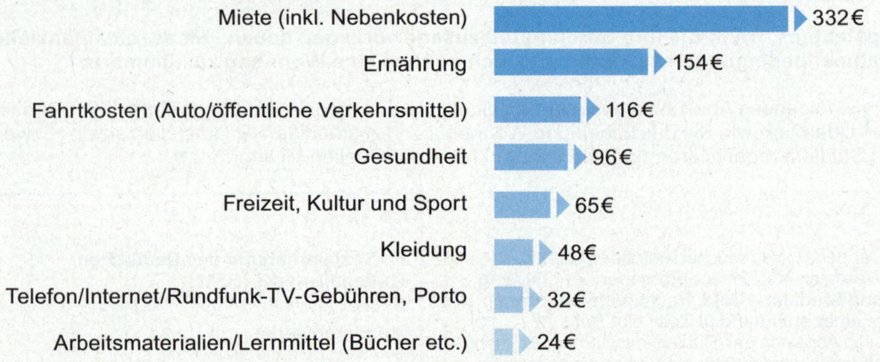

Quelle: DSW/ Aktualisierte Berechnung anhand der 21. Sozialerhebung (2019)

Abbildung 7

Die **privaten Hochschulen** verlangen teilweise hohe Studiengebühren, da sie sich direkt aus diesen Einnahmen finanzieren.

Semesterbeitrag
Alle Studierenden müssen bei der Ersteinschreibung bzw. bei der Rückmeldung für das nächste Semester Pflichtbeiträge zahlen, Semester- oder Sozialbeitrag genannt.

Dazu zählen der Verwaltungskostenbeitrag, der Beitrag für die Studierendenvertretung, der Studentenwerksbeitrag und die Kosten eines obligatorischen Semestertickets, das die Nutzung des öffentlichen Personennahverkehrs zu einem ermäßigten Preis oder gar kostenlos erlaubt. Welche der genannten Pflichtbeiträge anfallen und in welcher Höhe, ist von Hochschule zu Hochschule unterschiedlich. ■

→ links

Ergebnisse der 21. Sozialerhebung (2017)
des Deutschen Studentenwerkes (DSW), durchgeführt vom DZHW, gefördert vom BMBF, einzusehen unter: → www.sozialerhebung.de

5.2 Finanzierungsmöglichkeiten

Eine gesicherte Studienfinanzierung ist ein wichtiger Faktor bei der Entscheidung für ein Studium und auch nicht unerheblich für den Studienerfolg.

Grundsätzlich sind die Eltern verpflichtet, ihre Kinder bis zu einem ersten Berufsabschluss finanziell zu unterstützen. Das schließt ein weiterführendes Studium ein, wenn eine ▸

→ links

Deutsches Studentenwerk (DSW)
→ www.studentenwerke.de/de/studienfinanzierung

Informationen zum BAföG
→ www.bafög.de

ⓘ Finanzierungsquellen

Inanspruchnahme und geleistete Beiträge (Bezugsjahr 2016, Bezugsgruppe „Fokus-Typ")

	Studierende in Prozent	Beträge in € arithm. Mittel
Elternleistung	86	541
Elternleistung als Barzuwendung	82	407
Elternleistung als unbare Zuwendung	43	309
Verdienst aus Tätigkeit während des Studiums	61	385
BAföG	25	435
Rückgriff auf Ersparnisse	18	171
Verwandte, Bekannte	19	92
Waisengeld oder Waisenrente	3	222
Partner/-in	1	143
Stipendium	5	423
Bildungskredit von der KfW	1	264
Studienkredit von der KfW	5	463
Kredit zur Studienfinanzierung von anderer Bank	<1	450
sonstige Finanzierungsquellen	2	455

Quelle: DSW/DZHW 21. Sozialerhebung (2017)

Abbildung 8

Berufsausübung dadurch erst möglich wird. Viele Studierende verdienen sich durch einen Nebenjob noch etwas dazu.

Daneben gibt es eine Vielzahl von Förderungswegen (Stipendien, Kreditfinanzierungen) oder Sozialleistungen wie BAföG oder Leistungen nach dem Zweiten Buch Sozialgesetzbuch (SGB II). Aus zusätzlichen Mitteln fördern z.B. auch der Bund, die Länder, die Gemeinden oder einzelne Städte. ■

5.2.1 BAföG

„BAföG" ist die Abkürzung für Bundesausbildungsförderungsgesetz. Es ist eine staatliche Sozialleistung, die es jedem ermöglichen soll, unabhängig von seiner sozialen und wirtschaftlichen Situation eine Ausbildung zu absolvieren, die seinen Fähigkeiten und Interessen entspricht.

Im Folgenden finden Sie generelle Informationen zum BAföG, die Ihnen die wesentlichen Bestimmungen der BAföG-Förderung transparent machen. Die Angaben basieren auf den gesetzlichen Regelungen des BAföG in der Fassung des 26. BAföG-Änderungsgesetzes, das zum 16.7.2019 in Kraft getreten ist.

Bitte beachten Sie: Eine exakte Aussage darüber, ob Sie Förderung nach dem BAföG zu erwarten haben und ggf. wie viel, kann nur nach einer sorgfältigen Prüfung aller individuellen Voraussetzungen durch das zuständige Amt für Ausbildungsförderung erfolgen.

Wie setzt sich BAföG zusammen?

Schülerinnen und Schüler erhalten BAföG als Vollzuschuss. Studierende an Hochschulen, Höheren Fachschulen und Akademien erhalten die Förderung grundsätzlich zur **Hälfte als Zuschuss**, der nicht zurückgezahlt werden muss, und **zur Hälfte als zinsloses Darlehen**. Einige Komponenten werden auch bei Studierenden als Vollzuschuss gewährt, so Auslandsstudiengebühren, die mit bis zu 4.600 Euro für maximal ein Jahr bezuschusst werden können (also nicht anteilig zurückgezahlt werden müssen). In Einzelfällen kann BAföG-Förderung zudem als zinsfreies Staatsdarlehen (Volldarlehen) gewährt werden, etwa als spezielle Unterstützung zum Erreichen des Studienabschlusses nach Ende der Förderungshöchstdauer.

Erhalte ich BAföG?

Ausbildungsförderung erhalten Sie, wenn Sie an einer Hochschule, Höheren Fachschule oder Akademie **studieren**, eine weiterführende allgemeinbildende oder beruflich qualifizierende Schule besuchen oder an anerkannten Fernunterrichtslehrgängen teilnehmen, die unter denselben Zugangsvoraussetzungen auf dieselben Abschlüsse vorbereiten.

Gefördert nach dem BAföG werden auch **Praktika**, die im Zusammenhang mit dem Besuch der genannten Ausbildungsstätten abgeleistet werden müssen.

Die Gewährung der Förderung ist an gewisse **Voraussetzungen** gebunden, in erster Linie an die Bedürftigkeit. Ob Sie bedürftig sind, richtet sich nach Ihrem Einkommen und Vermögen sowie dem Einkommen Ihrer Eltern und Ihres*Ihrer Ehe- oder eingetragenen Lebenspartner*in. Ebenfalls relevant sind Staatsangehörigkeit bzw. Aufenthaltsstatus und Alter sowie der Nachweis einer Zwischenprüfung oder eines geordneten Studienverlaufs und die Einhaltung der Förderungshöchstdauer.

Gefördert werden kann auch ein Masterstudium sowie ein postgraduales Studium, wenn außer einem Bachelorabschluss noch kein anderer erster Hochschulabschluss erworben wurde. Die allgemeine **Altersgrenze** von 30 Jahren, bis zu der eine Ausbildung aufgenommen werden muss, um nach dem BAföG gefördert werden zu können, beträgt für Masterstudiengänge 35 Jahre.

Ausländische Staatsangehörige, die bereits langfristig aufenthaltsberechtigt sind oder in Deutschland leben und eine dauerhafte Bleibeperspektive haben, können ebenfalls nach dem BAföG gefördert werden.

Im Jahr 2019 wurden nach der amtlichen BAföG-Statistik im Monatsdurchschnitt rund 435.000 Studierende und Schüler*innen nach dem BAföG gefördert.

Wie lange erhalte ich BAföG?

Ausbildungsförderung wird auf Antrag von Beginn des Monats an gewährt, in dem Sie Ihre Ausbildung tatsächlich aufnehmen, frühestens jedoch vom Beginn des Antragsmonats an. Die Förderung endet grundsätzlich mit dem Bestehen der Abschlussprüfung, dem Abbruch der Ausbildung oder mit Erreichen der Förderungshöchstdauer.

Die **Förderungshöchstdauer** für Studierende an Hochschulen richtet sich nach der Regelstudienzeit, die im jeweiligen Landes-

Hochschulgesetz und/oder in der jeweiligen Studien- und Prüfungsordnung festgelegt ist. In dem Monat, in dem das Gesamtergebnis der erfolgreich abgeschlossenen Hochschulausbildung bekannt gegeben wird, gilt die Ausbildung als beendet. Die Förderung endet allerdings spätestens zwei Monate nach dem Monat, in dem der letzte Prüfungsteil abgelegt wurde.

Müssen **Kenntnisse anderer Sprachen** als Deutsch, Englisch, Französisch oder Latein erworben werden, verlängert sich die Förderungshöchstdauer für jede Sprache um ein Semester.

Bei **Verzögerungen** infolge einer Behinderung, Schwangerschaft, Pflege und Erziehung eines Kindes bis zum Alter von vierzehn Jahren, Pflege einer oder eines pflegebedürftigen nahen Angehörigen mit mindestens Pflegestufe 3 kann die Förderzeit für einen angemessenen Zeitraum verlängert werden (§ 15 BAföG, Abs. 3). Aber auch die Mitwirkung in gesetzlich vorgesehenen Gremien und satzungsmäßigen Organen der Hochschule, das erstmalige Nichtbestehen der Abschlussprüfung sowie sonstige schwerwiegende Gründe können die Förderzeit verlängern.

Studierenden an Hochschulen kann unter bestimmten Voraussetzungen auch nach Ende der Förderung bis zu zwölf Monate **Studienabschlusshilfe** in Form eines zinsfreien Staatsdarlehens (Volldarlehen) gewährt werden. Das ist nur möglich, wenn sie spätestens innerhalb von vier Semestern nach Ende der Förderungshöchstdauer zur Abschlussprüfung zugelassen worden sind. Außerdem muss die Prüfungsstelle bescheinigen, dass die Ausbildung innerhalb der Abschlusshilfedauer abgeschlossen werden kann.

Vorsicht beim Fachrichtungswechsel

Allgemein gilt: Die Förderung nach dem BAföG kann auch nach einem Fachrichtungswechsel fortgesetzt werden. Voraussetzung ist, dass der Wechsel bei Studierenden **bis zum Beginn des vierten Fachsemesters** erfolgt und wichtige Gründe dafür vorliegen. Beim erstmaligen Fachrichtungswechsel bis zum Beginn des dritten Fachsemesters wird ein wichtiger Grund ohne weiteren Nachweis vermutet, ansonsten muss er eingehend begründet werden. Anerkannt wird z.B. eine mangelnde Eignung oder ein schwerwiegender bzw. grundsätzlicher Neigungswandel. Bei der Bestimmung des maßgeblichen Fachsemesters wird die Zahl der Semester abgezogen, die aus dem zunächst aufgenommenen Studiengang auf den neuen Studiengang angerechnet werden.

Der erste Wechsel hat keine Auswirkungen auf die Förderungsart. Weitere Wechsel können aber dazu führen, dass die neue Ausbildung in der Schlussphase mit einem verzinslichen Bankdarlehen gefördert wird.

Für einen Fachrichtungswechsel **ab dem vierten Semester** muss ein unabweisbarer Grund vorliegen. Dies ist nur in Ausnahmefällen gegeben, z.B. wenn das bisherige Studium aus gesundheitlichen Gründen aufgegeben ▸

ⓘ Die wichtigsten Fakten zum BAföG:

Die Förderung wird je zur Hälfte als Zuschuss und als zinsloses Darlehen gewährt. Nur das Darlehen muss zurückgezahlt werden (maximal 10.010 Euro).
Der Förderungshöchstsatz liegt für auswärts wohnende Studierende bei 861 Euro.
Die Förderungshöchstdauer richtet sich nach der in der Studien- und Prüfungsordnung festgelegten Regelstudienzeit. Altersgrenze für Studienbeginn: 30 Jahre (Bachelor), 35 Jahre (Master)
Der konkrete monatliche Bedarf hängt von Ausbildungsstätte und Wohnsituation ab.
Vom ermittelten Bedarfsatz wird das eigene Einkommen abgezogen. Der Freibetrag liegt bei 450 Euro pro Monat (Minijob). Auch das Einkommen von Eltern und Ehegatten bzw. Lebenspartner/-in wird bei der Ermittlung des BAföG-Satzes einbezogen.
Berücksichtigt wird auch das eigene Vermögen (Freibetrag: 8.200 Euro).
Studierende mit Kind erhalten einen Betreuungszuschlag in Höhe von 150 Euro pro Kind.
Auch bei einem Auslandsstudium und während Praxissemester kann die Förderung fortgeführt werden.
Die individuellen Voraussetzungen prüft das zuständige Amt für Ausbildungsförderung.

Quelle: Bundesministerium für Bildung und Forschung, 2021

Abbildung 9

werden muss (etwa bei Studierenden der Sportwissenschaft nach einer schweren Verletzung). Bei einem Wechsel aus unabweisbarem Grund bleibt die Förderungsart Zuschuss/zinsloses Staatsdarlehen auch während der zusätzlich benötigten Zeit erhalten.

Tipp: Ob Sie nach einem Fachrichtungswechsel für eine andere Ausbildung Förderung erhalten, können Sie schon vor dem Wechsel durch einen Antrag auf Vorabentscheidung klären lassen. Deshalb sollten sich BAföG-geförderte Studierende vor einem Wechsel frühzeitig vom Amt für Ausbildungsförderung beraten lassen. Ggf. kann es empfehlenswert sein, sich zunächst beurlauben zu lassen.

Achtung: Mitgezählt werden auch Fachrichtungswechsel, die vor einem ersten BAföG-Antrag liegen. Wer sich also in einem bestimmten Fach immatrikuliert, sich später für ein anderes Studienfach entscheidet und dann erst BAföG beantragt, nimmt bereits einen Fachrichtungswechsel im Sinne des BAföG vor.

Erhalte ich BAföG während eines Studiums/Praktikums im Ausland?

Es gelten unterschiedliche Regelungen für die Förderung von Auslandsaufenthalten innerhalb und außerhalb der Europäischen Union (EU) bzw. der Schweiz. Generell müssen Auslandsaufenthalte, die in Drittstaaten absolviert werden, eine Mindestdauer von sechs Monaten oder einem Semester, bei einem Studium im Rahmen einer Hochschulkooperation eine Mindestdauer von zwölf Wochen aufweisen. Bei Auslandsaufenthalten innerhalb der EU bzw. der Schweiz gelten diese zeitlichen Einschränkungen nicht.

Innerhalb der EU sowie in der Schweiz werden Ausbildungen auch dann gefördert, wenn sie komplett im Ausland absolviert werden. Studierende im Ausland können Zuschläge erhalten für nachweisbare notwendige Studiengebühren (bis zu 4.600 Euro für maximal ein Jahr), für Reisekosten für insgesamt je eine Hin- und Rückreise (je 250 Euro innerhalb Europas, sonst je 500 Euro) sowie für Zusatzkosten der Krankenversicherung. Die berücksichtigten Studiengebühren müssen nicht zurückgezahlt werden. Die übrigen genannten Zuschläge werden für Studierende – wie die Inlandsförderung auch – zur Hälfte als Zuschuss und zur Hälfte als zinsloses Darlehen gewährt.

Ein **Auslandsstudium außerhalb der EU und der Schweiz** kann grundsätzlich nur im Rahmen einer Ausbildung im Inland, der EU oder der Schweiz gefördert werden, und zwar – außer bei Studienaufenthalten im Rahmen einer Hochschulkooperation – höchstens für die Dauer eines Jahres und grundsätzlich nur, sofern es dem Ausbildungsstand nach förderlich ist und zumindest z.T. auf das Studium an der Heimathochschule angerechnet werden kann. Letzteres wird i.d.R. unterstellt. Weitere drei Semester im Ausland können gefördert werden, wenn das Auslandsstudium für die Ausbildung von besonderer Bedeutung ist. Zusätzlich zu den o.g. Zuschlägen werden für höhere Lebenshaltungskosten ggf. je nach Land differierende weitere Auslandszuschläge gezahlt.

Auch **Auslandspraktika** innerhalb und außerhalb der EU können gefördert werden, wenn sie die besonderen Förderungsvoraussetzungen erfüllen. Dazu gehört, dass ein Praktikum für die Durchführung der Ausbildung erforderlich und sein Inhalt in den Ausbildungsbestimmungen geregelt sein muss. Bei der Absolvierung eines Praktikums in Drittstaaten muss die vorgeschriebene Dauer mindestens zwölf Wochen betragen und das Auslandspraktikum muss nach dem Ausbildungsstand förderlich sein.

Hinweis: Ggf. können höhere Bedarfssätze bei einer Ausbildung im Ausland dazu führen, dass auch solche Auszubildende während eines Ausbildungsaufenthaltes im Ausland gefördert werden können, die im Inland wegen der Höhe ihres Vermögens oder des Einkommens ihrer Eltern keine Förderung erhalten. Wichtig dabei ist auch zu wissen, dass Ausbildungszeiten im Ausland, die als solche nicht zwingend in den Ausbildungsbestimmungen vorgeschrieben sind, bis zu einem Jahr auf die Förderungshöchstdauer nicht angerechnet werden, wenn das Studium im Inland begonnen wurde oder fortgesetzt wird.

Wie viel BAföG erhalte ich?

Als monatlicher Bedarf sind im BAföG Pauschalbeträge vorgesehen, deren Höhe abhängig ist von der Art der Ausbildungsstätte (z.B. Berufsfachschule oder Hochschule) und der Unterbringung (bei den Eltern oder auswärts wohnend). Der monatliche Bedarf beträgt für Studierende

- 483 Euro, wenn sie bei den Eltern wohnen und
- 752 Euro, wenn sie nicht bei den Eltern wohnen.

Unter Hinzurechnung der Zuschläge für Kranken- und Pflegeversicherung beträgt der Förderungshöchstsatz für auswärts wohnende Studierende 861 Euro. Studierende über 30 können nachweisabhängig bis zur Grenze von 155 Euro (Krankenversicherung) und 34 Euro (Pflegeversicherung) nochmals um bis zu 80 Euro mehr erhalten.

Alle BAföG-Geförderten erhalten für jedes eigene Kind unter vierzehn Jahren, mit dem sie in einem Haushalt leben, einen pauschalen **Kinderbetreuungszuschlag** in Höhe von monatlich 150 Euro. Dieser Zuschlag muss nicht zurückgezahlt werden und bleibt als Einkommen bei anderen Sozialleistungen unberücksichtigt.

Hinweis: Laut der amtlichen BAföG-Statistik erhielten geförderte Studierende im Jahr 2019 im Durchschnitt 503 Euro im Monat.

Wie werden Einkommen/Vermögen angerechnet?

Die Förderung nach BAföG geht vom Bedarfssatz aus, von dem Einkommen und Vermögen abzuziehen sind.

Als **Einkommen** gilt die Summe der positiven Einkünfte im Sinne des Einkommensteuergesetzes (§ 2 Abs. 1 und 2). Dazu zählen Einkünfte aus selbstständiger und nichtselbstständiger Arbeit einschließlich Minijobs bis 450 Euro (§ 21 Abs. 1 BAföG). Waisenrenten und Waisengelder werden teilweise, Ausbildungsbeihilfen in voller Höhe angerechnet, das Kindergeld jedoch nicht. Dies gilt nicht im Fall der Vorausleistung (§ 36 BAföG).

Der **Bezug von Elterngeld** bis zu 300 Euro monatlich und von begabungs- und leistungsabhängig gewährten Stipendien (wie z.B. Deutschlandstipendium) bis zu insgesamt 300 Euro monatlich wird nicht angerechnet.

Abgezogen vom Einkommen werden u.a. die Einkommens- und Kirchensteuer, pauschal festgesetzte Beträge für die soziale Sicherung (also insbesondere Kranken-, Arbeitslosen- und Rentenversicherung) oder auch geförderte Altersvorsorgebeiträge wie die Riester-Rente.

Generell bleiben vom Einkommen des*der Auszubildenden ein Jahresbrutto von 5400 Euro anrechnungsfrei (das entspricht einem durchschnittlichen monatlichen Bruttoverdienst von 450 Euro). Für den Ehegatten oder den*die Lebenspartner*in des Auszubildenden bleiben anrechnungsfrei 665 Euro. Der Freibetrag für jedes Kind beträgt 605 Euro.

Für die Festsetzung des eigenen Einkommens sind die Einkommensverhältnisse im Bewilligungszeitraum maßgebend (§ 22 BAföG). Bewilligungszeitraum ist i.d.R. ein Studienjahr.

Für die Anrechnung des **Einkommens der Eltern und des*der Ehegatt*in bzw. des*der Lebenspartner*in** sind deren Einkommensverhältnisse im vorletzten Kalenderjahr vor Beginn des Bewilligungszeitraums (§ 24 BAföG) maßgebend. Auch hier gibt es Freibeträge, deren Höhe von unterschiedlichen Faktoren abhängt (§ 25 BAföG).

Was ist „Vermögen"?

Als Vermögen gelten z.B. Grundstücke, Bargeld, Betriebsvermögen, Sparguthaben oder Bausparverträge. Haushaltsgegenstände wie Möbel, Waschmaschinen oder Musikinstrumente werden nicht dazugerechnet. Vom maßgeblichen Wert des Vermögens im Zeitpunkt der Antragstellung werden gleichzeitig bestehende Schulden und Lasten abgezogen.

Maßgebend ist das Vermögen zum Zeitpunkt der Antragstellung. Der Freibetrag für eigenes Vermögen des*der BAföG-Geförderten beträgt 8.200 Euro. Die zusätzlichen Freibeträge für BAföG-Geförderte mit Unterhaltspflichten gegenüber eigenen Ehegatt*innen, Lebenspartner*innen und Kindern liegen bei 2.300 Euro. Der verbleibende Wert wird durch die Zahl der Monate des Bewilligungszeitraums geteilt und auf den monatlichen Bedarf angerechnet. Vorsicht bei Schenkungen oder Vermögensübertragungen: Vermögen, das zeitnah vor der Ausbildung **ohne Gegenleistung** an Dritte, z.B. Eltern, übertragen wurde, wird vom Amt für Ausbildungsförderung trotzdem in vollem Umfang angerechnet.

Wie viel BAföG muss ich zurückzahlen?

Damit die Schuldenlast überschaubar bleibt, gilt eine **Höchstbelastungsgrenze**. Studierende an Hochschulen, Höheren Fachschulen und Akademien erhalten die Förderung grundsätzlich **zur Hälfte als Zuschuss**, der nicht zurückgezahlt werden muss, und **zur Hälfte als zinsloses Darlehen**. Den **Darlehensanteil** müssen Sie in maximal 77 monatlichen Raten von 130 Euro innerhalb von 20 Jahren an das Bundesverwaltungsamt in Köln zurückzahlen, die erste Rate wird fünf Jahre nach dem Ende der Förderungshöchstdauer (nicht nach dem Ende des Studiums) fällig. Eine Freistellung von der Rückzahlungsverpflichtung ist möglich, wenn bestimmte Einkommensgrenzen nicht überschritten werden. Wird das Darlehen trotz redlichen Bemühens innerhalb von 20 Jahren nicht vollständig getilgt, wird die Restschuld erlassen.

Für diejenigen, die erstmalig neu mit BAföG gefördert werden, gilt für die spätere Rückzahlung des Darlehensanteils: Wer 77 Raten getilgt hat, ist schuldenfrei, egal wie hoch das Darlehen ursprünglich war. Maximal müssen also **10.010 Euro** zurückgezahlt werden. Wer wegen zu geringen Einkommens nur zu niedrigeren Raten als 130 Euro herangezogen werden kann, wird ebenfalls nach 77 Raten frei, also auch wenn tatsächlich weniger als 10.010 Euro zurückgezahlt wurden. Wer den Darlehensanteil ▶

des BAföG trotz nachweisbaren Bemühens und Einhaltung aller Zahlungs- und Mitwirkungspflichten innerhalb des Rückzahlungszeitraums von 20 Jahren nicht in Höhe von 77 Raten tilgen kann, dem wird die komplette Darlehens(rest) schuld erlassen. Ein gesonderter Erlassantrag ist hierfür nicht erforderlich. Nach Ablauf des Rückzahlungszeitraumes erfolgt die Prüfung automatisch. Über das Ergebnis wird der*die Studierende informiert. Einen Nachlass gibt es für alle, die ihr BAföG-Darlehen in einer Summe vor Rückzahlungsbeginn vorzeitig zurückzahlen oder vorzeitig größere Teilbeträge von mindestens 500 Euro ablösen.

Hinweis: Für eine vorzeitige Rückzahlung deutlich vor Rückzahlungsbeginn wird kein zusätzlicher Nachlass gewährt. Der Feststellungs- und Rückzahlungsbescheid, der circa 6 Monate vor dem Rückzahlungsbeginn versandt wird, enthält ein Angebot zur vorzeitigen Rückzahlung mit dem höchstmöglichen Nachlass.

Hilfe zum Studienabschluss wird als **zinsfreies Staatsdarlehen** (Volldarlehen) geleistet.

Gibt es spezielle Förderung in besonderen Lebenslagen?

Das BAföG berücksichtigt die besondere Situation von Menschen mit Behinderungen. So können Eltern bei der Ermittlung ihres Einkommens einen zusätzlichen Härtefreibetrag ansetzen (§ 25 Abs. 6 BAföG).

Verlängert sich das Studium aufgrund einer Behinderung über die Förderungshöchstdauer hinaus, so wird BAföG für diese Zeit als Zuschuss gewährt. Ebenso wird die Förderung als Zuschuss gewährt, wenn sich das Studium infolge einer Schwangerschaft, der Pflege und Erziehung eines Kindes bis zum Alter von vierzehn Jahren oder der Pflege einer oder eines pflegebedürftigen nahen Angehörigen mit mindestens Pflegestufe 3 verlängert (§15 BAföG).

Über die Förderungshöchstdauer hinaus wird außerdem Ausbildungsförderung geleistet, wenn sie etwa infolge der Mitwirkung in gesetzlich vorgesehenen Gremien und satzungsmäßigen Organen der Hochschulen, infolge des erstmaligen Nichtbestehens einer Abschlussprüfung oder infolge der Pflege von (nahen) Verwandten überschritten wurde.

Außerdem gibt es, wenn die Ausbildung nicht innerhalb der Förderungshöchstdauer abgeschlossen wird, eine Hilfe zum Studienabschluss, die als Darlehen geleistet wird.

Wie beantrage ich BAföG?

Für Studierende sind für die BAföG-Anträge die **Ämter für Ausbildungsförderung** bei den Studentenwerken zuständig. In Rheinland-Pfalz gehören die Ämter zur jeweiligen Hochschule.

Ausbildungsförderung wird auf schriftlichen Antrag vom Monat der Antragstellung an, jedoch frühestens mit dem Beginn der Ausbildung und keinesfalls rückwirkend gewährt. Der Antrag sollte deshalb möglichst frühzeitig, etwa 6 bis 8 Wochen vor Schul- bzw. Semesterbeginn gestellt werden. Falls eine finanzielle Notlage vorliegt, kann ein Antrag auf Vorschussleistung gestellt werden. In den Ländern Berlin, Brandenburg, Hamburg, Hessen, Nordrhein-Westfalen, Rheinland-Pfalz, Saarland, Sachsen-Anhalt und Thüringen kann hierfür der Antragsassistent „BAföG Digital" genutzt werden. Über einen Konfigurator werden mit einfachen und verständlichen Fragen alle relevanten Formblätter zu einem Antrag zusammengefügt. Ein dynamischer Formularassistent ermöglicht es, dass Antragsteller nur relevante Fragen beantworten müssen. Zudem unterstützen bürgerfreundliche Hilfetexte die Antragstellung. Nachweise können während des Antragsprozesses oder zu einem späteren Zeitpunkt per Computer oder Smartphone hochgeladen werden. Studierende sowie Schülerinnen und Schüler können zudem den Status ihres Antrags online nachverfolgen. Suksessive wird „BAföG Digital" deutschlandweit zur Verfügung stehen. Die Ämter für Ausbildungsförderung halten außerdem entsprechende Formblätter

➔ info

Auslands-BAföG sollten Sie nach Möglichkeit bereits mindestens sechs Monate vor Beginn des Auslandsaufenthaltes beantragen.

➔ links

bafög.de
Infos zu Neuerungen im Bundesausbildungsförderungsgesetz erhalten Sie unter
➔ www.bafög.de

Hier finden Sie auch Adressen der für die Beantragung zuständigen Ämter, den Zugang zur Online-Beantragung sowie alle erforderlichen Antragsformulare (auch für Förderung einer Auslandsausbildung).

BAföG-Hotline
Unter der Telefonnummer 0800/223 63 41 bietet das Bundesministerium für Bildung und Forschung von Mo.–Fr. von 8.00–20.00 Uhr eine gebührenfreie Hotline zum BAföG an.

Deutsches Studentenwerk
Nützliche Informationen zum BAföG bietet auch: ➔ www.studentenwerke.de

bereit. Diese können auch von der BAföG-Webseite des BMBF www.bafög.de heruntergeladen werden.

Wird zum ersten Mal oder nach einer Unterbrechung der Ausbildung ein Antrag gestellt, können unter bestimmten Bedingungen Abschlagszahlungen bewilligt werden. Dann erhalten Sie Zahlungen bis zu 80% des voraussichtlich zustehenden Bedarfs, noch bevor eine Entscheidung über Ihren Antrag gefällt wurde. Die gezahlte Förderung wird dann mit den regulären Zahlungen verrechnet. ■

5.2.2 Stipendien

Fast alle großen politischen Parteien sowie Kirchen und Gewerkschaften unterhalten Stiftungen, die Stipendien oder Beihilfen zum Studium gewähren. Daneben gibt es auch von der Wirtschaft oder anderen privaten Organisationen getragene Stipendien, die z.T. durch öffentliche Mittel aufgestockt werden. Und auch durch einzelne öffentliche Arbeitgeber werden Stipendien für die Nachwuchsgewinnung vergeben.

Insgesamt fördern allein **mehr als 1.750 Stiftungen** Studierende auf verschiedene Weise. Neben einer finanziellen Hilfe werden die Studierenden z.T. auch ideell unterstützt, indem für sie etwa Seminare oder Workshops angeboten oder sie während des Studiums von Mentor*innen betreut werden.

Es gibt Stipendien, die hochschul-, fachrichtungs- oder auch konfessionsgebunden sind, Stipendien für Auslandsstudien deutscher Studierender und für ausländische Studierende in Deutschland sowie Stipendien für bestimmte Zielgruppen wie Studierende mit Behinderungen, Aussiedler*innen, Asylberechtigte oder Kontingentflüchtlinge.

Insgesamt werden etwa fünf Prozent der Studierenden durch ein Stipendium gefördert. Unter www.stipendienlotse.de finden Sie eine umfassende Datenbank.

Deutschlandstipendium

Seit 2011 können begabte und gesellschaftlich engagierte Studierende mit dem Deutschlandstipendium gefördert werden. Die teilnehmenden Hochschulen vergeben Stipendien in Höhe von 300 Euro monatlich. 150 Euro davon erhalten die Hochschulen durch private Mittelgeber (z.B. Alumni, Stiftungen und Unternehmen), die anderen 150 Euro stellt der Bund zur Verfügung. Die einkommensunabhängige Förderung umfasst mindestens zwei Semester und maximal die Regelstudienzeit. Interessierte bewerben sich direkt bei den anbietenden Hochschulen.

Unter www.deutschlandstipendium.de finden Sie weitere Informationen.

Aufstiegsstipendium

Das Aufstiegsstipendium des Bundesministeriums für Bildung und Forschung (BMBF) richtet sich an engagierte Fachkräfte mit einer abgeschlossenen Berufsausbildung oder Aufstiegsfortbildung und mindestens zwei Jahren Praxiserfahrung, die hoch motiviert und besonders talentiert sind. Das Stipendium soll einen zusätzlichen Anreiz zur Aufnahme eines Studiums schaffen. Gefördert wird ein Erststudium in Vollzeit oder berufsbegleitender Form an einer staatlichen oder staatlich anerkannten Hochschule. Mit der Vergabe der Stipendien ist die Stiftung Begabtenförderung berufliche Bildung (SBB) beauftragt.

Unter www.aufstiegsstipendium.de erfahren Sie mehr zu dieser Förderung.

Weiterbildungsstipendium

Das Programm Weiterbildungsstipendium des Bundesministeriums für Bildung und Forschung (BMBF) unterstützt junge berufliche Talente bei der zusätzlichen beruflichen Qualifizierung im Anschluss an den erfolgreichen Abschluss einer Berufsausbildung. Das Stipendium fördert fachliche Weiterbildungen, zum Beispiel zum*zur Techniker*in, zum*zur Handwerksmeister*in oder zum*zur Fachwirt*in, aber auch fachübergreifende Weiterbildungen wie EDV-Kurse oder Intensivsprachkurse sowie berufsbegleitende Studiengänge, die auf die Ausbildung oder Berufstätigkeit aufbauen.

Unter www.weiterbildungsstipendium.de erfahren Sie mehr zu dieser Förderung.

Begabtenförderungswerke

Etwa ein Prozent der Studierenden erhält ein Stipendium von einem der vom BMBF unterstützten Begabtenförderungswerke, die sich in der „Arbeitsgemeinschaft der Begabtenförderungswerke" zusammengeschlossen haben. Gefördert werden besonders befähigte und gesellschaftlich engagierte Studierende und Promovierende. Im Jahr 2017 erhielten rund 29.460 Studierende ein Stipendium.

Die Förderung der individuell ausgewählten Studierenden orientiert sich am BAföG und wird ▶

abhängig vom eigenen Einkommen und Vermögen sowie vom Einkommen der Eltern gewährt. Außerdem wird eine einkommensunabhängige Studienkostenpauschale gewährt. Ein Rechtsanspruch auf Förderung besteht nicht.

Teilweise haben die Stiftungen an den Hochschulen Vertrauensdozent*innen, die Sie über die Bedingungen eines Stipendiums informieren.

Nachfolgend finden Sie eine Übersicht über die Begabtenförderungswerke, die zu den wichtigsten bundesweit tätigen Stipendiengebern gehören. Sie fördern deutsche, unter bestimmten Voraussetzungen auch Studierende ausländischer Nationalität.

Die Webseite www.stipendiumplus.de liefert weitere Informationen.

Avicenna – Studienwerk e.V.
Große Hamkenstraße 19
49074 Osnabrück
Tel. 0541/5069914-0
E-Mail: info@avicenna-studienwerk.de
www.avicenna-studienwerk.de

Kriterien: Förderung von muslimischen Studierenden und Promovierenden aller Fachrichtungen an staatlichen und staatlich anerkannten Hochschulen; überdurchschnittliche schulische bzw. akademische Leistungen, soziales Engagement; Selbstbewerbung mit überzeugender Begründung

Cusanuswerk e.V.
Baumschulallee 5
53115 Bonn
Tel. 0228/98384-0
Fax 0228/98384-99
E-Mail: info@cusanuswerk.de
www.cusanuswerk.de

Kriterien: Förderung von katholischen Studierenden und Promovierenden aller Fachrichtungen und Hochschulen; hervorragende Leistungen im Studium, Engagement in der Kirche/ für den Glauben, Bereitschaft zur Übernahme von gesellschaftlicher Verantwortung; Selbstbewerbung möglich

Ernst Ludwig Ehrlich Studienwerk e.V.
Postfach 210320
10503 Berlin
Tel. 030/3199 8170-11
Fax 030/3199 8170-99
E-Mail: info@eles-studienwerk.de
www.eles-studienwerk.de

Kriterien: Förderung von jüdischen Studierenden und Promovierenden aller Fachrichtungen an staatlichen und staatlich anerkannten Hochschulen; überdurchschnittliche Schul- und Studienleistungen, gesellschaftlicher Einsatz, etwa in jüdischen Gemeinden, im sozialen Bereich, in der Jugendarbeit oder in studentischen Organisationen; Selbstbewerbung

Evangelisches Studienwerk e.V. Villigst
Iserlohner Straße 25
58239 Schwerte
Tel. 02304/755-196
Fax 02304/755-250
E-Mail: info@evstudienwerk.de
www.evstudienwerk.de

Kriterien: Förderung von evangelischen Studierenden aus Deutschland und der EU in allen Fächern, überdurchschnittliche Leistungen in Schule oder Studium, Bereitschaft zur Übernahme gesellschaftlicher Verantwortung. Selbstbewerbung; daneben gibt es ein Vorschlagsrecht (z.B. durch evangelische Schulen, Vertrauensdozent*innen).

Friedrich-Ebert-Stiftung e.V.
Studienförderung
Godesberger Allee 149
53175 Bonn
Tel. 0228/883-0
Fax 0228/883-9225
E-Mail: stipendien@fes.de
www.fes.de/studienfoerderung

Kriterien: Engagement für die Gesellschaft, Identifikation mit den Werten der Sozialen Demokratie und überdurchschnittliche Leistungen. Gefördert werden deutsche und ausländische Studierende aller Fachrichtungen an Fachhochschulen und Universitäten sowie Graduierte. Besonders willkommen sind Bewerbungen von Frauen sowie jungen Menschen, die als Erste aus ihrer Familie studieren und/oder einen Migrationshintergrund haben; Online-Selbstbewerbung

Friedrich-Naumann-Stiftung
für die Freiheit
Abteilung Begabtenförderung
Karl-Marx-Straße 2
14482 Potsdam-Babelsberg
Tel. 03331/ 7019-0
E-Mail: stipendien-bewerbung@freiheit.org
www.freiheit.org

Kriterien: Gefördert werden deutsche und ausländische Studierende und Doktoranden an Hochschulen und Universitäten, die durch Persönlichkeit, Engagement und überdurchschnittliche Leistungen in Schule und Studium überzeugen – insbesondere auch Studierende an Hochschulen für angewandte Wissenschaften. Kernaufgabe ist die Förderung des liberalen akademischen Nachwuchses; Selbstbewerbung

Hans-Böckler-Stiftung,
Abteilung Studienförderung
Hans-Böckler-Straße 39
40476 Düsseldorf
Tel. 0211/7778-140
Fax 0211/7778-4140
E-Mail: bewerbung@boeckler.de
www.boeckler.de

Kriterien: gewerkschaftliches und/oder gesellschaftspolitisches Engagement; die „Böckler-Aktion-Bildung" richtet sich an begabte junge Menschen aus Familien, die sich ein Studium nicht leisten können; gewerkschaftlicher Vorschlag oder Vorschlag der Stipendiatengruppen, auch Selbstbewerbung

Hanns-Seidel-Stiftung
Institut für Begabtenförderung
Lazarettstraße 33
80636 München
Tel. 089/1258-300
Fax 089/1258-403
E-Mail: info@hss.de
www.hss.de/stipendium.html

Kriterien: überdurchschnittliche Schul- und Studienleistungen, aktives Engagement in politischen, kirchlichen und sozialen Einrichtungen und Organisationen, staatsbürgerliches Verantwortungsbewusstsein und politische Aufgeschlossenheit, christlich-soziale Grundeinstellung, Selbstbewerbung; Schwerpunktförderung Journalismus

Heinrich-Böll-Stiftung e.V., Studienwerk
Schumannstraße 8
10117 Berlin
Tel. 030/28534-400
Fax 030/28534-409
E-Mail: studienwerk@boell.de
www.boell.de/studienwerk

Kriterien: begabte deutsche und ausländische Studierende und Promovierende aller Fachrichtungen, besondere Berücksichtigung u.a. von Frauen, Studierenden mit Migrationshintergrund oder aus nichtakademischem Elternhaus; überdurchschnittliche wissenschaftliche Leistungen, gesellschaftspolitisches Engagement und eine aktive Auseinandersetzung mit den Grundwerten der Grünen-Stiftung; Selbstbewerbung

Konrad-Adenauer-Stiftung e.V.,
Begabtenförderung und Kultur
Klingelhöferstr. 23
10785 Berlin
Tel. 030/26996-0
Fax 030/26996-3217
E-Mail: stipendien@kas.de
www.kas.de

Kriterien: begabte deutsche und ausländische Studierende und Promovierende, die Leistungsbereitschaft, persönliche Integrität, gesellschaftliches oder politisches Engagement zeigen. Die Stiftung orientiert sich an christlich-demokratischen Wert- und Ordnungsvorstellungen, studienbegleitendes Sonderprogramm. Die Konrad-Adenauer-Stiftung hat auch eine eigene journalistische Nachwuchsförderung.

Rosa Luxemburg Stiftung e.V.,
Studienwerk
Franz-Mehring-Platz 1
10243 Berlin
Tel. 030/44310-223
E-Mail: studienwerk@rosalux.de
www.rosalux.de

Kriterien: hohe fachliche Leistungen, politisches und gesellschaftliches Engagement, bei vergleichbaren Leistungen besonders gefördert werden sozial Bedürftige, Frauen und Menschen mit Behinderungen; Selbstbewerbung

Stiftung der Deutschen Wirtschaft
(sdw) gGmbH
Breite Straße 29
Post- und Besucheranschrift: Spreeufer 5
10178 Berlin
Tel. 030/2033-1540
Fax 030/2033-1555
E-Mail: studienfoerderwerk@sdw.org
www.sdw.org

Kriterien: richtet sich an leistungsstarke, engagierte Studierende und Promovierende mit Gemeinsinn und Unternehmer*innengeist; gefördert werden alle Fachrichtungen; spezielle Förderung für Lehramtsstudierende; Selbstbewerbung

Studienstiftung des deutschen Volkes e.V.
Ahrstraße 41
53175 Bonn
Tel. 0228/82096-0
Fax 0228/82096-103
E-Mail: info@studienstiftung.de
www.studienstiftung.de

Kriterien: überdurchschnittliche Leistungen, gesellschaftspolitisches und soziales Engagement; Vorschlag durch Schulleiter*innen oder Hochschullehrer*innen; Selbstbewerbung für Studierende im ersten und zweiten Semester an Universitäten und Fachhochschulen in Verbindung mit einem Studierfähigkeitstest ▶

Weitere Fördermöglichkeiten

Stiftung Deutsche Sporthilfe
Otto-Fleck-Schneise 8
60528 Frankfurt am Main
Tel. 069/67803-0
Fax 069/67803-229
E-Mail: info@sporthilfe.de
www.sporthilfe.de

Kriterien: Förderung von Athlet*innen, die zu einem Bundeskader eines Spitzenverbandes gehören sowie von Schüler*innen in Sport-Internaten. Die unterschiedlichen Förderarten orientieren sich an Leistungskriterien, sportfachlich bedingten Aufwänden sowie an der sozialen Situation der Sportler*innen.

Deutscher Akademischer Austauschdienst (DAAD) e.V.
Kennedyallee 50
53175 Bonn
Tel. 0228/882-0
Fax 0228/882-444
E-Mail: postmaster@daad.de
www.daad.de

Kriterien: Studienaufenthalt im Ausland. Mindestvoraussetzungen für ein DAAD-Stipendium variieren je nach Zielland. Unter www.auslandsstipendien.de finden Sie genauere Angaben zu den jeweiligen Bewerbungsvoraussetzungen, Bewerbungsterminen usw.

Bundesamt für das Personalmanagement der Bundeswehr
Assessmentcenter für Führungskräfte der Bundeswehr
Referat 1 – Bewerbung zivil
Kölner Straße 262
51149 Köln
www.bundeswehrkarriere.de/stipendium/138676

Kriterien: Durch Stipendien fördert die Bundeswehr verschiedene ingenieurwissenschaftliche Bachelor- und Masterstudiengänge. Nach Abschluss des Studiums ist die Übernahme als Beamt*in in die Laufbahn des gehobenen oder höheren technischen Verwaltungsdienstes der Wehrverwaltung des Bundes vorgesehen (*siehe hierzu auch Abschnitt 3.11.17 „Bundeswehrverwaltung“*).

Zentrum für Geoinformationswesen der Bundeswehr
Dezernat Personal
Frauenberger Str. 250
53879 Euskirchen
Tel. 02251/953-5088
E-Mail: ZGeoBwI1Personal@bundeswehr.org
www.bundeswehrkarriere.de

Kriterien: Gefördert werden im Rahmen der Nachwuchsgewinnung vorrangig die Studiengänge Meteorologie, Geodäsie und Geoinformatik (andere Geowissenschaften auf Nachfrage). Nach Abschluss des Studiums wird eine Tätigkeit von mindestens acht Jahren als Soldat*in bzw. Beamt*in im Geoinformationsdienst der Bundeswehr erwartet (*siehe hierzu auch Abschnitt 3.11.6 „Geoinformationsdienst der Bundeswehr“*).

Kölner Gymnasial- und Stiftungsfonds
Stadtwaldgürtel 18
50931 Köln
Tel. 0221/406331-0
Fax 0221/406331-9
E-Mail: info@stiftungsfonds.org
www.stiftungsfonds.org

Kriterien: Der Kölner Gymnasial- und Stiftungsfonds verwaltet fast 280 Stiftungen für die Bildung junger Menschen. Von den Studienstipendiaten wird Eigeninitiative, Leistungsmotivation und soziales Engagement erwartet. Ergänzt wird die finanzielle Förderung um ein ideelles Förderangebot, z.B. Mentoring, Seminare und Workshops. ■

➔ links

Stipendienlotse
Stipendiendatenbank des Bundesministeriums für Bildung und Forschung (BMBF)
➔ www.stipendienlotse.de

Begabtenförderungswerke
➔ www.stipendiumplus.de

Deutschlandstipendium
➔ www.deutschlandstipendium.de

Aufstiegsstipendium
➔ www.aufstiegsstipendium.de

Begabtenförderung
im Hochschulbereich sowie beim Bundesverband Deutscher Stiftungen, siehe:
➔ www.stiftungen.org
(Stiftungen > Stiftungssuche > Stipendien)

5.2.3 Jobben

Knapp zwei Drittel der Studierenden jobben – laufend oder gelegentlich – neben ihrem Studium. Im Idealfall bringt ein Nebenjob nicht nur ein Gehalt, sondern auch studienrelevante praktische Erfahrungen.

Dabei sind aber auch negative Auswirkungen wie die Verlängerung der Studienzeit zu beachten. Wenn möglich, sollte man versuchen, einen Job zu finden, der eine fachliche Nähe zum Studienfach aufweist, z.B. als studentische Hilfskraft an der Hochschule oder in einem Betrieb, der auch Praktikumsstellen für das Studium bereitstellt. An vielen Hochschulorten gibt es spezielle Job-Vermittlungsstellen für Studierende. Die Adresse erhält man vom örtlichen Studentenwerk.

Wer regelmäßig und dauerhaft jobben will, muss selbst initiativ werden und auf Stellenanzeigen in Zeitungen, an den Schwarzen Brettern in der Hochschule reagieren oder Tipps aus dem Bekanntenkreis nachgehen. Solange Ihr Studium im Vordergrund steht, können Sie während des Semesters jobben, ohne den studentischen „Sondertarif" für Sozialversicherungsabgaben zu verlieren (*siehe auch Kapitel 5.4 „Versicherungen"*).

Beschäftigungsarten

Studierende, die neben dem Studium arbeiten, gelten als Arbeitnehmer*innen und müssen daher bestimmte versicherungstechnische Regelungen beachten. Es gibt drei Optionen von studentischen Beschäftigungsverhältnissen: Erstens diejenigen, bei denen man längerfristig als Arbeitnehmer*in geringfügig beschäftigt ist und regelmäßig nicht mehr als 450 Euro pro Monat verdient. Zweitens diejenigen, in denen man regelmäßig mehr als 450 Euro monatlich verdient und drittens diejenigen, die sich auf die Semesterferien beschränken.

Option 1: Geringfügige Beschäftigung/450-Euro-Minijob

Ein sogenannter Minijob kann alles sein, z.B. Putzen oder im Lager arbeiten. Studierende, die längerfristig geringfügig beschäftigt sind und regelmäßig nicht mehr als 450 Euro auch während der Vorlesungszeit verdienen, zahlen i.d.R. keine Steuern, egal, wie viele Stunden sie pro Woche arbeiten. Sie sind versicherungsfrei in der Arbeitslosen-, Kranken- und Pflegeversicherung und müssen lediglich Beiträge zur Rentenversicherung zahlen. Allerdings können Sie sich von dieser Beitragspflicht befreien lassen. Hierzu müssen Sie einen Befreiungsantrag bei Ihrem Arbeitgeber einreichen, den dieser zu den Lohnunterlagen nimmt. Lässt man sich von der Rentenversicherungspflicht befreien, zahlt lediglich der Arbeitgeber einen Pauschalbeitrag an die Minijob-Zentrale. Allerdings erwirbt man dann weniger Ansprüche in der gesetzlichen Rentenversicherung.

Achtung: Zum regelmäßigen Arbeitsverdienst werden auch Sonderzahlungen (z.B. Urlaubsgeld, Weihnachtsgeld) hinzugerechnet; d.h. bei 450 Euro im Monat plus Weihnachtsgeld ist man nicht mehr geringfügig beschäftigt!

Option 1 ist mit Option 3 kombinierbar.

Option 2: Verdienst über 450 Euro im Monat

Studentische Arbeitnehmer*innen, die mehr als 450 Euro im Monat verdienen, sind grundsätzlich rentenversicherungs- und steuerpflichtig. Der jeweilige Rentenbeitrag in sogenannten Midijobs (450,01 bis 1.300 Euro) richtet sich nach der Höhe des Lohnes.

Wer regelmäßig 425 Euro bzw. mehr als 450 Euro pro Monat verdient, fällt aus der Familienversicherung der gesetzlichen Krankenversicherung (bis 25 Jahre) heraus. Studierende, die regelmäßig mehr als 450 Euro monatlich auch während der Vorlesungszeit verdienen, zahlen i.d.R. keine zusätzlichen Beiträge in die Kranken-, Pflege- und Arbeitslosenversicherung, wenn das Studium weiterhin im Vordergrund steht. Davon wird grundsätzlich ausgegangen, wenn Studierende nicht mehr als 20 Wochenstunden arbeiten. Ist die Arbeit den Anforderungen des Studiums angepasst und untergeordnet, kann Versicherungsfreiheit auch noch bei einer Wochenarbeitszeit von mehr als 20 Stunden bestehen (z.B. Beschäftigung nur am Wochenende, in Abend- oder Nachtarbeit).

Option 3: Arbeiten in den Semesterferien

Studierende, die ausschließlich in der vorlesungsfreien Zeit arbeiten, müssen unabhängig von der Verdiensthöhe keine zusätzlichen Beiträge zur Kranken-, Pflege- sowie Arbeitslosenversicherung leisten, auch wenn die Beschäftigung länger als drei Monate oder 70 Arbeitstage im Kalenderjahr ausgeübt wird. Wenn das Beschäftigungsverhältnis auf längstens drei Monate oder 70 Arbeitstage im Kalenderjahr begrenzt ist, sind Sie zusätzlich auch rentenversicherungsfrei. Die Beschäftigung muss aber vertraglich befristet sein und darf nicht ▶

berufsmäßig ausgeübt werden. Ansonsten, und wenn Sie mehr als 450 Euro im Monat verdienen, sind Sie rentenversicherungspflichtig (zum Rentenbeitrag innerhalb des Niedriglohnsektors siehe oben).

Grundsätzlich sind auch hier studentische Arbeitnehmer*innen steuerpflichtig.

Option 3 ist mit Option 1 kombinierbar.

Weitere Regelungen: Praktika, BAföG
Zeiten für Praktika, die während des Studiums nach der Studien- und Prüfungsordnung abgeleistet werden müssen, sind generell versicherungsfrei. Bei nicht vorgeschriebenen Praktika kann man sich im Rahmen eines 450-Euro-Minijobs von der Rentenversicherungspflicht befreien lassen (s.o.). Die Praktikumsdauer spielt dabei keine Rolle. Für die Kranken-, Pflege- und Arbeitslosenversicherung gelten die o.g. Regelungen.

Als BAföG-Empfänger*in können Sie bis zu 450 Euro im Monat zusätzlich verdienen, ohne dass sich dies nachteilig auf die Förderungshöhe auswirkt. ■

➔ links

Deutsches Studentenwerk (DSW)
➔ www.studentenwerke.de

Minijob-Zentrale
➔ www.minijob-zentrale.de

DGB-Jugend
Infos für Studierende rund um finanzielle Angelegenheiten:
➔ www.jugend.dgb.de/studium/dein-geld

5.2.4 Grundsicherung nach SGB II

Studierende haben regelmäßig keinen Anspruch auf Arbeitslosengeld II nach dem Zweiten Buch Sozialgesetzbuch (SGB II), wenn die Ausbildung dem Grunde nach dem Bundesausbildungsförderungsgesetz (BAföG) förderfähig ist und sie außerhalb des Haushaltes der Eltern wohnen.

Studierende, die im Haushalt der Eltern leben, haben nur dann einen Anspruch auf Arbeitslosengeld II, wenn BAföG-Leistungen gezahlt oder nur wegen der Berücksichtigung von Einkommen und/oder Vermögen nicht gezahlt werden.

Ebenfalls anspruchsberechtigt sind Schüler*innen, die mangels zwingend notwendiger auswärtiger Unterbringung nicht BAföG-berechtigt sind (§ 7 Abs. 6 Nr. 1 SGB II) oder die Abendschulen besuchen und bereits das 30. Lebensjahr vollendet haben (§ 7 Abs. 6 Nr. 3 SGB II).

Der Anspruch auf Arbeitslosengeld II ist unter anderem davon abhängig, dass Hilfebedürftigkeit vorliegt.

Sofern BAföG und Arbeitslosengeld II gleichzeitig bezogen werden, gilt bei der Einkommensanrechnung ein Absetzbetrag von mindestens 100 Euro für die Ausbildungsförderung.

Für Studierende mit eigener Wohnung und andere Auszubildende, die keinen Arbeitslosengeld-II-Anspruch haben, können aber bestimmte Leistungen erbracht werden (§ 27 SGB II). Das sind folgende Leistungen:

- Mehrbedarfe bei Schwangerschaft, Alleinerziehung, medizinisch erforderlicher kostenaufwendiger Ernährung sowie Erstausstattung bei Schwangerschaft und Geburt, wenn das eigene Einkommen dafür nicht ausreicht,
- in besonderen Härtefällen Leistungen zur Sicherung des Lebensunterhaltes und der Unterkunft als Darlehen (für Schüler*innen, die das 30. Lebensjahr vollendet haben, auch als Zuschuss),
- Leistungen zur Sicherung des Lebensunterhaltes für den ersten Monat der Ausbildung als Darlehen.

Studierende mit Behinderungen können darüber hinaus zur Finanzierung ihres behinderungsbedingten Mehrbedarfs während der Ausbildung (z.B. für technische Hilfen und persönliche Studienassistenzen) ggf. Eingliederungshilfe beantragen (§ 112 SGB IX). ■

5.2.5 Studienkredite

Es gibt verschiedene Möglichkeiten, sein Studium ergänzend oder auch komplett über einen Bildungs- oder Studienkredit zu finanzieren.

Bildungskredit

Studierenden in fortgeschrittenen Studienphasen kann über maximal 24 Monate ein Bildungskredit aus dem Bildungskreditprogramm des Bundes gewährt werden. Das ist auch ergänzend zum BAföG möglich. Angeboten wird dieser Kredit zwar über die staatliche KfW-Bankengruppe. Allerdings ist für die Beantragung und Bewilligung des Bildungskredits das Bundesverwaltungsamt (www.bva.bund.de) zuständig. Zusammen mit dem Bewilligungsbescheid des Bundesverwaltungsamtes erhalten Sie von der KfW ein Kreditangebot, nach dessen Annahme die KfW die Zahlungen veranlasst.

Beantragt werden können monatliche Raten von 100, 200 oder 300 Euro. Innerhalb eines Ausbildungsabschnittes können bis zu 24 Monatsraten, also maximal 7.200 Euro bewilligt werden. Zur Finanzierung eines außergewöhnlichen Aufwandes, etwa Studiengebühren oder Arbeitsmittel, kann einmalig auch ein Teil des Kredites bis zur Höhe von 3.600 Euro als Abschlag im Voraus gezahlt werden.

Ein Rechtsanspruch auf den Bildungskredit besteht nicht.

Nähere Informationen gibt es unter www.bildungskredit.de oder beim Bundesverwaltungsamt in Köln.

Studienkredite

Mehrere **Banken und Sparkassen** bieten Studienkredite zur Finanzierung des Lebensunterhaltes und der weiteren Studienkosten an. Die Kreditvergabe kann allerdings regional oder auf bestimmte Hochschulen beschränkt sein. Das Centrum für Hochschulentwicklung untersucht in unregelmäßigen Abständen die Angebote verschiedener Kreditinstitute (www.che.de/studienkredittest). Die Untersuchung enthält auch Entscheidungstipps für oder gegen einen Studienkredit.

Neben privaten Banken hat die staatliche **KfW Bankengruppe** ein Studienkreditprogramm im Angebot. Es bietet Studierenden aller Fächer an staatlichen oder staatlich anerkannten Hochschulen unabhängig vom Einkommen und Vermögen und ohne Sicherheiten einen verzinslichen Kredit von 100 bis zu 650 Euro monatlich. Die maximale Auszahlungsdauer im Erst- oder Zweitstudium ist abhängig vom Alter zu Beginn des Studiums; bis 24 Jahre sind es 14 Fördersemester, bis 34 Jahre 10, bis 44 Jahre 6. Über 44 Jahre gibt es keine Förderung mehr. Der Studienkredit wird auch Studierenden in Teilzeit, berufsbegleitend Studierenden, sowie Studierenden in einem postgradualen Studium oder einer Promotion gewährt. Einen Überblick über die Finanzierungsmöglichkeiten gibt es unter www.kfw.de > Privatpersonen > Studieren & Qualifizieren > Förderprodukte > KfW-Studienkredit.

Für besondere **Härtefälle** oder bei nicht vorhersehbaren besonderen finanziellen Belastungen in der Studienabschlussphase, in denen eine gesetzliche Förderung nicht infrage kommt, unterhalten viele Studentenwerke Darlehenskassen bzw. Härtefonds. Diese Darlehen werden im Allgemeinen zinslos gewährt, müssen i.d.R. aber so schnell wie möglich wieder zurückgezahlt werden.

Bildungsfonds

Eine Alternative zum klassischen Studienkredit stellen Bildungsfonds dar. Ein besonderes Merkmal dieser Finanzierungsart: Die Rückzahlung der Förderleistungen erfolgt erst nach erfolgreichem Berufseinstieg. Im Voraus wird festgelegt, in welchem Zeitraum die Geförderten welchen Prozentsatz des Verdienstes an den Bildungsfonds zurückzahlen (verdienstabhängige Rückzahlung). Bitte prüfen Sie die jeweiligen Konditionen sorgfältig, z.B. Kündigungs- und Rückzahlungsbedingungen sowie Zinssätze. Bei manchen Anbietern ergänzen studienunterstützende Programme die finanzielle Förderung. Die Kreditvergabe ist an ein Auswahlverfahren gebunden.

Insgesamt erwarten die Investoren in Bildungsfonds eine Rendite aus den Rückzahlungen. ▶

➔ links

Deutsches Studentenwerk (DSW)
➔ www.studentenwerke.de

Bildungskredit
Informationen des Bundesverwaltungsamtes
➔ www.bildungskredit.de

KfW-Studienkredit
Informationen der Kreditanstalt für Wiederaufbau
➔ www.kfw.de

Informationen zu Bildungsfonds
➔ www.bildungsfonds.de

Auch die Verwaltung der Bildungsfonds muss damit finanziert werden.

Bildungsfonds werden z.B. von einer Hochschule finanziert, zur Unterstützung talentierter Studierender, oder von Unternehmen der Privatwirtschaft, die Nachwuchskräfte in ihrer Branche fördern wollen. Daneben gibt es auch bundesweite Bildungsfonds. ■

➔ info

Das **Centrum für Hochschulentwicklung CHE** hat 2021 Studienkredite und Bildungsfonds untersucht und bewertet. Die Ergebnisse stehen im Internet unter ➔ www.che.de/studienkredittest kostenlos zum Download zur Verfügung.

5.3 Wohnen

Wer nicht zu Hause bei den Eltern wohnen kann oder will, ist entweder auf den freien Wohnungsmarkt oder auf einen Platz in einem Studentenwohnheim angewiesen.

Laut der Studie „Studentisches Wohnen 2003 und 2018“ des Centrums für Hochschulentwicklung wohnten im Jahr 2018 bundesweit die meisten Studierenden in einer Wohngemeinschaft (31 %), die zweitgrößte Gruppe teilt sich eine Wohnung mit dem*der Partner*in bzw. wohnt privat in einer Mietwohnung (27 %), gefolgt von den Studierenden, die bei ihren Eltern (25 %) und im Studentenwohnheim (14 %) wohnen. Je nach Größe, Ausstattung und Lage der Unterkunft sowie abhängig vom Hochschulort ist es schwieriger oder einfacher, eine geeignete Wohnmöglichkeit zu finden. Auch die Mietkosten variieren z.T. erheblich. Es ist also wichtig, frühzeitig vor Studienbeginn mit der Wohnungssuche zu beginnen.

Studentenwohnheime

Träger sind überwiegend die Studentenwerke, aber auch kirchliche Einrichtungen und private Investoren. Derzeit stehen bundesweit rund 240.000 öffentlich geförderte Wohnplätze zur Verfügung, davon gut 196.000 bei den 57 Studentenwerken.

Die durchschnittliche monatliche Bruttowarmmiete in Wohnheimen der Studentenwerke beträgt knapp 250 Euro im Monat (vielerorts inkl. Internetanschluss); für einen Wohnheimplatz in anderer Trägerschaft müssen Studierende im Schnitt 302 Euro monatlich zahlen.

An vielen Orten gibt es auch spezielle Wohnangebote für Rollstuhl nutzende bzw. mobilitätseingeschränkte Studierende und für Studierende mit Kindern. Zu den Bewerbungsmodalitäten, zur Lage und zu den jeweiligen Mieten der einzelnen Wohnanlagen gibt es Informationen beim Studentenwerk des jeweiligen Hochschulortes.

Eine Liste finden Sie unter www.studentenwerke.de/de/landkarte.

Freier Wohnungsmarkt

Für eine eigene Wohnung auf dem freien Wohnungsmarkt variieren die Kosten je nach Hochschulort. In den klassischen Universitätsstädten und Ballungsgebieten liegen sie deutlich höher als andernorts. So zahlt der*die Normal-

ⓘ Wohnformen der Studierenden

(Bezugsjahr 2018)

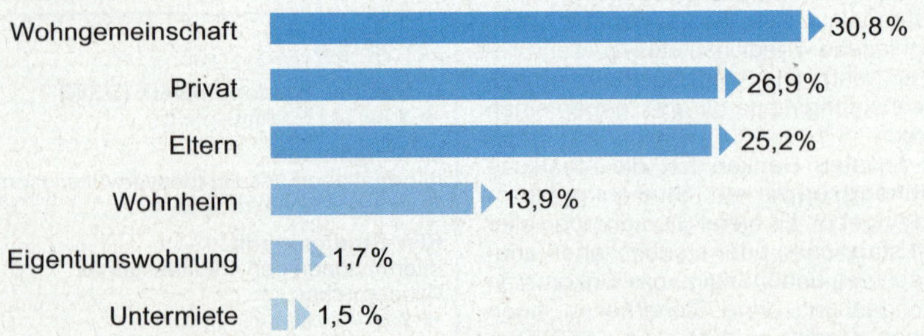

Quelle: CHE (2019)/ „Studentisches Wohnen 2003 und 2018“

Abbildung 10

studierende laut der 21. Sozialerhebung in München durchschnittlich 387 Euro Monatsmiete inklusive Nebenkosten, in Leipzig dagegen nur 264 Euro.

Angebote des freien Wohnungsmarktes finden Sie in Tageszeitungen, bei Makler*innen, auf einschlägigen Internetplattformen oder an den „Schwarzen Brettern" im Hochschulbereich. Auch bei den Wohnraumvermittlungsstellen der Studentenwerke und in Ihrem Bekanntenkreis sollten Sie nachfragen. Bei Stadtmagazinen und lokalen Kleinanzeigenblättern können Online-Inserate häufig kostenlos gelesen und aufgegeben werden. Wohnungsbörsen im Internet haben oftmals spezielle Seiten für Studierende eingerichtet. Und Mitwohnzentralen vermitteln Wohnraum auf Zeit, meist zur Untermiete.

Wenn Sie Mietpreise vergleichen, achten Sie darauf, ob es sich um eine Kaltmiete (Nettomiete) oder bereits um die Bruttowarmmiete (Endmiete) handelt. In der Regel muss auch eine Kaution hinterlegt werden, die Sie nach Auszug aus der Wohnung zurückerhalten.

Wohnberechtigungsschein, Wohngeld

Bei niedrigem Einkommen ist es u.U. möglich, einen Wohnberechtigungsschein (WBS) für eine Sozialwohnung ausgestellt zu bekommen. Studierende können auch Anspruch auf Wohngeld haben, wenn sie nicht BAföG-berechtigt sind. Auskünfte hierzu erteilen die Sozialberatungsstellen der Studentenwerke, Wohngeldstellen der Stadt- und Kreisverwaltungen sowie Wohnungsbaugenossenschaften. In der Regel gilt: Sie müssen zuerst eine Förderung nach dem BAföG beantragen, erst danach können Sie sich um Wohngeld bemühen.

Barrierefreies Wohnen

Studienbewerber*innen mit Behinderungen werden bei der Bewerbung um einen Wohnheimplatz meist bevorzugt berücksichtigt. Trotzdem sollten Sie den Antrag für ein Zimmer in einem Studentenwohnheim möglichst früh einreichen. Einige Wohnheime bieten zusätzliche Unterstützungs- und Serviceleistungen für Studierende mit Pflege-/Assistenzbedarf an, z.B. das Konrad-Biesalski-Haus in Marburg, das Haus Sumperkamp in Bochum und das Wohnheim der SRH Heidelberg. Darüber hinaus können bei der Suche nach Wohnungen auf dem freien Wohnungsmarkt das örtliche Wohnungsamt oder der*die Behindertenbeauftragte der Stadtverwaltung behilflich sein.

Weitere Informationen für Studienbewerber*innen und Studierende mit Behinderungen und chronischer Krankheit sind bei der „Informations- und Beratungsstelle Studium und Behinderung" des Deutschen Studentenwerks erhältlich (www.studentenwerke.de/behinderung > „Studienalltag > Wohnen"). ■

> **➔ info**
>
> Bei rechtlichen Fragen zum **Mietvertrag** helfen die Studierendenvertretungen oder der Deutsche Mieterbund (➔ www.mieterbund.de).

5.4 Versicherungen

Für Studierende sind einige Versicherungen wie die Kranken- und Pflegeversicherung Pflicht, andere können verschiedene Risiken abdecken. Besonders, wenn Sie neben dem Studium arbeiten, müssen Sie weitere Regelungen beachten.

Kranken- und Pflegeversicherung

Grundsätzlich sind alle Studierenden versicherungspflichtig, die an staatlichen oder staatlich anerkannten Hochschulen in Deutschland immatrikuliert sind. Sie sind dort pflegeversichert, wo sie auch krankenversichert sind.

Zur Immatrikulation muss jede*r Studierende eine Versicherungsbescheinigung einer gesetzlichen Krankenversicherung vorlegen. Sie dient als Nachweis über eine gültige Krankenversicherung bzw. über die Befreiung von der Versicherungspflicht. Der Nachweis gilt für das gesamte Studium, nur bei einem Hochschulwechsel benötigen Sie eine neue Versicherungsbescheinigung.

Krankenkassenwahl

Während des Studiums gibt es vier unterschiedliche Möglichkeiten der Krankenversicherung:

- gesetzliche Krankenversicherung im Rahmen einer Familienversicherung
- studentische Pflichtversicherung
- eine freiwillige Mitgliedschaft
- eine private Krankenversicherung

Familienversicherung in der gesetzlichen Krankenversicherung und der Pflegeversicherung

Wer über ein Elternteil gesetzlich familienversichert ist, hat einen beitragsfreien Anspruch auf die Versicherungsleistungen bis zum vollendeten 25. Lebensjahr. Der Anspruch verlängert sich für Studierende, die einen freiwilligen ▸

Wehrdienst, Bundesfreiwilligendienst, Jugendfreiwilligendienst oder ein freiwilliges ökologisches oder soziales Jahr geleistet haben, um den entsprechenden Zeitraum. Für Studierende mit Behinderungen gilt der Anspruch unter bestimmten Voraussetzungen unbefristet. Für die bei ihrem*ihrer Ehepartner*in oder ihrem*ihrer eingetragenen Lebenspartner*in gesetzlich Familienversicherten besteht keine Altersgrenze.

Wer familienversichert ist, darf eine bestimmte Verdienstgrenze nicht regelmäßig überschreiten: 455 Euro im Monat, bei einem Minijob höchstens 450 Euro. Ausschlaggebend ist das Gesamteinkommen; d.h., alle steuerpflichtigen Einkünfte (brutto) werden zusammengerechnet, bei schwankendem Einkommen wird ein Jahresdurchschnitt errechnet. Unberücksichtigt bleiben Unterhaltszahlungen der Eltern, des Sozialamtes sowie das BAföG. Nach Erreichen der Altersgrenze oder bei einem höheren Gesamteinkommen werden Sie als Studierende*r versicherungspflichtig in der gesetzlichen Krankenversicherung.

Studentische Pflichtversicherung in der gesetzlichen Krankenversicherung und der Pflegeversicherung

Die Versicherungspflicht endet mit dem Abschluss des Studiums bzw. gilt bis zum Ende des 14. Fachsemesters oder bis zur Vollendung des 30. Lebensjahres. Danach sind Sie nur mehr versicherungspflichtig, wenn die Art der Ausbildung oder familiäre sowie persönliche Gründe (z.B. längere Erkrankung, Zweiter Bildungsweg, Versorgung von Kindern und Familienangehörigen) die Überschreitung der Altersgrenze oder eine längere Fachstudiendauer rechtfertigen.

In den gesetzlichen Kassen gibt es für alle pflichtversicherten Studierenden einen bundesweit festgelegten monatlichen Krankenversicherungsbeitrag: Dieser beträgt einheitlich 88,13 Euro. Hinzu kommt allerdings ein Zusatzbeitrag, der von Krankenkasse zu Krankenkasse unterschiedlich ist. An die Pflegeversicherung zahlen kinderlose Studierende über 23 Jahre 24,82 Euro monatlich, alle anderen Studierenden 22,94 Euro. Die Beiträge müssen Sie vor der Einschreibung bzw. Rückmeldung im Voraus an die zuständige Krankenkasse zahlen. Ansonsten können die Hochschulen die Einschreibung bzw. die Annahme der Rückmeldung verweigern. Um den Studierendenstatus in der gesetzlichen Krankenversicherung beizubehalten, darf man nicht mehr als 20 Stunden pro Woche arbeiten. Ausnahmen sind Jobs, die auf höchstens zwei Monate befristet sind oder nur in den Semesterferien ausgeübt werden sowie Nacht- und Wochenendarbeit.

Freiwillige Mitgliedschaft in der gesetzlichen Krankenversicherung

Wer aus der Versicherungspflicht als Studierender ausscheidet, kann sich bei Vorliegen bestimmter Vorversicherungszeiten freiwillig gesetzlich weiterversichern. Das muss man aber innerhalb von drei Monaten nach Ablauf der studentischen Versicherung tun, sonst nimmt einen die gesetzliche Kasse nicht mehr auf.

Gesetzliche Kassen bieten einen einheitlichen Übergangstarif von der studentischen in die freiwillige Versicherung an. Dieser gilt für maximal sechs Monate im Anschluss an die studentische Pflichtversicherung und richtet sich nach der wirtschaftlichen Leistungsfähigkeit des freiwilligen Mitglieds. Die freiwillige Krankenversicherung kommt auch für Studierende in Betracht, die das 14. Fachsemester oder das 30. Lebensjahr bereits vollendet haben. Ab diesem Zeitpunkt ist eine Versicherung in der Krankenversicherung der Studenten nicht mehr möglich.

Mitgliedschaft in einer privaten Krankenversicherung

Personen, die bis zum Studienbeginn privat krankenversichert waren, müssen sich zu Beginn des Studiums entscheiden, ob sie in die studentische Pflichtversicherung wechseln oder weiter privat krankenversichert sein wollen. Die Entscheidung für die private Versicherung ist für den Rest des Studiums bindend. Und: Der Eintritt in eine gesetzliche Krankenversicherung nach dem Studium ist nur unter bestimmten Voraussetzungen möglich. Bitte lassen Sie sich vor einem Wechsel von einer gesetzlichen Krankenkasse Ihrer Wahl oder den örtlichen Studentenwerken beraten!

Krankenversicherung für ausländische Studierende

Für ausländische Studierende, die an einer deutschen Hochschule ordentlich immatrikuliert sind, gelten grundsätzlich die gleichen Bedingungen wie für deutsche Studierende. Studierende bis zum 14. Fachsemester oder 30. Lebensjahr aus den EU/EWR-Staaten und der Schweiz, die im Herkunftsland bei einer gesetzlichen Krankenkasse versichert sind, können sich ihre Krankenversicherung bei einer gesetzlichen Krankenkasse in Deutschland anerkennen lassen. Dazu benötigen sie die Europäische Krankenversicherungskarte (European Health Insurance Card, EHIC).

Studierende aus den EU/EWR-Staaten und der Schweiz, die im Herkunftsland bei einer privaten Krankenkasse versichert sind, müssen bei der Immatrikulation in Deutschland eine Bestätigung dieser Krankenkasse vorlegen. Studierende, die nicht aus EU/EWR-Staaten oder der Schweiz kommen, müssen sich in Deutschland krankenversichern. Bis zum 30. Geburtstag bzw. bis zum Ende des 14. Fachsemesters ist dies bei einer gesetzlichen oder einer privaten Krankenkasse möglich. Danach kann man sich nur noch bei einer privaten Krankenkasse versichern.

Auskünfte rund um die Krankenversicherung erteilen die Ortskrankenkassen am Hochschulort, die Krankenkassen im Heimatland, die Sozialberatung der Studentenwerke und die Akademischen Auslandsämter.

Unfallversicherung

Studierende an Hochschulen sind beitragsfrei in der gesetzlichen Unfallversicherung versichert. Der Unfallversicherungsschutz ist sehr eng auf die Hochschule und deren unmittelbaren Einflussbereich sowie auf den Weg dorthin und von dort beschränkt. Deshalb haben einige Studentenwerke eine zusätzliche private Unfallversicherung für ihre Studierenden abgeschlossen. Informationen sind bei den örtlichen Studentenwerken erhältlich.

Grundsätzlich besteht außerdem bei allen Jobs während des Studiums, in den Semesterferien oder bei einem Praktikum (egal ob Pflicht- oder freiwilliges Praktikum) eine Unfallversicherung – unabhängig von der Höhe des erzielten Arbeitsentgelts. Die Beiträge zur Versicherung zahlt der Arbeitgeber. Eine gesetzliche Unfallversicherung besteht nicht bei Honorarjobs oder freiberuflicher Arbeit; hier muss man sich selbst versichern.

Sonstige Versicherungen

Quasi unverzichtbar für Studierende und Auszubildende ist eine private **Haftpflichtversicherung**. Sie schützt Sie und andere vor unerwarteten Kosten durch verursachte Schäden.

Gegen Schäden am Hausrat sind Studierende, egal ob sie bei ihren Eltern wohnen oder auswärtig in einer WG untergebracht sind, für die Dauer ihrer Ausbildung i.d.R. über eine ggf. abgeschlossene **Hausratversicherung** ihrer Eltern abgesichert. Doch Vorsicht: Gemeinschaftsgut einer WG ist hierdurch i.d.R. nicht versichert. Und wenn ein eigener Hausstand im Studium gegründet wird, so ist auch eine eigene Versicherung abzuschließen. Beachten Sie dazu bitte im Einzelfall die Versicherungsbedingungen. Detaillierte Auskünfte erteilen die Verbraucherzentralen in den Ländern.

Darüber hinaus kann ggf. eine **Fahrraddiebstahlversicherung** nützlich sein. Über eine Hausratversicherung ist diese Leistung jedoch häufig günstiger als in einer separaten Versicherung.

Wer in den Semesterferien Reisen unternimmt, kann sich mit einer **Auslandskrankenversicherung** mit Rücktransport absichern. Diese ist v.a. notwendig bei einem Aufenthalt in einem Land, mit dem kein umfassendes Sozialversicherungsabkommen abgeschlossen wurde, z.B. die USA, Australien oder Südafrika. Hier erbringt die gesetzliche Krankenkasse i.d.R. keine Leistungen. ■

➔ links

Bundesversicherungsamt
Unter „Krankenversicherung" finden Sie ein FAQ mit Informationen auch für Studierende.
➔ www.bundesversicherungsamt.de

Bund der Versicherten e.V.
Die Broschüre „Gut versichert in Ausbildung und Studium" gibt es zum kostenlosen Download unter „Publikationen".
➔ www.bundderversicherten.de

Deutsche Gesetzliche Unfallversicherung
➔ www.dguv.de

Hinweise für Studierende mit Behinderungen
➔ www.studentenwerke.de/behinderung
> Finanzierung

5.5 Studentenwerke

Studentenwerke (in einigen Bundesländern auch Studierendenwerke) bestehen an den Hochschulstandorten als eigenständige Einrichtungen. Sie betreuen die Studierenden, stellen gastronomische Einrichtungen, Studentenwohnheime und Beratungsangebote zur Verfügung und tragen so beitragsfinanziert zur Verbesserung der Rahmenbedingungen für das Studium bei.

Für die bundesweit mehr als 450 Hochschulen sind insgesamt 57 Studentenwerke zuständig (hochschulübergreifende Struktur). Die Studentenwerke sind (Ausnahme: Rheinland-Pfalz) zuständig für den Vollzug des Bundesausbildungsförderungsgesetzes (BAföG); d.h., Studierende können beim Amt für Ausbildungsförderung innerhalb des Studentenwerks am Hochschulort BAföG beantragen. Darüber hinaus bieten die Studentenwerke auch andere ▶

Leistungen und indirekte Förderungen an. Sie sind u.a. zuständig für den Betrieb von Mensen und Cafeterien im Hochschulbereich, die durch Zuschüsse der Länder subventioniert werden. Dadurch ist das Essen dort vergleichsweise günstig.

Außerdem sind die Studentenwerke für die Bewirtschaftung von Studentenwohnheimen zuständig. Die Mieten sind daher deutlich günstiger als auf dem freien Wohnungsmarkt. Darüber hinaus gibt es bei vielen Studentenwerken Beratungsangebote (Sozialberatung, psychologische Beratung, Beratung für Studierende mit Behinderungen oder chronischer Krankheit, Rechtsberatung), deren Nutzung i.d.R. unentgeltlich ist.

Hinzu kommen kulturelle Angebote, Kinderbetreuungseinrichtungen für Studierende mit Kind sowie Härtefallfonds (Darlehensfonds) für in Not geratene Studierende. Die Studentenwerke unterstützen zudem durch Dienstleistungsangebote wie studentische Arbeitsvermittlung, Reisedienste, PC- oder Umzugswagenverleih.

→ links

Studentenwerke
→ www.studentenwerke.de

21. Sozialerhebung des Deutschen Studentenwerks, 2017
→ www.sozialerhebung.de

Informationen für internationale Studierende
→ www.international-students.de

Adressen & Links

Wer hilft weiter?

Auf den folgenden Seiten sind alle staatlichen und staatlich anerkannten Hochschulen in der Bundesrepublik Deutschland alphabetisch nach Orten zusammengestellt. Zudem finden Sie am Ende des Kapitels Kontaktadressen zur Berufsberatung der Bundesagentur für Arbeit, zu den Berufsakademien, zu Ministerien der Länder und des Bundes sowie Literatur- und Internettipps.

Auf studienwahl.de finden Sie die Kontaktadressen der Studienberatungsstellen und Sekretariate bzw. sonstiger Verwaltungsstellen an den Hochschulen. Die für die einzelnen Orte zuständigen Studentenwerke sind ebenfalls aufgeführt. Es sind stets auch die Internetadressen angegeben.

Die Kontaktdaten der Beauftragten für die Belange von Studierenden mit Behinderungen oder chronischen Erkrankungen an den Hochschulen und bei den Studentenwerken sind auf der Internetseite www.studentenwerke.de (Themen > Studieren mit Behinderung > Beratung > Beratungssuche) zu finden.

Die Hochschulen sind jeweils nur unter dem Ort aufgenommen, an dem sich der Hauptsitz befindet. Gibt es Abteilungen bzw. Nebenstellen an anderen Orten, wird an den entsprechenden Stellen auf den Hauptsitz verwiesen.

Ausführliche Informationen bieten die jeweiligen Hochschulen auf ihren Internetseiten. ■

→ info

Die **Hochschultypen und Träger** sind jeweils gekennzeichnet: „U“ steht für Universität, „FH“ für Fachhochschule, „KH“ für Kunst-/Musikhochschule, „ThH“ für Theologische Hochschule.

Bei (Fach-)Hochschulen wird auf den **Zusatz „University of Applied Sciences“** verzichtet, *siehe hierzu Kapitel 2.2 „Hochschultypen im Überblick“.*

Darüber hinaus bieten **studienwahl.de** sowie die **Studiensuche** die Möglichkeit, Studiengangs- und Hochschulinformationen laufend aktualisiert abzufragen. → www.studienwahl.de
→ www.arbeitsagentur.de/studiensuche

6.1 Hochschuladressen

AACHEN NORDRHEIN-WESTFALEN

Studierendenwerk Aachen:
52062 Aachen, Pontwall 3, Tel. 0241/80-93200
E-Mail: info@stw.rwth-aachen.de
www.studierendenwerk-aachen.de

■ **Fachhochschule Aachen (FH, staatl.)** **www.fh-aachen.de**
Studierendensekretariat:
52066 Aachen, Bayernallee 11, Kontakt über das Student Service Center (SSC):
Tel. 0241/6009-51616
E-Mail: ssc@fh-aachen.de study@fh-aachen.de
52428 Jülich, Heinrich-Mußmann-Str. 1,
Raum 00 A 09, Tel. 0241/6009-51616
E-Mail: ssc@fh-aachen.de study@fh-aachen.de
Allgemeine Studienberatung: 52066 Aachen, Eupener Straße 70, Tel. 0241/6009-51801
E-Mail: studienberatung@fh-aachen.de
52428 Jülich, Heinrich-Mußmann-Str. 1,
Raum 00 A 63, Tel. 0241/6009-53109
E-Mail: studienberatung@fh-aachen.de

■ **Hochschule für Musik und Tanz Köln (KH, staatl.)** siehe Köln

■ **Katholische Hochschule Nordrhein-Westfalen, Abteilung Aachen (FH, kirchlich)** **www.katho-nrw.de/aachen**
Anschrift: 52066 Aachen, Robert-Schumann-Straße 25, Tel. 0241/60003-0
E-Mail: info.aachen@katho-nrw.de
Studierendensekretariat: 52066 Aachen, Robert-Schumann-Straße 25, Tel. 0241/60003-0
E-Mail: info.aachen@katho-nrw.de

■ **Rheinisch-Westfälische Technische Hochschule Aachen (U, staatl.)** **www.rwth-aachen.de**
Postanschrift:
52056 Aachen, Templergraben 55
Studentische Angelegenheiten:
52056 Aachen, Templergraben 57,
Geschäftszimmer: Tel. 0241/80-94214
E-Mail: studsek@zhv.rwth-aachen.de
Zentrale Studienberatung: 52062 Aachen, Templergraben 83, Tel. 0241/80-94050
E-Mail: studienberatung@rwth-aachen.de

AALEN BADEN-WÜRTTEMBERG

Studierendenwerk Ulm: 89081 Ulm, James-Franck-Ring 8, Tel. 0731/50-23810
E-Mail: info@studierendenwerk-ulm.de
www.studierendenwerk-ulm.de

■ **Hochschule Aalen – Technik und Wirtschaft (FH, staatl.)** **www.hs-aalen.de**
Studentische Abteilung: 73430 Aalen, Beethovenstraße 1, Raum 235a
Tel. 07361/576-1286, -1284, -1282, -1281
E-Mail: zulassungsamt@hs-aalen.de
Zentrale Studienberatung:
E-Mail: studienberatung@hs-aalen.de
Tel.: 07361/576-1000

AHAUS NORDRHEIN-WESTFALEN

■ **Westfälische Hochschule (FH, staatl.)** siehe Gelsenkirchen

ALBSTADT BADEN-WÜRTTEMBERG

■ **Hochschule Albstadt-Sigmaringen (FH, staatl.)** siehe Sigmaringen

ALFTER NORDRHEIN-WESTFALEN

■ **Alanus Hochschule für Kunst und Gesellschaft (KH, privat)** **www.alanus.edu**
Studierendenverwaltung und allgemeine Studienberatung: 53347 Alfter, Villestraße 3
Tel. Studierendenverwaltung 02222/9321-1967
Tel. Prüfungsamt 02222/9321-1965
E-Mail: svenja.genske@alanus.edu
weitere Ansprechpartner auf:
www.alanus.edu/de/hochschule/menschen/

ALTENHOLZ SCHLESWIG-HOLSTEIN

■ **Fachhochschule für Verwaltung und Dienstleistung (Verwaltungsfachhochschule Schleswig-Holstein) (FH, staatl.)** **www.fhvd-sh.de**
Verwaltung: 24161 Altenholz, Rehmkamp 10, Tel. 0431/3209-0, E-Mail: zentrale@fhvd-sh.de
Außenstelle (Fachbereich Rentenversicherung): 23858 Reinfeld, Ahrensböker Straße 51,
Tel. 04533/73010, E-Mail: rente@fhvd-sh.de
Servicebüro: 24161 Altenholz, Rehmkamp 10, Tel. 0431/3209-147, -148
E-Mail: servicebuero@fhvd-sh.de

AMBERG BAYERN

Studentenwerk Oberfranken: 95447 Bayreuth, Universitätsstraße 30, Tel. 0921/555900
E-Mail: info@studentenwerk-oberfranken.de
www.studentenwerk-oberfranken.de

■ **Ostbayerische Technische Hochschule Amberg-Weiden (FH, staatl.)** **www.oth-aw.de**
Standort Amberg: 92224 Amberg Kaiser-Wilhelm-Ring 23, E-Mail: amberg@oth-aw.de

Standort Weiden: 92637 Weiden, Hetzenrichter Weg 15 E-Mail: weiden@oth-aw.de
Studien- und Career Service:
Kaiser-Wilhelm-Ring 23, 92224 Amberg
Tel. 09621/482-3134, 3132, 3133
Hetzenrichter Weg 15, 92637 Weiden
Tel. 0961/ 382-1135, 1133 , E-Mail: ca.wagner@oth-aw.de, k.morgenstern@oth-aw.de

ANSBACH — BAYERN

Studentenwerk Erlangen-Nürnberg:
91052 Erlangen, Hofmannstr. 27,
Postanschrift: 91020 Erlangen, Postfach 3208,
Tel. 09131/8002-0, E-Mail: info@werkswelt.de
www.werkswelt.de

- **Hochschule für angewandte Wissenschaften Ansbach (FH, staatl.)**
www.hs-ansbach.de

Postanschrift: 91510 Ansbach, Postfach 1963
Besucheranschrift: 91522 Ansbach, Residenzstraße 8 Tel. 0981/ 4877-0,
E-Mail: info@hs-ansbach.de
Allgemeine Studienberatung: 91522 Ansbach, Residenzstraße 8, Tel. 0981/4877-574, -544
E-Mail: laurakristin.mueller@hs-ansbach.de
anja.haager@hs-ansbach.de

ASCHAFFENBURG — BAYERN

Studentenwerk Würzburg: 97072 Würzburg, Am Studentenhaus, Tel. 0931/8005-0
E-Mail: info@studentenwerk-wuerzburg.de
www.studentenwerk-wuerzburg.de

- **Technische Hochschule Aschaffenburg (FH, staatl.) www.th-ab.de**

Studienbüro: 63743 Aschaffenburg, Würzburger Straße 45, Tel. 06021/4206-0
E-Mail: studienbuero@th-ab.de
Studienberatung/Career Service:
63743 Aschaffenburg, Würzburger Straße 45, Tel. 06021/4206-754, -755, -722
E-Mail: career-service@th-ab.de

ASCHERSLEBEN — SACHSEN-ANHALT

- **Fachhochschule der Polizei Sachsen-Anhalt (FH, staatl.)**
fh-polizei.sachsen-anhalt.de/startseite-fachhochschule/

Anschrift: 06449 Aschersleben, Schmidtmannstraße 86, Tel. 03473 /960-0
E-Mail: poststelle.fhs@polizei.sachsen-anhalt.de

AUGSBURG — BAYERN

Studentenwerk Augsburg: 86161 Augsburg, Eichleitnerstraße 30, Tel. 0821/598-4901
E-Mail: info@studentenwerk-augsburg.de
www.studentenwerk-augsburg.de

- **Hochschule für angewandte Wissenschaften Augsburg (FH, staatl.)**
www.hs-augsburg.de

Studentenamt: 86161 Augsburg, Haunstetter Str. 19 1/2, Gebäude N
Tel. 0821/5586-0; E-Mail: studienangelegenheiten@hs-augsburg.de
Zentrale Studienberatung:
86161 Augsburg, An der Hochschule 1,
Tel. 0821/5586-3278, -3273
E-Mail: studienberatung@hs-augsburg.de

- **Universität Augsburg (U, staatl.)**
www.uni-augsburg.de

Postanschrift: 86135 Augsburg
Studentenkanzlei: 86159 Augsburg, Universitätsstraße 2, Tel. 0821/598-1111
E-Mail: studentenkanzlei@zv.uni-augsburg.de
Zentrale Studienberatung: 86159 Augsburg, Universitätsstraße 6, Tel. 0821/598-5999
E-Mail: info@zsb.uni-augsburg.de
Career Service: 86159 Augsburg, Universitätsstraße 2, Tel. 0821/ 598-3088, -3099,
E-Mail: careerservice@uni-augsburg.de

BAD HERSFELD — HESSEN

- **Hochschule der Deutschen Gesetzlichen Unfallversicherung (HGU) (FH, privat)**
www.dguv.de/hochschule

Verwaltung: Campus Bad Hersfeld:
36251 Bad Hersfeld, Seilerweg 54,
Tel. 030/13001-69000
Campus Hennef: 53773 Hennef,
Zum Steimelsberg 7, Tel. 030/ 13001-69500
E-Mail: hochschule@dguv.de

BAD HOMBURG — HESSEN

- **accadis Hochschule Bad Homburg (FH, privat) www.accadis.com**

Campus: 61352 Bad Homburg, Weidenring 4, Tel. 06172/9842-0
Allgemeine Studienberatung: 61352 Bad Homburg, Weidenring 4, Tel. 06172/9842-35
Postanschrift: 61281 Bad Homburg, Postfach 1101

BAD LIEBENZELL — BADEN-WÜRTTEMBERG

- **Internationale Hochschule Liebenzell (FH, privat) www.ihl.eu**

Studierendensekretariat und Beratung:
75378 Bad Liebenzell, Heinrich-Coerper-Weg 11, Tel. 07052/17-299
E-Mail: sandra.oesau@ihl.eu

BAD MERGENTHEIM — BW

- **Duale Hochschule Baden-Württemberg (FH, staatl.)** siehe Stuttgart ▶

BAD MÜNSTEREIFEL — NRW

- **Fachhochschule für Rechtspflege Nordrhein-Westfalen (FH, staatl.)** **www.fhr.nrw.de**

Sekretariat: 53902 Bad Münstereifel, Schleidtalstraße 3, Tel. 02253/318-0
E-Mail: poststelle@fhr.nrw.de

BAD SOODEN-ALLENDORF — HESSEN

- **DIPLOMA Hochschule (FH, privat)** **www.diploma.de**

Zentrales Studiensekretariat/ Immatrikulationsamt:
37242 Bad Sooden-Allendorf, Am Hegeberg 2
Tel. 05722/286997-77
E-Mail: immatrikulationsamt@diploma.de
Standorte: 1. Studienzentrum Berlin
Martin-Hoffmann-Straße 22, 12435 Berlin
Tel. 030/5300095-60
E-Mail: berlin@diploma.de
2. Studienzentrum Hamburg
Weidestraße 122a, 22083 Hamburg
Tel. 040/694536520
E-Mail: hamburg@diploma.de
3. Studienzentrum Hannover
Wilhelmstraße 2, 30171 Hannover
Tel. 0511/84489489
E-Mail: hannover@diploma.de
4. Studienzentrum Leipzig
Comeniusstraße 17, 04315 Leipzig
Tel. 0341/6490-833
E-Mail: sz.leipzig@diploma.de
5. Studienzentrum Mannheim
Käfertaler Straße 258, 68167 Mannheim
Tel. 0621/15677-30
E-Mail: mannheim@diploma.de
6. Studienzentrum München
Orleanstr. 4a, 80687 München
Tel. 089/5150570-0
E-Mail: muenchen@diploma.de
Weitere Studien- und Prüfungszentren der DIPLOMA Hochschule finden Sie online unter www.diploma.de/standorte
Zentrale Studienberatung: 31675 Bückeburg, Herminenstr. 17f, Tel. 05722 28699732
E-Mail: info@diploma.de

BAMBERG — BAYERN

Studentenwerk Bamberg: 96049 Bamberg, Austraße 37, Tel. 0931/8005-810

- **Otto-Friedrich-Universität Bamberg (U, staatl.)** **www.uni-bamberg.de**

Studierendenkanzlei: 96045 Bamberg, Kapuzinerstraße 25, Tel. 0951/863-1024
E-Mail: studierendenkanzlei@uni-bamberg.de
Zentrale Studienberatung:
96045 Bamberg, Kapuzinerstraße 25
Tel. 0951/863-1050, -1053, -1057
E-Mail: studienberatung@uni-bamberg.de

BAYREUTH — BAYERN

Studentenwerk Oberfranken: 95447 Bayreuth, Universitätsstraße 30, Tel. 0921/555900
E-Mail: info@studentenwerk-oberfranken.de
www.studentenwerk-oberfranken.de

- **Friedrich-Alexander-Universität Erlangen-Nürnberg (U, staatl.)** siehe Erlangen

- **Hochschule für evangelische Kirchenmusik der Evangelisch-Lutherischen Kirche in Bayern (KH, kirchlich)** **www.hfk-bayreuth.de**

Sekretariat: 95444 Bayreuth, Wilhelminenstraße 9, Tel. 0921/75934-17
E-Mail: verwaltung@hfk-bayreuth.de

- **Universität Bayreuth (U, staatl.)** **www.uni-bayreuth.de**

Postanschrift: 95440 Bayreuth
Studierendenkanzlei: 95440 Bayreuth, Zentrale Universitätsverwaltung, Tel. 0921/55-5256
E-Mail: studierendenkanzlei@uni-bayreuth.de
Zentrale Studienberatung: 95440 Bayreuth, Universitätsstraße 30, Tel. 0921/55-4433
E-Mail: studienberatung@uni-bayreuth.de
Campus Kulmbach: Fakultät 7 / Campus Kulmbach, 95326 Kulmbach, Fritz-Hornschuch-Straße 13, Tel. 09221/4079811
E-Mail: fakultaet7@uni-bayreuth.de

BENEDIKTBEUERN — BAYERN

- **Katholische Stiftungshochschule München (FH, kirchlich)** siehe München

BERGISCH GLADBACH — NRW

- **Fachhochschule der Wirtschaft (FH, privat)** **www.fhdw.de**

Verwaltung: 51465 Bergisch Gladbach, Hauptstraße 2, Tel. 02202/9527-02
E-Mail: info-bg@fhdw.de

BERLIN — BERLIN

Studierendenwerk Berlin: 10623 Berlin, Hardenbergstraße 34, Tel. 030/93939-70
E-Mail: info@stw.berlin, www.stw.berlin

- **Akkon Hochschule – Hochschule für Humanwissenschaften (FH, privat)** **www.akkon-hochschule.de**

Anschrift: 12099 Berlin, Colditzstraße 34-36, Tel. 030/8092332-0,
E-Mail: info@akkon-hochschule.de
Studienberatung: Tel. 030/8092332-21
E-Mail: linda.platzek@akkon-hochschule.de

■ **Alice Salomon Hochschule Berlin University of Applied Sciences (FH, staatl.) www.ash-berlin.eu**
Bewerbung und Immatrikulation: 12627 Berlin, Alice-Salomon-Platz 5, Tel. 030/99245-325
E-Mail: immatrikulationsamt@ash-berlin.eu
Studienberatung: 12627 Berlin, Alice-Salomon-Platz 5, Tel. 030/99245-0
E-Mail: sb@ash-berlin.eu

■ **Bard College Berlin, a Liberal Arts University in Berlin (FH, privat) www.berlin.bard.edu**
Anschrift: 13156 Berlin, Platanenstraße 24, Tel. 030/437330
E-Mail: communications@berlin.bard.edu
Admission Office: Tel. 030/43733-116,
E-Mail: admissions@berlin.bard.edu

■ **bbw Hochschule (FH, privat) www.bbw-hochschule.de**
Studienberatung: 10625 Berlin, Leibnizstraße 11-13, Tel. 0800/0800-229 und 030/319909-50
E-Mail: studienberatung@bbw-hochschule.de, katharina.stahr@bbw-hochschule.de
Hauptsitz: 10625 Berlin, Leibnizstraße 11-13, Tel. 030/3199095-0,
E-Mail: info@bbw-hochschule.de

■ **Berlin International University of Applied Sciences (FH, privat) www.berlin-international.de**
Allgemeine Anschrift: 10587 Berlin, Salzufer 6, Tel. 030/81058080
E-Mail: info@berlin-international.de
Studienberatung: Tel. 030/ 810580-80
E-Mail: application@berlin-international.de

■ **Berlin School of Management (BSM) (FH, privat) www.srh-berlin.de/schools/berlin-school-of-management-bsm/**
Studienbüro: 10587 Berlin, Ernst-Reuter-Platz 10, Tel. 030/374374-777 oder -0, E-Mail: studyinberlin@srh.de

■ **Berlin School of Popular Arts (FH, privat) www.srh-berlin.de**
Studienberatung: 10783 Berlin, Ernst-Reuter-Platz 10, Tel. 030/374374777
E-Mail: studyinberlin@srh.de
Studierendensekretariat: 10783 Berlin, Ernst-Reuter-Platz 10, Tel. 0351/407617-20
E-Mail: julia.brendler@srh.de

■ **Beuth-Hochschule für Technik Berlin (FH, staatl.) www.beuth-hochschule.de**
Postanschrift und Verwaltung: 13353 Berlin, Luxemburger Straße 10, Tel. 030/4504-0
Studienverwaltung:
13353 Berlin, Luxemburger Straße 10
Tel. 030/4504-3140
Aktuelle Informationen zu Ansprechpartnern finden Sie unter:
www.beuth-hochschule.de/849/sv-kontakt
Zentrale Studienberatung: 13353 Berlin, Luxemburger Straße 10, Haus Grashof
Tel. 030/4504-2020
E-Mail: studienberatung@beuth-hochschule.de
Sekretariat Studierendenservice: 13353 Berlin, Luxemburger Straße 10, Haus Grashof, Tel. 030/4504-2121
E-Mail: studieninfoservice@beuth-hochschule.de

■ **Business School Berlin – Hochschule für Management (FH, privat) www.businessschool-berlin.de/**
Anschrift Campus Hamburg: 20457 Hamburg, Am Kaiserkai 1, Tel. 040/361226-460
E-Mail: info@bsp-campus-hamburg.de
Bewerbermanagement und Studienberatung: Tel. 040/ 3612264-9159, E-Mail: janina.lorenzen@bsp-campus-hamburg.de
www.bsp-campus-hamburg.de
Anschrift Campus Berlin: 12247 Berlin, Calandrellistraße 1-9 (Villa Siemens)
Tel. 030/77668375-100
Bewerbermanagement und Studienberatung: Tel. 030/7668375-140
E-Mail: bewerbung@businessschool-berlin.de

■ **Charité – Universitätsmedizin Berlin (U, staatl.) www.charite.de**
Postadresse: 10117 Berlin, Charitéplatz 1
Referat für Studienangelegenheiten:
10115 Berlin, Hannoversche Str. 19, Tel. 030/450576-042
E-Mail: stud-hotline@charite.de

■ **CODE University of Applied Science (FH, privat) www.code.berlin/de**
Anschrift: 12435 Berlin, Lohmühlenstr. 65, Tel. 030/120859-61, E-Mail: hello@code.berlin oder admissions@code.berlin

■ **DBU Digital Business University of Applied Sciences (FH, privat) www.dbuas.de**
Postanschrift: 10999 Berlin, Oranienstraße 185

■ **DEKRA Hochschule für Medien (FH, privat) www.dekra-hochschule.de**
Anschrift und Kontakt: 10245 Berlin, Ehrenbergstraße 11-14, Tel. 030/290080-200, -233
E-Mail: info@dekrahochschule.de ▶

ADRESSEN & LINKS 6

Allgemeine Studienberatung:
Tel. 030/ 290080-233
E-Mail: studienberatung@dekrahochschule.de

- **Deutsche Hochschule für Gesundheit und Sport (FH, privat) www.dhgs-hochschule.de**

Anschrift: 10367 Berlin, Vulkanstraße 1, Tel. 030/5779737-0
E-Mail: info@dhgs-hochschule.de
Studierendenkanzlei: Tel. 030/5779737-101
E-Mail: david.fischer@dhgs-hochschule.de
Campus Ismaning/München: 85737 Ismaning, Steinheilstraße 4, Tel. 089/8898014-100
E-Mail: info@dhgs-hochschule.de
Studierendenkanzlei: Tel. 089/8898014-0
E-Mail: michael.fleddermann@dhgs-hochschule.de
Campus Unna: 59427 Unna, Heinrich-Werner-Platz 1, Tel. 02303/97926-0
E-Mail: info@dhgs-hochschule.de
Studierendenkanzlei: Tel. 02303/97926-330
E-Mail: julian.biermann@dhgs-hochschule.de

- **ESCP Europe Wirtschaftshochschule Berlin e.V. (U, privat) www.escp.eu**

Kontakt: 14059 Berlin, Heubnerweg 8-10, Tel. 030/32007-0, E-Mail: info.de@escp.eu

- **ESMT European School of Management and Technology (U, privat) www.esmt.berlin/**

Haus-/Postanschrift: 10178 Berlin, Schlossplatz 1, Tel. 030/21231-0
E-Mail: info@esmt.org
Admission Office: 10178 Berlin, Schlossplatz 1 Tel. 030/21231-1400
E-Mail: admissions.degrees@esmt.org

- **Evangelische Hochschule Berlin (EHB) (FH, kirchlich) www.eh-berlin.de**

Postanschrift: 14132 Berlin, Postfach 370255
Immatrikulationsamt:
14167 Berlin, Teltower Damm 118-122, Tel. 030/84582-234, -233, -145, -144
E-Mail: immatrikulationsamt@eh-berlin.de
Studentische Studienberatung: 14167 Berlin, Teltower Damm 118-122
E-Mail: studienberatung@eh-berlin.de

- **Freie Universität Berlin (U, staatl.) www.fu-berlin.de**

Postanschrift und Zentralverwaltung:
14195 Berlin, Kaiserswerther Straße 16-18, Tel. 030/838-1
Studierenden-Service-Center:
14195 Berlin, Iltisstraße 4, Tel. 030/838
E-Mail: info-service@fu-berlin.de

- **German open Business School (GoBS) – Hochschule für Wirtschaft und Verwaltung (FH, privat) www.go-bs.de**

Anschrift: 10625 Berlin, Bismarckstraße 107, Tel. 0800/5012345
E-Mail: studienberatung@go-bs.de

- **Hertie School (FH, privat) www.hertie-school.org**

Graduate Admissions: 10117 Berlin, Friedrichstraße 180 (Quartier 110), Tel. 030/259219-114
E-Mail: grad-admissions@hertie-school.org

- **HMKW Hochschule für Medien, Kommunikation und Wirtschaft (FH, privat) www.hmkw.de**

Anschrift: Campus Berlin: 13355 Berlin, Ackerstraße 76
Campus Köln: 50969 Köln, Höninger Weg 139
Campus Frankfurt/Main: 60486 Frankfurt/Main, Solmsstraße 18
Studienberatung:
Campus Berlin: Tel. 030/4677693-30
E-Mail: studienberatung-berlin@hmkw.de
Campus Köln: Tel. 0221/222139-33
E-Mail: studienberatung-koeln@hmkw.de
Campus Frankfurt: Tel. 069/5050253-93
E-Mail: studienberatung-frankfurt@hmkw.de

- **Hochschule des Bundes für öffentliche Verwaltung (FH, staatl.)** siehe Brühl

- **Hochschule für angewandte Pädagogik (FH, privat) www.hsap.de**

Zentrale Anschrift: 12459 Berlin, Ostendstr. 1, Tel. 030/206089-0, E-Mail: info@hsap.de
Studienberatung: Tel. 030/2060890
E-Mail: studienberatung@hsap.de

- **Hochschule für Musik „Hanns Eisler" Berlin (KH, staatl.) www.hfm-berlin.de**

Allgemeine Studienberatung:
10117 Berlin, Charlottenstraße 55, Tel. 030/688305-850, -209, -880
E-Mail: studienberatung@hfm-berlin.de

- **Hochschule für Schauspielkunst „Ernst Busch" (KH, staatl.) www.hfs-berlin.de**

Rektorat: 10115 Berlin, Zinnowitzer Str. 11, Tel. 030/755417-112,
E-Mail: rektorat@hfs-berlin.de
Referat Studienangelegenheiten: 10115 Berlin, Zinnowitzer Str. 11, Tel. 030/755417-162, -136
E-Mail: j.kregel-olff@hfs-berlin.de
bat-Studiotheater der HfS: 10405 Berlin, Belforter Straße 15, Tel. 030/7 55 41 77 77
E-Mail: kbb@bat-berlin.de, www.hfs-berlin.de/

■ **Hochschule für Technik und Wirtschaft Berlin (FH, staatl.) www.htw-berlin.de**
Studierendenservice: 10318 Berlin, Treskowallee 8, Tel. 030/5019-2919
Allgemeine Studienberatung: 10318 Berlin, Treskowallee 8
E-Mail: Studienberatung@htw-berlin.de

■ **Hochschule für Wirtschaft und Recht Berlin (FH, staatl.) www.hwr-berlin.de**
Allgemeine Studienberatung (Campus Schöneberg): 10825 Berlin, Badensche Straße 52 (Räume A 3.32 und 3.40), Tel. 030/30877-1254
E-Mail: studienberatung@hwr-berlin.de
Allgemeine Studienberatung (Campus Lichtenberg): 10315 Berlin, Alt Friedrichsfelde 60 (Raum 6A 007), Tel. 030/30877-1254
E-Mail: studienberatung@hwr-berlin.de
Studienberatung Fachbereich Duales Studium (Technik/Wirtschaft): 10315 Berlin, Alt-Friedrichsfelde 60 (Raum 5.4003), Tel. 030/30877-2000
E-Mail: studienberatung.dual@hwr-berlin.de

■ **Humboldt-Universität zu Berlin (U, staatl.) www.hu-berlin.de**
Postanschrift: 10099 Berlin, Unter den Linden 6
Allgemeine Studienberatung: 10117 Berlin, Unter den Linden 6, Anmeldung im Studierenden-Service-Center (Information, Infothek, Beratung, Termin) Tel. 030/2093-70270
E-Mail: studienberatung@uv.hu-berlin.de
Kontaktformular: www.hu-berlin.de/de/studium/compass/formular
Auskünfte zu medizinischen Studiengängen erhalten Sie direkt bei der Charité, Tel. 030/450-576042

■ **IB Hochschule für Gesundheit und Soziales (FH, privat) www.ib-hochschule.de**
Studienzentrum Berlin: 13509 Berlin, Breitenbachstr. 23, Tel. 030/2593092-20
E-Mail: info@ib-hochschule.de
Studienzentrum Köln: 50968 Köln, Schönhauser Str. 64, Tel. 0221/944054-0
E-Mail: info@ib-hochschule.de
Studienzentrum Hamburg: 20097 Hamburg, Eißendorfer Pferdeweg 52, c/o Asklepios Klinik Harburg, Tel. 040/181886-2181
E-Mail: info@ib-hochschule.de
Studienzentrum München: 80337 München, Lindwurmstraße 129-131, Tel. 030/2593092-20
E-Mail: info@ib-hochschule.de
Studienzentrum Stuttgart: 70178 Stuttgart, Paulinenstraße 45, Tel. 0711/577359-0
E-Mail: info@ib-hochschule.de
Allgemeine Studienberatung:
E-Mail: studienberatung@ib-hochschule.de
Tel. 030/259309247

■ **International Psychoanalytic University (U, privat) www.ipu-berlin.de**
Sekretariat: 10555 Berlin, Stromstr. 3b, Tel. 030/300117-520
E-Mail: katja.thiele@ipu-berlin.de
Büro für Studium und Lehre: 10555 Berlin, Stromstr. 3b, Tel. 030/300117-500
E-Mail: studienbuero@ipu-berlin.de

■ **Katholische Hochschule für Sozialwesen Berlin (FH, kirchlich) www.khsb-berlin.de**
Studierendensekretariat/Immatrikulationsbüro: 10318 Berlin, Köpenicker Allee 39-57, Tel. 030/501010-10
E-Mail: studierendensekretariat@khsb-berlin.de
Allgemeine Studienberatung: 10318 Berlin, Köpenicker Allee 39-57 (Raum 1.034), Tel. 030/501010-10
E-Mail: studienberatung@khsb-berlin.de

■ **Kunsthochschule Berlin (Weißensee) – Hochschule für Gestaltung (KH, staatl.) www.kh-berlin.de**
Allgemeine Studienberatung: 13086 Berlin, Bühringstraße 20 (Raum A 1.09), Tel. 030/47705-342
E-Mail: studienberatung@kh-berlin.de
Referat für Studienangelegenheiten/Immatrikulations- und Prüfungsamt: 13086 Berlin, Bühringstraße 20, Tel. 030/47705-312
E-Mail: ref-stud@kh-berlin.de

■ **MEDIADESIGN Hochschule für Design und Informatik (FH, privat) www.mediadesign.de**
Anschrift: Standort Düsseldorf: 40227 Düsseldorf, Werdener Straße 4, Tel. 0211/179393-0
Standort München: 81669 München, Claudius-Keller-Straße 7, Tel. 089/450605-0
Standort Berlin: 10587 Berlin, Franklinstraße 28-29, Tel. 030/399266-0
Studienberatung:
Standort Berlin: Tel. 030/399266-21, -16
E-Mail: y.heinicke@mediadesign.de, m.halbauer@mediadesign.de
Standort Düsseldorf: Tel. 0211/179393-21
E-Mail: s.an@mediadesign.de
Standort München: Tel. 089/450605-26, -92
E-Mail: j.hiller@mediadesign.de, s.meier@mediadesign.de

■ **Medical School Berlin – Hochschule für Gesundheit und Medizin (FH, privat) www.medicalschool-berlin.de** ▸

Anschrift: 14197 Berlin, Rüdesheimer Str. 50
E-Mail: info@medicalschool-berlin.de
Tel. 030/76 68375-600
Bewerbermanagement und Studienberatung:
Luise Scheele, Tel. 030/7668375-640, -641, -642
E-Mail: bewerbung@medicalschool-berlin.de

- **Psychologische Hochschule Berlin (U, privat)**
  www.psychologische-hochschule.de

Studienberatung: 10179 Berlin, Am Köllnischen Park 2, E-Mail: studienberatung@phb.de, Tel. 030/209166-200
Postanschrift: 10179 Berlin, Am Köllnischen Park 2, Tel. 030/ 209166-201, E-Mail: kontakt@psychologische-hochschule.de

- **SRH Berlin University of Applied Sciences, School of Design and Communication (FH, privat)**
  www.design-akademie-berlin.de

Anschrift: 10969 Berlin, Aufbau Haus am Moritzplatz, Prinzenstraße 84.1,
Tel. 030/616548-165 oder -0
E-Mail: studienberatung.dab@srh.de

- **Steinbeis-Hochschule Berlin (U, privat)**
  www.steinbeis-hochschule.de

Hochschulanschrift: 12489 Berlin, Ernst-Augustin-Straße 15
Tel. 030/86320627-0, E-Mail: shb@steinbeis.de
Tel. Büro Stuttgart: 0711/4510001-0
E-Mail: info@steinbeis-hochschule.de

- **Technische Universität Berlin (U, staatl.)**
  www.tu.berlin/

Studienberatung:
10623 Berlin, Straße des 17. Juni 135
Studien-Info-Service Tel. 030/ 314-29999
Schulbüro: 10623 Berlin, Straße des 17. Juni 135, Tel. 030/314-29320
E-Mail: info@schulbuero.tu-berlin.de

- **Touro College Berlin (FH, privat)**
  www.touroberlin.de

Hochschulanschrift:
14055 Berlin, Am Rupenhorn 5
E-Mail: info@touroberlin.de, studentservices@touroberlin.de

- **Universität der Künste Berlin (KH, staatl.)**
  www.udk-berlin.de

Postanschrift: 10595 Berlin, Postfach 120544
StudyGuide: 10587 Berlin, Einsteinufer 43
Tel. 030/3185-1480
E-Mail: studyguide@udk-berlin.de
www.udk-berlin.de/studyguide
Studienberatung: 10587 Berlin, Einsteinufer 43 (Raum 16 B), Tel. 030/3185-2204
E-Mail: beratung@udk-berlin.de

- **University of Europe for Applied Sciences (UE) (FH, privat) www.ue-germany.com/**

Studienberatung Campus Berlin: 10963 Berlin, Dessauer Straße 3-5, Tel. 030/338539-710
E-Mail: admissions.berlin@ue-germany.com
Studienberatung Campus Hamburg:
22765 Hamburg, Museumstr. 39,
Tel. 040/181300-240; E-Mail: admissions.hamburg@ue-germany.com
Studienberatung Campus Iserlohn:
58636 Iserlohn, Reiterweg 26b,
Tel. 02371/776-534
E-Mail: admissions.iserlohn@ue-germany.com

- **VICTORIA | Internationale Hochschule (FH, privat)**
  www.victoria-hochschule.de/

Studienort Berlin: 10963 Berlin, Bernburger Str. 24/25, Tel. 030/206176-85
E-Mail: info@victoria-university.de
Studienort Baden-Baden: 76532 Baden-Baden, Jägerweg 8, Tel. 07221/93-1325
E-Mail: studienberatung.baden-baden@victoria-university.de

BERNBURG — SACHSEN-ANHALT

- **Hochschule Anhalt – Hochschule für angewandte Wissenschaften (FH, staatl.)**

siehe Köthen

BERNKASTEL-KUES — RHEINLAND-PFALZ

- **Cusanus Hochschule (FH, privat)**
  www.cusanus-hochschule.de

Postanschrift: 54461 Bernkastel-Kues, Postfach 1146
Besucheradresse: 54470 Bernkastel-Kues, Bahnhofstraße 5
Studienberatung: Evelyne Zettler / Karina Baden Tel. 06531/9724257, E-Mail: studienberatung@cusanus-hochschule.de

BIBERACH — BADEN-WÜRTTEMBERG

Studierendenwerk Ulm: 89081 Ulm, James-Franck-Ring 8, Tel. 0731/50-23810
E-Mail: info@studierendenwerk-ulm.de
www.studierendenwerk-ulm.de

- **Hochschule Biberach (FH, staatl.)**
  www.hochschule-biberach.de

Bewerbung, Zulassung und Studienberatung: 88400 Biberach, Karlstraße 11, Tel. 07351/582-150
E-Mail: spindler@hochschule-bc.de

Zentrale Studienberatung:
B.Spindler, Tel. 07351/582-150
E-Mail: spindler@hochschule-bc.de

BIELEFELD **NORDRHEIN-WESTFALEN**

Studentenwerk Bielefeld:
33615 Bielefeld, Morgenbreede 2-4
Postanschrift: 33615 Bielefeld, Postfach 102753
Tel. 0521/106-88600, E-Mail: info@stwbi.de
www.studierendenwerk-bielefeld.de

■ **Fachhochschule Bielefeld (FH, staatl.)**
www.fh-bielefeld.de
Studierendenservice:
33619 Bielefeld, Interaktion 1
Ansprechpartner unter
www.fh-bielefeld.de/studierendenservice
Standort Minden: 32427 Minden,
Artilleriestraße 9, Tel. 0571/8385-0,
E-Mail: campus-minden@fh-bielefeld.de
Zentrale Studienberatung:
33619 Bielefeld, Interaktion 1
Tel. 0521/106-70916
E-Mail: zsb@fh-bielefeld.de
Standort Gütersloh:
33330 Gütersloh, Gleis 13, Haus III
Langer Weg 9a, Tel. 05241/21143-10,
E-Mail: ute.reckord@fh-bielefeld.de

■ **Fachhochschule der Diakonie – Diaconia (FH, privat) www.fh-diakonie.de**
Sekretariat: 33617 Bielefeld, Bethelweg 8,
Tel. 0521/144-2700, Tel. 0800/34 34 256
E-Mail: sekretariat@fhdd.de

■ **Fachhochschule der Wirtschaft (FH, privat)**
www.fhdw.de
Verwaltung:
33607 Bielefeld, Meisenstraße 92,
Tel. 0521/23842-02, E-Mail: info-bi@fhdw.de
Studienberatung:
Campus Paderborn: Tel. 05251/301-190
E-Mail: careerservice-pb@fhdw.de
Campus Bergisch Gladbach:
Tel. 02202/9527-270,
E-Mail: careerservice-bg@fhdw.de
Campus Bielefeld: Tel. 0521/23842-270
E-Mail: careerservice-bi@fhdw.de
Campus Mettmann: Tel. 02104/17756-02
E-Mail: careerservice-me@fhdw.de

■ **Fachhochschule des Mittelstands (FHM) (FH, privat) www.fh-mittelstand.de**
Allgemeine Studienberatung:
Tel. 0800/3113223
E-Mail: studienberatung@fh-mittelstand.de
WhatsApp-Chat: 0174/942457-3
Standort Bamberg: 96052 Bamberg,
Pestalozzistraße 10, Tel. 0951/297889-0
E-Mail: bamberg@fh-mittelstand.de
Standort Berlin: 10587 Berlin,
Ernst-Reuter-Platz 3-5, Tel. 030/ 2592360.
E-Mail: berlin@fh-mittelstand.de
Studienberatung: Tel. 030/259 236 321,
E-Mail: theresa.fritz@fh-mittelstand.de
Standort Bielefeld: 33602 Bielefeld, Ravensberger Straße 10 G, Tel. 0521/96655-10,
E-Mail: bielefeld@fh-mittelstand.de
Studienberatung: Tel. 0521/96655-226
E-Mail: friederike.pohl@fh-mittelstand.de
Standort Hannover: 30163 Hannover,
Lister Straße 17, Tel. 0511/5335880
E-Mail: hannover@fh-mittelstand.de
Studienberatung: Tel. 0511/533588-29
E-Mail: schneider@fh-mittelstand.de,
lorenz.bischoff@fh-mittelstand.de
Standort Köln: 50672 Köln,
Hohenstaufenring 62, Tel. 0221/258898-0
E-Mail: koeln@fh-mittelstand.de
Studienberatung: Tel. 0221/258898121
E-Mail: joscha.gladbach@fh-mittelstand.de
Standort Rostock: 18055 Rostock,
Kröpeliner Str. 85, Tel. 0381/4612390
E-Mail: rostock@fh-mittelstand.de
Studienberatung: Tel. 0381/461239-20
E-Mail: max.steinecke@fh-mittelstand.de,
verena.schulz@fh-mittelstand.de
Standort Schwerin:
19055 Schwerin, August-Bebel-Straße 11/12
Tel. 0385/742098-0
E-Mail: schwerin@fh-mittelstand.de
Studienberatung: Tel. 0385/74209814
E-Mail: michelle.gronau@fh-mittelstand.de
Standort Frechen: 50226 Frechen,
Kölner Straße 33A, Tel. 02234/9813030
E-Mail: frechen@fh-mittelstand.de
Studienberatung: Tel. 02234/98130-34
E-Mail: mira.aussendorf@fh-mittelstand.de

■ **Hochschule für Polizei und öffentliche Verwaltung Nordrhein-Westfalen, Abteilung Bielefeld (FH, staatl.)**
www.hspv.nrw.de/
Verwaltung: 33609 Bielefeld,
Am Stadtholz 24, Tel. 0521/30545-2000
E-Mail: tim.neubauer@hspv.nrw.de

■ **Kirchliche Hochschule Wuppertal / Bethel Hochschule für Kirche und Diakonie (U, kirchlich)** siehe Wuppertal

---

■ **Universität Bielefeld (U, staatl.)**
www.uni-bielefeld.de ▶

Postanschrift: 33501 Bielefeld, Universitätsstraße 25, Tel. 0521/ 106-00
E-Mail: post@uni-bielefeld.de
Studierendensekretariat: 33615 Bielefeld, Universitätsstraße 25, Tel. 0521/106-6666
E-Mail: www.uni-bielefeld.de/studsek-kontakt
Zentrale Studienberatung: 33615 Bielefeld, Universitätsstraße 24, Gebäude X E1-224, Tel. 0521/106-3017, -3019
E-Mail: zsb@uni-bielefeld.de

BINGEN RHEINLAND-PFALZ

Studierendenwerk Mainz: 55128 Mainz, Staudingerweg 21, Tel. 06131/3922-366
E-Mail: infopoint@studierendenwerk-mainz.de
www.studierendenwerk-mainz.de

- **Technische Hochschule Bingen (FH, staatl.) www.th-bingen.de**

Studierendensekretariat: 55411 Bingen, Berlinstraße 109, Tel. 06721 409-500
E-Mail: keller@th-bingen.de, kgregori@th-bingen.de, kuerbis@th-bingen.de
Zentrale Studienberatung: 55411 Bingen, Berlinstraße 109, Tel. 06721/409-386,
E-Mail: zsb@th-bingen.de

BIRKENFELD RHEINLAND-PFALZ

- **Hochschule Trier – Trier University of Applied Sciences (FH, staatl.)** siehe Trier

BOCHOLT NORDRHEIN-WESTFALEN

- **Westfälische Hochschule (FH, staatl.)** siehe Gelsenkirchen

BOCHUM NORDRHEIN-WESTFALEN

Studierendenwerk Bochum: 44801 Bochum, Universitätsstraße 150, Tel. 0234/32-11010
E-Mail: akafoe@akafoe.de, www.akafoe.de

- **EBZ Business School (FH, privat) www.ebz-business-school.de**

Anschrift: 44795 Bochum, Springorumallee 20, Tel. 0234/9447-700
E-Mail: rektorat@ebz-bs.de
Studienberatung: Beratung nach Vereinbarung, Tel. 0234/9447-717, -563, -686
E-Mail: studienberatung@ebz-bs.de

- **Evangelische Hochschule Rheinland-Westfalen-Lippe (FH, kirchlich) www.evh-bochum.de**

Studierendenservice: 44803 Bochum, Immanuel-Kant-Straße 18-20, Tel. 0234/36901-158
E-Mail: studierendenservice@evh-bochum.de

- **Folkwang Universität der Künste (KH, staatl.)** siehe Essen

- **Hochschule Bochum (FH, staatl.) www.hochschule-bochum.de**

Zentrale Studienberatung:
44801 Bochum, Lennershofstraße 140, Tel. 0234/32-10096 -10095
E-Mail: studienberatung@hs-bochum.de
Campus Velbert/Heiligenhaus:
42579 Heiligenhaus, Kettwiger Straße 20, Tel. 02056/5848-16807
E-Mail: studienbuero-6@hs-bochum.de

- **Hochschule des Bundes für öffentliche Verwaltung (FH, staatl.)** siehe Brühl

- **Hochschule für Gesundheit (FH, staatl.) www.hs-gesundheit.de**

Anschrift: 44801 Bochum, Gesundheitscampus 6-8, Tel. 0234/77727-382
E-Mail: info@hs-gesundheit.de
Zentrale Studienberatung:
Tel. 0234/77727-399
E-Mail: zsb@hs-gesundheit.de
Studierendenservice: Tel. 0234/77727-382,
E-Mail: studierendenservice@hs-gesundheit.de

- **Ruhr-Universität Bochum (U, staatl.) www.ruhr-uni-bochum.de**

Postanschrift: 44721 Bochum, Universitätsstraße 150, Tel. 0234/32-201
Studierendensekretariat:
44801 Bochum, Universitätsstraße 150, Tel. 0234/32-22945, E-Mail: stud-sekretariat@uv.ruhr-uni-bochum.de
Zentrale Studienberatung/Studienbüro:
44780 Bochum, Universitätsstraße 150, Tel. 0234/32-22435, E-Mail: zsb@rub.de

- **Technische Hochschule Georg Agricola Bochum (FH, privat) www.thga.de/**

Postanschrift:
44782 Bochum, Postfach 102749
Studierendenservice: 44787 Bochum, Herner Straße 45, Tel. 0234/968-3223,
E-Mail: studierendensekretariat@thga.de
Studienberatung: 44787 Bochum, Herner Straße 45, Tel. 0234/968-3150
E-Mail: studium@thga-bochum.de
Zimmervermittlung: 44787 Bochum, Herner Straße 45, Wohnheimverwaltung der DMT-LB, Tel. 0234/968-8240
E-Mail: studiwohnen@dmt-lb.de bzw. tanja.lichtblau@dmt-lb.de

BONN NORDRHEIN-WESTFALEN

Studierendenwerk Bonn: 53113 Bonn, Nassestraße 11, Tel. 0228/737000
E-Mail: info@studierendenwerk-bonn.de
www.studierendenwerk-bonn.de

- **Hochschule für Finanzwirtschaft & Management (FH, privat)**
  www.s-hochschule.de

Studierendenservice: 53113 Bonn, Simrockstraße 4, Tel. 0228/ 204-9914, -9918
E-Mail: ute.berg@s-hochschule.de

- **Rheinische Friedrich-Wilhelms-Universität Bonn (U, staatl.) www.uni-bonn.de**

Studentensekretariat:
53115 Bonn, Poppelsdorfer Allee 49,
Postanschrift: 53012 Bonn, Tel: 0228/73-5921
(A-C) mast@verwaltung.uni-bonn.de,
(D-G) -5922, broichmann@verwaltung.uni-bonn.de,
(H-K)-7311, stolpmann@verwaltung.uni-bonn.de,
(L-M) -2197, lesny@verwaltung.uni-bonn.de,
(N-R) -7312, bollig@verwaltung.uni-bonn.de,
(S-T) -7310, kaygusuz@verwaltung.uni-bonn.de,
(U-Z)-6134, ackermann@verwaltung.uni-bonn.de
Zentrale Studienberatung: 53115 Bonn, Poppelsdorfer Allee 49, Tel. 0228/73-7080
E-Mail: zsb@uni-bonn.de

BOTTROP — NORDRHEIN-WESTFALEN

- **Hochschule Ruhr West (FH, staatl.)**

siehe Mülheim an der Ruhr

BRANDENBURG — BRANDENBURG

Studentenwerk Potsdam: Babelsberger Straße 2, Postanschrift: 14413 Potsdam, Postfach 601353, Tel. 0331/3706-0
E-Mail: post@studentenwerk-potsdam.de
www.studentenwerk-potsdam.de

- **Technische Hochschule Brandenburg (FH, staatl.) www.th-brandenburg.de**

Allgemeine Studienberatung:
14770 Brandenburg, Magdeburger Straße 50 (WWZ, Raum 139), Tel. 03381/355-124
E-Mail: studienberatung@th-brandenburg.de
Studierendenverwaltung:
14770 Brandenburg, Magdeburger Straße 50, Tel. 03381/355-129

BRAUNSCHWEIG — NIEDERSACHSEN

Studierendenwerk OstNiedersachsen:
38106 Braunschweig, Katharinenstraße 1
Postanschrift: 38035 Braunschweig, Postfach 4538, Tel. 0531/391-4807, -4848
E-Mail: info@stw-on.de, www.stw-on.de

- **Hochschule für Bildende Künste Braunschweig (KH, staatl.) www.hbk-bs.de**

Immatrikulations- und Prüfungsamt:
38118 Braunschweig, Johannes-Selenka-Platz 1, Tel. 0531/391-9153
E-Mail: a.wiethake@hbk-bs.de
Allgemeine Studien- und Studentenberatung:
38118 Braunschweig, Johannes-Selenka-Platz 1, Tel. 0531/391-9269, E-Mail: studienberatung@hbk-bs.de, m.knust@hbk-bs.de

- **Technische Universität Carolo-Wilhelmina zu Braunschweig (U, staatl.)**
  www.tu-braunschweig.de

Immatrikulationsamt: 38106 Braunschweig, Pockelsstraße 11, Tel. 0531/391-4321,
E-Mail: i-amt@tu-braunschweig.de
Zentrale Studienberatung: 38106 Braunschweig, Pockelsstraße 11, Tel. 0531/391-4321
E-Mail: zsb@tu-braunschweig.de

BREMEN — BREMEN

Studierendenwerk Bremen: 28359 Bremen, Bibliothekstraße 3, Tel. 0421/2201-0
E-Mail: postmaster@stw-bremen.de
www.stw-bremen.de

- **APOLLON Hochschule der Gesundheitswirtschaft (FH, privat)**
  www.apollon-hochschule.de

Studienberatung: 28359 Bremen, Universitätsallee 18, Tel. 0800/3427655
E-Mail: info@apollon-hochschule.de

- **Hochschule Bremen (FH, staatl.)**
  www.hs-bremen.de

Immatrikulations- und Prüfungsamt:
28199 Bremen, Neustadtswall 30 (sowie: Werderstraße 73 u. Langenmarckstraße 113), Tel. 0421/5905-2214, E-Mail: d3@hs-bremen.de
Studienberatung: 28199 Bremen, Neustadtswall 30, Tel. 0421/5905-2022
E-Mail: studienberatung@hs-bremen.de
Verwaltung: 28199 Bremen, Neustadtswall 30, Tel. 0421/5905-0
E-Mail: info@hs-bremen.de

- **Hochschule für Künste, Bremen (KH, staatl.) www.hfk2020.de/**

Kontakt: 28217 Bremen, Am Speicher XI 8, Tel. 0421/9595-1000
Büro für Studierende:
28217 Bremen, Am Speicher XI 8, Tel. 0421/959511-10, -11, -12, -14
E-Mail: dezernat1@hfk-bremen.de

- **Hochschule für Öffentliche Verwaltung (FH, staatl.) www.hfoev.bremen.de**

Hochschulverwaltung: 28195 Bremen, Doventorscontrescarpe 172c, Tel. 0421/361-5296, E-Mail: karolina.kotomski-munderloh@afz.bremen.de ▶

■ **Jacobs University Bremen (U, privat)** **www.jacobs-university.de**
Postanschrift: 28759 Bremen, Campus Ring 1
Undergraduate student enquiries: 28759 Bremen, Campus Ring 1, Tel. 0421/200-4200
E-Mail: admission@jacobs-university.de
General enquiries: Tel. 0421/200-40
E-Mail: info@jacobs-university.de, study@jacobs-university.de

■ **Universität Bremen (U, staatl.)** **www.uni-bremen.de**
Postanschrift: 28334 Bremen, Postfach 330440
Sekretariat für Studierende: 28359 Bremen, Bibliothekstraße 1, Tel. 0421/218-61110,
E-Mail: sfs@uni-bremen.de
Zentrale Studienberatung: 28359 Bremen, Bibliothekstraße 1, Tel. 0421/218-61160
E-Mail: zsb@uni-bremen.de

BREMERHAVEN — BREMEN

Studierendenwerk Bremen: 28359 Bremen, Bibliothekstraße 3, Tel. 0421/2201-0
E-Mail: postmaster@stw-bremen.de
www.stw-bremen.de

■ **Hochschule Bremerhaven (FH, staatl.)** **www.hs-bremerhaven.de**
Immatrikulations- und Prüfungsamt: 27568 Bremerhaven, An der Karlstadt 8
Tel. 0471/4823-126
E-Mail: studsek@hs-bremerhaven.de

BRÜHL — NORDRHEIN-WESTFALEN

■ **Europäische Fachhochschule (FH, privat)** **www.eufh.de**
Sekretariat: 50321 Brühl, Kaiserstraße 6, Tel. 02232/5673-0
E-Mail: info@eufh.de
für Studieninteressierte: 0800/5673-111
E-Mail: studienberatung@eufh.de
Studienzentrum Köln: 50670 Köln, Neusser Straße 99, Tel. 0221/5000330-30
E-Mail: studienberatung-gesundheit@eufh.de
Standort Neuss: 41460 Neuss, Hammer Landstraße 89, Tel. 02131/40306-918
E-Mail: Studienservice-Neuss@eufh.de
Studienzentrum Rheine: 48431 Rhein, Sprickmannstraße 92-108
Tel. 05971/40536-0
E-Mail: studienberatung-gesundheit@eufh.de
Studienzentrum Rostock: 18057 Rostock, Werftstraße 5, Tel. 0381/8087-100, E-Mail: studienberatung-gesundheit@eufh-med.de
Studienzentrum Aachen: 52062 Aachen, Kapuzinergraben 19, Tel. 0800/5673-111
E-Mail: Studienservice-Aachen@eufh.de

■ **Hochschule des Bundes für öffentliche Verwaltung (FH, staatl.)** www.hsbund.de
Zentralbereich: 50321 Brühl, Willy-Brandt-Straße 1, Tel. 022899/629-0
E-Mail: postzb@hsbund.de

BÜCHENBEUREN — RHEINLAND-PFALZ

■ **Hochschule der Polizei Rheinland-Pfalz (FH, staatl.)**
Hausadresse: 55491 Büchenbeuren-Scheid, Tel. 06543/985-0,
E-Mail: hdp.leitung@polizei.rlp.de

BURGHAUSEN — BAYERN

■ **Technische Hochschule Rosenheim (FH, staatl.)** siehe Rosenheim

BUXTEHUDE — NIEDERSACHSEN

Studierendenwerk OstNiedersachsen: 38106 Braunschweig, Katharinenstraße 1
Postanschrift: 38035 Braunschweig, Postfach 4538, Tel. 0531/391-4807, -4848
E-Mail: info@stw-on.de, www.stw-on.de

■ **hochschule 21 (FH, privat)** **www.hs21.de**
Sekretariat: 21614 Buxtehude, Harburger Straße 6, Tel. 04161/648-0 E-Mail: info@hs21.de
Prüfungs- und Immatrikulationsamt: 21614 Buxtehude, Harburger Straße 6, Raum 301, Tel. 04161/648-142, -143, -149,
E-Mail: sommer@hs21.de

CHAM — BAYERN

■ **Technische Hochschule Deggendorf (FH, staatl.)** siehe Deggendorf

CHEMNITZ — SACHSEN

Studentenwerk Chemnitz-Zwickau: 09126 Chemnitz, Thüringer Weg 3, Tel. 0371/5628-0, E-Mail: info@swcz.de
www.swcz.de
Geschäftsbereich Zwickau: 08056 Zwickau, Innere Schneeberger Straße 23, Tel. 0375/2710-0, E-Mail: info-zwickau@swcz.de

■ **Technische Universität Chemnitz (U, staatl.)** **www.tu-chemnitz.de**
Studentensekretariat-Servicepoint: 09107 Chemnitz, Straße der Nationen 62, Tel. 0371/531-33333
E-Mail: studentensekretariat@tu-chemnitz.de
Zentrale Studienberatung: 09107 Chemnitz, Straße der Nationen 62, Tel. 0371/531-55555
E-Mail: studienberatung@tu-chemnitz.de

CLAUSTHAL-ZELLERFELD — NIEDERSACHSEN

Studierendenwerk OstNiedersachsen: 38106 Braunschweig, Katharinenstraße 1

Postanschrift: 38035 Braunschweig, Postfach 4538, Tel. 0531/391-4807, -4848
E-Mail: info@stw-on.de, www.stw-on.de

■ **Technische Universität Clausthal (U, staatl.) www.tu-clausthal.de**
Studentensekretariat/Immatrikulationsbüro: 38678 Clausthal-Zellerfeld, Adolph-Roemer-Straße 2a, Tel: 05323/72-2218 (A-K), -3890 (L-Z)
E-Mail: studentensekretariat@tu-clausthal.de
Zentrale Studienberatung: 38678 Clausthal-Zellerfeld, Adolph-Roemer-Straße 2a, Tel. 05323/72-3671, WhatsApp: 0171/3062908
E-Mail: studienberatung@tu-clausthal.de

COBURG — BAYERN

Studentenwerk Oberfranken: 95447 Bayreuth, Universitätsstraße 30, Tel. 0921/555900
E-Mail: info@studentenwerk-oberfranken.de
www.studentenwerk-oberfranken.de

■ **Hochschule für angewandte Wissenschaften Coburg (FH, staatl.) www.hs-coburg.de**
Studienbüro: 96450 Coburg, Friedrich-Streib-Straße 2, Tel. 09561/317-246
E-Mail: studienbuero@hs-coburg.de
Studienberatung: 96450 Coburg, Friedrich-Streib-Straße 2, Tel. 09561/317-247
E-Mail: studienberatung@hs-coburg.de
WhatsApp-Beratung: 0172/6337920

COTTBUS — BRANDENBURG

Studentenwerk Frankfurt (Oder): Außenstelle Cottbus: 03046 Cottbus, Universitätsstraße 20, Postanschrift: 03012 Cottbus, Postfach 101221, Tel. 0355/7821-588
E-Mail: gf@swffo.de

■ **Brandenburgische Technische Universität Cottbus-Senftenberg (U, staatl.) www.b-tu.de**
Postanschrift:
Erich-Weinert-Straße 1, 03046 Cottbus
Besucheradressen: Zentralcampus: 03046 Cottbus, Platz der Deutschen Einheit 1
Campus Cottbus-Sachsendorf: 03048 Cottbus, Lipezker Straße 47
Campus Senftenberg: 01968 Senftenberg, Universitätsplatz 1
Studierenden-Service Zentralcampus/ Infothek: Tel. 0355/69-3800
E-Mail: studium@b-tu.de
Studienberatung:
Tel. 0355/69-3211 und 03573/85-280
E-Mail: studium@b-tu.de

DARMSTADT — HESSEN

Studentenwerk Darmstadt: Alexanderstraße 4, 64213 Darmstadt, Postfach 101321, Tel. 06151/16-29812
E-Mail: stw@studentenwerkdarmstadt.de
www.studierendenwerkdarmstadt.de

■ **Evangelische Hochschule Darmstadt (FH, kirchlich) www.eh-darmstadt.de**
Bewerbungsamt: 64293 Darmstadt, Zweifalltorweg 12, Tel. 06151/8798-0
E-Mail: bewerbung@eh-darmstadt.de

■ **Hochschule Darmstadt (FH, staatl.) www.h-da.de**
Student Service Center: 64295 Darmstadt, Schöfferstraße 3, Tel. 06151/16-33333
E-Mail: helpdesk@h-da.de

■ **Technische Universität Darmstadt (U, staatl.) www.tu-darmstadt.de**
Studierendenservice: 64289 Darmstadt, Karolinenplatz 5, Tel. 06151/16-26999
E-Mail: bewerbung@zv.tu-darmstadt.de, studierendenservice@tu-darmstadt.de

---

■ **Wilhelm Büchner Hochschule, Darmstadt (FH, privat) www.wb-fernstudium.de**
Studentensekretariat/Studienberatung:
64295 Darmstadt, Hilpertstraße 31, Tel. 06151/3842-404 oder 0800/924-1000
E-Mail: beratung@wb-fernstudium.de
Campus Frankfurt: Theodor-Heuss-Allee 108 60486 Frankfurt am Main
beratung.frankfurt@wb-hochschule.de
Tel. 069/2995705-00

DEGGENDORF — BAYERN

Studentenwerk Niederbayern/Oberpfalz:
93053 Regensburg, Albertus-Magnus-Straße 4
Tel. 0941/943-2201, E-Mail: sozialberatung@stwno.de, www.stwno.de

---

■ **Technische Hochschule Deggendorf (FH, staatl.) www.th-deg.de**
Zentrale Studienberatung: 94469 Deggendorf, Dieter-Görlitz-Platz 1, Tel. 0991/3615-373, -641
E-Mail: zsb@th-deg.de

DESSAU — SACHSEN-ANHALT

■ **Hochschule Anhalt – Hochschule für angewandte Wissenschaften (FH, staatl.)**
siehe Köthen

DETMOLD — NORDRHEIN-WESTFALEN

Studentenwerk Bielefeld:
33615 Bielefeld, Morgenbreede 2-4
Postanschrift: 33615 Bielefeld, Postfach 102753 ▶

Tel. 0521/106-88600, E-Mail: info@stwbi.de
www.studierendenwerk-bielefeld.de

- **Hochschule für Musik Detmold (KH, staatl.) www.hfm-detmold.de**

Verwaltung und Rektorat: 32756 Detmold, Willi-Hofmann-Straße 5, Tel. 05231/975-5
E-Mail: info@hfm-detmold.de
Studienberatung:
32756 Detmold, Willi-Hoffmann-Straße 5
Tel. 05231/975-774, E-Mail: cis@hfm-detmold.de

- **Technische Hochschule Ostwestfalen-Lippe (FH, staatl.)** siehe Lemgo

DIEBURG — HESSEN

- **Hochschule Darmstadt (FH, staatl.)** siehe Darmstadt

DIETZHÖLZTAL — HESSEN

- **Theologische Hochschule Ewersbach (FH, privat) www.th-ewersbach.de**

Anschrift: 35716 Dietzhölztal, Jahnstraße 49-53 (Kronberg-Forum),
Tel. 02774/929-0, E-Mail: info@the.feg.de

DORTMUND — NORDRHEIN-WESTFALEN

Studierendenwerk Dortmund:
44227 Dortmund, Vogelpothsweg 85,
Tel. 0231/755-3500, E-Mail: info@stwdo.de
www.stwdo.de

- **Fachhochschule Dortmund (FH, staatl.) www.fh-dortmund.de**

Studienbüro:
E-Mail: bewerbung@fh-dortmund.de
Standort 1: 44139 Dortmund, Sonnenstraße 96
Tel. 0231/9112-9111
E-Mail: petschke@fh-dortmund.de
Standort 2: 44227 Dortmund, Emil-Figge-Straße 38
Ansprechpartnerin: Frau Claudia Wolff,
Tel. 0231/9112-6390
E-Mail: claudia.wolff@fh-dortmund.de
Studienberatung: Tel. 0231/9112-9657
E-Mail: studienberatung@fh-dortmund.de
Die jeweiligen Sprechzeiten und Räume finden Sie hier: www.fh-dortmund.de/de/addresses/einrichtungen/studienberatung.php

- **Folkwang Universität der Künste (KH, staatl.)** siehe Essen

- **International School of Management (FH, privat) www.ism.de**

Campus Frankfurt am Main: 60598 Frankfurt am Main, Mörfelder Landstraße 55,
Tel. 069/66059367-0
E-Mail: ism.frankfurt@ism.de
Campus Köln: 50670 Köln, Im Mediapark 5c,
Tel. 0221/270995-0
E-Mail: ism.koeln@ism.de
Campus München: 80333 München, Karlstraße 35, Tel. 089/2000350-0
E-Mail: ism.muenchen@ism.de
Campus Dortmund: 44227 Dortmund, Otto-Hahn-Straße 19, Technologiepark,
Tel. 0231/975139-0
E-Mail: ism.dortmund@ism.de
Campus Berlin: 10827 Berlin, Hauptstraße 27 (Aufgang E), Tel. 030/3151935-0
E-Mail: ism.berlin@ism.de
Campus Hamburg: 20457 Hamburg, Brooktorkai 22, Tel. 040/3199339-0
E-Mail: ism.hamburg@ism.de
Campus Stuttgart: 70180 Stuttgart, Olgastraße 86, Tel. 0711/518962-0
E-Mail: ism.stuttgart@ism.de

- **Technische Universität Dortmund (U, staatl.) www.tu-dortmund.de**

Postanschrift: 44221 Dortmund, August-Schmidt-Straße 4, Tel. 0231/755-1
Zentrale Studienberatung: 44227 Dortmund, Emil-Figge-Str. 61, Tel. 0231/755-2345
Allgemeine Studienberatung: 0231/755-7122
E-Mail: zsb@tu-dortmund.de
Studierendensekretariat:
44227 Dortmund, Emil-Figge-Str. 61
Info-Hotline: 0231/755-2345, E-Mail:
studierendensekretariat@tu-dortmund.de

DRESDEN — SACHSEN

Studentenwerk Dresden: 01069 Dresden, Fritz-Löffler-Straße 18, Tel. 0351/4697-50
E-Mail: info@studentenwerk-dresden.de
www.studentenwerk-dresden.de

- **Dresden International University (FH, privat) www.di-uni.de**

Sekretariat: 01067 Dresden, Freiberger Straße 37, Tel. 0351/40470-102
E-Mail: andrea.vogelsang@di-uni.de

- **Evangelische Hochschule Dresden – University of Applied Sciences for Social Work, Education and Nursing (FH, kirchlich) www.ehs-dresden.de**

Studentensekretariat: 01307 Dresden, Dürerstraße 25, Tel. 0351/46902-212, -213, -222
E-Mail: birgitt.hofmann@ehs-dresden.de,
petra.thamm@ehs-dresden.de,
Kathleen.Pfeiffer@ehs-dresden.de

Studienberatung: 01307 Dresden, Dürerstraße 25, Tel. 0351/46902-215
E-Mail: studienberatung@ehs-dresden.de
Postanschrift: 01191 Dresden, Postfach 200143

- **Hochschule für Bildende Künste Dresden (KH, staatl.) www.hfbk-dresden.de**

Postanschrift: Postfach 160153, 01287 Dresden
Allgemeine Studienberatung: 01307 Dresden, Güntzstr. 34, Tel. 0351/4402-2219, -2140, -2141
E-Mail: studium-f1@hfbk-dresden.de, studium-f2@hfbk-dresden.de

- **Hochschule für Kirchenmusik der Evangelisch-Lutherischen Landeskirche Sachsens (KH, kirchlich) www.kirchenmusik-dresden.de**

Sekretariat: 01309 Dresden, Käthe-Kollwitz-Ufer 97, Tel. 0351/31864-0
E-Mail: kirchenmusik-dresden@evlks.de

- **Hochschule für Musik „Carl Maria von Weber" Dresden (KH, staatl.) www.hfmdd.de**

Postanschrift: 01001 Dresden, Postfach 120039
Sekretariat: 01067 Dresden, Wettiner Platz 13, Tel. 0351/4923, -689, -617, -634
E-Mail: studsek@hfmdd.de

- **Hochschule für Technik und Wirtschaft Dresden (FH, staatl.) www.htw-dresden.de**

Postanschrift: 01008 Dresden, Postfach 120701
Studierendensekretariat: 01069 Dresden, Friedrich-List-Platz 1, Tel. 0351/462-3991
E-Mail: studentensekretariat@htw-dresden.de
Allgemeine Studienberatung: 01069 Dresden, Friedrich-List-Platz 1, Tel. 0351/462-3556
E-Mail: studienberatung@htw-dresden.de

- **Palucca Hochschule für Tanz Dresden (KH, staatl.) www.palucca.eu**

Schüler- und Studentenangelegenheiten: 01277 Dresden, Basteiplatz 4, Tel. 0351/25906-20, -21, -75
E-Mail: studentenbuero@palucca.eu

- **Private Fachhochschule Dresden (FH, privat) www.fh-dresden.eu**

Studienberatung: 01069 Dresden, Güntzstraße 1, Tel. 0351/4445-423, -418,
E-Mail: studienberatung@fh-dresden.eu

- **Technische Universität Dresden (U, staatl.) www.tu-dresden.de**

Postanschrift: 01062 Dresden
Zentrale Studienberatung (ZSB): 01069 Dresden, Strehlener Str. 24
E-Mail: studienberatung@tu-dresden.de
Telefonnummern unter: www.tu-dresden.de/studienberatung
Immatrikulationsamt: 01069 Dresden, Strehlener Str. 24, Tel. 0351/463-42000 (über das ServiceCenterStudium)
E-Mail: servicecenter.studium@tu-dresden.de
www.tu-dresden.de/immaamt

DUISBURG NORDRHEIN-WESTFALEN

Studierendenwerk Essen-Duisburg: 45141 Essen, Reckhammerweg 1, Tel. 0201/82010-111,
E-Mail: kontakt@stw-edu.de, www.stw-edu.de

- **Folkwang Universität der Künste (KH, staatl.)** siehe Essen

- **Hochschule für Polizei und öffentliche Verwaltung Nordrhein-Westfalen, Abteilung Duisburg (FH, staatl.) www.hspv.nrw.de**

Verwaltung: 47269 Duisburg, Albert-Hahn-Straße 45, Tel. 0203/9350-0
E-Mail: patrick.krueger@hspv.nrw.de

- **Universität Duisburg-Essen, Campus Duisburg (U, staatl.) www.uni-due.de**

Einschreibungswesen: 47057 Duisburg, Geibelstr. 41, Tel. 0203/379-2523, -2233, -2859, -1869, E-Mail: studierendensekretariat-duisburg@uni-due.de
Campus Duisburg: 47057 Duisburg, Forsthausweg 2, Tel. 0203/379-1800
Allgemeine Studienberatung im Akademischen Beratungs-Zentrum Studium und Beruf (ABZ): Campus Duisburg: 47057 Duisburg, Geibelstraße 41,
E-Mail: abz.studienberatung@uni-due.de

DÜSSELDORF NORDRHEIN-WESTFALEN

Studierendenwerk Düsseldorf: 40225 Düsseldorf, Universitätsstraße 1, Tel. 0211/81-13298,
E-Mail: geschaeftsführung@stw-d.de, www.stw-d.de

- **Fliedner Fachhochschule Düsseldorf (FH, privat) www.fliedner-fachhochschule.de**

Postanschrift: 40489 Düsseldorf, Alte Landstraße 179
Hausadresse/Studienberatung: 40489 Düsseldorf, Geschwister-Aufricht-Straße 9, Tel. 0211/409-3232, E-Mail: info@fliedner-fachhochschule.de

- **Heinrich-Heine-Universität Düsseldorf (U, staatl.) www.uni-duesseldorf.de**

Studierendenservice: 40225 Düsseldorf, Universitätsstr. 1, Gebäude 21.02, ▶

Tel. 0211/8112345,
E-Mail: studierendenservice@hhu.de

- **Hochschule Düsseldorf (FH, staatl.) www.hhu.de/**

Zentrale Studienberatung: 40476 Düsseldorf, Münsterstr. 156, Gebäude 2, 1. OG
Tel. 0211/81-15482, -15600, -15231
E-Mail: studienberatung@hs-duesseldorf.de
WhatsApp-Beratung: 0160/96609288

- **IST-Hochschule für Management (FH, privat) www.ist-hochschule.de**

Allgemeine Anschrift: 40233 Düsseldorf, Erkrather Str. 220 a-c, Tel. 0211/86668-0
E-Mail: info@ist-hochschule.de
Studienberatung: Beratungshotline:
Tel. 0800/4780800 (kostenfrei)

- **Kunstakademie Düsseldorf (KH, staatl.) www.kunstakademie-duesseldorf.de**

Studierendensekretariat: 40213 Düsseldorf, Eiskellerstraße 1, Tel. 0211/1396-0, E-Mail: postmaster@kunstakademie-duesseldorf.de

- **Robert-Schumann-Hochschule Düsseldorf (KH, staatl.) www.rsh-duesseldorf.de**

Studierendenservice:
40476 Düsseldorf, Fischerstraße 110,
Tel. 0211/4918-124, -101, -100, -102

EBERSWALDE — BRANDENBURG

Studentenwerk Frankfurt (Oder): Außenstelle Cottbus: 03046 Cottbus, Universitätsstraße 20, Postanschrift: 03012 Cottbus,
Postfach 101221, Tel. 0355/7821-588,
E-Mail: gf@swffo.de

- **Hochschule für nachhaltige Entwicklung Eberswalde (HNEE) (FH, staatl.) www.hnee.de**

Studierendenservice: 16225 Eberswalde, Schicklerstr. 5, Tel. 03334/657-134, -149, 138
E-Mail: studieren@hnee.de

EDENKOBEN — RHEINLAND-PFALZ

- **Hochschule für Finanzen und Landesfinanzschule Rheinland-Pfalz (FH, staatl.) www.landesfinanzschule-edenkoben.fin-rlp.de**

Verwaltung: 67480 Edenkoben,
Luitpoldstraße 33, Tel. 06323/9489-0
E-Mail: poststelle@hochschule.fin-rlp.de

EICHSTÄTT — BAYERN

Studentenwerk Erlangen-Nürnberg:
91052 Erlangen, Hofmannstr. 27,
Postanschrift: 91020 Erlangen, Postfach 3208,
Tel. 09131/8002-0, E-Mail: info@werkswelt.de
www.werkswelt.de

- **Katholische Universität Eichstätt-Ingolstadt (U, kirchlich) www.ku.de**

Studierendenbüro:
85072 Eichstätt, Marktplatz 7,
Tel. 08421/93-21212, -23222, -21217, -21215
E-Mail: studierendenbuero@ku.de
Zentrale Studienberatung: 85072 Eichstätt, Marktplatz 7, Tel. 08421/93-21283
E-Mail: studierendenberatung@ku.de
Standorte:
Campus Eichstätt: 85072 Eichstätt, Ostenstr. 26
Campus Ingolstadt: 85049 Ingolstadt,
Auf der Schanz 49

EISENACH — THÜRINGEN

- **Duale Hochschule Gera-Eisenach (FH, staatl.)** siehe Gera

ELMSHORN — SCHLESWIG-HOLSTEIN

- **Nordakademie – Hochschule der Wirtschaft (FH, privat) www.nordakademie.de**

Standort Elmshorn: 25337 Elmshorn,
Köllner Chaussee 11, Tel. 04121/4090-0
E-Mail: info@nordakademie.de
Standort Hamburg (Graduate School):
22767 Hamburg, Van-der-Smissen-Straße 9,
Tel. 040/554387-300
E-Mail: office@nordakademie.de

ELSFLETH — NIEDERSACHSEN

- **Jade Hochschule Wilhelmshaven/Oldenburg/Elsfleth (FH, staatl.)**

siehe Wilhelmshaven

ELSTAL — BRANDENBURG

- **Theologische Hochschule Elstal (FH, kirchlich) www.th-elstal.de**

Theologische Hochschule: 14641 Wustermark, Johann-Gerhard-Oncken-Straße 7,
Tel. 033234/74-306
E-Mail: kontakt@th-elstal.de
Studienberatung: Ansprechpartner:
Tel. 033234/74-310 -332, -334
E-Mail: michael.kisskalt@th-elstal.de,
ralf.dziewas@th-elstal.de, dirk.sager@th-elstal.de

EMDEN — NIEDERSACHSEN

Studentenwerk Oldenburg:
26129 Oldenburg, Uhlhornsweg 49-55, Postanschrift: 26035 Oldenburg, Tel. 0441/798-2709,
E-Mail: info@sw-ol.de
www.studentenwerk-oldenburg.de
Büro Emden: 26723 Emden, Paapsand 34,
Tel. 04921/61428,
E-Mail: buero.emden@sw-ol.de

Büro Wilhemshaven: 26389 Wilhelmshaven, Friedrich-Paffrath-Str. 101, Tel. 04421/85298
E-Mail: buero.whv@sw-ol.de

■ **Hochschule Emden/Leer (FH, staatl.)**
www.hs-emden-leer.de
Zentrale Studienberatung:
26723 Emden, Constantiaplatz 4
Standort Leer: 26789 Leer, Kirchstraße 54
Tel. 04921/807-7575
E-Mail: zsb@hs-emden-leer.de
Studierenden-Service-Center: 26723 Emden, Constantiaplatz 4, Tel. 04921/807-7000
E-Mail: ssc@hs-emden-leer.de

ERFURT — THÜRINGEN

Studierendenwerk Thüringen: 07743 Jena, Philosophenweg 22, Postanschrift: 07708 Jena, Postfach 100822, Tel. 03641/930-500
E-Mail:: poststelle@stw-thueringen.de
www.stw-thueringen.de

■ **Fachhochschule Erfurt (FH, staatl.)**
www.fh-erfurt.de
Postanschrift: 99051 Erfurt, Postfach 450155
Zentrum für studentische und akademische Angelegenheiten: 99085 Erfurt, Altonaer Straße 25, Studienberatung: Tel. 0361/6700-834
E-Mail: beratung@fh-erfurt.de
Studierendensekretariat:
Tel. 0361/6700-111, -139, -833
E-Mail: studierendenservice@fh-erfurt.de, studienbewerbung@fh-erfurt.de

■ **IU Internationale Hochschule (FH, privat)**
www.iu.de
Verwaltung: 99084 Erfurt, Juri-Gagarin-Ring 152
E-Mail: info-dualesstudium@iu.org
Weitere Standorte: Augsburg, Bad Honnef, Berlin, Bremen, Dortmund, Düsseldorf, Erfurt, Essen, Hamburg, Frankfurt a.M., Hannover, Köln, Leipzig, Mainz, Mannheim, München, Münster, Nürnberg, Peine, Stuttgart

■ **Universität Erfurt (U, staatl.)**
www.uni-erfurt.de
Postanschrift: 99105 Erfurt, Postfach 900221
Studierendenangelegenheiten/Allgemeine Studienberatung: 99089 Erfurt, Nordhäuser Straße 63, Tel. 0361/737-5100, E-Mail: studierendenangelegenheiten@uni-erfurt.de und allgemeinestudienberatung@uni-erfurt.de

ERLANGEN — BAYERN

Studentenwerk Erlangen-Nürnberg: 91052 Erlangen, Hofmannstr. 27, Postanschrift: 91020 Erlangen, Postfach 3208, Tel. 09131/8002-0, E-Mail: info@werkswelt.de
www.werkswelt.de

■ **Friedrich-Alexander-Universität Erlangen-Nürnberg (U, staatl.) www.fau.de**
Postanschrift:
91023 Erlangen, Postfach 3520
Studierendenverwaltung: 91054 Erlangen, Halbmondstraße 6-8, Tel. 09131/85-24078, -24029, -24424, -24080, -23433
E-Mail: studentenkanzlei@fau.de
Studienberatung:
91054 Erlangen, Halbmondstraße 6
IBZ: Tel. 09131/85-23333, -24444
Website: ibz.fau.de, E-Mail: ibz@fau.de
Kontakt über das Kontaktformular

ESSEN — NORDRHEIN-WESTFALEN

Studierendenwerk Essen-Duisburg:
45141 Essen, Reckhammerweg 1,
Tel. 0201/82010-111
E-Mail: kontakt@stw-edu.de, www.stw-edu.de

■ **Folkwang Universität der Künste (KH, staatl.) www.folkwang-uni.de**
Campus Essen-Werden: 45239 Essen, Klemensborn 39, Tel. 0201/4903-0
Zentrale Studienberatung: Tel. 0201/4903-384,
E-Mail: studienberatung@folkwang-uni.de
Campus Duisburg: 47051 Duisburg, Düsseldorfer Straße 19, Tel. 0203/29588-0
Campus Bochum: Folkwang Theaterzentrum: 44789 Bochum, Friederikastr. 4,
Tel. 0201/6505-1700
Institut für Pop-Musik:
44795 Bochum, Prinz-Regent-Str. 50-60
Tel. 0234/976483-10
E-Mail: pop@folkwang-uni.de
Orchesterzentrum NRW (Campus Dortmund): 44135 Dortmund, Brückstraße 47, Tel. 0231/725168-0
E-Mail: info@orchesterzentrum.de
Postanschrift: 45224 Essen, Postfach 164428
E-Mail: info@folkwang-uni.de
Campus Welterbe Zollverein: Quartier Nord: 45309 Essen, Martin-Kremmer-Straße 21,
Tel. 0201/6505-1419
SANAA-Gebäude: 45309 Essen, Gelsenkirchener Str. 209, Tel. 0201/18503-410

■ **FOM Hochschule für Oekonomie & Management (FH, privat)**
www.fom.de
Zentrale Studienberatung:
45141 Essen, Leimkugelstraße 6,
Tel. 0800/1959595, (gebührenfrei)
E-Mail: studienberatung@fom.de ▶

Standorte (34): Aachen, Augsburg, Berlin, Bochum, Bonn, Bremen, Dortmund, Duisburg, Düsseldorf, Essen, Frankfurt a.M., Gütersloh, Hagen, Hamburg, Hannover, Herne, Kassel, Karlsruhe, Koblenz, Köln, Leipzig, Mainz, Mannheim, Marl, München, Münster, Neuss, Nürnberg, Saarbrücken, Siegen, Stuttgart, Wesel, Wien, Wuppertal, www.fom.de/hochschulzentren.html
Postanschrift und Verwaltung: 45141 Essen, Leimkugelstraße 6,
Tel. 0201 81004-0, E-Mail: info@fom.de

- **Hochschule der bildenden Künste Essen (KH, privat) www.hbk-essen.de**

Postanschrift:
45257 Essen, Prinz-Friedrich-Straße 28 A
Studienbüro: 45257 Essen, Prinz-Friedrich-Straße 28 A, Tel. 0201/959898-00
E-Mail: mail@hbk-essen.de

- **Universität Duisburg-Essen, Campus Essen (U, staatl.) www.uni-due.de**

Einschreibungswesen: 45141 Essen, Universitätsstr. 2, Tel. 0201/183-2033, -2029, -2031, -3844, -2059, -4317, -6383, E-Mail: studierendensekretariat-essen@uni-due.de
Allgemeine Studienberatung im Akademischen Beratungs-Zentrum Studium und Beruf (ABZ): 45141 Essen, Universitätsstraße 2, Tel. 0201/183-4949
E-Mail: abz.studienberatung@uni-due.de bzw. infoline@uni-due.de

ESSLINGEN AM NECKAR — BW

Studierendenwerk Stuttgart: 70174 Stuttgart, Rosenbergstraße 18, Tel. 0711/4470-1247
E-Mail: info@sw-stuttgart.de
www.studierendenwerk-stuttgart.de

- **Hochschule Esslingen (FH, staatl.) www.hs-esslingen.de**

Zulassungsamt: 73728 Esslingen, Kanalstraße 33, Tel. 0711/397-3060
E-Mail: zulassungsamt@hs-esslingen.de;
Studierendensekretariat:
73728 Esslingen, Kanalstraße 33,
Tel. 0711/397-3050, E-Mail:
studierendensekretariat@hs-esslingen.de
Zentrale Studienberatung:
Tel. 0711/397-3212, E-Mail:
ZentraleStudienberatung@hs-esslingen.de
Standort Göppingen: 73037 Göppingen, Robert-Bosch-Straße 1, Tel. 07161/679-0
E-Mail: info@hs-esslingen.de

FLENSBURG — SCHLESWIG-HOLSTEIN

Studentenwerk Schleswig-Holstein:
24118 Kiel, Westring 385, Tel. 0431/8816-0,
E-Mail: geschaeftsstelle.ki@studentenwerk.sh
www.studentenwerk.sh

- **Europa-Universität Flensburg (U, staatl.) www.uni-flensburg.de**

Studierendensekretariat: 24943 Flensburg, Auf dem Campus 1a, Tel. 0461/805-2769, -2770, E-Mail: mazurek@uni-flensburg.de, ruhle@uni-flensburg.de
Zulassungsstelle: 24943 Flensburg, Auf dem Campus 1a, Tel. 0461/805-2772
E-Mail: zulassung@uni-flensburg.de
Zentrale Studienberatung: 24943 Flensburg, Auf dem Campus 1a, Tel. 0461/805-2193
E-Mail: zsb@uni-flensburg.de, studienberatung@uni-flensburg.de

---

- **Hochschule Flensburg (FH, staatl.) www.hs-flensburg.de**

Studierendensekretariat:
24943 Flensburg, Kanzleistr. 91-93,
Tel. 0461/805-1308, E-Mail:
studierendensekretariat@hs-flensburg.de
Zentrale Studienberatung: 24943 Flensburg, Kanzleistr. 91-93, Tel. 0461/805-1215, -1747
E-Mail: studienberatung@hs-flensburg.de
Postanschrift: 24905 Flensburg, Postfach 1561

FRANKFURT (ODER) — BRANDENBURG

Studentenwerk Frankfurt (Oder):
Außenstelle Cottbus: 03046 Cottbus, Universitätsstraße 20, Postanschrift: 03012 Cottbus, Postfach 101221,
Tel. 0355/7821-588, E-Mail: gf@swffo.de

- **Europa-Universität Viadrina Frankfurt a.d. Oder (U, staatl.) www.europa-uni.de**

Immatrikulationsamt: 15230 Frankfurt (Oder), Logenstraße 4 (Auditorium Maximum), Tel. 0335/5534-4236, -4211, -4244, E-Mail: immatrikulation@europa-uni.de, gahrns@europa-uni.de
Zentrale Studienberatung:
15230 Frankfurt, Logenstraße 4 (Auditorium Maximum), Tel. 0335/5534-4488, -4466
E-Mail: study@europa-uni.de

FRANKFURT AM MAIN — HESSEN

Studentenwerk Frankfurt am Main:
60325 Frankfurt, Bockenheimer Landstraße 133, Tel. 069/798-34906, Postanschrift: 60444 Frankfurt, Postfach 900460
E-Mail: info@studentenwerkfrankfurt.de
www.studentenwerkfrankfurt.de

- **Frankfurt School of Finance & Management (U, privat) www.frankfurt-school.de**

Sekretariat: 60322 Frankfurt am Main, Adickesallee 32-34, Tel. 069/154008-0
E-Mail: info@fs.de

- **Frankfurt University of Applied Sciences (FH, staatl.) www.frankfurt-university.de**

Abt. Studierendenbetreuung/Studienbüro: 60318 Frankfurt am Main, Nibelungenplatz 1, Tel. 069/1533-3666
E-Mail: studienbuero@stuport.fra-uas.de
Zentrale Studienberatung: 60318 Frankfurt am Main, Nibelungenplatz 3
E-Mail: studienberatung@fra-uas.de
Ansprechpartner unter: www.frankfurt-university.de/de/studium/beratungsangebote/zentrale-studienberatung-zsb/

- **Hochschule für Bildende Künste – Städelschule (KH, staatl.) www.staedelschule.de**

Studierendensekretariat: 60596 Frankfurt, Dürerstraße 10, Tel. 069/605008-35/-39, E-Mail: studierendensekretariat@staedelschule.de

---

- **Hochschule für Musik und Darstellende Kunst Frankfurt a.M. (KH, staatl.) www.hfmdk-frankfurt.info**

Studentische Angelegenheiten/Studiensekretariat: 60322 Frankfurt, Eschersheimer Landstraße 29-39, Tel. 069/154007-349
E-Mail: susanne.etzin@hfmdk-frankfurt.de

- **Johann-Wolfgang-Goethe-Universität Frankfurt am Main (U, staatl.) www.uni-frankfurt.de**

Postanschrift: 60629 Frankfurt, Goethe-Universität Frankfurt
Studien-Service-Center/ Studierendensekretariat: 60323 Frankfurt, Theodor-W.-Adorno-Platz 6, Tel. 069/798-3838
E-Mail: ssc@uni-frankfurt.de
Studien-Service-Center/Zentrale Studienberatung: 60323 Frankfurt, Theodor-W.-Adorno-Platz 6, Tel. 069/798-3838, E-Mail: zsb@uni-frankfurt.de

---

- **Philosophisch-Theologische Hochschule Sankt Georgen (ThH, kirchlich) www.sankt-georgen.de**

Allgemeine Studienberatung/Studentensekretariat: 60599 Frankfurt, Offenbacher Landstraße 224, Tel. 069/6061-217
E-Mail: studentensekretariat@sankt-georgen.de

- **Provadis School of International Management and Technology, Frankfurt am Main (FH, privat) www.provadis-hochschule.de**

Studierendensekretariat: 65926 Frankfurt am Main, Rudolf-Amthauer-Straße, Industriepark Höchst (Geb. B 845), Tel. 069/305-81057
E-Mail: info@provadis-hochschule.de, katharina.pachen@provadis-hochschule.de

FREIBERG — SACHSEN

Studentenwerk Freiberg: 09599 Freiberg, Agricolastr. 14-16, Tel. 03731/383100
E-Mail: service@swf.tu-freiberg.de
www.studentenwerk-freiberg.de

- **Technische Universität Bergakademie Freiberg (U, staatl.) tu-freiberg.de**

Postanschrift (Postfach): 09596 Freiberg
Studierendenbüro: 09599 Freiberg, Akademiestraße 6, Tel. 03731/39-2267, -2548, -2578, -2643, -2080
E-Mail: sandra.merz@zuv.tu-freiberg.de, diana.kirschner@zuv.tu-freiberg.de
Zentrale Studienberatung: 09599 Freiberg, Prüferstr. 2, Tel. 03731/39-3469
E-Mail: studienberatung@tu-freiberg.de

FREIBURG — BADEN-WÜRTTEMBERG

Studentenwerk Freiburg-Schwarzwald: 79100 Freiburg, Basler Straße 2, Postanschrift: 79100 Freiburg, Tel. 0761/2101-200
E-Mail: info@swfr.de, www.swfr.de

- **Albert-Ludwigs-Universität Freiburg (U, staatl.) www.uni-freiburg.de**

Studierendensekretariat: 79098 Freiburg, Sedanstraße 6, Tel. 0761/203-4237 (A-E), -4240 (F-J), -4234 (K-Mue), -4239 (Muf-Sch), -4236 (Sci-U), -4235 (V-Z)
E-Mail: studierendensekretariat@service.uni-freiburg.de
Service Center Studium – Zentrale Studienberatung: 79098 Freiburg, Sedanstraße 6, Tel. 0761/203-4246, E-Mail: studienberatung@service.uni-freiburg.de

---

- **Evangelische Hochschule Freiburg – Hochschule für Soziale Arbeit, Diakonie und Religionspädagogik (FH, kirchlich) www.eh-freiburg.de**

Studienberatung/Bewerbungsamt: 79114 Freiburg, Bugginger Straße 38, Tel. 0761/47812-290
E-Mail: bewerbungsamt@eh-freiburg.de

- **Katholische Hochschule Freiburg (FH, kirchlich) www.kh-freiburg.de**

Allgemeine Studienberatung: 79104 Freiburg, Karlstraße 63, Tel. 0761/200-1400
E-Mail: studienberatung@kh-freiburg.de ▶

- **Pädagogische Hochschule Freiburg – University of Education (U, staatl.)** www.ph-freiburg.de

Zentrale Studienberatung: 79117 Freiburg, Kunzeneg 21, Tel. 0761/ 682-535
E-Mail: dettmer@ph-freiburg.de
Tel. 0761/682-670
E-Mail: christian.davis@ph-freiburg.de
Studien-Service-Center: 79117 Freiburg, Kunzeneg 21, Tel. 0761/ 682-333
E-Mail: service@ph-freiburg.de,

- **Staatliche Hochschule für Musik Freiburg i.Br. (KH, staatl.)** www.mh-freiburg.de

Anschrift:
79102 Freiburg i.Br., Schwarzwaldstraße 141, Tel. 0761/31915-0, E-Mail: studierendensekretariat@mh-freiburg.de
Referat für Studien- und Prüfungs-angelegenheiten: 79098 Freiburg, Sedanstraße 6, Tel. 0761/31915-34, E-Mail: studierendensekretariat@mh-freiburg.de

FREISING — BAYERN

Studentenwerk München: 80802 München, Leopoldstraße 15, Tel. 089/38196-0
E-Mail: stuwerk@stwm.de
www.studentenwerk-muenchen.de

- **Hochschule für angewandte Wissenschaften Weihenstephan-Triesdorf (FH, staatl.)** www.hswt.de

Student Service (Abt. Weihenstephan): 85354 Freising, Am Hofgarten 4
Tel. 08161/71-5592
E-Mail: studium.weihenstephan@hswt.de
Student Service (Abt. Triesdorf): 91746 Weidenbach, Markgrafenstraße 16
Tel. 09826 654-103, -105, -106, -116, -117, -118
E-Mail: studium.triesdorf@hswt.de
Allgemeine Studienberatung (Abt. Triesdorf): 91746 Weidenbach, Markgrafenstraße 16, Tel. 09826 654-108, -114, -104
E-Mail: studienberatung.triesdorf@hswt.de
Postanschrift: 85350 Freising
Allgemeine Studienberatung (Abt. Weihenstephan): 85354 Freising, Am Hofgarten 4, Tel. 08161/71-2891, -4987, -5288, E-Mail: studienberatung.weihenstephan@hswt.de

- **Technische Universität München (U, staatl.)** siehe München

FRIEDBERG — HESSEN

- **Technische Hochschule Mittelhessen (FH, staatl.)** siehe Gießen

FRIEDENSAU — SACHSEN-ANHALT

Studentenwerk Magdeburg: 39106 Magdeburg, Johann-Gottlob-Nathusius-Ring 5, Postanschrift: 39015 Magdeburg, Postfach 4053, E-Mail: geschaeftsfuehrung@studentenwerk-magdeburg.de
www.studentenwerk-magdeburg.de

- **Theologische Hochschule Friedensau (ThH, kirchlich)** www.thh-friedensau.de

Verwaltung: 39291 Möckern-Friedensau, An der Ihle 19, Tel. 03921/916-0
E-Mail: hochschule@thh-friedensau.de
Zulassungsamt: 39291 Möckern-Friedensau, An der Ihle 5a, Tel. 03921/916-134
E-Mail: irina.heinz@thh-friedensau.de

FRIEDRICHSHAFEN — BW

Seezeit – Studentenwerk Bodensee: 78464 Konstanz, Universitätsstraße 10, Tel. 07531/9782-220, E-Mail: servicecenter@seezeit.com www.seezeit.com

- **Duale Hochschule Baden-Württemberg (FH, staatl.)** siehe Stuttgart

- **Zeppelin Universität – Hochschule zwischen Wirtschaft, Kultur und Politik (U, privat)** www.zu.de

Bewerberrecruiting: 88045 Friedrichshafen, Am Seemooser Horn 20, Tel. 07541/6009-2000
E-Mail: bewerberberatung@zu.de
Bewerberberatung: 88045 Friedrichshafen, Am Seemooser Horn 20
Tel. 07541 6009-1142, -2007, -2004,
E-Mail: nadine.dierolf@zu.de, alissa.groener@zu.de, elisa.massola@zu.de

FULDA — HESSEN

Studentenwerk Gießen: 35394 Gießen, Otto-Behaghel-Straße 23-27
Postanschrift: 35356 Gießen, Postfach 111129, Tel. 0641/40008-0
E-Mail: info@studentenwerk-giessen.de
www.studentenwerk-giessen.de

- **Hochschule Fulda (FH, staatl.)** www.hs-fulda.de

Anschrift der Hochschule: 36037 Fulda, Leipziger Straße 123, Tel. 0661/9640-0
Student Service Center (SSC): 36037 Fulda, Leipziger Straße 123, Infothek: Tel. 0661/9640-920
E-Mail: infothek@hs-fulda.de
Zentrale Studienberatung: cornelia.doettger@verw.hs-fulda.de
Studienbüro: bewerbung.application@hs-fulda.de

- **Theologische Fakultät Fulda (ThH, kirchlich)** www.thf-fulda.de

Studentensekretariat: 36037 Fulda, Eduard-Schick-Platz 2, Tel. 0661/87-223
E-Mail: bech@thf-fulda.de
Allgemeine Studienberatung: 36037 Fulda, Eduard-Schick-Platz 2, Tel. 0661/87-223
E-Mail: studienberatung@thf-fulda.de
Kath. Theol. Seminar Marburg: 35037 Marburg, Deutschhausstr. 24, Tel. 06421/64335
E-Mail: ks@staff.uni-marburg.de

FÜRSTENFELDBRUCK — BAYERN

- **Hochschule für den öffentlichen Dienst in Bayern (FH, staatl.)** siehe München

FÜRTH — BAYERN

- **Wilhelm Löhe Hochschule für angewandte Wissenschaften (FH, privat)** www.wlh-fuerth.de

Anschrift: 90763 Fürth, Merkurstraße 41 (Südstadtpark), Tel. 0911/766069-0
E-Mail: info@wlh-fuerth.de

FURTWANGEN — BADEN-WÜRTTEMBERG

Studentenwerk Freiburg-Schwarzwald: 79100 Freiburg, Basler Straße 2, Postanschrift: 79100 Freiburg, Tel. 0761/2101-200
E-Mail: info@swfr.de, www.swfr.de

- **Hochschule Furtwangen – Informatik, Technik, Wirtschaft, Medien, Gesundheit (FH, staatl.)** www.hs-furtwangen.de

Zulassungsamt: 78120 Furtwangen, Robert-Gerwig-Platz 1, Tel. 07723/920-1232
E-Mail: zulassungsamt@hs-furtwangen.de;
Zentrale Studienberatung:
78120 Furtwangen, Robert-Gerwig-Platz 1, Tel. 07723/920-2430,
E-Mail: rev@hs-furtwangen.de
Campus Villingen-Schwenningen: 78054 Villingen-Schwenningen, Jakob-Kienzle-Straße 17, Tel. 07720/307-0,
E-Mail: info@hs-furtwangen.de;
Campus Tuttlingen: 78532 Tuttlingen, Kronenstraße 16, Tel. 07461/1502-0
E-Mail: stei@hs-furtwangen.de
www.hfu-campus-tuttlingen.de

GARCHING — BAYERN

- **Technische Universität München (U, staatl.)** siehe München

GEISENHEIM — HESSEN

Studentenwerk Frankfurt am Main:
60325 Frankfurt, Bockenheimer Landstraße 133, Tel. 069/798-34906
Postanschrift: 60444 Frankfurt, Postfach 900460
E-Mail: info@studentenwerkfrankfurt.de
www.studentenwerkfrankfurt.de

- **Hochschule Geisenheim University (FH, staatl.)** www.hs-geisenheim.de

Anschrift: 65366 Geisenheim, Von-Lade-Straße 1, Tel. 06722/502-0
E-Mail: info@hs-gm.de
Studierendenbüro: 65366 Geisenheim, Von-Lade-Str. 1, Müller-Thurgau Haus (R 00.08), Tel. 06722/502-700
E-Mail: studierendenbuero@hs-gm.de

GEISLINGEN — BADEN-WÜRTTEMBERG

- **Hochschule für Wirtschaft und Umwelt Nürtingen-Geislingen (FH, staatl.)**

siehe Nürtingen

GELSENKIRCHEN — NRW

Studierendenwerk Bochum: 44801 Bochum, Universitätsstraße 150, Tel. 0234/32-11010
E-Mail: akafoe@akafoe.de, www.akafoe.de

- **Hochschule für Polizei und öffentliche Verwaltung Nordrhein-Westfalen, Abteilung Gelsenkirchen (FH, staatl.)** www.hspv.nrw.de

Zentralverwaltung: 45886 Gelsenkirchen, Wanner Str. 158-160, Tel. 0209/15528-2100
E-Mail: norbert.wolf@hspv.nrw.de

- **Westfälische Hochschule (FH, staatl.)** www.w-hs.de

Postanschrift: 45877 Gelsenkirchen, Neidenburger Straße 43, Tel. 0209/9596-0
E-Mail: info@w-hs.de
Studierendensekretariat: 45897 Gelsenkirchen, Neidenburger Straße 43, Tel. 0209/9596-200
E-Mail: studierendensekretariat@w-hs.de
Zentrale Studienberatung: 45897 Gelsenkirchen, Neidenburger Straße 43, Tel. 0209/9596-960
E-Mail: studienberatung@w-hs.de

GENGENBACH — BADEN-WÜRTTEMBERG

- **Hochschule für Technik, Wirtschaft und Medien Offenburg (FH, staatl.)**

siehe Offenburg

GERA — THÜRINGEN

- **Duale Hochschule Gera-Eisenach (FH, staatl.)** www.dhge.de

Campus Gera: 07546 Gera, Weg der Freundschaft 4, Tel. 0365/4341-0
E-Mail: info-gera@dhge.de
Zentrale Studienberatung:
Manuela Mittelberger, Tel. 0365/43411-27 ▶

Campus Eisenach: 99817 Eisenach,
Am Wartenberg 2, Tel. 03691/6294-0
E-Mail: info-eisenach@dhge.de
Zentrale Studienberatung:
Birgit Darr, Tel. 03691/6294-71

- **SRH Hochschule für Gesundheit Gera (FH, privat) www.gesundheitshochschule.de**

Studierendenservice: 07548 Gera,
Neue Straße 28-30, Tel. 0365/773407-0
E-Mail: nicole.werbelow@srh.de

GERMERSHEIM — RHEINLAND-PFALZ

- **Johannes Gutenberg-Universität Mainz (U, staatl.)** siehe Mainz

GIESSEN — HESSEN

Studentenwerk Gießen: 35394 Gießen,
Otto-Behaghel-Straße 23-27
Postanschrift: 35356 Gießen, Postfach 111129
Tel. 0641/40008-0
E-Mail: info@studentenwerk-giessen.de
www.studentenwerk-giessen.de

- **Freie Theologische Hochschule Gießen (ThH, privat) www.fthgiessen.de**

Sekretariat: 35394 Gießen, Rathenaustraße 5-7,
Tel. 0641/97970-0, E-Mail: info@fthgiessen.de

- **Hessische Hochschule für Polizei und Verwaltung (FH, staatl.)** siehe Wiesbaden

---

- **Justus-Liebig-Universität Gießen (U, staatl.) www.uni-giessen.de**

Postanschrift: 35390 Gießen,
Ludwigstraße 23
Telefonservice „Call Justus":
Tel. 0641/9916400
Studierendensekretariat: 35390 Gießen,
Goethestraße 58, Tel. 0641/99-16400
E-Mail: stud-sekretariat@admin.uni-giessen.de
Zentrale Studienberatung (Büro für Studienberatung): 35390 Gießen,
Goethestraße 58, Tel. 0641/99-16223
E-Mail: zsb@uni-giessen.de
Internationale Studierende: E-Mail:
internationales@admin.uni-giessen.de

- **Technische Hochschule Mittelhessen (FH, staatl.) www.thm.de**

Studiensekretariat Gießen:
35390 Gießen, Platz der Deutschen Einheit 2,
Gebäude A13, 2. Etage
E-Mail: studiensekretariat@thm.de
Zentrale Studienberatung Gießen:
35390 Gießen, Wiesenstraße 14,
Gebäude A10, 1.OG, Tel. 0641/309-7777
E-Mail: studienberatung@thm.de
Studiensekretariat Friedberg:
61169 Friedberg, Wilhelm-Leuschner-Straße 13, Gebäude A3, Raum 0.13
Tel. 06031/604-101, -171, -139
E-Mail studiensekretariat@thm.de
Zentrale Studienberatung Friedberg:
61169 Friedberg, Wilhelm-Leuschner-Straße 13,
Gebäude A3, EG, Tel. 06031/604-7777
E-Mail: studienberatung@thm.de

GÖPPINGEN — BADEN-WÜRTTEMBERG

- **Hochschule Esslingen (FH, staatl.)**

siehe Esslingen am Neckar

GÖRLITZ — SACHSEN

- **Hochschule Zittau/Görlitz (FH, staatl.)**

siehe Zittau

GOTHA — THÜRINGEN

- **Thüringer Fachhochschule für öffentliche Verwaltung (FH, staatl.) www.thueringen.de/th3/vfhs**

Verwaltung: Bildungszentrum der Thüringer Landesverwaltung Gotha:
99854 Gotha, Postfach 100465
bei Zustellsendungen:
99867 Gotha, Bahnhofstraße 12
Tel. 0361/573316-105
E-Mail: bz-gotha@bzgth.thueringen.de
Hausadresse: 99867 Gotha,
Bahnhofstraße 12

GÖTTINGEN — NIEDERSACHSEN

Studentenwerk Göttingen: 37073 Göttingen,
Platz der Göttinger Sieben 4
Postanschrift: 37028 Göttingen, Postfach 3851
Tel. 0551/3935 000
E-Mail: info@studentenwerk-goettingen.de
www.studentenwerk-goettingen.de/kontakt

- **Georg-August-Universität Göttingen (U, staatl.) www.uni-goettingen.de**

Studienzentrale Team Studentensekretariat:
37073 Göttingen, Wilhelmsplatz 4,
Tel. 0551/39-113
E-Mail: infoline-studium@uni-goettingen.de
Zentrale Studienberatung: 37073 Göttingen,
Wilhelmsplatz 4, Tel. 0551/39-26146
E-Mail: infoline.studium@uni-goettingen.de

- **Hochschule Hildesheim/Holzminden/Göttingen, Hochschule für angewandte Wissenschaft und Kunst (FH, staatl.)**

siehe Hildesheim

- **Private Hochschule Göttingen (FH, privat) www.pfh.de**

Infos zum Fernstudium: Fernstudienzentrum Göttingen: 37073 Göttingen, Weender Landstraße 3-7, Tel. 0551/54700-500
E-Mail: fernstudium@pfh.de sowie online unter www.pfh.de/fernstudium
Campus Stade: 21684 Stade, Airbus-Straße 6, Tel. 04141/7967-0
E-Mail: stade-studieninfo@pfh.de
Sekretariat: 37073 Göttingen, Weender Landstraße 3-7, Tel. 0551/54700-100
E-Mail: studieninfo@pfh.de, fernstudium@pfh.de

GREIFSWALD MV

Studierendenwerk Greifswald:
17489 Greifswald, Am Schießwall 1-4, Postanschrift: 17464 Greifswald, Postfach 1105, Tel. 03834/86-1700
E-Mail: info@stw-greifswald.de
www.stw-greifswald.de/

- **Universität Greifswald (U, staatl.)**
  www.uni-greifswald.de

Studierendensekretariat: 17489 Greifswald, Rubenowstraße 2, Tel. 03834/420-1296
E-Mail: studsek@uni-greifswald.de
Studiendekanat Universitätsmedizin Greifswald: 17475 Greifswald, Fleischmannstraße 42
Ansprechpartnerin: Dörte Meiering,
Tel. 03834/86-5015,
E-Mail: studekan@uni-greifswald.de
Zentrale Studienberatung: 17489 Greifswald, Rubenowstraße 2, Tel. 03834/420-1293
E-Mail: zsb@uni-greifswald.de
WhatsApp: 0151/67012813

GUMMERSBACH NRW

- **Technische Hochschule Köln (FH, staatl.)**
  siehe Köln

GÜSTROW MECKLENBURG-VORPOMMERN

Studierendenwerk Rostock-Wismar:
18055 Rostock, St.-Georg-Straße 104-107, Tel. 0381/4592-600, E-Mail: info@stw-rw.de
www.stw-rw.de

- **Fachhochschule für öffentliche Verwaltung, Polizei und Rechtspflege des Landes Mecklenburg-Vorpommern (FH, staatl.) www.fh-guestrow.de**

Verwaltung: 18273 Güstrow, Goldberger Straße 12-13, Tel. 03843/283-0
E-Mail: poststelle@fh-guestrow.de

HAAR BAYERN

- **Hochschule des Bundes für öffentliche Verwaltung (FH, staatl.)** siehe Brühl

HACHENBURG RHEINLAND-PFALZ

- **Hochschule der Deutschen Bundesbank (FH, staatl.)**
  www.hochschule-bundesbank.de

Sekretariat: 57627 Hachenburg, Schloß, Tel. 02662/83-0
E-Mail: info-hdb@bundesbank.de

HAGEN NORDRHEIN-WESTFALEN

- **Fachhochschule Südwestfalen (FH, staatl.)** siehe Iserlohn

---

- **FernUniversität in Hagen (U, staatl.)**
  www.fernuni-hagen.de

Postanschrift: 58084 Hagen, Universitätsstraße 47
Zentrale Studienberatung: 58097 Hagen, Universitätsstraße 11, Tel. 02331/987-1588
E-Mail: studienberatung@fernuni-hagen.de
Studienservice: 02331/987-2444

- **Hochschule für Polizei und öffentliche Verwaltung Nordrhein-Westfalen, Abteilung Hagen (FH, staatl.)**
  www.hspv.nrw.de

Verwaltungsleitung: 58135 Hagen, Handwerkerstraße 11, Tel. 02331/3678-2101
Zentrale: 02331/3678-0
E-Mail: frank.rasche@hspv.nrw.de

HALBERSTADT SACHSEN-ANHALT

- **Hochschule Harz, Hochschule für angewandte Wissenschaften (FH, staatl.)**
  siehe Wernigerode

HALLE SACHSEN-ANHALT

Studentenwerk Halle: 06120 Halle, Wolfgang-Langenbeck-Straße 5
Tel. 0345/6847-0, E-Mail:
geschaeftsfuehrung@studentenwerk-halle.de
www.studentenwerk-halle.de

- **Burg Giebichenstein Kunsthochschule Halle (KH, staatl.) www.burg-halle.de**

Postanschrift: 06003 Halle (Saale), Postfach 200252,
E-Mail: burgpost@burg-halle.de
Studienangelegenheiten: 06108 Halle, Neuwerk 7a, Tel. 0345/7751-532,
E-Mail: studinfo@burg-halle.de

- **Evangelische Hochschule für Kirchenmusik Halle an der Saale (KH, kirchlich)**
  www.ehk-halle.de

Sekretariat: 06108 Halle (Saale), Kleine Ulrichstraße 35, Tel. 0345/21969-0
E-Mail: sekretariat@ehk-halle.de ▶

■ **Martin-Luther-Universität Halle-Wittenberg (U, staatl.) www.uni-halle.de**
Postanschrift: 06099 Halle (Saale)
Immatrikulationsamt: 06108 Halle (Saale), Universitätsplatz 11, Tel. 0345/55 -21310 (A-Gn), -21326 (Go-La), -21552 (Le-Scha), -21319 (Sche-Z), E-Mail: ssc@uni-halle.de
Allgemeine Studienberatung: 06108 Halle (Saale), Universitätsplatz 11, Tel. 0345/5521-308, -306, -322, -327, E-Mail: ssc@uni-halle.de

HAMBURG

Studierendenwerk: 20146 Hamburg, Von-Melle-Park 2, Tel. 040/41902-0
E-Mail: info@studierendenwerk-hamburg.de
www.studierendenwerk-hamburg.de

■ **Akademie der Polizei Hamburg (FH, staatl.) akademie-der-polizei.hamburg.de**
Servicepoint Campus: 22297 Hamburg, Braamkamp 3b, Tel. 040/4286-24111
E-Mail: ak1-servicepoint@polizei.hamburg.de

■ **Berufliche Hochschule Hamburg (FH, staatlich) https://bhh.hamburg.de/**
Postanschrift: 20537 Hamburg, Anckelmannstraße 10

■ **Brand University of Applied Sciences (FH, privat) www.brand-university.de**
Anschrift und Beratung: 22765 Hamburg, Rainvilleterrasse 4, Tel. 040/38089356-0
E-Mail: info@brand-university.de
Studienberatung für nationale Interessenten: Frau Sonja Sahlmüller, Tel. 040/38089356-14
WhatsApp 0160/5566783
E-Mail: sonja.sahlmueller@brand-university.de

■ **Bucerius Law School – Hochschule für Rechtswissenschaft (U, privat) www.law-school.de**
Postanschrift: 20304 Hamburg, Postfach 301030
Studentische Angelegenheiten/Studienberatung: E-Mail: jurastudium@law-school.de
Beratungsgespräche nach Vereinbarung

■ **Europäische Fernhochschule Hamburg (FH, privat) www.euro-fh.de**
Sekretariat/Studienberatung: 22143 Hamburg, Doberaner Weg 20,
Tel. 0800/3344377 oder 040/67570-700
E-Mail: studienberatung@euro-fh.de

■ **Evangelische Hochschule für Soziale Arbeit & Diakonie (FH, kirchlich) www.ev-hochschule-hh.de**
Studierendensekretariat: 22111 Hamburg, Horner Weg 170, Tel. 040/65591-238, -244
E-Mail: studium.eh@rauheshaus.de

■ **Fachhochschulbereich der Norddeutschen Akademie für Finanzen und Steuerrecht Hamburg (FH, staatl.) www.noa-hamburg.de**
Postanschrift: 20535 Hamburg, Hammer Steindamm 129, Tel. 040/42859-4000
E-Mail: info-office@hamburg.de

■ **HafenCity Universität Hamburg – Universität für Baukunst und Metropolenentwicklung (U, staatl.) www.hcu-hamburg.de**
Studierendenverwaltung: 20457 Hamburg, Überseeallee 16, Tel. 040/42827-4025 (A-G), -4039 (H-O), -4022 (P-Z), E-Mail: studierendenservice@vw.hcu-hamburg.de
Infothek: Tel. 040 / 428 27 53 -54, -55
E-Mail: infothek@hcu-hamburg.de

■ **Hamburg School of Business Administration (FH, privat) www.hsba.de**
Studiensekretariat: 20457 Hamburg, Alter Wall 38, Tel. 040 822160-910,
E-Mail: info@hsba.de

■ **Helmut-Schmidt-Universität, Universität der Bundeswehr Hamburg (U, staatl.) www.hsu-hh.de**
Studiensekretariat/Prüfungsamt: 22043 Hamburg, Holstenhofweg 85, Tel. 040/6541-2704
E-Mail: pruefungsamt@hsu-hh.de
Zentrale Beratung: Bundesamt für das Personalmanagement der Bundeswehr, Assessment-Center für Führungskräfte der Bundeswehr, www.bundeswehrkarriere.de
Beratungshotline: 0800/9800-880

■ **HFH Hamburger Fern-Hochschule (FH, privat) www.hfh-fernstudium.de**
Studienberatung: 22081 Hamburg, Alter Teichweg 19, Tel 040/35094-360
E-Mail: info@hfh-fernstudium.de

■ **Hochschule für Angewandte Wissenschaften Hamburg (FH, staatl.) www.haw-hamburg.de**
Studierendensekretariat: 20099 Hamburg, Stiftstraße 69, Tel. 040/428 75-9161, -9151, -9167, -9157, -9156, -9165, E-Mail: studierendensekretariat@haw-hamburg.de
Zentrale Studienberatung: 20099 Hamburg, Stiftstraße 69, Tel. 15224744063
E-Mail: studienberatung@haw-hamburg.de

- **Hochschule für bildende Künste Hamburg (KH, staatl.) www.hfbk-hamburg.de**

Büro für Studierendenangelegenheiten: 22081 Hamburg, Wartenau 15, Tel. 040/428989-355, -270, -269
E-Mail: hfbk-studverw@hfbk.hamburg.de

- **Hochschule für Musik und Theater Hamburg (KH, staatl.) www.hfmt-hamburg.de**

Studierendensekretariat/Studienberatung: 20148 Hamburg, Harvestehuder Weg 12, Tel. 040/428482-200
E-Mail: studium@hfmt-hamburg.de

- **Kühne Logistics University (U, privat) www.the-klu.org**

Anschrift: 20457 Hamburg, Großer Grasbrook 17, Tel. 040/328707-0
E-Mail: info@the-klu.org
Student Recruitment: Tel. 040/ 328707-156, -157
E-Mail: study@the-klu.org

- **MSH Medical School Hamburg – University of Applied Science and Medical University (FH, privat) www.medicalschool-hamburg.de**

Studierendenservice: 20457 Hamburg, Am Kaiserkai 1, Tel. 040/36 122 640
E-Mail: info@medicalschool-hamburg.de

- **NBS Northern Business School – University of Applied Sciences (FH, privat) www.nbs.de**

Studienberatung/Anmeldung: 22043 Hamburg, Holstenhofweg 62, Tel 040/35700-340
E-Mail: info@nbs.de
Standorte/Studienzentren:
Studienzentrum Quarree: 22041 Hamburg, Wandsbeker Marktstraße 103-107
Studienzentrum Holstenhofweg: 22043 Hamburg, Holstenhofweg 62
Studienzentrum AlsterCity: 22083 Hamburg, Weidestraße 122 C

- **Technische Universität Hamburg (U, staatl.) www.tuhh.de**

Postanschrift: 21071 Hamburg
Studierendenservice: 21073 Hamburg, Am Schwarzenberg-Campus 3, Tel. 040/42878-4188, -2700, -2937, E-Mail: study@tuhh.de
Zentrale Studienberatung: 21073 Hamburg, Am Schwarzenberg-Campus 3, Tel. 040/42878-2232
E-Mail: studienberatung@tuhh.de

- **Universität Hamburg (U, staatl.) www.uni-hamburg.de**

CampusCenter: 20354 Hamburg, Alsterterrasse 1, Tel. 040/42838-7214, -2090. -8947, -8952

HAMELN — NIEDERSACHSEN

- **Hochschule Weserbergland (FH, privat) www.hsw-hameln.de**

Anschrift: 31785 Hameln, Am Stockhof 2, Tel. 05151/95 59-0
E-Mail: info@hsw-hameln.de
Studienberatung: Herr Lorenz Fuchs, Tel. 05151/9559-44,
E-Mail: fuchs@hsw-hameln.de

HAMM — NORDRHEIN-WESTFALEN

- **Hochschule Hamm-Lippstadt (FH, staatl.) www.hshl.de**

Postanschrift: 59063 Hamm, Marker Allee 76-78
Campus Office: Campus Hamm: 59063 Hamm, Marker Allee 76-78
Campus Lippstadt: 59557 Lippstadt, Dr.-Arnold-Hueck-Straße 3, Tel. 02381/8789-234
E-Mail: campusoffice@hshl.de
Allgemeine Studienberatung (Campus Hamm): 59063 Hamm, Marker Allee 76-78, Tel. 02381/8789-130
E-Mail: studienberatung@hshl.de
Allgemeine Studienberatung (Campus Lippstadt): 59557 Lippstadt, Dr.-Arnold-Hueck-Str. 3, Tel. 02381/8789-130
E-Mail: studienberatung@hshl.de

- **SRH Hochschule in Nordrhein-Westfalen (FH, privat) www.fh-hamm.de**

Studierendenservice: 59065 Hamm, Platz der Deutschen Einheit 1, Tel. 02381/9291-132
E-Mail: studienservice.hsha@srh.de
Studienberatung: 59065 Hamm, Platz der Deutschen Einheit 1, Tel. 02381/9291-124
E-Mail: studienberatung.hsha@srh.de
Campus Rheinland:
www.srh-campus-rheinland.de

HANNOVER — NIEDERSACHSEN

Studentenwerk Hannover: 30167 Hannover, Jägerstraße 5, Postanschrift: 30058 Hannover, Postfach 5820, Tel. 0511/76-88022
E-Mail: info@studentenwerk-hannover.de
www.studentenwerk-hannover.de

- **Fachhochschule für die Wirtschaft (FH, privat) www.fhdw-hannover.de**

Verwaltung: 30173 Hannover, Freundallee 15, Tel. 0511/28483-70, E-Mail: info-ha@fhdw.de
Studienberatung: Tel. 0511/9296-7622
E-Mail: beratung@hs-hannover.de ▶

■ **Gottfried Wilhelm Leibniz Universität Hannover (U, staatl.)**
www.uni-hannover.de
ServiceCenter/Immatrikulationsamt:
30167 Hannover, Welfengarten 1
Servicehotline 0511/762-0
E-Mail: studium@uni-hannover.de
Zentrale Studienberatung: 30167 Hannover, Welfengarten 1, Tel. 0511/762-2020,
E-Mail: studienberatung@uni-hannover.de

■ **Hochschule für Musik, Theater und Medien Hannover (KH, staatl.)**
www.hmtm-hannover.de
Sekretariat: 30175 Hannover, Neues Haus 1, Tel. 0511/3100-200
E-Mail: hmtm@hmtm-hannover.de
Immatrikulationsbüro:
30175 Hannover, Hindenburgstr. 2-4, Tel. 0511/3100-7224, -7223
E-Mail: beate.heitmueller@hmtm-hannover.de, I-amt@hmtm-hannover.de

■ **Hochschule Hannover (FH, staatl.)**
www.hs-hannover.de
Allgemeine Studienberatung: 30459 Hannover, Stammestr. 115, Tel. 0511/9296-7622,-8698
E-Mail: beratung@hs-hannover.de
Service Center: 30459 Hannover, Ricklinger Stadtweg 120, Tel. 0511/9296-8888
E-Mail: studierendenservice@hs-hannover.de

■ **Kommunale Hochschule für Verwaltung in Niedersachsen (FH, staatl.)**
www.nsi-hsvn.de
Zentrale Anschrift: 30169 Hannover, Wielandstr. 8, Tel. 0511/1609-0
E-Mail: info@nsi-hsvn.de

■ **Leibniz-Fachhochschule (FH, privat)**
www.leibniz-fh.de
Zentrale Anschrift: 30539 Hannover, Expo Plaza 11, Tel. 0511/95784-12
E-Mail: info@leibniz-fh.de

■ **Medizinische Hochschule Hannover (U, staatl.) www.mhh.de**
Studentensekretariat: 30625 Hannover, Carl-Neuberg-Straße 1,
Tel. 0511/532-6017, -6018, -6019
E-Mail: info.studium@mh-hannover.de

■ **Stiftung Tierärztliche Hochschule Hannover (U, staatl.)**
www.tiho-hannover.de
Studentensekretariat: 30559 Hannover, Bünteweg 2, Tel. 0511/953-8086
E-Mail: studsek@tiho-hannover.de
Dezernat Studentische und Akademische Angelegenheiten: 30559 Hannover, Bünteweg 2
Ansprechpartner: Karl-Heinz Windt,
Tel. 0511/953-8087
E-Mail: karl-heinz.windt@tiho-hannover.de

HEIDE — SCHLESWIG-HOLSTEIN

Studentenwerk Schleswig-Holstein:
24118 Kiel, Westring 385, Tel. 0431/8816-0,
E-Mail: geschaeftsstelle.ki@studentenwerk.sh
www.studentenwerk.sh

■ **Fachhochschule Westküste Hochschule für Wirtschaft und Technik (FH, staatl.)**
www.fh-westkueste.de
Studierendensekretariat/Studienberatung: 25746 Heide, Fritz-Thiedemann-Ring 20, Tel. 0481/8555-133
E-Mail: beratung@fh-westkueste.de

HEIDELBERG — BADEN-WÜRTTEMBERG

Studierendenwerk Heidelberg: 69117 Heidelberg, Marstallhof 1, Tel. 06221/54-5400
E-Mail: info@stw.uni-heidelberg.de
www.stw.uni-heidelberg.de

■ **Hochschule für Internationales Management Heidelberg (FH, privat)**
www.hs-fresenius.de/standort/heidelberg/
Studierendensekretariat:
69126 Heidelberg, Sickingenstr. 63-65,
Tel. 06221/6442-0, E-Mail:
studienberatung-heidelberg@hs-fresenius.de

■ **Hochschule für Jüdische Studien (U, kirchlich) www.hfjs.eu**
Studierendensekretariat: 69117 Heidelberg, Landfriedstraße 12, Tel. 06221/54192-00
E-Mail:marion.burger@hfjs.eu

■ **Hochschule für Kirchenmusik der Evangelischen Landeskirche in Baden (KH, kirchlich) www.hfk-heidelberg.de**
Verwaltung: 69115 Heidelberg, Hildastraße 8, Tel. 06221/27062
E-Mail: sekretariat@hfk-heidelberg.de

■ **Pädagogische Hochschule Heidelberg (U, staatl.) www.ph-heidelberg.de**
Studienbüro – Sekretariat für Studienangelegenheiten/Zulassungsstelle:
69120 Heidelberg, Keplerstraße 87,
Tel. 06221/477-555
E-Mail: studisek@vw.ph-heidelberg.de
Studienberatung: 69120 Heidelberg, Keplerstraße 87, Tel. 06221/477-555
E-Mail: melzer@vw.ph-heidelberg.de

Onlineberatung unter https://onlineberatung-lehramt.hse-heidelberg.de/

- **Ruprecht-Karls-Universität Heidelberg (U, staatl.) www.uni-heidelberg.de/de**

Serviceportal für Studierende: 69117 Heidelberg, Seminarstraße 2, Tel. 06221/54-5454
E-Mail:studium@uni-heidelberg.de

- **SRH Hochschule Heidelberg (FH, privat) www.hochschule-heidelberg.de**

Campus Heidelberg: 69123 Heidelberg, Ludwig-Guttmann-Straße 6, Tel. 06221/6799-882
E-Mail: info@hochschule-heidelberg.de

HEIDENHEIM BADEN-WÜRTTEMBERG

- **Duale Hochschule Baden-Württemberg (FH, staatl.)** Siehe Stuttgart

HEILBRONN BADEN-WÜRTTEMBERG

Studierendenwerk Heidelberg: 69117 Heidelberg, Marstallhof 1, Tel. 06221/54-5400
E-Mail: info@stw.uni-heidelberg.de
www.stw.uni-heidelberg.de

- **Duale Hochschule Baden-Württemberg (FH, staatl.)** siehe Stuttgart

- **German Graduate School of Management and Law (FH, privat) www.ggs.de**

Sekretariat: 74076 Heilbronn, Bildungscampus 2, Tel. 07131/645636-0, E-Mail: info@ggs.de

- **Hochschule Heilbronn – Technik, Wirtschaft, Informatik (FH, staatl.) www.hs-heilbronn.de**

Campus Heilbronn – Sontheim:
74081 Heilbronn, Max-Planck-Straße 39
Tel. 07131/504-0, E-Mail: info@hs-heilbronn.de
Bildungscampus Nord: 74076 Heilbronn
Campus Künzelsau: 74653 Künzelsau, Daimlerstraße 35, Tel. 07940/1306-0
E-Mail: campus-kuen@hs-heilbronn.de
Campus Schwäbisch Hall:
74523 Schwäbisch Hall, Ziegeleiweg 4
Tel. 07191/946313-0
E-Mail: campus-sha@hs-heilbronn.de
Studentisches Service-Büro:
74081 Heilbronn, Max-Planck-Straße 39
Tel. 07131/504 207, E-Mail:
studentisches-servicebuero@hs-heilbronn.de

- **Technische Universität München (U, staatl.)** siehe München

HENNEF NORDRHEIN-WESTFALEN

- **Hochschule Bonn-Rhein-Sieg (FH, staatl.)** siehe Sankt Augustin

HERFORD NORDRHEIN-WESTFALEN

- **Hochschule für Kirchenmusik der Evangelischen Kirche von Westfalen (KH, kirchlich) www.hochschule-kirchenmusik.de**

Verwaltung: 32049 Herford, Parkstraße 6, Tel. 05221/9914-50
E-Mail: info@hochschule-kirchenmusik.de

HERMANNSBURG NIEDERSACHSEN

- **Fachhochschule für Interkulturelle Theologie Hermannsburg (FH, privat) www.fh-hermannsburg.de**

Studierendensekretariat: 29320 Südheide, Missionsstr. 3-5, Tel. 05052/48101-22
E-Mail: d.rueckert@fh-hermannsburg.de

HERRSCHING BAYERN

- **Hochschule für den öffentlichen Dienst in Bayern (FH, staatl.)** siehe München

HILDESHEIM NIEDERSACHSEN

Studierendenwerk OstNiedersachsen:
38106 Braunschweig, Katharinenstraße 1
Postanschrift: 38035 Braunschweig, Postfach 4538, Tel. 0531/391-4807, -4848
E-Mail: info@stw-on.de, www.stw-on.de

- **Hochschule Hildesheim/Holzminden/Göttingen, Hochschule für angewandte Wissenschaft und Kunst (FH, staatl.) www.hawk.de**

Verwaltung: 31134 Hildesheim, Hohnsen 4, Tel. 05121/881-0
Studentisches Infoteam:
31134 Hildesheim, Hohnsen 4
E-Mail über Kontaktformular unter
www.hawk.de/de/hochschule/organisation-und-personen/stabsstellen/studienberatung/studentisches-infoteam

- **Norddeutsche Hochschule für Rechtspflege (FH, staatl.) www.hr-nord.niedersachsen.de**

Verwaltung: 31134 Hildesheim, Godehardsplatz 6, Tel. 05121/1791-020
E-Mail: fhrhi-poststelle@justiz.niedersachsen.de

- **Universität Hildesheim (U, staatl.) www.uni-hildesheim.de**

Immatrikulationsamt:
31141 Hildesheim, Universitätsplatz 1
Tel. 05121/883-55555
E-Mail: infoline@uni-hildesheim.de
bei Fragen zur Bewerbung:
bewerbung@uni-hildesheim.de
Zentrale Studienberatung (ZSB):
31141 Hildesheim, Universitätsplatz 1 ▶

Infoline Tel. 05121/883-55555
E-Mail: infoline@uni-hildesheim.de

HOF — BAYERN

Studentenwerk Oberfranken: 95447 Bayreuth, Universitätsstraße 30, Tel. 0921/555900
E-Mail: info@studentenwerk-oberfranken.de
www.studentenwerk-oberfranken.de

- **Hochschule für angewandte Wissenschaften Hof (FH, staatl.)** **www.hof-university.de**

Studienbüro: 95028 Hof, Alfons-Goppel-Platz 1 verschiedene Ansprechpartner, je nach Studiengang: www.hof-university.de/studierende/studienbuero.html
Standort Münchberg: 95213 Münchberg, Kulmbacher Straße 76, Tel. 09281/409-8000
Studienberatung: 95028 Hof, Alfons-Goppel-Platz 1, Tel. 09281/409-3322, -3323
E-Mail: melanie.fiedler-zapf@hof-university.de, doreen.rustler@hof-university.de

- **Hochschule für den öffentlichen Dienst in Bayern (FH, staatl.)** siehe München

HOHENHEIM — BADEN-WÜRTTEMBERG

- **Universität Hohenheim (U, staatl.)** siehe Stuttgart

HÖHR-GRENZHAUSEN — RP

- **Hochschule Koblenz (FH, staatl.)** siehe Koblenz

HOLZMINDEN — NIEDERSACHSEN

- **Hochschule Hildesheim/Holzminden/Göttingen, Hochschule für angewandte Wissenschaft und Kunst (FH, staatl.)** siehe Hildesheim

HOMBURG — SAARLAND

- **Universität des Saarlandes (U, staatl.)** siehe Saarbrücken

HORB — BADEN-WÜRTTEMBERG

- **Duale Hochschule Baden-Württemberg (FH, staatl.)** siehe Stuttgart

HÖXTER — NORDRHEIN-WESTFALEN

- **Technische Hochschule Ostwestfalen-Lippe (FH, staatl.)** siehe Lemgo

IDAR-OBERSTEIN — RHEINLAND-PFALZ

- **Hochschule Trier – Trier University of Applied Sciences (FH, staatl.)** siehe Trier

IDSTEIN — HESSEN

- **Hochschule Fresenius (FH, privat)** **www.hs-fresenius.de/**

Standort Idstein: 65510 Idstein, Limburger Straße 2, Tel. 06126/9352-0
E-Mail: idstein@hs-fresenius.de
Standort Köln: Campus Wirtschaft & Medien: 50670 Köln, Im Mediapark 4c
Tel. 0221/973199-55
E-Mail: studienberatung-koeln@hs-fresenius.de
Campus Gesundheit & Soziales: 50670 Köln, Im Medienpark 4d
Tel. 0221/292585-28
E-Mail: gesundheit-koeln@hs-fresenius.de
onlineplus (Fernstudium): 50670 Köln, Im Mediapark 4d, Tel. 0221/29258-600
E-Mail: hello@onlineplus.de, www.onlineplus.de
Standort Heidelberg: 69126 Heidelberg, Sickingenstraße 63-65
Tel. 06221/6442-0
E-Mail: studienberatung-heidelberg@hs-fresenius.de
Standort Berlin: Campus Wirtschaft & Medien: 10117 Berlin, Jägerstraße 32
Tel. 030/700157957, E-Mail: studienberatung-berlin@hs-fresenius.de
Standort Düsseldorf: Campus Wirtschaft & Medien: 40476 Düsseldorf, Platz der Ideen 2
Tel. 0211/436915-51, E-Mail: studienberatung-duesseldorf@hs-fresenius.de
Standort Frankfurt am Main: Fachbereich Gesundheit & Soziales: Campus Marienbergstraße: 60258 Frankfurt/Main, Marienburgstraße 6, Atricom Bürohaus,
Tel. 06126/9352-966, E-Mail: studienberatung-frankfurt@hs-fresenius.de
Standort Hamburg: Campus Wirtschaft & Medien: 20148 Hamburg, Alte Rabenstraße 1
Tel. 040/2263259-41, E-Mail: studienberatung-hamburg@hs-fresenius.de
Campus Gesundheit & Soziales: 20095 Hamburg, Lilienstraße 5-9
Tel. 040/8221786-11, E-Mail: gesundheit-hamburg@hs-fresenius.de
Standort München: Campus Wirtschaft & Medien: 80797 München, Infanteriestraße 11a
Tel. 089/2000373-14 (AMD: 089/386678-0)
E-Mail: studienberatung-muenchen@hs-fresenius.de
Campus Gesundheit & Soziales: 81737 München, Charles-de-Gaulle-Straße 2
Tel. 089/2000359-10, E-Mail: gesundheit-muenchen@hs-fresenius.de
Carl Remigius Medical School: Postanschrift: 65510 Idstein, Limburger Straße 2
Tel. 0800/7245179, E-Mail: beratung@carl-remigius.de, www.carl-remigius.de
Standort Frankfurt a.M:

60528 Frankfurt am Main, Marienburgstr. 6
Standort Hamburg:
20354 Hamburg, Lilienstraße 5-9
Standort Köln: 50670 Köln, Im MediaPark 4d
Standort München:
81737 München, Charles-de-Gaulle-Str. 2
Standort Wiesbaden: Fachbereich Wirtschaft & Medien uind Fachbereich Gesundheit & Soziales: 65185 Wiesbaden, Moritzstr. 17a
Tel. 0611 711856-15, E-Mail: studienberatung-wiesbaden@hs-fresenius.de
BED Businesspark Ehingen: 89584 Ehingen, Marktplatz 1, Tel. 0221/29258-600
E-Mail: hello@onlineplus.de
Caritas Bildungszentrum Stuttgart:
70197 Stuttgart, Schwabstraße 57
Tel. 0711 9331-5861
E-Mail: bildungszentrum@caritas-stuttgart.de
Ludwig Fresenius Schulen Hannover:
30159 Hannover, Schützenallee 1
Tel. 05 11 / 93 68 69 00
E-Mail: hannover@ludwig-fresenius.de

ILMENAU — THÜRINGEN

Studierendenwerk Thüringen:
07743 Jena, Philosophenweg 22,
Postanschrift: 07708 Jena, Postfach 100822,
Tel. 03641/930-500
E-Mail: poststelle@stw-thueringen.de
www.stw-thueringen.de

■ **Technische Universität Ilmenau (U, staatl.) www.tu-ilmenau.de**
Postanschrift: 98684 Ilmenau,
Postfach 100565
Studentensekretariat: 98693 Ilmenau, Max-Planck-Ring 1, Tel. 03677/69-2003 (A-G), -2004 (H-Q), -2005 (R-Z)
E-Mail: studentensekretariat@tu-ilmenau.de
Zentrale Studien- und Studierendenberatung: 98693 Ilmenau, Max-Planck-Ring 14, Tel. 03677/69-2021, -2022
E-Mail: studienberatung@tu-ilmenau.de

INGOLSTADT — BAYERN

Studentenwerk Erlangen-Nürnberg:
91052 Erlangen, Hofmannstr. 27, Postanschrift: 91020 Erlangen, Postfach 3208,
Tel. 09131/8002-0, E-Mail: info@werkswelt.de
www.werkswelt.de

■ **Katholische Universität Eichstätt-Ingolstadt (U, kirchlich)** siehe Eichstätt

■ **Technische Hochschule Ingolstadt (FH, staatl.) www.thi.de**
Postanschrift: 85019 Ingolstadt,
Postfach 210454
Service Center Studienangelegenheiten:
85049 Ingolstadt, Esplanade 10,
Tel. 0841/9348-1370
E-Mail: studienangelegenheiten@thi.de
Allgemeine Studienberatung: 85049 Ingolstadt, Esplanade 10, Tel. 0841/9348-1210
www.thi.de/go/chat-studienorientierung

ISERLOHN — NORDRHEIN-WESTFALEN

Studierendenwerk Dortmund:
44227 Dortmund, Vogelpothsweg 85,
Tel. 0231/755-3500,
E-Mail: info@stwdo.de, www.stwdo.de

■ **Fachhochschule Südwestfalen (FH, staatl.) www.fh-swf.de**
Studierenden-Servicebüro am Hochschulstandort Iserlohn: 58644 Iserlohn, Frauenstuhlweg 31, Tel. 02371/566-129
E-Mail: service-iserlohn@fh-swf.de
Studierenden-Servicebüro am Hochschulstandort Meschede: 59872 Meschede, Lindenstraße 53, Tel. 0291/9910-4124, -4129
E-Mail: service-meschede@fh-swf.de
Studierenden-Servicebüro am Hochschulstandort Soest: 59494 Soest, Lübecker Ring 2, Tel. 02921/378-6070
E-Mail: service-soest@fh-swf.de
Studierenden-Servicebüro am Hochschulstandort Hagen: 58095 Hagen, Haldener Straße 182, Tel. 02331/9330-851
E-Mail: service-hagen@fh-swf.de
Studierenden-Servicebüro am Hochschulstandort Lüdenscheid: 58507 Lüdenscheid, Bahnhofsallee 5, Tel. 02351/7870-406
E-Mail: service-luedenscheid@fh-swf.de
Allgemeine Studienberatung:
Hagen: vitte.matthias@fh-swf.de
Iserlohn: bock.alexandra@fh-swf.de
Meschede: sobkowiak.kerstin@fh-swf.de
Soest: hinrichs.arp@fh-swf.de

ISMANING — BAYERN

■ **Hochschule für angewandtes Management – Fachhochschule (FH, privat) www.fham.de**
Postanschrift: 85737 Ismaning,
Steinheilstraße 4
Studierendenkanzlei: 85737 Ismaning, Steinheilstraße 4, Tel.: 089/4535457-200,
E-Mail: julia.lopez@fham.de
Studierendenkanzlei Campus Ismaning/ München: 85737 Ismaning, Steinheilstraße 4, Tel. 089/4535457-201
E-Mail: christian.bauer@fham.de ►

Studierendenkanzlei Campus Neumarkt: 92318 Neumarkt, Dr.-Kurz-Straße 44, Tel. 09181/29854-0
E-Mail: loana.doerfler@fham.de
Studierendenkanzlei Campus Berlin: 10367 Berlin, Vulkanstraße 1, Tel. 030/5779737-500
E-Mail: melanie.kagels@fham.de
Studierendenkanzlei Campus Treuchtlingen: 91757 Treuchtlingen, Hahnenkammstraße 19, Tel. 09142/806-211
E-Mail: robert.herrmann@fham.de
Studierendenkanzlei Campus Unna: 59247 Unna, Wellersbergplatz 1, Tel. 02303/97926-360
E-Mail: fee.steffens@fham.de
Weitere Studienorte: www.fham.de/studienorte/
Studienberatung: Tel. 089/4535457-0, E-Mail: info@fham.de, Ansprechpartner: Matthias Schneider
Campus Hamburg: Teilfeld 5, 20459 Hamburg, Tel. 040 6077623 80
E-Mail: anna.perez@fham.de

ISNY — BADEN-WÜRTTEMBERG

Seezeit – Studentenwerk Bodensee: 78464 Konstanz, Universitätsstraße 10, Tel. 07531/9782-220,E-Mail: servicecenter@seezeit.com, www.seezeit.com

JENA — THÜRINGEN

Studierendenwerk Thüringen: 07743 Jena, Philosophenweg 22, Postanschrift: 07708 Jena, Postfach 100822, Tel. 03641/930-500, E-Mail: poststelle@stw-thueringen.de, www.stw-thueringen.de

---

- **Ernst-Abbe-Hochschule Jena (FH, staatl.) www.eah-jena.de**

Postanschrift: 07703 Jena, Postfach 100314
ServiceZentrum Studium und Studienberatung: 07745 Jena, Carl-Zeiss-Promenade 2, Tel. 03641/205-233
E-Mail: studierendensekretariat@eah-jena.de
Zentrale Studienberatung: 07745 Jena, Carl-Zeiss-Promenade 2, Tel. 03641/205-122
E-Mail: studienberatung@eah-jena.de

- **Friedrich-Schiller-Universität Jena (U, staatl.) www.uni-jena.de**

Postanschrift: 07737 Jena
Studierenden-Service-Zentrum/Studienberatung: 07743 Jena, Fürstengraben 1, Tel. 03641/9411111, E-Mail: studium@uni-jena.de

JÜLICH — NORDRHEIN-WESTFALEN

- **Fachhochschule Aachen (FH, staatl.)**

siehe Aachen

KAISERSLAUTERN — RHEINLAND-PFALZ

Studierendenwerk Kaiserslautern: 67663 Kaiserslautern, Erwin-Schrödinger-Straße 30, Postanschrift: 67653 Kaiserslautern, Postfach 3049, Tel. 0631/205-4488
E-Mail: info@studwerk-kl.de
www.studierendenwerk-kaiserslautern.de

- **Hochschule Kaiserslautern (FH, staatl.) www.hs-kl.de**

Studierendensekretariat/Studentenberatung: 67659 Kaiserslautern, Schoenstr. 11 Tel. 0631/3724-2270
Studierendensekretariat Pirmasens: 66953 Pirmasens, Carl-Schurz-Straße 10-16 Tel. 0631/3724-7089, -7025
E-Mail: studsek-ps@hs-kl.de
Studierendensekretariat Zweibrücken: 66482 Zweibrücken, Amerikastraße 1, Tel. 0631/3724-5172, -5174, -5170, -5171, -5177, -5125, E-Mail: studsek-zw@hs-kl.de

---

- **Technische Universität Kaiserslautern (U, staatl.) www.uni-kl.de**

Postanschrift: 67653 Kaiserslautern, Postfach 3049
StudierendenServiceCenter (SSC): 67663 Kaiserslautern, Gottlieb-Daimler-Straße 47
E-Mail: studium@uni-kl.de, Tel. 0631/205-5252

KAMP-LINTFORT — NRW

- **Hochschule Rhein-Waal (FH, staatl.)**

siehe Kleve

KARLSRUHE — BADEN-WÜRTTEMBERG

Studentenwerk Karlsruhe: 76131 Karlsruhe, Adenauerring 7, Tel. 0721/6909-0
E-Mail: gf@sw-ka.de, www.sw-ka.de

- **Duale Hochschule Baden-Württemberg (FH, staatl.)** siehe Stuttgart

---

- **Hochschule Karlsruhe – Technik und Wirtschaft (FH, staatl.) www.hs-karlsruhe.de**

Postanschrift: 76133 Karlsruhe, Moltkestraße 30
Allgemeine Studienberatung: 76133 Karlsruhe, Moltkestraße 30, Tel. 0721/925-1088, -1071
E-Mail: studienberatung@hs-ka.de

- **Karlshochschule International University (FH, privat) www.karlshochschule.de**

Student Service: 76133 Karlsruhe, Karlstraße 36-38, Tel. 0721/48095-0
E-Mail: info@karlshochschule.de
Studienberatung: Tel. 0721/48095-777, E-Mail: admissions@karlshochschule.de

■ **Karlsruher Institut für Technologie (KIT) (U, staatl.)** www.kit.edu
Anschrift: 76131 Karlsruhe, Kaiserstraße 12, Tel. 0721/608-0, E-Mail: info@kit.edu
Servicezentrum für Lehre und Studium (SLE), Studierendenservice: 76131 Karlsruhe, Kaiserstraße 12, Tel. 0721/608-82222
Zentrum für Information und Beratung (zib): 76133 Karlsruhe, Engelbert-Arnold-Str. 2 (Adolf-Würth-Gebäude), Tel. 0721/608-44930
E-Mail: info@zib.kit.edu.de

■ **Pädagogische Hochschule Karlsruhe – University of Education (U, staatl.)** www.ph-karlsruhe.de
Studienberatung im Studien-Service-Zentrum (SSZ): 76133 Karlsruhe, Bismarckstraße 10, Tel. 0721/925-4444
E-Mail: ssz.helpdesk@vw.ph-karlsruhe.de

■ **Staatliche Akademie der Bildenden Künste (KH, staatl.)** www.kunstakademie-karlsruhe.de
Studiensekretariat: 76133 Karlsruhe, Reinhold-Frank-Straße 67, Tel. 0721/926-5224
E-Mail: sekretariat@kunstakademie-karlsruhe.de

■ **Staatliche Hochschule für Gestaltung Karlsruhe (KH, staatl.)** www.hfg-karlsruhe.de
Studierendensekretariat: 76135 Karlsruhe, Lorenzstraße 15, Tel. 0721/8203-2369, -2371,
E-Mail: keisenmenger@hfg-karlsruhe.de

■ **Staatliche Hochschule für Musik (KH, staatl.)** www.hfm-karlsruhe.de
Studentensekretariat: 76131 Karlsruhe, Am Schloss Gottesaue 7, Tel. 0721/6629-250, -251
E-Mail: grit.lamprecht@hfm-karlsruhe.de oder margarethe.reinhardt@hfm.eu
Anschrift: 76040 Karlsruhe, Postfach 6040

KASSEL — HESSEN

Studierendenwerk Kassel:
34127 Kassel, Universitätsplatz 1
Postanschrift: 34036 Kassel, Postfach 103660
Tel. 0561/804-2552
E-Mail: info@studierendenwerk.uni-kassel.de
www.studierendenwerk-kassel.de

■ **CVJM-Hochschule, Kassel (FH, privat)** www.cvjm-hochschule.de
Anschrift: 34131 Kassel, Hugo-Preuß-Straße 40, Tel. 0561/3087-500,
E-Mail: info@cvjm-hochschule.de
Studienberatung per WhatsApp: 0171/2155-357

■ **Hessische Hochschule für Polizei und Verwaltung (FH, staatl.)** siehe Wiesbaden

■ **Hochschule des Bundes für öffentliche Verwaltung (FH, staatl.)** siehe Brühl

■ **Universität Kassel (U, staatl.)** www.uni-kassel.de
Studium und Lehre – Allgemeine Studienberatung und Studierendensekretariat: Campus Center, Moritzstraße 18, 34127 Kassel, Tel. 0561/804-2205
E-Mail: studieren@uni-kassel.de

KEHL — BADEN-WÜRTTEMBERG

Studentenwerk Freiburg-Schwarzwald: 79100 Freiburg, Basler Straße 2, Postanschrift: 79100 Freiburg, Tel. 0761/2101-200
E-Mail: info@swfr.de, www.swfr.de

■ **Hochschule für öffentliche Verwaltung Kehl – University of Applied Sciences (FH, staatl.)** www.hs-kehl.de
Verwaltung: 77694 Kehl, Kinzigallee 1, Tel. 07851/894-0, E-Mail: post@hs-kehl.de
Studierendenbüro: Tel. 07851/894-117,
E-Mail: bachelor@hs-kehl.de

KEMPTEN — BAYERN

Studentenwerk Augsburg: 86161 Augsburg, Eichleitnerstraße 30, Tel. 0821/598-4901
E-Mail: info@studentenwerk-augsburg.de
www.studentenwerk-augsburg.de

■ **Hochschule für angewandte Wissenschaften Kempten (FH, staatl.)** www.hs-kempten.de
Studienamt: 87435 Kempten, Bahnhofstraße 61, Tel. 0831/2523-126
E-Mail: studienamt@hs-kempten.de
Allgemeine Studienberatung: 87435 Kempten, Bahnhofstraße 61, Tel. 0831/2523-308
E-Mail: studienberatung@hs-kempten.de

KIEL — SCHLESWIG-HOLSTEIN

Studentenwerk Schleswig-Holstein: 24118 Kiel, Westring 385, Tel. 0431/8816-0,
E-Mail: geschaeftsstelle.ki@studentenwerk.sh
www.studentenwerk.sh

■ **Christian-Albrechts-Universität zu Kiel (U, staatl.)** www.uni-kiel.de
Postanschrift: 24098 Kiel
E-Mail: mail@uni-kiel.de, www.uni-kiel.de
Studierendenservice: 24118 Kiel, Christian-Albrechts-Platz 4, Tel. 0431/880 -4840
E-Mail: studservice@uv.uni-kiel.de ▶

Zentrale Studienberatung: 24118 Kiel, Christian-Albrechts-Platz 5, Tel. 0431/880-7440
E-Mail: zsb@uv.uni-kiel.de
www.studium.uni-kiel.de

- **Duale Hochschule Schleswig-Holstein (in Trägerschaft der Wirtschaftsakademie Schleswig-Holstein) (FH, privat)**
  www.dhsh.de

Standort Kiel:
24106 Kiel, Hans-Detlev-Prien-Straße 10
Tel. 0431/3016-126
ruth.thormann@dhsh.de
Standort Lübeck:
23566 Lübeck, Guerickestraße 6-8
Tel. 0451/5026-150
carola.roemer@dhsh.de
Standort Flensburg:
24937 Flensburg, Heinrichstr. 16
Tel. 0461/50339-17
simone.soerensen@dhsh.de

- **Fachhochschule Kiel (FH, staatl.)**
  www.fh-kiel.de

Zentralverwaltung: 24149 Kiel, Sokratesplatz 1, Tel. 0431/210-0
E-Mail: info@fh-kiel.de
Studierendensekretariat: 24149 Kiel, Sokratesplatz 1, Tel. 0431/210-1339
E-Mail: studierendensekretariat@fh-kiel.de
Fachbereich Agrarwirtschaft:
24783 Osterrönfeld, Grüner Kamp 11
Tel. 04331/845-0
E-Mail: agrarwirtschaft.verwaltung@fh-kiel.de
Zulassungsstelle: 24149 Kiel, Sokratesplatz 1, Tel. 0431/210-1338
E-Mail: zulassungsstelle@fh-kiel.de
Zentrale Studienberatung: 24149 Kiel, Sokratesplatz 1, Tel. 0431/210-1760
E-Mail: studienberatung@fh-kiel.de
Fachbereich Agrarwirtschaft
24783 Osterrönfeld,
Grüner Kamp 11, Tel. 04331/845-114

- **Muthesius Kunsthochschule (KH, staatl.)**
  www.muthesius-kunsthochschule.de

Studierendensekretariat/Zulassungsstelle:
24103 Kiel, Legienstraße 35
Tel. 0431/5198-487
E-Mail: studieninfo@muthesius.de

KLEVE — NORDRHEIN-WESTFALEN

- **Hochschule Rhein-Waal (FH, staatl.)**
  www.hochschule-rhein-waal.de

Sekretariat: 47533 Kleve, Marie-Curie-Straße 1, Tel. 02821/80673-0
Standort Kamp-Lintfort
47475 Kamp-Lintfort, Friedrich-Heine-Allee 25, Tel. 02842/908825-0
E-Mail: info@hochschule-rhein-waal.de
Studienberatung: Tel. 02821/80673-360
E-Mail: study@hochschule-rhein-waal.de

KOBLENZ — RHEINLAND-PFALZ

Studierendenwerk: 56070 Koblenz, Universitätsstraße 1, Tel. 0261/287-1100
E-Mail: welcome@studierendenwerk-koblenz.de
www.studierendenwerk-koblenz.de

- **Hochschule Koblenz (FH, staatl.)**
  www.hs-koblenz.de

Studierendenservice: 56075 Koblenz, Konrad-Zuse-Str. 1, Tel. 0261/9528-500
E-Mail: stud-service@hs-koblenz.de
Standort Höhr-Grenzhausen Wester-WaldCampus: 56203 Höhr-Grenzhausen, Rheinstraße 56, Tel. 02624/9109-0,
E-Mail: klersy@hs-koblenz.de
Standort Remagen RheinAhrCampus:
53424 Remagen, Joseph-Rovan-Allee 2, Tel. 02642/932-101, 02642/932-0, E-Mail:
studierendenservice@rheinahrcampus.de
Standort Koblenz RheinMoselCampus:
Koblenz Karthause, 56075 Koblenz
Konrad-Zuse-Str. 1, Tel. 0261/9528-0

- **Universität Koblenz-Landau, Abteilung Koblenz (U, staatl.)**
  www.uni-koblenz-landau.de

Studierendensekretariat: 56068 Koblenz, Emil-Schüler-Str. 12, Tel. 0261/287-1754 (A-Gi), -1709 (Gk-La), -1753 (Le-Sche), -1768 (Schi-Z)
E-Mail: studko@uni-koblenz-landau.de
Studienberatung: 56068 Koblenz, Emil-Schüler-Str. 12, Tel. 0261/287-1751
E-Mail: studienberatungko@uni-koblenz-landau.de

KÖLN — NORDRHEIN-WESTFALEN

Studentenwerk Köln: 50937 Köln, Universitätsstraße 16, Postanschrift: 50865 Köln, Postfach 410569, Tel. 0221/94265-0
E-Mail: info@kstw.de, www.kstw.de

- **CBS International Business School (FH, privat)** **link.cbs.de/kG3PH**

Studienberatung: Terminvereinbarung unter Tel. 0221/931809-31 oder per Kontaktformular unter link.cbs.de/eTaPE
Anschrift: CBS International Business School
Hardefuststr. 1, 50677 Köln
CBS International Business School
Rheinstraße 4L, 55116 Mainz
CBS International Business School
August-Bebel-Str. 26-53, 14482 Potsdam

■ **Deutsche Sporthochschule Köln (U, staatl.) www.dshs-koeln.de**
Studierendensekretariat: 50933 Köln, Am Sportpark Müngersdorf 6, Tel. 0221/4982-2221
E-Mail: studsekretariat@dshd-koeln.de
Studienberatung: 50933 Köln, Am Sportpark Müngersdorf 6, Tel. 0221/4982 -2520
studienberatung@dshs-koeln.de

■ **Fachhochschule Aachen (FH, staatl.)**
siehe Aachen

■ **Hochschule für Musik und Tanz Köln (KH, staatl.) www.hfmt-koeln.de**
Studiensekretariat: 50668 Köln, Unter Krahnenbäumen 87, Tel.0221 28380-137, -140, -144, -139, -138
E-Mail: studiensekretariat@hfmt-koeln.de
Standort Aachen: 52062 Aachen, Theaterplatz 16, Tel.0221/ 28380-141
Standort Wuppertal: 42275 Wuppertal, Sedanstraße 15, Tel. 0221/28380-603

■ **Hochschule für Polizei und öffentliche Verwaltung Nordrhein-Westfalen, Abteilung Köln (FH, staatl.) www.fhoev.nrw.de**
Verwaltung: 51103 Köln, Erna-Scheffler-Straße 4, Tel. 0221/912652-0
Außenstelle Köln Innenstadt: 50670 Köln, Christophstraße 2-12

■ **HSD Hochschule Döpfer – University of Applied Science (FH, privat) www.hs-doepfer.de**
Zentrale Anschrift: 50676 Köln Waidmarkt 3 und 9, Tel. 0221/126125-0
E-Mail: studienberatung@hs-doepfer.de
Standort Regensburg: 93049 Regensburg, Prüfeninger Straße 20, Tel. 0941/600903-0,
E-Mail: regensburg@hs-doepfer.de

■ **Katholische Hochschule Nordrhein-Westfalen, Abteilung Köln (FH, kirchlich) www.katho-nrw.de**
Postanschrift: 50668 Köln, Wörthstraße 10, Tel. 0221/7757-0
Studienbüro Köln: 50668 Köln, Wörthstraße 10, Tel. 0221/7757-127, -164
E-Mail: studienbuero.koeln@katho-nrw.de

■ **Kolping Stiftungshochschule gGmbH (FH, privat) www.kolping-hochschule.de/**
Kontakt: St.-Apern-Straße 32, 50667 Köln
E-Mail: info@kolping-hochschule.de

■ **Kunsthochschule für Medien Köln (KH, staatl.) www.khm.de**
Postanschrift und Verwaltung: 50676 Köln, Peter-Welter-Platz 2, Tel. 0221/20189-0
Studienbüro: 50676 Köln, Peter-Welter-Platz 2, Tel. 0221/20189-119, -187, -249
E-Mail: studoffice@khm.de

■ **Rheinische Fachhochschule Köln (FH, privat) www.rfh-koeln.de**
Studienberatung: 50676 Köln, Schaevenstraße 1a, Tel. 0221/20302-0
E-Mail: infoservice@rfh-koeln.de
Studierendenservice: 50676 Köln, Schaevenstraße 1b, Tel. 0221/20302-13, -43, -54 (je nach Fachbereich)
Standort Neuss: 41460 Neuss, Markt 11-15 Tel. 02131/73986-28, E-Mail: info@hs-neuss.de

■ **Technische Hochschule Köln (FH, staatl.) www.th-koeln.de**
Studienbüro Campus Südstadt: 50678 Köln, Claudiusstraße 1 (Räume F1.41, F1.41 a und F1.41 b), Tel. 0221/8275-5840
E-Mail: studium-suedstadt@th-koeln.de
Studienbüro Campus Deutz und Campus Leverkusen: 50679 Köln, Betzdorfer Straße 2 (Räume ZN 2-6/7 und ZN 2-8) Tel. 0221/8275-4840
E-Mail: studium-deutz@th-koeln.de bzw. studium-lev@th-koeln.de
Studienbüro Campus Gummersbach: 51643 Gummersbach, Steinmüllerallee 1 (Raum 1.126b), Tel. 02261/8196-6840
E-Mail: studium-gm@th-koeln.de
Zentrale Studienberatung: 50678 Köln, Claudiusstraße 1 (Raum E1.13), Tel. 0221/8275-5500
E-Mail: studieninfos@th-koeln.de

■ **Universität zu Köln (U, staatl.) www.uni-koeln.de**
Studierendensekretariat: 50923 Köln, Albertus-Magnus-Platz, Besucheranschrift: 50937 Köln, Universitätsstraße 22a Tel. 0221/470-1022
E-Mail: studsek@verw.uni-koeln.de
Zentrale Studienberatung: 50923 Köln, Albertus-Magnus-Platz, Besucheranschrift: 50937 Köln, Universitätsstraße 22a Tel. 0221/470-1021
Kontaktformular unter www.zsb.uni-koeln.de/kontakt

KÖNIGS WUSTERHAUSEN BB

■ **Fachhochschule für Finanzen Brandenburg (FH, staatl.) www.fhf.brandenburg.de**
Verwaltung: 15711 Königs Wusterhausen, Schillerstraße 6, Tel. 03375/672-0
E-Mail: afz-kw@fhf.brandenburg.de ▶

HOCHSCHULVERZEICHNIS

KONSTANZ — BADEN-WÜRTTEMBERG

Seezeit – Studentenwerk Bodensee:
78464 Konstanz, Universitätsstraße 10,
Tel. 07531/9782-220
E-Mail: servicecenter@seezeit.com,
www.seezeit.com

- **Allensbach Hochschule (FH, privat)**
  www.allensbach-hochschule.de

Beratung für Interessenten:
78467 Konstanz, Lohnerhofstraße 2,
Tel. 07533/91923-86,
E-Mail: studium@allensbach-hochschule.de

- **Hochschule Konstanz – Technik, Wirtschaft und Gestaltung (FH, staatl.)**
  www.htwg-konstanz.de

Zentrale Studienberatung: 78462 Konstanz,
Brauneggerstraße 55 Tel. 07531/206 105-9067
E-Mail: zsb@htwg-konstanz.de

- **Universität Konstanz (U, staatl.)**
  www.uni-konstanz.de

Studierenden-Service-Zentrum (SSZ):
78464 Konstanz, Universitätsstraße 10,
Tel. 07531/88-4428
E-Mail: ssz@uni-konstanz.de
Zentrale Studienberatung: 78464 Konstanz,
Universitätsstraße 10, Tel. 07531/88-3636 oder
-5155, E-Mail: termin.zsb@uni-konstanz.de

KÖTHEN — SACHSEN-ANHALT

Studentenwerk Halle: 06120 Halle,
Wolfgang-Langenbeck-Straße 5
Tel. 0345/6847-0, E-Mail:
geschaeftsfuehrung@studentenwerk-halle.de
www.studentenwerk-halle.de

- **Hochschule Anhalt – Hochschule für angewandte Wissenschaften (FH, staatl.)**
  www.hs-anhalt.de

Studentische Angelegenheiten – Allgemeine Studienberatung: 06366 Köthen, Bernburger
Straße 55, Tel. 03496/67-5203
E-Mail: studienberatung@hs-anhalt.de
Studentensekretariat Köthen: 06354 Köthen,
Postfach 1458, Bernburger Straße 55,
Tel. 03496/67-5213
Weitere Standorte: Bernburg, Dessau

KREFELD — NORDRHEIN-WESTFALEN

Studierendenwerk Düsseldorf: 40225 Düsseldorf, Universitätsstraße 1, Tel. 0211/81-13298,
E-Mail: geschaeftsführung@stw-d.de,
www.stw-d.de

- **Hochschule Niederrhein (FH, staatl.)**
  siehe Mönchengladbach

KRONACH — BAYERN

- **Hochschule für angewandte Wissenschaften Coburg (FH, staatl.)** siehe Coburg

KULMBACH — BAYERN

- **Universität Bayreuth (U, staatl.)**
  siehe Bayreuth

KÜNZELSAU — BADEN-WÜRTTEMBERG

- **Hochschule Heilbronn – Technik, Wirtschaft, Informatik (FH, staatl.)**
  siehe Heilbronn

LANDAU — RHEINLAND-PFALZ

Studierendenwerk Vorderpfalz: 76829 Landau,
Fortstraße 7, Tel. 06341/9179-0
E-Mail: info@stw-vp.de, www.stw-vp.de

- **Universität Koblenz-Landau, Abteilung Landau (U, staatl.)**
  www.uni-koblenz-landau.de

Studierendensekretariat: 76829 Landau,
Marie-Curie-Str. 5, 1. OG, Neues Messegelände,
Tel. 06341/280-37130 (A-Eb), -37127 (Ec-Gor),
-37131 (Pj-Schmitt), -37132 (Gos-Ki),
-37133 (Kj-Pi), -37190 (Schmitz-Ti), -37129 (Tj-Z)
E-Mail: studld@uni-koblenz-landau.de
Allgemeine Studienberatung:
Landau: 76829 Landau, Marie-Curie-Str. 5a,
Tel. 06341/280-37340
E-Mail: studienberatung@uni-koblenz-landau.de
Koblenz: Emil-Schüller-Str. 12, Tel. 0261/287-1607
E-Mail: studienbuero@uni-koblenz.de

LANDSHUT — BAYERN

Studentenwerk Niederbayern/Oberpfalz:
93053 Regensburg, Albertus-Magnus-Straße 4, Tel. 0941/943-2201, E-Mail:
sozialberatung@stwno.de www.stwno.de

- **Hochschule für angewandte Wissenschaften Landshut (FH, staatl.)**
  www.haw-landshut.de

Studierenden-Service-Zentrum:
84036 Landshut,
Am Lurzenhof 1, Tel. 0871/506-182,
E-Mail: bewerbung@haw-landshut.de
Zentrale Studienberatung:
84036 Landshut, Am Lurzenhof 1,
Tel. 0871/506-444, -466, -542
E-Mail: studienberatung@haw-landshut.de
WhatsApp: 0176/95503762

LANGEN — HESSEN

- **Hochschule des Bundes für öffentliche Verwaltung (FH, staatl.)** siehe Brühl

LEER — NIEDERSACHSEN

■ **Hochschule Emden/Leer (FH, staatl.)**
siehe Emden

LEIPZIG — SACHSEN

Studentenwerk Leipzig: 04109 Leipzig, Goethestraße 6, Postanschrift: 04009 Leipzig, Postfach 100928, Tel. 0341/96595
E-Mail: info@studentenwerk-leipzig.de
www.studentenwerk-leipzig.de

■ **Handelshochschule Leipzig (HHL) Leipzig Graduate School of Management (U, privat) www.hhl.de**
Kontakt: 04109 Leipzig, Jahnallee 59, Tel. 0341/9851-60, E-Mail: info@hhl.de

---

■ **Hochschule für Grafik und Buchkunst (KH, staatl.) www.hgb-leipzig.de**
Postanschrift: 04008 Leipzig, Postfach 100805
Sekretariat für Studienangelegenheiten: 04107 Leipzig, Wächterstraße 11, Tel. 0341/2135-144, -151, -236
E-Mail: sg_studium@hgb-leipzig.de

■ **Hochschule für Musik und Theater „Felix Mendelssohn Bartholdy“ (KH, staatl.) www.hmt-leipzig.de**
Postanschrift: 04008 Leipzig, Postfach 100809
Referat Studienangelegenheiten: 04107 Leipzig, Grassistraße 8, Tel. 0341/2144-620, -625 und -629
E-Mail: studienangelegenheiten@hmt-leipzig.de

■ **Hochschule für Technik, Wirtschaft und Kultur (FH, staatl.) www.htwk-leipzig.de**
Dezernat Studienangelegenheiten: 04277 Leipzig, Eichendorffstraße 2, Postanschrift: 04251 Leipzig, Postfach 301166, Tel. 0341/3076-6508
E-Mail: studienberatung@k.htwk-leipzig.de

■ **Universität Leipzig (U, staatl.) www.uni-leipzig.de**
Postanschrift: 04009 Leipzig, Postfach 100920
Studentensekretariat: 04109 Leipzig, Goethestraße 6, Tel. 0341/97320-58
E-Mail: studentensekretariat@uni-leipzig.de
Zentrale Studienberatung (ZSB): 04109 Leipzig, Goethestraße 6, Tel. 0341/97320-44
E-Mail: ssz-studienberatung@uni-leipzig.de

LEMGO — NORDRHEIN-WESTFALEN

Studentenwerk Bielefeld: 33615 Bielefeld, Morgenbreede 2-4 Postanschrift: 33615 Bielefeld, Postfach 102753, Tel. 0521/106-88600
E-Mail: info@stwbi.de
www.studierendenwerk-bielefeld.de

■ **Technische Hochschule Ostwestfalen-Lippe (FH, staatl.) www.th-owl.de**
Immatrikulationsamt: 32657 Lemgo, Campusallee 12
E-Mail: immatrikulationsamt@th-owl.de
Zentrale Studienberatung: 32657 Lemgo, Campusallee 12, Tel. 05261/702-2535
E-Mail: studienberatung@th-owl.de
www.th-owl.de/studienberatung

LEVERKUSEN — NORDRHEIN-WESTFALEN

■ **Technische Hochschule Köln (FH, staatl.)**
siehe Köln

LINGEN/EMS — NIEDERSACHSEN

■ **Hochschule Osnabrück (FH, staatl.)**
siehe Osnabrück

LIPPSTADT — NORDRHEIN-WESTFALEN

■ **Hochschule Hamm-Lippstadt (FH, staatl.)**
siehe Hamm

LÖRRACH — BADEN-WÜRTTEMBERG

■ **Duale Hochschule Baden-Württemberg (FH, staatl.)** siehe Stuttgart

LÜBECK — SCHLESWIG-HOLSTEIN

Studentenwerk Schleswig-Holstein: 24118 Kiel, Westring 385, Tel. 0431/8816-0,
E-Mail: geschaeftsstelle.ki@studentenwerk.sh
www.studentenwerk.sh

■ **Hochschule des Bundes für öffentliche Verwaltung (FH, staatl.)** siehe Brühl

---

■ **Musikhochschule Lübeck (KH, staatl.) www.mh-luebeck.de**
Allgemeine Studienberatung: 23552 Lübeck, Große Petersgrube 4, Tel. 0451/1505-118
E-Mail: studienberatung@mh-luebeck.de
Studiensekretariat:
studiensekretariat@mh-luebeck.de

■ **Technische Hochschule Lübeck (FH, staatl.) www.th-luebeck.de**
Studentische Angelegenheiten/ Zulassungsstelle/Studienberatung:
23562 Lübeck, Mönkhofer Weg 239, Tel. 0451/300-5644
E-Mail: studieren@th-luebeck.de ▶

■ **Universität zu Lübeck (U, staatl.)**
www.uni-luebeck.de
Studierenden-Service-Center:
23562 Lübeck, Ratzeburger Allee 160,
Tel. 0451/3101-1272 (A-H), -1260 (I-P),
-1261 (Q-Z)
Studienberatung im Studierenden-Service-Center: 23562 Lübeck, Ratzeburger Allee 160,
Tel. 0451/3101-1250
E-Mail: sabine.voigt@uni-luebeck.de

LÜDENSCHEID NORDRHEIN-WESTFALEN

■ **Fachhochschule Südwestfalen (FH, staatl.)** siehe Iserlohn

LUDWIGSBURG BADEN-WÜRTTEMBERG

Studierendenwerk Stuttgart: 70174 Stuttgart,
Rosenbergstraße 18, Tel. 0711/4470-1247
E-Mail: info@sw-stuttgart.de
www.studierendenwerk-stuttgart.de

■ **Akademie für Darstellende Kunst Baden-Württemberg (KH, staatl.) www.adk-bw.de**
Studiensekretariat: 71638 Ludwigsburg,
Akademiehof 1 (Jommelli-Haus Raum 2.06)
Tel. 07141/30996-21,
E-Mail: petra.kerstan@adk-bw.de
Studienbüro: Tel. 07141/30996-41
E-Mail: studienbuero.adk-bw.de

■ **Evangelische Hochschule Ludwigsburg (FH, kirchlich) www.eh-ludwigsburg.de**
Studierendenservice/Servicetheke:
71638 Ludwigsburg, Paulusweg 6,
Tel. 07141/9745-224
E-Mail: c.rais@eh-ludwigsburg.de

■ **Filmakademie Baden-Württemberg (KH, staatl.) www.filmakademie.de**
Studienreferat: 71638 Ludwigsburg, Akademiehof 10, Tel. 07141/969-82-110, -136, -104
E-Mail: studienreferat@filmakademie.de

■ **Hochschule für öffentliche Verwaltung und Finanzen Ludwigsburg (FH, staatl.)**
www.hs-ludwigsburg.de
Studienbüro: 71634 Ludwigsburg,
Reuteallee 36, Tel. 07141/140-597, -530
E-Mail: studienbuero@hs-ludwigsburg.de

■ **Pädagogische Hochschule Ludwigsburg (U, staatl.) www.ph-ludwigsburg.de**
Studienabteilung: 71634 Ludwigsburg,
Reuteallee 46, Tel. 07141/140-215, -443, -264,
-235, -298, -207, -274, -205
E-Mail: studienabteilung@ph-ludwigsburg.de

LUDWIGSHAFEN RHEINLAND-PFALZ

■ **Hochschule für Wirtschaft und Gesellschaft Ludwigshafen (FH, staatl.)**
www.hwg-lu.de
StudierendenServiceCenter SSC:
67059 Ludwigshafen, Ernst-Boehe-Straße 4,
Tel. 0621/5203-0
E-Mail: ssc-bewerbung@hwg-lu.de
Studierendensekretariat Weincampus Neustadt: 67435 Neustadt an der Weinstraße,
Breitenweg 71, Tel. 06321/671-509
E-Mail: studierendensekretariat@dlr.rlp.de

LÜNEBURG NIEDERSACHSEN

Studierendenwerk OstNiedersachsen:
38106 Braunschweig, Katharinenstraße 1
Postanschrift: 38035 Braunschweig,
Postfach 4538, Tel. 0531/391-4807, -4848
E-Mail: info@stw-on.de, www.stw-on.de

■ **Leuphana Universität Lüneburg (U, staatl.)**
www.leuphana.de
Studienberatung: 21335 Lüneburg,
Universitätsallee 1, Tel 04131/677-2277
E-Mail: infoportal@leuphana.de,
studienberatung.college@leuphana.de

MAGDEBURG SACHSEN-ANHALT

Studentenwerk Magdeburg: 39106 Magdeburg, Johann-Gottlob-Nathusius-Ring 5, Postanschrift: 39015 Magdeburg, Postfach 4053
E-Mail: geschaeftsfuehrung@
studentenwerk-magdeburg.de
www.studentenwerk-magdeburg.de

■ **Hochschule Magdeburg-Stendal (FH, staatl.) www.hs-magdeburg.de**
Allgemeine Studienberatung:
39114 Magdeburg, Breitscheidstraße 2
Haus 2, Raum 0.07.2, Tel. 0391/886-4106
E-Mail: studienberatung@h2.de
Standort Magdeburg: 39114 Magdeburg,
Breitscheidstraße 2, Tel. 0391/886-30
Standort Stendal: 39576 Stendal, Osterburger
Straße 25, Tel. 03931/2187-0

■ **Otto-von-Guericke-Universität Magdeburg (U, staatl.) www.uni-magdeburg.de**
Allgemeine Studienberatung/Sekretariat:
39106 Magdeburg, Universitätsplatz 2,
Tel. 0391/67-52286, -57103, -52283
E-Mail: ulrich.schmidt@ovgu.de
Campus Service Center: 39106 Magdeburg,
Universitätsplatz 2, Tel. 0391/67-50000
E-Mail: servicecenter@ovgu.de ▶

MAINZ RHEINLAND-PFALZ

Studierendenwerk Mainz: 55128 Mainz, Staudingerweg 21, Tel. 06131/3922-366
E-Mail: infopoint@studierendenwerk-mainz.de
www.studierendenwerk-mainz.de

- **Hochschule Mainz – University of Applied Sciences (FH, staatl.) www.hs-mainz.de**

Postanschrift:
55128 Mainz, Lucy-Hillebrand-Straße 2
Studierendenbüro: 55128 Mainz, Lucy-Hillebrand-Straße 2, Tel. 06131/628-7380 (Leitung), -7383, -7389 (FB Technik), -7386 (FB Gestaltung), -7384, -7382, -7381 (FB Wirtschaft)
E-Mail: studierendenbuero@hs-mainz.de

- **Johannes Gutenberg-Universität Mainz (U, staatl.) www.uni-mainz.de**

Postanschrift: 55099 Mainz
Studierenden-Service-Center Campus Uni Mainz: 55099 Mainz, Johann-Joachim-Becher-Weg 2 (Forum universitatis – Eingang 1, 1. OG), Tel. 06131/39-22122
E-Mail: studsek@uni-mainz.de
Studierendensekretariat/Standort Germersheim: 76711 Germersheim, An der Hochschule 2
Postanschrift: 76711 Germersheim, Postfach 1150, Tel. 07274/50835-103
E-Mail: studsek06@uni-mainz.de
Zentrale Studienberatung: 55099 Mainz, Forum universitatis, Eingang 1 (1. OG), Tel. 06131/39-22122 (Hotline)
E-Mail: zsb@uni-mainz.de

- **Katholische Hochschule Mainz (FH, kirchlich) www.kh-mz.de**

Postanschrift: 55013 Mainz, Postfach 2340
Studierendensekretariat:
55122 Mainz, Saarstraße 3
Fachbereich Soziale Arbeit und Sozialwissenschaften: Tel. 06131/28944- 240
E-Mail: studierendensekr.sa@kh-mz.de
Fachbereich Praktische Theologie:
Tel. 06131/28944-262,
E-Mail: studiensekr.pt@kh-mz.de
Fachbereich Gesundheit und Pflege:
Tel. 06131/28944-140
E-Mail: studierendensekr.gp@hk-mz.de
Hausanschrift: 55122 Mainz, Saarstraße 3

MANNHEIM BADEN-WÜRTTEMBERG

Studierendenwerk Mannheim: 68030 Mannheim, Postfach 103037, 0621/49072-333
E-Mail: info@stw-ma.de, www.stw-ma.de

- **Duale Hochschule Baden-Württemberg (FH, staatl.)** siehe Stuttgart

- **Hochschule der Bundesagentur für Arbeit – staatlich anerkannte Hochschule für Arbeitsmarktmanagement (FH, staatl.) www.hdba.de**

Studierendenservice: 68163 Mannheim, Seckenheimer Landstraße 16,
Tel. 0621/4209-309, E-Mail:
hochschule.mannheim-studierendenservice@arbeitsagentur.de
Studienort Schwerin:
19055 Schwerin, Wismarsche Straße 405,
Tel. 0385/5408-456, -471, E-Mail:
hochschule.schwerin-studierendenservice@arbeitsagentur.de

- **Hochschule der Wirtschaft für Management (FH, privat) www.hdwm.de**

Anschrift: 68163 Mannheim, Oskar-Meixner-Straße 4-6, Tel. 0621/490890-00,
E-Mail: info@hdwm.org

- **Hochschule des Bundes für öffentliche Verwaltung (FH, staatl.)** siehe Brühl

- **Hochschule Mannheim (FH, staatl.) www.hs-mannheim.de**

Zulassungsamt/Studenten-Service Center: 68163 Mannheim, Paul-Wittsack-Straße 10, Tel. 0621/292-6171
E-Mail: zulassungsamt@hs-mannheim.de
Kontakt Studienberatung: Tel. 0621/292-6377
E-Mail: studienberatung@hs-mannheim.de

- **Popakademie Baden-Württemberg (KH, staatl.) www.pop-akademie.de**

Anschrift: Fachbereich Studium: 68159 Mannheim, Hafenstraße 33, Tel. 0621/533972-00
E-Mail: info@popakademie.de

- **Ruprecht-Karls-Universität Heidelberg (U, staatl.)** siehe Heidelberg

- **Staatliche Hochschule für Musik und Darstellende Kunst Mannheim (KH, staatl.) www.muho-mannheim.de**

Studienbüro: 68161 Mannheim, N7 18
Tel. 0621/292-3512, -1745
E-Mail: studienbuero@muho-mannheim.de

- **Universität Mannheim (U, staatl.) www.uni-mannheim.de**

Studienbüros (Allgemeine Studienberatung): 68161 Mannheim, L1 1, Tel. 0621/181-2222,
E-Mail: studienbueros@verwaltung.uni-mannheim.de
Zulassungsstelle: 68131 Mannheim, Tel. 0621/181-2222
E-Mail: bewerbung@uni-mannheim.de ▶

MARBURG — HESSEN

Studentenwerk Marburg: 35037 Marburg, Erlenring 5, Postanschrift: 35010 Marburg, Postfach 2280, Tel. 06421/296-0
E-Mail: info@studentenwerk-marburg.de
www.studentenwerk-marburg.de

- **Archivschule Marburg, Hochschule für Archivwissenschaft (FH, staatl.)** **www.archivschule.de**

Verwaltung: 35037 Marburg, Bismarckstraße 32, Tel. 06421/16971-0
E-Mail: archivschule@staff.uni-marburg.de

- **Evangelische Hochschule Tabor (FH, privat)** **www.eh-tabor.de**

Sekretariat: 35039 Marburg, Dürerstraße 43, Tel. 06421/967-3, E-Mail: info@eh-tabor.de

- **Fachhochschule der Wirtschaft (FH, privat)** **www.fhdw.de**

Anschrift: 35037 Marburg, Bahnhofstraße 23, Tel. 06421/96885-0, E-Mail: info-mr@fhdw.de

- **Philipps-Universität Marburg (U, staatl.)** **www.uni-marburg.de**

Studierendensekretariat: 35037 Marburg, Biegenstr. 10, Tel. 06421/28-22222
E-Mail: studierendensekretariat@verwaltung.uni-marburg.de
Zentrale Allgemeine Studienberatung: 35037 Marburg, Biegenstraße 10
Tel. 06421/28-22222
E-Mail: zas@uni-marburg.de

- **Theologische Fakultät Fulda (ThH, kirchlich)** siehe Fulda

MARKKLEEBERG — SACHSEN

- **Hochschule für Technik, Wirtschaft und Kultur (FH, staatl.)** siehe Leipzig

MARKNEUKIRCHEN — SACHSEN

- **Westsächsische Hochschule Zwickau (FH, staatl.)** siehe Zwickau

MAYEN — RHEINLAND-PFALZ

- **Hochschule für öffentliche Verwaltung Rheinland-Pfalz (FH, staatl.)** **www.hoev-rlp.de**

Studierendensekretariat: 56727 Mayen, St.-Veit-Straße 26-28, Tel. 02651/983-0, -114, -115,
E-Mail: info@hoev-rlp.de, m.keppler@hoev-rlp.de, j.junk@hoev-rlp.de

MEININGEN — THÜRINGEN

- **Thüringer Fachhochschule für öffentliche Verwaltung (FH, staatl.)** siehe Gotha

MEISSEN — SACHSEN

- **Hochschule Meißen (FH) und Fortbildungszentrum (FH, staatl.)** **www.hsf.sachsen.de**

Verwaltung: 01662 Meißen, Herbert-Böhme-Straße 11, Tel. 03521/473-0
E-Mail: studorg-allg_verwaltung@hsf.sachsen.de

MERSEBURG — SACHSEN-ANHALT

- **Hochschule Merseburg (FH, staatl.)** **www.hs-merseburg.de**

Allgemeine Studienberatung:
06217 Merseburg, Eberhard-Leibnitz-Straße 2
Tel. 034 61 46-2317
E-Mail: studienberatung@hs-merseburg.de

MESCHEDE — NORDRHEIN-WESTFALEN

- **Fachhochschule Südwestfalen (FH, staatl.)** siehe Iserlohn

METTMANN — NORDRHEIN-WESTFALEN

- **Fachhochschule der Wirtschaft (FH, privat)** **www.fhdw.de**

Anschrift: 40822 Mettmann, Marie-Curie-Straße 6, Tel. 02104/17756-02
E-Mail info-me@fhdw.de

MILTENBERG — BAYERN

- **Technische Hochschule Aschaffenburg (FH, staatl.)** siehe Aschaffenburg

MINDEN — NORDRHEIN-WESTFALEN

- **Fachhochschule Bielefeld (FH, staatl.)** siehe Bielefeld

MITTWEIDA — SACHSEN

- **Hochschule Mittweida (FH, staatl.)** **www.hs-mittweida.de**

Postanschrift: 09644 Mittweida, Postfach 1457
Studienberatung: 09648 Mittweida, Technikumplatz 17, Tel. 03727/58-1309
E-Mail: studienberatung@hs-mittweida.de
WhatsApp: 0151/11542900
Skype: live:studienberatung_4

MÖNCHENGLADBACH — NRW

- **Hochschule Niederrhein (FH, staatl.)** **www.hs-niederrhein.de**

Studierendenbüro – Bewerbung und Einschreibung: 47805 Krefeld, Reinarzstraße 49, Gebäude A | Raum 7B und 7C
Tel. 02151/822-2288
E-Mail: studierendenbuero@hs-niederrhein.de
Zentrale Studienberatung Campus Krefeld Süd: 47805 Krefeld, Reinarzstraße 49, Tel. 02151/822-2777
E-Mail: studienberatung@hs-niederrhein.de

Zentrale Studienberatung Campus Mönchengladbach: 41065 Mönchengladbach, Richard-Wagner-Straße 97, Gebäude Z | Raum ZE 39
Tel. 0151/679 546-16
E-Mail: studienberatung@hs-niederrhein.de

MORITZBURG — SACHSEN

Studentenwerk Dresden: 01069 Dresden, Fritz-Löffler-Straße 18, Tel. 0351/4697-50
E-Mail: info@studentenwerk-dresden.de
www.studentenwerk-dresden.de

- **Evangelische Fachhochschule für Religionspädagogik und Gemeindediakonie (FH, kirchlich) www.eh-moritzburg.de**

Studienservice: 01468 Moritzburg, Bahnhofstraße 9, Tel. 035207/84-300
E-Mail: moritzburg@ehs-dresden.de

MOSBACH — BADEN-WÜRTTEMBERG

- **Duale Hochschule Baden-Württemberg (FH, staatl.)** siehe Stuttgart

MÜHLDORF AM INN — BAYERN

- **Technische Hochschule Rosenheim (FH, staatl.)** siehe Rosenheim

MÜHLHEIM — HESSEN

- **Hessische Hochschule für Polizei und Verwaltung (FH, staatl.)** siehe Wiesbaden

MÜLHEIM AN DER RUHR — NRW

- **Hochschule Ruhr West (FH, staatl.) www.hochschule-ruhr-west.de**

Studierendenservice Campus Mülheim an der Ruhr: 45476 Mülheim an der Ruhr, Duisburger Straße 100 (Gebäude 5, EG), Tel. 0208/88254-316
E-Mail: servicemanagement@hs-ruhrwest.de
Studierendenservice Campus Bottrop: Lützowstraße 5, 46240 Bottrop
Tel. 0208/30246-316
E-Mail: servicemanagement@hs-ruhrwest.de

MÜNCHBERG — BAYERN

- **Hochschule für angewandte Wissenschaften Hof (FH, staatl.)** siehe Hof

MÜNCHEN — BAYERN

Studentenwerk München: 80802 München, Leopoldstraße 15, Tel. 089/38196-0
E-Mail: stuwerk@stwm.de
www.studentenwerk-muenchen.de

- **Akademie der Bildenden Künste München (KH, staatl.) www.adbk.de**

Allgemeines Studiensekretariat: 80799 München, Akademiestraße 2-4, Tel. 089/3852-102
E-Mail: sekretariat@adbk.mhn.de

- **Hochschule der Bayerischen Wirtschaft für angewandte Wissenschaften (FH, privat) www.hdbw-hochschule.de**

Zentraler Hochschulsitz/Verwaltungssitz: 81829 München, Konrad-Zuse-Platz 8, Tel. 089/4567845-0
E-Mail: info@hdbw-hochschule.de
Studienberatung: 81829 München, Konrad-Zuse-Platz 8
Frau Lisa Wagner, Tel. 089/4567845-11
E-Mail: studienberatung@hdbw-hochschule.de
Standort Bamberg: 96052 Bamberg, Lichtenhaidestraße 15, Tel. 089/4567845-0
Standort Traunstein: 83278 Traunstein, Gewerbepark Kaserne 17

- **Hochschule für Angewandte Sprachen – Fachhochschule des SDI München (FH, privat) www.sdi-muenchen.de**

Hochschulanschrift: 81379 München, Baierbrunner Straße 28, Tel. 089/288102-0
E-Mail: kontakt@sdi-muenchen.de
Studienberatung: Tel. 089/288102-73.
E-Mail: studienberatung@sdi-muenchen.de

- **Hochschule für angewandte Wissenschaften München (FH, staatl.) www.hm.edu**

Bereich Beratung und Immatrikulation: 80335 München, Lothstraße 34
Telefonvermittlung: 089/1265-0
Sachgebiet Beratung: Tel. 089/1265-1121,
E-Mail: beratung@hm.edu

- **Hochschule für den öffentlichen Dienst in Bayern (FH, staatl.) www.fhvr.bayern.de**

Zentralverwaltung: 80538 München, Wagmüllerstr. 20, Tel. 089/242675-0
E-Mail: poststelle@hfoed.bayern.de
Bereich Allgemeine Innere Verwaltung: 95028 Hof, Wirthstraße 51, Tel. 09281/409-100
E-Mail: poststelle@aiv.hfoed.de
Bereich Archiv- und Bibliothekswesen: 80992 München, Dessauerstr. 6, Tel. 089/2872467-10
E-Mail: poststelle@aub.hfoed.de
Bereich Finanzwesen: 82211 Herrsching, Rauscher Str. 10, Tel. 08152/934-0
E-Mail: poststelle.fin@hfoed.bayern.de,
Studienort Kaufbeuren: 87600 Kaufbeuren, Am Kaiserweiher 8, Tel. 08341/93447-60
Bereich Polizei: Studienort Fürstenfeldbruck: 82256 Fürstenfeldbruck, Fürstenfelder Str. 29, ▶

Tel. 08141/408-0, -201
E-Mail: poststelle.ffb@pol.hfoed.bayern.de
Studienort Sulzbach-Rosenberg:
92237 Sulzbach-Rosenberg, Franz-Josef-Strauß-Str. 1, Tel. 09661/3041-5020
E-Mail: poststelle.suro@pol.hfoed.bayern.de
Bereich Rechtspflege: 82319 Starnberg, Josef-Sigl-Straße 4, Tel. 08151/9156-0
E-Mail: poststelle.rpfl@hfoed.bayern.de
Bereich Sozialverwaltung: 83512 Wasserburg a. Inn, Im Hag 14, Tel. 08071/59-0
E-Mail: poststelle@soz.hfoed.bayern.de

■ **Hochschule für Fernsehen und Film München (KH, staatl.)**
www.hff-muenchen.de
Studentensekretariat: 80333 München, Bernd-Eichinger-Platz 1, Tel. 089/68957-8401
E-Mail: studierendensekretariat@hff-muc.de

■ **Hochschule für Musik und Theater München (KH, staatl.)**
website.musikhochschule-muenchen.de
Studentensekretariat: 80333 München, Arcisstraße 12, Tel. 089/289-27430 (Buchstaben A bis L), -27444 (Buchstaben M bis Z)

■ **Hochschule für Philosophie (Philosophische Fakultät S.J.) (U, kirchlich) www.hfph.de**
Studierendensekretariat: 80539 München, Kaulbachstraße 31a, Tel. 089/2386-2300
E-Mail: siegrun.jaeger@hfph.de
Kontakt Studienberatung: tutoren@hfph.de

■ **Hochschule Macromedia, University of Applied Sciences (FH, privat)**
www.macromedia-fachhochschule.de
Campus München: 80335 München, Sandstraße 9, Tel. 089/5441-510
Studienberatung: Tel. 089/8967-4813
E-Mail: studienberatungmuenchen@macromedia.de, WhatsApp: 0176/15098602
Campus Stuttgart: 70376 Stuttgart, Naststraße 11, Tel. 0711/2807-380
Studienberatung: Tel. 0711/9757-3139,
E-Mail: studienberatungstuttgart@macromedia.de
WhatsApp: 0176/15098602
Campus Freiburg: 79115 Freiburg, Haslacher Straße 15, Tel. 0761/8707-0720
Studienberatung: Tel. 0761/6007-4030,
E-Mail: studienberatungfreiburg@macromedia.de
WhatsApp: 0176/15098602
Campus Köln: 50667 Köln, Brüderstraße 17, Tel. 0221/3108-20
Studienberatung: Tel. 0221/5714-3171
E-Mail: studienberatungkoeln@macromedia.de
WhatsApp: 0176/15098602
Campus Hamburg:
20095 Hamburg, Gertrudenstraße 3
Tel. 040/3003-0890
Studienberatung: Tel. 040/7972-4218
E-Mail: studienberatunghamburg@macromedia.de
WhatsApp: 0176/15098602
Campus Berlin: 10961 Berlin-Kreuzberg, M33 Höfe, Mehringdamm 33
Tel. 030/2021-5120
Studienberatung: Tel. 030/2647-9818
E-Mail: studienberatungberlin@macromedia.de
WhatsApp: 0176/15098602
Campus Leipzig:
04105 Leipzig, Nordstraße 3-15
Tel. 0341/3317-8110
Studienberatung: Tel. 0341/5663-3040
E-Mail: studienberatungleipzig@macromedia.de
Campus Frankfurt: 60488 Frankfurt am Main, Praunheimer Landstraße 70
Tel. 0800/622766-3345
E-Mail: studienberatungfrankfurt@macromedia.de

■ **Katholische Stiftungshochschule München (FH, kirchlich)**
www.ksh-muenchen.de
Studierendensekretariat/Studienberatung Benediktbeuern: 83671 Benediktbeuern, Don-Bosco-Straße 1, Tel. 08857/88-503
E-Mail: sekretariat.bb@ksh-m.de
Studierendensekretariat/Studienberatung München: 81667 München, Preysingstraße 83, Tel. 089/48092-9406

■ **Ludwig-Maximilians-Universität München (U, staatl.) www.lmu.de**
Studentenkanzlei: 80539 München, Geschwister-Scholl-Platz 1, Tel. 089/2180-9000
Zentrale Studienberatung: Ludwigstraße 27/I (Postanschrift: 80539 München, Geschwister-Scholl-Platz 1), Tel. 089/2180-9000

■ **Munich Business School (FH, privat)**
www.munich-business-school.de
Sekretariat: 80687 München, Elsenheimerstraße 61, Tel. 089/547678-0
E-Mail: info@munich-business-school.de

■ **Technische Universität München (U, staatl.) www.tum.de**
Postanschrift: 80333 München, Arcisstr. 21
Immatrikulationsamt und Studienberatung Service Desk: 80333 München, Arcisstr. 21
Tel. 089/28922737

Studenten Service Zentrum Hotline:
Tel. 089/28922245, E-Mail: studium@tum.de

- **Universität der Bundeswehr München (U, staatl.)** siehe Neubiberg

MÜNSTER NORDRHEIN-WESTFALEN

Studierendenwerk Münster:
48151 Münster, Bismarckallee 5,
Postanschrift: 48041 Münster, Postfach 7629,
Tel. 0251/837-0, E-Mail: info@stw-muenster.de
www.stw-muenster.de

- **Deutsche Hochschule der Polizei (U, staatl.) www.dhpol.de**

Studierendenbüro: 48165 Münster,
Zum Roten Berge 18-24, Tel. 02501/806-212
E-Mail: studierendenbuero@dhpol.de

- **Fachhochschule Münster (FH, staatl.) www.fh-muenster.de**

Zentrale Studienberatung: 48149 Münster,
Johann-Krane-Weg 25 (Raum 308)
Tel. 0251/83-64150
E-Mail: studienberatung@fh-muenster.de
Abteilung Steinfurt:48565 Steinfurt,
Stegerwaldstraße 39, Tel. 02551/9-62056
Service Office für Studierende: 48149 Münster,
Johann-Krane-Weg 25, Tel. 0251/83-64700
E-Mail: infothek@fh-muenster.de
Abteilung Steinfurt:48565 Steinfurt,
Stegerwaldstraße 39, Tel. 02551/9-62039
E-Mail: serviceoffice@fh-muenster.de

- **Hochschule des Bundes für öffentliche Verwaltung (FH, staatl.)** siehe Brühl

- **Hochschule für Polizei und öffentliche Verwaltung Nordrhein-Westfalen, Abteilung Münster (FH, staatl.) www.fhoev.nrw.de**

Verwaltung: 48147 Münster, Nevinghoff 8/10,
Tel. 0251/2859-0

- **Katholische Hochschule Nordrhein-Westfalen, Abteilung Münster (FH, kirchlich) www.katho-nrw.de**

Anschrift: 48147 Münster, Piusallee 89,
Tel. 0251/41767-0
E-Mail: info.muenster@katho-nrw.de
Studierendensekretariat: 48147 Münster,
Piusallee 89, Tel. 0251/41767-24

- **Kunstakademie Münster – Hochschule für Bildende Künste (KH, staatl.) www.kunstakademie-muenster.de**

Akademische und Studentische Angelegenheiten/Studienbüro: 48149 Münster,
Leonardo-Campus 2, Tel. 0251/8361-206, -406
E-Mail: studierendenservice@kunstakademie-muenster.de

- **Philosophisch-Theologische Hochschule Münster (ThH, kirchlich) www.pth-muenster.de**

Verwaltung: 48145 Münster, Kapuzinerstr. 27,
Tel. 0251/48256-0, E-Mail: pth@pth-muenster.de

- **Westfälische Wilhelms-Universität Münster (U, staatl.) www.uni-muenster.de**

Studierendensekretariat: 48149 Münster,
Schlossplatz 2, Tel. 0251/83-20001
E-Mail: studierendensekretariat@wwu.de
Zentrale Studienberatung: 48149 Münster,
Schlossgarten 3, Tel. 0251/83-20002
E-Mail: zsb@uni-muenster.de

NEU-ULM BAYERN

Studentenwerk Augsburg: 86161 Augsburg,
Eichleitnerstraße 30, Tel. 0821/598-4901
E-Mail: info@studentenwerk-augsburg.de
www.studentenwerk-augsburg.de

- **Hochschule für angewandte Wissenschaften Neu-Ulm (FH, staatl.) www.hnu.de**

Studienberatung: 89231 Neu-Ulm, Wileystr. 1,
Tel. 0731/9762-2000
E-Mail: studienberatung@hs-neu-ulm.de

NEUBIBERG BAYERN

- **Universität der Bundeswehr München (U, staatl.) www.unibw.de**

Kontakt: 85577 Neubiberg,
Werner-Heisenberg-Weg 39, Tel. 089/6004-0
E-Mail: info@unibw.de
Allgemeine Studienberatung:
85577 Neubiberg, Werner-Heisenberg-Weg 39
Tel. 089/6004-3244,
E-Mail: achim.vogel@unibw.de
Zentrale Beratung: Bundesamt für das Personalmanagement der Bundeswehr, Assessment-Center für Führungskräfte der Bundeswehr,
Hauptadresse: 50737 Köln, Militärringstr. 1000,
E-Mail: bapersbweingang@bundeswehr.org
www.personal.bundeswehr.de
www.bundeswehrkarriere.de

NEUBRANDENBURG MV

Studierendenwerk Greifswald:
17489 Greifswald, Am Schießwall 1-4,
Postanschrift: 17464 Greifswald,
Postfach 1105, Tel. 03834/86-1700,
E-Mail: info@stw-greifswald.de
www.stw-greifswald.de/ ▶

■ **Hochschule Neubrandenburg (FH, staatl.)** **www.hs-nb.de**
Postanschrift: 17041 Neubrandenburg, Postfach 110121
Immatrikulations- und Prüfungsamt: 17033 Neubrandenburg, Brodaer Straße 2, Tel. 0395/5693-1105
Studienberatung: 17033 Neubrandenburg, Brodaer Straße 2, Tel. 0395/5693-1014
E-Mail: zsb@hs-nb.de oder per WhatsApp: 0170/8593755

NEUBURG — BAYERN

■ **Technische Hochschule Ingolstadt (FH, staatl.)** **www.thi.de** siehe Ingolstadt

NEUENDETTELSAU — BAYERN

■ **Augustana-Hochschule (U, kirchlich)** **www.augustana.de**
Sekretariat: 91564 Neuendettelsau, Waldstraße 11, Tel. 09874/509-244
E-Mail: studierendensekretariat@augustana.de
Allgemeine Studienberatung: 91564 Neuendettelsau, Waldstraße 11, Tel. 09874/509-430
E-Mail: studierendenpfarramt@augustana.de

■ **Friedrich-Alexander-Universität Erlangen-Nürnberg (U, staatl.)** siehe Erlangen

NEUMARKT — BAYERN

■ **Technische Hochschule Nürnberg Georg Simon Ohm (FH, staatl.)** siehe Nürnberg

NEURUPPIN — BRANDENBURG

■ **Medizinische Hochschule Brandenburg Theodor Fontane (U, privat)** **www.mhb-fontane.de**
Referat für Studienangelegenheiten: 16816 Neuruppin, Fehrbelliner Str. 38 Tel. 03391/39-14210
E-Mail: studienberatung@mhb-fontane.de
Bewerbungsbüro Humanmedizin: 16816 Neuruppin, Fehrbelliner Str. 38 Cornelia Gammelin, Tel. 03391/39-14210
E-Mail: frag.uns.med@mhb-fontane.de
Bewerbungsbüro Psychologie: 16816 Neuruppin, Fehrbelliner Str. 38 Beatrice Schwarz, Tel. 03391/39-14620
E-Mail: studienberatung@mhb-fontane.de

NIENBURG — NIEDERSACHSEN

Studentenwerk Hannover: 30167 Hannover, Jägerstraße 5, Postanschrift: 30058 Hannover, Postfach 5820, Tel. 0511/76-88022
E-Mail: info@studentenwerk-hannover.de
www.studentenwerk-hannover.de

■ **Polizeiakademie Niedersachsen (FH, staatl.)** **www.pa.polizei-nds.de**
Anschrift: 31582 Nienburg/Weser, Bürgermeister-Stahn-Wall 9, Tel. 0441/7903-103

NORDHAUSEN — THÜRINGEN

Studierendenwerk Thüringen: 07743 Jena, Philosophenweg 22, Postanschrift: 07708 Jena, Postfach 100822, Tel. 03641/930-500
E-Mail: poststelle@stw-thueringen.de
www.stw-thueringen.de

■ **Hochschule Nordhausen – University of Applied Sciences (FH, staatl.)** **www.hs-nordhausen.de**
Studien-Service-Zentrum/Zentrale Studienberatung: 99734 Nordhausen, Weinberghof 4, Tel. 03631/420-222
E-Mail: ssz@hs-nordhausen.de

NORDKIRCHEN — NORDRHEIN-WESTFALEN

■ **Fachhochschule für Finanzen Nordrhein-Westfalen (FH, staatl.)**
Verwaltung: 59394 Nordkirchen, Schlossstraße 1, Tel. 02596/933-0

NÜRNBERG — BAYERN

Studentenwerk Erlangen-Nürnberg: 91052 Erlangen, Hofmannstr. 27, Postanschrift: 91020 Erlangen, Postfach 3208, Tel. 09131/8002-0, E-Mail: info@werkswelt.de
www.werkswelt.de

■ **Akademie der Bildenden Künste in Nürnberg (KH, staatl.)** **www.adbk-nuernberg.de**
Studentensekretariat/Studienberatung: 90480 Nürnberg, Bingstraße 60, Tel. 0911/9404-0
E-Mail: info@adbk-nuernberg.de

■ **Evangelische Hochschule für angewandte Wissenschaften – Evangelische Fachhochschule Nürnberg (FH, kirchlich)** **www.evhn.de**
Sekretariat: 90429 Nürnberg, Bärenschanzstraße 4, Tel. 0911/27253-6
E-Mail: zentrale@evhn.de

■ **Friedrich-Alexander-Universität Erlangen-Nürnberg (U, staatl.)** siehe Erlangen

■ **Hochschule für Musik Nürnberg (KH, staatl.)** **www.hfm-nuernberg.de**
Studienservice: 90489 Nürnberg, Veilhofstraße 34-40, Tel. 0911/21522-150, -153, -154, -155, -156
E-Mail: studienservice@hfm-nuernberg.de

- **Technische Universität Nürnberg (U, staatl.) www.tu-n.org**

Interimsanschrift: 90443 Nürnberg, Ulmenstraße 52i, E-Mail: post@tu-n.org

- **Technische Hochschule Nürnberg Georg Simon Ohm (FH, staatl.) www.th-nuernberg.de**

Zentrale Studienberatung:
90489 Nürnberg, Prinzregentenufer 45,
E-Mail: studienberatung@th-nuernberg.de
Telefon: 0911/5880-4500
Studienberatung online:
www.th-nuernberg.de/studienberatungsportal
Studierendenservice:
Tel. 0911/5880-4004 (Telefonhotline)
E-Mail: studienbuero@th-nuernberg.de

NÜRTINGEN BADEN-WÜRTTEMBERG

Studierendenwerk Tübingen-Hohenheim:
72072 Tübingen, Friedrichstraße 21,
Tel. 07071/29-73822
E-Mail: info@sw-tuebingen-hohenheim.de
www.my-stuwe.de

- **Hochschule für Wirtschaft und Umwelt Nürtingen-Geislingen (FH, staatl.) www.hfwu.de**

Studierendensekretariat am Standort Nürtingen: 72622 Nürtingen,
Heiligkreuzstraße 3 Tel. 07022/201-347
E-Mail: studierendensekretariat-nt@hfwu.de
Studierendensekretariat am Standort Geislingen: 73312 Geislingen, Bahnhofstraße 37,
Tel. 07331/22-530
E-Mail: studierendensekretariat-gs@hfwu.de

OBERURSEL HESSEN

Studentenwerk Frankfurt am Main:
60325 Frankfurt, Bockenheimer Landstraße 133,
Tel. 069/798-34906, Postanschrift:
60444 Frankfurt, Postfach 900460
E-Mail: info@studentenwerkfrankfurt.de
www.studentenwerkfrankfurt.de

- **Lutherische Theologische Hochschule Oberursel (ThH, kirchlich) www.lthh.de**

Sekretariat: 61440 Oberursel,
Altkönigstraße 150, Tel. 06171/9127-0
E-Mail: verwaltung@lthh-oberursel.de

OFFENBACH HESSEN

Studentenwerk Frankfurt am Main:
60325 Frankfurt, Bockenheimer Landstraße 133,
Tel. 069/798-34906
Postanschrift: 60444 Frankfurt, Postfach 900460
E-Mail: info@studentenwerkfrankfurt.de
www.studentenwerkfrankfurt.de

- **Hochschule für Gestaltung Offenbach am Main (KH, staatl.) www.hfg-offenbach.de**

Studierendensekretariat:
63065 Offenbach, Schlossgrabengasse 1,
Tel. 069/80059-134, -121, -208, -120
E-Mail: alban@hfg-offenbach.de

OFFENBURG BADEN-WÜRTTEMBERG

Studentenwerk Freiburg-Schwarzwald:
79100 Freiburg, Basler Straße 2, Postanschrift: 79100 Freiburg, Tel. 0761/2101-200
E-Mail: info@swfr.de, www.swfr.de

- **Hochschule für Technik, Wirtschaft und Medien Offenburg (FH, staatl.) www.hs-offenburg.de**

Campus Offenburg: 77652 Offenburg,
Badstraße 24, Tel. 0781/205-0
E-Mail: info@fh-offenburg.de
Studienberatung: 77652 Offenburg,
Badstraße 24, Tel. 0781/205-4866
E-Mail: klara.buchner@hs-offenburg.de
Campus Gengenbach: 77723 Gengenbach,
Klosterstraße 14, Tel. 07803/9698-0
E-Mail: info@fh-offenburg.de

OLDENBURG NIEDERSACHSEN

Studentenwerk Oldenburg:
26129 Oldenburg, Uhlhornsweg 49-55, Postanschrift: 26035 Oldenburg, Tel. 0441/798-2709,
E-Mail: info@sw-ol.de
www.studentenwerk-oldenburg.de
Büro Emden: 26723 Emden,
Paapsand 34, Tel. 04921/61428,
E-Mail: buero.emden@sw-ol.de
Büro Wilhemshaven: 26389 Wilhelmshaven,
Friedrich-Paffrath-Str. 101, Tel. 04421/85298
E-Mail: buero.whv@sw-ol.de

- **Carl von Ossietzky Universität Oldenburg (U, staatl.) www.uol.de**

Zentrale Studien- und Karriereberatung:
26129 Oldenburg, Ammerländer
Heerstraße 114-118, **Infoline-Studium:**
Tel. 0441/798-2728, E-Mail: studium@uol.de

- **Jade Hochschule Wilhelmshaven/ Oldenburg/Elsfleth (FH, staatl.)** siehe Wilhelmshaven

- **Polizeiakademie Niedersachsen (FH, staatl.)** siehe Nienburg

ORANIENBURG BRANDENBURG

- **Fachhochschule der Polizei des Landes Brandenburg (FH, staatl.) www.hpolbb.de**

Personal/Auswahl: 16515 Oranienburg,
Bernauer Straße 146, Tel. 03301/850-2222 ▶

E-Mail: karriere@polizei.brandenburg.de
www.polizei-brandenburg-karriere.de

OSNABRÜCK — NIEDERSACHSEN

Studentenwerk Osnabrück: 49074 Osnabrück, Ritterstraße 10, Postanschrift: 49027 Osnabrück, Postfach 3749, Tel. 0541/33107-0, E-Mail: info@sw-os.de
www.studentenwerk-osnabrueck.de

- **Hochschule Osnabrück (FH, staatl.) www.hs-osnabrueck.de**

Postanschrift: 49009 Osnabrück, Postfach 1940
Service Desk:
49076 Osnabrück, Albrechtstraße 30
Info-Hotline: Tel. 0541/969-7100
E-Mail: servicedesk@hs-osnabrueck.de
Zentrale Studien- und Studierendenberatungsstelle der Hochschulregion Osnabrück (ZSB): 49074 Osnabrück, Neuer Graben 27, Tel. 0541/969-4999
E-Mail: info@zsb-os.de
Standort Lingen/Ems: 49809 Lingen, Kaiserstraße 10c, Tel. 0591/80098-402
E-Mail: s.aster@hs-osnabrueck.de
Standort Osnabrück: 49076 Osnabrück, Albrechtstraße 30, Tel. 0541/969-0
E-Mail: servicedesk@hs-osnabrueck.de

- **Universität Osnabrück (U, staatl.) www.uni-osnabrueck.de**

Studierendensekretariat: 49074 Osnabrück, Neuer Graben 27, Tel. 0541/969-7777 (Info-Line)
E-Mail: studentsoffice@uni-osnabrueck.de
Zentrale Studien- und Studierendenberatungsstelle der Hochschulregion Osnabrück (ZSB): 49074 Osnabrück, Neuer Graben 27, Tel. 0541/969-4999
E-Mail: info@zsb-os.de

OSTERRÖNFELD — SCHLESWIG-HOLSTEIN

- **Fachhochschule Kiel (FH, staatl.)** siehe Kiel

OTTERSBERG — NIEDERSACHSEN

- **Hochschule für Künste im Sozialen, Ottersberg (FH, privat) www.hks-ottersberg.de**

Sekretariat: 28870 Ottersberg, Am Wiestebruch 68, Tel. 04205/3949-0
E-Mail: info@hks-ottersberg.de

PADERBORN — NORDRHEIN-WESTFALEN

Studierendenwerk Paderborn: 33100 Paderborn, Mersinweg 2, Tel. 05251/89207-101
E-Mail: schachten@stwpb.de
www.studierendenwerk-pb.de

- **Fachhochschule der Wirtschaft (FH, privat) www.fhdw.de**

Verwaltung: 33102 Paderborn, Fürstenallee 5, Tel. 05251/301-02
E-Mail: info-pb@fhdw.de

- **Katholische Hochschule Nordrhein-Westfalen, Abteilung Paderborn (FH, kirchlich) www.katho-nrw.de/paderborn**

Anschrift: 33098 Paderborn, Leostraße 19, Tel. 05251/1225-0
E-Mail: info.paderborn@katho-nrw.de

- **Theologische Fakultät Paderborn (U, kirchlich) www.thf-paderborn.de**

Sekretariat: 33098 Paderborn, Kamp 6, Tel. 05251/121-6,
E-Mail: rektorat@thf-paderborn.de
Allgemeine Studienberatung:
33098 Paderborn, Kamp 6, Tel. 05251/121-737
E-Mail: studienreferat@thf-paderborn.de

- **Universität Paderborn (U, staatl.) www.uni-paderborn.de**

Service-Center: 33098 Paderborn, Warburger Straße 100 (Geb. B), Tel. 05251/60-5040
E-Mail: servicecenter@zv.uni-paderborn.de
Zentrale Studienberatung (ZSB): 33098 Paderborn, Warburger Straße 100, Tel. 05251/60-2007,
E-Mail: zsb@upb.de

PASSAU — BAYERN

Studentenwerk Niederbayern/Oberpfalz: 93053 Regensburg, Albertus-Magnus-Straße 4 Tel. 0941/943-2201, E-Mail: sozialberatung@stwno.de www.stwno.de

- **Universität Passau (U, staatl.) www.uni-passau.de**

Postanschrift: 94030 Passau
Studierendensekretariat: 94032 Passau, Innstraße 41, Tel. 0851/509-1127
E-Mail: studierendensekretariat@uni-passau.de
Studienberatung: 94032 Passau, Innstraße 39 (Juridicum), Tel. 0851/509-1154, -1153, E-Mail: studienberatung@uni-passau.de

PFORZHEIM — BADEN-WÜRTTEMBERG

Studentenwerk Karlsruhe: 76131 Karlsruhe, Adenauerring 7, Tel. 0721/6909-0
E-Mail: gf@sw-ka.de, www.sw-ka.de

- **Hochschule Pforzheim – Gestaltung, Technik, Wirtschaft und Recht (FH, staatl.) www.hs-pforzheim.de**

Anschrift: 75175 Pforzheim, Tiefenbronner Straße 65, Tel. 07231/28-5
E-Mail: info@hs-pforzheim.de

Studierendensekretariat/StudiCenter: Fakultät Technik, Wirtschaft und Recht: 75175 Pforzheim, Tiefenbronner Straße 65, Tel. 07231/28-6940
E-Mail: studicenter@hs-pforzheim.de
Fakultät Gestaltung:75175 Pforzheim, Holzgartenstr. 36, Tel. 07231/28-6724
E-Mail: gstudsek@hs-pforzheim.de

PIRMASENS RHEINLAND-PFALZ

■ **Hochschule Kaiserslautern (FH, staatl.)**
siehe Kaiserslautern

POTSDAM BRANDENBURG

Studentenwerk Potsdam: Babelsberger Straße 2, Postanschrift: 14413 Potsdam, Postfach 601353, Tel. 0331/3706-0
E-Mail: post@studentenwerk-potsdam.de
www.studentenwerk-potsdam.de

■ **Fachhochschule Clara Hoffbauer – University of Applied Sciences (FH, privat)**
www.fhchp.de
Anschrift: 14473 Potsdam, Hermannswerder 7, Tel. 0331/2313-439
E-Mail: info@fhchp.de
Studienberatung: Tel. 0331/2313-439
E-Mail: info@fhchp.de

■ **Fachhochschule für Sport und Management Potsdam (FH, privat)**
www.fhsmp.de
Anschrift: 14471 Potsdam, Am Luftschiffhafen 1, Tel. 0331/90757-105
E-Mail: info@fhsmp.de

■ **Fachhochschule Potsdam (FH, staatl.)**
www.fh-potsdam.de
Postanschrift: 14469 Potsdam, Kiepenheuerallee 5
Studien-Info-Service: 14469 Potsdam, Kiepenheuerallee 5, Hauptgebäude Raum 014, Tel. 0331/580 3502,
E-Mail: sabine-colditz@fh-potsdam.de
Zentrale Studienberatung:
E-Mail: zsb@fh-potsdam.de
Sprechzeiten nach Vereinbarung

■ **Filmuniversität Babelsberg KONRAD WOLF (KH, staatl.)**
www.filmuniversitaet.de
Allgemeine Studienberatung: 14482 Potsdam, Marlene-Dietrich-Allee 11, Tel. 0331/6202-0,
E-Mail: info@filmuniversitaet.de

■ **Universität Potsdam (U, staatl.)**
www.uni-potsdam.de
Studierendensekretariat: 14469 Potsdam Am Neuen Palais 10 (Haus 8)
E-Mail: claudia.remus@uni-potsdam.de
Zentrale Studienberatung: 14469 Potsdam Am Neuen Palais 10 (Haus 08), Tel. 0331/977-1715
E-Mail: studienberatung@uni-potsdam.de

■ **XU Exponential University of Applied Sciences (FH, privat) xu-university.com/**
Postanschrift: 14482 Potsdam, August-Bebel-Straße 26-53, Tel. 030/959 999 991
E-Mail: hello@xu-university.com

QUIERSCHIED-GÖTTELBORN SAARLAND

■ **Fachhochschule für Verwaltung (FH, staatl.) www.saarland.de/fhsv.htm**
Postanschrift:
66287 Quierschied-Göttelborn, Am Campus 7
Studierendensekretariat:
66287 Quierschied-Göttelborn, Am Campus 7, Tel. 0681/501-7640
E-Mail: fhsv@fhsv.saarland.de

■ **Hochschule für Technik und Wirtschaft des Saarlandes (FH, staatl.)** siehe Saarbrücken

RAVENSBURG BADEN-WÜRTTEMBERG

Seezeit – Studentenwerk Bodensee: 78464 Konstanz, Universitätsstraße 10, Tel. 07531/9782-220, E-Mail: servicecenter@seezeit.com, www.seezeit.com

■ **Duale Hochschule Baden-Württemberg (FH, staatl.)** siehe Stuttgart

■ **Duale Hochschule Baden-Württemberg Ravensburg (FH, staatl.)**
www.ravensburg.dhbw.de
Postanschrift: 88212 Ravensburg, Marienplatz 2, Tel. 0751/18999-2700
E-Mail: info@dhbw-ravensburg.de
Studienberatung: Tel. 07511/8999-2115,
E-Mail: studieninfo@dhbw-ravensburg.de
Campus Friedrichshafen:
88045 Friedrichshafen, Fallenbrunnen 2

RECKLINGHAUSEN NRW

■ **Westfälische Hochschule (FH, staatl.)**
siehe Gelsenkirchen

REGENSBURG BAYERN

Studentenwerk Niederbayern/Oberpfalz: 93053 Regensburg, Albertus-Magnus-Straße 4 Tel. 0941/943-2201, E-Mail: sozialberatung@stwno.de, www.stwno.de ▶

- **Hochschule für Katholische Kirchenmusik und Musikpädagogik Regensburg (KH, kirchlich) www.hfkm-regensburg.de**

Sekretariat: 93059 Regensburg, Andreasstr. 9, Tel. 0941/83009-12
E-Mail: info@hfkm-regensburg.de

- **Ostbayerische Technische Hochschule Regensburg (FH, staatl.) www.oth-regensburg.de**

Allgemeine Studienberatung: 93053 Regensburg, Galgenbergstr. 30, Tel. 0941/943-9710, -9711, -9208
E-Mail: studienberatung@oth-regensburg.de
Studium (Abteilung): Besucheradresse: Prüfeninger Straße 58

- **Universität Regensburg (U, staatl.) www.uni-regensburg.de**

Postanschrift: 93040 Regensburg
Studentenkanzlei: 93053 Regensburg, Universitätsstraße 31, Tel. 0941/943-5500
E-Mail: studentenkanzlei@ur.de
Zentralstelle für Studienberatung: 93053 Regensburg, Universitätsstraße 31, Tel. 0941/943-2219
E-Mail: studienberatung@ur.de

REICHENBACH — SACHSEN

- **Westsächsische Hochschule Zwickau (FH, staatl.)** siehe Zwickau

REMAGEN — RHEINLAND-PFALZ

- **Hochschule Koblenz (FH, staatl.)** siehe Koblenz

REUTLINGEN — BADEN-WÜRTTEMBERG

Studierendenwerk Tübingen-Hohenheim: 72072 Tübingen, Friedrichstraße 21, Tel. 07071/29-73822, E-Mail: info@sw-tuebingen-hohenheim.de, www.my-stuwe.de

- **Hochschule Reutlingen (FH, staatl.) www.reutlingen-university.de**

Studien-Service-Center: 72762 Reutlingen, Alteburgstraße 150, Tel. 07121/271-1060
E-Mail: info.studium@reutlingen-university.de

- **Theologische Hochschule Reutlingen, staatlich anerkannte Fachhochschule der Evangelisch-methodistischen Kirche (FH, kirchlich) www.th-reutlingen.de**

Sekretariat: 72762 Reutlingen, Friedrich-Ebert-Straße 31, Tel. 07121/9259-0
E-Mail: info@th-reutlingen.de
Studienberatung: studienberatung@th-reutlingen.de

RHEINBACH — NORDRHEIN-WESTFALEN

- **Hochschule Bonn-Rhein-Sieg (FH, staatl.)** siehe Sankt Augustin

RIEDLINGEN — BADEN-WÜRTTEMBERG

- **SRH Fernhochschule – The Mobile University (FH, privat) www.mobile-university.de**

Sekretariat: 88499 Riedlingen, Kirchstraße 26, Tel. 07371/9315-0
E-Mail: info@mobile-university.de

RINTELN — NIEDERSACHSEN

- **Steuerakademie Niedersachsen (FH, staatl.) www.steuerakademie.niedersachsen.de**

Anschrift: 31707 Rinteln, Wilhelm-Busch-Weg 29, Tel. 05722/994412

ROSENHEIM — BAYERN

Studentenwerk München: 80802 München, Leopoldstraße 15, Tel. 089/38196-0
E-Mail: stuwerk@stwm.de
www.studentenwerk-muenchen.de

- **Technische Hochschule Rosenheim (FH, staatl.) www.th-rosenheim.de**

Amt für Studienangelegenheiten: 83024 Rosenheim, Hochschulstraße 1, Tel. 08031/805-2155, -2156, -2162, -2163, -2199
E-Mail: studienamt@th-rosenheim.de
Studienberatung: 83024 Rosenheim, Hochschulstraße 1, Tel. 08031/805-2495, -2489, -2535
E-Mail: studienberatung@th-rosenheim.de
Campus Burghausen: 84489 Burghausen, Marktler Straße 50, Tel. 08031/805-4000,
E-Mail: campus-burghausen@th-rosenheim.de
Campus Mühldorf am Inn: 84453 Mühldorf a. Inn, Am Industriepark 33, Tel. 08031/805-4510

ROSSWEIN — SACHSEN

- **Hochschule Mittweida (FH, staatl.)** siehe Mittweida

ROSTOCK — MECKLENBURG-VORPOMMERN

Studierendenwerk Rostock-Wismar: 18055 Rostock, St.-Georg-Straße 104-107, Tel. 0381/4592-600, E-Mail: info@stw-rw.de
www.stw-rw.de

- **Hochschule für Musik und Theater Rostock (KH, staatl.) www.hmt-rostock.de**

Studentensekretariat: 18055 Rostock, Beim St.-Katharinenstift 8, Tel. 0381/5108-224
E-Mail: swantje.tomforde@hmt-rostock.de

■ **Universität Rostock (U, staatl.)**
www.uni-rostock.de
Postanschrift: 18051 Rostock
Studierendensekretariat:
18057 Rostock, Parkstraße 6
Hotline: 0381/498-1230, E-Mail:
studierendensekretariat@uni-rostock.de
Info-Service (SSC): 18057 Rostock,
Parkstraße 6, Tel. 0381/498-1230
E-Mail: studium@uni-rostock.de

ROTENBURG A.D. FULDA — HESSEN

■ **Hessische Hochschule für Finanzen und Rechtspflege (FH, staatl.)**
Verwaltung: 36199 Rotenburg, Joseph-Durstewitz-Straße 2-6, Tel. 06623/932-0,
E-Mail: poststelle@szrof.hessen.de

ROTHENBURG/OL — SACHSEN

■ **Hochschule der Sächsischen Polizei (FH, staatl.)**
www.polizei.sachsen.de/de/polfh.htm
Verwaltung: 02929 Rothenburg/OL,
Friedensstraße 120, Tel. 035891/46-0
E-Mail: poststelle.fhs@polizei.sachsen.de
Fortbildungszentrum Bautzen:
02625 Bautzen, Kantstraße 25, Tel. 03591/212-0

ROTTENBURG — BADEN-WÜRTTEMBERG

Studierendenwerk Tübingen-Hohenheim:
72072 Tübingen, Friedrichstraße 21,
Tel. 07071/29-73822, E-Mail: info@sw-tuebingen-hohenheim.de, www.my-stuwe.de

■ **Hochschule für Forstwirtschaft Rottenburg (FH, staatl.) www.hs-rottenburg.net**
Studierendenservice: 72108 Rottenburg am Neckar, Schadenweilerhof,
Tel. 07472/951-221, -223, -224, -225
E-Mail: Simone.Herrmann@hs-rottenburg.de

■ **Hochschule für Kirchenmusik der Diozöse Rottenburg-Stuttgart (KH, kirchlich)**
kirchenmusik-hochschule.org
Verwaltung: 72108 Rottenburg,
Sankt-Meinrad-Weg 6, Tel. 07472/169-820
E-Mail: hfk-rottenburg@bo.drs.de

RÜSSELSHEIM — HESSEN

■ **Hochschule RheinMain (FH, staatl.)**
siehe Wiesbaden

SAARBRÜCKEN — SAARLAND

Studentenwerk im Saarland e.V.:
66123 Saarbrücken, Campus Gebäude D 4.1,
Tel. 0681/302-2800
E-Mail: info@studentenwerk-saarland.de
www.studentenwerk-saarland.de
Außenstelle Homburg: 66424 Homburg, Universitätsklinikum des Saarlandes Gebäude 74,
Tel. 06841/16-27483
E-Mail: info@studentenwerk-saarland.de

■ **Deutsch-Französische Hochschule (U, staatl.) www.dfh-ufa.org**
Postanschrift:
66007 Saarbrücken, Postfach 100762
Sekretariat: 66123 Saarbrücken,
Kohlweg 7 (Villa Europa), Tel. 0681/93812-100
E-Mail: info@dfh-ufa.org

■ **Deutsche Hochschule für Prävention und Gesundheitsmanagement (FH, privat)**
www.dhfpg.de
Zentrale: 66123 Saarbrücken, Hermann Neuberger Sportschule 3, Tel. 0681/6855-150
E-Mail: info@dhfpg.de
Studienzentren: Berlin, Düsseldorf, Frankfurt, Hamburg, Köln, Leipzig, München, Saarbrücken, Stuttgart, Wien, Zürich

■ **Hochschule der Bildenden Künste Saar (KH, staatl.) www.hbksaar.de**
Verwaltung: 66117 Saarbrücken,
Keplerstraße 3-5, Tel. 0681/92652-0
E-Mail: info@hbksaar.de
Studierendenverwaltung: 66117 Saarbrücken,
Keplerstraße 3-5, Tel. 0681/92652-147
E-Mail: c.rossak@hbksaar.de

■ **Hochschule für Musik Saar (KH, staatl.)**
www.hfm.saarland.de
Studierendensekretariat: 66111 Saarbrücken,
Bismarckstraße 1, Tel. 0681/96731-26
E-Mail: i.kessler@hfm.saarland.de

■ **Hochschule für Technik und Wirtschaft des Saarlandes (FH, staatl.)**
www.htwsaar.de
Studierendensekretariat:
66117 Saarbrücken, Malstatter Straße 17,
Tel. 0681/5867-115, E-Mail: stud-sek@htwsaar.de
Büro des Deutsch-Französischen Hochschulinstituts (DFHI): 66117 Saarbrücken, Malstatter Straße 17, Tel. 0681/5867-294
E-Mail: dfhi@htwsaar.de

■ **Universität des Saarlandes (U, staatl.)**
www.uni-saarland.de
Postanschrift: 66041 Saarbrücken,
Postfach 151150, Tel. 0681/302-0
E-Mail: info@uni-saarland.de
Campus Homburg (Universitätsklinikum des Saarlandes): 66421 Homburg/Saar,
Kirrberger Straße, Tel. 06841/16-0
E-Mail: info@uks.eu ▶

Studierendensekretariat: Campus Saarbrücken (Gebäude A4 2), Tel. 0681/302-5491
E-Mail: anmeldung@univw.uni-saarland.de
Studienzentrum – Zentrale Studienberatung: Campus Saarbrücken
(Gebäude A4 4), Tel. 0681/302-3513
E-Mail: studienberatung@uni-saarland.de
www.uni-saarland.de/studienberatung

SALZGITTER NIEDERSACHSEN

- **Ostfalia Hochschule für angewandte Wissenschaften (FH, staatl.)**

siehe Wolfenbüttel

SANKT AUGUSTIN NRW

Studierendenwerk Bonn: 53113 Bonn, Nassestraße 11, Tel. 0228/737000
E-Mail: info@studierendenwerk-bonn.de
www.studierendenwerk-bonn.de

- **Hochschule Bonn-Rhein-Sieg (FH, staatl.) www.h-brs.de**

Studierendensekretariat:
53757 Sankt Augustin, Grantham-Allee 20, Tel. 02241/865-720, -626, -726, -697, -622, -132, -467, -9649, -9608, -9795
E-Mail: studierendensekretariat@h-brs.de
Allgemeine Studienberatung: 53757 Sankt Augustin, Grantham-Allee 20 und 53359 Rheinbach, von-Liebig-Straße 20, Tel. 02241/865-9656,
E-Mail: studienberatung@h-brs.de
Campus Sankt Augustin:
53757 Sankt Augustin, Grantham-Allee 20
Campus Rheinbach:
53359 Rheinbach, von-Liebig-Straße 20
Campus Hennef:
53773 Hennef, Zum Steimelsberg 7

SCHMALKALDEN THÜRINGEN

Studierendenwerk Thüringen: 07743 Jena, Philosophenweg 22, Postanschrift: 07708 Jena, Postfach 100822, Tel. 03641/930-500
E-Mail:: poststelle@stw-thueringen.de
www.stw-thueringen.de

- **Hochschule Schmalkalden – Hochschule für angewandte Wissenschaften (FH, staatl.) www.hs-schmalkalden.de**

Postanschrift:
98564 Schmalkalden, Postfach 100452
Studierenden-Servicebüro:
98574 Schmalkalden, Blechhammer 9, Tel. 03683/688-1204, -1205
E-Mail: studentenbuero@hs-schmalkalden.de
Zentrale Studienberatung:
98574 Schmalkalden, Blechhammer 9, Tel. 03683/688-1023, -1024
E-Mail: studienberatung@hs-schmalkalden.de

SCHNEEBERG SACHSEN

- **Westsächsische Hochschule Zwickau (FH, staatl.)** siehe Zwickau

SCHWÄBISCH GMÜND BW

Studierendenwerk Ulm: 89081 Ulm, James-Franck-Ring 8, Tel. 0731/50-23810
E-Mail: info@studierendenwerk-ulm.de
www.studierendenwerk-ulm.de

- **Hochschule für Gestaltung Schwäbisch Gmünd (FH, staatl.) www.hfg-gmuend.de**

Studierenden-Sekretariat:
73525 Schwäbisch Gmünd, Rektor-Klaus-Str. 100, Tel. 07171/602-605
E-Mail: sekretariat@hfg-gmuend.de
Zentrale Studienberatung der Hochschulregion Ulm: 89069 Ulm, Tel. 0731/50-24444
E-Mail: zentralestudienberatung@uni-ulm.de

- **Pädagogische Hochschule Schwäbisch Gmünd (U, staatl.) www.ph-gmuend.de**

Immatrikulationsamt/Studierendensekretariat: 73525 Schwäbisch Gmünd, Oberbettringer Straße 200, Tel. 07171/983-206, -209, -213, E-Mail: ssek@ph-gmuend.de
Studienberatung: 73525 Schwäbisch Gmünd, Oberbettringer Straße 200, Tel. 07171/983-311, -319
E-Mail: studienberatung@ph-gmuend.de
Zentrale Studienberatung der Hochschulregion Ulm/Ostwürttemberg:
89069 Ulm, Tel. 0731/50-24444
E-Mail: zentralestudienberatung@uni-ulm.de

SCHWÄBISCH HALL BW

- **Hochschule Heilbronn – Technik, Wirtschaft, Informatik (FH, staatl.)** siehe Heilbronn

SCHWALMSTADT HESSEN

- **Evangelische Hochschule Darmstadt (FH, kirchlich)** siehe Darmstadt

SCHWEINFURT BAYERN

- **Hochschule für angewandte Wissenschaften Würzburg-Schweinfurt (FH, staatl.)** siehe Würzburg

SCHWERIN MECKLENBURG-VORPOMMERN

- **Hochschule der Bundesagentur für Arbeit – staatlich anerkannte Hochschule für Arbeitsmarktmanagement (FH, staatl.)**

siehe Mannheim

SCHWETZINGEN BADEN-WÜRTTEMBERG

- **Fachhochschule Schwetzingen – Hochschule für Rechtspflege (FH, staatl.)** **www.fh-schwetzingen.de**

Verwaltung: 68723 Schwetzingen, Karlsruher Straße 2, Tel. 06202/92890-0
E-Mail: poststelle@hfr.justiz.bwl.de
www.fh-schwetzingen.de

SENFTENBERG BRANDENBURG

- **Brandenburgische Technische Universität Cottbus-Senftenberg (U, staatl.)** siehe Cottbus

SIEGEN NORDRHEIN-WESTFALEN

Studierendenwerk Siegen: 57076 Siegen, Hölderlinstraße 3, Postanschrift: 57002 Siegen, Postfach 100220, Tel. 0271/740-0
E-Mail: info@studierendenwerk.uni-siegen.de
www.studierendenwerk-siegen.de

- **Universität Siegen (U, staatl.)** **www.uni-siegen.de**

Postanschrift: 57068 Siegen
Studierendensekretariat: 57076 Siegen, Adolf-Reichwein-Straße 2, Tel. 0271/740-4814 bis -4818, -3861, -4942
Zentrale Studienberatung: 57076 Siegen, Adolf-Reichwein-Straße 2, Tel. 0271/740-2712
E-Mail: info.studienberatung@zsb.uni-siegen.de

SIGMARINGEN BADEN-WÜRTTEMBERG

- **Hochschule Albstadt-Sigmaringen (FH, staatl.)** **www.hs-albsig.de**

Studierendensekretariat/Zulassungsamt Sigmaringen: 72488 Sigmaringen, Anton-Günther-Straße 51, Tel. 07571/732-0
E-Mail: kastern@hs-albsig.de
Standort Albstadt: 72458 Albstadt-Ebingen, Poststraße 6, Tel. 07571/732-0
E-Mail: info@hs-albsig.de

SOEST NORDRHEIN-WESTFALEN

- **Fachhochschule Südwestfalen (FH, staatl.)** siehe Iserlohn

SPEYER RHEINLAND-PFALZ

- **Deutsche Universität für Verwaltungswissenschaften (U, staatl.)** **www.uni-speyer.de**

Studierendensekretariat: 67346 Speyer, Freiherr-vom-Stein-Straße 2
Postfach 1409, Tel. 06232/654-227, -228, -270
E-Mail: reiland@uni-speyer.de

STARNBERG BAYERN

- **Hochschule für den öffentlichen Dienst in Bayern (FH, staatl.)** siehe München

STEINFURT NORDRHEIN-WESTFALEN

- **Fachhochschule Münster (FH, staatl.)** siehe Münster

STENDAL SACHSEN-ANHALT

- **Hochschule Magdeburg-Stendal (FH, staatl.)** siehe Magdeburg

STRALSUND MV

Studierendenwerk Greifswald: 17489 Greifswald, Am Schießwall 1-4, Postanschrift: 17464 Greifswald, Postfach 1105, Tel. 03834/86-1700, E-Mail: info@stw-greifswald.de, www.stw-greifswald.de/

- **Hochschule Stralsund (FH, staatl.)** **www.hochschule-stralsund.de**

Allgemeine Studienberatung: 18435 Stralsund, Zur Schwedenschanze 15
Tel. 03831/45-6513, -6532, E-Mail: studienberatung@hochschule-stralsund.de

STRAUBING BAYERN

- **Hochschule für angewandte Wissenschaften Weihenstephan-Triesdorf (FH, staatl.)** siehe Freising

- **Technische Universität München (U, staatl.)** siehe München

STUTTGART BADEN-WÜRTTEMBERG

Studierendenwerk Stuttgart: 70174 Stuttgart, Rosenbergstraße 18, Tel. 0711/4470-1247
E-Mail: info@sw-stuttgart.de
www.studierendenwerk-stuttgart.de

- **AKAD University – AKAD Hochschule Stuttgart (FH, privat)** **www.akad.de**

Studienberatung: 70191 Stuttgart, Heilbronner Str. 86, Tel. 0711/81495-400
E-Mail: beratung@akad.de

- **Duale Hochschule Baden-Württemberg (FH, staatl.)** **www.dhbw.de**

Standort Stuttgart: Rotebühlstraße 133, 70197 Stuttgart, Tel. 0711/320-660-0
E-Mail: info@dhbw-stuttgart.de
www.dhbw-stuttgart.de
Campus Horb: 72160 Horb am Neckar, Florianstraße 15, Tel. 07451/521-0
E-Mail: info@hb.dhbw-stuttgart.de
Campus Bad Mergentheim: 97980 Bad Mergentheim, Schloss 2, Tel. 07931/530-600
www.mosbach.dhbw.de
Campus Friedrichshafen: 88045 Friedrichshafen, Fallenbrunnen 2, Tel. 07541/2077-0,
www.ravensburg.dhbw.de ▶

Standort Heidenheim: 89518 Heidenheim, Marienstraße 20, Tel. 07321/2722-0, E-Mail: info@dhbw-heidenheim.de www.heidenheim.dhbw.de

Standort Heilbronn: 74076 Heilbronn, Bildungscampus 4, Tel 07131/1237-0 E-Mail: zentrale@heilbronn.dhbw.de www.heilbronn.dhbw.de

Standort Karlsruhe: 76133 Karlsruhe, Erzbergerstraße 121, Tel. 0721/9735-5, E-Mail: info@dhbw-karlsruhe.de www.karlsruhe.dhbw.de

Standort Lörrach: 79539 Lörrach, Hangstraße 46-50, Tel. 07621/2071-0 E-Mail: info@dhbw-loerrach.de www.dhbw-loerrach.de

Standort Mannheim: 68163 Mannheim, Coblitzallee 1-9, Tel. 0621/4105-0 E-Mail: info@dhbw-mannheim.de www.mannheim.dhbw.de

Standort Mosbach: 74821 Mosbach, Lohrtalweg 10, Tel. 06261/939-0 E-Mail: info@dhbw-mosbach.de www.mosbach.dhbw.de

Standort Ravensburg: 88212 Ravensburg, Marienplatz 2, Tel. 0751/18999-2700 E-Mail: info@dhbw-ravensburg.de www.ravensburg.dhbw.de

Standort Villingen-Schwenningen: 78054 Villingen-Schwenningen Friedrich-Ebert-Straße 30, Tel. 07720/3906-0, E-Mail: info@dhbw-vs.de, www.dhbw-vs.de

---

■ **Freie Hochschule Stuttgart – Seminar für Waldorfpädagogik (U, privat) www.freie-hochschule-stuttgart.de**

Sekretariat: 70188 Stuttgart, Haußmannstraße 44a, Tel. 0711/21094-0 E-Mail: info@freie-hochschule-stuttgart.de

---

■ **Hochschule der Medien Stuttgart (FH, staatl.) www.hdm-stuttgart.de**

Studienbüro: 70569 Stuttgart, Nobelstraße 10, Tel. 0711/8923-2080 E-Mail: studienberatung@hdm-stuttgart.de

---

■ **Hochschule für Kommunikation und Gestaltung (FH, privat) www.hfk-bw.de**

Standort Stuttgart: 70376 Stuttgart, Kölner Str. 38, Tel. 0711/520896-0, E-Mail: stuttgart@hfk-bw.de

Standort Ulm: 89077 Ulm, Ziegelländeweg 4 Tel. 0731/189978-0, E-Mail: ulm@hfk-bw.de

---

■ **Hochschule für Technik Stuttgart (FH, staatl.) www.hft-stuttgart.de**

Studierendensekretariat: 70174 Stuttgart, Schellingstraße 24, Tel. 0711/8926-2659, -2662, E-Mail: info@hft-stuttgart.de

Studienberatung: 70174 Stuttgart, Schellingstraße 24, E-Mail: studienberatung@hft-stuttgart.de

---

■ **media Akademie – Hochschule Stuttgart (FH, privat) www.media-hs.de**

Kontaktdaten: 70178 Stuttgart, Tübinger Straße 12-16, Tel. 0711/92543-0 E-Mail: info@media-hs.de

---

■ **Merz Akademie, Hochschule für Gestaltung, Kunst und Medien, Stuttgart (FH, privat) www.merz-akademie.de**

Studienbüro: 70190 Stuttgart, Teckstraße 58, Tel. 0711/26866-25 E-Mail: studienbuero@merz-akademie.de Studienberatung: studienberatung@merz-akademie.de

---

■ **Staatliche Akademie der Bildenden Künste Stuttgart (KH, staatl.) www.abk-stuttgart.de**

Studierendenbüro: 70191 Stuttgart, Am Weißenhof 1, Tel. 0711/28440-106, -107 E-Mail: studieren@abk-stuttgart.de

---

■ **Staatliche Hochschule für Musik und Darstellende Kunst Stuttgart (KH, staatl.) www.hmdk-stuttgart.de**

Studierendensekretariat: 70182 Stuttgart, Urbanstraße 25, Tel. 0711/212-4650 E-Mail: bettina.roeser@hmdk-stuttgart.de

---

■ **Universität Hohenheim (U, staatl.) www.uni-hohenheim.de**

Postanschrift: 70593 Stuttgart, Schloss Hohenheim 1

Studiensekretariat: 70599 Stuttgart, Schloss Hohenheim 1, Westflügel, Tel. 0711/459-22015, E-Mail: studsek@verwaltung.uni-hohenheim.de

Zentrale Studienberatung: 70599 Stuttgart, Schloss Hohenheim 1, Kolleggangflügel, Tel. 0711/459-22064 WhatsApp: 0152/38798228 E-Mail: zsb@uni-hohenheim.de

---

■ **Universität Stuttgart (U, staatl.) www.uni-stuttgart.de**

Studiensekretariat: 70569 Stuttgart, Pfaffenwaldring 5c, Tel. 0711/685-83644 E-Mail: studiensekretariat@uni-stuttgart.de

Zentrale Studienberatung: 70569 Stuttgart, Pfaffenwaldring 5c, Tel. 0711/685-82133 E-Mail: zsb@uni-stuttgart.de

■ **VWA Hochschule für berufsbegleitendes Studium (FH, privat)**
www.vwa-hochschule.de
Anschrift: Campus Stuttgart:
70191 Stuttgart, Wolframstraße 32
Tel. 0800/2155215,
E-Mail: info@vwa-hochschule.de
Campus Freiburg: 79098 Freiburg,
Eisenbahnstraße 56, Tel. 0800/2155215
E-Mail: info@vwa-hochschule.de

SUDERBURG — NIEDERSACHSEN

■ **Ostfalia Hochschule für angewandte Wissenschaften (FH, staatl.)**
siehe Wolfenbüttel

SULZBACH-ROSENBERG — BAYERN

■ **Hochschule für den öffentlichen Dienst in Bayern (FH, staatl.)**siehe München

THARANDT — SACHSEN

■ **Technische Universität Dresden (U, staatl.)**
siehe Dresden

TRIER — RHEINLAND-PFALZ

Studierendenwerk Trier: 54296 Trier,
Universitätsring 12a, Tel. 0800/788349375
E-Mail: welcome@studiwerk.de,www.studiwerk.de

■ **Hochschule Trier – Trier University of Applied Sciences (FH, staatl.)**
www.hochschule-trier.de
Postanschrift und Zentralverwaltung:
54208 Trier, Postfach 1826,Tel. 0651/8103-0
E-Mail: info@hochschule-trier.de
Studienservice: 54293 Trier, Schneidershof G
Tel. 0651/8103-335
E-Mail: Studienservice@hochschule-trier.de
Umwelt-Campus Birkenfeld:
55761 Birkenfeld, Postfach 1380
Tel. 06782/17-1819
E-Mail: ucb-service@umwelt-campus.de
www.umwelt-campus.de
Studienservice: Tel. 06782/17-1826
E-Mail: studienservice@umwelt-campus.de
Campus Idar-Oberstein:
55743 Idar-Oberstein, Vollmersbachstraße 53a
Sekretariat: Tel. 06781/9463-0
E-Mail: es.sekretariat@hochschule-trier.de
Studienservice: Tel. 06781/9463-27
E-Mail: studienservice-io@hochschule-trier.de

■ **Theologische Fakultät Trier (ThH, kirchlich) www.theologie-trier.de/**
Studierendensekretariat: 54296 Trier,
Universitätsring 19, Tel. 0651/201-3520
E-Mail: beck@uni-trier.de
Studienberatung: 54296 Trier,
Universitätsring 19, Tel. 0651/201-3525, -3520,
E-Mail: studiendekanat.theofak@uni-trier.de

■ **Universität Trier (U, staatl.)**
www.uni-trier.de
Postanschrift: 54296 Trier
Studiensekretariat: 54296 Trier, Universitätsring 15, Tel. 0651/201-2794, -2793, -2796
E-Mail: stusek@uni-trier.de
Zentrale Studienberatung:
54296 Trier, Universitätsring 15
Terminvereinbarung: Tel 0651/201-2805
E-Mail: zsb@uni-trier.de

TRIESDORF — BAYERN

■ **Hochschule für angewandte Wissenschaften Weihenstephan-Triesdorf (FH, staatl.)** siehe Freising

TROSSINGEN — BADEN-WÜRTTEMBERG

Studierendenwerk Tübingen-Hohenheim:
72072 Tübingen, Friedrichstraße 21,
Tel. 07071/29-73822
E-Mail: info@sw-tuebingen-hohenheim.de
www.my-stuwe.de

■ **Staatliche Hochschule für Musik Trossingen (KH, staatl.)**
www.hfm-trossingen.de
Sekretariat für Studierende:
78647 Trossingen, Schultheiß-Koch-Platz 3
Tel. 07425/9491-0
E-Mail: brigit.remete@mh-trossingen.de,
ruedt@mh-trossingen.de
Prüfungsamt: 78647 Trossingen,
Schultheiß-Koch-Platz 3, Tel. 07425/9491-58
E-Mail: zulassung@mh-trossingen.de

TÜBINGEN — BADEN-WÜRTTEMBERG

Studierendenwerk Tübingen-Hohenheim:
72072 Tübingen, Friedrichstraße 21,
Tel. 07071/29-73822
E-Mail: info@sw-tuebingen-hohenheim.de
www.my-stuwe.de

■ **Eberhard-Karls-Universität Tübingen (U, staatl.) www.uni-tuebingen.de**
Studierendensekretariat:
72074 Tübingen, Wilhelmstraße 11,
Tel. 07071/29-74444 (Hotline), E-Mail:
studentensekretariat@zv.uni-tuebingen.de
Zentrale Studienberatung: 72074 Tübingen,
Wilhelmstraße 11, Tel. 07071/29-72555
E-Mail: zsb@uni-tuebingen.de ▶

■ **Hochschule für Kirchenmusik der Evangelischen Landeskirche in Württemberg (KH, kirchlich)**
www.kirchenmusikhochschule.de
Verwaltung: 72074 Tübingen, Gartenstraße 12, Tel. 07071/9259-97
E-Mail: info@kirchenmusikhochschule.de

TUTTLINGEN — BADEN-WÜRTTEMBERG

■ **Hochschule Furtwangen – Informatik, Technik, Wirtschaft, Medien, Gesundheit (FH, staatl.)** siehe Furtwangen im Schwarzwald

ULM — BADEN-WÜRTTEMBERG

Studierendenwerk Ulm: 89081 Ulm, James-Franck-Ring 8, Tel. 0731/50-23810
E-Mail: info@studierendenwerk-ulm.de
www.studierendenwerk-ulm.de

■ **Technische Hochschule Ulm (FH, staatl.)**
www.hs-ulm.de
Studierenden-Service-Center: 89075 Ulm, Prittwitzstraße 10
Tel. 0731/50-28025, E-Mail: ssc@hs-ulm.de

■ **Universität Ulm (U, staatl.)**
www.uni-ulm.de
Zentrale Studienberatung: 89081 Ulm, Helmholtzstraße 22, Tel. 0731/50-24444
E-Mail: zentralestudienberatung@uni-ulm.de
Studiensekretariat/Zulassung: 89069 Ulm, Tel. 0731/50-24444
E-Mail: studiensekretariat@uni-ulm.de

VALLENDAR — RHEINLAND-PFALZ

■ **Otto-Beisheim School of Management (U, privat)** **www.whu.edu**
Sekretariat: 56179 Vallendar, Burgplatz 2, Tel. 0261/6509-0, E-Mail: whu@whu.edu
Campus Düsseldorf: Erkrather Straße 224a, 40233 Düsseldorf, Tel. 0211/44709-601

■ **Philosophisch-Theologische Hochschule Vallendar (ThH, kirchlich)**
www.pthv.de
Sekretariat: 56179 Vallendar, Pallottistraße 3
Tel. 0261/6402-0, E-Mail: info@pthv.de

VECHTA — NIEDERSACHSEN

Studentenwerk Osnabrück: 49074 Osnabrück, Ritterstraße 10, Postanschrift: 49027 Osnabrück, Postfach 3749, Tel. 0541/33107-0
E-Mail: info@sw-os.de
www.studentenwerk-osnabrueck.de

■ **Private Hochschule für Wirtschaft und Technik Vechta/Diepholz (FH, privat)**
www.phwt.de
Standort Vechta: 49377 Vechta, Rombergstraße 40, Tel. 04441/915-0
E-Mail: info@phwt.de
Standort Diepholz: Studienbereich Ingenieurwesen: 49356 Diepholz, Schlesierstraße 13a
Tel. 05441/992-0
Studienbereich Elektrotechnik/Mechatronik: 49356 Diepholz, Thüringer Str. 3 a
Telefon: 05441/992-250

■ **Universität Vechta (U, staatl.)**
www.uni-vechta.de
Postanschrift: 49364 Vechta, Postfach 1553
Tel. 04441-150, E-Mail: info@uni-vechta.de
Service Point: 49377 Vechta, Driverstraße 22, Tel. 04441/15-373
E-Mail: servicepoint@uni-vechta.de
Immatrikulationsamt: 49377 Vechta, Driverstraße 22, Tel. 04441/15-373
E-Mail: immatrikulationsamt@uni-vechta.de
Zentrale Studienberatung: 49377 Vechta, Driverstraße 22, Tel. 04441/15-379
E-Mail: zsb@uni-vechta.de

VELBERT/HEILIGENHAUS — NRW

■ **Hochschule Bochum (FH, staatl.)** siehe Bochum

VILLINGEN-SCHWENNINGEN — BW

Studentenwerk Freiburg-Schwarzwald: 79100 Freiburg, Basler Straße 2, Postanschrift: 79100 Freiburg, Tel. 0761/2101-200,
E-Mail: info@swfr.de, www.swfr.de

■ **Duale Hochschule Baden-Württemberg (FH, staatl.)** siehe Stuttgart

■ **Fachhochschule Villingen-Schwenningen, Hochschule für Polizei (FH, staatl.)**
www.hfpol-bw.de/index.php
Verwaltung: 78054 Villingen-Schwenningen, Sturmbühlstraße 250, Tel. 07720/309-3001
E-Mail: villingen-schwenningen.hfp.vw@polizei.bwl.de
Weitere Standorte: www.hfpol-bw.de/index.php/standorte

■ **Hochschule Furtwangen – Informatik, Technik, Wirtschaft, Medien, Gesundheit (FH, staatl.)** siehe Furtwangen im Schwarzwald

WARBURG — NORDRHEIN-WESTFALEN

- **Technische Hochschule Ostwestfalen-Lippe (FH, staatl.)** siehe Lemgo

WARNEMÜNDE — MV

- **Hochschule Wismar – Technology, Business and Design (FH, staatl.)** siehe Wismar

WASSERBURG — BAYERN

- **Hochschule für den öffentlichen Dienst in Bayern (FH, staatl.)** siehe München

WEDEL — SCHLESWIG-HOLSTEIN

Studentenwerk Schleswig-Holstein:
24118 Kiel, Westring 385, Tel. 0431/8816-0,
E-Mail: geschaeftsstelle.ki@studentenwerk.sh, www.studentenwerk.sh

---

- **Fachhochschule Wedel (FH, privat)** www.fh-wedel.de

Studierendensekretariat: 22880 Wedel, Feldstraße 143, Tel. 04103/8048-0
E-Mail: sekretariat@fh-wedel.de

WEIDEN — BAYERN

- **Ostbayerische Technische Hochschule Amberg-Weiden (FH, staatl.)** siehe Amberg

WEIMAR — THÜRINGEN

Studierendenwerk Thüringen: 07743 Jena, Philosophenweg 22, Postanschrift: 07708 Jena, Postfach 100822, Tel. 03641/930-500
E-Mail: poststelle@stw-thueringen.de
www.stw-thueringen.de

- **Bauhaus-Universität Weimar (U, staatl.)** www.uni-weimar.de

Campus Office: 99423 Weimar, Geschwister-Scholl-Straße 15, Tel. 03643/582323,
E-Mail: studium@uni-weimar.de
Allgemeine Studienberatung:
99423 Weimar, Geschwister-Scholl-Straße 15 (Zi. 005), Tel. 03643/582358,
E-Mail: studium@uni-weimar.de
Postanschrift: 99421 Weimar, Bauhaus-Universität Weimar

- **Hochschule für Musik „Franz Liszt" Weimar (KH, staatl.)** www.hfm-weimar.de

Postanschrift: 99406 Weimar, Postfach 2552
Allgemeine Studienberatung: 99423 Weimar, Platz der Demokratie 1/3, Raum 101, Tel. 03643/555-156
E-Mail: signe.pribbernow@hfm-weimar.de

WEINGARTEN — BADEN-WÜRTTEMBERG

Seezeit – Studentenwerk Bodensee:
78464 Konstanz, Universitätsstraße 10, Tel. 07531/9782-220, E-Mail:
servicecenter@seezeit.com, www.seezeit.com

- **Hochschule Ravensburg-Weingarten, Technik – Wirtschaft – Sozialwesen (FH, staatl.)** www.rwu.de

Postanschrift:
88216 Weingarten, Postfach 3022
Studierenden-Service/Studentensekretariat:
88250 Weingarten, Doggenriedstraße, Tel. 0751/501-9344, E-Mail: info@rwu.de
Zentrale Studienberatung der Hochschulregion Konstanz:
78457 Konstanz, Universitätsstraße 10
Tel. 07531/88-3636, -5155
E-Mail: termin.zsb@uni-konstanz.de
www.ssz.uni-konstanz.de

- **Pädagogische Hochschule Weingarten (U, staatl.)** www.ph-weingarten.de

Studierendensekretariat: 88250 Weingarten, Kirchplatz 2, Tel. 0751/501-8220
E-Mail: studierendensekretariat@ph-weingarten.de
Studienberatung: 88250 Weingarten, Kirchplatz 2, Tel. 0751/501-8728
E-Mail: studienberatung@ph-weingarten.de

WEISSENBURG — BAYERN

- **Hochschule für angewandte Wissenschaften Ansbach (FH, staatl.)** siehe Ansbach

WERNIGERODE — SACHSEN-ANHALT

Studentenwerk Magdeburg: 39106 Magdeburg, Johann-Gottlob-Nathusius-Ring 5, Postanschrift: 39015 Magdeburg, Postfach 4053
E-Mail: geschaeftsfuehrung@studentenwerk-magdeburg.de
www.studentenwerk-magdeburg.de

- **Hochschule Harz, Hochschule für angewandte Wissenschaften (FH, staatl.)** www.hs-harz.de

Dezerat für studentische Angelegenheiten:
38855 Wernigerode, Friedrichstraße 57-59, Tel. 03943/659-120, -121, -124, -128, -129
Infopoint: akrampitz@hs-harz.de
Standort Wernigerode: 38855 Wernigerode, Friedrichstraße 57-59, Tel. 03943/659-0
E-Mail: info@hs-harz.de
Standort Halberstadt: 38820 Halberstadt, Domplatz 16, Tel. 03943/659-400
E-Mail: info@hs-harz.de ▶

Studienberatung: Tel. 03943/659-127, -108
E-Mail: studienberatung@hs-harz.de

WETZLAR HESSEN

■ **Technische Hochschule Mittelhessen (FH, staatl.)** siehe Gießen

WIESBADEN HESSEN

Studentenwerk Frankfurt am Main:
60325 Frankfurt, Bockenheimer Landstraße 133, Tel. 069/798-34906
Postanschrift: 60444 Frankfurt, Postfach 900460
E-Mail: info@studentenwerkfrankfurt.de
www.studentenwerkfrankfurt.de

■ **EBS Universität für Wirtschaft und Recht, Wiesbaden (U, privat) www.ebs.edu**
Executive School: Hauptstraße 31, 65375 Oestrich-Winkel, Tel. 0611/7102-00
E-Mail info@ebs.edu
Business School:
Rheingaustraße 1, 65375 Oestrich-Winkel
Tel. 0611/7102-00, E-Mail info@ebs.edu
Law School: Gustav-Stresemann-Ring 3, 65189 Wiesbaden, Tel. 0611/7102-00
E-Mail info@ebs.edu

■ **Hessische Hochschule für Polizei und Verwaltung (FH, staatl.) www.hfpv.de**
Zentralverwaltung: 65199 Wiesbaden, Schönbergstraße 100, Tel. 0611/5829-0
E-Mail: rektorat@hfpv.de

■ **Hochschule des Bundes für öffentliche Verwaltung (FH, staatl.)** siehe Brühl

■ **Hochschule RheinMain (FH, staatl.) www.hs-rm.de**
Präsidialamt und Zentralverwaltung:
Postadresse: 65022 Wiesbaden, Postfach 3251, Tel. 0611/9495-01
Besucheradresse: 65197 Wiesbaden, Kurt-Schumacher-Ring 18
Studienbüro Wiesbaden:
65197 Wiesbaden, Kurt-Schumacher-Ring 18, Tel. 0611/9495-1560
E-Mail: studieren@hs-rm.de
Sprechzeiten unter: www.hs-rm.de/studienbuero
Studienbüro Rüsselsheim: 65428 Rüsselsheim, Am Brückweg 26, Tel. 0611/9495-1555
E-Mail: studieren@hs-rm.de
Sprechzeiten unter: www.hs-rm.de/studienbuero
Zentrale Studienberatung:
65197 Wiesbaden, Kurt-Schumacher-Ring 18, Tel. 0611/9495-1555, E-Mail: studieren@hs-rm.de
Kontaktformular: www.hs-rm.de/kontakt-ipunkt
Beratungszeiten mit Terminvereinbarung und weitere Infos unter: www.hs-rm.de/studienberatung
i-Punkt: 65197 Wiesbaden, Kurt-Schumacher-Ring 18, Tel. 0611/9495-1555
Kontaktformular: www.hs-rm.de/kontakt-ipunkt
Beratung nach vorheriger Terminvereinbarung unter: www.hs-rm.de/ipunkt

WILDAU BRANDENBURG

Studentenwerk Potsdam: Babelsberger Straße 2, Postanschrift: 14413 Potsdam, Postfach 601353, Tel. 0331/3706-0
E-Mail: post@studentenwerk-potsdam.de
www.studentenwerk-potsdam.de

■ **Technische Hochschule Wildau (FH, staatl.) www.th-wildau.de**
Postanschrift und Verwaltung: 15745 Wildau, Hochschulring 1, Tel. 03375/508-300
Studierendenservice: 15745 Wildau, Hochschulring 1 (Haus 13), Tel. 03375/508-666, E-Mail: studentische.angelegenheiten@th-wildau.de
Zentrale Studienberatung: 15745 Wildau, Hochschulring 1 (Haus 13), Tel. 03375/508-637, -534, -708, -255
Mobil (WhatsApp): 0151/26369287
E-Mail: studienorientierung@th-wildau.de

WILHELMSHAVEN NIEDERSACHSEN

Studentenwerk Oldenburg: 26129 Oldenburg, Uhlhornsweg 49-55, Postanschrift: 26035 Oldenburg, Tel. 0441/798-2709, E-Mail: info@sw-ol.de
www.studentenwerk-oldenburg.de
Büro Emden: 26723 Emden, Paapsand 34, Tel. 04921/61428
E-Mail: buero.emden@sw-ol.de
Büro Wilhemshaven: 26389 Wilhelmshaven, Friedrich-Paffrath-Str. 101, Tel. 04421/85298
E-Mail: buero.whv@sw-ol.de

■ **Jade Hochschule Wilhelmshaven/ Oldenburg/Elsfleth (FH, staatl.) www.jade-hs.de**
Studentensekretariat/Immatrikulationsamt:
Studienort Wilhelmshaven: 26389 Wilhelmshaven, Friedrich-Paffrath-Straße 101, Tel. 04421/985-0
E-Mail: i-amt-whv@jade-hs.de
Studienort Oldenburg: 26121 Oldenburg, Ofener Str. 16, Tel. 0441/7708-0
E-Mail: i-amt-ol@jade-hs.de
Studienort Elsfleth: 26931 Elsfleth, Weserstr. 52, Tel. 04404/9288-4110,
E-Mail: i-amt-ol@jade-hs.de
Weitere Standorte: www.jade-hs.de/unsere-hochschule/wir-stellen-uns-vor/studienorte

Zentrale Studienberatung: Studienort Wilhelmshaven: 26389 Wilhelmshaven, Friedrich-Paffrath-Straße 101, Tel. 04421/985-0, -2361, -3394, E-Mail: zsb@jade-hs.de

WISMAR MECKLENBURG-VORPOMMERN

Studierendenwerk Rostock-Wismar: 18055 Rostock, St.-Georg-Straße 104-107, Tel. 0381/4592-600, E-Mail: info@stw-rw.de www.stw-rw.de

- **Hochschule Wismar – Technology, Business and Design (FH, staatl.) www.hs-wismar.de**

Postanschrift: 23952 Wismar, Postfach 1210, Tel. 03841/753-0
Besucheranschrift: 23966 Wismar, Philipp-Müller-Straße 14
Studienbüro/Servicepoint: 23966 Wismar, Philipp-Müller-Straße, Haus 21 (Raum 102) Tel. 03841/753-7503
E-Mail: servicepoint@hs-wismar.de
Allgemeine Studienberatung: 23966 Wismar, Philipp-Müller-Straße (Hauptgebäude), Tel. 03841/753-7692
E-Mail: studienberatung@hs-wismar.de

WITTEN NORDRHEIN-WESTFALEN

Studentenwerk Witten: 58455 Witten, Alfred-Herrhausen-Straße 50, Tel. 02302/926-840, -841
E-Mail: hochschulwerk@uni-wh.de
www.hochschulwerk.de

- **Hochschule für Kirchenmusik der Evangelischen Kirche von Westfalen (KH, kirchlich)** siehe Herford

- **Private Universität Witten/Herdecke (U, privat) www.uni-wh.de**

Studierendensekretariat: 58448 Witten, Alfred-Herrhausen-Straße 50, Tel. 02302/926-403
E-Mail: studierendensekretariat@uni-wh.de

WITZENHAUSEN HESSEN

- **Universität Kassel (U, staatl.)** siehe Kassel

WOLFENBÜTTEL NIEDERSACHSEN

Studierendenwerk OstNiedersachsen: 38106 Braunschweig, Katharinenstraße 1
Postanschrift: 38035 Braunschweig, Postfach 4538, Tel. 0531/391-4807, -4848
E-Mail: info@stw-on.de, www.stw-on.de

- **Ostfalia Hochschule für angewandte Wissenschaften (FH, staatl.) www.ostfalia.de**

Zentrale Studienberatung:
Postanschrift: 38302 Wolfenbüttel, Salzdahlumer Str. 46/48,
Besucheradresse: 38302 Wolfenbüttel, Am Exer 45, Tel. 05331/939-15200
E-Mail: zsb@ostfalia.de
Bewerbungshotline: 05331-939-77770
Studierenden-Servicebüro Salzgitter: 38229 Salzgitter, Karl-Scharfenberg-Straße 55-57, Tel. 05341/875-15040
E-Mail: ssb-sz@ostfalia.de
Studierenden-Servicebüro Suderburg: 29556 Suderburg, Herbert-Meyer-Str. 7 Tel. 05826/988-15050
E-Mail: ssb-sud@ostfalia.de
Studierenden-Servicebüro Wolfenbüttel: 38302 Wolfenbüttel, Salzdahlumer Str. 46/48
Fakultät E, I, R, V: Tel. 05331/939-15020
E-Mail: ssb-wf@ostfalia.de
Fakultät M und S: Tel. 05331/939-15010
E-Mail: ssb-wf-s@ostfalia.de
Studierenden-Servicebüro Wolfsburg: 38440 Wolfsburg, Robert-Koch-Platz 8a, Tel. 05361/8922-15030
E-Mail: ssb-wob@ostfalia.de

WOLFSBURG NIEDERSACHSEN

- **Ostfalia Hochschule für angewandte Wissenschaften (FH, staatl.)**

siehe Wolfenbüttel

WORMS RHEINLAND-PFALZ

Studierendenwerk Vorderpfalz: 76829 Landau, Fortstraße 7, Tel. 06341/9179-0, E-Mail: info@stw-vp.de, www.stw-vp.de

- **Hochschule Worms (FH, staatl.) www.hs-worms.de**

Postanschrift und Verwaltung: 67549 Worms, Erenburger Straße 19, Tel. 06241/509-0, E-Mail: kontakt@hs-worms.de
Zentrale Studienberatung: Tel. 06241/509-276, E-Mail: zsb@hs-worms.de

WUPPERTAL NORDRHEIN-WESTFALEN

Hochschul-Sozialwerk Wuppertal – Studierendenwerk: 42119 Wuppertal, Max-Horkheimer-Straße 15, Postanschrift: 42119 Wuppertal, Postfach 101243, Tel. 0202/439-2561, -2562
E-Mail: info@hsw.uni-wuppertal.de
www.hochschul-sozialwerk-wuppertal.de

- **Bergische Universität Wuppertal (U, staatl.) www.uni-wuppertal.de**

Postanschrift: 42119 Wuppertal, Gaußstraße 20
Studierendensekretariat/Servicecenter: 42119 Wuppertal, Gaußstraße 20, ▶

Tel. 0202/439-5000, E-Mail: studierendensekretariat@uni-wuppertal.de
Zentrale Studienberatung: 42119 Wuppertal, Gaußstraße 20, Tel. 0202/439-2595
E-Mail: zsb@uni-wuppertal.de

■ **Hochschule für Musik und Tanz Köln (KH, staatl.)** siehe Köln

■ **Kirchliche Hochschule Wuppertal/Bethel Hochschule für Kirche und Diakonie (U, kirchlich) www.kiho-wb.de**
Studierendensekretariat Bethel: 33617 Bielefeld, Bethelweg 8, Elke Rabbe, Tel. 0521/144-3173,
E-Mail: rabbe@diakoniewissenschaft-idm.de
Verwaltung: 42285 Wuppertal, Missionsstraße 9a/b, Tel. 0202/ 2820-100
E-Mail: info@kiho-wb.de

WÜRZBURG — BAYERN

Studentenwerk Würzburg: 97072 Würzburg, Am Studentenhaus, Tel. 0931/8005-0
E-Mail: info@studentenwerk-wuerzburg.de
www.studentenwerk-wuerzburg.de

■ **Hochschule für angewandte Wissenschaften Würzburg-Schweinfurt (FH, staatl.) www.fhws.de**
Hochschulservice Studium: Abteilung Würzburg: 97070 Würzburg, Münzstraße 12, Tel. 0931/3511-0
E-Mail: servicezentrale-wue@fhws.de
Abteilung Schweinfurt: 97421 Schweinfurt, Ignaz-Schön-Straße 11, Tel. 09721/940-5
E-Mail: servicezentrale-sw@fhws.de
Studienberatung: 97070 Würzburg, Münzstraße 19, Tel. 0931/3511-8169, -8168,- 6180
E-Mail: studienberatung@fhws.de
97421 Schweinfurt, Ignaz-Schön-Straße 11, Tel. 09721/940-6180
E-Mail: studienberatung@fhws.de

■ **Hochschule für Musik Würzburg (KH, staatl.) www.hfm-wuerzburg.de**
Anschrift: 97070 Würzburg, Hofstallstraße 6-8, Tel. 0931/32187-0
E-Mail: hochschule@hfm-wuerzburg.de
Studierendenservice: 97070 Würzburg, Hofstallstraße 6-8, Tel. 0931/32187-2320
E-Mail: studierendenservice@hfm-wuerzburg.de

■ **Julius-Maximilians-Universität Würzburg (U, staatl.) www.uni-wuerzburg.de**
Studienangelegenheiten: 97070 Würzburg, Sanderring 2, Tel. 0931/31-83183
Zentrale Studienberatung: 97070 Würzburg, Klara-Oppenheimer-Weg 32, Tel. 0931/31-83183,
E-Mail: studienberatung@uni-wuerzburg.de

ZITTAU — SACHSEN

Studentenwerk Dresden: 01069 Dresden, Fritz-Löffler-Straße 18, Tel. 0351/4697-50
E-Mail: info@studentenwerk-dresden.de
www.studentenwerk-dresden.de

■ **Hochschule Zittau/Görlitz (FH, staatl.) www.hszg.de**
Zulassungen/Studentensekretariat: Standort Zittau: 02763 Zittau, Theodor-Körner-Allee 16, Tel. 03583/612-0, E-Mail: e.suliman@hszg.de
Standort Görlitz: 02826 Görlitz, Brückenstr. 1, Tel. 03583/612-0
Studienberatung: 02763 Zittau, Theodor-Körner-Allee 16, Tel. 03583/612-4500
E-Mail: d.roessler@hszg.de

■ **Technische Universität Dresden (U, staatl.)** siehe Dresden

ZWEIBRÜCKEN — RHEINLAND-PFALZ

■ **Hochschule Kaiserslautern (FH, staatl.)** siehe Kaiserslautern

ZWICKAU — SACHSEN

Studentenwerk Chemnitz-Zwickau: 09126 Chemnitz, Thüringer Weg 3, Tel. 0371/5628-0,
E-Mail: info@swcz.de, www.swcz.de
Geschäftsbereich Zwickau: 08056 Zwickau, Innere Schneeberger Straße 23, Tel. 0375/2710-0, E-Mail: info-zwickau@swcz.de

■ **Westsächsische Hochschule Zwickau (FH, staatl.) www.fh-zwickau.de**
Postanschrift: 08012 Zwickau, Postfach 201037
Allgemeine Studienberatung: 08056 Zwickau, Dr.-Friedrichs-Ring 2, Tel. 0375/536-1161
E-Mail: studienberatung@fh-zwickau.de
Hochschulbereich Reichenbach: 08468 Reichenbach, Klinkhardtstraße 30, Tel. 0375/536-2520
E-Mail: textil.ledertechnik@fh-zwickau.de
Hochschulbereich Schneeberg: 08289 Schneeberg, Goethestraße 1, Tel. 0375/5361800, E-Mail: angewandte.kunst.schneeberg@fh-zwickau.de
Hochschulbereich Markneukirchen: 08258 Markneukirchen, Adorfer Straße 38, Tel. 0375/53618-80
E-Mail: musikinstrumentenbau@fh-zwickau.de ■

6.2 Anschriften und Internetadressen der Berufsakademien

In diesem Kapitel finden Sie Kontaktinformationen zu den Berufsakademien.

Baden-Württemberg

- **ISBA gGmbJ – Internationale Studien- und Berufsakademie Freiburg**

Kronenstraße 2-4, 79100 Freiburg
Tel. 0761/791999-70, www.isba-freiburg.de

Berlin

- **Berufsakademie Berlin in der Hochschule für Wirtschaft und Recht**

Campus Lichtenberg, Fachbereich 2, Haus 5, Alt-Friedrichsfelde 60, 10315 Berlin
Tel. 030/30877-2000, www.hwr-berlin.de

Hamburg

- **Berufsakademie Hamburg gGmbH**

Zum Handwerkszentrum 1, 21079 Hamburg, Tel. 040/35905-560, E-Mail: info@ba-hamburg.de, www.ba-hamburg.de

Hessen

- **Internationale Berufsakademie der F+U Unternehmensgruppe gGmbH**

Poststraße 4-6, 64293 Darmstadt,
Tel. 06151/492488-0
E-Mail: info@ibadual.de, www.ibadual.com
Außenstellen in: Berlin (www.ibadual.com/Berlin)
Bochum (www.ibadual.com/Bochum)
Erfurt (www.ibadual.com/Erfurt)
Hamburg (www.ibadual.com/Hamburg)
Heidelberg (www.ibadual.com/Heidelberg)
Kassel (www.ibadual.com/Kassel)
Köln (www.ibadual.com/Koeln)
Leipzig (www.ibadual.com/Leipzig)
München (www.ibadual.com/Muenchen)
Nürnberg (www.ibadual.com/Nuernberg)

- **Private Berufsakademie Fulda – University of Cooperative Education gGmbH**

Rabanusstr. 40-42, 36037 Fulda,
Tel. 0661/90272-0
E-Mail: info@ba-fulda.de, www.ba-fulda.de

- **Europäische Studienakademie Kälte-Klima-Lüftung ESaK**

Theo-Mack-Straße 3, 63477 Maintal,
Tel. 06109/6954-40
E-Mail: info@esak.de, www.esak.de

- **Berufsakademie Rhein-Main – University of Cooperative Education**

Am Schwimmbad 3, 63322 Rödermark,
Tel. 06074/3101-120
E-Mail: info@ba-rm.de, www.ba-rm.de

- **Brüder-Grimm-Berufsakademie Hanau GmbH**

Akademiestraße 52, 63450 Hanau,
Tel. 06181/676464-0, E-Mail: studierendensekretariat@bg-ba.de www.bg-ba.de

- **Deutsche Berufsakademie Sport und Gesundheit**

Stettiner Straße 4, 34225 Baunatal,
Tel. 05601/8055 E-Mail: info@dba-baunatal.de, www.dba-baunatal.de

- **Akademie für Tonkunst Darmstadt**

Ludwigshöhstraße 120, 64285 Darmstadt,
Tel. 06151/9664-0, E-Mail: aftd@darmstadt.de
www.akademie-fuer-tonkunst.de

- **Dr. Hoch's Konservatorium – Musikakademie Frankfurt am Main**

Sonnemannstraße 16, 60314 Frankfurt a. M.,
Tel. 069/212-44822, E-Mail: info@dr-hochs.de
www.dr-hochs.de

- **Landesmusikakademie Hessen**

Gräfin-Anna-Straße 4, 36110 Schlitz,
Tel. 06642/9113-0, E-Mail: info@lmah.de
www.landesmusikakademie-hessen.de

- **Musikakademie der Stadt Kassel „Louis Spohr"**

Karlsplatz 7, 34117 Kassel,
Tel. 0561/787-4180
E-Mail: musikakademie@kassel.de
www.musikakademie-kassel.de

- **Wiesbadener Musikakademie**

Schillerplatz 1-2, 65185 Wiesbaden,
Tel. 0611/313044
E-Mail: musikakademie@wiesbaden.de
www.wma-wiesbaden.de

Mecklenburg-Vorpommern

- **UCM University of Cooperative Education**

Internationale Berufsakademie
Mecklenburg-Vorpommern gGmbH ▶

Karl-Marx-Platz 13 , 17489 Greifswald,
Tel. 03834/776693, E-Mail: info@bamv.de
www.ucmv.org

Niedersachsen

■ **Verwaltungs- und Wirtschaftsakademie und Berufsakademie Göttingen**
Königsstieg 94, 37081 Göttingen,
Tel. 0551/400-4570
E-Mail: info@vwa-goettingen.de
www.vwa-goettingen.de

■ **Berufsakademie für Bankwirtschaft (für das Hauptstudium)**
Hannoversche Straße 149, 30627 Hannover,
Tel. 0511/9574-5550, E-Mail:
berufsakademie@genossenschaftsverband.de
www.ba-bankwirtschaft.de
Zweigniederlassung Rastede (für das Grundstudium): Oldenburger Straße 118, 26180 Rastede, Tel. 04402/9382-10

■ **Berufsakademie Wilhelmshaven**
Albrechtstraße 1, 26388 Wilhelmshaven
Tel. 04421/987333-0, 04421/987333-9,
E-Mail: info@ba-whv
www.berufsakademie-wilhelmshaven.de

■ **Verwaltungs- und Wirtschaftsakademie Berufsakademie Lüneburg e.V.**
Wichernstr. 34, 21335 Lüneburg,
Tel. 04131/34696
E-Mail: info@vwa-lueneburg.de
www.vwa-lueneburg.de

■ **Berufsakademie Holztechnik Melle e.V.**
Sandweg 1, 49324 Melle, Tel. 05422/922997-0,
E-Mail: mail@ba-melle.de
www.ba-melle.de

■ **Berufsakademie für IT und Wirtschaft Oldenburg**
Industriestraße 6, 26121 Oldenburg,
Tel. 0441/9722-120,
E-Mail: service@ibs-ol.de www.ibs-ol.de

■ **Welfenakademie Berufsakademie**
Salzdahlumer Straße 160,
38126 Braunschweig, Tel. 0531/21488-0
E-Mail: info@welfenakademie.de
www.welfenakademie.de

Saarland

■ **ASW Berufsakademie Saarland e.V.**
Zum Eisenwerk 2, 66538 Neunkirchen,
Tel. 06821/98390-0
E-Mail: info@asw-berufsakademie.de
www.asw-berufsakademie.de

■ **Berufsakademie für Gesundheits- und Sozialwesen Saarland**
Konrad-Zuse-Straße 3a, 66115 Saarbrücken,
Tel. 0681/87009820, E-Mail: sekretariat@bagss.de, www.bagss.de

■ **ISBA Internationale Studien- und Berufsakademie gGmbH**
Bahnhofstraße 28, 66111 Saarbrücken,
Tel. 06221/7050-369, www.isba-studium.de

Sachsen

■ **Berufsakademie Sachsen – Staatliche Studienakademie Bautzen**
Löbauer Straße 1, 02625 Bautzen,
Tel. 03591/35300
E-Mail: info.bautzen@ba-sachsen.de
www.ba-bautzen.de

■ **Berufsakademie Sachsen – Staatliche Studienakademie Breitenbrunn**
Schachtstraße 128, 08359 Breitenbrunn,
Tel. 037756/70-0
E-Mail: info@ba-breitenbrunn.de
www.ba-breitenbrunn.de

■ **Berufsakademie Sachsen – Staatliche Studienakademie Dresden**
Hans-Grundig-Straße 25, 01307 Dresden,
Tel. 0351/44722-0
E-Mail:info.dresden@ba-sachsen.de
www.ba-dresden.de

■ **Berufsakademie Sachsen – Staatliche Studienakademie Glauchau**
Kopernikusstraße 51, 08371 Glauchau,
Tel. 03763/173-0, E-Mail: info@ba-glauchau.de
www.ba-glauchau.de

■ **Berufsakademie Sachsen – Staatliche Studienakademie Leipzig**
Schönauer Straße 113a, 04207 Leipzig,
Tel. 0341/42743-330
E-Mail: info@ba-leipzig.de, www.ba-leipzig.de

■ **Berufsakademie Sachsen – Staatliche Studienakademie Plauen**
Schloßberg 1, 08523 Plauen,
Tel. 03741/5709-110
E-Mail: info.plauen@ba-sachsen.de,
www.ba-plauen.de

■ **Berufsakademie Sachsen – Staatliche Studienakademie Riesa**
Rittergutstraße 6, 01591 Riesa,
Tel. 03525/707-511
E-Mail: info.riesa@ba-sachsen.de
www.ba-riesa.de

Schleswig-Holstein

- **Berufsakademie in Trägerschaft der Wirtschaftsakademie Schleswig-Holstein, insgesamt an 12 Standorten (www.wak-sh.de)**

Standort Kiel: Hans-Detlev-Prien-Straße 10, 24106 Kiel, Tel. 0431/3016-0
E-Mail: kiel@wak-sh.de

6.3 Beratungsangebote der Agenturen für Arbeit

Wenn Sie noch keine klare Vorstellung über Ihre berufliche Zukunft haben, dann sollte Sie Ihr Weg zunächst in eines der 180 Berufsinformationszentren (BiZ) der Agenturen für Arbeit führen.

Agenturen für Arbeit, Berufsinformationszentren

Auf dem **Online-Portal** der Bundesagentur für Arbeit finden Sie unter **www.arbeitsagentur.de** wichtige Informationen, Hinweise und weiterführende Links und Downloads zu allen Fragen der Berufswahl. „Was passt zu mir?“ – Das Selbsterkundungstool **Check-U** unterstützt Sie dabei, das richtige Studienfach oder den richtigen Beruf zu finden.

Sie möchten persönlich mit einer Berufsberaterin oder einem Berufsberater über Ihre Fragen zur Berufs- und Studienwahl reden? Dann sollten Sie einen Termin für ein Beratungsgespräch vereinbaren.

- Sprechen Sie den*die Berater*in während der Sprechzeiten in Ihrer Schule an
- Vereinbaren Sie telefonisch einen Gesprächstermin in Ihrer örtlichen Agentur für Arbeit, einen telefonischen Beratungstermin oder eine Videoberatung unter der kostenlosen **Service-Nummer 0800/4555500**
- Melden Sie sich online auf www.arbeitsagentur.de durch einen Klick auf „Kontakt“ und den Button „Termin zur Berufsberatung anfragen“ an. Das Online-Formular wird über eine gesicherte Internetverbindung an die Agentur für Arbeit gesendet.

Die Anschrift Ihrer Agentur für Arbeit sowie des Berufsinformationszentrums (BiZ) können Sie über www.arbeitsagentur.de > „Finden Sie Ihre Dienststelle“ finden (siehe auch S. 370f).

Zentrale Auslands- und Fachvermittlung (ZAV) der Bundesagentur für Arbeit

Die Zentrale Auslands- und Fachvermittlung (ZAV) bündelt die internationalen Dienstleistungen der Bundesagentur für Arbeit. Die ZAV informiert und berät zu den Themen Ausbildung, Studium und Arbeiten im Ausland ausländische Fachkräfte und alle, die in Deutschland studieren oder eine Ausbildung machen wollen.

Das Virtuelle Welcome Center der ZAV ist aus dem deutschen Festnetz unter der Telefonnummer **0228/7131313** zu erreichen. Das Team beantwortet Fragen, versendet Informationsmaterial oder vermittelt für eine weitergehende Beratung den Kontakt zu einem*r persönlichen Ansprechpartner*in der Auslandsvermittlung der ZAV.

Ergänzt wird die Dienstleistung der ZAV durch die Aktivitäten der Berater*innen von EURES, dem Netzwerk der europäischen Arbeitsverwaltungen. Zusätzlich stehen in den Berufsinformationszentren der Agenturen EURES-Assistent*innen als erste Ansprechpartner*innen für Fragen rund um die europäischen Arbeits- und Bildungsmärkte zur Verfügung.

Im Internet erhalten Sie erste Informationen zu Ausbildung, Studium, Jobs & Praktika und Arbeiten im Ausland unter www.zav.de.

Anschriften:

- **Internationaler Personalservice Berlin**
  Friedrichstraße 39, 10969 Berlin
  Team-Tel. 030/555599-6700
  E-Mail: zav-berlin-auslandsvermittlung@arbeitsagentur.de
- **Internationaler Personalservice Bremen**
  Osterholzer Heerstraße 69
  28307 Bremen
  Team-Tel. 0421/178-1234
  E-Mail: zav-bremen-auslandsvermittlung@arbeitsagentur.de
- **Internationaler Personalservice Dortmund**
  Karl-Harr-Straße 5, 44263 Dortmund
  Team-Tel. 0231/427819-24
  E-Mail: zav-dortmund-auslandsvermittlung@arbeitsagentur.de ▸

- **Internationaler Personalservice Dresden**
  Budapester Straße 30, 01069 Dresden
  Team-Tel. 0351/43896-355
  E-Mail: zav-dresden-auslandsvermittlung@arbeitsagentur.de

- **Internationaler Personalservice Erfurt**
  Melchior-Bauer-Straße 5, 99092 Erfurt
  Team-Tel. 0361/302-1041
  E-Mail: zav-erfurt-auslandsvermittlung@arbeitsagentur.de

- **Internationaler Personalservice Frankfurt**
  Emil-von-Behring-Straße 10a
  60439 Frankfurt, Team-Tel. 069/59768-109
  E-Mail: zav-frankfurt-auslandsvermittlung@arbeitsagentur.de

- **Internationaler Personalservice Hamburg**
  Kurt-Schumacher-Allee 16
  20097 Hamburg, Team-Tel. 040/2485-3560
  E-Mail: zav-hamburg-auslandsvermittlung@arbeitsagentur.de

- **Internationaler Personalservice Magdeburg**
  Hohepfortestraße 37, 39104 Magdeburg
  Team-Tel. 0391/257-1677, E-Mail:
  zav-magdeburg-auslandsvermittlung@arbeitsagentur.de

- **Internationaler Personalservice Nürnberg**
  Südwestpark 60, 90449 Nürnberg
  Team-Tel. 0911/529-4420, E-Mail:
  zav-nuernberg-auslandsvermittlung@arbeitsagentur.de

- **Internationaler Personalservice Rostock**
  Kopernikusstraße 1a, 18057 Rostock
  Tel. 0381/804-1270
  E-Mail: zav-rostock-auslandsvermittlung@arbeitsagentur.de

- **Internationaler Personalservice Stuttgart**
  Bahnhofstraße 29, 70372 Stuttgart-Bad Cannstatt, Team-Tel. 0711/920-3280
  E-Mail: zav-stuttgart-auslandsvermittlung@arbeitsagentur.de

- **Internationaler Personalservice Trier**
  Dasbachstraße 8, 54292 Trier
  Tel. 0651/205-7800
  E-Mail: zav-trier-auslandsvermittlung@arbeitsagentur.de

- **Virtuelles Welcome Center der ZAV**
  Tel. 0228/7131313
  E-Mail: make-it-in-germany@arbeitsagentur.de

Agenturen für Arbeit und Berufsinformationszentren (BiZ)

Die wichtigsten Rufnummern im Überblick:
Arbeitnehmer*innen/Arbeitsuchende und Berufsberatungstermine: 0800/45555-00
Familienkasse:
Infos allgemein: 0800/45555-30
(Kostenfrei aus allen deutschen Fest- und Handynetzen.)

Eine Terminvereinbarung bei der Berufsberatung Ihrer Agentur für Arbeit ist auch online möglich unter: www.arbeitsagentur.de > Kontakt > Terminvereinbarung

PLZ	Ort	Straße
52072	Aachen-Düren	Roermonder Str. 51
73430	Aalen	Julius-Bausch-Str. 12
59229	Ahlen-Münster	Martin-Luther-King-Weg 22
07545	Altenburg-Gera	Reichsstr. 15
84503	Altötting	Gabriel-Mayer-Straße 6 - 8
92224	Amberg	Jahnstraße 4
09456	Annaberg -Buchholz	Paulus-Jenisius-Str. 43
91522	Ansbach	Schalkhäuser Str. 40
63739	Aschaffenburg	Goldbacher Str. 25-27
86153	Augsburg	Wertachstr. 28
36251	Bad Hersfeld	Vitalisstraße 1
61352	Bad Homburg	Ober-Eschenbacher Str. 109
55543	Bad Kreuznach	Bosenheimer Str. 16
23843	Bad Oldesloe	Berliner Ring 9
72336	Balingen	Stingstr. 17
96050	Bamberg	Mannlehenweg 27
02625	Bautzen	Neusalzaer Str. 2
95444	Bayreuth	Casselmannstr. 6
51465	Bergisch Gladbach	Bensberger Str. 85
10969	Berlin Mitte	Friedrichstr. 39
12057	Berlin Süd	Sonnenallee 282
14059	Berlin Nord	Königin-Elisabeth-Str. 49
06406	Bernburg	Kalistr. 11
33602	Bielefeld	Werner-Bock-Str. 8
44789	Bochum	Universitätsstr. 66
53123	Bonn	Villemombler Str. 101
38118	Braunschweig	Cyriaksring 10, Eingang Münchenstraße
28195	Bremen	Doventorsteinweg 44
27570	Bremerhaven	Grimsbystr. 1
50321	Brühl	Wilhelm-Kamm-Str. 1 (1. Etage)
29223	Celle	Georg-Wilhelm-Str. 14
09120	Chemnitz	Heinrich-Lorenz-Str. 20
96450	Coburg	Kanonenweg 25
48653	Coesfeld	Holtwickerstr. 1
03046	Cottbus	Bahnhofstr. 10
64295	Darmstadt	Groß-Gerauer Weg 7
94469	Deggendorf	Hindenburgstr. 34
06846	Dessau-Roßlau	Seminarplatz 1
32758	Detmold	Wittekindstr. 2
86609	Donauwörth	Zirgesheimerstr. 9
44147	Dortmund	Steinstr. 39
01069	Dresden	Henriette-Heber-Str. 6
47058	Duisburg	Wintgensstr. 29 - 33
52351	Düren	Moltkestr. 49
40237	Düsseldorf	Grafenberger Allee 300
16225	Eberswalde	Bergerstr. 30
25335	Elmshorn	Bauerweg 23
26723	Emden	Schlesierstr. 10 - 12
99096	Erfurt	Max-Reger-Str. 1
45127	Essen	Berliner Platz 10
24939	Flensburg	Waldstr. 2
60311	Frankfurt/Main	Fischerfeldstr. 10 - 12
15230	Frankfurt/Oder	Heilbronner Str. 24
90742	Fürth	Ludwig-Quellen-Str. 20
09599	Freiberg	Annaberger Straße 22 A
79106	Freiburg	Lehenerstr. 77
85356	Freising	Parkstr. 11
36037	Fulda	Rangstr. 4
45879	Gelsenkirchen	Vattmannstr. 12
07545	Gera	Reichsstr. 15
35390	Gießen	Nordanlage 60
73033	Göppingen	Mörikestr. 15
38642	Goslar	Robert-Koch-Str. 11
99867	Gotha	Schöne Aussicht 5
37081	Göttingen	Bahnhofsallee 5
17489	Greifswald	Am Gorzberg, Haus 7
58095	Hagen	Körnerstr. 98 - 100
38820	Halberstadt	Schwanebecker Str. 14
06114	Halle	Schopenhauerstr. 2
20097	Hamburg	Kurt-Schumacher-Allee 16
31785	Hameln	Süntelstr. 6
59065	Hamm	Bismarckstr. 1
63450	Hanau	Am Hauptbahnhof 1
30169	Hannover	Brühlstraße 4, Eingang Escherstr. 17
25746	Heide	Rungholtstr. 1
69115	Heidelberg	Kaiserstr. 69-71
74074	Heilbronn	Rosenbergstr. 50
32049	Herford	Hansastr. 33
31134	Hildesheim	Am Marienfriedhof 3
95032	Hof	Äußere Bayreuther Str. 2
85049	Ingolstadt	Heydeckplatz 1
58636	Iserlohn	Brausestr. 13 - 15
07749	Jena	Stadtrodaer Str. 1
67655	Kaiserslautern	Augustastr. 6
76135	Karlsruhe	Brauerstr. 10

BERATUNGSANGEBOTE DER AGENTUREN FÜR ARBEIT

34127	Kassel	Lewinskistr. 6
87439	Kempten	Rottachstr. 26
24143	Kiel	Adolf-Westphal-Str. 2
56073	Koblenz	Rudolf-Virchow-Str. 5
50829	Köln	Butzweilerhofallee 1
78467	Konstanz	Stromeyersdorfstr. 1
34497	Korbach	Louis-Peter-Str. 49 - 51
47799	Krefeld	Philadelphiastr. 2
76829	Landau	Johannes-Kopp-Str. 2
84034	Landshut	Leinfelder Str. 6
26789	Leer	Jahnstr. 6, Eingang Brinkmannshof
04159	Leipzig	Georg-Schumann-Str. 150
65549	Limburg-Wetzlar	Ste.Foy-Str. 23/ Eingang Mozartstr.
79539	Lörrach	Brombacher Str. 2
23560	Lübeck	Hans-Böckler-Str. 1
71638	Ludwigsburg	Stuttgarter Str. 53 - 55
67059	Ludwigshafen	Berliner Str. 23a
21335	Lüneburg	An den Reeperbahnen 2
39104	Magdeburg	Hohepfortestr. 37
55131	Mainz	Untere Zahlbacher Str. 27
68159	Mannheim	M 3a
35039	Marburg	Afföllerstr. 25
56727	Mayen	Katzenberger Weg 31 - 33
87700	Memmingen	Wielandstr. 1
59872	Meschede	Brückenstr. 10
40822	Mettmann	Marie-Curie-Str. 1-5
41065	Mönchengladbach	Lürriper Str. 56
56410	Montabaur	Tonnerrestr. 1
80337	München	Kapuzinerstr. 30
48155	Münster	Martin-Luther-King-Weg 18
72202	Nagold	Bahnhofstr. 37
17034	Neubrandenburg	Ponyweg 37
24534	Neumünster	Brachenfelder Str. 45
66538	Neunkirchen	Ringstr. 1
16816	Neuruppin	Trenckmannstr. 15
56564	Neuwied	Julius-Remy-Str. 4
31582	Nienburg	Verdener Str. 21
99734	Nordhausen	Uferstr. 2
48527	Nordhorn	Stadtring 9-15
90443	Nürnberg	Richard-Wagner-Platz 5
46045	Oberhausen	Mülheimer Str. 36
63067	Offenbach	Domstr. 68
77654	Offenburg	Weingartenstr. 3
26122	Oldenburg	Stau 70
04758	Oschatz	Oststr. 3
49080	Osnabrück	Johannistorwall 56
33102	Paderborn	Bahnhofstr. 26
94032	Passau	Innstr. 30
75172	Pforzheim	Luisenstr. 32
66954	Pirmasens	Schachenstr. 70
01796	Pirna	Seminarstr. 9
08523	Plauen	Neundorfer Str. 70 - 72
14478	Potsdam	Horstweg 102 - 108
76437	Rastatt	Karlstr. 18
88212	Ravensburg	Schützenstr. 69
45657	Recklinghausen	Görresstr. 15
93053	Regensburg	Galgenbergstr. 24
72764	Reutlingen	Ulrichstr. 38
48431	Rheine	Dutumer Str. 5
01587	Riesa	Rudolf-Breitscheid-Str. 35
83022	Rosenheim	Wittelsbacherstraße 57
18057	Rostock	Kopernikusstr. 1a
78628	Rottweil	Neckarstraße 100
66111	Saarbrücken	Hafenstr. 18
66740	Saarlouis	Ludwigstr. 10
06526	Sangerhausen	Baumschulenweg 1
74523	Schwäbisch Hall	Bahnhofstr. 19
97421	Schweinfurt	Kornacherstraße 7
19057	Schwerin	Am Margarethenhof 14 - 17
57072	Siegen	Emilienstr. 45
59494	Soest	Heinsbergplatz 6
42699	Solingen	Kamper Str. 35
21680	Stade	Am Schwingedeich 2
39576	Stendal	Stadtseeallee 71
18437	Stralsund	Carl-Heydemann-Ring 98
70191	Stuttgart	Nordbahnhofstr. 30 - 34
98529	Suhl	Werner-Seelenbinder-Str. 8
97941	Tauber-bischofsheim	Pestalozziallee 17
83278	Traunstein	Chiemseestr. 35
54292	Trier	Dasbachstr. 9
29525	Uelzen	Lüneburger Str. 72
89073	Ulm	Wichernstr. 5
49377	Vechta	Rombergstr. 51
27283	Verden	Lindhooper Str. 9
78050	Villingen-Schwenningen	Lantwattenstr. 2
71332	Waiblingen	Mayenner Str. 60
92637	Weiden	Weigelstr. 24
82362	Weilheim	Karwendelstr. 1
91781	Weißenburg	Schwärzgasse 1
06667	Weißenfels	Promenade 19
46483	Wesel	Reeser Landstr. 61
35576	Wetzlar	Sophienstr. 19
65197	Wiesbaden	Klarenthaler Str. 34
26382	Wilhelmshaven	Herderstr. 10
06886	Wittenberg (Lutherstadt-Wittenb.)	Melanchthonstr. 3a
38440	Wolfsburg	Porschestr. 2
42285	Wuppertal	Hünefeldstr.10a
97072	Würzburg	Schießhausstr. 9
08056	Zwickau	Werdauer Straße 18

➔ Persönliche Berufsberatung

Weitere Informationen und Hinweise zur Vereinbarung von Beratungsterminen finden Sie unter:
➔ www.arbeitsagentur.de/bildung/berufsberatung

6.4 Weitere öffentliche Informationsangebote

Hier finden Sie neben den Internetadressen des Bundesministeriums für Bildung und Forschung (BMBF), des DAAD, Deutschen Studentenwerks (DSW) sowie von hochschulstart.de eine Reihe hilfreicher Links für Ihre Studienwahl sowie Publikationen der Bundesländer.

Bundesministerium für Bildung und Forschung (BMBF)

Das BMBF hat für Ihre Fragen zu Schwerpunktthemen auch Bürgertelefone eingerichtet. Wenn Sie z.B. Fragen zum BAföG haben, rufen Sie einfach an – der Service ist für Sie im Inland kostenlos. Die Bürgertelefone sind über die Zentralvermittlung des Bundesbildungsministeriums unter den Telefonnummern 0228/9957-0 und 030/1857-0 zu erreichen sowie über weitere spezielle Hotline-Nummern und per E-Mail über die Internetseite www.bmbf.de (Bürgertelefon).

Telefonkontakt zur Bestellung von Publikationen und Broschüren des BMBF:
Tel. 030/18272272-1

Deutscher Akademischer Austauschdienst (DAAD)

Tel. 0228/882-0
E-Mail: postmaster@daad.de
www.daad.de

Deutsches Studentenwerk e.V. (DSW)

Tel. 030/297727-10
E-Mail: dsw@studentenwerke.de
www.studentenwerke.de

Hochschulstart.de

www.hochschulstart.de
Service-Hotline: 01803/987 111 001

- **Bewerbungsfristen:**
Unter dem Menüpunkt „Informieren & Planen“ > Terminübersicht
Ausführliche Informationen finden Sie auf den Internetseiten von www.hochschulstart.de.

Informationsangebote der Bundesländer

Baden-Württemberg

Publikationen des Ministeriums:

- „Studieren in Baden-Württemberg. Studium, Ausbildung, Beruf“, Hrsg.: Ministerium für Wissenschaft, Forschung und Kunst des Landes Baden-Württemberg, Regionaldirektion Baden-Württemberg der Bundesagentur für Arbeit erscheint jährlich neu (im Internet: www.studieren-in-bw.de).
- Weitere Broschüren zu den Hochschulen und zum Studium in Baden-Württemberg, Hrsg.: Ministerium für Wissenschaft, Forschung und Kunst Baden-Württemberg, im Internet zum Download unter www.mwk-bw.de (Service > Publikationen).

Links:

- Studieninformationen Baden-Württemberg
www.studieren-in-bw.de
- Orientierungstest
www.was-studiere-ich.de
- Lehrerorientierungstest für Studieninteressierte
www.bw-cct.de

Bayern

Links:

- Studieninformation Bayern
www.studieren-in-bayern.de
www.weiter-studieren-in-bayern.de
www.study-in-bavaria.de
Schulwege in Bayern
www.mein-bildungsweg.de
www.km.bayern.de/schueler/schularten.html
Hochschule Dual
www.hochschule-dual.de

Berlin

Links:

- Studieren in Berlin und Brandenburg
www.studieren-in-bb.de

Brandenburg

Publikation des Ministeriums: siehe Berlin

Links:

- Studieren in Berlin und Brandenburg
www.studieren-in-bb.de
- Bildungsserver Berlin-Brandenburg
www.bildungsserver.berlin-brandenburg.de
- Studium in Brandenburg
www.studium-in-brandenburg.de

Bremen

Links:

- Studieren in Bremen:
www.bremen.de/bildung-und-beruf/studium ▶

Hamburg
Links:
- Hamburger Bildungsserver www.hamburger-bildungsserver.de
- Studieninformation Studium in Hamburg www.hamburg.de/studium-in-hamburg
- Wissenschaftsportal der Freien und Hansestadt Hamburg www.wissenschaft.hamburg.de

Hessen
Publikation:
- hesseninfo Studium und Beruf. Eine Information der Berufsberatung für Schülerinnen und Schüler der Oberstufen von Gymnasien und für Fachoberschülerinnen und Fachoberschüler, Hrsg.: Bundesagentur für Arbeit – Regionaldirektion Hessen.

Links:
- Hessische Hochschulen wissenschaft.hessen.de/wissenschaft/hochschulen-hessen
- Bildungsserver Hessen www.dms.bildung.hessen.de
- Duales Studium Hessen www.dualesstudium-hessen.de
- Landesportal Hessen www.hessen.de (Bildung & Wissenschaft)

Mecklenburg-Vorpommern
Links:
- Landesportal Mecklenburg-Vorpommern www.m-v.de (Bildung & Forschung)
- Studieren in Mecklenburg-Vorpommern www.studieren-mit-meerwert.de

Niedersachsen
Publikationen des Ministeriums:
- „Hochschulen in Niedersachsen– Das kostenlose Heft ist beim Niedersächsischen Ministerium für Wissenschaft und Kultur unter Tel. 0511/120-2599 oder per E-Mail an pressestelle@mwk.niedersachsen.de erhältlich. Es kann neben weiteren Publikationen zum Studium in Niedersachsen auch als PDF-Datei von der Internetseite www.mwk.niedersachsen.de (Hochschulen > Übersicht) heruntergeladen werden.

Links:
- Studieren in Niedersachsen www.studieren-in-niedersachsen.de
- Niedersächsischer Bildungsserver www.nibis.de

Nordrhein-Westfalen
Links:
- E-Learning Portal zum Studienstart www.studiport.de

Rheinland-Pfalz
Links:
- Duale Hochschule Rheinland-Pfalz dualehochschule.rlp.de
- Bildungsserver Rheinland-Pfalz bildung-rp.de
- Infos zur Berufs- und Studienorientierung www.zukunft-läuft.de (auch als App für Android und iOS)

Saarland
Links:
- Bildungsserver Saarland www.saarland.de/bildungsserver.htm
- Themenportal Wissenschaft www.saarland.de/wissenschaft.htm

Sachsen
Links:
- Pack dein Studium www.pack-dein-studium.de
- Studieninformation Studieren in Sachsen www.studieren.sachsen.de
- Bildungsportal Sachsen www.bildungsportal.sachsen.de
- Bildungsmarkt Sachsen www.bildungsmarkt-sachsen.de
- Sächsischer Bildungsserver www3.sachsen.schule/sbs/startseite/

Sachsen-Anhalt
Links:
- Studieninformation Sachsen-Anhalt www.wirklichweiterkommen.de
- Landesbildungsserver Sachsen-Anhalt www.bildung-lsa.de

Schleswig-Holstein
Links:
- **Themenportal Wissenschaft** www.schleswig-holstein.de/DE/Themen/W/wissenschaft.html
- **Themenportal Studieren** www.schleswig-holstein.de/DE/Themen/S/studieren.html

Thüringen

Publikation des Ministeriums:

- „Studieren in Thüringen", Hrsg.: Netzwerk für Hochschulmarketing in Thüringen. Download www.campus-thueringen.de/downloads

Links:

- Studieninformation www.campus-thueringen.de
- Thüringer Koordinierungsstelle Naturwissenschaft und Technik www.thueko.de

Informationen zur Studienwahl

abi>> Portal

Anschauliche Berufs- und Studienreportagen, Infos rund um den Studienalltag Tipps zur Orientierung, anschauliche Berufs- und Studienreportagen sowie Infos rund um den Studienalltag.
www.abi.de

BERUFE.TV

Videoportal der Bundesagentur für Arbeit mit Filmen zu Ausbildungs- und Hochschulberufen
www.berufe.tv

BERUFENET

Datenbank der Bundesagentur für Arbeit mit umfassenden und übersichtlich strukturierten Informationen zu rund 3.500 Berufen in Deutschland, darunter ca. 500 Hochschulberufe.
www.berufenet.arbeitsagentur.de

Bundesagentur für Arbeit

Unter „Schule, Ausbildung und Studium" finden Sie umfassende Infos zu Themen wie Berufswahl, Ausbildungssuche, Bewerbung, Berufs-Informations-Zentren, Ausbildungswege, finanzielle Hilfen sowie zu zahlreichen Aspekten rund um das Studium und die Zeit zwischen Schule und Beruf.
www.arbeitsagentur.de

Veranstaltungsdatenbank

Aktuelle Veranstaltungshinweise der Agenturen für Arbeit finden Sie auf www.arbeitsagentur.de unter „Veranstaltungen und Neuigkeiten" > „Finden Sie Veranstaltungen in Ihrer Nähe"

Deutscher Bildungsserver DBS

www.bildungsserver.de

Akkreditierungsrat

Die Stiftung zur Akkreditierung von Studiengängen in Deutschland organisiert das System der Qualitätssicherung in Studium und Lehre durch Akkreditierung von Studiengängen. Informationen zu den bereits akkreditierten Studiengängen aktuell auf der Webseite.
www.akkreditierungsrat.de

Hochschulrektorenkonferenz (HRK)

Die Hochschulrektorenkonferenz ist die Vertretung der deutschen Hochschulen. Der Hochschulkompass ist das Informationsangebot der HRK und bietet umfangreiche Informationen zu allen staatlichen und staatlich anerkannten Hochschulen in Deutschland, sämtlichen grundständigen und weiterführenden Studienmöglichkeiten, den Promotionsmöglichkeiten sowie zu internationalen Kooperationen deutscher Hochschulen.
www.hrk.de und www.hochschulkompass.de

ISA

Das Informationssystem Studienwahl und Arbeitsmarkt der Universität Duisburg-Essen gibt Informationen zu den am meisten nachgefragten Studiengängen sowie deren Arbeitsmarktperspektiven; jetzt auch in Niederländisch und Englisch abrufbar.
www.uni-due.de/isa

Deutscher Bildungsserver – Hochschulrankings

Hier finden Sie eine Übersicht der Hochschul-Rankings und weiterführende Links zum Thema:
www.bildungsserver.de/Hochschulranking-1244.html

think ING

Ein gemeinsamer Info-Pool von Gesamtmetall, VDMA, ZVEI, VDA, VDE und VDI zu Ingenieurstudium und Ingenieurberuf. Neben vielen interessanten Informationen und einem umfangreichen bundesweiten Veranstaltungskalender besteht auch die Möglichkeit, online kostenloses Informationsmaterial zu bestellen und Fragen per E-Mail abzusetzen.
www.think-ing.de

AusbildungPlus

Datenbank mit Ausbildungsangeboten, die parallel zu einer Berufsausbildung Zusatzqualifikationen vermitteln.
www.bibb.de/ausbildungplus

Sachworte

R

S

7 SACHWORTE

T

U

V

W

Z

Inserentenverzeichnis

Ihre Werbung im offiziellen Studienführer für Deutschland

„Studienwahl" wird von der Bundesagentur für Arbeit und der Stiftung für Hochschulzulassung herausgegeben. Das Buch wird direkt an ca. 5.700 Schulen der Sekundarstufe II verteilt. Sichern Sie sich jetzt Ihre Werbeplätze in der Ausgabe 2022/2023!

Das Handbuch erscheint jährlich neu in einer Auflage von derzeit über 617.000 Exemplaren. Es wird deutschlandweit unentgeltlich an Schüler*innen der Abschlussjahrgänge an Gymnasien und weiterführenden Schulen verteilt. Darüber hinaus findet es weite Verbreitung unter Studierenden, Eltern sowie in Beratungseinrichtungen.

Auch das Internet-Portal **www.studienwahl.de** bietet hochwertige Werbemöglichkeiten zu attraktiven Konditionen. Es ist seit mehr als 20 Jahren eines der meist frequentierten Online-Medien zum Thema Studienorientierung und Berufswahlentscheidung in Deutschland. Das Portal präsentiert sich im Responsive Design. Ihre Werbung kann zielgenau platziert werden! Weitere Top-Werbeplätze bietet der monatlich erscheinende Newsletter.

Das Online-Portal wurde ausgezeichnet mit dem Comenius EduMedia-Siegel 2019.

Nutzen auch Sie die Möglichkeiten dieser bekannten und etablierten Medienfamilie für Ihre Marketingzwecke. Erreichen Sie die Abiturient*innen 2022/2023 direkt.
Sprechen Sie uns an!

Ansprechpartner für Werbekunden

meramo

Meramo Verlag GmbH,
Gutenstetter Str. 2a, 90449 Nürnberg

Werbung in diesem Buch
Andreas Brehm (Verkaufsmanager)
Tel. 0911/937739-31
Fax: 0911/937739-99
a.brehm@meramo.de

Werbung im Online-Portal
Katrin Jost (Mediaberaterin)
Tel. 0911/937739-30
Fax: 0911/937739-99
k.jost@meramo.de

Was interessiert Sie?

Alle Studienfelder finden Sie auch online im Portal www.studienwahl.de